14

张远山作品集

庄子传笺注本 下

北京出版集团
北京出版社

张仪连横秦魏攻韩，孟轲恶禅齐宣伐燕

前315年，岁在丙午。庄周五十五岁。宋康王二十三年。

周慎靓王六年（卒）。秦惠王更元十年。楚怀王十四年。魏襄王四年。韩宣王十八年。赵武灵王十一年。齐宣王五年。燕王子之二年。鲁平公八年。卫孝襄侯二十年（卒）。越王无疆二十八年。中山先王十三年。

周慎靓王姬定死了，在位六年（前320—前315）。

太子姬延继位，即周赧王，东周朝末代天子。仍然寄居东周国，蛰居洛阳王宫。

天下诸侯均不遣使吊贺。[1]

卫孝襄侯死了，在位二十年（前334—前315）。

太子继位，即卫嗣侯。

卫国弱小，依附魏国。除了魏国，诸侯均不遣使吊贺。[2]

鲁平公召见群臣："宋君偃逞强称王，任用奸臣唐鞅、田不礼，与虎狼之秦结盟，狐假虎威，与中原为敌，袭击伐秦联军，滥杀无辜，强占民妻。倒行逆施，不智至极！能否予以阻止？"

鲁国大匠说："鲁国弱于宋国，主公不宜直接阻止。不如把我制作的两副连环，送给宋康王。如果宋人不能解开连环，或许宋康王就能明白不自量力，醒悟不智。"

鲁平公大悦，命其使宋。

鲁国大匠从曲阜来到商丘，晋献两副连环，请求解开。

宋康王自居文武全才，自解连环，没有成功，于是号令全国："西周以来七百年，天下无不嘲笑宋人愚笨。如今鲁人自恃公输般之巧，送来连环羞辱寡人。谁能解开连环，寡人重赏千金！"

宋人纷纷来解，无一成功，都被宋康王诛杀。再也无人敢解。

兒说三十六岁，早年愤于戴氏篡宋，不愿出仕母邦，游学稷下学宫，成为田婴第一门客。如今在齐，得知此事，不愿母邦蒙羞，派遣弟子返宋。

兒说弟子顺利解开第一副连环，禀报宋康王："第二副连环不能解。不是有人能解而我不能解，而是天下无人能解。"

鲁国大匠说："知道无人能解，即为正解！连环是我做的，所以我知道无人能解。连环不是你做的，竟然知道无人能解，比我更巧！"

宋康王得意至极，重赏兒说弟子千金。

鲁国大匠返鲁复命。

鲁平公叹息："寡人原想阻止宋康王倒行逆施，结果弄巧成拙，反而害死了许多没能解开连环的宋民。宋国才士解开连环，宋康王必将更加骄横。但是寡人不明白，宋国才士既然能解连环，为何不能阻止宋康王倒行逆施？"

鲁国大匠说："当今宋国才士，无一仕宋。惠施仕魏，宋钘、兒说仕齐，大量宋国墨者仕秦，其他大贤隐居不仕。宋康王不用贤人，专用奸人，助秦为虐，必将亡国！"[3]

秦惠王召见群臣："寡人去年采纳司马错之策，南灭巴蜀，解除后顾之忧。今年可以按照张仪之策，东伐韩国，惩罚韩宣王重用公孙衍！"

樗里疾说:"三年前五国合纵伐秦,义渠王应公孙衍之约,背后偷袭秦国,大王也不可不伐!"

秦惠王于是命令樗里疾北伐义渠,张仪东伐韩国。

樗里疾北伐义渠,一举攻取二十五城。[4]

张仪东伐韩国,邀约魏襄王助秦伐韩。

魏襄王庆幸于秦惠王伐韩不伐魏,同意助秦伐韩。[5]

韩宣王问策群臣:"魏襄王策动五国合纵伐秦,楚怀王担任纵长。如今秦惠王不伐魏、楚,竟然伐韩,如何是好?"

公孙衍说:"魏、赵、楚、燕都是合纵伐秦的盟国,如今齐相田婴之子田文又担任魏相,大王可向五国求救!"

公仲朋反对:"楚怀王担任纵长,原已担心秦惠王伐楚报复,不可能救韩。其他诸侯同样担心秦惠王报复,也未必肯救。五国伐秦尚且失败,诸侯即使救韩,也难击败秦军。大王不如向秦求和,与秦联合伐楚。"

韩宣王不听公孙衍,听从公仲朋。

公仲朋先派死党韩珉入秦通报。

楚怀王召见陈轸:"公仲朋一旦入秦求和,张仪必将移师伐楚。先生有无良策?"

陈轸说:"大王应该立刻救韩,兵车布满夏路,但是缓慢行进。如果韩宣王不再向秦求和,秦惠王就会继续伐韩,不会移师伐楚。即使韩宣王继续向秦求和,仍将感激大王,不会助秦伐楚。如果秦军单独伐楚,楚强于秦,必无大患。"

楚怀王采纳其策,假装出兵救韩,缓慢行进。[6]

韩宣王于是制止公仲朋入秦:"五国合纵伐秦,实以魏军为主,楚军极少,所以才会失败。楚国乃是天下最强,必能帮助寡人击败秦军!"

公仲朋说:"楚国兵车尽管布满夏路,然而行进缓慢。楚、韩并非兄弟之国,楚怀王声称救韩,必是陈轸欺骗大王的诡计。大王如果轻信,必为天下所笑。况且韩珉先行入秦通报，我若不去，就是欺骗秦惠王，后果不堪设想！"

韩宣王不听，命令公孙衍迎敌。

秦惠王大怒，命令张仪开战。

张仪迅速攻取韩国边邑石章（今地不详），进伐浊泽（今河南长葛），逼近韩都新郑。

赵武灵王忠于赵、韩之盟，派遣赵泥救韩。[7]

公孙衍、赵泥在浊泽与张仪相持，虽败不退，苦等楚国救兵。

韩宣王又派其弟韩辰使魏，献地河阳（今河南孟县）、高平（今山西高平），恳请魏襄王停止助秦伐韩。

魏襄王接受献地，撤回助秦伐韩之兵。[8]

韩辰又离魏至齐，向齐求救。

与此同时，燕太子姬平也派使者至齐，晋见齐宣王："燕王哙前年禅位子之，太子姬平失去继位资格，痛恨子之。燕王哙去年又让子之重新任命百官，将军市被遭到罢免，同样痛恨子之。太子姬平得到市被支持，准备诛杀子之，夺回王位。恳请大王出兵，维护君臣大义！"

齐宣王问策群臣："张仪伐韩，寡人痛恨张仪，打算救韩。子之篡燕，寡人更加痛恨子之，打算伐燕。如何抉择？"

老将田忌说："大王不宜救韩，应该伐燕！子之篡位，燕民毫不拥戴，诸侯无不反对。秦、魏伐韩，楚、赵救韩。五国混战于韩，正是上天把燕国赐给齐国的良机！"[9]

储子赞成："燕国陷入内乱，大王必能破燕！"[10]

孟轲附议："大王伐燕，一如周武王伐纣，机不可失！"

田婴力排众议："魏襄王策动五国伐秦大败，秦国已经重创魏国。如果秦国再重创韩国，不利齐国。大王应该救韩，不该伐燕！"

齐宣王不悦，罢免田婴，改命储子为相。

于是假装答应韩辰救韩，又假装答应姬平使者："太子大举义兵，寡人深为敬佩！寡人国力虽弱，也愿尽起倾国之兵，支持太子继位！废除君位禅让的伪道，彰明君位世袭的真道，维护君臣大义，捍卫天地纲常。"[11]

姬平得到齐宣王承诺，命令市被围攻子之窃居的王宫，一时难以攻破。
子之困守王宫，被迫许诺市被，愿意归还将印，升官重用。
市被久等齐军不来，阵前倒戈，接受将印，归顺子之，反攻姬平。
交战数月，姬平、市被死于乱战。[12]

齐宣王眼见燕国内乱双方两败俱伤，即以戡乱为名，命令匡章伐燕，又约中山助伐。[13]
时值孟冬，燕国上下离心，士卒不战，城门不闭。
匡章率领五都之兵，长驱直入燕境。[14]

庄子五十五岁，秦、魏伐韩，楚、赵救韩，齐国伐燕，七雄全部卷入乱战。
蔺且问："燕王哙仿效尧、舜、禹禅让，禅位子之。孟轲言必称尧舜，为何支持齐宣王伐燕？"
庄子说："儒墨虽都称颂尧舜，但是主张截然相反。儒家支持君位世袭，反对君位禅圣，游说诸侯仿效家天下的圣君尧舜。墨家反对君位世袭，主张君位禅圣，游说诸侯仿效公天下的圣君尧舜。孟轲认为，墨家反对君位世袭，主张君位禅圣，乃是目无君父的禽兽，所以反对燕王哙禅位子之，支持齐宣王伐燕。"
蔺且问："尧、舜、禹禅让君位，实为公天下的圣君。儒家为何把尧、舜、禹视为家天下的圣君？"
庄子说："儒家屈从现实，不敢抨击三代以降家天下的罪恶，仅仅寄望家天下的世袭君主能够仁爱臣民，所以强调尧舜的仁爱。墨家富于理想，认为家天下的世袭君主不可能仁爱臣民，只有废除三代以降君位世袭的家天下，恢复五帝时代君位禅让的公天下，君主才会兼爱臣民，所以强调尧舜的禅让。"

蔺且问："儒墨针锋相对，谁将获胜？"

庄子说："当今天下诸侯，都是世袭君主，不可能采信墨家，必然采信儒家。墨家巨子唐姑果审时度势之后，像儒家一样屈从现实，放弃了墨家理想。如今墨家分裂为三，儒家已经胜出。"

蔺且问："那么燕王哙践行墨子之道，是否必将失败？"

庄子说："正是。燕王哙禅让君位，危及君位世袭，已被天下诸侯视为公敌。齐宣王伐燕，诸侯必不救燕。齐强燕弱，燕有亡国之忧。"[15]

笺注

[1]《周本纪》：慎靓王立六年（前315）崩，子赧王延立。●《周本纪索隐》：皇甫谧云：名诞。赧非谥，《谥法》无赧。正以微弱，窃铢逃债，赧然惭愧，故号曰"赧"耳。

[2]《卫世家》：卫平侯八年卒（前335），子嗣君立。●《卫世家索隐》：乐资据《纪年》，以嗣君即孝襄侯也。■《卫世家》于卫平侯（前342—前335）之后，脱漏卫孝襄侯，其后才是卫嗣君。乐资误读《竹书纪年》，误以卫孝襄侯、卫嗣君为一人，实为二人。卫孝襄侯在位二十年（前334—前315），卫嗣君在位四十二年（前314—前273），卫怀君在位十八年（前272—前255），卫元君在位二十五年（前254—前230），卫君角在位二十一年（前229—前209）。秦二世元年（前209），废卫君角为庶人，卫绝祀。卫嗣君五年（前310）贬号为君，贬号一百零二年（前310—前209）始灭，成为亡国最晚的周封诸侯。

[3]《吕览·君守》：鲁鄙人遗宋元王闭，元王号令于国，有巧者皆来解闭。人莫之能解。兒说之弟子请往解之，乃能解其一，不能解其一，且曰："非可解而我不能解也，固不可解也。"问之鲁鄙人，鄙人曰："然，固不可解也，我为之而知其不可解也。今不为而知其不可解也，是巧于我。"故如兒说之弟子者，以不解解之也。■宋元王即宋康王，宋仅一王。

[4]《秦本纪》：秦惠王更元十年（前315），伐取义渠二十五城。

[5]《齐策二》一：韩、齐为与国。张仪以秦、魏伐韩。

[6]《韩世家》：韩宣王十六年（前317），秦败我修鱼，虏得韩将鲹、申差。[韩宣王十八年（前315），秦败我]于浊泽，韩氏急。公仲谓韩王曰："与国非可恃也。今秦之欲伐楚久矣，王不如因张仪为和于秦，赂以一名都，具甲，与之南伐楚，此以一易二之计也。"韩（宣）王曰："善。"乃警公仲之行，将西购于秦。楚（怀）王闻之大恐，召陈轸告之。陈轸曰："秦之欲伐楚久矣，今又得韩之名都一而具甲，秦、韩并兵而伐楚，此秦所祷祀而求也。今已得之矣，楚国必伐矣。王听臣为之警四境之内，起师言救韩，命战车满道路，发信臣，多其车，重其币，使信王之救己也。纵韩不能听我，韩必德王也，必不为雁行以来，是秦、韩不和也，兵虽至，楚不大病也。为能听我绝和于秦，秦必大怒，以厚怨韩。韩之南交楚，必轻秦；轻秦，其应秦必不敬：是因秦、韩之兵而免楚国之患也。"楚王曰："善。"乃警四境之内，兴师言救韩。命战车满道路，发信臣，多其车，重其币。谓韩王曰："不穀国虽小，已悉发之矣。愿大国遂肆志于秦，不穀将以楚殉韩。"韩王闻之大说，乃止公仲之行。公仲曰："不可。夫以实伐我者秦也，以虚名救我者楚也。王恃楚之虚名，而轻绝强秦之敌，王必为天下大笑。且楚、韩非兄弟之国也，又非素约而谋伐秦也。已有伐形，因发兵言救韩，此必陈轸之谋也。且王已使人报于秦矣，今不行，是欺秦也。夫轻欺强秦而信楚之谋臣，恐王必悔之。"韩王不听，遂绝于秦。秦因大怒，益甲伐韩，大战，楚救不至韩。十九年（前314，明年），大破我岸门。太子仓质于秦以和。■韩宣王十六年（前317）秦败韩于修鱼，虏申差，与浊泽无关。"于浊泽"前，当脱"十八年，秦败我"六字。然后才是"十九年，大破我岸门，太子仓质于秦以和"。今年（前315）秦败韩于浊泽，楚不救，赵将泥救韩亦败，齐亦不救韩，而于孟冬伐燕。战事延至明年（前314），秦大败韩于岸门，韩太子仓入秦为质。

[7]《秦本纪》：秦惠王更元十年（前315），韩太子仓来质。伐取韩石章，伐败赵将泥。■"伐取韩石章，伐败赵将泥"，均为今年之事。"韩太子仓来质"，则是明年岸门败后之事，《秦本纪》误前一年。若今年"韩太子仓来质"，不应再"伐取韩石章"，更无明年岸门之战。

[8]《水经·济水注》引《竹书纪年》：郑侯使韩辰归晋阳及向。二月，

城阳、向，更名阳为河雍，向为高平。■《水经·济水注》引《竹书纪年》无年，据《赵世家集解》："徐广曰:《纪年》云魏襄王四年改河阳曰河雍，向曰高平。"事在魏襄王四年（前315）。又《秦本纪集解》："徐广曰:《汲冢纪年》云魏哀王二十四年改宜阳曰河雍，向曰高平。"《竹书纪年》终于"今王二十年"，不可能有"今王二十四年"，"二十"当属衍文，《竹书纪年》原文当作"今王四年"，合于《赵世家集解》所引《竹书纪年》。《竹书纪年》之"今王"，即魏襄王。《竹书纪年》无"魏哀王"，徐广所言《竹书纪年》"魏哀王"，乃承《史记》误增之魏君，即把魏惠王称王改元之十六年归于不存在的"魏哀王"，故"魏哀王"也不可能有"二十四年"。【附考】《竹书纪年》"郑侯使韩辰归晋阳及向"，"晋阳"二字不可连读。连读之"晋阳"（在今山西太原）为赵地，非魏地。下文"城阳、向，更名阳为河雍，向为高平"，"阳"字均单读。"归晋"连读，"晋"即魏。"郑侯使韩辰归晋阳及向"，意为韩宣王派韩辰使魏，归还阳邑（河阳）、向邑（高平）。魏襄王把河阳改名河雍，把向邑改名高平。

[9]《齐策二》一：韩、齐为与国。张仪以秦、魏伐韩。……齐（宣）王曰："韩，吾与国也。秦伐之，吾将救之。"田臣思（田忌）曰："王之谋过矣，不如听之。子哙与子之国，百姓不戴，诸侯弗与。秦伐韩，楚、赵必救之，是天以燕赐我也。"王曰："善。"乃许韩使者而遣之。韩自以得交于齐，遂与秦战。楚、赵果遽起兵而救韩，齐因起兵攻燕，三十日而举燕国。■据《孟子·梁惠王下》"五旬而举之"，《齐策二》"三十日"为"五十日"之讹。齐宣王命匡章于今年孟冬伐燕，五十日占领燕国全境，已至明年。

[10]《燕策一》九：……子之三年（当作二年，前315），燕国大乱，百姓恫怨，将军市被、太子平谋，将攻子之。储子谓齐宣王："因而仆之，破燕必矣。"王因令人谓太子平曰："寡人闻太子之义，将废私而立公，饬君臣之义，正父子之位，寡人之国小，不足先后。虽然，则唯太子所以令之。"太子因数党聚众，将军市被围公官，攻子之，不克。（将军市被及）百姓乃反攻，太子平、将军市被死已殉，国构难数月，死者数万众，燕人恫怨，百姓离意。孟轲谓齐宣王曰："今伐燕，此文、武之时，不可失也。"王因令章子将五都之兵，以因北地之众以伐燕。士卒不战，城门不闭，燕

王哙死。齐大胜燕，子之亡。二年，燕人立公子平（当作公子职），是为燕昭王。●《燕世家》：[燕王哙禅位]三年（前317—前315），国大乱，百姓恫恐。将军市被与太子平谋，将攻子之。诸将谓齐湣王（当作储子谓齐宣王）曰："因而赴之，破燕必矣。"齐王因令人谓燕太子平曰："寡人闻太子之义，将废私而立公，饬君臣之义，明父子之位。寡人之国小，不足以为先后。虽然，则唯太子所以令之。"太子因要党聚众，将军市被围公宫，攻子之，不克。（将军市被及）百姓反攻太子平，将军市被死，以徇。因构难数月，死者数万，众人恫恐，百姓离志。孟轲谓齐王曰："今伐燕，此文、武之时，不可失也。"王因令章子将五都之兵，以因北地之众以伐燕。士卒不战，城门不闭，燕君哙死，齐大胜，燕子之亡。二年，而燕人共立太子平（当作公子职），是为燕昭王。▲杨宽：百姓反攻，杀太子平与将军市被，可知子之深得百姓拥戴。■子之或为真贤，因其受禅冒犯天下诸侯之家天下理念，遂被厚诬。《燕策一》、《燕世家》均先言"子之三年，燕国大乱"，后言"（子之）二年……是为燕昭王"，二者同源而误。"子之三年"当作"子之二年"。

[11]《孟子·公孙丑下》：沈同以其私，问曰："燕可伐欤？"孟子曰："可。子哙不得与人燕，子之不得受燕于子哙。有士于此，而子悦之，不告于王，而私与之吾子之禄爵；夫士也，亦无王命而私受之于子，则可乎？何以异于是？"●《孟子·公孙丑下》：齐人伐燕。或问曰："劝齐伐燕，有诸？"曰："未也。沈同问：'燕可伐与？'吾应之曰：'可。'彼然而伐之也。彼如曰：'孰可以伐之？'则将应之曰：'为天吏则可以伐之。'今有杀人者，或问之曰：'人可杀与？'则将应之曰：'可。'彼如曰：'孰可以杀之？'则将应之曰：'为士师则可以杀之。'今以燕伐燕，何为劝之哉？"■孟子晚年离齐归邹著书，其时齐宣王伐燕已败，燕昭王已经复国，孟子抵赖狡辩，自饰其非。燕国禅让，焉得谓之与齐同？

[12]《燕世家索隐》引《竹书纪年》：魏襄王五年（前314，明年），燕子之杀公子平。■事在魏襄王四年（前315，今年）。因齐伐燕在孟冬，延至次年，故诸书多把今年（前315）之事记于明年（前314）。

[13]中山助齐伐燕，详见下章。

[14]《陈璋二壶铭文》：唯王五年，奠昜（陽）陈旻，再立事岁，孟冬戊辰，大臧（藏）钱（裸）孤（壶），陈璋内伐匽胜邦之获。■陈璋二壶，圆壶藏南京博物院，方壶藏美国宾夕法尼亚大学博物馆，铭文二十九字相同，为齐宣王五年（前315）匡章伐燕获其重器所刻。陈璋即匡章，匽即燕。圆壶另有燕国原刻铭文，兹略。

[15]《五帝本纪正义》引《竹书纪年》：昔尧德衰，为舜所囚也。●《广弘明集》卷一一引《竹书纪年》：舜囚尧于平阳，取之帝位。●《史通·疑古》引《竹书纪年》：舜放尧于平阳。●《韩非子·说疑》：舜逼尧，禹逼舜，汤放桀，武王伐纣，此四王者，人臣弑其君者也，而天下誉之。察四王之情，贪得人之意也；度其行，暴乱之兵也。然四王自广措也，而天下称大焉；自显名也，而天下称明焉。则威足以临天下，利足以盖世，天下从之。●《荀子·正论》：尧舜擅让是虚言也，是浅者之传，陋者之说也，不知逆顺之理，小大至不至之变者也，未可与及天下之大理者也。■尧舜禹禅让，为墨家虚构。部分儒家反对之，部分儒家吸收之。

齐宣灭燕谋于孟轲，乐毅存燕败于张仪

前314年，岁在丁未。庄周五十六岁。宋康王二十四年。

周赧王元年。秦惠王更元十一年。楚怀王十五年。魏襄王五年。韩宣王十九年。赵武灵王十二年。齐宣王六年（灭燕）。燕王子之三年（诛灭）。鲁平公九年。卫嗣君元年。越王无疆二十九年。中山先王十四年。

燕人以为，齐军乃是戡乱义师。箪食壶浆，迎接齐军入境入都。

齐军兵不血刃，仅用五十天，占领燕国全境。[1]

匡章开进燕都蓟城，诛杀燕王子之。施以醢刑，剁为肉酱。

燕王子之，从燕相变成燕王，仅仅在位三年（前316—前314），被齐诛杀碎尸。[2]

齐宣王召见群臣："寡人应让燕王哙复位，还是兼并燕国？"

储子因主张伐燕而拜相，于是主张灭燕："秦惠王先灭巴蜀，解除后顾之忧，然后再伐韩国，东进中原。大王也应先灭燕国，解除后顾之忧，然后西进中原，与秦争霸。"

田婴因反对伐燕而罢相，于是反对灭燕："当年周武王分封太公姜尚于齐，分封周公姬旦于鲁，分封召公姬奭于燕。如今周赧王尚在，齐、鲁、燕同为周室三公，大王既然不愿灭鲁，怎能灭燕？"

齐宣王左右为难，召见孟轲："齐桓公、晋文公如何成就霸业？"

孟轲说："孔子之徒从来不说齐桓公、晋文公如何成就霸业，只说周文王、周武王如何成就王业。"

齐宣王问："周文王、周武王如何成就王业？"

孟轲说："保民为王，天下无敌。"

齐宣王问："寡人可以保民为王吗？"

孟轲说："可以。"[3]

齐宣王大悦："寡人伐燕大胜，有人主张取燕，有人反对取燕。以万乘之齐，征伐万乘之燕，五十天攻取全境，绝非人力可致，必是天意所致。天予不取，必遭天谴！先生是否赞成寡人取燕？"

孟轲说："取之而燕民喜悦，大王就取，一如周武王取商。取之而燕民不悦，大王就不取，一如周文王不取商。燕人箪食壶浆，迎接齐师，乃是为了躲避水深火热。大王若是顺天应人，拯救燕民脱离水深火热，即可取燕。"[4]

齐宣王大喜，任命孟轲为上卿，食禄十万钟。听从孟轲之言，下令建造天子号令天下的明堂。命令匡章诛杀燕王哙，焚烧宫室宗庙，夺取礼器重宝，一举兼并燕国。[5]

燕王姬哙，在位四年（前320—前317），禅位燕相子之。禅位三年（前314），被齐灭国杀身。

田婴相齐二十七年（前341—前315），去年反对伐燕而罢相，今年反对灭燕而退休。

忧愤于齐威王的霸业必被齐宣王毁于一旦，病死于封地薛邑。[6]

中山先王魏䂮，听从司马熹之言，助齐伐燕。

中山墨者首领，坚决反对。

司马熹问："墨子之道，是否永远主张非攻？"

墨者首领说："是的。"

司马熹问："那么墨家巨子唐姑果，为何率领秦国墨者助秦伐蜀？"

墨者首领说："唐姑果背叛墨子之道，天下墨者早已不再奉为巨子。"

司马熹说："唐姑果居于秦国，服从秦惠王。先生居于中山，也应服从中山王。如今大王决定伐燕，先生不能反对。"

墨者首领问："相国是否赞成伐燕？"

司马熹说："是的。"

墨者首领问："那么相国是否赞成赵武灵王征伐中山？"

司马熹不再理睬[7]，领兵伐燕，攻取了几十座燕国边邑。

中山先王大喜，册封司马熹为蓝诸君，赦免三世死罪[8]。用伐燕所得青铜武器，铸成圆鼎、方壶以纪功。圆鼎铭文，批评燕王哙"迷惑于子之而亡其邦，为天下戮"，表彰司马熹"亲率三军之众，以征不义之邦。奋桴振铎，辟启封疆，方数百里，列城数十，克敌大邦"。[9]

张仪所率秦军，公孙衍、赵泥所率韩、赵联军，去年相持于浊泽（今河南长葛），延至今年。

秦惠王怒于魏襄王不再助秦伐韩，命令樗里疾伐魏河东，重新攻取了焦邑（今河南三门峡西）、曲沃（今山西闻喜）。驱逐魏民，填入秦民。

樗里疾伐魏大胜，移师加入伐韩。驰援浊泽，协助张仪击溃韩、赵联军，追至浊泽西南的韩国岸门（今河南许昌西北），斩首一万。

赵将赵泥战死，韩相公孙衍逃走。[10]

韩宣王最终没能等到楚国救兵，被迫向秦割地求和，派遣太子韩仓入秦为质。[11]

敌秦的公孙衍罢相，亲秦的公仲朋复相。[12]

十四年前，乐池被司马熹夺去中山相位，与乐毅一起离开中山，转仕赵国。

乐氏兄弟仕赵，一直未受赵肃侯、赵武灵王重用。乐池心灰意懒，不思进取。乐毅必欲报复中山，等待时机。

乐毅得知齐宣王灭燕，向赵武灵王进言："燕、赵结盟，燕国一向牵制中山。如今中山助齐灭燕，夺取燕国边邑，拓土强国，不利赵国。大王怎能坐视燕国灭亡？"

赵武灵王说："当年中山弱于赵国，先君尚且不能战胜中山。如今中山助齐灭燕，国力增强。齐宣王灭燕，已经取代楚国，成为天下最强。寡人虽有伐齐存燕之心，无奈国力太弱。"

乐毅说："大王单独伐齐存燕，当然难以成功。不如先与齐国换地，赵国把河东赵地划归齐国，齐国把河北燕地划归赵国。天下诸侯必被激怒，必将策动伐齐存燕。"

赵武灵王问："齐宣王为何愿意换地？齐、赵换地为何必能激怒天下诸侯？"

乐毅说："齐宣王担心天下诸侯怒其灭燕，必定愿意把河北燕地换给赵国。齐、赵、中山三分燕地，齐国可以不必独自承担灭燕罪责。天下诸侯不知换地乃是大王主动，误以为大王担心齐灭燕后伐赵，被迫向齐献地。天下诸侯必将担心齐宣王灭燕割赵以后，继续西进中原，危及自身，就会策动伐齐存燕。"

赵武灵王心悦诚服，派遣赵庄使齐，提议与齐换地。

齐宣王欣然同意。

楚怀王大怒齐宣王灭燕割赵，派遣昭滑使赵，阻止赵武灵王割地给齐，邀约赵国加入伐齐存燕。[13]

齐宣王闻讯，急召准备返赵的赵庄："寡人不要河东赵地，愿把河北燕地白给赵国。"

赵庄喜出望外，自居有功，返赵复命。

赵武灵王颇为心动，准备接受河北燕地。

乐毅谏阻："大王接受河北燕地，就是与齐国、中山分赃，怎能伐齐存燕？"

赵武灵王顿时醒悟，把赵庄贬为西部重镇蔺邑（今山西柳林）的守将。拒绝接受河北燕地，赵、齐换地无疾而终。[14]

齐宣王召见孟轲："先生支持寡人伐燕取燕，如今天下诸侯策动伐齐存燕，先生有何良策？"

孟轲说："商汤最初只有方圆七十里，周文王最初只有方圆百里。如今齐国方圆千里，大王何必害怕？《尚书》有言：'商汤的征伐，先从相邻的葛国开始，立刻赢得天下信任。随后征伐东夷，西戎抱怨；征伐南蛮，北狄抱怨。天下民众都说：为何不先征伐吾国恶君？'商汤征伐天下，诛杀恶君，解民倒悬，如同大旱以后下雨，所以民众大悦。如今燕君虐待燕民，大王派出正义之师，征伐不义之君，燕民以为拯救自己脱离水深火热，所以箪食壶浆，迎接大王之师。然而大王之师诛杀燕民父兄，镇压燕民子弟，焚烧宫室宗庙，夺取礼器重宝，燕民怎能拥戴？天下原本畏惧齐国强大，如今大王土地加倍，如果不行仁政，必将引来天下之兵。大王唯有归还燕国宗庙重器，根据燕民意愿，重立燕君，撤兵返齐，才能阻止诸侯联合伐齐。"

齐宣王犹豫不决，不愿轻易放弃燕地。[15]

楚怀王遣使至魏，晋见魏襄王："大王只要加入伐齐存燕，楚怀王愿把九年前伐魏所取八城的六城，还给大王。"

魏襄王颇为心动，问策群臣。

田文反对："大王与齐结盟，所以命我为相，怎能加入伐齐存燕？"

魏劲支持："八年前，先王曾命公孙衍收复楚侵八城，结果损兵折将。如今大王不费一兵一卒，就能收回六城，应该加入伐齐存燕。"

魏襄王于是罢免田文，驱逐归齐，改命魏劲为相[16]。又派惠施使赵，共商伐齐存燕。[17]

赵武灵王大悦，派遣乐池往韩，把为质于韩的燕王哙幼子姬职接到邯郸，立为燕王，准备送归燕国。[18]

张仪献策秦惠王："齐宣王灭燕，中原诸侯畏惧齐军西进，必将调集重兵防守东境，西境防守随之空虚，有利于秦军东进。中原诸侯如果伐齐存燕成功，不利于秦军东进。我愿再次使魏，劝说魏襄王退出伐齐存燕！"

秦惠王大喜，命其使魏。

张仪到达大梁，晋见魏襄王："秦惠王不希望大王加入伐齐存燕！齐宣王害怕楚、赵、魏三国伐齐存燕，必将归还燕地，重立燕王。楚怀王必将不再归还魏国六城。大王加入伐齐存燕，必被楚、赵欺骗，又与齐、秦结怨，空有贪地之名！"

魏襄王不听。

张仪离魏至韩，拜见亲秦的韩相公仲朋："秦惠王得知韩国饥荒，愿意助韩伐魏，夺回被公孙衍骗去的南阳。南阳富庶，积粮满仓，必能解救韩国饥荒。"

魏襄王得知张仪策动秦、韩伐魏，大为恐慌，派人至韩，求见张仪。

张仪说："秦惠王不希望魏国加入伐齐存燕，韩宣王希望夺回南阳。除非魏国退出伐齐存燕，否则秦惠王必将帮助韩宣王夺回南阳。"

魏襄王无奈，宣布退出伐齐存燕，又把南阳还给韩国。

楚怀王、赵武灵王无奈，只好暂停伐齐存燕。

齐宣王得知张仪阻止了诸侯伐齐存燕，大喜过望，不再考虑撤兵，命令匡章继续占领燕地。[19]

庄子五十六岁，惠施又从大梁来信。

庄子又摇头叹息："如今惠施既非魏相，也非重臣，无权参与国政，已经六十七岁，仍不服老，竟然主动请缨，为魏襄王出使赵国，联络伐齐存燕。"

蔺且问："夫子曾说，燕王哙禅位子之，动摇君位世袭，得罪天下诸侯，必有亡国之忧。齐宣王伐燕，诸侯必定不救。为何如今诸侯打算伐齐存燕？"

庄子说："如果齐宣王仅命匡章诛杀子之，让燕王哙复位，诸侯必定支持。然而齐宣王却命匡章诛杀燕王哙，兼并了燕国。齐军从戡乱的正义之师，变成了灭燕的不义之师。诸侯担心强齐危及自身，于是转而伐齐存燕。"

蔺且问："惠施一向主张偃兵，为何支持伐齐存燕？"

庄子说："惠施认为，燕王哙是践行墨子之道的圣君，子之是践行墨子之道的贤相，燕王哙禅位子之，乃是墨子之道的首次重大胜利。惠施痛恨齐宣王诛杀燕王哙、子之，所以赞成伐齐存燕！"

蔺且说："天下都说子之是篡位奸臣，没想到惠施竟然认为子之是圣贤。"

庄子说："唐姑果先为墨家巨子，后为秦国廷臣，助秦伐蜀，分裂墨家，多有劣迹，确是伪装圣贤，骗取了腹䵍信任。子之先为燕相，后为燕王，未闻劣迹，难以断言是否伪装圣贤，骗取了燕王哙信任。或许子之确如惠施所言，真是圣贤，仅因受禅为王，危及君位世袭，才被天下孔子之徒诬为篡位奸臣。不过即使子之受禅之前确是圣贤，受禅之后，为了防止太子姬平夺回王位，也会从圣贤变成否君。任何人一旦涉足庙堂，必将陷入争权夺利，逐渐丧失真德。"

蔺且说："夫子之言，解除了我的一大困惑。灭燕的匡章，正是涉足庙堂以后，逐渐丧失真德的显例。匡章最初反对齐威王、魏惠王称王，师从陈仲子，不臣天子，不友诸侯。后来为了保家卫国，向齐威王请命，击败伐齐秦军。此后又奉齐宣王之命接应伐秦联军东撤，仍然未失真德。但是随后又奉齐宣王之命，对伐秦联军落井下石，前后已经判若两人。如今又奉齐宣王之命，诛杀子之、燕王哙，兼并燕国，滥杀燕民，已经丧尽真德！"

庄子感叹："庙堂争权夺利毫无底线，乃是逆淘汰的大染缸，优败劣胜，你死我活，只有小人才能生存，君子根本无法生存。人在庙堂，身不由己，除了同流合污，别无出路。"[20]

笺注

[1]、[4]《齐策二》一：齐因起兵攻燕，三十日（当作五十日）而举燕国。●《孟子·梁惠王下》：齐人伐燕，胜之。宣王问曰："或谓寡人勿取，或谓寡人取之。以万乘之国伐万乘之国，五旬而举之，人力不至于此。不取，必有天殃。取之何如？"孟子对曰："取之而燕民悦，则取之；古之人有行之者，武王是也。取之而燕民不悦，则勿取；古之人有行之者，文王

是也。以万乘之国伐万乘之国，箪食壶浆以迎王师，岂有他哉？避水火也。如水益深，如火益热，亦运而已矣。"■《孟子》"五旬而举之"，可证《齐策二》"三十日"当作"五十日"，"三"为"五"之讹。齐于去年（前315）孟冬伐燕，五十日占领燕全境，已至今年（前314）。

[2]《燕世家集解》引《竹书纪年》：齐人禽子之而醢其身也。■去年（前315）年底燕王子之杀燕王哙太子平，今年（前314）年初齐将匡章杀燕王子之。

[3]《孟子·梁惠王上》：齐宣王问曰："齐桓、晋文之事，可得闻乎？"孟子对曰："仲尼之徒无道桓、文之事者，是以后世无传焉，臣未之闻也。无已，则王乎？"曰："德何如，则可以王矣？"曰："保民而王，莫之能御也。"曰："若寡人者，可以保民乎哉？"曰："可。"■此段或为孟子初见齐宣王之言，或为齐并燕时之言。齐宣王欲行霸道，孟子期以王道，故谓齐宣王可王，又自诩"舍我其谁"。

[5]《燕世家》：王因令章子将五都之兵，以因北地之众以伐燕。士卒不战，城门不闭，燕君哙死，齐大胜，燕子之亡。

[6]田婴今年（前314）以后再无史事，当卒于今年。

[7]《吕览·应言》：司马喜难墨者师于中山王前以非攻，曰："先生之所术非攻夫？"墨者师曰："然。"曰："今王兴兵而攻燕，先生将非王乎？"墨者师对曰："然则相国是攻之乎？"司马喜曰："然。"墨者师曰："今赵兴兵而攻中山，相国将是之乎？"司马喜无以应。

[8]《中山策》三：中山与燕、赵为王，齐闭关不通中山之使，其言曰："我万乘之国也，中山千乘之国也，何侔名于我？"欲割平邑以赂燕、赵，出兵以攻中山。蓝诸君患之。■此策记五国相王时事，而称司马熹为蓝诸君，乃是追称。司马熹受封蓝诸君，事在中山助齐伐燕之后。

[9]《中山王𰉑鼎铭》：唯十四年（前314）中山王𰉑作鼎，于铭曰：呜呼！语不悖哉！寡人闻之，与其溺于人也，宁溺于渊。昔者燕君子哙，叡弇夫悟，长为人宗，见于天下之物矣，犹迷惑于子之而亡其邦，为天下戮，而况才于少君乎？昔者，吾先考成王早弃群臣，寡人幼童未通智，惟傅姆是从，天降休命于朕邦，有厥忠臣赒（即司马熹），克顺克卑，亡不率仁，

敬顺天德，以左右寡人，使知社稷之任，臣宗之宜，夙夜不懈，以诱导寡人。今余方壮，知天若否，论其德，省其行，亡不顺道。考度惟型。呜呼欣哉！社稷其庶乎！厥业载祗。寡人闻之，事少如长，事愚如智，此易言而难行也。非信与忠，其谁能之？其谁能之？惟吾老赒，是克行之。呜呼攸哉！天其有刑，于在厥邦。是以寡人惊任之邦，而去之游，亡慺惕之虑。昔者，吾先祖桓王、昭考成王，身勤社稷，行四方以忧劳邦家。今吾老赒，亲率三军之众，以征不义之邦，奋桴振铎，辟启封疆，列城数十，克敌大邦。寡人庸（用）其德，嘉其力，是以赐之厥命。虽有死辠，及三世亡不赦，以明其德，庸其工（功）。吾老赒奔走不听命，寡人惧其忽然不可得，惮惮业业，恐陨社稷之光，是以寡人许之，谋虑皆从，克有功，智也。诒死辠之有赦，知为人臣之义也。呜呼，念之哉！后人其庸庸之，毋忘尔邦。昔者吴人并越，越人修教备信，五年覆吴，克并之至于今。尔毋大而肆，毋富而骄，毋从而嚣。邻邦难亲，仇人在旁。呜呼，念之哉！子子孙孙，永定保之，毋替厥邦。●《中山王𰯼壶铭》：唯十四年（前314）中山王𰯼，命相邦赒择燕吉金，铸为彝壶，节于禋齐，可法可尚，以飨上帝，以祀先王。穆穆济济，严敬不敢怠荒。因载所美，昭蔡皇功，诋燕之讹，以憼嗣王。惟朕皇祖文、武，桓祖、成考，是有纯德，遗训以施及子孙，用惟朕所仿，慈孝宣惠，举贤使能，天不□其有忨（愿），使得贤才良佐赒，以辅相厥身。余知其忠信也，而专任之邦，是以游夕饮食，宁有慺惕？赒竭志尽忠，以左右厥辟，不贰其心，受任佐邦，夙夜匪懈，进贤措能，亡有□息，以明辟光。敌曹燕君子哙，不辨大义，不忌诸侯，而臣宗□位，以内绝邵公之业，乏其先王之祭祀；外之则将使上觐于天子之庙，而退与诸侯齿长于会同，则上逆于天，下不顺于人也，寡人非之。赒曰："为人臣而反臣其宗，不祥莫大焉。将与吾君并立于世，齿长于会同，则臣不忍见也。赒忨（愿）从在大夫，以请燕疆。是以身蒙皋胄，以诛不顺。"燕故君子哙、新君子之，不用礼义，不辨顺逆，故邦亡身死，曾无一夫之救，遂定君臣之位，上下之体，休有成功，㧪辟封疆。天子不忘其有勋，使其策赏仲父，诸侯皆贺。夫古之圣王，务在得贤，其即得民。故辞礼敬则贤人至，博爱深则贤人亲，作敛中则庶民附。呜呼，允哉若言！明察之于壶，而时观焉。祗祗翼翼，昭告后嗣，惟逆生祸，惟顺生福，载之简策，以戒嗣王。惟德附民，惟义可长，子之子，孙之孙，其永保用亡疆。●《中山太子圆壶铭》：胤嗣妶盗敢明易告：昔者先王慈爱百每竹胄亡疆，日炙不忘大耊型罚，以忧氒民之隹不祇。或叟贤犾司马赒而冢任之邦，逢郾亡道，烫上子之，大臂不宜，反臣其主。隹司马赒訢詻战怒，不能宁处，率师征郾，大启邦宇，枋数百里，隹邦之榦。隹朕先王茅口畋猎于皮新杢其会女林驭右和同四驻汸以取鲜橘卿祀先王德行盛皇隐佚先王。於呼！先王之德弗可复叟，潸潸流涕，不敢宁处，敬命新地雨祠先王，世世毋犯，以追庸先王之工烈，子子孙孙母乂不敬寅社祇承祀。十三年，左使车，啬夫孙固，工竘，重一石三百卅九刀之重。■中山先王魏礜十四年（前314）铸造鼎、壶，刻铭记功（1978年河北平山县三汲乡出土，三汲乡即在中山国都灵寿，中山先王魏礜之墓即在灵寿）。壶铭“唯朕皇祖文、武，桓祖、成考”，即魏属中山前五君的谱系。皇祖“文”即魏文侯，皇祖“武”即魏武侯，“桓祖”即中山桓公魏摰，“成考”即中山成公（魏摰之子、魏礜之父），其名不详，“朕”即中山先王魏礜自称。旧释“皇祖文、武”为周文王、周武王，或释“皇祖文、武”为白狄中山之君，均误。“皇祖文”，即“中山文祖”魏文侯。“皇祖武”，即“中山武公”魏武侯。不明中山史者，多将“中山武公”误视为白狄中山之君。赒为司马熹之名。“先考成王”，即中山成公（魏摰之子）。“邻邦难亲，仇人在旁”，谓赵。“越人修教备信，五年覆吴，克并之至于今”，可证越国此时未灭。

[10]《魏世家》：魏哀王（当作魏襄王）五年（前314），秦使樗里疾伐取我曲沃。走犀首岸门。●《六国表》魏哀王（当作魏襄王）五年（前314）：秦拔我曲沃，归其人。走犀首岸门。●《秦本纪》：秦惠王更元十一年（前314），樗里疾攻魏焦，降之。败韩岸门，斩首万，其将犀首走。●《路史·国名纪》己引《竹书纪年》：魏襄王六年（前313），秦取我焦。■秦惠王称王前已攻取焦、曲沃，后因张仪欲使魏惠王承认秦惠王称王而归还给魏，今年再次攻取。《秦本纪》言秦取焦在今年（前314），本书从之。《路史·国名纪》己引《竹书纪年》言秦取焦在明年（前313），当误，本书不从。

[11]《韩世家》：韩宣王十九年（前314），[秦]大破我岸门，太子仓质于秦以和。●《韩策一》十七：秦、韩战于浊泽，韩氏急。公仲朋谓韩王曰："与国不可恃。今秦之心欲伐楚，王不如因张仪为和于秦，赂之以一名都，与之伐楚。此以一易二之计也。"韩王曰："善。"乃儆公仲之行，将西讲于秦。楚王闻之大恐，召陈轸而告之。陈轸曰："秦之欲伐我，久矣。今又得韩之名都一而具甲，秦、韩并兵而乡，此秦所以庙祠而求也。今已得之矣，楚国必伐矣。王听臣，为之儆四境之内，选师言救韩，令战车满道路；发信臣，多其车，重其币，使信王之救己也。纵韩为不能听我，韩必德王也，必不为雁行以来。是秦、韩不和，兵虽至，楚国不大病矣。为能听我，绝和于秦，秦必大怒，以厚怨韩。韩得楚救，必轻秦。轻秦，其应秦必不敬。是我困秦、韩之兵，而免楚国之患也。"楚王大说，乃儆四境之内，选师言救韩，发信臣，多其车，重其币，谓韩王曰："弊邑虽小，已悉起之矣。愿大国遂肆意于秦，弊邑将以楚殉韩。"韩王大说，乃止公仲。公仲曰："不可。夫以实困我者，秦也。以虚名救我者，楚也。恃楚之虚名，轻绝强秦之敌，必为天下笑矣。且楚、韩非兄弟之国也，又非素约而谋伐秦矣。秦欲伐楚，楚因以起师言救韩，此必陈轸之谋也。且王已使人报于秦矣，今弗行，是欺秦也。夫轻强秦之祸，而信楚之谋臣，王必悔之矣。"韩王弗听，遂绝和于秦。秦果大怒，兴师与韩氏战于岸门，楚救不至，韩氏大败。韩氏之兵非削弱也，民非蒙愚也，兵为秦禽，智为楚笑，过听于陈轸，失计于韩朋也。▲杨宽：浊泽在今河南长葛西北，岸门在今长葛南、许昌北，两地相邻。■去年（前315）秦伐韩浊泽小胜，今年（前314）秦伐韩岸门大胜，策文连言之。此为三晋又一次大败于秦，亦为公孙衍合纵抗秦再次大败。参看《战国纵横家书》二十四。

[12]《韩策一》二一：韩公仲相。齐、楚之交善秦。秦、魏遇，且以善齐而绝齐乎楚。（楚怀）王使景鲤（当作景翠）之秦，（鲤）[翠]与于秦、魏之遇。楚王怒景鲤（当作景翠），恐齐以楚遇为有阴于秦、魏也，且罪景鲤（当作景翠）。[周最]为[秦]谓楚（怀）王曰："臣贺鲤（当作翠）之与于遇也。秦、魏之遇也，将以合齐、秦，而绝齐于楚也。今鲤（当作翠）与于遇，齐无以信魏之合己于秦而攻于楚也，齐又畏楚之有阴于秦、魏也，必

重楚。故鲤（当作翠）之与于遇，王之大资也。今鲤（当作翠）不与于遇，魏之绝齐于楚明矣。齐信之，必轻王，故王不如无罪景鲤（当作景翠），以视齐于有秦、魏，齐必重楚，而且疑秦、魏于齐。"（楚怀）王曰："诺。"因不罪而益其列。■"韩公仲相"可证，今年（前314）敌秦的公孙衍败走岸门之后，即罢韩相归魏，亲秦的公仲朋相韩。诸家多以下文与此无关，而谓四字错简，未明因果。"韩公仲相"以下为明年（前313）之事，详见下章。策文之"景鲤"当作"景翠"，详见下章注9【附考二】。

[13]《赵策三》三：齐破燕，赵欲存之。乐毅谓赵（武灵）王曰："今无约而攻齐，齐必仇赵。不如请以河东易燕地于齐。赵有河北，齐有河东，燕、赵必不争矣。是二国亲也。以河东之地强齐，以燕以赵辅之，天下憎之，必皆事王以伐齐，是因天下以破齐也。"王曰："善。"乃以河东易齐。楚、魏憎之，令淖滑（昭滑）、惠施之赵，请伐齐而存燕。■此为乐毅仕赵之首条史料。今年（前314）乐毅向赵武灵王献策而引发楚、魏"伐齐存燕"，为燕昭王二十八年（前284）乐毅率五国联军伐齐之前因。

[14]《赵策四》九：赵使赵庄合从，欲伐齐。齐请效地，赵因贱赵庄。齐明谓赵（武灵）王曰："齐畏纵人之合也，故效地。今闻赵庄贱，张勤贵，齐必不效地矣。"赵王曰："善。"乃召赵庄而贵之。■齐请效地，非割齐地，乃割河北燕地予赵。赵人贱赵庄，乃贱赵庄使公义之伐齐存燕，变成赵国以公义之名，与齐瓜分燕国。此次合纵伐齐，乃由乐毅策动。乐毅与齐易地乃是诱使诸侯合纵的计策，赵庄未必与闻。乐毅之易地，变成赵庄之受地，两者必有联系。齐明支持赵武灵王白得河北燕地，乐毅必予反对。赵武灵王最终放弃齐明之策，采用乐毅之策。齐明此后离赵仕齐（见下第六十五章注2）。贾谊《过秦论》："六国之士，有宁越、徐尚、苏秦、杜赫之属为之谋，齐明、周最、陈轸、昭滑、楼缓、翟景、苏厉、乐毅之徒通其意，吴起、孙膑、带佗、倪良、王廖、田忌、廉颇、赵奢之伦制其兵。"齐明列于四大谋士之后的首位。

[15]《孟子·梁惠王下》：齐人伐燕，取之。诸侯将谋救燕。宣王曰："诸侯多谋伐寡人者，何以待之?"孟子对曰："臣闻七十里为政于天下者，汤是也。未闻以千里畏人者也。《书》曰：'汤一征，自葛始。天下信之。东

面而征，西夷怨；南面而征，北狄怨。曰：奚为后我？'民望之，若大旱之望云霓也。归市者不止，耕者不变。诛其君而吊其民，若时雨降，民大悦。《书》曰：'徯我后，后来其苏。'今燕虐其民，王往而征之，民以为将拯己于水火中也，箪食壶浆，以迎王师。若杀其父兄，系累其子弟，毁其宗庙，迁其重器，如之何其可也？天下固畏齐之强也，今又倍地而不行仁政，是动天下之兵也。王速出令，反其旄倪，止其重器，谋于燕众，置君而后去之，则犹可及止也。"

[16]《魏世家》：魏哀王（当作魏襄王）八年（前311），伐卫，拔列城二。卫君患之。如耳见卫君曰："请罢魏兵，免成陵君，可乎？"卫君曰："先生果能，孤请世世以卫事先生。"如耳见成陵君曰："昔者魏伐赵，断羊肠，拔阏与，约斩赵，赵分而为二，所以不亡者，魏为从主也。今卫已迫亡，将西请事于秦。与其以秦醳（释）卫，不如以魏醳卫，卫之德魏必终无穷。"成陵君曰："诺。"如耳见魏王曰："臣有谒于卫。卫故周室之别也，其称小国，多宝器。今国迫于难而宝器不出者，其心以为攻卫醳卫，不以王为主，故宝器虽出，必不入于王也。臣窃料之，先言醳卫者，必受卫者也。"如耳出，成陵君入，以其言见魏王。魏王听其说，罢其兵，免成陵君，终身不见。■成陵君即魏劲，十二年后才受封为成陵君，策文称其成陵君乃是追述。魏襄王五年（前314）田文罢魏相，魏劲（成陵君）继相。魏襄王八年（前311）魏劲（成陵君）罢相，田需复相。魏襄王二十年（前299），魏劲受封为成陵君，证见《秦本纪》："秦昭王八年（前299），魏公子劲、韩公子长（当作辰）为诸侯。"魏襄王八年（前311）之后，魏劲仍然长期仕魏襄王，魏襄王二十年（前299）封其为成陵君，策文末句"终身不见"不确。

[17]魏襄王派遣惠施使赵，见上注13：楚、魏憎之，令淖滑（昭滑）、惠施之赵，请伐齐而存燕。此为惠施仕魏之最后史料，此后再无政治活动，留在大梁赋闲，潜心研究墨家名学。

[18]《赵世家》：赵武灵王十一年（当做十二年，前314），王召公子职于韩，立以为燕王，使乐池送之。●《赵世家集解》：徐广曰：《纪年》亦云尔。●《六国表》魏哀王（当作魏襄王）五年（前314）：[赵武灵王]立

燕公子职。●《六国表集解》引《竹书纪年》：赵武灵王十二年（前314）立燕公子职。■据《六国表》、《竹书纪年》，事在今年（前314），《赵世家》误前一年。

[19]《魏策一》二二：楚许魏六城，与之伐齐而存燕。张仪欲败之，谓魏王曰："齐畏三国之合也，必反燕地以下楚，楚、赵必听之，而不与魏六城。是王失谋于楚、赵，而树怨于齐、秦也。齐遂伐赵，区乘丘，收侵地，虚、顿丘危。楚破南阳、九夷、内沛、许，鄢陵危。王之所得者，新观也，而道途宋、卫为制，事败为赵驱，事成功县宋、卫。"魏王弗听也。张仪告公仲，令以饥故，赏韩王以近河外。魏王惧，问张子。张子曰："秦欲救齐，韩欲攻南阳，秦、韩合而欲攻南阳，无异也。且以遇卜王，王不遇秦，韩之卜也决矣。"魏王遂尚遇秦，信韩，广魏，救赵，斥楚人，遽于革下，伐齐之事遂败。●《燕策一》七：宫他为燕使魏，魏不听，留之数月。客谓魏王曰："不听燕使何也？"曰："以其乱也。"对曰："汤之伐桀，欲其乱也。故大乱者克得其地，小乱者可得其宝。今燕客之言曰：'事苟可听，虽尽宝、地，犹微之也。'王何为不见？"魏说，因见燕客而遣之。■楚许魏六城，即九年前（前323）伐魏襄陵取八城之六。宫他为燕使魏留之数月，魏襄王没同意伐齐存燕。楚以六城赂魏，魏襄王遂同意伐齐存燕，后因张仪败之。

[20]《庄子·大宗师》：天之小人，人之君子；天之君子，人之小人也。

张仪使楚怀王受骗，秦楚将战宋钘偃兵

前313年，岁在戊申。庄周五十七岁。宋康王二十五年。

周赧王二年。秦惠王更元十二年。楚怀王十六年。魏襄王六年。韩宣王二十年。赵武灵王十三年。齐宣王七年。燕属齐一年。鲁平公十年。卫嗣君二年。越王无疆三十年。中山先王十五年。

稷下学士春居，晋见齐宣王："周天子尚在，楚怀王身为周封诸侯，不守周礼，算不算明主？"

齐宣王说："不算明主。"

春居又问："楚国百官都不谏阻楚怀王，算不算忠臣？"

齐宣王说："不算忠臣。"

春居说："大王身为周封诸侯，听信孟轲妄言，建造天子才可拥有的明堂。规模宏大，占地百亩，门户三百，建造三年，仍未完工，不仅违背周礼，而且劳民伤财。齐国百官都不谏阻大王，算不算忠臣？"

齐宣王说："不算忠臣。"

春居说："大王明辨是非，既是齐民之福，也是天下之福！楚怀王不是明主，大王才是明主！正如孟轲不是孔子之徒，我才是孔子之徒。"

言毕辞出。

齐宣王大叫："先生留步，为何进谏如此之晚？寡人立刻下令停建明堂！"

命令史官："记下：寡人妄建明堂，违背周礼。孔子之徒春居，谏止寡人。"[1]

齐宣王召见孟轲："有人根据孔子之道，谏阻寡人建造明堂。寡人应该毁掉明堂，还是暂停建造？"

孟轲说："周公礼制规定：王者居于明堂，才能施行王政。大王没有明堂，如何施行王政？"

齐宣王顿时醒悟，命令史官删去刚才的记录，继续建造明堂。[2]

魏襄王前年撤回助秦伐韩之兵，去年遭到秦伐，今年采纳魏劲之策，前往秦国东部边关临晋（今陕西大荔），朝拜秦惠王。

秦惠王把魏襄王之子魏政立为魏国太子[3]，又让十七岁的太子嬴荡娶了魏襄王之女，立为正夫人。[4]

秦惠王采纳张仪之策，命令樗里疾伐赵西部，再次进攻被赵收复的蔺邑（今山西柳林）。

赵庄去年使齐换地失败，贬为蔺邑守将，今年战败被俘。

樗里疾攻破蔺邑，滥杀赵民。[5]

赵武灵王被迫向秦惠王称臣。此后十七年，不敢再与秦国交战，苦思御秦之策。

陈轸上朝，向楚怀王进言："去年岸门之战，秦军大败韩军，韩宣王向秦称臣，太子韩仓入秦为质。年初焦邑之战，秦军大败魏军，魏襄王朝秦称臣，奉秦之命，立魏政为魏太子，与秦联姻，嫁女于秦太子。如今蔺邑之战，秦军又大败赵军，赵武灵王也向秦称臣。三晋均已向秦称臣，秦惠王必将伐楚。大王只有联齐伐秦，才能先发制人。"

楚怀王听从其言，不再策动伐齐存燕，派遣二十七岁的左徒屈原使齐，约齐伐秦。

齐宣王喜出望外，同意助楚伐秦。[6]

楚怀王命令三位楚将，率领九军伐秦，北围曲沃（今山西闻喜，秦侵魏地）、於中（今地不详，秦侵魏地）。齐军助攻，楚军攻取了曲沃。[7]

秦惠王急召张仪："楚国是天下霸主，齐国是中原霸主，两强联合伐秦，先生有何良策？"

张仪说："十年前大王派我使魏，劝说魏惠王联秦伐齐，由于公孙衍与我作对，结果功败垂成。如今三晋均已臣服，只有楚、齐不肯臣服。我愿使楚，劝说楚怀王放弃联齐伐秦，改为联秦伐齐。"

秦惠王说："陈轸离秦仕楚，必与先生作对。如何对付？"

张仪说："楚怀王对陈轸的信任，远远不及魏惠王对公孙衍的信任。况且当年公孙衍执掌魏国兵权，如今陈轸并不执掌楚国兵权，仅是楚相昭阳的门客。这次必能成功！"

秦惠王大悦，命其使楚。

张仪到达郢都，晋见楚怀王："齐宣王不满足于取代魏国成为中原霸主，又想取代楚国成为天下霸主，所以兼并燕国，建造明堂，志在代周为王，天下诸侯均在必伐之列。中山、赵国畏惧齐伐，均已向齐称臣。大王如果畏惧齐伐，也应向齐称臣。否则齐宣王必将伐楚，楚国将与燕国同命！"

楚怀王不悦："寡人固然不肖，怎能有辱历代先王，向齐称臣？"

张仪说："秦惠王同样如此，所以最为敬重大王，宁愿向楚称臣，不肯向齐称臣。大王若能与齐绝交，联秦伐齐，敝国愿献商於之地六百里（今陕西丹凤至河南西峡）。"

楚怀王去年策动伐齐存燕失败，如今既得秦助，又得秦地，大为心动，问策群臣。

楚相昭阳当年冤枉门客张仪偷窃玉璧，鞭笞三百。担心与惠施同命，不敢反对张仪。[8]

上官大夫靳尚说："祝贺大王不出一兵，不伤一卒，得到商於之地六百里。联秦伐齐，必将大胜！"

百官无不祝贺。

楚怀王问陈轸："百官无不祝贺，先生为何不祝贺？"

陈轸说："因为大王不可能得到商於之地，而且必有大患。"

楚怀王问："先生有何凭据？"

陈轸说："秦惠王敢伐三晋，不敢伐楚，乃因楚、齐结盟。如今三晋均已事秦，大王如果轻信张仪，与齐绝交，必将陷入孤立，张仪必定食言。大王不仅不能得到商於之地，还将西有秦患，东有齐患，两国之兵并至。"

楚怀王大怒："不许再言！你看寡人得地。"

宣布与齐绝交，派遣景翠跟随张仪至秦，交割商於之地。

张仪一到咸阳，假装醉酒坠车受伤，三个月不上朝。

靳尚已被张仪买通，于是向楚怀王进言："张仪迟迟不肯交割商於之地，必是认为大王与齐绝交不够彻底。"

楚怀王又派勇士至齐，辱骂齐宣王。

齐宣王大怒，诛杀楚国勇士。楚、齐交恶。

张仪于是假装伤愈，带着景翠上朝，禀报秦惠王："我答应楚怀王，把大王赐给我的封邑六里，献给楚国。"

秦惠王说："可以。"

景翠说："张相国承诺的是商於之地六百里，并非封邑六里。"

秦惠王说："张相国可以作主献出封邑六里，怎能代替寡人作主，擅自割让商於之地六百里？"

景翠返楚复命。

四十六岁的楚怀王，被六十八岁的张仪、四十四岁的秦惠王合伙欺骗，勃然大怒，准备大举伐秦。

陈轸问："我可以说话吗？"

楚怀王说："可以。"

陈轸说："大王既已与齐绝交，与其单独伐秦，不如联秦伐齐。不能得地于秦，仍能取地于齐。如果与齐、秦同时为敌，必将促使齐、秦结盟，楚国大危！"

楚怀王自负天下最强，不听。[9]

宋人宋钘四十八岁，离开齐国稷下，匆匆赶往楚国。走到齐地石丘（今地不详），遇见驾车出游的稷下同事，六十岁的孟轲。

孟轲问："先生行色匆匆，要去哪里？"

宋钘说："楚、秦即将开战，我去劝说楚怀王、秦惠王罢兵，希望至少说服一人。"

孟轲问："先生准备如何劝说？"

宋钘说："我将劝告楚怀王、秦惠王，交战对双方都很不利。"

孟轲说："先生身为墨子之徒，志向固然远大，主张十分错误！即使楚怀王、秦惠王听从先生劝告，也是为了利益而罢兵。假如人臣都以利益事君，人子都以利益事父，人弟都以利益事兄，那么天下必将鄙弃仁义，崇尚利益，最终因为利益而亡。先生应该劝告楚怀王、秦惠王，为了仁义而罢兵。假如人臣都以仁义事君，人子都以仁义事父，人弟都以仁义事兄，那么天下必将鄙弃利益，崇尚仁义，最终因为仁义而王。先生怎能仅对楚怀王、秦惠王言说利益？"

宋钘说："先生身为孔子之徒，所以自居高尚，坚决不肯言利。先生曾对齐威王、宋康王、邹穆公、滕文公、魏惠王、魏襄王、齐宣王言说仁义，固然貌似高尚，但是有何效果？"

孟轲说："君子正其义，不谋其利；明其道，不计其功！"

宋钘不愿再与孟轲争辩，赶往楚、秦。

楚怀王、秦惠王无不自居必胜，不听宋钘规劝。[10]

张仪向秦惠王进言："春秋时代，楚国是天下最强。战国以来，尽管魏、秦、齐变法崛起，楚国仍是天下最强。中原诸侯乱战不休，只求称霸中原，不敢与楚争霸天下。如今大王收服三晋，齐国兼并燕国，秦、齐均已具备挑战强楚的实力。五年前公孙衍发动五国合纵伐秦，楚怀王尽管担任纵长，伐秦主力却是魏军。上半年楚怀王征伐曲沃、於中，小胜少量秦国守军，必然轻敌，所以决定大举伐秦。这是商鞅变法以后，秦、楚首次单独大战，大王不可轻敌！"

秦惠王听从其言，亲往故都雍城（今陕西凤翔），在分处雍城五方的五畤，分别祭祀五方上帝，祈求五方上帝庇佑秦国战胜天下霸主楚国。

大宗祝邵馨，主持了五畤的祭祀。每畤祭祀一毕，即把一块《秦诅楚文》刻石，埋入该畤地下。五块刻石，除了所祭之帝不同，文辞全同。[11]

庄子五十七岁，荀况生于赵国，秦、楚即将大战。

蔺且问："秦、楚大战之前，秦惠王为何要在五畤分祭五帝？"

庄子说："殷商信仰五帝教，商王巡狩天下，都要前往五岳分祭五帝，诸侯不得僭祭。殷商五帝教认为，人死为鬼，王死为帝，所以商王死后无不称帝。周武王灭商以后，废除殷商五帝教，认为天无五帝，仅有一帝，天帝是神，人王非神，王死为鬼，并非为神，所以周王死后无一称帝，全都称谥。周王巡狩天下，仅在东岳泰山独祭东皇泰一，诸侯不得僭祭。西周灭亡，秦襄公护送周平王东迁有功，始封诸侯，首建西畤，僭祭对应于秦国分野的西方白帝。此后历代秦君又增建四畤，分别僭祭东方青帝、北方黑帝、南方赤帝、中央黄帝。如今秦、楚即将大战，信仰西周一神教的楚怀王，仅须在神坛独祭东皇泰一；信仰殷商五帝教的秦惠王，必须在五畤分祭五帝。"[12]

蔺且问："秦君也是周封诸侯，为何不信西周一神教？"

庄子说："西周王室强盛，楚君是西周旧封诸侯，与其他中原诸侯一样改信西周一神教，唯有殷商遗邦宋国仍然信仰殷商五帝教。东周王室衰弱，秦君是东周新封诸侯，所以没有改信西周一神教，仍信殷商五帝教。这是中原鄙视秦人为戎狄的重要原因。"

蔺且问："秦君为何不在一畤合祭五帝，却在五畤分祭五帝？"

庄子说："殷商五帝教认为，五帝分掌五方，互不统辖，合祭必将渎神招祸，分祭才能娱神祈福。"

蔺且问："如果秦国统一天下，代周为王，天下人是否都要改信殷商五帝教？"

庄子说："秦王不仅可能强迫天下人改信殷商五帝教，而且可能像商王一样，死后称帝。这是宗教信仰的重大倒退。"

蔺且问："为何恢复殷商五帝教，是宗教信仰的倒退？"

庄子说："殷商五帝教，乃是多神教，是用五种超自然力量解释世界，遇到解释不通之处，可在多种超自然力量之间变来变去，没有解释难度，毫无解释力。西周泰一教，则是一神教，仅用一种超自然力量解释世界，不能在多种超自然力量之间变来变去，解释难度大增，解释力也随之大增，但是遇到解释不通之处，仍然可用人格神的意志来推托。所以一神教尽管胜于多神教，仍然逊于天道观。老聃完成了从一神教到天道观的飞跃，所以《老子》如此论说天道：'吾不知其谁之子，象帝之先。'"

蔺且问："为何天道观胜于一神教？"

庄子说："一神教认为，主宰天地万物的唯一力量，是超自然、有意志的泰一天帝。尽管比五帝教提高了主观解释力，仍未增进客观理解力。天道观认为，主宰天地万物的唯一力量，是有规律、无意志的自然天道。所以不再满足于提高人类对世界的主观解释力，而是致力于增进人类对世界的客观理解力。此即《老子》所言：'道生一，一生二，二生三，三生万物。人法地，地法天，天法道，道法自然。'"

蔺且问："增进客观理解力，为何胜过提高主观解释力？"

庄子说："信仰宗教，必定降低客观理解力，迷信主观解释力，幻想神灵对自己特别偏心，于是违背天道而胡作非为。信仰天道，必定摒弃主观解释力，增进客观理解力，领悟天道对万物无所亲疏，不会幻想天道对自己特别偏心，于是顺应天道而不敢胡作非为。因为一切胡作非为，必被天道惩罚。此即《老子》所言：'天网恢恢，疏而不失。'"

笺注

[1]《吕览·骄恣》(《新序·刺奢》略同)：齐宣王为大室，大益百亩，堂上三百户。以齐之大，具之三年而未能成。群臣莫敢谏王。春居问于宣

王曰："荆王释先王之礼乐，而乐为轻，敢问荆国为有主乎？"王曰："为无主。""贤臣以千数而莫敢谏，敢问荆国为有臣乎？"王曰："为无臣。""今王为大室，其大益百亩，堂上三百户。以齐国之大，具之三年而弗能成。群臣莫敢谏，敢问王为有臣乎？"王曰："为无臣。"春居曰："臣请辟矣！"趋而出。王曰："春子！春子反！何谏寡人之晚也？寡人请今止之。"遽召掌书曰："书之：寡人不肖，而好为大室。春子止寡人。"

[2]《孟子·梁惠王下》：齐宣王问曰："人皆谓我毁明堂，毁诸？已乎？"孟子对曰："夫明堂者，王者之堂也。王欲行王政，则勿毁之矣。"王曰："王政可得闻与？"对曰："昔者文王之治岐也，耕者九一，仕者世禄，关市讥而不征，泽梁无禁，罪人不孥。老而无妻曰鳏，老而无夫曰寡，老而无子曰独，幼而无父曰孤，此四者，天下之穷民而无告者。文王发政施仁，必先斯四者。《诗》云：'哿矣富人，哀此茕独。'"王曰："善哉言乎！"曰："王如善之，则何为不行？"王曰："寡人有疾，寡人好货。"对曰："昔者公刘好货。《诗》云：'乃积乃仓，乃裹糇粮。于橐于囊，思戢用光。弓矢斯张，干戈戚扬，爰方启行。'故居者有积仓，行者有裹囊也，然后可以爰方启行。王如好货，与百姓同之，于王何有？"王曰："寡人有疾，寡人好色。"对曰："昔者太王好色，爱厥妃。《诗》云：'古公亶父，来朝走马，率西水浒，至于岐下；爰及姜女，聿来胥宇。'当是时也，内无怨女，外无旷夫。王如好色，与百姓同之，于王何有？"▲杨宽：顾颉刚《史林杂识》第二十六《明堂》，谓《吕氏春秋》所谓"齐宣王为大室"，即宣王问孟子是否应毁之明堂。其说可信。■明堂为儒家崇尚周礼之重要项目，众皆欲毁而宣王问孟，必为孟轲之主张。1971—1972年齐都临淄郎家庄一号墓出土漆盖明堂图，可证齐宣王并未停止修建明堂。

[3]《秦本纪》：秦惠王更元十二年（前313），与梁王会临晋。●《魏世家》：魏哀王（当作魏襄王）六年（前313），秦求（《六国表》作"来"）立公子政为太子，与秦（惠）王会临晋。●《列女传》卷三《仁智传》：秦立魏公子政为魏太子。

[4]《秦本纪》：秦昭王二年（前305），悼武王后出归魏。■秦武王嬴荡之王后，为魏襄王之女。秦惠王更元十二年（前313）至秦，无子，秦昭

王二年（前305）归魏。

[5]《秦本纪》：秦惠王更元十二年（前313），庶长疾攻赵，虏赵将庄。
●《赵世家》：赵武灵王十三年（前313），秦拔我蔺，虏将军赵庄。楚、
魏王来过邯郸。●《樗里子列传》：秦惠王二十五年（即更元十二年，前
313），使樗里子为将伐赵，虏赵将军庄豹，拔蔺。●《燕策二》一：龙
贾之战，岸门之战，封陆之战，高商之战，赵庄之战，秦之所杀三晋之民
数百万。今其生者，皆死秦之孤也。▲杨宽：赵庄之战，即指此役，亦大
战也。■《樗里子列传》"庄豹"误，当从《赵世家》、《秦本纪》、《燕策
二》作赵庄。赵庄去年（前314）使齐换地失败，贬为蔺邑守将，今年（前
313）战败被秦虏获。

[6]《屈原贾生列传》：是时屈平既疏，不复在位，使于齐，顾反，谏
怀王曰："何不杀张仪？"怀王悔，追张仪不及。■此时楚怀王欲联齐伐秦，
遂命屈原使齐。张仪使楚献商於之地六百里，楚怀王改变主意，然后屈原
使齐返楚。

[7]《越世家》：楚怀王十六年（前313），楚三大夫张九军，北围曲沃、
於中。●《秦策二》一：齐助楚攻秦，取曲沃。

[8]《张仪列传》：张仪既相秦，为文檄告楚相（昭阳）曰："始吾从若
饮，我不盗而璧，若笞我。若善守汝国，我顾且盗而城！"■二"而"均通
"尔"。

[9]《楚世家》：楚怀王十六年（前313），秦欲伐齐，而楚与齐从亲，
秦惠王患之，乃宣言张仪免相，使张仪南见楚王，谓楚王曰："敝邑之王所
甚说者，无先大王。虽仪之所甚愿为门阑之厮者，亦无先大王。敝邑之王
所甚憎者，无先齐王。虽仪之所甚憎者，亦无先齐王。而大王和之，是以
敝邑之王不得事王，而令仪亦不得为门阑之厮也。王为仪闭关而绝齐，今
使使者从仪西取故秦所分楚商於之地，方六百里，如是则齐弱矣。是北弱
齐，西德于秦，私商於以为富，此一计而三利俱至也。"怀王大悦，乃置相
玺于张仪，日与置酒，宣言"吾复得吾商於之地"。群臣皆贺，而陈轸独
吊。怀王曰："何故？"陈轸对曰："秦之所为重王者，以王之有齐也。今地
未可得，而齐交先绝，是楚孤也。夫秦又何重孤国哉，必轻楚矣。且先出

地而后绝齐，则秦计不为。先绝齐而后责地，则必见欺于张仪。见欺于张仪，则王必怨之。怨之，是西起秦患，北绝齐交。西起秦患，北绝齐交，则两国之兵必至。臣故吊。"楚王弗听，因使一将军西受封地。张仪至秦，佯醉坠车，称病不出三月，地不可得。楚王曰："仪以吾绝齐为尚薄邪？"乃使勇士宋遗北辱齐王。齐王大怒，折楚符而合于秦。秦、齐交合，张仪乃起朝，谓楚将军曰："子何不受地？从某至某，广袤六里。"楚将军曰："臣之所以见命者六百里，不闻六里。"即以归报怀王。怀王大怒，兴师将伐秦。陈轸又曰："伐秦非计也。不如因赂之一名都，与之伐齐，是我亡于秦，取偿于齐也，吾国尚可全。今王已绝于齐而责欺于秦，是吾合秦、齐之交，而来天下之兵也，国必大伤矣。"楚王不听，遂绝和于秦，发兵西攻秦。秦亦发兵击之。●《张仪列传》：秦欲伐齐，齐楚从亲，于是张仪往相楚。楚怀王闻张仪来，虚上舍而自馆之。曰："此僻陋之国，子何以教之？"仪说楚王曰："大王诚能听臣，闭关绝约于齐，臣请献商於之地六百里，使秦女得为大王箕帚之妾，秦、楚娶妇嫁女，长为兄弟之国。此北弱齐而西益秦也，计无便此者。"楚王大说而许之。群臣皆贺，陈轸独吊之。楚王怒曰："寡人不兴师发兵得六百里地，群臣皆贺，子独吊，何也？"陈轸对曰："不然，以臣观之，商於之地不可得而齐、秦合，齐、秦合则患必至矣。"楚王曰："有说乎？"陈轸对曰："夫秦之所以重楚者，以其有齐也。今闭关绝约于齐，则楚孤。秦奚贪夫孤国，而与之商於之地六百里？张仪至秦，必负王，是北绝齐交，西生患于秦也，而两国之兵必俱至。善为王计者，不若阴合而阳绝于齐，使人随张仪。苟与吾地，绝齐未晚也。不与吾地，阴合谋计也。"楚王曰："愿陈子闭口毋复言，以待寡人得地。"乃以相印授张仪，厚赂之。于是遂闭关绝约于齐，使一将军随张仪。张仪至秦，详失绥堕车，不朝三月。楚王闻之曰："仪以寡人绝齐未甚邪？"乃使勇士至宋，借宋之符，北骂齐王。齐王大怒，折节而下秦。秦、齐之交合，张仪乃朝，谓楚使者曰："臣有奉邑六里，愿以献大王左右。"楚使者曰："臣受令于王，以商於之地六百里，不闻六里。"还报楚王，楚王大怒，发兵而攻秦。陈轸曰："轸可发口言乎？攻之不如割地反以赂秦，与之并兵而攻齐，是我出地于秦，取偿于齐也，王国尚可存。"楚王不听，卒发兵而使将军屈匄击秦。

秦、齐共攻楚，斩首八万，杀屈匄，遂取丹阳、汉中之地。楚又复益发兵而袭秦，至蓝田，大战，楚大败，于是楚割两城以与秦平。●《秦策二》一：齐助楚攻秦，取曲沃。其后秦欲伐齐，齐、楚之交善，惠王患之，谓张仪曰："吾欲伐齐，齐、楚方欢，子为寡人虑之，奈何？"张仪曰："王其为臣约车并币，臣请试之。"张仪南见楚王曰："弊邑之王所说甚者，无大大王。唯仪之所甚愿为臣者，亦无大大王。弊邑之王所甚憎者，亦无先齐王。唯仪甚憎者，亦无先齐王。今齐王之罪，其于弊邑之王甚厚，弊邑欲伐之，而大国与之欢，是以弊邑之王不得事王，而令仪不得为臣也。大王苟能闭关绝齐，臣请使秦王献商於之地，方六百里。若此，齐必弱，齐弱则必为王役矣。则是北弱齐，西德于秦，而私商於之地以为利也，则此一计而三利俱至。"楚王大说，宣言之于朝廷曰："不榖得商於之田，方六百里。"群臣闻见者毕贺，陈轸后见，独不贺。楚王曰："不榖不烦一兵，不伤一人，而得商於之地六百里，寡人自以为智矣！诸士大夫皆贺，子独不贺，何也？"陈轸对曰："臣见商於之地不可得，而患必至也，故不敢妄贺。"王曰："何也？"对曰："夫秦所以重王者，以王有齐也。今地未可得，而齐先绝，是楚孤也，秦又何重孤国？且先出地，后绝齐，秦计必弗为也。先绝齐，后责地，且必受欺于张仪。受欺于张仪，王必惋之。是西生秦患，北绝齐交，则两国兵必至矣。"楚王不听，曰："吾事善矣！子其弭口无言，以待吾事。"楚王使人绝齐，使者未来，又重绝之。张仪反秦，使人使齐，齐、秦之交阴合。楚因使一将军受地于秦。张仪至秦，称病不朝。楚王曰："张子以寡人不绝于齐乎？"乃使勇士往詈齐王。张仪知楚绝齐也，出见使者曰："从某至某，广从六里。"使者曰："臣闻六百里，不闻六里。"仪曰："仪固以小人，安得六百里？"使者反报楚王，楚王大怒，欲兴师伐秦。陈轸曰："臣可以言乎？"王曰："可矣。"轸曰："伐秦非计也，王不如因而赂之一名都，与之伐齐，是我亡于秦而取偿于齐也。楚国不尚全乎？王今已绝齐，而责欺于秦，是吾合齐、秦之交也，国必大伤。"楚王不听，遂举兵伐秦。秦与齐合，韩氏从之。楚兵大败于杜陵。故楚之土壤士民非削弱，仅以救亡者，计失于陈轸，过听于张仪。【附考一】《秦本纪》：秦惠王更元十二年（前313），张仪相楚。●《六国表》楚怀王十六年（前313）：张仪来相。●《楚世家》：怀王大悦，乃置相玺于张仪。●《张仪列传》：楚王……乃以相印授张仪。▲杨宽：授相印之说当出于夸张而增饰。【附考二】《秦策四》六：楚使者景鲤（当作景翠）在秦，从秦（惠）王与魏（襄）王遇于境。楚（怀王）怒（景翠），秦（合）[令]周最为楚王曰："魏请无与楚遇，而合于秦，是以鲤（当作翠）与之遇也。弊邑之于与遇善之，故齐不合也。"楚王因不罪景鲤（当作景翠）而德周、秦。●《秦策四》七：楚王使景鲤（当作景翠）如秦。客谓秦（惠）王曰："景鲤（当作景翠），楚王所甚爱，王不如留之以市地。楚王听，则不用兵而得地；楚王不听，则杀景鲤（当作景翠），更与不如景鲤者市，是便计也。"秦王乃留景鲤（当作景翠）。景鲤（当作景翠）使人说秦王曰："臣见王之权轻天下，而地不可得也。臣之来使也，闻齐、魏皆且割地以事秦。所以然者，以秦与楚为昆弟国。今大王留臣，是示天下无楚也，齐、魏有何重于孤国也？楚知秦之孤，不与地，而外结交诸侯以图，则社稷必危，不如出臣。"秦王乃出之。●《韩策一》二一：韩公仲相，齐、楚之交善秦。秦、魏遇，且以善齐而绝齐乎楚。（楚怀）王使景鲤（当作景翠）之秦，（鲤）[翠]与于秦、魏之遇。楚王怒景鲤（当作景翠），恐齐以楚遇为有阴于秦、魏也，且罪景鲤（当作景翠）。[周最]为[秦]谓楚王曰："臣贺鲤（当作翠）之与于遇也。秦、魏之遇也，将以合齐、秦，而绝齐于楚也。今鲤（当作翠）与于遇，齐无以信魏之合己于秦而攻于楚也，齐又畏楚之有阴于秦、魏也，必重楚。故鲤（当作翠）之与于遇，王之大资也。今鲤（当作翠）不与于遇，魏之绝齐于楚明矣。齐信之，必轻王，故王不如无罪景鲤（当作景翠），以示齐于有秦、魏，齐必重楚，而且疑秦、魏于齐。"（楚怀）王曰："诺。"因不罪而益其列。■《楚世家》、《张仪列传》、《秦策二》一均未言随张仪归秦受地之将军为谁，《秦策四》六、七谓文臣景鲤必误，必为武将景翠（又作景缺、景快）。武将景翠仕于楚威王、楚怀王，战死于楚怀王二十九年（前300）秦、楚新城之战，见下第七十章。文臣景鲤仕于楚怀王、楚顷襄王，此时尚非重臣。《秦策四》六"秦令周最谓楚王"可证，《韩策一》二一"为谓楚王"前，原有"周最"二字，刘向仅知周最后期敌秦，不知周最早期亲秦（本书有周最先亲秦、后敌秦之完整叙事），遂删"周最"，却漏删《秦策四》六之"周最"。《韩策一》二一言景翠（亦当作景鲤）随张仪归秦受地，留秦数月期间随秦惠王会见魏襄王，导致楚怀王以为景翠数月不受地是叛楚仕秦，故怒景翠，经周最为秦使楚解释，楚怀王才不罪景翠。

[10]《孟子·告子下》：宋牼（即宋钘，《庄子》称宋荣子）将之楚，孟子遇于石丘，曰："先生将何之？"曰："吾闻秦、楚构兵，我将见楚王，说而罢之。楚王不悦，我将见秦王，说而罢之。二王我将有所遇焉。"曰："轲也请无问其详，愿闻其指。说之将何如？"曰："我将言其不利也。"曰："先生之志则大矣，先生之号则不可。先生以利说秦、楚之王，秦、楚之王悦于利，以罢三军之师，是三军之士乐罢而悦于利也。为人臣者，怀利以事其君，为人子者，怀利以事其父，为人弟者，怀利以事其兄，是君臣、父子、兄弟终去仁义，怀利以相接，然而不亡者，未之有也。先生以仁义说秦、楚之王，秦、楚之王悦于仁义，以罢三军之师，是三军之士乐罢而悦于仁义也。为人臣者，怀仁义以事其君，为人子者，怀仁义以事其父，为人弟者，怀仁义以事其兄，是君臣、父子、兄弟去利，怀仁义以相接也，然而不王者，未之有也。何必曰利？"▲杨宽：综观当时形势，"秦楚构兵"起于楚怀王十五年（前314）末或十六年（前313）初，即在十六年"齐助楚攻秦，取曲沃"之前，"楚三大夫张九军北围曲沃、於中"之时。是时孟子去齐，有事至宋，因而与宋牼相遇。■杨说非。事在"齐助楚攻秦，取曲沃"之后。"楚三大夫张九军北围曲沃、於中"，是秦、楚首次交战，规模不大，事起突然，宋钘未必能够事先得知。此后张仪至楚欺骗怀王，怀王欲大规模伐秦，宋钘方能事先得知，遂往说之。宋钘、孟子均为齐国稷下学士，相遇之地在齐。杨宽所言"孟子去齐，有事至宋，因而与宋牼相遇"，违背宋钘、孟子均为齐国稷下学士之史实。

[11]杨宽：《秦诅楚文》刻石三件，皆秦王宗祝请神加殃楚王之而"克剂楚师"之文告，文辞相同，惟所祀之神不同。……战国时秦、宋等国流行巫师咒诅敌国姓之巫术，甚至制造敌国君主之像，在神前咒骂而加以射击。……当时秦已迁都咸阳，但据《史记·封禅书》所载，秦所有祭祀上帝、天神、日、月、星、辰、风伯、雨师之祠庙以及祖庙，皆在旧都雍（在今陕西凤翔县城以南）。秦王三年一度"郊见上帝"之礼，以及重大之典礼，

皆必至雍举行。直到秦始皇时仍如此。……容庚系此事于楚怀王十六年（前313），秦惠王更元十二年（前313），在秦相张仪入楚欺骗楚王献"商於之地六百里"之后，怀王大怒而发兵西击秦。此说甚是。■北宋曾见《秦诅楚文》五块刻石之三。其一，北宋嘉祐年间，于陕西凤翔（即秦旧都雍）开元寺出土《告巫咸文》刻石。其二、其三，北宋治平年间，于朝那湫旁出土《告大沈厥湫文》刻石，又于洛阳出土《告亚驼文》刻石。南宋之时，三石已佚。参看容庚《古石刻拾零》(1934)、郭沫若《诅楚文考释》(全集九，考古编)。仪式重复五次，每次分祭一帝。若非如此，仅须把五帝之名全刻于一石，无须分刻文字全同（仅异其神之名）的五石。巫咸、大沈厥湫、亚驼，分别对应五帝之一，乃是不敢直称帝讳之代号。朝那湫在今甘肃平凉市西北，《史记正义》引《括地志》："朝那祠在原州平高县东南二十里。"

[12]参看拙著《隐秘的战国真史》之《以"王"僭"帝"的秦汉秘史》。

楚怀伐秦九国混战，燕昭复国孟轲离齐

前312年，岁在己酉。庄周五十八岁。宋康王二十六年。

周赧王三年。秦惠王更元十三年。楚怀王十七年。魏襄王七年。韩宣王二十一年（卒）。赵武灵王十四年。齐宣王八年。燕属齐二年。鲁平公十一年。卫嗣君三年。越王无疆三十一年。中山先王十六年。

年初，秦惠王亲往魏国西部边邑蒲坂（今山西永济），会见魏襄王、韩宣王，商议共同迎击楚军。[1]

开春，楚怀王派出两路楚军。

屈丐率领楚军主力伐秦，进攻张仪食言不献的商於（今陕西商州）。[2]

景翠率领楚军一支伐韩，围攻雍氏（今河南禹州东北），牵制韩国助秦。[3]

齐宣王虽怒楚怀王与齐绝交，仍把秦国视为最大威胁，邀约宋康王共伐魏国东部的煮枣（今山东东明），牵制魏国助秦。[4]

宋康王尽管与秦结盟，但又畏惧相邻的强齐，不敢不从。

四月，越王无疆认为齐灭燕后如果又败魏国，必将危及越国，于是命令公师隅助魏抗齐。

公师隅率领三百条战船，带着五百万利箭，沿着吴王夫差开通的邗沟，转入白圭开通的鸿沟，开赴魏国，助魏抗击齐、宋联军。[5]

赵武灵王虽已向秦称臣，仍然不满魏、韩助秦伐楚，命令赵何领兵，伐魏北疆，牵制魏国助秦。[6]

秦惠王采纳张仪之策，派出三路秦军。

张仪死党、魏人魏章担任主帅，率领中路军主力，先在秦地丹阳（今河南西峡丹水北），迎击伐秦的楚军主力。杀死主将屈丐、偏将逢侯丑等七十余名楚将，斩首八万。[7]

甘茂率领西路军，进攻楚地汉中（楚国汉水中部，并非陕西汉中）。魏章击败屈丐以后，驰援甘茂，攻取了汉中之地六百里，设为汉中郡。[8]

樗里疾率领东路军，首先驰援韩国雍氏，帮助韩军击败景翠的楚军。然后驰援魏国煮枣，帮助魏国武卒和越国水军，击败齐、宋联军。[9]

楚怀王未得商於之地六百里，反失汉中之地六百里，狂怒不已，尽发倾国之兵，亲征秦国。一路挺进，迅速攻至蓝田（今陕西西安蓝田），逼近咸阳（今陕西西安）。

秦惠王大惊，立刻调整部署，命令魏章率领中路军主力回救咸阳，甘茂的西路军留守汉中。[10]

韩国已解雍氏之围，魏国已解煮枣之围，于是合兵南下，袭击楚国后方。一路挺进，迅速攻至邓邑（今河南邓州），逼近郢都（今湖北江陵）。

越军已助魏、秦击败围攻煮枣的齐、宋联军，转而移师伐齐。

齐宣王重兵驻于燕地，国内兵力不足，于是遣使至越，晋见越王无疆："楚国数世伐越，乃是越国大仇宿敌。如今楚怀王率领倾国之兵亲征秦国，深入秦境，后方空虚，正是大王攻破郢都、复兴勾践霸业的良机！"

越王无疆听从其言，停止伐齐，转而移师伐楚。[11]

楚怀王正在蓝田，与回救咸阳的秦军主力决战，得知韩、魏、越袭击后方，逼近郢都，大为惊恐，立刻撤兵回救。

魏章紧追不舍，大破楚军主力。[12]

商鞅变法以后的首次秦、楚大战，以秦军大胜、楚军惨败告终。秦国从此取代楚国，跃居天下最强。

秦惠王四十五岁，大胜强楚，狂喜不已。册封六十九岁的张仪为武信君，册封四十岁的樗里疾为严君。[13]

楚怀王四十七岁，败归郢都，羞见陈轸，罢免昭阳，改命昭鱼为相。

又命二十八岁的左徒屈原使齐，与齐重修旧好。

苏代之弟苏秦，今年三十九岁，愤于暴秦击败强楚，于是离开洛阳乡下，前往楚国郢都，拜见陈轸："先生如果用我之策，不仅有利楚国，更加有利先生。可使魏襄王转而亲楚，韩宣王转而听楚，秦惠王驱逐张仪，秦军不再东进，天下无不事楚，先生大用于楚。"

陈轸问："如何做到？"

苏秦说："先生可以献策楚怀王，献地给韩、秦，让韩相公仲朋劝说秦惠王、韩宣王与楚罢兵。秦、韩不用兵而得地，必定与楚罢兵，魏襄王也不敢单独与楚再战。再让公仲朋告诉秦惠王：'如今秦国，已成张仪之国。张仪及其死党魏章，都是魏人，全都忠魏不忠秦。齐、宋伐魏，张仪派遣樗里疾救魏。魏章寸功未立，却被张仪任命为秦军主帅，位居樗里疾、甘茂之上。魏章用兵不当，导致咸阳险些受兵。'秦惠王必定大怒张仪，不再伐楚，转而伐魏。这样不仅有利楚国，而且先生也能大用于楚，权倾天下。"

陈轸说："先生大言欺世，视天下之事如此轻易，恕我不敢领教！"[14]

苏秦献策失败，回到洛阳乡下。

苏代之妻说："你大哥苏代，五年前为齐使燕，诱使燕王哙禅位子之，引发燕国内乱，为齐宣王灭燕立下首功，受到重赏。你不肯借光仕齐也罢，竟然不抱张仪粗腿，偏偏去烧陈轸冷灶。你也不想想，陈轸在秦不得秦惠王信任，在楚不得楚怀王信任，在秦、在楚都斗不过张仪，如今靠山昭阳也已罢相，你去投靠陈轸，岂非自讨没趣？"

苏厉之妻说:"是啊!你三弟苏厉,托大哥之福仕齐,如今我们母子过得滋润多了。二哥心比天高,害得母亲为你操心,二嫂仍在种地!"

苏秦说:"真是妇人之见!大哥为齐立功,虽受重赏,未得重用。三弟借光仕齐,无功受禄,不过勉强混口饭吃。稷下学宫汇聚天下贤才,仕齐难以得到重用。我不求一时富贵,只愿万世留名。大哥、三弟尚且不懂我,何况你们!"[15]

张仪上半年策动秦、魏、韩三国连横,大破楚军。下半年又策动秦、魏、韩、赵四国连横,转而实施自己两年前一手破坏的伐齐存燕。

樗里疾的东路军,与魏、韩合兵,先攻齐国西疆,在濮上击败齐军,杀死齐将赘子。

赵武灵王听从乐毅之言,命令乐池率领赵军,与秦、魏、韩合兵,北伐齐占燕地。

各地燕民立刻叛齐,配合四国之兵,全线击败占领燕地的齐军。

匡章率领齐军残部,撤回齐国。[16]

居赵两年的燕王哙幼子姬职,随同乐池的赵军,归燕即位。史称燕昭王。

齐灭燕两年,燕昭王复国。[17]

张仪向秦惠王进言:"楚国元气大伤,已经不足为虑。齐国虽失燕地,元气并未大伤。大王助燕复国,正可与燕结盟,牵制齐国。宋康王与秦结盟,今年竟敢助齐伐魏,我愿使宋,斥责宋康王,命其向秦借道。然后继续伐齐,以竟全功。"

秦惠王听从其言,把宠妃芈八子之女、十七岁的嬴氏嫁给燕昭王,立为王后。又让芈八子之子、十四岁的庶子嬴稷,往燕为质。秦、燕联姻结盟。[18]

张仪亲赴商丘,质问宋康王:"宋、魏与秦结盟,齐国与秦敌对,大王为何助齐伐魏?"

宋康王大为惶恐："寡人与秦结盟，并未与魏结盟。如今齐国强大，又与宋国相邻，寡人若不助齐伐魏，齐宣王必将伐宋！"

张仪说："大王只要允许秦军借道伐齐，秦惠王不仅不再追究此事，还会命令魏襄王不报复宋国。"

宋康王庆幸躲过秦伐，答应借道。

齐宣王问策群臣："张仪使宋，准备借道伐齐。如何应对？"

田朌说："秦、宋远隔，齐、宋相邻。宋康王其实不敢得罪大王，只是经不住张仪恫吓，才会被迫借道。如今宋国饥荒严重，大王只要运粮至宋，宋康王就会拒绝向秦借道。秦军无法越宋伐齐，只能退兵。齐国一旦恢复元气，就能要求宋国归还粮食。如果不还，大王即可伐宋！"

齐宣王听从其言，运粮至宋。[19]

宋康王问策群臣："秦惠王向寡人示威，齐宣王向寡人示好。寡人夹在两强之间，左右为难。"

戴不胜说："今年中原饥荒，宋国最为严重。大王不减赋税，宋民已经饿死不少。齐国送粮，正可解救燃眉之急。大王应该接受齐粮，拒绝向秦借道。"

唐鞅说："商丘有个农夫，嫌禾苗长得太慢，就拔高禾苗，希望助其成长，结果禾苗全部枯死。宋人拔苗助长，又成天下笑谈[20]。大王既应接受齐粮，也应向秦借道。"

曹商说："五年前秦、魏敌对，魏相公孙衍合纵伐秦失败，所以齐、宋伐魏观泽获胜。今年秦、魏结盟，所以齐、宋伐魏煮枣失利。可见大王与秦一致，就会得利，大王与秦不一致，就会失利。如今秦国大败楚、齐，助燕复国，三晋、燕、宋均已与秦结盟，秦国已是天下最强。大王助齐伐魏，已经得罪秦惠王，若再拒绝借道，必将招来秦伐。大王不能接受齐粮，只能向秦借道！"[21]

宋康王听从曹商之言，允许秦军借道伐齐，诛杀拔苗助长的商丘农夫。退回齐粮，告诉齐使："敝国粮仓满溢，没有饥荒！"

正在此时，韩宣王死了，在位二十一年（前332—前312）。第八年称王，第十年参加五国相王。前八年为韩威侯，后十三年为韩宣王。

在秦为质的太子韩仓，归韩继位，即韩襄王。[22]

韩国首次以王礼为国君治丧，诸侯无不遣使吊丧。

张仪被迫暂缓连横伐齐。

齐宣王四十岁，被张仪策动的连横四国击败，失去燕地，于是怒杀王后嬴氏（秦惠王女），废黜嬴氏之子的太子之位。[23]

田文三十四岁，前年反对魏襄王加入伐齐存燕，罢免魏相归薛。不久田婴病死，田文袭封，封号孟尝君，仍称薛公。

兒说三十九岁，前事田婴，今事田文，又献一策："主公不妨建言新王后、新太子人选，引起大王注意。大王一旦想起靖郭君曾经反对伐燕灭燕，必将罢免主张伐燕灭燕的储子。大王感念靖郭君强齐之功，必将任命主公为相。"

田文说："立后立储乃是大王私事，怎能妄言？先君仅言国事，一言不合，即被罢相。我若妄言私事，一言不合，必将求相不成，反而招祸！"

兒说说："当然不能妄言，必须巧言。主公可向大王进献十块玉佩，九块成色较逊，一块成色极佳，明言献给十位王子。大王分赐众子，得到最佳玉佩者，必将立为新太子。"

田文心悦诚服，依言而行。[24]

无盐（今山东东平）丑女钟离春，四十未嫁，闯入王宫，怒斥齐宣王："大王南有强楚绝交辱骂之仇，西有暴秦连横伐齐之患，北有弱燕叛齐复国之败，乃因宠信奸臣，不用良臣，所以贤人隐于山林，佞人聚于左右，邪伪立于朝堂，百官不敢进谏。酿成今日之祸，大损先王之威！"

齐宣王大为惭愧："寡人既无良臣之谏，又无贤后之助，确实有辱父王威名！"[25]

田文告诉兒说："大王已把最佳玉佩赐给王子田地，我是否可以劝说大王立田地为太子?"

兕说大摇其头:"这样仍然过于危险!因为立太子,重于立王后。主公不如劝说大王立田地之母为王后。"

田文大为疑惑:"田地必为太子,田地之母却未必会立为王后。"

兕说说:"即使大王立其他嫔妃为王后,田地一旦继位,仍将感激主公议立其母。主公不仅要谋求相位,还要谋求相运久长。"

田文感叹:"先生真是深谋远虑!难怪先君如此敬重先生。"

依言而行,向齐宣王进言,立田地之母为王后。

齐宣王立田地为新太子,立钟离春为新王后。

罢免储子,改命田文为相。

田文向齐宣王进言:"如今秦、魏连横,不利齐国。去年秦惠王立魏政为魏太子,大王如果不希望魏政继位以后仍然亲秦,不如与魏联姻,嫁女于魏政。"

齐宣王听从其言,把田地之妹嫁给魏政,立为正夫人。[26]

齐宣王召见陈贾:"孟轲最初支持寡人伐燕取燕,两年前楚怀王、赵武灵王策动伐齐存燕,孟轲又劝说寡人从燕地撤兵。寡人正准备从燕地撤兵,张仪竟然阻止了诸侯伐齐存燕,于是寡人没从燕地撤兵。没想到今年张仪自己策动诸侯伐齐存燕,燕民趁机叛乱,导致寡人失去燕地。孟轲责怪寡人不听其言,拒绝寡人召见。寡人深感惭愧!"

陈贾说:"大王何必惭愧!周公命令管叔监视殷民,管叔却与殷民共同叛乱。如果周公预知管叔可能叛乱,就是不仁。如果周公不知管叔可能叛乱,就是不智。周公乃是孔子之徒称颂的圣人,尚有不仁不智之时,何况大王?我为大王去见孟轲。"

陈贾前往稷下学宫,拜见孟轲:"周公是何等人?"

孟轲说:"圣人。"

陈贾问:"周公命令管叔监视殷民,管叔却与殷民共同叛乱。有无此事？"

孟轲说："有。"

陈贾问："周公是否预知管叔将会发动叛乱？"

孟轲说："不知。"

陈贾问："圣人也有过错吗？"

孟轲说："周公是弟，管叔是兄。弟弟信任哥哥，即使错了，岂非情有可原？古之君子，有了过错如同日食月食，民众无不看见；一知过错必定改正过错，民众无不仰望。今之君子，有了过错仍然坚持过错，一知过错必定文过饰非！"[27]

孟轲辞去上卿，准备归邹。

齐宣王亲往稷下学宫，送别孟轲："先生先是拒见寡人，如今又要归邹。不知今日一别，是否还有相见之日？"

孟轲说："大王好自为之，或许还有相见之日。"[28]

次日，孟轲向稷下祭酒淳于髡告辞。

淳于髡说："大王命我挽留先生，留任稷下学士，食禄万钟。"

孟轲说："我已辞去上卿之禄十万钟，为何留恋学士之禄万钟？"

淳于髡说："先生一再重申孔子之言'君要像君，臣要像臣'，就是要让君之实符合君之名，臣之实符合臣之名。先生身为齐国上卿，既未使君之实符合君之名，也未使臣之实符合臣之名，怎能独善其身离开？忘了曾经发愿兼济天下，怎能算是仁者？"

孟轲说："孔子曾为鲁司寇，鲁定公不用其言，毅然去国，周游天下。君子所为，众人岂能明白？"[29]

于是带着弟子公孙丑、充虞，离齐归邹。

走到临淄西北的昼邑，停留三天。第四天重新启程。

尹士对高子说："孟轲如果不知大王并非汤、武，就是不明。如果知道大王并非汤、武，仍然求仕，就是干禄。千里见王，不用而去，却在昼邑停留三天，走得多慢啊！我鄙视孟轲为人！"

高子派人追上孟轲，转告尹士之言。

孟轲说："尹士怎能明白我的为人？千里见王，确是我的愿望。不用而去，并非我的愿望。我在昼邑停留三天，然后离开，还嫌走得太快，希望大王承认过错，派人来追。大王不追，我才决意归邹。"[30]

充虞说："夫子曾经教导弟子：'君子不怨天，不尤人。'夫子为何如此不高兴？"

孟轲说："彼一时，此一时。五百年必有王者兴起，必有辅佐王者的贤人名世。西周至今七百余年，早已超过五百年，该有王者兴起了。上天不希望天下太平则罢，如果希望天下太平，那么辅佐王者的贤人，当今之世，舍我其谁？"[31]

孟轲走到休邑（今山东滕州北），公孙丑问："夫子在齐担任上卿，是否曾经动心？"

孟轲说："未曾动心。孔子是四十不惑，我是四十不动心。"

公孙丑说："那么夫子的贤德，虽未超过孔子，至少超过了先祖孟贲。"

孟轲说："不动心不难，连告子也能不动心。"

公孙丑问："不动心有道吗？"

孟轲说："有。只要不像宋人助长其苗那样，助长其心。"

公孙丑问："宋人如何助长其苗？"

孟轲说："宋人嫌禾苗长得太慢，就把禾苗拔高，结果禾苗全部枯死。世人助长其心，一如宋人助长其苗，不仅无益，而且有害。"

孟轲六十一岁，离齐归邹，再未出游求仕。[32]

庄子五十八岁，九国混战，中原饥荒。宋国助齐伐魏，被魏、越、秦击败。

蔺且问："孟轲嘲笑宋人拔苗助长，夫子反对世人擢拔真德，语言似乎相近，意旨为何相反？"

庄子说："《老子》有言：'师之所处，荆棘生焉。大军之后，必有凶年。'若非天下饥荒，宋康王又横征暴敛，商丘农夫何必拔苗助长？孟轲仅仅嘲笑拔苗助长的宋国农夫，却不抨击迫使宋国农夫拔苗助长的宋康王。孟轲所言不动心，不助长其心，是说不动邪恶之心，不助长邪恶之心，保留仁义之心，助长仁义之心。孟轲既然把人心分为邪恶之心、仁义之心，怎能坚持人性本善？可见孟轲之言毫无经纬本末，不知仁义并非真德，仅是揠拔助长真德以后的伪德。"

蔺且问："为何仁义属于伪德？"

庄子说："《老子》有言：'天地不仁，以万物为刍狗；圣人不仁，以百姓为刍狗。'攻战杀伐违背仁义，然而齐宣王以戡乱为名伐燕灭燕，张仪策动诸侯伐齐存燕，无不号称仁义之师。好战嗜杀的诸侯，无不自居仁义。诸侯有无仁义之名，与其自身有无仁义之实无关，仅仅取决于胜败，胜者即有仁义之名，败者即无仁义之名。可见孔子之徒鼓吹的仁义，并无客观标准，诸侯必将为了自我拔高而窃居仁义，民众必将为了谋取富贵而伪装仁义，因此仁义必成伪德。老聃之徒尊崇的道德，则有客观标准，诸侯无法窃居，民众无法伪装。"[33]

笺注

[1]《水经·河水注》引《竹书纪年》：魏襄王七年（前312）孟春，秦王来见于蒲坂关。▲杨宽：蒲坂在今山西永济东，蒲坂关在蒲坂西南黄河西岸，与黄河东岸之临晋关相对。临晋在陕西大荔东，临晋关在临晋东北黄河东岸。此时蒲坂关为魏所有，临晋关为秦所有，乃秦、魏交界之主要关塞所在。……《秦本纪》言秦惠文王更元十二年"王与梁王会临晋"，《魏世家》亦言哀王（当作襄王）六年"与秦会临晋"，所记当为一事。■杨宽将二年之事误为一年之事。去年（秦惠王更元十二年、魏襄王六年，前313）秦无楚伐之忧，故秦、魏会于秦之临晋关，秦立魏政为魏太子。今年（秦惠王更元十三年、魏襄王七年，前312）秦有楚伐之忧，欲魏、韩助秦抗楚，故秦、魏会于魏之蒲坂关。两年两会，秦之姿态不同，不可混淆。韩宣王亦当参与今年之会，否则不会配合秦国攻楚。

[2]、[7]、[12]《秦本纪》：秦惠王更元十三年（前312），庶长章击楚于

丹阳，虏其将屈匄，斩首八万；又攻楚汉中，取地六百里，置汉中郡。●《樗里子列传》：明年（秦惠王更元十三年，前312），助魏章攻楚，败楚将屈丐，取汉中地。●《韩世家》：韩宣王二十一年（前312），与秦共攻楚，败楚将屈丐，斩首八万于丹阳。●《楚世家》：楚怀王十七年（前312）春，与秦战丹阳，秦大败我军，斩甲士八万，虏我大将军屈匄、裨将军逢侯丑等七十余人，遂取汉中之郡。楚怀王大怒，乃悉国兵复袭秦，战于蓝田，大败楚军。韩、魏闻楚之困，乃南袭楚，至于邓。楚闻，乃引兵归。●《楚策一》十八：楚尝与秦构难，战于汉中，楚人不胜，通侯执珪死者七十余人，遂亡汉中。楚王大怒，兴师袭秦，战于蓝田，又却。●《水经·沔水注》：周赧王二年（当作三年，前312），秦惠王置汉中郡。■丹阳，今河南西峡丹水以北。一说今湖北秭归东南，当非。此时楚国北界已至河南，非湖北。

[3]《秦本纪》：秦惠王更元十三年（前312），楚围雍氏，秦使庶长疾助韩，而东攻齐到（满）[濮]，助魏攻燕。■"满"为"濮"之讹，杨宽据《六国表》、《齐策六》"濮上"校正。旧或误读"到满助魏攻燕"，误以"到满"为秦将。●《田世家》：齐湣王十二年（当作齐宣王八年，前312），楚围雍氏。●《六国表》韩宣王二十一年（前312）：秦助我攻楚，围景痤（景翠）。●《韩世家集解》：徐广曰：《秦本纪》惠王后元十三年，（《周本纪》）周赧王三年，（《楚世家》）楚怀王十七年，（《田世家》）齐湣王十二年，皆云"楚围雍氏"。《纪年》于此亦说"楚景翠围雍氏。韩宣王卒，秦助韩共败楚屈丐"，又云"齐、宋围煮枣"。皆与《史记年表》及《田完世家》符同。然则此卷所云"（韩）襄王十二年，韩咎从其计"以上，是楚后围雍氏，赧王之十五年事也。又说"楚围雍氏"以下，是楚前围雍氏，赧王之三年事。■楚围雍氏（今河南禹州东北）两次，此为第一次，在楚怀王十七年、韩宣王二十一年、周赧王三年（前312），《秦本纪》秦惠王更元十三年"楚围雍氏"记之，《西周策》八、《东周策》八"楚攻雍氏"言之，《竹书纪年》亦曰："楚景翠围雍氏。韩宣王卒（前312），秦助韩共败楚屈丐。"第二次在楚怀王二十九年、韩襄王十二年、周赧王十五年（前300），《韩世家》韩襄王十二年"楚围雍氏"记之，《西周策》四"雍氏之役"、《韩

《策二》一"楚围雍氏五月"言之。《秦本纪》失记第二次,《韩世家》失记第一次,《楚世家》失记两次。《周本纪》将第二次"楚围雍氏"(内容同于《西周策》四)误记于周赧王八年(前307),《甘茂列传》也将第二次"楚围雍氏"误记于秦昭王立年(前307),其实楚怀王二十二年(前307)无"楚围雍氏"。

[4]、[9]《韩世家集解》引《竹书纪年》:齐、宋围煮枣。●《田世家》:齐湣王十二年(当作齐宣王八年,前312),攻魏。楚围雍氏,秦败屈丐。●《战国纵横家书》二二《苏秦谓陈轸章》:齐、宋攻魏,楚围雍氏,秦败屈丐。▲杨宽:煮枣在今山东东明县南。盖齐、宋合军围煮枣,与楚围雍氏同时。秦使樗里疾率军入三川,先与韩解雍氏之围,并与韩协助秦将魏章大败楚将屈丐于丹阳,然后疾又以秦与韩、魏三国之兵东进,从而解煮枣之围,大败齐师于濮上,又助魏攻燕,又与魏攻卫。■秦助魏攻燕,乃攻占燕之齐师,故而今年(前312)燕昭王复国(明年元年)。秦与魏攻卫,则在明年(前311)。

[5]《水经·河水注》引《竹书纪年》:今王(魏襄王)七年四月,越王使公师隅来献乘舟始罔及舟三百、箭五百万、犀角、象齿。■长江、淮河两大水系,原本不通,吴王夫差开通邗沟而通之。黄河、淮河两大水系,原本不通,白圭治大梁周边水域而通之。两者均为隋代大运河之最早河段。两者有助于宋国定陶汇通天下商贸。

[6]《赵世家》:赵武灵王十四年(前312),赵何攻魏。■此赵将赵何,与赵惠文王同名。

[8]《甘茂列传》:甘茂……因张仪、樗里子而求见秦惠王,王见而悦之,使将,而佐魏章略定汉中地。

[10]《楚世家》:楚怀王十七年(前312)……(丹阳、雍氏之败以后)楚怀王大怒,乃悉国兵复袭秦,战于蓝田,楚军大败。韩、魏闻楚之困,乃南袭楚,至于邓。楚闻,乃引兵归。●《秦策四》一:……秦取楚汉中,再战于蓝田,大败楚军。韩、魏闻楚之困,乃南袭至邓,楚王引归。

[11]《越世家》:王无彊(疆)时,越兴师北伐齐,西伐楚,与中国争强。当楚威王(当作楚怀王)之时,越北伐齐,齐威王(当作齐宣王)使

人说越王曰："越不伐楚，大不王，小不伯。图越之所为不伐楚者，为不得晋也。韩、魏固不攻楚。韩之攻楚，覆其军，杀其将，则叶、阳翟危；魏亦覆其军，杀将，则陈、上蔡不安。故二晋之事越也，不至于覆军杀将，马汗之力不效。所重于得晋者何也？"越王曰："所求于晋者，不至顿刃接兵，而况于攻城围邑乎？愿魏以聚大梁之下，愿齐之试兵南阳莒地，以聚常、郯之境，则方城之外不南，淮、泗之间不东，商、於、析、郦、宗胡之地，夏路以左，不足以备秦，江南、泗上不足以待越矣。则齐、秦、韩、魏得志于楚也，是二晋不战分地，不耕而获之。不此之为，而顿刃于河山之间以为齐秦用，所待者如此其失计，奈何其以此王也！"齐使者曰："幸也越之不亡也！吾不贵其用智之如目，见豪毛而不见其睫也。今王知晋之失计，而不自知越之过，是目论也。王所待于晋者，非有马汗之力也，又非可与合军连和也，将待以分楚众也。今楚众已分，何待于晋？"越王曰："奈何？"曰："楚三大夫张九军，北围曲沃、於中，以至无假之关者三千七百里，景翠之军北聚鲁、齐、南阳，分有大此者乎？且王之所求者，斗晋楚也；晋楚不斗，越兵不起，是知二五而不知十也。此时不攻楚，臣以是知越大不王，小不伯。复仇、庞、长沙，楚之粟也；竟泽陵，楚之材也。越窥兵通无假之关，此四邑者不上贡事于郢矣。臣闻之，图王不王，其敝可以伯。然而不伯者，王道失也。故愿大王之转攻楚也。"于是越遂释齐而伐楚。■今年（前312）越王无疆释齐伐楚，为六年后（前306）楚怀王灭越之前因。

[13]《张仪列传》：张仪去楚，因遂之韩，说韩王曰……韩王听仪计。张仪归报，秦惠王封仪五邑，号曰武信君。●《樗里子列传》：……明年（前312），助魏章攻楚，败楚将屈丐，取汉中地。秦封樗里子，号为严君。■张仪于秦惠王更元十三年（前313）大胜楚国之后封武信君，与樗里疾同年得封。旧多误以张仪于秦惠王更元十四年（前312）得封。

[14]《战国纵横家书》二二《苏秦谓陈轸章》：齐、宋攻魏，楚围雍氏，秦败屈丐。苏秦谓陈轸曰："愿有谒于公，其为事，臣完，便楚，利公，成则为福，不成则为祸。今者秦立于门，客有言曰：'魏谓韩俋、张仪：煮（棘）[枣]将（榆）[渝]，齐兵又进，子来救寡人可也，不救寡人，寡人弗

能支.'转辞也。秦、韩之兵毋东,旬余,魏氏转,韩氏从,秦逐张仪,交臂而事楚,此公事成也。"陈轸曰:"若何使毋东?"答曰:"韩佣之救魏之辞,必不谓郑王曰:'佣以为魏。'必将曰:'佣将挢三国之兵,乘屈丐之敝,南割于楚,故地必尽。'张仪之救魏之辞,必不谓秦王曰:'仪以为魏。'必将曰:'仪且以韩、秦之兵东拒齐、宋,仪将挢三国之兵,乘屈丐之敝,东割于楚,名存亡国,实伐三川而归,此王业也。'公令楚王与韩氏地,使秦制和,谓秦曰:'请与韩地而王以施三川。'韩氏之兵不用而得地于楚,□□□□□何?秦兵不用而得三川,伐楚、韩以窘魏,魏氏不敢不听。韩欲地而兵案,声威发于魏,魏氏□□□□□□□□□魏氏转,秦、韩争事齐、楚,王欲勿予地。公令秦、韩之兵不用而得地,有一大德。秦、韩之王劫于韩佣、张仪而东兵以服魏,公常操左契而责于秦、韩,此其善于公,而恶张仪多资矣。"■苏秦今年(前312)于张仪晚年出道说陈轸,为《战国纵横家书》之苏秦最早史料,旧因司马迁误信苏秦讹史,以为苏秦、张仪同师鬼谷子而年龄相当,把苏秦误视为合纵创始人。其实第一次合纵伐秦的策动者是张仪终身之敌魏相公孙衍,第二次合纵伐秦的策动者是张仪死后的齐相孟尝君,第三次合纵的策动者是赵相李兑,苏秦仅是第三次合纵伐秦的幕后推手,其时张仪早已死去。苏秦讹史把公孙衍策动第一次合纵伐秦移于苏秦,虚构了苏秦合纵、张仪连横之博弈,把苏秦史事提前三十多年,导致了战国史的巨大淆乱。

[15]《苏秦列传》:苏秦者,东周雒阳人也。东事师于齐,而习之于鬼谷先生。出游数岁,大困而归。兄弟嫂妹妻妾窃皆笑之,曰:"周人之俗,治产业,力工商,逐什二以为务。今子释本而事口舌,困不亦宜乎!"苏秦闻之而惭,自伤,乃闭室不出,出其书籍观之。曰:"夫士业已屈首受书,而不能以取尊荣,虽多亦奚以为!"于是得周书《阴符》,伏而读之。期年,以出揣摩,曰:"此可以说当世之君矣。"求说周显王(当作周赧王)。显王(当作赧王)左右素习知苏秦,皆少之。弗信。■司马迁误信苏秦讹史,将苏秦之事提前三十多年,故将"周赧王"改为"周显王"。

[16]《秦本纪》:秦惠王更元十三年(前312),楚围雍氏,秦使庶长疾助韩,而东攻齐到(满)[濮],助魏攻燕。■"满"为"濮"讹,杨宽据《六

国表》、《齐策六》七均作"濮上"校正。旧或误读"到满助魏攻燕",误以"到满"为秦将。●《六国表》魏哀王(当作魏襄王)七年(前312):击齐,虏声子(当据《齐策六》七作赘子)于濮,与秦击燕。●《魏世家》魏哀王(当作襄王)七年(前312):攻齐,与秦伐燕。●《齐策六》七:濮上之事,赘子死,章子走。▲杨宽:是年秦相张仪迫使韩、魏与秦连横而斗齐、楚,形成秦、韩、魏三国与齐、楚混战之局势。■杨氏囿于七雄史观,实为九国混战,其时宋并不弱于韩。实为1秦、2韩、3魏、4越四国与5楚、6齐、7宋三国混战之局势,8赵又先助齐、宋伐魏,后助秦、魏、韩伐齐存燕。今年(前312)楚、齐、宋大败,9燕复国。《魏世家》、《六国表》所言秦、魏伐燕,乃伐占领燕国之匡章齐军,此时燕为齐占。燕王哙、燕王子之死后,燕国已经两年(前313、前312)无君。

[17]《燕世家》:燕子之亡(前314)二年(前312),而燕人共立太子平(当作公子职),是为燕昭王。●《战国纵横家书》十五:齐人攻燕,拔故国,杀子之,燕人不割而故国复返。

[18]《燕世家》:文公二十八年(前334),秦惠王以其女为燕太子(燕易王)妇。●《苏秦列传》:今燕虽弱小,即秦(惠)王之少婿也。■司马迁误信苏秦诡史,误将苏秦史事提前,误以燕易王为"秦(惠)王之少婿"。燕易王(前332—前321在位)卒后九年(前312),苏秦刚刚出道。《燕世家》之"为燕太子妇"当作"为燕昭王妇"。燕文公二十八年(前334),秦惠王二十三岁(生于秦孝公六年,前356),不可能有可嫁之女。嫁为燕昭王妇之秦女,是秦惠王之妃芈八子之长女。芈八子于秦惠王九年(前329)从楚至秦,秦惠王十年(前328)生长女嬴氏,秦惠王十三年(前325)生长子嬴稷(秦昭王)。秦惠王更元十三年(前312),秦惠王采纳张仪连横之策,把十七岁的嬴氏嫁给燕昭王,十四岁的嬴稷随姐赴燕为质。

[19]《齐策六》七:濮上之事,赘子死,章子走。肦子谓齐(宣)王曰:"不如易余粮于宋,宋王必说,梁氏不敢过宋伐齐。齐固弱,是以余粮收宋也。齐国复强,虽复责之宋,可;不偿,因以为辞而攻之,亦可。"

[20]《孟子·公孙丑上》:宋人有闵其苗之不长而揠之者,芒芒然归,谓其人曰:"今日病矣,予助苗长矣。"其子趋而往视之,苗则槁矣。■此

非孟子所创寓言，当为史实而传为天下笑谈。宋人拔苗助长，一因饥荒，二因宋康王重税，不完税则杀。此后孟轲归邹，故当系于今年，与齐借宋粮为同时之事。

[21] 曹商之富贵，系于与秦结盟。今年宋助齐伐魏，与秦隐然敌对。曹商必反对之。

[22]《韩世家》：韩宣惠王二十一年（前312），与秦共攻楚，败楚将屈丐，斩首八万于丹阳。是岁，宣惠王卒，太子仓立，是为襄王。■韩太子仓三年前（秦惠王更元十年，前315）为质于秦，今年（前312）自秦归韩继位。

[23]《田世家索隐》引《竹书纪年》：齐宣王八年（前312），杀其王后。■齐宣王之王后，为秦惠王与王后魏氏之嫡长女。八年前（秦惠王更元五年、齐威王三十八年，前320），秦惠王三十七岁，把王后魏氏所生嫡长女嫁给齐威王太子田辟疆，见《田世家》："齐湣王四年（当作齐威王三十八年，前320），迎妇于秦。"秦惠王之王后为魏惠王女，秦惠王四年（前334）从魏至秦，秦惠王五年（前333）生嫡长女嬴氏（嫁齐时十四岁），秦惠王九年（前329）生嫡长子嬴荡（秦武王）。

[24]《韩非子·外储说右上》：薛公（田文）相齐，齐威王（当作齐宣王）夫人死，有十孺子皆贵于王，薛公欲知王所欲立，而请置一人以为夫人。王听之，则是说行于王，而重于置夫人也；王不听，是说不行，而轻于置夫人也。欲先知王之所欲置以劝王置之，于是为十玉珥而美其一而献之。王以赋十孺子。明日坐，视美珥之所在，而劝王以为夫人。■齐威王所杀夫人叫牟辛（见上第二十三章），非秦女嬴氏。由于田齐之史淆乱，旧多误以为"齐威王杀夫人牟辛"与"齐宣王杀王后"为同一事误传为二。秦惠王采纳张仪连横之策，导致齐宣王失去已经吞并两年的燕国，因而齐宣王怒杀王后嬴氏（秦惠王之女）以泄愤。靖郭君田婴、孟尝君田文父子，封地薛邑，均称"薛公"。孟尝君献佩之谋，当出于彼时之首席谋士兒说。齐威王死后，齐宣王罢免田婴，兒说进言而复相（见上第五十一章）。四年前（前315）储子主张伐燕，田婴反对伐燕，储子取代田婴相齐，次年（前314）田婴死去（见上第五十五章、第五十六章）。今年（前312）田文献

佩之后，取代储子相齐，直到齐湣王七年（前294）罢相。

[25]《列女传》卷六《辩通传》：钟离春者，齐无盐邑之女，宣王之正后也。其为人极丑无双，白头，深目，长壮，大节，卬鼻，结喉，肥项，少发，折腰，出胸，皮肤若漆。行年四十，无所容入，衒嫁不雠，流弃莫执。于是乃拂拭短褐，自诣宣王，谓谒者曰："妾，齐之不雠女也。闻君王之圣德，愿备后宫之埽除，顿首司马门外，唯王幸许之。"谒者以闻，宣王方置酒于渐台，左右闻之，莫不掩口大笑曰："此天下强颜女子也，岂不异哉！"于是宣王乃召见之，谓曰："昔者先王为寡人娶妃匹，皆已备有列位矣。今夫人不容于乡里布衣，而欲干万乘之主，亦有何奇能哉？"钟离春对曰："无有。特窃慕大王之美义耳。"王曰："虽然，何善？"良久曰："窃尝善隐。"宣王曰："隐固寡人之所愿也，试一行之。"言未卒，忽然不见。宣王大惊，立发隐书而读之，退而推之，又未能得。明日，又更召而问之，不以隐对，但扬目衔齿，举手拊膝，曰："殆哉殆哉！"如此者四。宣王曰："愿遂闻命。"钟离春对曰："今大王之君国也，西有衡秦之患，南有强楚之仇，外有二国之难。内聚奸臣，众人不附。春秋四十，壮男不立，不务众子而务众妇。尊所好，忽所恃。一旦山陵崩弛，社稷不定，此一殆也。渐台五重，黄金白玉，琅玕笼疏翡翠珠玑，幕络连饰，万民罢极，此二殆也。贤者匿于山林，谄谀强于左右，邪伪立于本朝，谏者不得通入，此三殆也。饮酒沈湎，以夜继昼，女乐俳优，纵横大笑。外不修诸侯之礼，内不秉国家之治，此四殆也。故曰殆哉殆哉。"于是宣王喟然而叹曰："痛乎无盐君之言！乃今一闻。"于是拆渐台，罢女乐，退谄谀，去雕琢，选兵马，实府库，四辟公门，招进直言，延及侧陋。卜择吉日，立太子，进慈母，拜无盐君为后。而齐国大安者，丑女之力也。君子谓钟离春正而有辞。《诗》云："既见君子，我心则喜。"此之谓也。颂曰：无盐之女，干说齐宣，分别四殆，称国乱烦，宣王从之，四辟公门，遂立太子，拜无盐君。■钟离春之言，均合此时国际形势，仅漏燕之叛齐复国。亦合齐宣王之年龄，今年四十岁，与钟离春同岁。又合齐宣王杀后废储之事。必于此时谏齐宣王，齐宣王自惭，娶丑女近于下罪己诏。"立太子，拜无盐君"为后，可证太子非无盐君所生，而是秦女所生田地（齐湣王）。

[26]《秦策四》二：薛公入魏而出齐女。■事在齐湣王八年（前293）。今年（前312）齐宣王因张仪连横而失燕，采纳孟尝君连横之策，把太子田地之妹嫁给魏太子政。十九年后（齐湣王七年，前294），齐湣王罢免孟尝君。翌年（前293）楚、宋伐薛，孟尝君失去薛邑而相魏，痛恨齐湣王，遂命魏昭王驱逐王后田氏（齐湣王田地之妹）归齐，见下第七十六章。

[27]《孟子·公孙丑下》：燕人畔，王曰："吾甚惭于孟子。"陈贾曰："王无患焉，王自以为与周公，孰仁且智？"王曰："恶！是何言也！"曰："周公使管叔监殷，管叔以殷畔。知而使之，是不仁也；不知而使之，是不智也。仁智，周公未之尽也，而况于王乎？贾请见而解之。"见孟子，问曰："周公何人也？"曰："古圣人也。"曰："使管叔监殷，管叔以殷畔也，有诸？"曰："然。"曰："周公知其将畔而使之与？"曰："不知也。""然则圣人且有过与？"曰："周公，弟也；管叔，兄也。周公之过，不亦宜乎？且古之君子，过则改之；今之君子，过则顺之。古之君子，其过也如日月之食，民皆见之；及其更也，民皆仰之。今之君子，岂徒顺之？又从为之辞。"

[28]《孟子·公孙丑下》：孟子致为臣而归，王就见孟子曰："前日愿见而不可得，得侍同朝甚喜。今又弃寡人而归，不识可以继此而得见乎？"对曰："不敢请耳，固所愿也。"他日，王谓时子曰："我欲中国而授孟子室，养弟子以万钟，使诸大夫国人皆有所矜式。子盍为我言之？"时子因陈子而以告孟子；陈子以时子之言告孟子。孟子曰："然。夫时子恶知其不可也？如使予欲富，辞十万而受万，是为欲富乎？季孙曰：'异哉子叔疑！使己为政，不用，则亦已矣，又使其子弟为卿。人亦孰不欲富贵？而独于富贵之中有私龙断焉。'古之为市也，以其所有，易其所无者，有司者治之耳。有贱丈夫焉，必求龙断而登之，以左右望而罔市利。人皆以为贱，故从而征之。征商自此贱丈夫始矣。"

[29]《孟子·告子下》：淳于髡曰："先名实者，为人也；后名实者，自为也。夫子在三卿之中，名实未加于上下而去之，仁者固如此乎？"孟子曰："居下位，不以贤事不肖者，伯夷也。五就汤、五就桀者，伊尹也。不恶污君，不辞小官者，柳下惠也。三子者不同道，其趋一也。一者何也？曰仁也。君子亦仁而已矣，何必同？"曰："鲁缪公之时，公仪子为政，子

柳、子思为臣，鲁之削也滋甚。若是乎贤者之无益于国也。"曰："虞不用百里奚而亡，秦缪公用之而霸。不用贤则亡，削何可得与？"曰："昔者王豹处于淇，而河西善讴。绵驹处于高唐，而齐右善歌。华周、杞梁之妻，善哭其夫，而变国俗。有诸内，必形诸外。为其事，而无其功者，髡未尝睹之也。是故无贤者也，有则髡必识之。"曰："孔子为鲁司寇，不用，从而祭，燔肉不至，不税冕而行。不知者以为为肉也，其知者以为为无礼也。乃孔子则欲以微罪行，不欲为苟去。君子之所为，众人固不识也。"■钱穆谓淳于髡讥孟"名实未加于上下而去之，仁者固如此乎？"事在今年（前312）。"名实"云云，即孔子所言"君君臣臣"（君宜像君，臣宜像臣）。淳于髡意为，齐宣王虽属"君不君"（君不像君），孟轲亦属"臣不臣"（臣不像臣）。

[30]《孟子·公孙丑下》：孟子去齐，宿于昼。有欲为王留行者，坐而言。不应，隐几而卧。客不悦曰："弟子齐宿而后敢言，夫子卧而不听，请勿复敢见矣。"曰："坐！我明语子：昔者鲁缪公无人乎子思之侧，则不能安子思；泄柳、申详无人乎缪公之侧，则不能安其身。子为长者虑，而不及子思。子绝长者乎？长者绝子乎？"孟子去齐，尹士语人曰："不识王之不可以为汤、武，则是不明也；识其不可然且至，则是干泽也。千里而见王，不遇故去；三宿而后出昼，是何濡滞也！士则兹不悦。"高子以告。曰："夫尹士恶知予哉？千里而见王，是予所欲也。不遇故去，岂予所欲哉？予不得已也。予三宿而出昼，于予心犹以为速。王庶几改之！王如改诸，则必反予。夫出昼而王不予追也，予然后浩然有归志。予虽然，岂舍王哉？王由足用为善；王如用予，则岂徒齐民安？天下之民举安。王庶几改之！予日望之！予岂若是小丈夫然哉！谏于其君而不受，则怒，悻悻然见于其面，去则穷日之力而后宿哉？"尹士闻之曰："士诚小人也。"

[31]《孟子·公孙丑下》：孟子去齐，充虞路问曰："夫子若有不豫色然。前日虞闻诸夫子曰：'君子不怨天，不尤人。'"曰："彼一时，此一时也。五百年必有王者兴，其间必有名世者。由周而来，七百有余岁矣。以其数，则过矣。以其时考之，则可矣。夫天未欲平治天下也，如欲平治天下，当今之世，舍我其谁也？吾何为不豫哉？"

[32]《孟子·公孙丑下》：孟子去齐居休。公孙丑问曰："仕而不受禄，古之道乎？"曰："非也。于崇，吾得见王；退而有去志，不欲变，故不受也。继而有师命，不可以请。久于齐，非我志也。"●《孟子·公孙丑上》：公孙丑问曰："夫子加齐之卿相，得行道焉，虽由此霸王不异矣。如此则动心否乎？"孟子曰："否，我四十不动心。"曰："若是则夫子过孟贲远矣。"曰："是不难。告子先我不动心。"曰："不动心有道乎？"曰："有。北宫黝之养勇也，不肤挠，不目逃。思以一豪挫于人，若挞之于市朝。不受于褐宽博，亦不受于万乘之君。视刺万乘之君若刺褐夫。无严诸侯。恶声至，必反之。孟施舍之所养勇也，曰：'视不胜犹胜也。量敌而后进，虑胜而后会，是畏三军者也。舍岂能为必胜哉？能无惧而已矣。'孟施舍似曾子，北宫黝似子夏。夫二子之勇，未知其孰贤，然而孟施舍守约也。昔者曾子谓子襄曰：'子好勇乎？吾尝闻大勇于夫子矣：自反而不缩，虽褐宽博，吾不惴焉；自反而缩，虽千万人吾往矣。'孟施舍之守气，又不如曾子之守约也。"曰："敢问夫子之不动心，与告子之不动心，可得闻与？""告子曰：'不得于言，勿求于心；不得于心，勿求于气。'不得于心，勿求于气，可；不得于言，勿求于心，不可。夫志，气之帅也；气，体之充也。夫志至焉，气次焉。故曰：持其志，无暴其气。""既曰'志至焉，气次焉'，又曰'持其志，无暴其气'者，何也？"曰："志壹则动气，气壹则动志也。今夫蹶者趋者，是气也，而反动其心。""敢问夫子恶乎长？"曰："我知言，我善养吾浩然之气。""敢问何谓浩然之气？"曰："难言也。其为气也，至大至刚，以直养而无害，则塞于天地之间。其为气也配义与道，无是馁也。是集义所生者，非义袭而取之也。行有不慊于心则馁矣。我故曰：告子未尝知义。以其外之也。必有事焉而勿正，心勿忘，勿助长也。无若宋人然。宋人有闵其苗之不长而揠之者，芒芒然归，谓其人曰：'今日病矣，予助苗长矣。'其子趋而往视之，苗则槁矣。天下之不助苗长者寡矣。以为无益而舍之者，不耘苗者也。助之长者，揠苗者也，非徒无益，而又害之。""何谓知言？"曰："诐辞，知其所蔽。淫辞，知其所陷。邪辞，知其所离。遁辞，知其所穷。生于其心，害于其政；发于其政，害于其事。圣人复起，必从吾言矣。"▲钱穆《孟子去齐考》：孟子仕齐八年……孟子去齐，居于休。……

阎若璩《释地》谓："故休城在今兖州府滕县北一十五里，距孟子家约百里"，此差近是。从此孟子归隐不复出矣。■孟子仕齐八年，即齐宣王元年至八年（前319—前312）。

[33]《庄子·胠箧》：彼窃钩者诛，窃国者为诸侯；诸侯之门，而仁义存焉。●《庄子复原本·子张》（郭象拼接于《盗跖》）：小盗者拘，大盗者为诸侯；诸侯之门，仁义存焉。

蜀相叛乱秦惠早夭，天下饥荒庄子借粮

前311年，岁在庚戌。庄周五十九岁。宋康王二十七年。

周报王四年。秦惠王更元十四年（卒）。楚怀王十八年。魏襄王八年。韩襄王元年。赵武灵王十五年。齐宣王九年。燕昭王元年（复国）。鲁平公十二年。卫嗣君四年。越王无疆三十二年。中山先王十七年。

秦惠王继续伐楚，又攻取了召陵（今河南漯河）。[1]

楚怀王不敢与秦再战，向秦求和。

张仪向秦惠王进言："三晋、燕、宋早已臣服，如今楚怀王也已臣服，天下仅剩齐宣王尚未臣服。大王可把汉中一半还给楚国，然后联楚伐齐。齐宣王臣服以后，天下均将听命大王！"

秦惠王听从其言，停止伐楚。遣使至楚，归还汉中一半。

楚怀王说："不必归还汉中，寡人只要张仪！"

张仪向秦惠王请命："我愿赴楚！"

秦惠王说："楚怀王痛恨先生，先生赴楚必有危险。"

张仪说："我是大王重臣，楚怀王如何敢杀？假如我之一命，能使大王尽得汉中，我死而无憾。"

张仪一到郢都，即被楚怀王囚禁，准备烹杀。

门客按照张仪预先嘱咐，重金贿赂靳尚。

靳尚笑纳重金，私见楚怀王宠姬郑袖："夫人是否知道，很快就会失宠?"

郑袖失惊："大夫何出此言?"

靳尚说："秦惠王为救张仪，愿意归还全部汉中，同时进献美女。大王既得汉中，又得美女，必放张仪。秦国美女一到，夫人必将失宠!"

郑袖急问："是否还能挽救?"

靳尚说："除非秦女至楚之前，夫人说服大王释放张仪。"

郑袖晚上侍寝，哭告楚怀王："人臣各为其主，大王何必深责张仪? 大王不杀张仪，既能收回汉中，又能与秦结盟。大王诛杀张仪，秦惠王必将继续伐楚。臣妾和臣妾之子子兰，请求迁居江南，以免兵败受辱。"

楚怀王经受不住枕边风，立刻释放张仪，恭送归秦。[2]

屈原使齐返楚，进谏楚怀王："大王不杀张仪，又将被他戏弄!"

楚怀王大怒，听信靳尚谗言，罢免屈原左徒之职，贬为三闾大夫，掌管昭、屈、景三大公族的内部事务，不得参与国政。[3]

昭滑进言："大王暂时不杀张仪，实为深谋远虑。去年大王伐秦，一路大胜，攻至蓝田，眼看就能兵临咸阳，却因魏军、韩军、越军逼近郢都，终于功败垂成。魏、韩与秦结盟，伐楚情有可原。越王无疆一向臣服楚国，竟敢趁火打劫，不可不伐。大王不如先灭越国，解除后顾之忧，然后再报张仪之仇。"

楚怀王听从其言，命其使越反间。

昭滑至越，成功赢得越王无疆信任，成为越相。[4]

张仪离楚返秦，秦惠王准备遵守承诺，归还汉中一半。

甘茂去年攻取汉中，不愿丧失己功，反对归还。[5]

秦惠王听从其言，不再归还，楚怀王又被戏弄。

正在此时，秦属蜀国发生叛乱。

五年前司马错灭蜀，诛杀蜀王。秦惠王把蜀王太子通降为蜀侯，任命陈庄为蜀相。

今年陈庄伐灭丹、犁部落，野心膨胀，弑杀蜀侯通，叛秦自立，自称蜀王。

秦惠王大怒，派遣张仪、司马错入蜀平叛，诛杀陈庄，另立蜀侯通的太子辉为蜀侯。把蜀国改为蜀郡，郡治成都。不设蜀相，改设太守。[6]

樗里疾的东路军，去年救韩败楚、救魏败齐、助燕复国，至今没有返秦。今年又与魏相魏劲相约，共伐叛魏亲齐的卫国。[7]

翟章奉魏劲之命，率领魏军伐卫，攻取了二城。

魏人如耳前往卫都濮阳（今河南濮阳），晋见卫嗣侯："翟章助秦伐卫，并非魏襄王之意，实为魏劲之意。我可以让魏襄王罢免魏劲，命令翟章撤兵。"

卫嗣侯拜谢："先生若能办到，寡人之国世世听命先生！"

如耳返回大梁，献策魏劲："秦、魏共同伐卫，卫嗣侯面临亡国，必将向秦称臣。与其让卫嗣侯向秦称臣，不如相国率先退兵，卫嗣侯就会向魏称臣。"

魏劲说："言之有理！"

如耳随即入宫，晋见魏襄王："卫国尽管弱小，却是周室近亲，国中多有礼器重宝。如今面临亡国，愿献重宝换取退兵。但是卫嗣侯明白，伐卫也好，退兵也罢，均非大王之意，所以不会把重宝献给大王。提议退兵之人，必定接受了卫国重宝。"

次日，魏劲上朝，按照如耳献策，劝说魏襄王退兵。

魏襄王大怒，罢免魏劲，让田需复相。命令翟章退兵。[8]

樗里疾围攻卫地蒲邑（今河南长垣），尚未攻克，匆匆撤围，急归咸阳。[9]

张仪入蜀平定叛乱，留在成都筑城，城未筑完，匆匆停工，急归咸阳。[10]

秦惠王嬴驷，突然暴病而死。二十岁即位，在位二十七年（前337—前

311）。第十三年称王更元，前元十三年（前337—前325）为君，更元十四年（前324—前311）为王。即位以后，东进图霸，日夜勤政，身心长期透支，终于过劳早夭，年仅四十六岁（前356—前311）。

十九岁的太子嬴荡继位，即秦武王。生母是魏惠王之女。王后是魏襄王之女。

秦国首次以王礼为国君治丧，丧礼盛大隆重。

秦国已经取代楚、齐，跃居天下最强，天下诸侯无不遣使吊贺。[11]

苏秦四十岁。去年游说陈轸失败，回到洛阳乡下，受到兄嫂、弟媳奚落。闭门不出一年，头悬梁，锥刺股，发愤研读《太公阴符经》，详加揣摩。撰著《鬼谷子》，谎称著者是其师，是隐居鬼谷的高人，以此自高身价。

准备既毕，苏秦进城，晋见蛰居王宫的周赧王。

周赧王左右近臣，听见苏秦的洛阳乡下口音，无不蔑视苏秦。

苏秦大失所望，认为周赧王不可能重振东周朝，于是又在洛阳城里，晋见东周国昭文君。[12]

昭文君求教苏秦："寡人父君东周惠公开国至今，已有五十七年。西周惠公、西周武公一直与东周国为敌。今年中原大旱，洛水流量变小。西周武公在上游截住洛水，使东周国无法在下游种植水稻。先生有何良策？"

苏秦说："此事不难。我愿为君侯出使西周国，必能劝说西周武公开闸放水。"

昭文君大悦，赠金五十。

苏秦离开洛阳，前往河南，晋见西周武公："君侯截水断流，过于失策！东周国不能种水稻，就会改种麦子。麦子产量高于水稻，东周国将比西周国富强。君侯不如开闸放水，东周国就会仍种水稻，继续贫弱，听命君侯！"

西周武公听从其言，赠金五十，开闸放水。[13]

苏秦眼见东周国、西周国勾心斗角，无意求仕二周。留下百金奉养老母妻儿，追随大哥苏代、三弟苏厉，往仕齐国。

齐宣王失去燕地，苏代乱燕之功，已经事过境迁。

苏秦未得重用，游于稷下学宫，结交稷下祭酒淳于髡，等待时机。

庄子五十九岁，中原继续大旱，天下饥荒加剧。宋康王仍然不减赋税，宋民饿死更多，人与人相食。

庄子家里，去年已经断粮。幸得蔺陶匠接济，勉强熬到今年。今年，蔺家也已断粮。

庄子去向监河侯借粮。

监河侯说："可以！我即将收缴赋税，到时一定借你三百金。"

庄子忿然变色："我昨日来时，半道听到声音叫我。回头一看，乃是车辙之中的一条鲋鱼。我问：'鲋鱼啊，你为何会在车辙之中？'鲋鱼说：'我原先遨游于东海，却被渔夫置于车辙。贤君能否施予升斗之水，救我活命？'我说：'可以！我即将南游越国，一定劝说越王无疆，引来西江之水迎接你。'鲋鱼忿然变色：'渔夫让我脱离大海，处于陆地。如今仅需升斗之水，我就可以活命。贤君却空口许诺重金，不如趁早到干鱼铺找我！'"

监河侯顿时无言。

庄子又问："君侯是愿为尧舜，还是愿为桀纣？"

监河侯说："愿为尧舜！"

庄子说："泉水干涸以后，鱼类才会处于陆地。与其处于陆地相濡以沫，不如遨游江湖相互丧忘。圣君尧舜也好，暴君桀纣也罢，无不使鱼处陆。与其仰慕尧舜，贬斥桀纣，不如两忘尧舜、桀纣，不再使鱼处陆。"

监河侯莫名其妙。[14]

庄子回到蒙邑，挖掘野菜充饥。

苦熬数月，终于下雨，由小到大，连绵不停。终于山洪暴发，遍地泽国。

子舆匆匆赶来，告诉庄子："子桑死了！"

庄子惊问："怎么死的？"

子舆说："大雨连下十天，子桑生了重病。我裹上饭食，去看子桑。走到门前，听见子桑如歌如哭，鼓琴而歌：'天父啊！地母啊！天道啊！人道啊！'声音异常急促，上气不接下气。我问：'你为何如此唱歌？'子桑说：'我要死了，想不明白是谁让我至死不能悟道。父母生我养我，怎么愿意让我物德如此贫薄？天地覆载万物，怎么愿意让我物德如此贫薄？我想来想去，想不明白是谁让我物德如此贫薄。我求道一生，至死不能悟道，岂非天命？'"

庄子叹息不已，与东门四子子祀、子舆、子犁、子来一起，埋葬了子桑。[15]

蔺且告诉庄子："刚刚开始下雨时，大家欢欣异常，感激天道仁慈。虽然我们陶人只盼天晴，不喜下雨，但我也很高兴终于下雨了。现在大雨不止，又从大旱变成大涝，很多人没被饿死，却被淹死了，大家又抱怨天道无情。"

庄子说："农夫喜欢不旱不涝，风调雨顺。陶匠不怕大旱，就怕大涝。天道无所亲疏，既不会迎合农夫，也不会迎合陶匠，此即《老子》所言'天道无亲'。天道既非有情，也非无情。我讲个故事，你就会明白。"——

每逢大旱，天帝都会分遣云将雨师，前往天下各处，根据不同旱情，行云布雨。

分管宋国的云将，今年恰好生病。天帝就命宋襄公代往，命他用柳枝沾上净瓶的甘露，洒下三滴。

宋襄公担心三滴甘露难救大旱，倾空了净瓶的全部甘露。

天帝勃然大怒："天上一滴甘露，地上一场透雨。别国旱情较轻，仅需一滴甘露。宋国旱情最重，只需三滴甘露。你不知天道之妙，妄动仁义之心，如今宋国已成泽国，大涝比大旱夺走了更多人命。庶民自居仁义而害人，所害之人有限。君王自居仁义而害人，所害之人无限。"

庄子说："天地不仁，无所亲疏，天下各处才能风调雨顺，四季如常。

天地一仁，有所亲疏，天下各处就会旱涝并至，四季失常。孔子、墨子都是宋襄公后裔，全都未窥天道之常，所以天下被儒墨之徒越救越坏。"

蔺且说："弟子明白了！君王不能妄动仁义之心，否则必将自居仁义而害人。君王伪装仁义固然害人，君王真心仁义更加害人！人道不能违背天道，也不能干预天道，只要顺应天道，天地就能养育万物。"

笺注

[1]《秦本纪》：秦惠王更元十四年（前311）伐楚，取召陵。

[2]《楚世家》：楚怀王十八年（前311），秦使使约复与楚亲，分汉中之半以和楚。楚（怀）王曰："愿得张仪，不愿得地。"张仪闻之，请之楚。秦（惠）王曰："楚且甘心于子，奈何？"张仪曰："臣善其左右靳尚，靳尚又能得事于楚王幸姬郑袖，袖所言无不从者。且仪以前使负楚以商於之约，今秦、楚大战，有恶，臣非面自谢楚，不解。且大王在，楚不宜敢取仪。诚杀仪以便国，臣之愿也。"仪遂使楚。至，怀王不见，因而囚张仪，欲杀之。仪私于靳尚，靳尚为请怀王曰："拘张仪，秦王必怒。天下见楚无秦，必轻王矣。"又谓夫人郑袖曰："秦王甚爱张仪，而王欲杀之，今将以上庸之地六县赂楚，以美人聘楚王，以宫中善歌者为之媵。楚王重地，秦女必贵，而夫人必斥矣。夫人不若言而出之。"郑袖卒言张仪于王而出之。仪出，怀王因善遇仪，仪因说楚王以叛从约而与秦合亲，约婚姻。●《楚策二》五：楚怀王拘张仪，将欲杀之。靳尚为仪谓楚王曰："拘张仪，秦王必怒。天下见楚之无秦也，楚必轻矣。"又谓王之幸夫人郑袖曰："子亦自知且贱于王乎？"郑袖曰："何也？"尚曰："张仪者，秦王之忠信有功臣也。今楚拘之，秦王欲出之。秦王有爱女而美，又简择宫中佳丽好玩习音者，以欢从之；资之金玉宝器，奉以上庸六县为汤沐邑，欲因张仪内之楚王，楚王必爱。秦女依强秦以为重，挟宝地以为资，势为王妻以临子。楚王惑于虞乐，必厚尊敬亲爱之而忘子，子益贱而日疏矣。"郑袖曰："愿委之于公，为之奈何？"曰："子何不急言王，出张子。张子得出，德子无已时，秦女必不来，而秦必重子。子内擅楚之贵，外结秦之交，畜张子以为用，子之

子孙必为楚太子矣，此非布衣之利也。”郑袖遽说楚王出张子。●《张仪列传》：秦要楚欲得黔中地，欲以武关外易之。楚王曰：“不愿易地，愿得张仪而献黔中地。”秦王欲遣之，口弗忍言。张仪乃请行。惠王曰：“彼楚王怒子之负以商於之地，是且甘心于子。”张仪曰：“秦强楚弱，臣善靳尚，尚得事楚夫人郑袖，袖所言皆从。且臣奉王之节使楚，楚何敢加诛。假令诛臣而为秦得黔中之地，臣之上愿。”遂使楚。楚怀王至则囚张仪，将杀之。靳尚谓郑袖曰：“子亦知子之贱于王乎？”郑袖曰：“何也？”靳尚曰：“秦王甚爱张仪而不欲出之，今将以上庸之地六县赂楚，美人聘楚，以宫中善歌讴者为媵。楚王重地尊秦，秦女必贵而夫人斥矣。不若为言而出之。”于是郑袖日夜言怀王曰：“人臣各为其主用。今地未入秦，秦使张仪来，至重王。王未有礼而杀张仪，秦必大怒攻楚。妾请子母俱迁江南，毋为秦所鱼肉也。”怀王后悔，赦张仪，厚礼之如故。【附考】《楚策三》四：张仪之楚，贫。舍人怒而欲归。张仪曰：“子必以衣冠之敝，故欲归乎？待我为子见楚王。”当是之时，南后、郑袖贵于楚。张子见楚王，楚王不说。张子曰：“王无所用臣，臣请北见晋君。”楚王曰：“诺。”张子曰：“王无求于晋国乎？”王曰：“黄金、珠玑、犀象出于楚，寡人无求于晋国。”张子曰：“王徒不好色耳？”王曰：“何也？”张子曰：“彼郑、周之女，粉白黛黑，立于衢间，非知而见之者，以为神。”楚王曰：“楚，僻陋之国也，未尝见中国之女如此其美也。寡人之独何为不好色也？”乃资以珠玉。南后、郑袖闻之大恐，令人谓张子曰：“妾闻将军之晋国，偶有金千斤，进之左右，以供刍秣。”郑袖亦以金五百斤。张子辞楚王曰：“天下关闭不通，未知见日也，愿王赐之觞。”王曰：“诺。”乃觞之。张子中饮，再拜而请曰：“非有他人于此也，愿王召所便习而觞之。”王曰：“诺。”乃召南后、郑袖而觞之。张子再拜而请曰：“仪有死罪于大王。”王曰：“何也？”曰：“仪行天下遍矣，未尝见人如此其美也。而仪言得美人，是欺王也。”王曰：“子释之。吾固以为天下莫若是两人也。”■此为张仪初至楚事，结交郑袖之前因。

[3]《楚世家》：张仪已去，屈原使从齐来，谏王曰：“何不诛张仪？”怀王悔，使人追仪，弗及。是岁，秦惠王卒。●《屈原列传》：秦割汉中地与楚以和。楚王曰：“不愿得地，愿得张仪而甘心焉。”张仪闻，乃曰：“以一

仪而当汉中地，臣请往如楚。"如楚，又因厚币用事者臣靳尚，而设诡辩于怀王之宠姬郑袖。怀王竟听郑袖，复释去张仪。是时屈平既疏，不复在位，使于齐，顾反，谏怀王曰："何不杀张仪？"怀王悔，追张仪不及。●《楚策三》五：楚王令昭雎之秦重张仪，未至，惠王死。

[4]《甘茂列传》：……王（楚怀王）前尝用召滑于越，而内行章义之难，越国乱，故楚南塞厉门而郡江东。

[5]《秦策一》九：张仪欲以汉中与楚，请秦王曰："有汉中，蠹。种树不处者，人必害之；家有不宜之财，则伤本。汉中南边为楚利，此国累也。"甘茂谓王曰："地大者故多忧乎？天下有变，王割汉中以为和楚，楚必畔天下而与王。王今以汉中与楚，即天下有变，王何以市楚也？"▲吴师道：疑当云：种树不处，则伤本。家有不宜之财，人必害之。▲杨宽：张仪尝为秦攻取魏之曲沃等地，旋而以曲沃等地归还于魏，迫使魏与秦连横，并为魏相而逐走惠施。此时张仪又施故技，欲以新攻取之汉中归还于楚，逐走楚将昭过与谋臣张轸，迫使楚与秦连横，但此谋未得逞。当时秦大臣甘茂即反对以汉中归还于楚，见《秦策一》九。

[6]、[10]《秦本纪》：[秦惠王更元]十四年（前311），丹、犁臣，蜀相壮杀蜀侯来降。■《秦本纪》当有脱文。秦惠王卒前，丹、犁臣服于秦之蜀郡，秦之蜀相陈庄杀蜀侯通而叛秦，张仪、司马错诛乱。●《华阳国志》卷三《蜀志》：周赧王六年（当作四年，前311），陈庄反，杀蜀侯通国。秦遣庶长甘茂、张仪、司马错复伐蜀，诛陈庄。●《水经·江水注》：秦惠王二十七年（即更元十四年，前311），遣张仪与司马错等灭蜀……遂置郡焉。……仪筑成都，以象咸阳。●《文选·蜀都赋》李善注引扬雄《蜀王本纪》：秦惠王伐灭蜀王，封公子通为蜀侯。惠王二十七年（即更元十四年，前311），使张若与张仪筑成都城。●《甘茂列传》：惠王卒，武王立。张仪、魏章去，东之魏。蜀侯辉、相壮反，秦使甘茂定蜀。■《甘茂列传》谓秦惠王卒后，秦武王驱逐张仪离秦至魏，然后蜀相陈庄始叛，甘茂定蜀。异于《秦本纪》、《华阳国志》、《水经注》、《蜀王本纪》，今不从。

[7]《魏世家索隐》引《竹书纪年》：魏襄王八年（前311），翟章伐卫。

[8]《魏世家》：魏哀王（当作魏襄王）八年（前311），伐卫，拔列城

二。卫君患之。如耳见卫君曰："请罢魏兵，免成陵君，可乎？"卫君曰："先生果能，孤请世世以卫事先生。"如耳见成陵君曰："昔者魏伐赵，断羊肠，拔阏与，约斩赵，赵分而为二，所以不亡者，魏为从主也。今卫已迫亡，将西请事于秦。与其以秦醳（即释）卫，不如以魏醳卫，卫之德魏必终无穷。"成陵君曰："诺。"如耳见魏王曰："臣有谒于卫。卫故周室之别也，其称小国，多宝器。今国迫于难而宝器不出者，其心以为攻卫醳卫，不以王为主，故宝器虽出，必不入于王也。臣窃料之，先言醳卫者，必受卫者也。"如耳出，成陵君入，以其言见魏王。魏王听其说，罢其兵，免成陵君，终身不见。【附考】成陵君魏劲，魏襄王五年至八年（前314—前311）任魏相。魏襄王五年（前314）田文罢相，魏劲继相。魏襄王八年（前311）魏劲罢相，田需复相（明年死）。如耳此时年轻，多年以后（魏安釐王十一年以后），与魏齐同为魏国重臣。●《魏世家》魏安釐王十一年（前266）：秦昭王谓左右曰："今时韩、魏，与始孰强？"对曰："不如始强。"王曰："今时如耳、魏齐与孟尝、芒卯孰贤？"对曰："不如。"●《秦策四》四：秦昭王谓左右曰："今日韩、魏，孰与始强？"对曰："弗如也。"王曰："今之如耳、魏齐，孰与孟尝、芒卯之贤？"对曰："弗如也。"■魏安釐王十一年，即秦昭王四十一年（前266），范雎因魏齐迫害，入秦相秦昭王，庄子已死二十年。

[9]《樗里子列传索隐》引《竹书纪年》：秦楮（樗）里疾围蒲不克，而秦惠王薨。●《宋卫策》十一：秦攻卫之蒲，胡衍谓樗里疾曰……。

[11]《秦本纪》：秦惠王更元十四年（前311），惠王卒，子武王立。韩、魏、齐、楚、越皆宾从。●《秦本纪》引《秦记》：悼武王十九而立。●《秦本纪索隐》：武王名荡。●《秦始皇本纪》引《秦记》：惠文王享国二十七年，葬公陵，生悼武王。●《田世家》：齐湣王十三年（当作齐宣王九年，前311），秦惠王卒。●《鲁世家》：是岁（鲁平公十二年，前311），秦惠王卒。

[12]《苏秦列传》：苏秦者，东周雒阳人也。东事师于齐，而习之于鬼谷先生。出游数岁，大困而归。兄弟嫂妹妻妾窃皆笑之，曰："周人之俗，治产业，力工商，逐什二以为务。今子释本而事口舌，困，不亦宜乎！"苏

秦闻之而惭，自伤，乃闭室不出，出其书遍观之。曰："夫士业已屈首受书，而不能以取尊荣，虽多亦奚以为！"于是得周书《阴符》，伏而读之。期年，以出《揣摩》，曰："此可以说当世之君矣。"求说周显王（当作周赧王）。显王（当作赧王）左右素习知苏秦，皆少之。弗信。●《苏秦列传索隐》：乐壹注《鬼谷子书》云"苏秦欲神秘其道，故假名鬼谷"。《战国策》云"得太公《阴符》之谋"，则《阴符》是太公之兵符也。■苏秦一介乡下布衣，"显王（赧王）左右素习知苏秦"必不可信，其为洛阳乡下口音，则一听即知。外来口音难辨城乡，本地口音易辨城乡，此亦"外来和尚好念经"之一因。

[13]《东周策》五：东周欲为稻，西周不下水，东周患之。苏子（苏秦）谓东周君曰："臣请使西周下水，可乎？"乃往见西周之君曰："君之谋过矣！今不下水，所以富东周也。今其民皆种麦，无他种矣。君若欲害之，不若一为下水，以病其所种。下水，东周必复种稻；种稻而复夺之。若是，则东周之民可令一仰西周，而受命于君矣。"西周君曰："善。"遂下水。苏子亦得两国之金也。■事在西周武公元年、东周昭文君四十九年（前311），详见拙著《隐秘的战国真史》。

[14]《庄子·外物》：庄周家贫，故往贷粟于监河侯。监河侯曰："诺！我将得邑金，将贷子三百金，可乎？"庄周忿然作色曰："周昨来，有中道而呼者。周顾视车辙中，有鲋鱼焉。周问之曰：'鲋鱼来！子何为者邪？'对曰：'我，东海之波臣也。君岂有升斗之水而活我哉？'周曰：'诺！我且南游吴越之王，激西江之水而迎子，可乎？'鲋鱼忿然作色曰：'吾失我常与，我无所处。吾得升斗之水然活耳，君乃言此，曾不如早索我于枯鱼之肆！'"

[15]《庄子·大宗师》：子舆与子桑为友，而霖雨十日。子舆曰："子桑殆病矣！"裹饭而往食之。至子桑之门，则若歌若哭，鼓琴曰："父邪！母邪！天乎！人乎！"有不任其声，而趋举其诗焉。子舆入曰："子之歌诗，何故若是？"曰："吾思夫使我至此极者而弗得也。父母岂欲吾贫哉？天无私覆，地无私载，天地岂私贫我哉？求其为之者而不得也，然而至此极者，命也夫！"

金蝉脱壳张仪归魏，示弱保民卫侯贬号

前310年，岁在辛亥。庄周六十岁。宋康王二十八年。

周赧王五年。秦武王元年。楚怀王十九年。魏襄王九年。韩襄王二年。赵武灵王十六年。齐宣王十年。燕昭王二年。鲁平公十三年。卫嗣君五年。越王无疆三十三年。中山先王十八年（卒）。

中原大雨，数月不止。

春洪暴发，洛水决堤，周都洛阳被淹。[1]

秦武王二十岁，服满除丧，正式即位。

王叔樗里疾四十二岁，上朝进言："张仪无信无义，反复无常，卖国求荣，取悦诸侯。先王伐魏，攻取河东，张仪竟然还给魏国，骗得先王和魏惠王信任，兼相秦、魏。先王伐楚，攻取汉中，张仪又想还给楚国，骗得先王和楚怀王信任，受封武信君。大王如果继续重用张仪，天下必怒秦国无信无义，更笑秦国无人！"

樗里疾的死党公孙赫，樗里疾的副将甘茂，纷纷附议。[2]

齐宣王也遣使至秦，要求秦武王诛杀张仪。

秦武王孔武有力，尚武嗜杀，只想用武力堂堂正正征服中原。为太子之时，久已厌恶张仪运用诡计欺骗诸侯，大损秦国威名。内外交逼之下，就对张仪动了杀机。

张仪七十一岁，自知命悬一线，献策秦武王："山东诸侯互战，有利秦军东进。如今齐宣王最为恨我，我在何国，必伐何国。大王不如把我免相，驱逐归魏，齐宣王必将伐魏。齐、魏陷入苦战，大王就能乘势伐韩，一举攻取三川，亲临洛阳，尽得九鼎，代周为王。"

秦武王虽恨其人，仍爱其策，于是罢免张仪及其死党魏章，不予诛杀。赐以马车三十乘，驱逐归魏。[3]

公孙衍六十六岁，四年前罢免韩相，归魏赋闲。得知张仪罢相，立刻展开活动，游说中原诸侯背叛连横，重新合纵。

义渠、丹、犁得知张仪罢相，立刻叛秦。

秦武王大怒，亲征义渠、丹、犁。

义渠重新向秦称臣，丹、犁被秦伐灭。[4]

张仪罢免秦相，荣归魏都大梁。

魏襄王惊疑不定，既不敢用，也不敢杀。

齐宣王大怒伐魏，魏襄王大恐。

张仪晋见魏襄王："大王不必担心，我能让齐宣王退兵。"

张仪门客冯喜，奉命使齐，晋见齐宣王："大王痛恨张仪，为何抬举张仪？"

齐宣王说："张仪在秦为相，寡人命秦诛杀。张仪罢相归魏，寡人立刻伐魏。何曾抬举张仪？"

冯喜说："秦武王本想诛杀张仪，一如秦惠王诛杀商鞅。张仪献策秦武王：'山东诸侯互战，有利秦军东进。如今齐宣王最为恨我，我在何国，必伐何国。大王不如把我免相，驱逐归魏，齐宣王必将伐魏。齐、魏陷入苦战，大王就能乘势伐韩，一举攻取三川，亲临洛阳，尽得九鼎，代周为王。'秦武王采纳其策，不予诛杀，赐以马车三十乘，驱逐归魏，诱使大王伐魏。大王果然伐魏，乃是受张仪摆布，岂非抬举张仪？"

齐宣王不愿被张仪摆布，立刻停止伐魏。[5]

正在此时，去年复任魏相的田需死了。

张仪、公孙衍立刻展开活动，谋求复任魏相。

齐宣王命令苏代："张仪罢相归魏，正是中原诸侯合纵伐秦的良机。寡人命你出使楚、魏，邀约楚国、三晋合纵伐秦。田需已死，上策是让薛公相魏，中策是让犀首相魏，下策是让别人相魏。绝对不能让张仪复任魏相！"

苏代从齐至楚，拜见楚相昭鱼："秦武王新立，张仪罢相归魏，三晋正谋背叛连横，重新合纵。相国何不献策楚怀王，重新与齐结盟，邀约三晋共同伐秦？"

昭鱼说："大王愿与齐国重新结盟，但不希望张仪、薛公、犀首相魏。"

苏代问："楚怀王希望何人相魏？"

昭鱼说："希望太子魏政自任魏相。"

苏代说："楚怀王的愿望，与齐宣王不谋而合。我正要使魏，一定让太子魏政自任魏相。"

昭鱼大悦，允诺与齐重新结盟，共同策动第二次合纵伐秦。

苏代离楚至魏，晋见魏襄王："我奉齐宣王之命，出使楚、魏。先到楚国，楚相昭鱼表示，楚怀王不希望张仪、犀首、薛公相魏。我劝昭鱼不必担心，因为大王老成持重，必定明白：张仪相魏，必将亲秦；薛公相魏，必将亲齐；犀首相魏，必将亲韩。三人相魏都不利魏国，大王不可能任命为相！"

魏襄王问："先生以为，寡人会命何人为相？"

苏代说："大王会命太子为相。张仪、薛公、犀首必将认为，太子为相仅是权宜之计，时间必定不长。三人都会竭力劝说秦武王、齐宣王、韩襄王亲魏，希望赢得大王信任，将来接替太子为相。魏国原本强大，加上秦、齐、韩竞相亲魏，必将更加强大！"

魏襄王心悦诚服，即命太子魏政为相。[6]

五月，张仪谋复魏相失败，抑郁而死。五十一岁入秦，五十三岁相秦，相秦十九年（前328—前310），兼任魏相四年（前322—前319），助秦跃居天下最强，终年七十一岁（前380—前310）。

张仪一死，魏襄王立刻诛杀了张仪死党魏章。[7]

中山先王魏𦊟死了，在位十八年（前327—前310）。第五年参加五国相王，称王。前五年为君，后十三年为王。

死后葬于国都灵寿郊外（今河北平山三汲乡），墓中葬入四年前助齐伐燕后所铸圆鼎、方壶，以及太子魏𡤙悼念父王的圆壶。1973年出土。

王后阴姬之子魏𡤙继位，即中山嗣王，魏属中山第四代国君。

王妃江姬之子魏牟，时年十一岁。

司马熹凭借太后阴姬支持，二相中山。

中山首次以王礼为国君治丧，除了魏、齐，诸侯均不遣使吊丧。

魏襄王派遣公孙弘出使中山，吊唁族弟之死，祝贺族侄继位。

公孙弘长驻中山，希望中山重新亲附魏国，不要彻底倒向齐国。[8]

赵武灵王梦游天宫，听见神女鼓琴唱歌："美人荧荧兮，颜若苕之荣。命乎命乎，曾无我嬴！"[9]

梦醒以后，召见群臣："先祖赵简子担任晋定公之相，晚年（晋定公十一年，前501）昏睡七日，醒后告诉董安于：'我梦游天宫，十分快乐。天帝告诉我：晋室将衰，七世而亡。虞舜后裔孟姚，配尔七世之孙。'[10]晋定公以后，经过晋出公、晋敬公、晋幽公、晋烈公、晋桓公、晋悼公、晋静公七世，晋室果然亡国绝祀。赵简子以后，经过赵襄子、赵献侯、赵烈侯、赵敬侯、赵成侯、赵肃侯六世，寡人正是赵简子七世之孙。寡人梦中所见神女，必是虞舜后裔孟姚。寡人若得此女，必将重振赵简子威名！"

吴广闻讯，把女儿吴娃改名娃嬴，献给赵武灵王："赵简子之梦，乃是赵氏开国之吉兆。大王之梦，则是赵氏强国之吉兆！我女儿名叫娃嬴，正应大王之梦。我是吴人，吴人是虞舜后裔，又应赵简子之梦。"

赵武灵王大喜，又把娃嬴改名孟姚，以应赵简子之梦。从此专宠孟姚。[11]

老聃之徒颜阖，晋见卫嗣侯："愿献免于亡国之道，长保卫国百姓安宁。"

卫嗣侯说："愿闻其详。"

颜阖说："春秋末年，卫灵公迷恋宋女南子，引发卫庄公、卫出公父子争位之乱，招致诸侯侵伐。此后百余年，卫势日衰，卫土日小。四十六年前，卫成公被迫朝魏贬号，降称为侯，此后常被齐、赵共伐。三十年前，齐威王败魏崛起，卫平侯、卫孝襄侯被迫叛魏亲齐，此后又被魏国所伐。君侯即位以来，不敢得罪任何诸侯，去年仍被秦、魏共伐，仅因秦惠王之死而暂停。君侯迟早仍将亡国！"

卫嗣侯问："先生有何免于亡国之道？"

颜阖说："称王诸侯之中，燕、宋、中山最为弱小，都是逞强称王。燕国被齐宣王伐灭，幸而僻处东北一隅，凭借秦、齐相争而侥幸复国。宋国、中山处于中原，乃是诸侯必争之地，一旦亡国，必将无望复国。卫国同样处于中原，君侯唯有反其道而行之，遵循老聃之道'柔弱胜刚强'，主动示弱，不再称侯，自贬为君，宣布中立，就能免于诸侯征伐，延续宗庙社稷，长保卫民安宁。"

卫嗣侯听从其言，自贬为君，史称卫嗣君。

卫嗣君昭告天下：卫国退出一切征伐，不与任何诸侯结盟，永远保持中立。

此后诸侯不再伐卫，卫民免于战祸百年。[12]

庄子六十岁，张仪被秦武王罢相驱逐，死于魏国。

蔺且问："商鞅得到秦孝公重用，为何却被秦惠王车裂？张仪得到秦惠王重用，为何又被秦武王驱逐？"

庄子说："一朝天子一朝臣，自古皆然。何况商鞅、张仪均非秦人，都是客卿，更加容易失宠于后君。"

蔺且问："秦孝公、秦惠王为何不命秦人为相，均命中原士人为相？"

庄子说："秦国不习中原礼教，自古没有士人，仅有宗室、平民。所以齐国稷下学宫汇聚天下士人，无一秦国士人。秦君想要东进中原，只能重用中原士人。春秋时代秦穆公称霸中原，即以楚人百里奚为相。商鞅变法，竭力尊君，宗室受到严厉打压。秦孝公重用商鞅，秦惠王重用张仪，宗室不能担任秦相。秦国新君为了巩固君位，必须罢免前相，轻则驱逐，重则诛杀，才能得到宗室拥戴。否则觊觎君位的众多嫡庶兄弟，就有可能取而代之。"

蔺且又问："商鞅、张仪有功于秦，竟然如此下场，中原士人是否再也不敢仕秦？"

庄子说："为求一时富贵，中原痞士恐怕无视前车之鉴。商鞅死后的秦国，尚非天下最强，魏人公孙衍、张仪、司马错，齐人陈轸，楚人甘茂，照样争先恐后仕秦。张仪死后的秦国，已是天下最强，必有更多中原痞士仕秦。"

蔺且又问："各国君主，为何有些重用宗室贵族，有些重用本国士人，有些重用异国客卿？"

庄子说："重用宗室贵族，乃是周礼亲亲之仁、世卿世禄的余绪，利小而弊大。各国变法，无不废除世卿世禄，所以本国士人和异国客卿，才有可能游仕天下，布衣卿相。重用本国士人，弊虽不大，利也不大。重用异国客卿，通常利大弊小，偶尔弊大利小。不过利弊仅对君主而言，无关百姓。"

蔺且说："重用宗室贵族，为何利小弊大？"

庄子说："宗室贵族养尊处优，耽于逸乐，逐代衰败，很少德才兼备。大弊是把受到重用视为当然，也不担心君主怀疑忠心，经常玩忽职守，又会为了小宗利益，挑起或卷入立储、争位。小利是与宗室同命，极少出卖国家利益。"

蔺且说："重用本国士人，为何利弊不大？"

庄子说："本国士人，大德大才者和无德无才者不易受到重用，小德大才者最易受到重用。小利是人数众多，竞争激烈，不敢玩忽职守。小弊是不太担心君主怀疑忠心，不会竭尽全力表忠。时刻担心被政敌挫败，一心争宠固位，结党营私，甚至交结异邦，有限出卖母邦利益。为了连仕两朝，也会卷入立储、争位。宗族就在身边，容易徇私枉法，假公济私，韩相申不害就是显例。"

蔺且说："重用异国客卿，为何通常利大弊小，偶尔弊大利小？"

庄子说："士人无德，母邦易知，异邦难知，所以无德有才者常常游仕异邦。大利是时刻担心君主怀疑忠心，竭尽全力表忠。最佳表忠方式，就是无限损害母邦利益和异邦利益。客卿孤身游仕，全无根基，政敌众多，难以结党营私。宗族不在身边，较少徇私枉法，假公济私。不敢奢望连仕两朝，极少卷入立储、争位。所以重用客卿，通常利大弊小。"

蔺且说："难怪齐国创建稷下学宫以来，各国争相重用客卿。"

庄子说："重用客卿尽管利大弊小，然而无德乃是双刃剑。遭到弃用的客卿，一旦返仕母邦，或者转仕异邦，就会报复弃用之邦，变成弊大利小。魏国弃用吴起、商鞅、孙膑，受到惨重报复，由盛而衰。秦国弃用公孙衍、陈轸，受到极大报复，时进时退。所以君主一旦弃用客卿，通常不愿放归，而是予以诛杀。"

蔺且说："看来游仕异邦、担任客卿的无德痞士，不仅有才，而且有胆。"

庄子说："未必有胆，仅是心存侥幸，自作聪明，以为既能获大利，又能逃大弊。布衣卿相，害人利己，确实能获大利。机关算尽，预留退路，未必能逃大弊。人性安土重迁，不为大利，不会远离故土。客卿多为赌徒，久赌必输，少有善终。旧君一死，所有政敌就会暂时放弃纷争，结党抱团，利用新君初立，置客卿于死地。吴起、商鞅车裂灭族，均非偶然。惠施、张仪金蝉脱壳，实为侥幸。"

笺注

[1]《水经·洛水注》引《竹书纪年》：今王（魏襄王）九年（前310），洛入成周，山水大出。

[2]《新序·杂事二》二：樗里子及公孙子皆秦诸公子也，其外家韩也。
■樗里疾为秦惠王庶子，秦武王之叔。公孙子即公孙赫，当为前朝秦君后裔，依附樗里疾，而为秦武王重臣。

[3]、[5]《秦本纪》：秦武王元年（前310），张仪、魏章皆东出之魏。

●《张仪列传》：武王自为太子时，不说张仪。及即位，群臣多谗张仪曰："无信，左右卖国以取容。秦必复用之，恐为天下笑。"诸侯闻张仪有隙武王，皆畔衡，复合从。秦武王元年，群臣日夜恶张仪未已，而齐让又至。张仪惧诛，乃因谓秦武王曰："仪有愚计，愿效之。"王曰："奈何？"对曰："为秦社稷计者，东方有大变，然后王可以多割得地也。今闻齐王甚憎仪，仪之所在，必兴师伐之。故仪愿乞其不肖之身之梁，齐必兴师而伐梁。梁、齐之兵连于城下而不能相去，王以其间伐韩，入三川，出兵函谷而毋伐，以临周，祭器必出。挟天子，按图籍，此王业也。"秦王以为然，乃具革车三十乘，入仪之梁。齐果兴师伐之。梁哀王（当作襄王）恐。张仪曰："王勿患也，请令罢齐兵。"乃使其舍人冯喜之楚，借使之齐，谓齐王曰："王甚憎张仪！虽然，亦厚矣王之托仪于秦也！"齐王曰："寡人憎仪，仪之所在，必兴师伐之，何以托仪？"对曰："是乃王之托仪也。夫仪之出也，固与秦王约曰：'为王计者，东方有大变，然后王可以多割得地。今齐王甚憎仪，仪之所在，必兴师伐之。故仪愿乞其不肖之身之梁，齐必兴师伐之。齐、梁之兵连于城下而不能相去，王以其间伐韩，入三川，出兵函谷而无伐，以临周，祭器必出。挟天子，案图籍，此王业也。'秦王以为然，故具革车三十乘而入之梁也。今仪入梁，王果伐之，是王内罢国而外伐与国，广邻敌以内自临，而信仪于秦王也。此臣之所谓托仪也。"齐王曰："善。"乃使解兵。张仪相魏一岁，卒于魏也。●《齐策二》二：张仪事秦惠王。惠王死，武王立，左右恶张仪曰："仪事先王不忠。"言未已，齐让又至。张仪闻之，谓武王曰："仪有愚计，愿效之王。"王曰："奈何？"曰："为社稷计者，东方有大变，然后王可以多割地。今齐王甚憎仪，仪之所在，必举兵而伐之。故仪愿乞不肖身而之梁，齐必举兵而伐之。齐、梁之兵连于城下，不能相去，王以其间伐韩，入三川，出兵函谷而无伐，以临周，祭器必出。挟天子，案图籍，此王业也。"王曰："善。"乃具革车三十乘，纳之梁。齐果举兵伐之。梁王大恐。张仪曰："王勿患，请令罢齐兵。"乃使其舍人冯喜之楚，藉使之齐。齐、楚之事已毕，因谓齐王："王甚憎张仪，虽然，厚矣王之托仪于秦王也。"齐王曰："寡人甚憎仪，仪之所在，必举兵伐之，何以托仪也？"对曰："是乃王之托仪也！仪之出秦，固与秦王约曰：'为王计者，东方有大变，然后王可以多割地。齐王甚憎仪，仪之所在，必举兵伐之，故仪愿乞不肖身而之梁，齐必举兵伐梁。梁、齐之兵连于城下不能去，王以其间伐韩，入三川，出兵函谷而无伐，以临周，祭器必出。挟天子，案图籍，是王业也。'秦王以为然，与革车三十乘，而纳仪于梁。而果伐之，是王内自罢而伐与国，广邻敌以自临，而信仪于秦王也。此臣之所谓托仪也。"王曰："善。"乃止。▲杨宽：当为策士所臆造，用以见张仪之计谋成功者，并不足信。……《魏世家》谓是年魏相田需死，楚相昭鱼恐张仪、犀首、薛公（田文）有中一人为魏相，……终于由太子为相。《张仪列传》所谓张仪复相一岁，盖出于策士之夸说，非其实也。■张仪复相魏一岁，固非。张仪自请免相归魏，得以金蝉脱壳，则是。旁证甚多。若为策士编造，不能兼造如此之多史实。【附一】《韩策一》十三：郑强之走张仪于秦曰："仪之使者，必之楚矣。故谓大宰曰：'公留仪之使者，强请西图仪于秦。"故因而请秦王曰："张仪使人致上庸之地（当作汉中），故使使臣再拜谒秦王。"秦王怒，张仪走。■此策误以张仪去年派冯喜使楚归还汉中。归楚汉中为国事，当由秦惠王派遣公使（即秦相张仪），不当由张仪私遣门客冯喜。去年秦惠王未死，甚信张仪。【附二】《魏策一》十七：张仪走之魏，魏将迎之。张丑谏于王，欲勿内，不得于王。张丑退，复谏于王曰："王亦闻老妾事其主妇者乎？子长色衰，重家而已。今臣之事王，若老妾之事其主妇者。"魏因不纳张仪。■此仿商鞅之事编造，不确。张丑为田婴门客，非魏臣。谏者之言，合于魏襄王男宠张寿口吻，然而田需暗杀张寿已久（见上第五十四章）。

[4]《秦本纪》：武王元年（前310），张仪、魏章皆东出之魏。伐义渠、丹、犁。

[6]《魏策二》十三：田需死。昭鱼谓苏代曰："田需死，吾恐张仪、薛公（田文）、犀首（公孙衍）之有一人相魏者。"代曰："然则相者以谁，而君便之也？"昭鱼曰："吾欲太子之自相也。"代曰："请为君北见梁王，必相之矣。"昭鱼曰："奈何？"代曰："君其为梁王，代请说君。"昭鱼曰："奈何？"对曰："代也从楚来，昭鱼甚忧。代曰：'君何忧？'曰：'田需死，吾恐张仪、

薛公、犀首有一人相魏者。'代曰：'勿忧也。梁王长主也，必不相张仪。张仪相魏，必右秦而左魏。薛公相魏，必右齐而左魏。犀首相魏，必右韩而左魏。梁王长主也，必不使相也。'代曰：'莫如太子之自相。是三人皆以太子为非固相也，皆将务以其国事魏，而欲丞相之玺。以魏之强，而持三万乘之国辅之，魏必安矣。故曰：不如太子之自相也。'"遂北见梁王，以此语告之，太子果自相。●《魏世家》：魏哀王（当作魏襄王）九年（前310），与秦王会临晋。张仪、魏章皆归于魏。魏相田需死，楚害张仪、犀首、薛公。楚相昭鱼谓苏代曰："田需死，吾恐张仪、犀首、薛公有一人相魏者也。"代曰："然相者欲谁，而君便之？"昭鱼曰："吾欲太子之自相也。"代曰："请为君北，必相之。"昭鱼曰："奈何？"对曰："君其为梁王，代请说君。"昭鱼曰："奈何？"对曰："代也从楚来，昭鱼甚忧，曰：'田需死，吾恐张仪、犀首、薛公有一人相魏者也。'代曰：'梁王长主也，必不相张仪。张仪相，必右秦而左魏。犀首相，必右韩而左魏。薛公相，必右齐而左魏。梁王长主也，必不便也。'王曰：'然则寡人孰相？'代曰：'莫若太子之自相。太子之自相，是三人者皆以太子为非常相也，皆将务以其国事魏，欲得丞相玺也。以魏之强，而三万乘之国辅之，魏必安矣。故曰：莫若太子之自相也。'"遂北见梁王，以此告之。太子果相。■苏代出使楚、魏，必为欲兼魏相的齐相田文所使。魏襄王鉴于当年张仪兼相秦、魏之弊，最不可能让田文兼相齐、魏。故不让张仪、公孙衍相魏，为苏代第一使命。田文既憎张仪，又欲取代公孙衍，成为山东诸侯合纵伐秦之新盟主。

[7]《韩世家索隐》、《张仪列传索隐》均引《竹书纪年》：张仪以今王（魏襄王）九年（前310）五月卒。●《六国表》秦武王元年（前310）：张仪、魏章皆死于魏。●《秦本纪》：武王二年（前309），张仪死于魏。●《魏世家》：魏襄王十年（前309），张仪死。■《秦本纪》、《魏世家》误后一年，当从《竹书纪年》、《六国表》。

[8]中山嗣王之名，见于河北平山三汲乡中山王墓太子圆壶。

[9]《赵世家》：赵武灵王十六年（前310），王梦见处女鼓琴，而歌诗曰："美人荧荧兮，颜若苕之荣。命乎命乎，曾无我嬴！"……

[10]《赵世家》：[晋定公十一年]（晋顷公十二年之后十三年，前

501），赵简子疾，五日不知人……居二日半，简子寤，语大夫曰："我之帝所甚乐……帝告我：'晋国且世衰，七世而亡，嬴姓将大败周人于范魁之西。……今余思虞舜之勋，余将以其胄女孟姚，配而七世之孙。'董安于受言而书藏之。"●《赵世家正义》：嬴，赵姓也。七代孙，武灵王也。■晋"七世而亡"，即：1晋出公，2晋敬公，3晋幽公，4晋烈公，5晋桓公，6晋悼公，7晋静公。因赵简子之梦，故赵肃侯立晋静公（见上第二十一章）。"配而（尔）七世之孙"，即：1赵襄子，2赵献侯，3赵烈侯，4赵敬侯，5赵成侯，6赵肃侯，7赵武灵王。

[11]《赵世家》（续上注）：……异日，王饮酒乐，数言所梦，想见其状。吴广闻之，因夫人而内其女娃嬴，孟姚也。孟姚甚有宠于王，是为惠后。■吴广之女，姓吴名娃，先应武灵王之梦而改姓嬴，称"娃嬴"，再应赵简子之梦而改名"孟姚"。《赵世家》赵武灵王二十七年"惠文王，惠后吴娃子也"，惠文王四年"主父初以长子章为太子，后得吴娃，爱之，为不出者数岁，生子何，乃废太子章而立何为王。吴娃死，爱弛，怜故太子，欲两王之"，再三称其本名"吴娃"，隐斥"娃嬴"之伪、"孟姚"之诞。

[12]《卫世家索隐》引《竹书纪年》：卫嗣君五年，更贬号曰君，独有濮阳。■卫嗣君五年（前310）贬号为君，其后卫怀君（前272—前255）、卫元君（前254—前230）、卫君角（前229—前209）均称君，卫君贬号一百零二年（前310—前209）始灭，成为亡国最晚的周封诸侯。

秦武休兵乐毅谏赵，颜斶斥齐庄子讽宋

前309年，岁在壬子。庄周六十一岁。宋康王二十九年。

周赧王六年。秦武王二年。楚怀王二十年。魏襄王十年。韩襄王三年。赵武灵王十七年。齐宣王十一年。燕昭王三年。鲁平公十四年。卫嗣君六年。越王无疆三十四年。中山嗣王元年。

秦武王问策樗里疾："寡人鉴于孝公受制于卫人商鞅，父王受制于魏人张仪，秦国又无士人，所以去年驱逐张仪以后不设相国。但是寡人治国一年，无人分忧，所以考虑分设左右丞相。叔父多智，号称智囊，自然是右丞相的最佳人选。至于谁任左丞相，寡人难以决断，秦人公孙赫，似乎不如楚人甘茂。"

樗里疾希望独任相国，至少让死党公孙赫担任左丞相，于是献策："甘茂毕竟是楚人，为免客卿专权，或者心向母邦，大王任命之前应予考验。"

秦武王说："三年前秦、楚大战，甘茂攻取汉中。次年张仪打算把汉中还给楚国，甘茂坚决反对。忠秦不忠楚已明，何必再予考验？"

樗里疾说："甘茂虽然最初为张仪提拔，但是后来又与张仪争宠于先王，凡是张仪之策，无不加以反对。所以此事只能证明甘茂不是张仪死党，无法证明甘茂忠秦不忠楚，大王应该再予考验。"[1]

秦武王采纳其策，召见甘茂："寡人即位以来，很多楚使至秦，有些态度强硬，有些态度软弱。寡人与强硬者说话，常落下风，有无良策？"

甘茂说："当年周文王拥有一块珍稀玉版，商纣王想要。先派贤臣胶鬲至周索取，周文王不给。又派佞臣费仲至周索取，周文王才给。周文王如此作为，乃是希望商纣王重用佞臣费仲，远离贤臣胶鬲。商纣王果然中计，结果胶鬲叛商奔周，最终助周灭商。大王不如效法周文王，拒绝强硬者的要求，满足软弱者的要求，这样必能灭楚！"[2]

甘茂出卖母邦利益，顺利通过考验。

秦武王大悦，任命樗里疾为右丞相，甘茂为左丞相。[3]

秦武王自诩天下第一大力士，减轻政务以后，招募天下大力士。

秦国大力士任鄙、乌获，齐国大力士孟说，均获重用。[4]

楚怀王趁着秦武王休兵，与魏襄王重修旧好。

命令楚将庶章领兵至魏，与魏军在襄陵（今河南睢县）会合，联合操演防秦兵阵。[5]

中山嗣王服满除丧，正式即位。

命令司马熹使赵，缓和两国关系。

乐毅献策赵武灵王："十八年前司马熹击败燕、赵，次年又伐鄗邑，导致大王父君赵肃侯去世。大王即位以来，一直积蓄实力，不伐中山，甚至取消王号，自贬为君，公开示弱，麻痹中山。如今仍应积蓄实力，麻痹中山，让司马熹继续专权，等待时机。"

赵武灵王采纳其策，接见司马熹："寡人即位十七年，一直与中山亲善。但愿相国继续辅佐中山嗣王，永结两国之好。"

司马熹返国复命。

中山嗣王大悦，更加重用司马熹，与赵亲善。

中山嗣王乘车出行，司马熹居左驾车，公孙弘居右侍卫。

公孙弘问中山嗣王："假如大王之臣，借助强国之力，巩固自己权位，大王如何处置？"

中山嗣王说："寡人一定生吞其肉，不与别人分食。"

司马熹在车辕上叩首："我的死期到了！"

中山嗣王问："相国何出此言？"

司马熹说："有人蓄意陷害，想要加罪于我！"

中山嗣王说："寡人明白，相国专心驾车！"

从此不再信任公孙弘。[6]

公孙弘离开灵寿，返回大梁，向公孙衍复命："十四年前，大哥策动五国相王，中山先王害怕齐、赵、燕共伐，被迫亲齐，此后助齐伐燕。九年前，大哥策动五国伐秦，中山先王追随齐宣王，拒绝加入伐秦。如今中山嗣王耽溺享乐，司马熹一心固位，又与赵国亲善。我劝说中山嗣王罢免司马熹，没能成功。我奉大哥之命长驻中山，未能阻止中山与魏国逐渐疏远，只好返魏。"

公孙衍说："前年秦惠王死去，去年张仪死去，都是重新策动合纵伐秦的良机。可惜三晋畏秦，不敢用我。何况我已六十七岁，既无权力，又无精力，想要策动合纵伐秦，只能寄望于齐相孟尝君。七年前，我曾举荐孟尝君相魏。你不如投入孟尝君门下，劝其策动合纵伐秦。"

公孙弘奉命往齐，成为孟尝君门客，受到重用。[7]

赵武灵王召见乐毅："先生建议寡人暂时与中山友好，积蓄实力，等待时机，再伐中山。但是寡人即位十七年，赵国实力并未增强，何时才能等到时机？寡人一直不明白，当年晋国远比白狄中山强大，为何不能伐灭白狄中山？如今赵国远比魏属中山强大，为何不能击败魏属中山？先生的先祖乐羊，曾为魏文侯伐灭白狄中山，先生与兄长乐池，又曾出仕魏属中山，一定明白原因。"

乐毅说："大王不问，我不敢妄言。大王既问，我不敢不言。晋人与狄人异族，不能知己知彼，所以难以伐灭白狄中山。吾祖乐羊是白狄中山人，仕于魏文侯，知己知彼，所以能够伐灭白狄中山。乐羊死后葬于灵寿，子孙均为魏属中山重臣，直到司马熹蛊惑中山先王，取代吾兄乐池为相。我们兄弟离开中山，转仕赵国，意在助赵伐灭中山。但是大王与中山休兵十多年，我虽有必灭中山之策，一直不敢进言。"

赵武灵王问："既有必灭中山之策，为何不早进言？"

乐毅说："赵人囿于夷夏大防，鄙视中山为夷狄，不愿效法中山，所以不能伐灭中山。正如诸夏囿于夷夏大防，鄙视秦人为夷狄，不愿效法秦国，所以不能战胜秦国。"

赵武灵王说："寡人当局者迷，敬请先生赐教！"

乐毅说："秦穆公效法中原，废除了夷狄的斩首陋习。此后秦国陷入三世内乱，魏文侯变法崛起，吴起伐取了秦国河西七百里地。秦献公重新振作，恢复了夷狄的斩首陋习，尽管魏武侯时魏国更强，但是秦军已能与魏军相持。秦孝公重用商鞅，实行变法，斩首计功，立刻击败强魏，收复部分河西。秦惠王不仅收复全部河西，而且进取河东，击败合纵伐秦五国，大破天下霸主楚国，跃居天下最强。如今秦武王更为强悍，如果中原诸侯不愿效法秦国，实行斩首计功，必将难以阻止秦祸东来。"

赵武灵王问："除了效法斩首计功，难道再无方法阻止秦军东进？"

乐毅说："另有一个方法，但是恐怕大王不愿实行。"

赵武灵王问："为何？"

乐毅说："说来话长。春秋末年，周室衰弱，漠北白狄趁机南侵中原，别处难以立足，唯有太行山区多山，不便车战，所以白狄伐灭邢国，立国中山两百余年，强晋难以伐灭。乐羊为魏文侯伐灭中山，尽管中山之君变成了魏氏，但是中山之民仍以白狄为主，白狄乃是马背上的游牧民族，弓马娴熟，民风慓悍。中山之地仍是山地，所以魏属中山保留了白狄中山的胡服骑射。中山骑兵，人马一体，无论平原作战还是山地作战，行进迅速，调动灵活。赵国车兵，人马分离，平原作战不够灵活，山地作战更处劣势，即使平原作战获胜，追入山地仍难全胜。步卒对阵骑兵，劣势更为明显，而且行进缓慢，拖累车兵。大王如果效法中山，实行胡服骑射，战胜中山骑兵即非难事，战胜秦国车兵、步卒更是易事。秦国尽管斩首计功，仍然保留秦穆公以来的车兵、步卒，只能常胜中原的车兵、步卒，却又常常败于义渠骑兵。"

赵武灵王恍然大悟："先生之言，真令寡人茅塞顿开。但是三代以来，诸夏歧视夷狄上千年，即使寡人愿意实行胡服骑射，国人恐怕难以赞成。"

乐毅说："所以大王不问，我不敢言。国人既然不愿中山横亘腹心，又不愿听任秦祸东来，只要大王决意除旧布新，必能说服国人。"

赵武灵王说："先生所言甚是。兹事体大，寡人将会谋定后动。"

赵武灵王在九门（今河北藁城）修筑野台，东望中山。思量如何说服国人赞成胡服骑射。[8]

齐宣王被以秦为首的连横诸侯击败，失去燕地，谋报秦仇，急需贤人辅佐，于是扩建稷下学宫，加大招贤力度。提高学士待遇，食禄万钟。淳于髡、许行、彭蒙、宋钘、尹文、田骈、邹衍、邹奭、接予、慎到、环渊等七十六人，从列大夫升为上大夫，食禄十万钟，各赐宅第。中原士人闻风至齐，稷下学宫臻于极盛，学士上千。[9]

稷下学士生活优裕，授徒讲学，各著其书。宋钘之书为《宋荣子》，尹文之书为《尹文子》，田骈之书为《田子》，邹衍之书为《五德终始》，邹奭之书为《邹奭子》，接予之书为《接子》，慎到之书为《慎子》，许行之书为《神农》，环渊之书为《蜎子》。

稷下祭酒淳于髡，组织稷下学士集体编纂了《管子》。各家各派的稷下学士，分领专题，撰写专章。借用齐相管仲名义，总论治国之道。以黄帝、老子之道为经，以儒墨百家之学为纬，世称"黄老之学"。

《管子》书成，淳于髡进献齐宣王。

《牧民第一》开宗明义："凡有地牧民者，务在四时，守在仓廪。国多财，则远者来；地辟举，则民留处；仓廪实，则知礼节；衣食足，则知荣辱；上服度，则六亲固；四维张，则君令行。"

齐宣王大悦，重赏参与撰著的稷下学士。[10]

颜斶去年说服卫嗣侯遵循泰道，贬号称君。今年得知齐宣王大力招贤，又至齐国稷下。

齐宣王久闻颜斶精通老聃之道，亲往稷下学宫，召见颜斶："颜斶，你过来！”

颜斶站着不动：“大王，你过来！”

齐宣王不悦。

侍从怒喝：“大王是人君，你是人臣。大王可以命你过来，你怎么可以让大王过去？”

颜斶说：“大王过来，乃是礼贤下士。我过去，则是趋炎附势。与其士人趋炎附势，不如君王礼贤下士！”

齐宣王怒形于色：“君王尊贵，还是士人尊贵？”

颜斶说：“士人尊贵，君王不尊贵！”

齐宣王大怒：“有无凭据？”

颜斶说：“有！九年前张仪兼相秦、魏，秦、魏联合伐齐。张仪下令：‘砍伐柳下惠墓木，杀无赦，夷三族！砍下齐威王首级，赏千金，封万户侯！’由此可见，活王首级，不如死士墓木。《老子》有言：‘虽贵，必以贱为本；虽高，必以下为基。是以侯王称孤、寡、不穀，是其贱之本欤？’孤、寡乃是贫贱低下之称，然而侯王用于自称。岂非士人尊贵，君王不尊贵？”

齐宣王上前躬身行礼：“寡人出言无状，得闻先生教诲！愿聘先生为国师，食必太牢，出必乘车，妻儿衣服华美。”

颜斶说：“玉璞生于山中，原本完好，一旦制成器物，就会毁坏，其形不全。士人生于乡野，原本尊贵，一旦求取爵禄，就会卑贱，其神不全。我愿回归乡野，晚食以当肉，安步以当车，无罪以当贵，清静贞正以自娱，确保形神俱全。大王好自为之，我愿返归素朴，终身不再受辱！”

言毕转身离去。

齐宣王怅然若失。[11]

十月，中原连降大雨，黄河之水溢出堤岸。

魏邑酸枣（今河南延津西南）久浸于水，城墙坍塌。[12]

宋国淫雨绵绵，蒙邑东门人兰子，无法在街头卖艺，生计困难，晋见酷好技艺的宋康王。

宋康王问："你有何技艺？"

兰子拿出两根比身高长出一倍的高跷，踩在脚下，旋转腾跃，左趋右驰。双手轮流抛掷七柄剑，五柄剑悬于空中。

宋康王大惊，赏赐马车十乘。[13]

庄子六十一岁，贫困至极，面有饥色。

兰子回到蒙邑东门，自鸣得意，来见庄子："先生有道无技，才会如此贫困。"

庄子说："河边有户人家，编织芦苇为生。儿子潜入深渊，采得千金宝珠。父亲对儿子说：'拿石头来，砸烂宝珠！千金宝珠，必定藏在九重深渊，含在骊龙嘴下。你能采到宝珠，必定恰逢骊龙睡寐。假使骊龙醒着，你还能侥幸采到吗？'如今宋国的深渊，不是九重深渊可比；宋康王的凶猛，不是骊龙可比。你能侥幸得到马车，必定遭逢宋康王睡寐。假使宋康王醒着，你将粉身碎骨！"[14]

东郭子听说兰子以技受赏，也去晋见宋康王。

宋康王问："你有何技艺？"

东郭子表演了翻跟斗的燕戏，前空翻，后空翻，连翻几十个跟斗。若不叫停，可以一直翻下去。

宋康王大怒，将其下狱，准备诛杀。

曹商问："兰子献技，大王予以重赏。东郭子献技，大王为何不赏？"

宋康王说："兰子技艺精湛，寡人一时高兴，所以重赏。东郭子技艺拙劣，竟敢愚弄寡人！"

曹商说："大王若是杀了东郭子，技艺精湛者也将不敢献技。大王不赏其技，宜赏其心！"

宋康王听从其言，关押东郭子一月，予以释放。[15]

蔺且说："天下大旱数年，继以大涝数年，饥荒不断加剧，各国师劳力疲，今年总算天下休战。我出生至今三十二年，天下只有今年没有战事。"

庄子说："从前的宋臣，或者像庖丁那样以道事君，或者像戴盈、惠盎那样以德事君，而无侥幸求赏之心。如今的宋臣，都像唐鞅、田不礼、曹商那样以术事君，如今的宋民，都像兰子、东郭子那样以技事君，都有侥幸求赏之心。天下各国，大抵相同，都是昏君乱相。所以只要周天子未被取代，逐鹿中原的交战就是常态，休战实为备战。"

笺注

[1]《樗里子列传》：樗里子者，名疾，秦惠王之弟也，与惠王异母。母，韩女也。樗里子滑稽多智，秦人号曰"智囊"。●《秦策二》十三（又见《韩非子·外储说右上》）：甘茂相秦。秦（武）王爱公孙衍（当作公孙赫），与之间有所立，因自谓之曰："寡人且相子。"甘茂之吏，道而闻之，以告甘茂。甘茂因入见王曰："王得贤相，敢再拜贺。"王曰："寡人托国于子，焉更得贤相？"对曰："王且相犀首。"王曰："子焉闻之？"对曰："犀首告臣。"王怒于犀首之泄也，乃逐之。■秦武王不可能爱秦之大敌公孙衍，"衍"为"赫"之讹，"犀首"亦因之而误。

[2]《秦策二》十一：秦（武）王谓甘茂曰："楚客来使者多健，与寡人争辞，寡人数穷焉，为之奈何？"甘茂对曰："王勿患也！其健者来使（者），则王勿听其事；其需弱者来使，则王必听之。然则需弱者用，而健者不用矣！王因而制之。"■秦惠王十七年（前312）至秦昭王元年（前306）甘茂仕秦。此策当在秦武王二年（前309）秦楚和解、甘茂为相之前。●《韩非子·喻老》：周有玉版，纣令胶鬲索之，文王不予；费仲来求，因予之。是胶鬲贤而费仲无道也。周恶贤者之得志也，故予费仲。

[3]《秦本纪》（《六国表》同）：秦武王二年（前309），初置丞相，樗里疾、甘茂为左右丞相。●《樗里子甘茂列传》：惠王卒，武王立。……以甘茂为左丞相，以樗里子为右丞相。

[4]《秦本纪》：武王有力好戏，力士任鄙、乌获、孟说皆至大官。●《樗里子列传》：秦人谚曰："力则任鄙，智则樗里。"

[5]《水经·济水注》引《竹书纪年》：今王（魏襄王）九年（前310），

楚庶章率师来会我,次于襄丘。■楚、魏会师乃军事演习,非战。九年(前310)当为十年(前309)之误。

[6]《中山策》四:司马憙使赵,为己求相中山。公孙弘阴知之。中山君出,司马憙御,公孙弘参乘。弘曰:"为人臣,招大国之威,以为己求相,于君何如?"君曰:"吾食其肉,不以分人。"司马憙顿首于轼曰:"臣自知死至矣!"君曰:"何也?""臣抵罪。"君曰:"行,吾知之矣。"居顷之,赵使来,为司马憙求相。中山君大疑公孙弘,公孙弘走出。■公孙弘为公孙衍幼弟,此后返仕中山之宗主国魏国。其驻守中山,当属公孙衍五国相王时所使。

[7]公孙弘投入孟尝君门下,为其出使秦国,又随其相秦。孟尝君相魏以后改合纵伐秦为合纵伐齐,公孙弘又转投苏秦门下。详下各章。

[8]《赵世家》:赵武灵王十七年(前309),王出九门,为野台,以望齐、中山之境。▲杨宽:汉常山郡有九门县,在今河北正定县东南。

[9]《田世家》:宣王喜文学游说之士,自如驺衍、淳于髡、田骈、接予、慎到、环渊之徒七十六人,皆赐列第,为上大夫,不治而议论。是以齐稷下学士复盛,且数百千人。

[10]《管子》为齐国稷下学士托名管仲的集体撰著,是《吕览》、《淮南子》之前的首部黄老学派著作。管仲先于老子,其时尚无黄老之学。

[11]《齐策四》五:齐宣王见颜斶,曰:"斶前!"斶亦曰:"王前!"宣王不悦。左右曰:"王,人君也。斶,人臣也。王曰'斶前',亦曰'王前',可乎?"斶对曰:"夫斶前为慕势,王前为趋士。与使斶为趋势,不如使王为趋士。"王忿然作色曰:"王者贵乎?士贵乎?"对曰:"士贵耳,王者不贵。"王曰:"有说乎?"斶曰:"有。昔者秦攻齐,令曰:'有敢去柳下季垄五十步而樵采者,死不赦!'令曰:'有能得齐王头者,封万户侯,赐金千镒。'由是观之,生王之头,曾不若死士之垄也。"宣王默然不悦。左右皆曰:"斶来,斶来!大王据千乘之地,而建千石钟,万石簴。天下之士,仁义皆来役处;辩士并进,莫不来语;东西南北,莫敢不服。求万物不备具,而百姓无不亲附。今夫士之高者,乃称匹夫,徒步而处农亩,下则鄙野、监门、闾里,士之贱也,亦甚矣!"斶对曰:"不然。斶闻古大禹之时,

诸侯万国。何则？德厚之道，得贵士之力也。故舜起农亩，出于野鄙，而为天子。及汤之时，诸侯三千。当今之世，南面称寡者，乃二十四。由此观之，非得失之策与？稍稍诛灭，灭亡无族之时，欲为监门、闾里，安可得而有乎哉？是故《易传》不云乎：'居上位，未得其实，以喜其为名者，必以骄奢为行。据慢骄奢，则凶从之。'是故无其实而喜其名者削，无德而望其福者约，无功而受其禄者辱，祸必握。故曰：'矜功不立，虚愿不至。'此皆幸乐其名，华而无其实德者也。是以尧有九佐，舜有七友，禹有五丞，汤有三辅，自古及今，而能虚成名于天下者，无有。是以君王无羞亟问，不愧下学；是故成其道德而扬功名于后世者，尧、舜、禹、汤、周文王是也。故曰：'无形者，形之君也。无端者，事之本也。'夫上见其原，下通其流，至圣人明学，何不吉之有哉！《老子》曰：'虽贵，必以贱为本；虽高，必以下为基。是以侯王称孤、寡、不谷，是其贱之本与？'夫孤寡者，人之困贱下位也，而侯王以自谓，岂非下人而尊贵士与？夫尧传舜，舜传禹，周成王任周公旦，而世世称曰明主，是以明乎士之贵也。"宣王曰："嗟乎！君子焉可侮哉，寡人自取病耳！及今闻君子之言，乃今闻细人之行，愿请受为弟子。且颜先生与寡人游，食必太牢，出必乘车，妻子衣服丽都。"颜斶辞去曰："夫玉生于山，制则破焉，非弗宝贵矣，然大璞不完。士生乎鄙野，推选则禄焉，非不得尊遂也，然而形神不全。斶愿得归，晚食以当肉，安步以当车，无罪以当贵，清静贞正以自虞。制言者王也，尽忠直言者斶也。言要道已备矣，愿得赐归，安行而反臣之邑屋。"则再拜而辞去也。斶知足矣，归反于朴，则终身不辱也。■颜斶先引述《易传》，后引述《老子》，以证成道家关于王者贱称孤、寡而不如士人尊贵的见解。颜斶所言"昔者秦攻齐"，即齐威王三十九年（前319）秦、魏联军伐齐，是为此前秦、齐唯一之战。【附考】《齐策四》六：先生王斗造门而欲见齐宣王，宣王使谒者延入。王斗曰："斗趋见王为好势，王趋见斗为好士，于王何如？"使者复还报。王曰："先生徐之，寡人请从。"宣王因趋而迎之于门，与入，曰："寡人奉先君之宗庙，守社稷，闻先生直言正谏不讳。"王斗对曰："王闻之过。斗生于乱世，事乱君，焉敢直言正谏。"宣王忿然作色，不说。有间，王斗曰："昔先君桓公所好者，九合诸侯，一匡天下，天子受籍，立为大伯。今王有四焉。"宣王说，曰："寡人愚陋，守七国，惟恐失抎之，焉能有四焉？"斗曰："否。先君好马，王亦好马。先君好狗，王亦好狗。先君好酒，王亦好酒。先君好色，王亦好色。先君好士，是王不好士。"宣王曰："当今之世无士，寡人何好？"王斗曰："世无骐骥騄耳，王驷已备矣。世无东郭俊、卢氏之狗，王之走狗已具矣。世无毛嫱、西施，王宫已充矣。王亦不好士也，何患无士？"王曰："寡人忧国爱民，固愿得士以治之。"王斗曰："王之忧国爱民，不若王爱尺縠也。"王曰："何谓也？"王斗曰："王使人为冠，不使左右便辟而使工者何也？为能之也。今王治齐，非左右便辟无使也，臣故曰不如爱尺縠也。"宣王谢曰："寡人有罪国家。"于是举士五人任官，齐国大治。■钱穆以为"王斗"即"颜斶"，一事两传。两者之言迥异，其说无据。

[12]《水经·济水注》引《竹书纪年》：今王（魏襄王）十年（前309）十月，大霖雨，疾风，河水溢酸枣郛。

[13]《列子·说符》：宋有兰子者，以技干宋元君。宋元君召而使见。其技以双枝，长倍其身，属其胫，并趋并驰，弄七剑迭而跃之，五剑常在空中。元君大惊，立赐金帛。■宋元君即宋元王，宋元王即宋康王。宋国仅此一王。

[14]《庄子复原本·曹商》（郭象拼接于《列御寇》）：人有见宋王者，赐车十乘，以其十乘骄稺庄子。庄子曰："河上有家贫恃纬萧而食者，其子没于渊，得千金之珠。其父谓其子曰：'取石来锻之！夫千金之珠，必在九重之渊，而骊龙颔下。汝能得珠者，必遭其睡也。使骊龙而寤，汝尚奚微之有哉？'今宋国之深，非直九重之渊也；宋王之猛，非直骊龙也。子能得车者，必遭其睡也。使宋王而寤，子为齑粉夫？"

[15]《列子·说符》（续上注13）：又有能燕戏者，闻之，复以干元君。元君大怒曰："昔有异技干寡人者，技无庸，适值寡人有欢心，故赐金帛。彼必闻此而进，复望吾赏。"拘而拟戮之，经月乃放。■燕戏者无名，今以东郭子代之。

六二

秦窥周鼎甘茂伐韩，宋杀唐鞅庄子斥奸

前308年，岁在癸丑。庄周六十二岁。宋康王三十年。

周赧王七年。秦武王三年。楚怀王二十一年。魏襄王十一年。韩襄王四年。赵武灵王十八年。齐宣王十二年。燕昭王四年。鲁平公十五年。卫嗣君七年。越王无疆三十五年。中山嗣王二年。

秦武王在临晋关（今陕西大荔）会见韩襄王，要求借道宜阳，允许秦军开赴周都洛阳。

韩襄王知道孟尝君正在重新策动合纵伐秦，于是拒绝向秦借道。[1]

秦武王返回咸阳，召见左丞相甘茂："父王虽杀商鞅之身，不废商鞅之法，因此由霸而王。寡人虽逐张仪其人，不废张仪之策，决意由王而帝。张仪返魏之时，劝说寡人直取三川，一举伐灭东周朝，这样可以事半功倍，不必一一伐灭诸侯。寡人打算攻取韩国宜阳，兵车直通三川。寡人入周举鼎，由王而帝，虽死不朽！"

甘茂说："宜阳乃是韩国旧都，城高墙厚，方圆八里，易守难攻。我愿出使魏、赵，约其共伐宜阳。"

秦武王大喜，任命向寿为副使，跟随甘茂出使魏、赵。

甘茂、向寿至魏，魏襄王畏惧秦伐，被迫同意助秦伐韩。

甘茂嘱咐向寿："你先回去通报大王，魏襄王虽已同意助秦伐韩，但请大王等我使赵之后，再开始伐韩。事情若成，我为你请功！"

向寿奉命返秦，甘茂独自使赵。[2]

秦武王得报，在秦侵魏地应邑（今山西应县）会见魏襄王，共商伐韩。[3]

韩国太子太师冷向，奉太子韩婴之命，秘访强国："魏襄王畏惧秦伐，被迫同意助秦伐韩。太子担心赵武灵王也助秦伐韩，命你秘密使赵，献地路涉（今地不详）、端氏（今山西沁水），恳请赵武灵王扣押甘茂，然后与秦、齐交涉。齐宣王不愿秦武王灭周，必将兵下狐氏（今地不详），驰救宜阳。甘茂扣押在赵，秦武王或是不伐宜阳，或是改命樗里疾为伐韩主将。樗里疾娶妻韩女，不会全力伐韩，宜阳就能保住。"

强国受命，急使赵国。

赵武灵王不愿与韩为敌，拒绝了甘茂之请。也不愿与秦为敌，拒绝了强国之请。[4]

秦武王亲至息壤（今地不详），迎接自赵返秦的甘茂，命其担任伐韩主将。

甘茂说："宜阳既是韩国旧都，又是三川郡郡治，下辖上党、南阳，积蓄丰厚，粮草储备足够数年之用。如果不能迅速攻破宜阳，而大王又听信谗言，我就会功败垂成。"

秦武王说："寡人一定不听谗言，与你在此盟誓。"[5]

时值秋天，夏粮已收，秦军粮草充足。

甘茂为主将，向寿为副将，领兵伐韩，围攻宜阳。[6]

宜阳原有十万守军。公仲朋又奉韩襄王之命，领兵二十万增援。[7]

楚怀王召见陈轸："公仲朋是才士，又与各国重臣交好，诸侯必定救韩，秦军很难攻破宜阳。寡人打算最先救韩，以使韩国亲楚。"

陈轸说："公仲朋虽是才士，也与各国重臣交好，然而反复无常，狡诈多变。诸侯救韩，必是假救，宜阳恐怕难免攻破。大王如果最先救韩，必将招来秦伐。"

楚怀王于是命令景翠假装救韩，暂不投入战斗，驻军观望。[8]

甘茂围攻宜阳，直到年底，仍未攻破。

魏襄王尚未出兵助秦，楚怀王已经出兵救韩。

秦军粮草将尽，甘茂考虑退兵。

向寿说："如今内有樗里疾、公孙赫进谗，外与公仲朋交战无功，相国无功而返，必被大王治罪！只有攻下宜阳，才能建立一世奇功！"

甘茂采纳其言，继续苦战。[9]

东郭子听说，蒙泽人不从父命，并未砸烂宝珠，于是倾尽家财购入，进献宋康王。

宋康王大悦，重赏千金。然后夸奖曹商："你劝寡人不杀东郭子，果然不错。"

曹商说："大王若把宝珠嵌入王冠，必将胜过天下一切王冠。"

宋康王听从其言，戴着镶嵌宝珠的王冠，顾盼自雄。

不久王冠被盗，宋康王大怒，诛杀保管王冠的宦官和宫门值夜的侍卫。

曹商说："大王息怒！宋国河泽众多，何愁没有宝珠？只要大王下令，必有更佳宝珠进献。"[10]

宋康王怒斥唐鞅："诸侯轻视寡人，不承认寡人称王，不与寡人结盟，寡人已难容忍。宋民不惧寡人，以前盗掘东陵，如今偷盗王冠，寡人更难容忍。相国曾说，寡人不应寄望臣民爱戴，而应迫使臣民畏惧。寡人诛杀的臣民已经很多，为何臣民仍不害怕？"

唐鞅说："有罪之人少，无罪之人多。只杀有罪之人，无罪之人不必害怕。只有诛杀无罪之人，臣民才会害怕大王！"

宋康王一怔，不知拿谁开刀。

田不礼献策："大王如果诛杀无罪平民，大臣仍然不怕。只有诛杀无罪重臣，才会人人害怕！"

宋康王大悟，立刻诛杀唐鞅，改命田不礼为相。

田不礼久居唐鞅之下，苦熬多年，终于取代唐鞅，成为宋相。

曹商此前依附唐鞅，此后依附田不礼。[11]

庄子六十二岁，唐鞅教君为恶，作法自毙。

蔺且问："果如夫子所言，秦武王仅仅休战一年，今年又大举伐韩。但是岸门之战以后，韩国向秦称臣，从未叛秦，所以秦惠王不再伐韩。为何秦武王又重新伐韩？"

庄子说："秦惠王东进中原，只要一国向秦称臣，立刻移师征伐别国，所以先后征伐魏、韩、赵、齐、楚，尽管胜多败少，然而代价惨重。秦武王大概认为，不必一一伐败诸侯，只要一举伐灭东周朝，就能定鼎中原，君临天下。宜阳是秦军入周的必经之路，秦武王必须先拔宜阳，才能灭周。"

蔺且问："魏襄王为何同意助秦伐韩？"

庄子说："魏襄王畏惧秦伐，所以被迫同意助秦伐韩。又凭借其姐是秦武王生母，其女是秦武王王后，希望秦军不再伐魏。其实秦人从来不受政治联姻牵制。秦惠王的王后是魏惠王之女，秦惠王的女儿是齐宣王的前王后，秦惠王照样征伐魏、齐。魏襄王即使助秦伐韩，仍然无法避免秦伐。"

蔺且问："赵武灵王为何不惧秦伐，拒绝助秦伐韩？"

庄子说："赵武灵王一向与韩结盟，王后又是韩宣王之女、韩襄王之姐，所以不肯助秦伐韩。至于赵武灵王为何不惧秦伐，原因不详，尚须观察。"

庄子前往蒙泽钓鱼，空手而归。

钟离氏问："莫非惠施又回宋国了？你不会把钓到的鱼，全部倒回蒙泽吧！"

庄子说："宋康王的王冠被盗，悬赏千金征求宝珠。很多人到江河湖泽寻找宝珠，我已无法钓鱼！伪道遮蔽真道，人道干预天道，必将天地失序，四季淆乱，万物遭劫，人乱于地，鱼乱于水，鸟乱于天，兽乱于林。"[12]

蔺且问："王冠藏于宫墙之内，侍卫众多，为何竟也被盗？"

庄子说："这叫盗亦有道。盗跖的徒属，曾问盗跖：'盗也有道吗？'盗跖说：'当然！凭空臆测积藏，是盗之圣。入室勇于在前，是盗之勇。出室敢于居后，是盗之义。明白可否得手，是盗之知。得财平均分赃，是盗之仁。不具备五者而能成为大盗的，天下从未有过。'可见仁义圣知勇，既可为善人所用，也可为不善人所用。如今伪道猖獗，善人少而不善人多，所以仁义圣知勇多被不善人利用。不善人之中，分为小偷和大盗。小偷隐秘窃物，既被众人视为不仁不义，又被大盗诛杀。大盗公然窃国，既被众人视为大仁大义，又能称王称霸。田氏盗窃齐国而称王，戴氏盗窃宋国而称王，全都自居仁义，自比尧舜。"[13]

蔺且问："唐鞅教唆宋康王诛杀无罪之人，却被宋康王诛杀。唐鞅究竟是无罪被杀，还是有罪被杀？"

庄子说："以人道观之，唐鞅是无罪被杀。以天道观之，唐鞅是有罪被杀。教君为恶，罪莫大焉！"

蔺且问："宋康王倒行逆施，下场将会如何？"

庄子说："《老子》曾言君主四境：'太上不知有之，其次亲而誉之，其次畏之，其下侮之。'宋康王不可能企及至境，而从次境开始。先是逐兄篡位，行仁十年，民众亲而誉之。然后逞强称王，行暴二十年，民众畏而惧之。如今滥杀无辜，走向穷途末路，行否若干年，必将民众腹诽而心中侮之，诸侯征伐而公开辱之。宋国在劫难逃！"

蔺且说："如果奉行否术在劫难逃，那么奉行否术的中原，为何不能战胜奉行否术的秦国？"

庄子说："秦国否术，重点对外，滥杀异国臣民，但不滥杀本国臣民，有功必赏，有罪必罚。中原否术，重点对内，滥杀本国臣民，无功乱赏，无罪滥杀。对内的否术大失民心，不可能战胜对外的否术，所以中原同样在劫难逃，秦国必将代周为王。不过秦国即使能够代周为王，仍然在劫难逃，因为一切否术必不长久！《老子》有言：'飘风不终朝，骤雨不终日。孰为此者？天地。天地尚不能久，而况于人乎？'"

笺注

[1]《秦本纪》：秦武王三年（前308），与韩襄王会临晋外。●《韩世家》：韩襄王四年（前308），与秦武王会临晋。

[2]《赵策一》十三：甘茂为秦约魏以攻韩宜阳，又北之赵。●《秦策二》六：秦武王谓甘茂曰："寡人欲车通三川，以窥周室，而寡人死不朽矣！"甘茂对曰："请之魏，约伐韩。"王令向寿辅行。甘茂至魏，谓向寿："子归告王曰：'魏听臣矣，然愿王勿攻也。'事成，尽以为子功。"向寿归以告王。

[3]《魏世家》：魏哀王（当作魏襄王）十一年（前308），与秦武王会应。■秦、魏会商攻韩宜阳。

[4]《赵策一》十三：甘茂为秦约魏以攻韩宜阳，又北之赵。冷向谓强国曰："不如令赵拘甘茂，勿出，以与齐、韩、秦市。齐王欲救宜阳，必下县狐氏。韩欲有宜阳，必以路涉、端氏赂赵。秦王欲得宜阳，不爱名宝，且拘茂也，且以置公孙赫、樗里疾。"■冷向是韩国太子韩婴之太师，韩婴死后投入为燕反间于齐的苏秦门下，苏秦鼓动齐湣王灭宋时任齐军主将，燕将乐毅率领五国联军伐齐时又任齐军主将（苏秦安排的乐毅伐齐之内应）。详下各章。

[5]《甘茂列传》（《新序·杂事二》二略同）：秦武王三年（前308），谓甘茂曰："寡人欲容车通三川，以窥周室，而寡人死不朽矣。"甘茂曰："请之魏，约以伐韩，而令向寿辅行。"甘茂至，谓向寿曰："子归，言之于王曰：'魏听臣矣，然愿王勿伐。'事成，尽以为子功。"向寿归，以告王，王迎甘茂于息壤。甘茂至，王问其故。对曰："宜阳，大县也。上党、南阳积之久矣，名曰县，其实郡也。今王倍数险，行千里攻之，难。昔曾参之处费，鲁人有与曾参同姓名者杀人，人告其母曰：'曾参杀人！'其母织自若也。顷之，一人又告之曰：'曾参杀人！'其母尚织自若也。顷又一人告之曰：'曾参杀人！'其母投杼下机，逾墙而走。夫以曾参之贤与其母信之也，三人疑之，其母惧焉。今臣之贤不若曾参，王之信臣又不如曾参之母信曾参也，疑臣者非特三人，臣恐大王之投杼也。始张仪西并巴蜀之地，

北开西河之外，南取上庸，天下不以多张子而以贤先王。魏文侯令乐羊将而攻中山，三年而拔之。乐羊返而论功，文侯示之谤书一箧。乐羊再拜稽首曰：'此非臣之功也，主君之力也。'今臣，羁旅之臣也。樗里子、公孙奭二人者挟韩而议之，王必听之，是王欺魏王而臣受公仲侈（《秦策二》六"朋"）之怨也。"王曰："寡人不听也，请与子盟。"卒使丞相甘茂将兵伐宜阳。●《秦策二》六：……向寿归以告王，王迎甘茂于息壤。甘茂至，王问其故。对曰："宜阳，大县也，上党、南阳积之久矣，名为县，其实郡也。今王倍数险，行千里而攻之，难矣。臣闻张仪西并巴蜀之地，北取西河之外，南取上庸，天下不以多张仪而贤先王。魏文侯令乐羊将，攻中山，三年而拔之，乐羊反而语功，文侯示之谤书一箧，乐羊再拜稽首曰：'此非臣之功，主君之力也。'今臣羁旅之臣也，樗里疾、公孙衍（当作赫）二人者，挟韩而议，王必听之，是王欺魏，而臣受公仲侈（当作佣，即朋）之怨也。昔者曾子处费，费人有与曾子同名族者而杀人，人告曾子母曰：'曾参杀人！'曾子之母曰：'吾子不杀人。'织自若。有顷焉，人又曰：'曾参杀人！'其母尚织自若也。顷之，一人又告之曰：'曾参杀人！'其母惧，投杼逾墙而走。夫以曾参之贤，与母之信也，而三人疑之，则慈母不能信也。今臣之贤不及曾子，而王之信臣又未若曾子之母也，疑臣者不适三人，臣恐王为臣之投杼也。"王曰："寡人不听也，请与子盟。"于是与之盟于息壤。●《韩世家》：韩襄王四年（前308），其秋，秦使甘茂攻我宜阳。

[6]《秦本纪》：秦武王三年（前308），武王谓甘茂曰："寡人欲容车通三川，窥周室，死不恨矣。"其秋，使甘茂、庶长封伐宜阳。▲杨宽:《秦策二》六、《甘茂列传》谓甘茂欲约魏共攻韩，武王令向寿辅行。"庶长封"必为"庶长寿"之形误。●《甘茂列传》：向寿者，宣太后外族也，而与昭王少相长，故任用。▲杨宽：武王时已任职用事，官至庶长，昭王时向寿为相。■杨说误，向寿从未担任秦相。●《韩策一》十四：宜阳之役，杨达谓公孙显曰："请为公以五万攻西周，得之，是以九鼎抑甘茂也。不然，秦攻西周，天下恶之，其救韩必疾，则茂事败矣。"【附考】《秦本纪》：秦武王三年（前308），樗里疾相韩。▲梁玉绳：疾无相韩事，时疾以右丞相出使于周，见本传，疑"相韩"二字是"使周"之误。▲杨宽："相韩"二

字疑误。樗里疾以秦之重臣而相韩，韩必与秦相合，不可能有伐宜阳之事。■梁、杨是。

[7]《东周策》二：宜阳城方八里，材士十万，粟支数年，公仲之军二十万，景翠以楚之众，临山而救之。●《韩策一》十五：秦围宜阳，游腾谓公仲曰："公何不与赵蔺、离石、祁，以质许地，则楼缓必败矣。收韩、赵之兵以临魏，楼鼻必败矣。韩、赵为一，魏必倍秦，甘茂必败矣。以成阳资翟强于齐，楚必败之。须，秦必败。秦失魏，宜阳必不拔矣。"

[8]《楚策三》九：秦伐宜阳。楚王谓陈轸曰："寡人闻韩侈（当作佣，即公仲朋）巧士也，习诸侯事，殆能自免也。为其必免，吾欲先据之以加德焉。"陈轸对曰："舍之，王勿据也。以韩侈（当作佣）之知，于此困矣。今山泽之兽，无黠于麋。麋知猎者张罔前，而驱己也，因还走而冒人，至数。猎者知其诈，伪举罔而进之，麋因得矣。今诸侯明知此多诈，伪举罔而进者必众矣。舍之，王勿据也。韩侈（当作佣）之知，于此困矣。"楚王听之，宜阳果拔。陈轸先知之也。●《秦策二》十：宜阳之役，楚畔秦而合于韩。秦王惧。甘茂曰："楚虽合韩，不为韩氏先战；韩亦恐战而楚有变其后。韩、楚必相御也。楚言与韩，而不余怨（一作怒）于秦，臣是以知其御也。"●《东周策》二：秦攻宜阳，周君谓赵累曰："子以为何如？"对曰："宜阳必拔也。"君曰："宜阳城方八里，材士十万，粟支数年，公仲之军二十万，景翠以楚之众，临山而救之，秦必无功。"对曰："甘茂，羁旅也，攻宜阳而有功，则周公旦也；无功，则削迹于秦。秦王不听群臣父兄之义而攻宜阳，宜阳不拔，秦王耻之。臣故曰拔。"君曰："子为寡人谋，且奈何？"对曰："君谓景翠曰：'公爵为执圭，官为柱国，战而胜则无加焉矣，不胜则死。不如肾秦拔宜阳。公进兵，秦恐公之乘其弊也，必以宝事公。公仲慕公之为己乘秦也，亦必尽其宝。'"秦拔宜阳，景翠果进兵。秦惧，遽效煮枣，韩氏果亦效重宝。景翠得城于秦，受宝于韩，而德东周。▲杨宽：煮枣原为魏地，四年前曾为齐、宋合围，秦出兵救之，大败齐师于濮上，煮枣遂为秦所有。煮枣在今山东东明县南，不与秦相接，此时因楚将景翠进兵而与楚。

[9]《秦策二》九：宜阳未得，秦死伤者众，甘茂欲息兵。左陈（向寿）

谓甘茂曰:"公内攻于樗里疾、公孙衍(当作赫),而外与韩侈(当作俪)为怨,今公用兵无功,公必穷矣。公不如进兵攻宜阳,宜阳拔,则公之功多矣。是樗里疾、公孙衍(当作赫)无事也,秦众尽怨之深矣。"■"左陈","陈"通"阵",左陈即左将军,即甘茂之副将向寿。

[10]《淮南子·说山训》:楚王亡其猿,而林木为之残。宋君亡其珠,池中鱼为之殚。故泽失火而林忧。上求材,臣残木;上求鱼,臣干谷。上求楫,而下致船;上言若丝,下言若纶。上有一善,下有二誉;上有三衰,下有九杀。

[11]《吕览·淫辞》:宋王谓其相唐鞅曰:"寡人所杀戮者众矣,而群臣愈不畏,其故何也?"唐鞅对曰:"王之所罪,尽不善者也;罪不善,善者故为不畏。王欲群臣之畏也,不若无辨其善与不善而时罪之,若此则群臣畏矣。"居无几何,宋君杀唐鞅。●《吕览·当染》:宋康王染于唐鞅、田不禋(当作禮)……所染不当,故国皆残亡,身或死辱,宗庙不血食,绝其后类,君臣离散,民人流亡。●《吕览·知度》:宋用唐鞅,齐用苏秦,而天下知其亡。●《说苑·尊贤》:桀用于莘,纣用恶来,宋用唐鞅,齐用苏秦,秦用赵高,而天下知其亡也。●《墨子·所染》:宋康染于唐鞅、佃不礼。▲钱穆:田不礼其先盖宋臣。■《汉书·古今人表》作"田不礼"。田不礼后率宋军助赵伐灭中山,其后仕赵,钱穆遂有此言。

[12]《庄子·胠箧》:上诚好知而无道,则天下大乱矣。何以知其然邪?夫弓弩、毕弋、机变之知多,则鸟乱于上矣;钩饵、网罟、罾笱之知多,则鱼乱于水矣;削格、罗络、罝罘之知多,则兽乱于泽矣。

[13]《庄子·胠箧》:跖之徒问于跖曰:"盗亦有道乎?"跖曰:"何适而无有道邪?夫妄意室中之藏,圣也;入先,勇也;出后,义也;知可否,知也;分均,仁也。五者不备而能成大盗者,天下未之有也。"

秦武入周举鼎暴死，赵武变法胡服骑射

前307年，岁在甲寅。庄周六十三岁。宋康王三十一年。

周赧王八年。秦武王四年（卒）。楚怀王二十二年。魏襄王十二年。韩襄王五年。赵武灵王十九年。齐宣王十三年。燕昭王五年。鲁平公十六年。卫嗣君八年。越王无疆三十六年。中山嗣王三年。

赵武灵王专宠孟姚三年，不理国政，生子赵何、赵胜、赵豹。废黜王后韩氏（韩宣王女），改立孟姚为王后，以应三年前所做强国之梦。[1]

赵武灵王召见乐毅："寡人实行胡服骑射之前，决定亲自领兵征伐中山，了解赵国车兵与中山骑兵交战的优劣得失。"

赵武灵王即位十九年，第一次征伐中山。效法祖父赵敬侯，首先攻打房子（今河北高邑），未能攻克。于是移师北伐，进攻代郡北面的东匈奴无终、林胡、楼烦部落。[2]

甘茂、向寿去年秋天开始伐韩，延至今年春天，仍未攻破宜阳。

樗里疾向秦武王进谗："甘茂一向善战，用了五个月，竟未攻破宜阳，必有缘故！"

秦武王问："有何缘故？"

公孙赫帮腔："甘茂、向寿都是楚人，如今诸侯都不救韩，唯有楚国救韩，大概不愿得罪母邦，不肯尽力攻城！"

秦武王疑心顿起，命令甘茂退兵，准备治罪。

甘茂说："大王莫非忘了息壤的盟誓？"

秦武王顿时醒悟，不听谗言。命令冯章使楚，以归还汉中为饵，要求楚怀王放弃救韩。

楚怀王发现，正如陈轸预见，诸侯都不救韩，于是听从冯章之言，命令景翠撤兵。[3]

甘茂继续围攻宜阳三个月，秦军伤亡惨重。

甘茂鸣鼓三通，士卒畏惧矢石，不敢上攻。

向寿说："相国攻城，全无兵法，必定受困！"

甘茂说："你我都是楚人，原本不易得到信任。幸蒙大王委以重任，我在息壤发誓必破宜阳。猛攻八个月，竟然不能攻破。如今公仲朋死守而败我于外，樗里疾、公孙赫进谗而败我于内，我将死无葬身之地。明天再不攻破宜阳，城外就是我的墓地！"

于是倾尽私财，重赏全体将士。

秦军士卒受到重赏，冒死狂攻，终于攻破宜阳，斩首六万。

又乘胜渡过黄河，攻取了武遂（今山西垣曲东南）。

甘茂、向寿打通入周之路，凯旋咸阳，受到秦武王重赏。

公仲朋逃回新郑，又奉韩襄王之命，入秦求和。[4]

楚怀王遣使至秦，要求秦武王兑现冯章的承诺，归还汉中。

秦武王说："冯章未奉寡人之命，擅自使楚，欺骗大王，已经畏罪逃走！"

五十二岁的楚怀王，又被二十三岁的秦武王欺骗，愤怒至极。[5]

秦武王怒于魏襄王食言，竟不助秦伐韩，命令樗里疾伐魏，围攻皮氏（今山西河津东南）。

魏襄王命令翟章驰救皮氏，又把太子魏政免相，命其入秦为质，向秦求和。

翟强接替魏政，担任魏相。[6]

秦武王命令樗里疾停止伐魏，打通入周之路。

樗里疾移师入周，驻军洛阳郊外。自带兵车百乘，前往洛阳。

东周君（昭文君之子）采纳国相杜赫之策，大开洛阳城门，陈列盛大仪仗，迎接樗里疾的兵车进入洛阳。[7]

樗里疾直闯王宫，觐见周赧王："敝国之君，是天下第一大力士，酷好举重，素闻九鼎是天下第一重器，准备率领天下力士，进入洛阳太庙，试举九鼎！"

周赧王大怒："九鼎是大禹铸造的传国重器，夏传于商，商传于周，岂可视为玩闹嬉戏的举重之物？寡人是天下共主，秦侯是周封诸侯，怎敢如此无礼！"

樗里疾大怒，把周赧王逐出王宫，从东周国迁至西周国。[8]

楚怀王大怒："东周君迎接樗里疾兵车进入洛阳，听任樗里疾把周赧王逐至西周国，寡人不能不伐！"

东周君闻讯，派遣游腾使楚，晋见楚怀王："敝国之君假装迎接樗里疾，乃是诱敌深入，准备予以囚禁！"

楚怀王将信将疑，暂时不伐东周国，静观其变。[9]

八月，秦武王带着大力士乌获、任鄙、孟说，取道韩国三川郡，抵达周都洛阳。在东周朝太庙进行举鼎比赛，目标是龙文赤鼎。

秦国大力士乌获、任鄙，甘愿充当秦武王陪衬，故意举鼎失败。

齐国大力士孟说，欲为齐国争光，不愿充当秦武王陪衬，奋力举鼎成功，双目出血。

秦武王最后出场，举起龙文赤鼎，两膑折断，被鼎压死。

秦武王嬴荡猝死洛阳。二十岁即位，在位四年（前310—前307），终年二十三岁（前329—前307），无子。[10]

秦惠王的王后魏氏，是魏惠王之女，生有三子。长子嬴荡，立为太子。

另有次子嬴壮，幼子嬴雍。

秦惠王的王妃芈八子，是楚国宗室之女，生有一女三子。长女嬴氏，是燕昭王后。长子嬴稷，在燕为质。另有次子嬴悝，幼子嬴市。

秦惠王生前，专宠王妃芈八子。芈八子的异父长弟魏冉、同父幼弟芈戎、外甥向寿，均任秦将。王妃芈八子的势力，超过王后魏氏。

秦惠王死后，太子嬴荡继位为秦武王，王后魏氏升为太后。王妃芈八子升为太妃，夫死失势。魏冉、芈戎、向寿仍为秦将。甘茂伐韩宜阳，向寿担任副将。

如今秦武王意外暴死于洛阳，无子。

右丞相樗里疾护驾入周，尚在洛阳料理善后。

太后魏氏遂与身在咸阳的左丞相甘茂商议，另立次子嬴壮为秦王。

嬴壮继位，即秦季君。[11]

周赧王被迫迁至西周国，得知秦武王举鼎暴死，即命西周武公（西周惠公之子）征伐东周国。

西周国太子姬共，领兵出征。

东周国、西周国敌对六十年，首次开战。

楚怀王怒于被东周国欺骗，韩襄王怒于东周国亲秦，出兵支持西周国。

樗里疾尚未离开东周国，率领秦军击败西周国、楚国、韩国联军，然后护送秦武王灵柩返回咸阳。[12]

赵武灵王首伐中山失败，转伐东胡获胜。回到邯郸，召见乐毅："寡人率领车兵、步卒，第一次亲征中山，对先生所言已有亲身体验。中山既有胡人骑兵之速，又有中原城池之固，一旦逃入山地，车兵难以追击。胡人虽有骑兵之速，却无中原城池之固，即使逃入大漠，车兵仍可追击。中山骑兵远比胡人骑兵更难对付，寡人决定实行胡服骑射！"

乐毅说："大王实行胡服骑射，意在先灭中山，再破暴秦。如今秦武王暴死无子，大王应该设法诱使秦国陷入争位之乱。"

赵武灵王采纳其策，命令代郡太守赵固至燕，把在燕为质的秦惠王庶子嬴稷，火速送归秦国。[13]

西周国太子姬共征伐东周国，兵败而死。

昭翦献策楚怀王："西周武公没有其他嫡子，仅有五个庶子。大王不如拥立亲楚的庶子姬咎，献上一处食邑。姬咎一旦继位，西周国必将听命大王。周赧王如今寄居西周国，也将听命大王。"[14]

司马悍献策齐宣王："西周武公没有其他嫡子，仅有五个庶子。大王不如拥立亲齐的庶子周最，献上一处食邑。周最一旦继位，西周国必将听命大王。周赧王如今寄居西周国，也将听命大王。"[15]

西周武公敬谢齐宣王："并非寡人不从大王之命，而是周最不愿做太子！"

司寇布进谏西周武公："齐远楚近，主公立姬咎为新太子，可以不得罪楚怀王，固然不错。但是齐宣王一定不相信周最不愿做太子，主公只有重用周最，才能不得罪齐宣王。"

西周武公听从其言，任命周最为相。[16]

秦惠王死后，嫡长子嬴荡继位为秦武王，王后魏氏升为王太后。王妃芈八子升为王太妃而失势，尽管不忿，无可奈何。

如今秦武王暴死无子，太后魏氏又立嫡次子嬴壮为君。芈八子更加不忿，恰好赵固奉赵武灵王之命，把在燕为质的庶长子嬴稷送回秦国。

芈八子立刻召集魏冉、芈戎、向寿密谋，决定利用右丞相樗里疾、左丞相甘茂的争权，废黜秦季君，让嬴稷继位。

魏冉、向寿欣然领命。

芈戎不愿介入争位之乱，潜出咸阳，逃回楚国。[17]

魏冉、向寿率领所部秦军，东迎护送秦武王灵柩归秦的樗里疾。

魏冉拜见樗里疾："君侯是秦惠王之弟，秦武王之叔，又是右丞相，宗室之中爵位最尊，群臣之中官位最高。秦武王无子，何人继位，应该等待君侯扶柩归秦之后，再作定夺。如今甘茂不等君侯归秦，矫传太后魏氏之命，匆忙拥立太后次子嬴壮为君，妄想凭借拥立之功，跃居君侯之上。君侯一入咸阳，或因护驾不力的罪名，轻则罢相，重则被诛。君侯只有拥立太妃芈八子之子嬴稷，才能诛杀乱臣甘茂，免于杀身之祸。太妃许诺，事成之后，君侯就能独任相国。"

樗里疾闻言大惊，大怒甘茂，立刻拥立嬴稷，率领叛军杀向咸阳。[18]

赵武灵王成功引发秦国争位之乱，立刻罢免阳文君赵豹，改命乐毅为相。

说服叔父赵成和老臣肥义，赢得宗室和群臣支持，启动了蓄谋已久的胡服骑射。赵国成为中原变法最迟的一国。[19]

庄子六十三岁，秦武王入周举鼎暴死，赵武灵王实行胡服骑射。

蔺且问："秦武王身为国君，为何亲往洛阳举鼎？"

庄子说："传说大禹治水成功，在会稽举行天下诸侯会盟，图画九州，铸造九鼎。大禹之子夏后启驱逐伯益，诛杀有扈，篡位自立，建立第一个家天下的王朝，九鼎成为天命归属的王权象征。九鼎易主，就是变革天命。商汤灭夏，九鼎归商。周武王灭商，九鼎归周。犬戎伐灭西周，九鼎又随周平王从镐京东迁洛阳。秦襄公护送周平王和九鼎东迁有功，封侯开国。东周王权渐衰，春秋初年楚武王率先叛周称王，随后楚庄王问鼎轻重，显露代周为王之志。春秋五霸的前三霸齐桓公、晋文公、秦穆公，无不尊王攘夷，亦即尊周王，攘楚夷。春秋五霸的后二霸吴王阖闾、越王勾践，不再尊王攘夷，而是效法楚国，叛周称王。春秋时期，仅有中原以外的楚、吴、越叛周称王。战国以来，中原诸侯也纷纷叛周称王。我十七岁时，齐威王称王。我四十七岁时，五国相王。三十年间，我亲历了齐、魏、宋、秦、韩、燕、赵、中山八国称王。称王诸侯，无不志在代周为王。代周为王的标志，就是得到九鼎。秦惠王称王之前，也曾求取九鼎，当时实力不济，被齐威王挫败。五年前秦惠王大败楚怀王，秦国跃居天下最强。今年秦武王入周举鼎，乃是以游戏为名，试探天下诸侯反应，准备一举代周为王，结果一举绝膑而死。"

蔺且又问："秦武王举鼎暴死，赵武灵王为何立刻实行胡服骑射？"

庄子说："商鞅变法以后，秦军凭借斩首计功，迅速东进中原，大败魏、韩、楚、齐，赵国西部也被秦侵，此后必将伐赵本土。赵武灵王实行胡服骑射，首要目标是伐灭中山，最终目标是遏制秦军东进。"

蔺且问："为何胡服骑射既能伐灭中山，又能遏制秦军？"

庄子说："中山之君虽从白狄变成魏氏，但是国人仍是白狄、诸夏杂处，而且地处太行山区，山地不宜车战，所以魏属中山保留白狄中山的胡服骑射。华服车战的赵国，难以战胜胡服骑射的中山。只有改华服为胡服，改车战为骑战，赵国才能伐灭中山，遏制秦军。"

蔺且问："既然如此，赵人为何反对胡服骑射？"

庄子说："伏羲以后，黄帝以前，中原先民原与夷狄一样，都是一衣蔽体，不分上下。黄帝尧舜始分上衣下裳，从此华服异于胡服。伏羲顺应无为而治的天道，乃是公天下的华夏始祖。黄帝开启有为而治的人道，则是家天下的中原始祖。"

蔺且问："那么稷下学士集体撰著的《管子》，为何认为黄帝的'垂衣裳而天下治'，就是老聃的'无为而治'？"

庄子说："黄帝开启人道，老聃推崇天道，怎能扯在一起？稷下黄老之学，乃是迎合齐君、为齐国代周为王造势的官学，根本不通！黄帝垂衣裳，分上下，定尊卑，立君臣，并非无为，而是有为。黄帝以后，上下分等，亲疏有差，根据尊卑等级，规定衣裳颜色，所以衣裳又称服色。臣民服色异于君主服色，臣民必须听命君主，所以听命又称臣服。后来周公制定周礼，划分五种亲疏，规定五等服色，谓之五服。如今诸侯叛周称王，无不抛弃诸侯衣冠，僭用天子衣冠。战败的称王诸侯向战胜的称王诸侯称臣，无不放弃天子衣冠，改用诸侯衣冠或臣民衣冠。周礼之等级分明，就是服色之等级分明，不可逾制僭越。赵武灵王实行胡服骑射，必须废除中原服色，触犯了夷夏大防。孔子曾说：'微管仲，吾其被发左衽矣。'是说，如果没有管仲尊王攘夷，夷狄就会入主中原，胡服就会取代华服。赵人反对胡服骑射，正是反对用夷变夏。"

蔺且问："既然胡服骑射乃是用夷变夏，为何赵人最后又支持赵武灵王？"

庄子说："因为只有胡服骑射，才能同时打败胡服骑射的中山和斩首计功的秦军。魏国李悝变法，楚国吴起变法，齐国邹忌变法，韩国申不害变法，尽管都是强化否术，但是均未彻底抛弃泰道。只有秦国商鞅变法，彻底抛弃泰道，彻底奉行否术，所以割耳计功的中原之师，无法战胜斩首计功的秦国之师。秦国斩首计功，是强化否术的用夷变夏。赵国胡服骑射，是对抗否术的用夷变夏。赵武灵王也像其他中原诸侯一样，不愿仿效秦国的斩首计功，却能突破其他中原诸侯不敢突破的夷夏大防，仿效中山的胡服骑射，确是雄才大略。"

蔺且问："夫子对各国诸侯大都评价不高，为何独对赵武灵王评价不低？"

庄子说："当今称王诸侯，唯有赵武灵王主动取消王号，自贬为君，略存泰道遗意。齐宣王吞并燕国，其他诸侯无不观望，唯有赵武灵王把在韩为质的燕王哙幼子姬职立为燕王，策动诸侯助燕复国，一举弱齐。秦武王举鼎暴死，其他诸侯无不观望，唯有赵武灵王把在燕为质的秦惠王庶子嬴稷送归秦国，引发秦国二子争位，一举乱秦。胡服骑射的赵国骑兵，必将遏制斩首计功的秦国步卒，使中原泰道不被秦国否术彻底取代。"[20]

笺注

[1]《六国表》赵武灵王十六年（前310）：吴广入女，生子何。■非言赵武灵王十六年吴娃生赵何，乃言赵何生母为吴娃。今定赵武灵王十七年（前309）吴娃生长子赵何（赵惠文王），赵武灵王十八年（前308）吴娃生长女赵氏（魏信陵君妻），赵武灵王十九年（前307）吴娃生次子赵胜（平原君），赵武灵王二十年（前306）吴娃生幼子赵豹（平阳君）。此后赵武灵王长年征战于外。

[2]《赵世家》：赵武灵王十九年（前307），王北略中山之地，至于房子，遂之代，北至无穷，西至河，登黄华之上。■赵武灵王前十八年未伐中山。今年（前307）第一次亲征中山无果，返而胡服。

[3]、[5]《秦策二》七：宜阳之役，冯章谓秦王曰："不拔宜阳，韩、楚乘吾弊，国必危矣！不如许楚汉中以欢之。楚欢而不进，韩必孤，无奈秦

何矣！"王曰："善。"果使冯章许楚汉中，而拔宜阳。楚王以其言责汉中于冯章，冯章谓秦王曰："王遂亡臣，因谓楚王曰：'寡人固无地而许楚王。'"

[4]《韩世家》：韩襄王五年（前307），秦拔我宜阳，斩首六万。●《秦本纪》：秦武王四年（前307），拔宜阳，斩首六万。涉河，城武遂。●《秦策二》六：……果攻宜阳，五月而不能拔也。樗里疾、公孙（衍）[当作赫]二人在，争之王，王将听之，召甘茂而告之。甘茂对曰："息壤在彼。"王曰："有之。"因悉起兵，复使甘茂攻之，遂拔宜阳。●《秦策二》八：甘茂攻宜阳，三鼓之而卒不上。秦之右将有尉（当作向寿）对曰："公不论兵，必大困。"甘茂曰："我羁旅而得相秦者，我以宜阳饵王。今攻宜阳而不拔，公孙衍（当作赫）、樗里疾挫我于内，而公中以韩穷我于外，是无茂之日已！请明日鼓之而不可下，因以宜阳之郭为墓。"于是出私金以益公赏。明日鼓之，宜阳拔。●《甘茂列传》：……五月而不拔，樗里子、公孙奭（当作赫）果争之。武王召甘茂，欲罢兵。甘茂曰："息壤在彼。"王曰："有之。"因大悉起兵，使甘茂击之。斩首六万，遂拔宜阳。韩襄王使公仲侈（当作佣，即朋）入谢，与秦平。

[6]《魏世家》：魏哀王（当作魏襄王）十二年（前307），太子朝于秦。秦来伐我皮氏，未拔而解。●《秦本纪》：秦武王四年（前307），魏太子来朝。●《魏策二》十六：秦、楚攻魏，围皮氏。为魏谓楚王曰："秦、楚胜魏，魏王之恐见亡矣，必合于秦，王何不倍秦而与魏王？魏王喜，必内太子。秦恐失楚，必效城地于王，王虽复与之攻魏可也。"楚王曰："善。"乃倍秦而与魏。魏内太子于楚。秦恐，许楚城地，欲与之复攻魏。樗里疾怒，欲与魏攻楚，恐魏之以太子在楚不肯也。为疾谓楚王曰："外臣疾，使臣谒之曰：'敝邑之王欲效城地，而为魏太子之尚在楚也，是以未敢。王出魏质，臣请效之，而复固秦、楚之交，以疾攻魏。'"楚王曰："诺。"乃出魏太子。秦因合魏以攻楚。●《魏策三》十一：魏太子在楚。谓楼子于鄢陵曰："公必且待齐、楚之合也，以救皮氏。今齐、楚之理，必不合矣。彼翟子之所恶于国者，无公矣。其人皆欲合齐、秦，外楚以轻公，公必谓齐王曰：'魏之受兵，非秦实首伐之也，楚恶魏之事王也，故劝秦攻魏。'齐王故欲伐楚，而又怒其不己善也，必令魏以地听秦而为和。以张子之强，

有秦、韩之重，齐王恶之，而魏王不敢据也。今以齐、秦之重，外楚以轻公，臣为公患之。钩之出地以为和于秦也，岂若由楚乎？秦疾攻楚，楚还兵，魏王必惧，公因寄汾北以予秦而为和，合亲以孤齐，秦、楚重公，公必为相矣。臣意秦王与樗里疾之欲之也，臣请为公说之。”乃请樗里子曰：“攻皮氏，此王之首事也，而不能拔，天下且以此轻秦。且有皮氏，于以攻韩、魏，利也。”樗里子曰：“吾已合魏矣，无所用之。”对曰：“臣愿以鄙心意公，公无以为罪。有皮氏，国之大利也，而以与魏，公终自以为不能守也，故以与魏。今公之力有余守之，何故而弗有也？”樗里子曰：“奈何？”曰：“魏王之所恃者，齐、楚也；所用者，楼廣、翟强也。今齐王谓魏王曰：‘欲讲，攻于齐，王兵之辞也，是弗救矣。’楚王怒于魏之不用楼子，而使翟强为和也，怨颜已绝之矣。魏王之惧也见亡，翟强欲合齐、秦，外楚以轻楼廣；楼廣欲合秦、楚，外齐以轻翟强。公不如按魏之和，使人谓楼子（楼梧）曰：‘子能以汾北与我乎？请合楚、外齐，以重公也，此吾事也。’楼子与楚王必疾矣。又谓翟子：‘子能以汾北与我乎？必为合于齐，外于楚，以重公也。’翟强与齐王必疾矣。是公外得齐、楚以为用，内得楼廣、翟强以为佐，何故不能有地于河东乎？”●《秦策五》四：楼梧约秦、魏，魏太子为质。纷强（翟强）欲败之，谓太后曰：“国与还者也，败秦而利魏，魏必负之。负秦之日，太子为粪[土]矣。”太后坐王而泣。王因疑于太子，令之留于酸枣。楼子患之。昭衍为周之梁，楼子告之。昭衍见梁王，梁王曰：“何闻？”曰：“闻秦且伐魏。”王曰：“为期与我约矣。”曰：“秦疑于王之约，以太子之留酸枣而不之秦。秦王之计曰：‘魏不与我约，必攻我；我与其处而待之见攻，不如先伐之。’以秦强折节而下与国，臣恐其害于东周。”●《魏策四》十一：楼梧约秦、魏，将令秦王遇之境。谓魏王曰：“遇而无相，秦必置相。不听之，则交恶于秦；听之，则后王之臣，将皆务事诸侯之能令于王之上者。且遇于秦而相秦者，是无齐也，秦必轻王之强矣。有齐者，不若相之，齐必喜，是以有雍者与秦遇，秦必重王矣。”●《水经·汾水注》引《竹书纪年》：今王（魏襄王）十二年（前307），秦公孙爰（当作疾）率师伐我，围皮氏。翟章率师救皮氏围，疾西风。▲梁玉绳：公孙爰疑即樗里子。樗里子为秦惠王弟，称公孙，疾讹爰。■魏太子政前年（前309）担任魏相，今年（前307）入质于秦，秦、魏相遇前，楼悟遂谓"遇而无相，秦必置相"。翟强于今年（前307）继魏太子政而为魏相，后年（前305）死。秦伐魏皮氏在先，魏太子政朝秦在后。【附考】秦惠王九年（前329）樗里疾一伐皮氏，秦惠王十一年（前327）张仪归还魏国。秦武王四年（前307）樗里疾、甘茂二伐皮氏，未破而解。秦昭王十七年（前290）魏冉三伐皮氏，最终归秦。

[7]《樗里子列传》：秦使甘茂攻韩，拔宜阳。使樗里子以车百乘入（东）周。（东）周以卒迎之，意甚敬。●《西周策》三：秦令樗里疾以车百乘入（东）周，（东）周君迎之以卒，甚敬。■秦武王至东周国之洛阳举鼎，东周君（昭文君之子）迎之，周赧王怒，遂被樗里疾强迁至西周国。

[8]《周本纪》：王赧时东西周分治。王赧徙都西周。■此为司马迁不明二周史之误书。周显王二年（前367）西周国、东周国分治，非王赧时分治。王赧从东周国迁至西周国，非徙都，更非自徙，而是被秦强徙。●《秦策五》一（谓秦武王）：今王破宜阳，残三川，而使天下之士不敢言；雍天下之国，徙两周之疆。■所谓"徙两周之疆"，即秦武王四年、周赧王八年（前307）樗里疾强迁周赧王至西周国。从周显王二年（前367）东周朝分裂为西周国、东周国，至周赧王七年（前308），最后三代周王（周显王、周慎靓王、周赧王）寄居东周国六十年（前367—前308）。从周赧王八年（前307）周赧王被樗里疾逐出洛阳王宫迁至西周国，至周赧王五十六年（前256）秦昭王灭东周朝、西周国，东周朝末代天子周赧王寄居西周国五十二年（前307—前256）。秦庄襄王元年（前249）灭东周国。详见拙著《隐秘的战国真史》之《西周国、东周国秘史》。

[9]《周本纪》：周王赧八年（前307），秦攻宜阳，楚救之。而楚以周（东周国）为秦故，将伐之。●《樗里子列传》：秦使甘茂攻韩，拔宜阳。使樗里子以车百乘入周。周以卒迎之，意甚敬。楚王怒，让（东）周（国），以其重秦客。●《西周策》三：秦令樗里疾以车百乘入周，周君迎之以卒，甚敬。楚王怒，让（东）周（国），以其重秦客。游腾谓楚（怀）王曰："昔智伯欲伐仇由，遗之大钟，载以广车，因随入以兵，仇由卒亡，无备故也。桓公伐蔡也，号言伐楚，其实袭蔡。今秦者，虎狼之国也，兼有吞周之意；

使樗里疾以车百乘入（东）周（国），（东）周君惧，以蔡、仇由戒之，故使长兵在前，强弩在后，名曰卫疾，而实囚之也。（东）周君岂能无爱国哉？恐一日之亡国，而忧大王。"楚王乃悦。

[10]《秦始皇本纪》引《秦记》：悼武王享国四年，葬永陵。昭襄王生十九年而立。●《秦本纪》：秦武王四年（前307），武王有力好戏，力士任鄙、乌获、孟说皆至大官。王与孟说举鼎，绝膑。

[11]《秦本纪》：武王取魏女为后，无子。立异母弟，是为昭襄王。昭襄母楚人，姓芈氏，号宣太后。武王死时，昭襄王为质于燕，燕人送归，得立。●焦循《孟子·告子下正义》引《帝王世纪》：秦武公好多力之士，乌获之徒皆归焉。秦王于洛阳举周鼎，乌获两目出血。焦循《孟子·公孙丑上正义》引《帝王世纪》：秦武王好多力之人，齐孟贲（即孟说）之徒并归焉。孟贲生拔牛角，是谓之勇士也。■《秦本纪》"立异母弟，是为昭襄王"，是盲信《秦记》之误书。秦武王死后无子，右丞相樗里疾尚在洛阳归秦途中，其母魏太后、左丞相甘茂即在咸阳立魏太后次子嬴壮（秦惠王嫡次子、秦武王同母弟）为王（即秦季君）。右丞相樗里疾归秦以后发动叛乱，拥立芈八子（宣太后）长子嬴稷（秦惠王庶子、秦武王异母弟），即秦昭王。左丞相甘茂被迫倒戈，秦季君嬴壮、同母弟嬴雍逃出咸阳，两年后（秦昭王二年，前305）被宣太后之弟魏冉剿灭，秦武王之母魏太后被弑，秦武王之后魏氏被驱逐归魏。此后秦君均为秦昭王子孙，故《秦记》不记秦季君，不言秦昭王弑兄篡位。司马迁盲信《秦记》而失记秦季君。

[12]《周本纪》：王赧八年（前307），东周（国）与西周（国）战，韩救西周（国）。或为东周（国）说韩（襄）王曰："西周（国），故天子之国，多名器重宝。"●《东周策》三：东周（国）与西周（国）战，韩救西周（国）。为东周（国）谓韩（襄）王曰："西周（国）者，故天子之国也，多名器重宝，案兵而勿出，可以德东周（国），西周（国）之宝可尽矣。"●《东周策》四：东周（国）与西周（国）争，西周（国）欲和于楚、韩。齐明谓东周君曰："臣恐西周（国）之与楚、韩宝，令之为己求地于东周（国）也。不若谓楚、韩曰：'西周（国）之欲入宝，持二端。今东周（国）之兵不急西周（国），西周（国）之宝不入楚、韩。'楚、韩欲得宝，即且趣我攻西周（国）。西

周（国）宝出，是我为楚、韩取宝以德之也，西周（国）弱矣。"■周赧王被樗里疾赶出洛阳王宫，强迁至西周国，甚怒东周君开城迎接樗里疾兵车入东周国，在西周国得闻秦武王举鼎而亡，遂命西周武公伐东周国，此为西周国、东周国之唯一战争。楚、韩不欲秦灭周为王，故而出兵支持西周国伐东周国，但被尚未归周的樗里疾击败，西周武公之太子战死。樗里疾因此延误归秦，导致秦季君在其不在咸阳时得立，所以樗里疾归秦以后发动叛乱拥立秦昭王。

[13]《赵世家》：赵武灵王十八年（当作十九年，前307），秦武王与孟说举龙文赤鼎，绝膑而死。赵王使代相赵固迎公子稷于燕，送归，立为秦王，是为昭王。■秦武王死后无子，第一顺位继任者是秦惠王嫡次子、秦武王同母长弟嬴壮（秦季君），第二顺位继任者是秦惠王嫡幼子、秦武王同母幼弟嬴雍。赵武灵王把在燕为质的秦惠王庶子、秦武王异母弟嬴稷送归秦都咸阳，意在诱发秦国争位之乱，并且成功引发了秦国争位之乱。

[14]《周本纪》：西周武公之共太子死，有五庶子，毋適（通嫡）立。司马翦（昭翦）谓楚（怀）王曰："不如以地资公子咎，为请太子。"左成曰："不可。周不听，是公之知困，而交疏于周也。不如请周君孰欲立，以微告翦，翦请令楚（贺）[资]之以地。"果立公子咎为太子。●《东周策》二四：（西）周（国）共太子死，有五庶子，（西周武公）皆爱之，而无適（通嫡）立也。司马翦（昭翦）谓楚（怀）王曰："何不封公子咎，而为之请太子？"左成谓司马翦曰："周君不听，是公之知困而交绝于周也。不如谓周君曰：'孰欲立也？微告翦，翦令楚王资之以地。'公若欲为太子，因令人谓相国御展子、嗇夫空曰：'王类欲令若为之，此健士也，居中，不便于相国。'"相国令之为太子。■此策应属《西周策》，刘向不明二周史，误编于《东周策》。旧被刘向误导，多误视为东周国事。●《东周策》二七：昭翦与东周恶。或谓昭翦曰："为公画阴计。"昭翦曰："何也？""西周甚憎东周，尝欲东周与楚恶，西周必令贼贼公，因宣言东周也。以西周之于王也善。"昭翦曰："吾又恐东周之贼己，而以诬西周恶之于楚。"遂和东周。■昭翦乃恶东周国允许樗里疾把周赧王强迁至西周国，又允许秦武王入东周太庙举鼎。

[15]《西周策》十五:(司马悍)谓齐(宣)王曰:"王何不以地赍周最以为太子也?"齐王令司马悍以赂进周最于(西)周。

[16]《西周策》九:司寇布为周最谓(西)周君,曰:"君使告齐王以周最不肯为太子也,臣为君不取也。……今君之使最为太子,独知之契也,天下未有信之者也。臣恐齐王之为君实立果而让之于最,以嫁之齐也。君为多巧,最为多诈,君何不买信货哉?奉养无有爱于最也,使天下见之。"■西周武公之共太子战死,将立新太子,别无嫡子,仅有五庶子。楚怀王欲立五庶子之一姬咎,齐宣王欲立五庶子之一周最,西周武公听楚而立姬咎,又命周最为相以应齐。周最是影响最大的西周国公子,影响远远大于高祖西周桓公、曾祖西周威公、祖父西周惠公、其父西周武公。《战国策》之周最史料多达二十余条,多于大部分战国策士。周最亦姓姬,因其常仕齐、魏,天下皆称"西周公子最",简称"周最"。详见下文各章,参看拙著《隐秘的战国真史》之《西周国、东周国秘史》。

[17]《秦策五》三:献则谓公孙消(当作赫)曰:"公,大臣之尊者也,数伐有功,所以不为相者,太后不善公也。(辛)[芈]戎者,太后之所亲也,今亡于楚,在东周(国)。公何不以秦、楚之重资而相之于周乎?楚必便之矣。是(辛)[芈]戎有秦、楚之重,太后必悦公,公相必矣。"■公孙赫是秦之诸公子,秦武王曾欲命其为左丞相(最终任命甘茂),故称"大臣之尊者"。芈戎是宣太后同父幼弟,故称"太后之所亲"。樗里疾发动叛乱,芈戎害怕叛乱失败而逃亡归楚,又奔东周国。樗里疾叛乱成功后,甘茂逃秦至魏,公孙赫又有机会担任左丞相,然而宣太后任命樗里疾独任秦相,公孙赫再失相秦机会,即策文所谓"不为相者,太后不善公也"。故其谋士献则建议公孙赫帮助逃亡至东周国的芈戎担任东周相,以此讨好宣太后。芈戎后复归秦,封为华阳君。

[18]樗里疾先以兵车进入东周国为秦武王入东周国开道,秦武王入东周国举鼎而死,樗里疾护驾在侧。甘茂攻破宜阳后已经返秦,故魏太后立秦季君时甘茂不得不拥立。芈八子与魏太后争宠于秦惠王,得宠而未得位。秦惠王宠爱芈八子,用其异父长弟魏冉、同父幼弟芈戎、外甥向寿,均掌兵权。魏冉、向寿受芈八子秘嘱,欲立嬴稷(恰好赵武王自燕送归)而叛

（芈戎惧诛而逃楚），故迎樗里疾。此涉武王死后秘史，又涉甘茂逃齐原因。而植根于左右二相樗里疾、甘茂之权争。樗里疾发动争位叛乱，主使为芈八子，主谋为魏冉，故樗里疾死后魏冉长任秦相三十余年。

[19]《赵世家》：赵武灵王十九年（前307），召楼缓（当为乐毅）谋曰："我先王因世之变，以长南藩之地，属阻漳、滏之险，立长城，又取蔺、郭狼，败林人于荏，而功未遂。今中山在我腹心，北有燕，东有胡，西有林胡、楼烦、秦、韩之边，而无强兵之救，是亡社稷，奈何？夫有高世之名，必有遗俗之累。吾欲胡服。"楼缓曰："善。"群臣皆不欲。……王曰："吾不疑胡服也，吾恐天下笑我也。狂夫之乐，智者哀焉；愚者所笑，贤者察焉。世有顺我者，胡服之功未可知也。虽驱世以笑我，胡地中山，吾必有之。"于是遂胡服矣。●《赵策二》四（武灵王平昼闲居，武灵王语）：……胡地中山，吾必有之……先时中山负齐之强兵，侵掠吾地，系累吾民，引水围镐（鄗），非社稷之神灵，即镐（鄗）几不守。先王忿之，其怨未能报也。今骑射之服，近可以备上党之形，远可以报中山之怨。■"楼缓"当作"乐毅"。楼缓乃楼烦人，此时尚未仕赵，两年后（前305）赵武灵王伐楼烦，求胡马，楼烦王求和，又命楼缓为赵训练骑兵，楼烦始仕赵。旧史未明乐毅为献策胡服骑射之关键人物，遂误以为赵武灵王实行胡服骑射乃与楼缓商议。此或亦为楼缓在赵武灵王死后自夸所致。楼缓在赵武灵王死后一直非常活跃，直至赵孝成王、虞卿之时。乐毅乃魏属中山人，先祖白狄中山人乐羊为魏伐灭母邦白狄中山，为其羞言之家族旧史；乐毅又助赵伐灭母邦魏属中山，为其羞言之家族新史，故不欲张扬其事。此为后世张冠李戴之重要原因。

[20]秦国斩首计功，谓之"馘"（guó），其字从首。六国割耳计功，谓之"聝"（guó），其字从耳。二字音同义异。【附考】旧多误系楚围韩之雍氏于今年（前307）。楚围韩之雍氏，共计两次。一为楚怀王十七年、韩宣王二十一年（前312），二为楚怀王二十九年、韩襄王十二年（前300）。今年（楚怀王二十二年、韩襄王五年，前307）樗里疾把周赧王强迁至西周国，而后秦武王至东周国举鼎猝死，而后二周开战，楚、韩皆怒于东周国而出兵支持西周国，并无"楚围雍氏"之事。

秦昭篡位甘茂逃齐，楚怀灭越齐宣谋秦

前306年，岁在乙卯。庄周六十四岁。宋康王三十二年。

周赧王九年。秦季君元年＝秦昭王元年。楚怀王二十三年
（灭越）。魏襄王十三年。韩襄王六年。赵武灵王二十年。齐宣
王十四年。燕昭王六年。鲁平公十七年。卫嗣君九年。越王无疆
三十七年（灭）。中山嗣王四年。

樗里疾四十六岁，以王叔之贵，右相之尊，顾命之便，矫传秦武王遗命："先王临终遗命，传位公子嬴稷。遵命者赏上爵，抗命者夷三族！"

樗里疾、魏冉、向寿率领叛军，围攻咸阳。

赵固护送嬴稷归秦，如今又率领赵军助攻。

咸阳城内，宗室大骇，百官大惊，军心动摇，民心惶惶。

甘茂审时度势，明白叛军必胜，于是背叛秦季君，打开咸阳城门，迎接嬴稷入城。

右相叛乱，左相倒戈，秦季君众叛亲离，不得不与同母弟嬴雍一起，率领死党逃出咸阳。

嬴稷二十岁，进入咸阳即位，即秦昭王。未行冠礼，不能亲政。[1]

嬴稷生母芈八子，从太妃升为太后，封号宣太后，临朝摄政，发布政令，论功行赏。

其一，废除秦季君元年，改为秦昭王元年。命令史官记于《秦记》："秦昭王元年，庶长嬴壮、嬴雍叛乱，樗里疾、魏冉平叛。"

其二，秦惠王后魏氏干预国政，违背秦武王遗命，擅立嬴壮，予以废黜，打入冷宫。

其三，左丞相甘茂慑于魏氏僭命，被迫拥立嬴壮，开城归顺秦昭王。功过相抵，不予治罪。免去左丞相，降任客卿。

其四，宗室贵族、群臣百官慑于魏氏僭命，追随左丞相甘茂，被迫拥立嬴壮。均予赦免，各任原职。

其五，右丞相樗里疾按照秦武王遗命，拥立秦昭王，拨乱反正，平叛有功。增益封地，独任相国[2]。秦武王创立的左右丞相制度，容易导致二相争权，立刻废除。

其六，宣太后异父长弟魏冉，宣太后外甥向寿，拥立秦昭王，平叛有功，赏赐有差。继续追剿畏罪出逃的嬴壮、嬴雍残部。[3]

其七，宣太后同父幼弟芈戎，去年拒绝拥立嬴壮，先逃楚国，后逃东周国，今年返回咸阳，拥立秦昭王，仍任秦将。[4]

其八，宣太后次子、秦昭王同母长弟嬴悝，封高陵君；宣太后幼子、秦昭王同母幼弟嬴市，封泾阳君。

宣太后处置既定，遣使通报天下诸侯：秦昭王继位，与天下诸侯休兵。[5]

赵固身在咸阳，最先祝贺秦昭王继位。

又奉赵武灵王之命，向宣太后进献养邑。

宣太后大悦，重赏赵固。感激赵武灵王，与赵结为铁盟。[6]

赵武灵王率领车兵、步卒，正在第二次亲征中山，攻至宁葭（今河北鹿泉北），再次受阻于山地。再次移师北伐林胡，攻至榆中（今甘肃榆中）。

林胡王战败求和，再次进献大量良马。

赵武灵王凯旋邯郸，把原阳（今内蒙古呼和浩特东南）设为骑邑，命令牛赞在原阳训练骑兵。

赵武灵王先立燕昭王，后立秦昭王，已与燕、秦结为铁盟。再次采纳乐毅之策，派遣仇赫使韩，王贲使楚，富丁使魏，赵爵使齐，缔结盟约。[7]

赵国与其他六雄，至此全部结盟。中山彻底孤立。[8]

义渠王亲至咸阳，祝贺秦昭王继位。

宣太后担心义渠趁着秦国内乱未平而偷袭，在甘泉宫色诱义渠王。

义渠王迷恋宣太后，留在咸阳，不归义渠。[9]

魏襄王遣使至秦，祝贺秦昭王继位。

趁着秦国与诸侯休兵，修复加固了去年被樗里疾围攻损毁的皮氏城墙。[10]

公仲朋趁着秦国与诸侯休兵，派遣死党韩珉使秦，祝贺秦昭王继位，请求归还韩邑武遂（今山西垣曲东南）。

甘茂说："如今内乱未平，太后既与诸侯休兵，不如暂时归还武遂。一旦内乱平定，我愿再取武遂。"

樗里疾、公孙赫均娶韩女[11]，一向亲韩，甘茂伐韩宜阳之时，曾向秦武王进谗。如今为了反对甘茂，不赞成把武遂归还韩国。

向寿原是甘茂副将，同为楚人，共同反对樗里疾、公孙赫。如今局势大变，于是倒向樗里疾、公孙赫，也反对把武遂归还韩国。

宣太后为了尽快剿灭秦季君残部，急于与诸侯休兵，不顾樗里疾、公孙赫、向寿反对，采纳甘茂之策，归还了武遂。[12]

公仲朋既得武遂，怒于甘茂伐破宜阳，秘遣东周国相杜赫使秦，拜见樗里疾："甘茂已与公仲朋达成秘密协议，秦、韩永不开战。"

樗里疾、公孙赫、向寿立刻群起攻之："甘茂尽管主动开城，归顺大王，但是不满免去左相，仍有二心。力主归还武遂，意在结交诸侯，密谋迎归嬴壮。"

宣太后大疑甘茂。

甘茂惧诛，潜出咸阳，逃往大梁。[13]

秦、齐相距最远，通报的秦使到齐最晚，祝贺的齐使出发也最晚。

苏秦四十五岁，仕齐已经五年，首次得到齐宣王重用，奉命使秦，途经大梁。

甘茂逃到大梁，拜见正要使秦的苏秦："秦武王无子，太后魏氏让王弟嬴壮继位，无可非议。当时右相樗里疾还在洛阳，我身为左相，暂时成为百官之首，无法违抗太后之命。没想到樗里疾回到咸阳，竟然发动叛乱，矫传秦武王遗命，拥立宣太后之子嬴稷。我立刻归顺嬴稷，宣太后仍然把我免相，如今又要对我治罪。我被迫孤身出逃，妻儿尚在咸阳。先生为齐使秦，能否劝说宣太后赦免我的妻儿？"

苏秦一口答应，到达咸阳，先贺秦昭王，后劝宣太后："甘茂是一代良将，为秦征战多年，熟知函谷关内外的山川道路、地形险易。如今逃到大梁，如果投靠公孙衍，助其重新策动诸侯合纵伐秦，秦国必将大危！"

宣太后大惊："有无补救之策？"

苏秦说："太后不如让甘茂复相，诱其返秦，关在槐谷（今陕西兴平东南），终身不放，必可无忧。"

宣太后听从其言，赠以千金，请求苏秦劝说甘茂归秦复相。

苏秦返回大梁，转达宣太后之命。

甘茂说："我已不可能再获重用，不敢返秦。"

苏秦说："秦是虎狼之国，担心将军不利秦国，才以复相诱你返回。将军一旦轻信返秦，不仅自己必死，还将殃及妻儿！只有不返秦国，妻儿才有一线生机。"

甘茂问："先生既然阻止我返秦，为何劝说宣太后让我复相？"

苏秦笑了："唯有秦国重视将军，齐宣王才会重视将军！"

甘茂五体投地，放弃留魏打算，追随苏秦往齐。

宣太后闻讯，担心甘茂不利秦国，于是厚待甘茂妻儿，只是不许离秦。

苏秦返齐，献策齐宣王："甘茂是一代良将，为秦征战多年，熟知函谷关内外的山川道路、地形险易。仰慕大王之德，拒绝返秦复相，愿为大王之臣。如今秦乱未平，正是大王报复秦仇的良机。甘茂原是楚人，大王不如派他使楚，约楚伐秦。"

齐宣王采纳其策，礼聘甘茂为上卿[14]，命其使楚，邀约楚怀王伐秦。

楚怀王趁着秦国内乱，正在全力伐越。

七年前（前313）楚怀王以倾国之兵亲征秦国，攻至紧邻咸阳的蓝田。韩、魏、越三国趁机攻入防守空虚的楚国后方，导致楚怀王惨败于蓝田。楚怀王不恨与秦结盟的韩、魏，深恨向楚称臣的越国趁火打劫，次年（前312）派遣昭滑使越反间。两年后（前310）昭滑赢得越王无疆信任，担任越相。

昭滑相越五年（前310—前306），今年策动章义之乱，配合楚军伐越。

楚军攻破越都吴邑（今江苏苏州）的厉门，伐灭越国，置为江东郡。

越王无疆在位三十七年（前342—前306），身死国灭。

越国宗室后裔，失去吴越故土，散为不同支族，南逃湖泽密布、鸟兽出没、人烟稀少的烟瘴之地。征服当地土著，成为瓯越、闽越、骆越、南越等百越诸王。直到秦汉之际，才被陆续伐灭。[15]

甘茂为齐使楚，晋见楚怀王："大王被张仪欺骗，失去汉中，兵败蓝田，天下无不替大王愤怒。如果大王也像韩、魏、燕、赵一样争事秦国，楚国必将成为秦国郡县。齐宣王愿与大王结盟，策动魏、韩、赵、燕合纵伐秦，必能一举破秦！"

楚怀王犹豫不决，问策群臣："秦昭王生母芈八子，乃是二十三年前寡人即位之时，亲自挑选的宗室美女。秦惠王一向宠幸芈八子，同时宠爱其子嬴稷，重用其弟魏冉、芈戎和外甥向寿。如今嬴稷争位成功，芈八子升为宣太后，感念寡人之恩，愿与母邦休兵。但是齐宣王趁着秦乱未平，派遣甘茂邀约寡人伐秦。寡人不愿联齐伐秦，而愿与秦休兵，打算劝说宣太后让甘茂复相。甘茂也是楚人，寡人助其重新相秦，必定心向母邦，不会像张仪那样欺骗寡人。"

昭鱼赞成："大王英明！"

范环反对："大王不应帮助甘茂重新相秦！"

楚怀王问："这是何故？"

范环说："甘茂当年在楚，师从上蔡（今河南驻马店）监门史举先生。史举上不事君，下不事家，以苛刻闻名天下。以秦惠王之明，张仪之辨，甘茂仕秦以后十次升官，免于治罪，实为贤人。"

楚怀王问："甘茂既是贤人，为何不可相秦？"

范环说："昭滑奉大王之命，为楚反间于越，相越六年，帮助大王灭越。但是甘茂即使因大王之助而返秦复相，却不可能为楚反间于秦。甘茂相秦，越贤越不利于楚国。宣太后外甥向寿不贤，大王只有让向寿相秦，才有利于楚国。"[16]

昭雎也反对："大王也不应被宣太后示好迷惑，应该联齐伐秦！"

楚怀王问："为何如此？"

昭雎说："宣太后与天下休兵，向大王示好，乃因秦乱未平。当年秦惠王宠爱芈八子，照样伐楚。秦乱一旦平定，必将重新东进。大王东灭越国，乃是为了伐秦雪耻。如今秦乱未平，正是大王联合诸侯伐秦雪耻的良机。"

楚怀王被范环、昭雎说服，于是罢免昭鱼，改命昭雎为相，决定联齐伐秦。

甘茂使楚成功，返齐复命。

齐宣王大悦，命令孟尝君联络三晋，筹备合纵伐秦。[17]

庄子六十四岁，秦昭王篡位，楚怀王灭越。

蔺且问："楚怀王为何不报秦仇，反而灭越？"

庄子说："越之于楚，如同蜀之于秦。春秋以前的战争，宗室为兵，偶有局部战事，不过兵车百乘，武士数千，小战数日，胜负一分，立刻罢兵。各国变法以后，全民皆兵，年年秋后大战，动辄兵车上千，士卒数万，大战数月，粮草一尽，暂时罢兵，明年秋后再战。秦惠王伐灭巴蜀以后，巴蜀成为秦军粮仓，粮草充足，足以支持连年久战。七年前楚、秦大战一年，楚军粮草储备不如秦军，乃是大败的重要原因。楚怀王又愤怒于越王无疆趁机袭楚，所以先灭越国，作为楚军粮仓，然后再报秦仇。"

蒙邑东门有个农夫，仅有单衣过冬，寒冷难耐。田间劳作，中午时分躺在田垄之上休息，太阳照在身上，十分温暖。

于是告诉妻子："晒太阳可以取暖，为何没人知道？我去禀报大王，必有重赏。"

庄子得知，赶紧劝阻："从前有个农夫，觉得芹菜美味可口，献给宋康王。宋康王吃了，口涩腹痛，诛杀农夫。你与那个农夫一样，自己贫穷，不知宋康王住着广厦巨宫，穿着狐皮貂裘，进献晒太阳取暖之法，不仅不会受赏，还会遭到严惩。"

农夫不信："我向大王献宝，怎会遭到严惩？"

仍然前往商丘，晋见宋康王。

宋康王问："你要进献什么宝物？"

农夫说："连年大旱大涝，大王连年加重赋税，宋民饥寒交迫，无不怨恨大王。我愿进献妙法，确保大王既能加重赋税，又能免于臣民怨恨。"

宋康王大悦："寡人愿闻。"

农夫说："可以告诉宋民，只要晒晒太阳，就能不再寒冷。"

宋康王大怒，以为农夫讽刺戏弄，刖其双足。

庄子闻讯，叹息不已。[18]

笺注

[1]《秦始皇本纪》：昭襄王生十九年而立（前307）。●《秦本纪》：昭襄王三年，王冠。■秦昭王嬴稷，秦惠王十三年（前325）生，秦武王四年（前307）十九岁逐兄篡位。翌年（前306）二十岁始计元年。

[2]《秦本纪》：昭襄王元年（前306），严君疾为相。■秦惠王更元十三年（前312）秦、楚大战之后，樗里疾因功封为严君（张仪封为武信君），故称严君疾。

[3]、[5]《穰侯列传》：穰侯魏冉者，秦昭王母宣太后弟也。其先楚人，姓芈氏。秦武王卒，无子，立其弟为昭王。昭王母故号为芈八子，及昭王

即位，芈八子号为宣太后。宣太后非武王母。武王母号曰惠文后，先武王死。宣太后二弟：其异父长弟曰穰侯，姓魏氏，名冉；同父弟曰芈戎，为华阳君。而昭王同母弟曰高陵君、泾阳君。而魏冉最贤，自惠王、武王时任职用事。武王卒，诸弟争立，唯魏冉力为能立昭王。昭王即位，以冉为将军，卫咸阳。诛季君之乱，而逐武王后出之魏，昭王诸兄弟不善者皆灭之，威振秦国。昭王少，宣太后自治，任魏冉为政。■"秦武王卒，无子，立其弟为昭王"，为司马迁盲信《秦记》伪史之言。秦武王死而无子，当立武王母惠文后所生武王嫡长弟嬴壮或嫡幼弟嬴雍，非立芈八子所生武王庶弟嬴稷。"武王母号曰惠文后，先武王死"亦不实，去年武王死，"惠文后"魏太后立其次子嬴壮为王，今年魏太后仍在。明年魏冉剿灭逃出咸阳的嬴壮、嬴雍"叛军"之后，才杀死"惠文后"魏太后，又驱逐武王后魏氏归魏（详见下章），故"惠文后"魏太后并非"先武王死"，而是被弑于武王死后二年。"武王卒，诸弟争立"则是史实。"宣太后自治，任魏冉为政"也是史实，樗里疾虽为独相，其实相权在于魏冉。秦昭王七年（前300）樗里疾死后，魏冉长任秦相三十余年，直至秦昭王四十年（前267）范雎相秦。宣太后助其长子嬴稷篡位，封其次子嬴悝为高陵君，封其幼子嬴市为泾阳君；封其异父长弟魏冉为穰侯，封其同父幼弟芈戎为华阳君；仅仅未封外甥向寿。宣太后治秦四十年，秦国军政大权均归其外戚集团，故秦昭王四十年（前267）范雎谓秦昭王曰："秦安得王？秦独有太后、穰侯耳。"（《范雎列传》）

[4]《秦策五》三：献则谓公孙消（当作赫）曰："公，大臣之尊者也，数伐有功，所以不为相者，太后不善公也。（辛）[芈]戎者，太后之所亲也，今亡于楚，在东周。公何不以秦、楚之重资而相之于周乎？楚必便之矣。是（辛）[芈]戎有秦、楚之重，太后必悦公，公相必矣。"■芈戎去年（前307）争位之乱时惧祸逃楚，又逃东周国，今年（前306）返秦。公孙赫原与甘茂争左相，今年甘茂罢免左相，故欲谋取左相之位。其实宣太后为免再有左右丞相之争，取消了秦武王开创的左右丞相制度。

[6]宣太后感激赵武灵王送归嬴稷及拥立之功，所以秦昭王十年以前，秦、赵长期交好。至秦昭王九年（前298）、十年（前297）楼缓相秦，达

于顶峰。秦昭王十一年（前296），赵灭中山，随即加入孟尝君策动的五国伐秦，秦、赵交恶。秦昭王十四年（前293），秦、赵首次大战于伊阙，赵国骑兵大胜秦国车兵、步卒。

[7]《赵世家》：赵武灵王二十年（前306），王略中山地，至宁葭；西略胡地，至榆中。林胡王献马。归，使楼缓之秦，仇液（当作赫）之韩，王贲之楚，富丁之魏，赵爵之齐。代相赵固主胡，致其兵。▲杨宽：赵武灵王遣其臣至各国，设法孤立中山。■仇液即仇赫，"液"为"赫"之讹。林胡献马，用于骑射。赵武灵王今年（前306）第二次亲征中山。

[8]《赵策二》七：王破原阳，以为骑邑。牛赞进谏曰："国有固籍，兵有常经，变籍则乱，失经则弱。今王破原阳，以为骑邑，是变籍而弃经也。且习其兵者轻其敌，便其用者易其难。今民便其用而王变之，是损君而弱国也。故利不百者不变俗，功不什者不易器。今王破卒散兵，以奉骑射，臣恐其攻获之利，不如所失之费也。"王曰："古今异利，远近易用。阴阳不同道，四时不一宜。故贤人观时而不观于时，制兵而不制于兵。子制官府之籍，不知器械之利；知兵甲之用，不知阴阳之宜。故兵不当于用，何兵之不可易？教不变于事，何俗之不可变？昔者先君襄主与代交地，城境封之，名曰无穷之门，所以昭后而期远也。今重甲修兵，不可以逾险，仁义道德，不可以来朝，吾闻信不弃功，知不遗时，今子以官府之籍，乱寡人之事，非子所知。"牛赞再拜稽首曰："臣敢不听令乎？"王遂胡服，率骑入胡，出于遗遗之门，逾九限之固，绝五陉之险，至榆中，辟地千里。▲杨宽：原阳在今内蒙古呼和浩特市东南，为秦、汉云中郡属县，在云中东北。武灵王破原阳以为骑邑。鲍注谓骑邑为骑士所居，盖用作训练骑射之用也。■牛翦今年（前306）在原阳训练骑兵，明年（前305）率领赵国骑兵伐中山。

[9]《匈奴列传》：秦昭王时，义渠戎王与宣太后乱，有二子。宣太后诈而杀义渠戎王于甘泉，遂起兵伐残义渠。■宣太后于秦昭王二年（前305）年末杀义渠王及二子，义渠王必于今年（前306）年初至秦、留秦。

[10]《水经·汾水注》引《竹书纪年》：今王（魏襄王）十三年（前306），城皮氏。■魏邑皮氏早有城墙。去年（前307）秦武王死前，樗里

疾、甘茂伐魏皮氏，魏太子政朝秦而解。皮氏城墙受损，今年（前306）魏国修复城墙。

[11]《新序·杂事二》二：樗里子及公孙子皆秦诸公子也，其外家韩也。■公孙子即公孙赫，常与樗里疾并提。"赫"字常讹为"郝"、"奭"、"消"、"显"、"衍"等。

[12]《韩世家》（《六国表》同）：韩襄王六年（前306），秦复与我武遂。●《甘茂列传》：甘茂竟言秦昭王，以武遂复归之韩。向寿、公孙奭（当作赫）争之，不能得。向寿、公孙奭（当作赫）由此怨，谗甘茂。茂惧，辍伐魏蒲阪，亡去。樗里子与魏讲，罢兵。●《韩策三》十：公仲使韩珉之秦求武隧，而恐楚之怒也。唐客谓公仲曰："韩之事秦也，且以求武隧也，非弊邑之所憎也。韩已得武隧，其形乃可以善楚。臣愿有言，而不敢为楚计。今韩之父兄得众者毋相，韩不能独立，势必不善楚。王曰：'吾欲以国辅韩珉而相之可乎？父兄恶珉，珉必以国保楚。'"公仲说，士唐客于诸公，而使之主韩、楚之事。●《韩策二》七：谓公叔曰："公欲得武遂于秦，而不患楚之能扬（当作伤）河外也？公不如令人恐楚王，而令人为公求武遂于秦。谓楚王曰：'发重使，为韩求武遂于秦。秦王听，是令得行于万乘之主也。韩得武遂以恨（当作限）秦，毋秦患而得楚。韩，楚之县而已。秦不听，是秦、韩之怨深，而交楚也。'"●《韩策一》十九（亦见《甘茂列传》）：韩公仲[使人]谓向寿曰："禽困覆车。公破韩，辱公仲，公仲收国复事秦，自以为必可以封。今公与楚解中，封小令尹以桂阳（《甘茂列传》作杜阳）。秦、楚合，复攻韩，韩必亡。公仲躬率其私徒以斗于秦，愿公之熟计之也。"向寿曰："吾合秦、楚，非以当韩也，子为我谒之公仲曰：'秦、韩之交可合也。'"对曰："愿有复于公。谚曰：'贵其所以贵者贵。'今王之爱习公也，不如公孙郝（当作赫）；其知能公也，不如甘茂。今二人者，皆不得亲于事矣，而公独与王主断于国者，彼有以失之也。公孙郝（当作赫）党于韩，而甘茂党于魏，故王不信也。今秦、楚争强，而公党于楚，是与公孙郝（当作赫）、甘茂同道也。公何以异之？人皆言楚之多变也，而公必之，是自为贵也。公不如与王谋其变也，善韩以备之，若此，则无祸矣。韩氏先以国从公孙郝（当作赫），而后委国于甘茂，是韩，公之仇也。今

公言善韩以备楚，是外举不辟仇也。"向寿曰："吾甚欲韩合。"对曰："甘茂许公仲以武遂，反宜阳之民，今公徒令收之，甚难。"向子曰："然则奈何？武遂终不可得已。"对曰："公何不以秦为韩求颍川于楚，此乃韩之寄地也。公求而得之，是令行于楚而以其地德韩也。公求而弗得，是韩、楚之怨不解，而交走秦也。秦、楚争强，而公过楚以攻韩，此利于秦。"向子曰："奈何？"对曰："此善事也。甘茂欲以魏取齐，公孙郝（当作赫）欲以韩取齐，今公取宜阳以为功，收楚、韩以安之，而诛齐、魏之罪，是以公孙郝（当作赫）、甘茂之无事也。"●《韩策一》二十：或谓公仲曰："听者听国，非必听首也。故先王听谚言于市，愿公之听臣言也。公求中立于秦，而弗能得也，善公孙郝（当作赫）以难甘茂，劝齐兵以劝止魏，楚、赵皆公之仇也。臣恐国之以此为患也，愿公之复求中立于秦也。"公仲曰："奈何？"对曰："秦王以公孙郝（当作赫）为党于公而弗之听，甘茂不善于公而弗为公言，公何不因行愿以与秦王语？行愿之为秦王臣也公，臣请为公谓秦王曰：'齐、魏合与离，于秦孰利？齐、魏别与合，于秦孰强？'秦王必曰：'齐、魏离则秦重，合则秦轻。齐、魏别则秦强，合则秦弱。'臣即曰：'今王听公孙郝（当作赫），以韩、秦之兵应齐而攻魏，魏不敢战，归地而合于齐，是秦轻也，臣以公孙郝（当作赫）为不忠。今王听甘茂，以韩、秦之兵据魏而攻齐，齐不敢战，不求割地而合于魏，是秦轻也，臣以甘茂为不忠。故王不如令韩中立以攻齐、齐（当作魏），王言救魏以劲之，齐、魏不能相听，久离兵史（离当作罹，史当作事）。王欲，则信公孙郝（当作赫）于齐，为韩取南阳，易谷川以归，此惠王之愿也。王欲，则信甘茂于魏，以韩、秦之兵据魏以隙齐，此武王之愿也。臣以为令韩以中立以劲齐，最秦之大急也。公孙郝（当作赫）党于齐而不肯言，甘茂薄而不敢谒也，此二人，王之大患也。愿王之熟计之也。'"■秦为平叛而与天下休兵，归韩武遂是重要举措。《甘茂列传》谓"茂惧，辍伐魏蒲阪，亡去"，"伐魏蒲阪"当误，今年（前306）秦忙于平叛，与天下休兵，不可能伐魏蒲阪，更不可能命疑忌之臣甘茂伐蒲阪。秦伐魏蒲阪为三年后（秦昭王四年，前303）之事，见下第六十七章。

[13]《韩策一》十六：公仲以宜阳之故仇甘茂，其后秦归武遂于韩，已

而秦王固疑甘茂之以武遂解于公仲也。杜赫为公仲谓秦王曰："明（当作朋）也愿因茂以事王。"秦王大怒于甘茂，故樗里疾大说杜聊（当作赫）。●《秦本纪》：昭襄王元年（前306），甘茂出之魏。■甘茂去年（前307）拥立秦季君，然后归顺秦昭王，今年（前306）因主张归韩武遂而被樗里疾、公孙赫、向寿群谗，宣太后大疑甘茂，甘茂惧诛奔魏，又被苏秦引至齐，为齐使楚失败而返魏，最后卒于魏国。《韩策一》"秦王固疑甘茂"实为宣太后大疑甘茂，秦昭王尚未亲政。

[14]《秦策二》十二：甘茂亡秦（至魏），且之齐，出关遇苏子（于魏），曰："君闻夫江上之处女乎？"苏子曰："不闻。"曰："夫江上之处女，有家贫而无烛者，处女相与语，欲去之。家贫无烛者将去矣，谓处女曰：'妾以无烛故，常先至扫室布席何？爱余明之照四壁者。幸以赐妾，何妨于处女？妾自以有益于处女，何为去我？'处女相语以为然，而留之。今臣不肖，弃逐于秦而出关，愿为足下扫室布席，幸无我逐也。"苏子曰："善。请重公于齐。"乃西说秦王曰："甘茂贤人，非恒士也。其居秦累世重矣，自淆塞、溪谷，地形险易尽知之。彼若以齐约韩、魏，反以谋秦，是非秦之利也。"秦王曰："然则奈何？"苏秦曰："不如重其贽、厚其禄以迎之。彼来则置之槐谷，终身勿出，天下何从图秦？"秦王曰："善。"与之上卿，以相印迎之齐（当作魏）。甘茂辞不往。苏秦为谓齐王曰："甘茂，贤人也。今秦与之上卿，以相印迎之，茂德王之赐，故不往，愿为王臣。今王何以礼之？王若不留，必不德王。彼以甘茂之贤，得擅用强秦之众，则难图也。"齐王曰："善。"赐之上卿，命而处之。●《甘茂列传》：甘茂之亡秦奔齐（当作魏），逢苏代（当作苏秦）。代（当作秦）为齐使于秦。甘茂曰："臣得罪于秦，惧而遁逃，无所容迹。臣闻贫人女与富人女会绩，贫人女曰：'我无以买烛，而子之烛光幸有余，子可分我余光，无损子明，而得一斯便焉。'今臣困而君方使秦而当路矣。茂之妻子在焉，愿君以余光振之。"苏代（当作苏秦）许诺，遂致使于秦。已，因说秦王曰："甘茂，非常士也。其居于秦，累世重矣。自殽塞及至鬼谷（《秦策二》作溪谷），其地形险易皆明知之。彼以齐约韩魏反以图秦，非秦之利也。"秦王曰："然则奈何？"苏代（当作苏秦）曰："王不若重其贽，厚其禄以迎之，使彼来

则置之鬼谷（《秦策二》作槐谷），终身勿出。"秦王曰："善。"即赐之上卿，以相印迎之于齐（当作魏）。甘茂不往。苏代（当作苏秦）谓齐湣王（当作齐宣王）曰："夫甘茂，贤人也。今秦赐之上卿，以相印迎之。甘茂德王之赐，好为王臣，故辞而不往。今王何以礼之？"齐王曰："善。"即位之上卿而处之。秦因复甘茂之家，以市于齐。■甘茂亡秦先至魏，故曰"且之齐"。苏秦使秦遇之于魏，再往秦为之说。"秦因复甘茂之家"，甘茂后裔此后居秦。秦始皇时甘茂之孙甘罗十二岁，为秦使赵，成功离间赵、燕联盟，拜为上卿。

[15]《甘茂列传》：王前尝用召滑（即昭滑）于越，而内行章义之难，越国乱，故楚南塞厉门而郡江东。●《越世家》：王无疆（通疆）时，越兴师北伐齐，西伐楚，与中国争强。……楚威王（当作楚怀王）兴兵而伐之，大败越，杀王无疆（通疆），尽取故吴地至浙江，北破齐于徐州。而越以此散，诸族子争立，或为王，或为君，滨于江南海上，服朝于楚。▲杨宽：召滑或作邵滑、卓滑、淖滑，并为"昭"之通假。昭滑乃楚怀王时楚三大族中之重臣。贾谊《过秦论》云："齐明、周最、陈轸、昭滑、楼缓、翟景、苏厉、乐毅之徒通其意。"《楚策四》五云："齐明说卓滑以伐秦，滑不听也。"《赵策三》三谓："齐破燕，赵欲存之。……楚、魏憎之，令淖滑、惠施之赵，请伐齐而存燕。"……怀王自十九年（前310）开始谋灭越，至二十三年（前306）完成，前后正五年。可知《韩非子》所载"王使邵滑于越，五年而能亡越"属实。■越王无疆在位三十七年（前342—前306），当楚宣王末年、楚威王、楚怀王时。楚威王七年（前333）伐齐徐州，越军趁机袭楚后方，故楚威王八年（前332）释齐伐越。楚怀王十六年（前313）楚伐秦引发九国大战，越军先助魏抗齐，复释齐伐楚。次年（前312）楚怀王命昭滑使越反间，两年后（前310）赢得越王无疆信任而相越。昭滑相越五年（前310—前306），策动章义之乱，楚灭越，越王无疆死，时为楚怀王二十三年，越王无疆三十七年。"越以此散"，散为瓯越、闽越、骆越、南越等百越。

[16]《甘茂列传》（续上）：齐使甘茂于楚，楚怀王新与秦合婚而欢（此误，事在明年）。而秦闻甘茂在楚，使人谓楚王曰："愿送甘茂于秦。"楚王

问于范蜎曰："寡人欲置相于秦，孰可？"对曰："臣不足以识之。"楚王曰："寡人欲相甘茂，可乎？"对曰："不可。夫史举，下蔡之监门也，大不为事君，小不为家室，以苟贱不廉闻于世，甘茂事之顺焉。故惠王之明，武王之察，张仪之辩，而甘茂事之，取十官而无罪。茂诚贤者也，然不可相于秦。夫秦之有贤相，非楚国之利也。且王前尝用召滑于越，而内行章义之难，越国乱，故楚南塞厉门而郡江东。计王之功所以能如此者，越国乱而楚治也。今王知用诸越而忘用诸秦，臣以王为钜过矣。然则王若欲置相于秦，则莫若向寿者可。夫向寿之于秦王，亲也，少与之同衣，长与之同车，以听事。王必相向寿于秦，则楚国之利也。"于是使使请秦相向寿于秦。秦卒相向寿。而甘茂竟不得复入秦，卒于魏。●《楚策一》十六：楚王闻于范环（即范蜎，又作环渊）曰："寡人欲置相于秦，孰可？"对曰："臣不足以知之。"王曰："吾相甘茂可乎？"范环对曰："不可。"王曰："何也？"曰："夫史举，上蔡之监门也。大不知事君，小不知处室，以苟廉闻于世，甘茂事之顺焉。故惠王之明，武王之察，张仪之好谮，甘茂事之，取十官而无罪。茂诚贤者也，然而不可相秦。秦之有贤相也，非楚国之利也。且王尝用 [昭] 滑于越，而纳句章、昧之难，越乱，故楚南（察）[塞] 濑胡而（野）[郡] 江东。计王之功，所以能如此者，越乱而楚治也。今王以用之于越矣，而忘之于秦，臣以为王钜速忘矣。王若欲置相于秦乎？若公孙郝（当作赫）者可。夫公孙郝（当作赫）之于秦王，亲。少与之同衣，长与之同车，被王衣以听事，真大王之相已。王相之，楚国之大利也。"●《韩非子·内储说下》：楚王谓干象（当作环渊）曰："吾欲以楚扶甘茂而相之秦，可乎？"干象对曰："不可也。"王曰："何也？"曰："甘茂少而事史举先生。史举，上蔡之监门也，大不事君，小不事家，以苟刻闻天下。茂事之，顺焉。惠王之明，张仪之辨也，茂事之，取十官而免于罪，是茂贤也。"王曰："相人敌国而相贤，其不可何也？"干象曰："前时王使邵滑之越，五年而能亡越。所以然者，越乱而楚治也。日者知用之越，今忘之秦，不亦太亟忘乎？"王曰："然则为之奈何？"干象对曰："不如相共立（向寿）。"王曰："共立可相，何也？"对曰："共立少见爱幸，长为贵卿，被王衣，含杜若，握玉环，以听于朝，且利以乱秦矣。"■《楚策一》十六谓"公孙赫之于秦王，亲也。少与之同衣，长与之同车，被王衣以听事"，《甘茂列传》谓"向寿之于秦王，亲也，少与之同衣，长与之同车，以听事"，乃因公孙赫、向寿皆谋右相而共谮甘茂。《甘茂列传》"秦卒相向寿"误，宣太后废除了秦武王创立的左右丞相制度，终秦昭王一朝，樗里疾、魏冉、孟尝君、楼缓、范雎、蔡泽等均为独相。甘茂为齐使楚，意在齐、楚联合伐秦。楚怀王欲使楚人甘茂复相秦而利楚，被范环谏止，遂采昭雎之策合齐谋秦。范环（前360—前280）即范蜎，又作环渊，曾为稷下学士，其书《蜎子》。

[17]《楚世家》：楚怀王二十六年（当作二十三年，前306），齐湣王（当作齐宣王）欲为从长，恶楚之与秦合，乃使使（即甘茂）遗楚王书曰："……今秦惠王（当作秦武王）死，武王（当作昭王）立……（韩、魏、燕、赵）四国争事秦，则楚为郡县矣。王何不与寡人并力收韩、魏、燕、赵，与为从而尊周室，以案兵息民，令于天下？莫敢不乐听，则王名成矣。王率诸侯并伐，破秦必矣。……且王欺于张仪，亡地汉中，兵锉蓝田，天下莫不代王怀怒。今乃欲先事秦！愿大王熟计之。"楚王业已欲和于秦，见齐王书，犹豫不决，下其议群臣。群臣或言和秦，或曰听齐。昭雎曰："王虽东取地于越，不足以刷耻；必且取地于秦，而后足以刷耻于诸侯。王不如深善齐、韩以重樗里疾，如是则王得韩、齐之重以求地矣。秦破韩宜阳，而韩犹复事秦者，以先王墓在平阳，而秦之武遂去之七十里，以故尤畏秦。不然，秦攻三川，赵攻上党，楚攻河外，韩必亡。楚之救韩，不能使韩不亡，然而存韩者楚也。韩已得武遂于秦，以河山为塞，所报德莫如楚厚，臣以为其事王必疾。齐之所信于韩者，以韩公子眛（韩眛即韩珉，此时尚未相齐）为齐相也。韩已得武遂于秦，王甚善之，使之齐、韩重樗里疾，疾得齐、韩之重，其主弗敢弃疾也。今又益之以楚之重，樗里子必言秦，复与楚之侵地矣。"于是怀王许之，竟不合秦，而合齐以善韩。■楚怀王今年（前306）与齐密谋伐秦，明年（前305）与秦互通婚姻，遂致孟尝君合纵伐楚。"齐之所信于韩者，以韩公子眛为齐相也"，韩眛即韩珉，此时尚未相齐。孟尝君连相齐宣王、齐湣王，至齐湣王七年（前294）罢免齐相，韩珉始相齐，详下第七十六章。

[18]《列子·杨朱》：昔者宋国有田夫，常衣缊黂，仅以过冬。暨春东

作，自曝于日，不知天下之有广厦隩室，绵纩狐貉。顾谓其妻曰："负日之暄，人莫知者。以献吾君，将有重赏。"里之富室告之曰："昔人有美戎菽，甘枲茎芹萍子者，对乡豪称之。乡豪取而尝之，蜇于口，惨于腹，众哂而怨之，其人大惭。子，此类也。"

秦平内乱赵伐中山，大梁盛会施龙辩名

前305年，岁在丙辰。庄周六十五岁。宋康王三十三年。

周赧王十年。秦昭王二年（弑秦季君）。楚怀王二十四年。魏襄王十四年。韩襄王七年。赵武灵王二十一年。齐宣王十五年。燕昭王七年。鲁平公十八年。卫嗣君十年。中山嗣王五年。

秦昭王二十一岁，宣太后继续摄政。

魏冉剿灭秦季君残部，诛杀秦季君嬴壮及其同母弟嬴雍。

宣太后大悦，诛灭秦季君三族，鸩杀其生母秦惠王王后，又驱逐秦武王王后归魏。[1]

魏冉献策："去年甘茂叛秦仕齐，为齐使楚。齐宣王、楚怀王结盟，趁着秦乱未平，准备策动第二次合纵伐秦。由于魏、韩畏秦，赵、燕亲秦，未能迅速发动。如今秦乱已平，当务之急是破坏齐、楚之盟，挑唆齐、楚互伐。太后身为楚国宗室，只要与楚联姻，就能达到目的。"

宣太后采纳其策，请求与楚联姻。

楚怀王问策昭滑："寡人去年答应甘茂，同意与齐宣王合纵伐秦。如今宣太后欲与寡人联姻，如何应对？"

昭滑说："去年秦乱未平，确是伐秦良机，可惜齐宣王策动伐秦太慢，如今秦乱已平，伐秦良机已失。秦、楚相邻，秦、齐相远，一旦合纵伐秦失败，楚国必将先受秦兵。大王不如退出伐秦，暂与秦国联姻，另觅伐秦良机。"

楚怀王采纳其策，同意与秦联姻。[2]

秦昭王迎娶了楚女，楚怀王迎娶了秦女。[3]

齐宣王大怒楚怀王背盟，迁怒于去年为齐使楚、缔结盟约的甘茂。疑心甘茂逃秦奔齐有诈，不再信任甘茂。

甘茂不安于齐，逃到魏国，正好魏相翟强死去，于是派遣门客至楚，献策楚怀王："魏相翟强死了，假如亲秦的公子魏劲相魏，魏襄王必将重新亲秦，不利楚国。大王不如举荐甘茂相魏，甘茂深恨樗里疾，相魏以后必劝魏襄王加入合纵伐秦，大王就能破秦报仇。"

楚怀王已经与秦联姻，拒绝其请。

魏襄王任命亲秦的魏劲为相，拒绝任用甘茂。[4]

甘茂客居大梁，心忧妻儿安危，很快病死。[5]

赵武灵王趁着诸侯合纵连横未定，第三次亲征中山，派出五路大军。

赵武灵王亲率三路车兵、步卒，太子赵章分领中军，赵袑分领右军，许钧分领左军。从邯郸出发，由西向东攻，攻取了鄗邑（今河北柏乡）、石邑（今河北鹿泉南）、封龙（今河北石家庄西南）、东垣（今河北真定）。

牛翦率领原阳的一路骑兵新军，赵希率领代郡的一路骑兵新军，从曲阳（今河北曲阳）出发，由北向南攻，攻取了丹丘（今地不详）、华阳（今地不详）、鸱邑（今地不详）。

中山嗣王、司马熹没想到赵国竟有骑兵，猝不及防，全面溃败。割让四邑，向赵求和。

赵武灵王鉴于骑兵数量不足，接受求和。再次移师北伐，大破林胡、楼烦部落，命令他们献出更多良马。

楼烦王献出良马，派遣族中贤人楼缓，协助赵国训练骑兵。[6]

赵武灵王暂时休兵，修筑了从代郡到阴山的长城，在高阙（今内蒙古乌拉特后旗）建立要塞。设置云中郡（郡治今内蒙古托克托）、雁门郡（郡治今山西代县）、代郡（郡治今河北蔚县），防御东胡南侵。[7]

去年年初，宣太后色诱朝秦的义渠王，留其在秦两年，已生二子。

今年年底，魏冉献策宣太后："如今楚怀王畏秦而与秦联姻，魏襄王畏秦而重新亲秦，赵武灵王与秦结盟而一心征伐中山，燕昭王则是太后女婿，所以齐宣王、孟尝君无法策动诸侯合纵伐秦。太后只要伐灭义渠，解除后顾之忧，就能重新伐韩。"

宣太后采纳其策，在甘泉宫诛杀义渠王，同时诛杀与其所生二子。

魏冉领兵突袭义渠，一举伐灭义渠，设为北地郡。

秦国尽有陇西、北地、上郡，修筑长城，防备逃往漠北的义渠残部南侵。[8]

惠施七十六岁，趁着秦国与中原休兵，在大梁公布了名学总纲"历物十事"。

九年前（前314）齐宣王灭燕，惠施为魏使赵，联络伐齐存燕。此后惠施年老体衰，不再为魏出使，潜心九年，重拾早年师从田襄子之学，总结毕生践行墨子之道积累的丰富政治经验。运用名学逻辑，把墨子所创三表法加以系统化，开创了墨家名学。

"历物十事"的宗旨，就是论证"兼爱天下"的墨学，胜过"亲亲之仁"的儒学。第一事"至大无外，谓之大一；至小无内，谓之小一"，至第九事"我知天之中央，燕之北、越之南是也"，是与墨学相关的名辩之题。第十事"泛爱万物，天地一体也"，总论墨学宗旨"兼爱"、"非攻"。

"历物十事"一经公布，立刻轰传天下。

百家之徒纷纷赶赴大梁，与惠施和其他辩者激烈辩论。[9]

惠施说："墨子学儒而反儒，主张'言必立仪'。儒家好言礼仪，然而囿于三王之礼，不知礼之本原。欲言礼仪，必立三表：有本之者，有原之者，有用之者[10]。五帝之仪为本，百姓之用为原，三王之礼为用。欲证墨子之道为天地真道，必须遍历天地万物，以示放之四海皆准。历物十事，正是论证墨家兼爱万物的名学总纲。"[11]

赵人公孙龙说："我也是墨子之徒，墨家兼爱万物，确为天地真道，但是墨子主张'言必立仪'，乃是为言立仪，并非为物立仪。惠施错误地把言等同于物，因而错误地把合万物之名，等同于爱万物之实，所以错误主张'合同异，盈坚白'。其实言不能等同于物，除了遍历天地万物之实，更应遍析天地万物之名，才能真正为言立仪，兼爱万物，所以应该'别同异，离坚白'。"

公孙龙针对惠施"历物十事"，提出针锋相对的"二十一事"，诸如"卵有毛"、"鸡三足"、"指不至，至不绝"、"飞鸟之影，未尝动也"等等。公孙龙仅仅反对惠施前九事的名辩方法，但不反对惠施第十事的墨学宗旨。[12]

韩人桓团和众多三晋辩者，反对惠施，支持公孙龙。

公孙龙二十岁，一举成名，轰动天下，受到魏襄王召见。

孔子六世孙孔穿，既反对惠施，也反对公孙龙，认为两者名辩方法固然相反，然而均以墨子之道反对孔子之道，非常错误。

中山公子魏牟，今年十五岁，正在大梁。二十三年前，中山先王受惑于司马憙，立阴姬为王后，封江姬为王妃。江姬之子魏牟，师从中山墨者，反对司马憙专权。如今父王已死五年，阴姬之子继位为中山嗣王，司马憙专权更甚，赵武灵王又连伐中山，于是魏牟离开中山国都灵寿，游历宗主国都大梁，参与大梁辩论，支持公孙龙，与之交友。反对惠施的名辩方式，更反对孔穿的孔子之道。

魏人乐正子舆，支持孔穿，嘲笑魏牟服膺公孙龙。

魏牟问："先生为何笑我服膺公孙龙?"

子舆说："公孙龙为人，出行无师，学习无友，能言善辩而不能命中，博学散漫而没有系统，喜好离奇古怪的妄言，意在迷惑众人之心，只求驳倒众人之口。与桓团等人放肆议论，不合先王制度。"

魏牟大为生气："先生为何诋毁公孙龙?"

子舆说："公孙龙对孔穿所言，十分可笑：'善于射箭之人，能令后箭的箭镞，射中前箭的箭羽。发发相接，箭箭相连。最前之箭，射中箭靶，最后之箭，衔于弓弦，如同一条直线。'孔穿听了大为惊骇。公孙龙又说：'这还不算最妙。逢蒙的弟子鸿超，为了吓唬妻子，张弓搭箭，射其眼睛。箭到眼眶前面，没碰睫毛而坠落于地，尘土也未扬起。'这是智者之言吗？"

魏牟说："智者之言，愚人当然不能明白。后箭的箭镞，射中前箭的箭羽，乃是箭术高超。箭到眼眶前面，没碰睫毛而坠落于地，乃是箭势已尽。此即所谓强弩之末，不能穿透鲁缟。先生何必怀疑？"

子舆说："公子与公孙龙交游，怎会不为其圆谎？我还能举出他更为过分的言论。公孙龙哄骗魏襄王：'人心有意，必不能同。言有所指，必不能至。天下之物，人类无法穷尽。飞鸟之影，从未移动。一根头发，能引千钧。白马非马。孤犊未尝有母。'这种违背类别、不顾伦理的谬论，真是无穷无尽！"

魏牟说："先生不能领悟至人之言，才会以为过分。真正过分的实为先生！人心无意，就能同心。言无所指，意始能至。唯有恒常的天道，才能穷尽天下之物。鸟飞在天，投影常改，错觉为移，实未移动。头发能引千钧，因为力量均衡。白马非马，因为白是可视不可触之色，马是可触不可视之形，形、色互相分离。孤犊未尝有母，因为有母即非孤犊。"

子舆说："假如这些言论，并非出于公孙龙之口，而是出于我口，公子还会认为有理吗？"

魏牟沉默良久，行礼告退："请待他日，再与先生辩论。"[13]

楚人黄缭问惠施："先生遍历万物，可否告知：天为何不会坠落，地为何不会下陷？"

惠施说："天地开辟之前，浑沌之气如同鸡子。天地开辟之后，轻清的阳气，上扬为天，所以不会坠落；重浊的阴气，下沉为地，所以不会下陷。先生与杞人一样，不知天地本质，才会担忧天坠地陷。"

黄缭说："杞人担忧天坠地陷，我并不担忧天坠地陷。先生自以为明白天地本质，自以为明白天不坠、地不陷的原因。那么请问：天地开辟之后，天之阳气为何不再继续上扬，地之阴气为何不再继续下沉，天地之间为何没有越来越远？"

惠施说："自古至今，从未有人问过原因，从未有人知其原因。"

黄缭说："并非如此，伏羲所画泰卦、否卦，早已明其原因。天居阳上之位，而有阴柔之质，所以覆盖万物而永不下坠。地居阴下之位，而有阳刚之质，所以承载万物而永不下陷。天质阴柔而阴气下行，地质阳刚而阳气上行，因此天地之气相交，上下交通成和，万物生气盎然。这就是伏羲泰卦所示泰道。如果天居阳上之位，又有阳刚之质，必将因其轻清而继续上扬；如果地居阴下之位，又有阴柔之质，必将因其重浊而继续下沉；那么天地之间必将越来越远。如果天质阳刚而阳气上行，地质阴柔而阴气下行，必将天地之气不交，上下不通而败，万物死气弥漫。这就是伏羲否卦所斥否术。"

惠施大为窘迫："先生所言，我曾听宋国的老聃之徒庄子说过，莫非先生也是老聃之徒？"

黄缭说："正是。我们老聃之徒，全都主张天柔地刚、君柔臣刚的泰道，全都反对你们孔子之徒、墨子之徒鼓吹天尊地卑、君尊臣卑的否术，因为人道必须效法天道！只有君主居于阳上而阴柔，臣子居于阴下而阳刚，才能君臣相交，上下通气，言路大畅，上无所蔽，下无所隐，君爱其民，民戴其君，最终国泰民安。如果君主居于阳上又阳刚独裁，臣子居于阴下又阴柔谄媚，必将君臣不交，上下不通，言路大塞，上有所蔽，下有所隐，君虐其民，民仇其君，最终国否民瘼。当今天下，唯有我们老聃之徒崇尚泰道。你们孔子之徒、墨子之徒，遍布天下，出将入相，迎合否君，鼓吹否术，所以天下大否，战祸不断。"

惠施说："我们墨子之徒，同样反对孔子之徒，而且主张非攻偃兵。"

黄缭说："孔子之徒尊崇三代以降的世袭之君，对于不圣不贤的世袭之君，仍然要尊要讳。墨子之徒尊崇五帝以前的禅让之君，对于世袭之君、不圣不贤之君，尽管不尊不讳，但是对于禅让之君、圣贤之君，仍然主张'上之所是，下必是之，上之所非，下必非之'。所以墨子之徒尽管反对孔子之徒，鼓吹否术并无不同。君主奉行儒墨否术，怎能兼爱万物？墨家禅圣让贤，禅到不圣不贤的唐姑果，分崩离析，变成三派，各奉巨子，互相攻击为别墨。墨家内部尚且互攻，怎能非攻偃兵？"

惠施哑口无言。

庄子六十五岁，惠施从大梁来信。

蔺且问："惠施与公孙龙，究竟辩论什么？"

庄子说："辩论的是名相与万物的关系。惠施主张用名相合同万物，公孙龙主张用名相离析万物。"

蔺且问："二人谁更近道？"

庄子说："惠施辨析名实，偏于万物之实。公孙龙辨析名实，偏于万物之名。二人各有相对之理，然而均未抵达超越万物名实的天道。相对而言，惠施合万物，同万名，离道稍近；公孙龙离万物，析万名，离道稍远。"

蔺且问："二人有无相同之处？"

庄子说："辩者的相同之处，就是雕饰他人的德心，改易他人的命意。只能战胜他人之口，不能服膺他人之心。"

蔺且问："黄缭与惠施，又是辩论什么？"

庄子说："辩论的是天地之道与万物名实的关系。黄缭问的是天地之道，惠施囿于万物名实，尚未明白黄缭之问，就不加推辞而应对，不加思虑而回答，遍及万物一一解说。说而不停，多而不止，仍然以为说得太少，于是添加各种怪论。辩者的实质，仅是反对他人而抬高自己，只求胜过他人而猎取声名，因此与众人不能调适。惠施弱于葆全内德，强于博通外物，实为误入歧途。以天地之道，观照惠施的博物之技，一如蚊虻的徒劳飞舞，对于万物有何用处？惠施的名学，充当众技之一，尚可称为杰出，然而未达天道。惠施不能凭其大才而自我安宁，散于万物而不知厌倦，最终以善辩闻名，辜负了天赋大才！惠施放纵其才，不得正道，追逐万物，迷途不返，如同用发声制止回响，让身形与影子赛跑。"[14]

笺注

[1]《秦本纪》：秦昭王二年（前305），彗星见。庶长壮（秦季君嬴壮）与大臣（拥戴秦季君之秦臣）、诸公子（嬴雍等）为逆，皆诛。及惠文后皆不得良死。悼武王后出归魏。■惠文后为魏女，见《六国表》秦惠王四年（前334）"魏夫人来"。●《六国表》秦昭王二年（前305）：季君（嬴

壮）为乱，诛。●《六国表索隐》：季君即公子壮，僭立而号为季君。●《穰侯列传索隐》引《竹书纪年》：今王（魏襄王）十四年（前305），秦内乱，杀其太后（秦惠王后、秦武王生母）及公子雍、公子壮。●《魏世家》：魏哀王（当作襄王）十四年（前305），秦来归武王后。■《秦本纪》"庶长壮"即秦季君嬴壮，《秦记》讳言为"庶长壮"，"诸公子"即嬴壮同母弟嬴雍等。"惠文后"即秦惠王王后魏氏（魏惠王女），生秦武王嬴荡、秦季君嬴壮、公子嬴雍，今年被弑。悼武王王后魏氏为魏襄王女，因秦、魏暂时罢兵，且魏襄王在位，不便诛之，故驱逐归魏。《六国表》据《秦记》而谓"季君为乱，诛"，颠倒黑白。秦季君嬴壮为秦武王同母弟，秦惠王嫡次子，乃是正当继位。秦武王异母弟、秦惠王庶子秦昭王嬴稷于秦武王四年（前307）叛乱篡位，于秦昭王二年（前305）诛灭秦季君嬴壮，遂杀秦武王、秦季君之生母魏太后。因秦之后君均为秦昭王后裔，故《秦记》颠倒言之，《秦本纪》、《六国表》亦盲信而颠倒言之，《六国表索隐》亦妄言嬴壮"僭立"。嬴壮为正当继位，其号为"王"非"君"。《秦记》称其为"季君"，意在掩盖秦昭王之篡位。

[2]《楚策四》五：齐明说卓滑（昭滑）以伐秦，滑不听也。齐明谓卓滑曰："明之来也，为樗里疾卜交也。明说楚大夫以伐秦，皆受明之说也。唯公弗受也，臣有辞以报樗里子矣。"卓滑因重之。■昭滑去年助楚怀王灭越返楚，重于楚国。今年背齐而合秦，齐宣王遂使齐明说昭滑以伐秦。昭滑不从，齐国不欲得罪秦国，齐明遂谎称为樗里疾卜交（考验楚臣谁敌秦、谁亲秦）。

[3]《楚世家》：楚怀王二十四年（前305），倍齐而合秦。秦昭王初立，乃厚赂于楚。楚往迎妇。●《六国表》楚怀王二十四年（秦昭王二年，前305）：秦来迎妇。●《甘茂列传》：齐使甘茂于楚（前306），楚怀王新与秦合婚而欢（前305）。■今年为秦昭王二年（前305），而曰"秦昭王初立"，乃因今年诛灭秦季君。史籍常例，前君死年为后君"初立"之年，秦昭王若为正当继位，"初立"之年应为秦武王四年（前307）。楚史当记前年（前307）为秦季君初立，去年（前306）为秦季君元年，今年（前305）为秦昭王元年。后世史官盲从《秦记》伪史，皆以秦季君元年为秦昭王元年，

秦季君遂湮。

[4]《楚策二》一：魏相翟强死。（甘茂门客）为甘茂谓楚（怀）王曰："魏之几相者，公子劲也。劲也相魏，魏、秦之交必善。秦、魏之交完，则楚轻矣。故王不如与齐约，相甘茂于魏。齐（宣）王好高人以名，今为其行人（甘茂自秦行齐）请魏之相，齐必喜。魏氏不听，交恶于齐，齐、魏之交恶，必争事楚。魏氏听，甘茂与樗里疾，贸首之仇也；而魏、秦之交必恶，又交重楚也。"■甘茂去年（前306）随苏秦自魏至齐，任上卿，约楚伐秦。今年楚、秦联姻，遂欲至魏为相。"甘茂与樗里疾，贸首之仇也"，点破二人在秦君争位之乱中立场相反。

[5]《甘茂列传》：甘茂竟不得复入秦，卒于魏。■甘茂去年（前306）逃秦经魏仕齐，今年（前305）逃齐奔魏而卒。

[6]楼缓因训练骑兵有功，遂为赵武灵王重臣。楼缓之事，均在此后。

[7]《赵世家》：赵武灵王二十一年（前305），攻中山。赵袑为右军，许钧为左军，公子章为中军，王并将之。牛翦将车骑，赵希并将胡、代。赵与之陉，合军曲阳，攻取丹邱、华阳、鸱之塞。王军取鄗、石邑、封龙、东垣。中山献四邑请和，王许之，罢兵。■牛翦所将原阳骑兵，见上章注8《赵策二》七。义渠属西匈奴，在秦国之北，称为"西戎"。林胡、楼烦属东匈奴，在赵国之北，称为"东胡"。赵武灵王今年（前305）第三次亲征中山。

[8]《匈奴列传》：秦昭王时，义渠戎王与宣太后乱，有二子。宣太后诈而杀义渠戎王于甘泉，遂起兵伐残义渠。于是秦有陇西、北地、上郡，筑长城以拒胡。●《后汉书·西羌传》：及昭王立，义渠王朝秦，遂与昭王母宣太后通，生二子。至王赧四十三年，宣太后诱杀义渠王于甘泉宫，因起兵灭之，始置陇西、北地、上郡焉。■《后汉书·西羌传》之年误。芈八子约生于楚宣王二十八年（前344），于秦惠王九年（前329）自楚至秦，同年生长女嬴氏（秦惠王更元十三年即前312年十七岁嫁为燕昭王后），时年十六岁。于秦惠王十三年（前325）生长子秦昭襄王嬴稷，时年二十岁。其后又生次子高陵君嬴悝、幼子泾阳君嬴市。于秦昭王元年（前306）色诱义渠王，两年内（前306、前305）生二子，时年三十九、四十岁，已属罕

见。周赧王四十三年为秦昭王三十五年（前272），宣太后已经七十三岁，不可能色诱义渠王（仅有少年男宠魏丑夫），更不可能两年内生二子。宣太后卒于秦昭王四十一年（前266），享年约七十九岁。

[9]、[12]《庄子复原本·惠施》(郭象拼接于《天下》)：惠施多方，其书五车；其道舛驳，其言也不中。"历物"之意曰："至大无外，谓之'大一'；至小无内，谓之'小一'。无厚，不可积也，其大千里。天与地卑，山与泽平。日方中方睨，物方生方死。'大同'而与'小同'异，此之谓小'同异'；万物毕同毕异，此之谓大'同异'。南方无穷而有穷。今日适越而昔来。连环可解也。我知天之中央，燕之北，越之南是也。泛爱万物，天地一体也。"惠施以此为大，观于天下，而晓辩者。天下之辩者相与乐之："卵有毛。鸡三足。郢有天下。犬可以为羊。马有卵。丁子有尾。火不热。山出口。轮不辗地。目不见。指不至，至不绝。龟长于蛇。矩不方，规不可以为圆。凿不围枘。飞鸟之影，未尝动也。镞矢之疾，而有不行不止之时。狗非犬。黄马、骊牛三。白狗黑。孤犊未尝有母。一尺之棰，日取其半，万世不竭。"辩者以此与惠施相应，终身无穷。桓团、公孙龙辩者之徒，饰人之心，易人之意；能胜人之口，不能服人之心，辩者之囿也。

[10]《墨子·非命上》：子墨子言曰：言必立仪。言而毋仪，譬犹运钧之上而立朝夕者也，是非利害之辨，不可得而明知也。故言必有三表。何谓三表？子墨子言曰：有本之者，有原之者，有用之者。于何本之？上本之于古者圣王之事。于何原之？下原察百姓耳目之实。于何用之？废以为刑政，观其中国家百姓人民之利。此所谓言有三表也。■墨子学儒而反儒，"言必立仪"乃斥儒家"言未立仪"。三表之本、原、用，乃谓治世之用，基于探本溯原之体；儒家仅知三王之用，不知五帝之本原。故中华名学起于墨子三表法，独立于惠施历物学之合万物，大成于公孙龙白马论之析万名。要而言之，墨子三表法之辨名，志在政治（近于印度之因明学）；惠施历物学之合万物，拓大于非关政治之万物（此当受庄子"齐物论"之影响，此时庄子《齐物论》虽未撰成，思想早已成熟，惠施初归宋国已有所闻）；公孙龙白马论之析万名，已不再囿于政治，而变成纯粹独立的辨名析理。至公孙龙，中国逻辑学（近于希腊之逻辑学）已呼之欲出。【附考】晋

人鲁胜《墨辩注序》：墨子著书，作《辩经》以立名本。惠施、公孙龙祖述其学，以正形名，显于世。■《墨子》为墨徒编纂，收入战国中后期墨家名辨学派之代表著作六篇，即《经上》《经下》《经说上》《经说下》《大取》《小取》，合称《墨经》六篇，即鲁胜所言《辩经》。其中多采惠施名学，多驳公孙龙名学。由于"白马非马"惊世骇俗，公孙龙名学不仅被百家视为异端，也被墨辨学派视为异端。鲁胜以为《辩经》为墨子所撰则误，谓施、龙"祖述其学"则是。

[11]《庄子·天下》：相里勤之弟子五侯之徒，南方之墨者苦获、已齿、邓陵子之属，俱诵《墨经》，而背适不同，相谓别墨。以坚白、同异之辩相訾，以奇偶、不仵之辞相应。以巨子为圣人，皆愿为之尸，冀得为其后世，至今不决。●《韩非子·显学》：自墨子之死也，有相里氏之墨，有相夫氏之墨，有邓陵氏之墨。故孔、墨之后，儒分为八，墨离为三，取舍相反不同，而皆自谓真孔、墨。■墨家第五任巨子唐姑果助秦征伐，导致天下墨者分为三派：以秦为主的北方学派（附秦派，旧之正统派），代表人物是相里勤、五侯。以楚为主的南方学派（原旨派，新之正统派），代表人物是苦获、已齿、邓陵子。以三晋为主的名辨学派（名学派，即墨辨派，后称"名家"），代表人物是惠施、公孙龙。三派各居正统，贬称别派为"别墨"。

[13]《列子·仲尼》：中山公子牟者，魏国之贤公子也。好与贤人游，不恤国事，而悦赵人公孙龙。乐正子舆之徒笑之。公子牟曰："子何笑牟之悦公孙龙也？"子舆曰："公孙龙之为人也，行无师，学无友，佞给而不中，漫衍而无家，好怪而妄言，欲惑人之心，屈人之口，与韩檀等肆之。"公子牟变容曰："何子状公孙龙之过欤！请闻其实。"子舆曰："吾笑龙之诒孔穿言：'善射者，能令后镞中前括，发发相及，矢矢相属，前矢造准而无绝落，后矢之括犹衔弦，视之若一焉。'孔穿骇之。龙曰：'此未其妙者。逢蒙之弟子曰鸿超，怒其妻而怖之。引乌号之弓，綦卫之箭，射其目。矢来，注眸子而眶不睫，矢坠地而尘不扬。'是岂智者之言欤？"公子牟曰："智者之言，固非愚者之所晓。后镞中前括，钧后于前。矢注眸子而眶不睫，尽矢之势也。子何疑焉？"乐正子舆曰："子，龙之徒，焉得不饰其阙？吾又言其尤者。龙诳魏王曰：'有意不心。有指不至。有物不尽。有影不移。发

引千钧。白马非马。孤犊未尝有母。'其负类反伦，不可胜言也。"公子牟曰："子不谕至言，而以为尤也。尤其在子矣！夫无意则心同。无指则皆至。尽物者常有。影不移者，说在改也。发引千钧，势至等也。白马非马，形名离也。孤犊未尝有母，有母非孤犊也。"乐正子舆曰："子以公孙龙之鸣，皆条也？设令发于余窍，子亦将承之？"公子牟默然良久，告退曰："请待余日，更谒子论。"■魏牟当为中山先王与王妃江姬所生庶子，中山先王与王后阴姬所生嫡子中山嗣王已经继位五年，故庶出公子魏牟"不恤国事"，离开魏属中山，游于宗主国魏国之都大梁，亲历惠施、公孙龙之大梁名辩，力挺公孙龙。

[14]《庄子复原本·惠施》(郭象拼接于《天下》)：惠施日以其知与之辩，特与天下之辩者为怪，此其柢也。然惠施之口谈，自以为最贤，曰："天地其壮乎？施存，雄而无术。"南方有畸人焉，曰黄缭，问天地所以不坠不陷，风雨雷霆之故。惠施不辞而应，不虑而对，遍为万物说；说而不休，多而无已，犹以为寡，益之以怪。以反人为实，而欲以胜人为名，是以与众不适也。弱于德，强于物，其途隩矣。由天地之道，观惠施之能，其犹一蚊一虻之劳者也，其于物也何庸？夫充一尚可曰愈，贵道几矣。惠施不能以此自宁，散于万物而不厌，卒以善辩为名。惜乎！惠施之才！骀荡而不得，逐万物而不返，是穷响以声，形与影竞走也。悲夫！

第六部

庄惠再游（前304—前295）

燕昭招贤谋报齐仇，惠施归宋与庄为邻

前304年，岁在丁巳。庄周六十六岁。宋康王三十四年。

周赧王十一年。秦昭王三年。楚怀王二十五年。魏襄王十五
年。韩襄王八年。赵武灵王二十二年。齐宣王十六年。燕昭王八
年。鲁平公十九年。卫嗣君十一年。中山嗣王六年。

秦昭王二十二岁，冠礼以后亲政。采纳魏冉之策，把上庸（今湖北竹
山）六县归还楚国，邀请楚怀王在黄棘（今河南南阳新野东北）结盟。

楚怀王五十五岁，带着太子熊横，前往黄棘会见秦昭王。[1]

秦、楚随即共同伐韩，围攻纶氏（今河南伊川、登封之间）。[2]

魏襄王派遣翟章救韩，行至南屈（今地不详），秦、楚闻讯退兵。[3]

齐宣王四十八岁，闻讯大怒，召见孟尝君："楚怀王去年背叛齐盟，与
秦联姻，今年又与秦结盟，助秦伐韩。你可暂停策动诸侯合纵伐秦，改为
策动诸侯合纵伐楚。"[4]

赵武灵王鉴于去年征伐中山初见成效，但是骑兵仅占赵军五分之二，
未竟全功。今年暂停征伐，训练更多骑兵。

中山嗣王、司马熹虽知赵武灵王必将再伐，苦无良策。[5]

白圭年事已高，眼见魏势日衰，于是心灰意懒，退出政坛，游历天下。

弟子问："夫子游历中山，中山嗣王聘相。游历齐国，齐宣王聘相。为何全都拒绝？"

白圭说："两国快要灭亡了！"

弟子问："夫子为何如此断言？"

白圭说："邦国若有五尽，必将灭亡：没人自愿忠诚，言路已尽；没人自愿称颂，名誉已尽；没人自愿爱戴，亲近已尽；出行者没有干粮，居家者缺乏食物，财富已尽；既不任用本国贤人，又不任用异国贤人，功业已尽。假如国君得闻五尽，立刻改弦更张，未必一定亡国。可惜言路已尽，国君不能得闻五尽，难逃亡国之祸。如今中山和齐国，正是如此。"[6]

燕昭王复国八年，与民同甘共苦，凭吊死于齐伐的民众，抚恤死者家人。

如今燕国元气小复，燕昭王于是拜见贤人郭隗："齐宣王诱使父王禅位子之，挑起燕国内乱，再以救燕为名，行其灭燕之实，杀我父兄，焚我宗庙，夺我重宝，此仇不可不报。寡人国小力薄，愿与贤士共治燕国，报齐破燕杀父之仇！"

郭隗说："君主分为四种，士人也分四种。每种君主，都把一种士人视为贤士。不知大王是哪种君主，又把哪种士人视为贤士？"

燕昭王说："愿闻四种君主和四种士人。"

郭隗说："帝者以士为师，把可以为师的士人视为贤士；王者以士为友，把可以为友的士人视为贤士；霸者以士为仆，把愿意为仆的士人视为贤士；亡者以士为奴，把愿意为奴的士人视为贤士。大王是希望南面临朝，得到奴仆，还是希望北面受教，得到师友？"

燕昭王说："寡人希望北面受教，得到师友。不知当今天下，有无如此贤士？"

郭隗说："从前有位国君，悬赏千金，寻求千里马，三年未得。于是派遣近臣，携带千金，遍访天下。近臣外出三月，找到一匹千里马，可惜刚刚死去，于是出五百金，买下死马而归。国君大怒：'寡人要活的千里马，你买来死的千里马又有何用？'近臣说：'天下已经尽知，死的千里马，君侯也愿出五百金，何况活的千里马？'不出一年，得到了三匹千里马。大王真想得到师友，不妨从我开始。我并非大贤，大王尚且敬重，天下贤士必将不远千里，争赴燕国。"

燕昭王于是北面受教，师事郭隗。修筑黄金台，招纳天下贤士。[7]

庄子六十六岁，七十七岁的惠施离魏归宋，马车五乘，直奔蒙邑。

惠施说："我上次返宋，马车百乘，先生批评我骄矜自得。我这次归宋，马车五乘，不是炫耀威仪，而是装载《惠子》竹简。"[8]

庄子问："先生为何不先回商丘，直接来到蒙邑？"

惠施说："吾兄惠盎已被宋康王刖足，我不愿再居商丘，只愿与你为邻。"

庄子大喜："先生脸皮不厚，心术不黑，不是痞士对手。我以为先生谋复魏相不成，很快就会返宋，没想到濠水一别，至今十五年。"

惠施说："尽管魏襄王不如魏惠王，然而宋康王又不如魏襄王，所以我虽未复相，仍然愿为魏襄王出使诸侯，劝解天下偃兵。近年天下愈战愈烈，我已无能为力。眼看老之将至，并非不想返宋，但是宋康王倒行逆施也愈演愈烈，只好准备在魏终老。能够在魏弘扬墨子之道，与天下辩者辩论，倒也不失乐趣。"

庄子说："既然如此，先生为何返宋？"

惠施说："去年我在大梁公布历物十事，引来孔子之徒、墨子之徒、杨朱之徒、公孙龙之徒与我辩论，不分胜负。但是楚国的老聃之徒黄缭，问我天为何不坠，地为何不陷，言及天地之道和泰道、否术，令我十分困惑。我想起你曾对我说过泰道、否术，写信问你。你回信以后，我仍不明白。决定回来向你当面请教，顺便叶落归根。"

庄子说："大梁名辩轰传天下，先生来信之前，我已有所耳闻。先生来信，使我知之更详。恕我直言，先生辨析名学，又与四家辩论，其实毫无价值！"

惠施说："辨名可以明道析理，辩论可以明其是非，为何毫无价值？"

庄子说："假如射箭者不先设定统一目标，各自射箭，人人自称射中，自诩后羿，可以吗？"

惠施说："可以。"

庄子说："假如天下人不先设定公认标准，各自立言，人人自以为是，自居尧舜，可以吗？"

惠施说："可以。"

庄子说："那么孔子之学、墨子之学、杨朱之学、公孙龙之学，加上先生之学，五家互相辩论，究竟谁是谁非？你没听说过鲁遽之言吗？"

惠施问："鲁遽如何言说？"

庄子说："我当年曾向鲁遽学习三代之乐。有位师兄师从鲁遽学道，学了一年，告诉鲁遽：'我已学会冬日烧鼎，夏日造冰，尽得夫子之道！'鲁遽说：'这是以阳强阳、以阴弱阴、不合时令、违背天道的否术，不是以阴补阳、以阳滋阴、不违时令、合于天道的泰道。我为你演示一下泰道。'于是鲁遽调准两瑟之弦，使之合于五音，一瑟置于外堂，一瑟置于内室。弹拨外堂之瑟的宫弦，内室之瑟的宫弦也振动发声。弹拨外堂之瑟的角弦，内室之瑟的角弦也振动发声。因为两瑟之弦，音律相同，产生了共鸣。然后鲁遽又改调外堂之瑟的一弦，使之不合五音，弹拨此弦，内室之瑟的二十五弦，一起振动，共鸣发声。此弦之声，实为众音之君。你们五家之言，不过如同五音，均非众音之君。"

惠施说："孔子之徒、墨子之徒、杨朱之徒、公孙龙之徒与我辩论，相互用言辞批评，相互用声名压制，没有一家自以为非，全都自居众音之君。结果将会如何？"

庄子说："齐人的儿子离家出走，逃往宋国。齐人对看门人不予责备，求得钟形酒器却精心包裹，为找儿子却不肯走出齐国疆域。岂非丧失了同类之爱呢？楚人寄宿旅店，却责骂旅店看门人，半夜无人之时乘船，又与船夫争斗，船未离岸，已与船夫结怨，预伏自身灾祸。"

惠施说："我问五家辩论的结果如何，你却讲了两个令人费解的故事，究竟何意？"

庄子说："你们五家都自居绝对之是，都把对方视为绝对之非，未悟天道是非才是绝对是非，怎能明白人间是非仅是相对是非？"

惠施说："即使人间是非仅是相对是非，至少可以辩明谁相对是，谁相对非。"[9]

庄子说："未必。假如你我辩论，你胜我，我不胜你，你果真是，我果真非吗？倘若我胜你，你不胜我，我果真是，你果真非吗？难道必有一是，必有一非？抑或彼此皆是，彼此皆非？你我不能相互理解，可见人之物德，不仅有限，而且昏暗。我们请谁公正裁断呢？请支持你的人裁断，既然支持你，怎能公正裁断？请支持我的人裁断，既然支持我，怎能公正裁断？请不支持你也不支持我的人裁断，既然不支持你，也不支持我，怎能公正裁断？请支持你又支持我的人裁断，既然支持你，又支持我，怎能公正裁断？可见囿于此岸有限物德的你、我、他，全都不能相互理解，全都不能公正裁断，只能独待不囿于有限物德的彼岸天道！"

惠施问："如何独待彼岸天道？"

庄子说："万物为天道所造化，所以只能倚待天道。然而天道无形，万物很难倚待。所以人类只能以天道的绝对是非，和合万物的相对是非，因任天道，蔓衍推移，以此穷尽个体小年。唯有丧忘个体小年，丧忘人间小义，才能振拔于无形天道的至高之境，寄身于丧我致无的求道过程。"

惠施问："如何以天道的绝对是非，和合万物的相对是非？"

庄子说："就是以天道之是，是人道之不是，以天道之然，然人道之不然。倘若你之所是，果真合于天道所是，那么你之所是，必定异于天道所不是，你我就无须辩论。倘若你之所然，果真合于天道所然，那么你之所然，必定异于天道所不然，你我也无须辩论。"[10]

笺注

[1]《秦本纪》：秦昭王三年（前304），王冠。与楚（怀）王会黄棘，与楚上庸。■秦昭王嬴稷，生于秦惠王十三年（前325），秦武王四年（前307）十九岁篡位，秦昭王三年（前304）二十二岁行冠礼。此后开始象征性参与秦政，但是实权仍在宣太后、魏冉。秦制二十二岁行冠礼，异于中

原二十岁行冠礼。

[2]《后汉书·黄琼传》注引《竹书纪年》：楚及秦伐郑纶氏。●《太平寰宇记》卷四西京颍阳县引《竹书纪年》：楚及秦伐郑，围纶氏。●《路史·后纪》卷十三注引《竹书纪年》：楚吾得及秦师伐郑，围纶。●《水经·伊水注》引《竹书纪年》：楚吾得帅师及秦伐郑，围纶氏。●《西周策》七：楚兵在山南，吾得将，为楚（怀）王属怒于（东）周（国）。或谓（东）周君曰："不如令太子将军正，迎吾得于境，而君自郊迎，令天下皆知君之重吾得也。因泄之楚，曰：'周君所以事吾得者，器名曰某。'楚王必求之，而吾得无效也，王必罪之。"▲杨宽：纶氏在今河南伊川县与登封县之间，正当缑氏、轘辕诸山之南。

[3]《水经·河水注》引《竹书纪年》：翟章救郑，次于南屈。

[4]齐相孟尝君今年（前304）策动齐、魏、韩三国合纵伐楚，明年（前303）始伐。

[5]《赵世家》去年、明年均伐中山，今年未伐，当属训练更多骑兵以备战。

[6]《说苑·权谋》十一（《吕览·先识》略同）：白圭之中山，中山（嗣）王欲留之，固辞而去。又之齐，齐（宣）王亦欲留之，又辞而去，人问其辞。白圭曰："二国将亡矣。所学者国有五尽，故莫之必忠，则言尽矣；莫之必誉，则名尽矣；莫之必爱，则亲尽矣；行者无粮，居者无食，则财尽矣；不能用人又不能自用，则功尽矣。国有此五者，毋幸，必亡。中山与齐皆当此。若使中山之与齐也，闻五尽而更之，则必不亡也，其患在不闻也，虽闻又不信也。然则人主之务，在善听而已矣。"

[7]《燕策一》十二：燕昭王收破燕后即位，卑身厚币，以招贤者，欲将以报仇。故往见郭隗先生曰："齐因孤国之乱，而袭破燕。孤极知燕小力少，不足以报。然得贤士与共国，以雪先王之耻，孤之愿也。敢问以国报仇者奈何？"郭隗先生对曰："帝者与师处，王者与友处，霸者与臣处，亡国与役处。诎指而事者，北面而受学，则百己者至。先趋而后息，先问而后嘿（通默），则什己者至。人趋己趋，则若己者至。冯（通凭）几据杖，眄视指使，则厮役之人至。若恣睢奋击，呴籍叱咄，则徒隶之人至矣。此

古服道致士之法也。王诚博选国中之贤者，而朝其门下，天下闻王朝其贤臣，天下之士必趋于燕矣。"昭王曰："寡人将谁朝而可？"郭隗先生曰："臣闻古之君人，有以千金求千里马者，三年不能得。涓人言于君曰：'请求之！'君遣之。三月得千里马，马已死。买其首五百金，反以报君。君大怒曰：'所求者生马，安事死马而捐五百金？'涓人对曰：'死马且买之五百金，况生马乎？天下必以王为能市马，马今至矣。'于是不能期年，千里之马至者三。今王诚欲致士，先从隗始。隗且见事，况贤于隗者乎？岂远千里哉？"于是昭王为隗筑宫而师之。乐毅自魏往，邹衍自齐往，剧辛自赵往，士争凑燕。燕王吊死问生，与百姓同其甘苦。●《燕世家》：燕子之亡二年，而燕人共立太子平（当作公子职），是为燕昭王。燕昭王于破燕之后即位，卑身厚币以招贤者。谓郭隗曰："齐因孤之国乱，而袭破燕，孤极知燕小力少，不足以报。然诚得贤士以共国，以雪先王之耻，孤之愿也。先生视可者，得身事之。"郭隗曰："王必欲致士，先从隗始。况贤于隗者，岂远千里哉！"于是昭王为隗改筑宫而师事之。乐毅自魏往，邹衍自齐往，剧辛自赵往，士争趋燕。燕王吊死问孤，与百姓同甘苦。●《说苑·君道》：燕昭王问于郭隗曰："寡人地狭民寡，齐人削取八城，匈奴驱驰楼烦之下。以孤之不肖，得承宗庙，恐社稷危，存之有道乎？"郭隗曰："有，然恐王之不能用也。"昭王避席请闻之，郭隗曰："帝者之臣，其名臣也，其实师也；王者之臣，其名臣也，其实友也；霸者之臣，其名臣也，其实宾也；危国之臣，其名臣也，其实虏也。今王将东面，目指气使以求臣，则厮役之材至矣；南面听朝，不失揖让之礼以求臣，则人臣之材至矣；西面等礼相亢，下之以色，不乘势以求臣，则朋友之材至矣；北面拘指，逡巡而退以求臣，则师傅之材至矣。如此则上可以王，下可以霸，唯王择焉。"燕王曰："寡人愿学而无师。"郭隗曰："王诚欲兴道，隗请为天下之士开路。"于是燕王常置郭隗上坐南面，居三年，苏子闻之，从周归燕；邹衍闻之，从齐归燕；乐毅闻之，从赵归燕；屈景闻之，从楚归燕。四子毕至，果以弱燕并强齐；夫燕齐非均权敌战之国也，所以然者，四子之力也。《诗》曰："济济多士，文王以宁。"此之谓也。■《燕世家》于燕昭王二十八年（前284）前，仅记招贤一事。盖燕史毁于秦火，而燕僻处东北，又卧薪尝胆二十余年，鲜与中原之事。

[8]《庄子复原本·惠施》(郭象拼接于《天下》)：惠施多方，其书五车。●《汉书·艺文志》：《惠子》一卷。■其书五车，乃惠施自著之书《惠子》(汉后久佚)，非他人之书。

[9]《庄子·徐无鬼》：庄子曰："射者非前期而中，谓之善射，天下皆羿也，可乎？"惠子曰："可。"庄子曰："天下非有公是也，而各是其所是，天下皆尧也，可乎？"惠子曰："可。"庄子曰："然则儒墨杨秉四，与夫子为五，果孰是邪？或者若鲁遽者邪？其弟子曰：'我得夫子之道矣。吾能冬爨鼎而夏造冰矣。'鲁遽曰：'是直以阳召阳，以阴召阴，非吾所谓道也。吾示子乎吾道。'于是为之调瑟，废一于堂，废一于室；鼓宫宫动，鼓角角动，音律同矣。夫或改调一弦，于五音无当也，鼓之，二十五弦皆动。未始异于声，而音之君已形也。且若是者邪？"惠子曰："今夫儒墨杨秉，且方与我以辩，相拂以辞，相镇以声，而未始吾非也。则奚若矣？"庄子曰："齐人蹢子于宋者，其命阍也不以完，其求钘钟也以束缚，其求唐子也而未始出域。有遗类矣夫？楚人寄而蹢阍者，夜半于无人之时而与舟人斗，未始离于岑，而足以造于怨也。"■庄子二喻，其意难明，当有脱删。

[10]《庄子·齐物论》：既使我与若辩矣，若胜我，我不若胜，若果是邪？我果非也邪？我胜若，若不吾胜，我果是邪？尔果非也邪？其或是邪？其或非也邪？其俱是邪？其俱非也邪？我与若不能相知也，则人固受其黮暗。吾谁使正之？使同乎若者正之，既与若同矣，恶能正之？使同乎我者正之，既同乎我矣，恶能正之？使异乎我与若者正之，既异乎我与若矣，恶能正之？使同乎我与若者正之，既同乎我与若矣，恶能正之？然则我与若与人，俱不能相知也，而待彼也邪？化声之相待，若其不相待。和之以天倪，因之以蔓衍，所以穷年也。忘年忘义，振于无境，故寓诸无境。何谓和之以天倪？曰：是不是，然不然。是若果是也，则是之异乎不是也，其无辩；然若果然也，则然之异乎不然也，亦无辩。

孟尝伐楚宋王射天，庄子言鸡惠施闻道

前303年，岁在戊午。庄周六十七岁。宋康王三十五年。

周赧王十二年。秦昭王四年。楚怀王二十六年。魏襄王十六年。韩襄王九年。赵武灵王二十三年。齐宣王十七年。燕昭王九年。鲁平公二十年（卒）。卫嗣君十二年。中山嗣王七年。

秦昭王再次伐韩，重新攻取了三年前归还的武遂（今山西垣曲东南）。

韩襄王忍无可忍："寡人决意响应齐宣王、孟尝君策动的合纵伐秦！"

亲秦的公仲朋及其死党韩珉反对，敌秦的公叔支持。

公仲朋罢相，公叔相韩。[1]

秦昭王怒于去年魏襄王救韩，又移师伐魏，攻取了蒲坂（今山西永济）、晋阳（今山西太原）、封陵（今山西永济西南）。[2]

魏襄王也忍无可忍："寡人决意响应齐宣王、孟尝君策动的合纵伐秦！"

公孙弘六年前奉公孙衍之命，投入孟尝君门下，劝其策动合纵伐秦，受到重用，取代兒说成为第一门客。

如今孟尝君取代公孙衍，成为策动中原诸侯合纵伐秦的盟主。

孟尝君问策公孙弘："齐、魏、韩三国合纵已成，大王打算先伐楚，后伐秦，魏襄王、韩襄王希望先伐秦，后伐楚。如何决断？"

公孙弘说:"我愿为主公使秦,观察一下秦昭王为人。假如秦昭王是贤明之君,主公就按照大王意愿,先伐楚,后伐秦。假如秦昭王是不肖之君,主公就按照魏襄王、韩襄王意愿,先伐秦,后伐楚。"

孟尝君深以为然,命其使秦。

公孙弘以马车十乘使秦,晋见秦昭王:"孟尝君命我向大王致意!"

秦昭王说:"寡人听说,孟尝君不自量力,正在策动合纵伐秦。请问先生,孟尝君的薛邑多大?"

公孙弘说:"方圆百里。"

秦昭王大笑:"寡人之地,方圆数千里,尚且不敢伐薛。如今孟尝君之地,不过方圆百里,怎敢为难寡人?"

公孙弘说:"孟尝君养士,大王不养士。"

秦昭王问:"孟尝君所养之士,有何能耐,敢对寡人发难?"

公孙弘说:"孟尝君养士三千。上士三人,不臣天子,不友诸侯,得志不愿为君,失意不愿为臣,孟尝君拜之为师。中士五人,可为管仲、商鞅之师,孟尝君视之为友,悦慕其义,听从其言。下士如我十人,为孟尝君出使诸侯,如果受到万乘之君侮辱,立刻拔剑自刭,用自己的颈血,溅污万乘之君的衣服!"

言毕拔剑,挺身而起。

秦昭王强笑谢罪:"先生何必动怒,寡人只是戏言!寡人一向敬慕孟尝君,敬请先生转达寡人之意!"

公孙弘返齐复命:"秦昭王尽管年仅二十三岁,但是不易对付!"[3]

孟尝君于是说服魏襄王、韩襄王,按照齐宣王意愿,首先发动齐、魏、韩三国合纵伐楚。

楚怀王派遣太子熊横入秦为质,向秦求救。

秦昭王大悦,命令客卿通领兵救楚,三国联军被迫退兵。[4]

赵武灵王趁着三国合纵伐楚,第四次亲征中山,全弃车兵。骑兵为主,步卒为辅。

中山嗣王采纳司马熹之策，再次割地求和。

赵武灵王发现骑兵仍然不足，再次接受求和。[5]

鲁平公姬叔死了，在位二十年（前322—前303）。

太子姬贾继位，即鲁滑公。[6]

田不礼禀报宋康王："大王滥杀无辜，大见成效，如今宋民无不畏惧大王！"

宋康王大喜："唐鞅尽忠寡人，死得很值！"

曹商说："如今宋民都在吟诵《小雅·雨无正》：'舍彼有罪，既伏其辜；若此无罪，沦胥以铺。凡百君子，各敬尔身。胡不相畏？不畏于天！'"[7]

宋康王大怒："这是讽刺寡人！寡人天命在身，何必畏天！"

曹商说："大王文武双全，前无古人，后无来者，天不怕地不怕！"

宋康王得意至极，命人鞭笞大地。

田不礼禀报："大地受到大王鞭笞，不敢有言。宋国土地更加肥沃富饶，今年丰收过于往年！"

宋康王问："寡人已经征服大地，如何征服上天？"

田不礼说："大王可以制作天帝神象，以箭射之。"

宋康王于是用革囊制作天帝神象，内盛牛血，悬挂高处，以箭射之，囊破血出。

田不礼、曹商率领群臣，伏地拜贺："大王之贤，远胜汤、武！汤、武只能战胜人类，大王却能战胜天地，威服鬼神。大王万岁！万岁！万万岁！"

宋康王喜不自禁，仰天大笑。[8]

庄子六十七岁，惠施七十八岁，同在宋国蒙邑，比邻而居。

蔺且说："今年七国混战，宋康王又被合纵连横的天下诸侯晾在一边，闲得无聊，被田不礼、曹商唆使，先是射天笞地，如今又迷恋斗鸡。各地纷纷举行斗鸡比赛，选拔优胜斗鸡进献宋康王。宋康王又让各地进献的优胜斗鸡进行比赛，结果羊沟斗鸡常胜。于是宋国全境都到羊沟购买斗鸡，一鸡价值十金。"

惠施说："如今天下征战，宋国面临生死存亡，宋康王竟然如此荒唐！"

庄子说："射天笞地，固然荒唐。但是宋康王迷恋斗鸡，胜过诸侯迷恋战争。宋民玩玩斗鸡，胜过上阵厮杀。"

惠施说："那倒也是！听说羊沟斗鸡长到三岁，鸡冠高大威风，其状如株，普通斗鸡未斗先怯。"

庄子说："我有一个朋友，以斗鸡为生。他说羊沟斗鸡，并非最佳斗鸡。之所以常胜，乃是因为鸡冠之上，涂了狐狸油膏。"[9]

惠施笑了："你不臣天子，不友诸侯，狐朋狗友倒是不少！鸡都害怕狐狸，难怪羊沟斗鸡必胜。看来斗鸡一如打仗，也是兵不厌诈！"

庄子说："不过狐狸夜入鸡窝，公鸡全部逃散，只有母鸡为了保护小鸡，舍命反抗狐狸。所以母鸡固然害怕狐狸，狐狸同样害怕母鸡。斗鸡都是公鸡，才会害怕涂了狐狸油膏的羊沟斗鸡。羊沟斗鸡如果不涂狐狸油膏，可以打败母鸡，一旦涂了狐狸油膏，反而打不过母鸡！因为兵不厌诈仅是人道，母鸡天性才是天道，人道永远不能战胜天道！当今天下，秦国如同羊沟斗鸡，诸侯如同普通斗鸡，人道固然无法击败秦国，但是天道必将击败秦国。"[10]

惠施感叹："你的见解，总是出人意表。假如不涂狐狸油膏，哪种斗鸡最佳？"

庄子说："当年周宣王也喜欢斗鸡，礼聘纪渻子为驯鸡师。十天以后，周宣王问：'鸡可以斗了吗？'纪渻子说：'还不行。正在虚骄自得而恃气自雄。'十天以后，周宣王又问。纪渻子说：'还不行。仍然回应声响和影子。'十天以后，周宣王又问。纪渻子说：'还不行。仍然怒目疾视而盛气凌人。'十天以后，周宣王又问。纪渻子说：'已能葆全真德，差不多了。即使听闻鸡鸣，也能不为所动，一如木鸡。其它斗鸡全都不敢应战，转身就逃。'"[11]

蔺且说："夫子曾说，人有无知、小知、大知、至知四境，没想到斗鸡也有！"

庄子说："道生万物，均有四境。"

惠施大感兴趣："愿闻四境之义。"

庄子说："无知众人，因其无名无功而自卑，不敢因循内德，自适其适，而是迎合外境，适人之适，以便求取功名。适人而无技，必定无功无名，仍为无知众人。适人而有技，必有小功小名，于是成为小知。适人而有术，必有大功大名，于是成为大知。小知之学技，大知之学术，都是老聃所言'为学者日益'，因而自矜其知，自矜功名，对下则自得而役人，对上则自卑而适人，仍是终身迎合外境而适人役人，不能尽其所受乎天，只能亏生、迫生，乃至受刑早夭。至知之学道，则是老聃所言'为道者日损'，因而自知无知，丧忘功名，既不对下自得而役人，也不对上自卑而适人，永不迎合外境而适人之适，终生因应外境而自适其适，于是得以全生尽年，尽其所受乎天。"

惠施大为惭愧："看来我是始于无知，经由小知，止于大知，未达至知。" [12]

笺注

[1]《韩世家》：韩襄王九年（前303），秦复取我武遂。▲杨宽：韩襄王十六年（前296）孟尝君合纵，齐合韩、魏之师攻秦入函谷关，迫使秦求和，秦即以河外及武遂归还韩，又以河外及封陵归还魏。■魏襄王五年（前307），甘茂伐韩宜阳，兼取武遂，同年秦武王猝死。魏襄王六年（前306），秦昭王篡位，甘茂归韩武遂（第一次归还），此后获罪，离秦经魏奔齐，复离齐逃魏而死。韩襄王九年（前303，今年）秦复取韩武遂。韩襄王十六年（前296）孟尝君策动第二次合纵伐秦攻入函谷关，武遂又归韩。

[2]《秦本纪》：秦昭王四年（前303），取蒲阪。彗星见。●《魏世家》：魏哀王（当作襄王）十六年（前303），秦拔我蒲反、阳晋（当作晋阳）、封陵。●《六国表》魏哀王（当作襄王）十六年（前303）：秦拔我蒲阪、晋阳、封陵。●《六国表索隐》引《竹书纪年》作"晋阳、封谷"。●《楚

策一》十三（城浑曰）：蒲反、平阳（当作晋阳）相去百里，秦人一夜而袭之，安邑不知。●秦简《编年记》：秦昭王四年（前303）攻封陵。▲杨宽：封谷即封陵，即今山西永济县南封陵渡。蒲阪、晋阳、封陵皆为河西通往河东之重要渡口，为军事上必争之地。■或以晋阳乃赵旧都，改为阳晋，实则魏伐赵，已取晋阳（今山西太原）。阳晋（今山东郓城）为齐地，非赵地。

[3]《齐策四》二：孟尝君为从。公孙弘谓孟尝君曰："君不以使人先观秦王？意者秦王帝王之主也，君恐不得为臣，奚暇从以难之？意者秦王不肖之主也，君从以难之，未晚。"孟尝君曰："善！愿因请公往矣。"公孙弘敬诺，以车十乘之秦。昭王闻之，而欲愧之以辞。公孙弘见，昭王曰："薛公之地，大小几何？"公孙弘对曰："百里。"昭王笑而曰："寡人地数千里，犹未敢以有难也。今孟尝君之地方百里，而因欲难寡人，犹可乎？"公孙弘对曰："孟尝君好人，大王不好人。"昭王曰："孟尝君之好人也，奚如？"公孙弘曰："义不臣乎天子，不友乎诸侯，得志不惭为人主，不得志不肯为人臣，如此者三人。而治可为管、商之师，说义听行，能致其如此者五人。万乘之严主也，辱其使者，退而自刎，必以其血污其衣，如臣者十人。"昭王笑而谢之曰："客胡为若此，寡人直与客论耳！寡人善孟尝君，欲客之必谕寡人之志也！"公孙弘曰："敬诺。"公孙弘可谓不侵矣。昭王，大国也。孟尝，千乘也。立千乘之义而不可凌，可谓足使矣。■去年（前304）楚叛齐联秦，孟尝君策动齐、魏、韩合纵。今年（前303）孟尝君选择先伐秦或先伐楚，故遣公孙弘使秦，随后决定先伐楚、后伐秦，遂有齐、魏、韩合纵伐楚五年（前303—前299），齐、魏、韩合纵伐秦三年（前298—296）。诸家大多误系此策于孟尝君入秦为相（前299）逃归齐国之后、合纵伐秦之前，然而孟尝君既已相秦亲见秦昭王，何必再命公孙弘"先观秦王"？

[4]《楚世家》：楚怀王二十六年（前303），齐、韩、魏为楚负其从亲而合于秦，三国共伐楚。楚使太子（熊横，继位后为顷襄王）入质于秦而请救。秦乃遣客卿通将兵救楚，三国引兵去。●《燕策一》八：苏代北见燕王哙（当作苏秦北见燕昭王）曰：今夫齐王，长主也，而自用也。南攻楚五年（前303—前299），畜积散。西困秦三年（前298—前296），民憔

瘅，士罢弊。●《战国纵横家书》八《苏秦谓齐王章》：薛公相齐也，伐楚（九）[五]岁（前303—前299），攻秦三年（前298—前296）。▲杨宽：楚怀王二十六年即齐宣王十七年（前303），三国共攻楚；楚怀王二十八年即齐湣王立年，大败楚而杀楚将唐眜；至楚怀王三十年即齐湣王二年（前299），孟尝君入秦为相，首尾共五年，齐正合韩、魏用力于攻楚，皆由孟尝君即薛公主其事。盖孟尝君于齐宣王晚年已为齐相而执政矣。■孟尝君于齐宣王八年（前312）取代储子而相齐，至齐湣王七年（前294）罢相归薛而韩珉相齐，相齐十九年。

[5]《赵世家》：赵武灵王二十三年（前303），攻中山。■赵武灵王今年（前303）第四次亲征中山。

[6]《鲁世家》：鲁平公二十年（前303），平公卒，子贾立，是为文公。

[7]《诗经·小雅·雨无正》：浩浩昊天，不骏其德。降丧饥馑，斩伐四国。昊天疾威，弗虑弗图。舍彼有罪，既伏其辜；若此无罪，沦胥以铺。周宗既灭，靡所止戾。正大夫离居，莫知我勩。三事大夫，莫肯夙夜；邦君诸侯，莫肯朝夕。庶曰式臧，覆出为恶。如何昊天，辟言不信？如彼行迈，则靡所臻。凡百君子，各敬尔身。胡不相畏？不畏于天！

[8]《宋世家》：君偃……盛血以韦囊，县而射之，命曰"射天"。●《燕策二》十一：今宋王射天笞地。●《宋卫策》八：宋康王……乃愈自信，欲霸之亟成，故射天笞地，斩社稷而焚灭之，曰："威服天下鬼神！"●《吕览·过理》：宋王筑为蘖帝，鸱夷血，高悬之，射著甲胄，从下，血坠流地。左右皆贺曰："王之贤，过汤、武矣！汤、武胜人，今王胜天，贤不可以加矣！"宋王大说，饮酒。室中有呼万岁者，堂上尽应。堂上已应，堂下尽应。门外庭中闻之，莫敢不应不适也。

[9]《艺文类聚》九一、《太平御览》九一八、《事类赋一八·禽部一》注、《事文类聚后集》四六、《天中记》五八引《庄子》佚文：庄子谓惠子曰："羊沟之鸡，三岁为株，相者视之，则非良鸡也。然而数以胜人者，以狸膏涂其头也。"●《庄子》大全本司马彪注：羊沟，斗鸡之处。株，魁帅。鸡畏狸也。■《庄子·达生》斗鸡章，或即本于此条庄言。曹植后于刘安，先于郭象，得见刘安版大全本，其诗《斗鸡》"愿蒙狸膏助，常得擅此场"，

化用此条。

[10]《艺文类聚》卷九一引《庄子》佚文：妪鸡搏狸。■上条言鸡畏狸，故斗鸡"以狸膏涂其头"。此条言母鸡护雏鸡，虽畏狸而仍搏之。此条与上条，或许同出一篇。参看《白帖》卷二九、《合璧事类别集》卷七六引《庄子》佚文"象见子皮，无远近而泣。"母象爱子象，故见子皮而泣，义同上条母鸡爱雏鸡故畏狸而搏。此条与上条，义本《天运》所引庄言"虎狼仁也，父子相亲"。乃谓动物亦有"仁义"，故"仁义"并非至高价值，"道德"方为至高价值。

[11]《庄子·达生》：纪渻子为王养斗鸡。十日而问："鸡可斗已乎？"曰："未也。方虚骄而恃气。"十日又问。曰："未也。犹应响影。"十日又问。曰："未也。犹疾视而盛气。"十日又问。曰："几矣。鸡虽有鸣者，已无变矣，望之似木鸡矣，其德全矣。异鸡无敢应，见者返走矣。"

[12]参看《庄子·逍遥游》鲲化为鹏，《庄子·齐物论》大知小知，《庄子·大宗师》卜梁倚悟道。

苏秦易主离齐仕燕，庄子丧妻鼓盆而歌

前302年，岁在己未。庄周六十八岁。宋康王三十六年。

周赧王十三年。秦昭王五年。楚怀王二十七年。魏襄王十七年。韩襄王十年。赵武灵王二十四年。齐宣王十八年。燕昭王十年。鲁湣公元年。卫嗣君十三年。中山嗣王八年。

孟尝君问策公孙弘："去年三国合纵伐楚，由于秦军救楚，无功而返。今年再次合纵伐楚，能否阻止秦军再次救楚？"

公孙弘说："主公不妨派人劝说楚怀王：'大王只要遵守前盟，加入合纵伐秦，就能收复汉中故地。孟尝君立刻停止三国合纵伐楚，追随大王发动四国合纵伐秦。'无论楚怀王是否同意，秦昭王必定不再救楚。"

孟尝君采纳其策，命其使楚。

楚怀王畏惧三国再伐，同意加入合纵伐秦。

孟尝君立刻发动齐、魏、韩三国第二次合纵伐楚。

楚怀王被孟尝君欺骗，再次向秦求救。

秦昭王已闻楚怀王同意加入合纵伐秦，拒绝再救。

楚军陷于苦战。[1]

楚太子熊横在秦为质，怒于秦昭王不再救楚，杀死监视质子的秦国大夫，逃回楚国。[2]

秦昭王大怒，准备归还韩、魏故地，加入伐楚，于是邀约魏襄王、韩襄王在临晋关外的应亭会见。

韩襄王问策公叔："秦人一向无信无义，秦昭王又是篡弑之君，更无信义。寡人若去应亭，担心被扣，不去又担心被伐。"

公叔说："大王不如称病，派遣太子韩婴赴会。"[3]

楚怀王担心秦昭王加入三国伐楚，派遣景鲤至韩，拜见太子太师冷向："太子如果入秦，楚怀王将把在楚为质的公子几瑟送回韩国，立为新太子。先生未来仕途堪忧！"

冷向于是劝说太子韩婴："殿下如果入秦，万一被秦扣留，楚怀王就会送归殿下之弟几瑟，逼迫大王立为太子。"

韩婴说："父王之命，不敢有违！"[4]

韩婴陪同魏襄王，同往应亭，会见秦昭王。

秦昭王说："寡人愿与齐、魏、韩和解，加入三国伐楚！"

魏襄王说："三国伐楚，由孟尝君发起。大王的意愿，寡人一定转告孟尝君。"

秦昭王大悦，把蒲坂（今山西永济）归还魏国。怒于韩襄王拒绝赴会，于是不还韩地。

魏襄王、韩婴安全返国。

孟尝君早已决定先合纵伐楚，再合纵伐秦，拒绝秦昭王加入伐楚。[5]

赵武灵王继续置身诸侯乱战之外，命令并非骑兵的将军、步卒、大夫，都穿胡服。又把官吏、大夫、奴隶迁到九原（今内蒙古包头西北），继续训练骑兵，对中山形成合围。[6]

苏秦四十九岁，与三弟苏厉商议："大哥苏代，已经告老归周。我仕齐十年，仅仅五年前为齐使秦一次，把叛秦奔魏的甘茂诱至齐国。刚有起色，没想到甘茂为齐使楚以后，楚怀王叛齐亲秦，齐宣王不再信任甘茂，也不再用我。稷下学宫养士千人，孟尝君养士三千，国强士多。甘茂曾经贵为秦相，能征善战，尚且不受重用，何况你我？你仕齐比我还早，至今沉沦下僚。年华易逝，你我如果继续蹭蹬岁月，永无出头之日，怎能建功立业？"

苏厉问："二哥有何打算？"

苏秦说："前年燕昭王师事郭隗，筑黄金台招贤，天下才士争趋燕国。我犹豫两年，决意离齐往燕。唯有出仕国弱士少的燕国，助其由弱变强，才能建立不世奇功。"

苏厉说："当年大哥曾经乱燕，燕昭王或许会有戒心，很难重用你我兄弟。我愿留在齐国，静候二哥佳音。"[7]

苏秦离齐往燕，晋见燕昭王："鄙人在洛阳乡下种地，得闻大王高义，不揣鄙陋，放下锄头来见大王。路过赵都邯郸，听人称道大王，比我在洛阳所闻更为杰出，于是身负大志，远赴燕国。我观察了大王重用的群臣百官，确信大王远比古之明君更为贤明！"

燕昭王问："先生所言古之明君，德行如何？"

苏秦说："古之明君，拒绝臣子颂其长处，希望臣子言其过错。我愿直言大王过错：大王臣事杀父仇人齐宣王，不谋报仇雪耻，乃是最大过错。群臣不谏大王，均非忠臣。"

燕昭王说："寡人并无伐齐报仇之心。"

苏秦说："大王若无伐齐报仇之心，却不能制止众人怀疑大王有伐齐报仇之心，必定凶险。大王若有伐齐报仇之心，却让众人知晓大王有伐齐报仇之心，必定笨拙。大王谋虑尚未周全，却已泄谋于外，危在旦夕。我在洛阳乡下就已听说，大王亲自刻削甲胄的木板，又命后妃穿连甲胄的皮条，寝卧不安，饮食不甘，时常念叨天命在燕，时刻准备伐齐报仇。不知是否属实？"

燕昭王说："先生既已尽知，寡人不必相瞒。寡人对齐确有深怨积怒，图谋报仇已有两年。齐国是寡人的仇敌，寡人天天都想伐齐，无奈国弱力小。先生若能帮助弱燕战胜强齐，寡人愿把国政托付先生！"

从此以后，苏秦得到燕昭王重用，密谋伐齐报仇之策。[8]

庄子六十八岁，钟离氏病死，棺木置于前庭。

庄子十分悲伤，想起妻子一向爱听自己鼓盆，于是叉开双腿，坐在地上，一边鼓盆，一边唱歌。

惠施前来慰问，见状大加责备："妻子与你同居，为你养大儿子，相伴到老。如今死了，你不哭也就罢了，竟然鼓盆而歌，岂非太过分了？"

庄子说："不是这样。她刚死之时，我怎能独异于人，毫无感伤？然而细察她的初始，原本没有生命；不仅没有生命，而且没有物形；不仅没有物形，而且没有气息。杂于恍惚元气之间，阴阳相交使她有了气息，气息合和使她有了物形，物形渐变使她有了生命，如今她又物化突变而抵达死亡，一如春夏秋冬的四季循环，乃是永恒天道的必然运行。她正安然寝卧在天地之间的巨室，而我竟然嗷嗷大哭，自以为不通达天命，所以停止了哭泣。"[9]

惠施问："顺道循德的至人，可以没有众人之情吗？"

庄子说："可以。"

惠施问："既然没有众人之情，为何称之为人？"

庄子反问："天道赋予至人以人的容貌身形，为何不可称之为人？"

惠施又问："既然称之为人，怎能没有众人之情？"

庄子说："你所言之情，并非我所言之情。至人没有众人之情，就是不以人道好恶内伤其身，仅仅因任天道自然，不求增益其生。"

惠施问："不求增益其生，如何保有其身？"

庄子说："天道赋予至人以人的容貌身形，所以至人不以人道好恶内伤其身。如今你外驰你的心神，劳顿你的精力，背靠大树而与人争辩，身据梧桐而德心昏睡。天道赋予你大才，乃是选中你来明道，你却以坚白之辩闻名于世。"[10]

惠施走后，蔺且问："至人应该如何对待丧事？"

庄子说："发自内心真德，无所增减伪饰，不做世俗表演。世俗表演，共有两种：一是表演出来的俗情，超过内心真情；一是表演出来的俗情，不及内心真情。"

蔺且说："夫子说过前一种表演。商丘崇门的人们，因为羡慕郑缓扮演孝子而富贵，于是父母死后纷纷扮演孝子，很多人哀毁过度而死。曹商为父守丧六年，也是扮演孝子。后一种表演，没听夫子说过。"

庄子说："后一种表演，确实较为少见。当年鲁国的公父文伯死了，其母早上为丈夫公父穆伯而哭，晚上为儿子公父文伯而哭，又告诫公父文伯的妻妾：'君子重色轻友，死后妻妾就会痛哭。君子重友轻色，死后朋友就会痛哭。丧礼之上，你们不要捶胸嚎哭，悲伤流泪，我儿子就能赢得重友轻色的美名，不会留下重色轻友的污名。'孔子大为嘉许：'这个妇人不仅深知礼仪，哭泣能够分清上下先后，而且很有智慧，能为儿子赢得身后美名！'"

蔺且说："公父文伯如果没有美德，其母通过刻意安排，为其博得身后美名，岂非欺世盗名？丈夫已死多年，儿子刚死不久，竟然刻意安排不同时间表演哭泣，岂非丧德悖情？如此欺世盗名、丧德悖情，孔子竟然大为嘉许！"

庄子说："世人出于世俗利益，大多盲从伪道俗见，于是扭曲真德而迎合观瞻，掩饰真情而刻意表演，丧德悖情而欺世盗名！惠施虽是墨子之徒，而且身负大才，然而同样深中伪道俗见之毒，看见我鼓盆而歌，立刻妄加指责，不知钟离氏最爱听我鼓盆吹箫。"

言毕吹起排箫，其声呜呜，弥漫天地之间。[11]

笺注

[1]《秦策四》一：秦取楚汉中，再战于蓝田，大败楚军。韩、魏闻楚之困，乃南袭至邓，楚王引归（前312）。后三国谋攻楚（前303—299），恐秦之救也，或说薛公曰："可发使告楚曰：'今三国之兵且去楚，楚能应而共攻秦，虽蓝田岂难得哉！况于楚之故地？'楚疑于秦之未必救己也，而今

三国之辞去，则楚之应之也必劝，是楚与三国谋出秦兵矣。秦为知之，必不救也。三国疾攻楚，楚必走秦以急；秦愈不敢出，则是我离秦而攻楚也，兵必有功。"薛公曰："善。"遂发重使之楚，楚之应之果劝。于是三国并力攻楚，楚果告急于秦，秦遂不敢出兵，大（臣）[胜]有功（前302）。■去年（前303）三国伐楚第一年，秦救楚。今年（前302）三国伐楚第二年，秦不救楚。

[2]《楚世家》：楚怀王二十七年（前302），秦大夫有私与楚太子斗，楚太子杀之而亡归。■楚怀王太子熊横，后为楚顷襄王。

[3]、[5]《秦本纪》：秦昭王五年（前302），魏王来朝应亭，复与魏蒲阪。●《六国表》秦昭王五年（前302）：魏王来朝。●《魏世家》：魏哀王（当作襄王）十七年（前302），与秦会临晋。秦予我蒲反。●秦简《编年记》：秦昭王五年（前302），归蒲反。●《韩世家》：韩襄王十年（前302），太子婴朝秦而归。▲杨宽：韩太子婴朝秦，盖与魏襄王同来。《资治通鉴》记此事作"秦王、魏王、韩太子婴会于临晋，韩太子至咸阳而归"。当有所据。

[4]《韩策二》十九：楚令景鲤入韩，韩且内伯婴（太子婴）于秦，景鲤患之。冷向谓伯婴曰："太子入秦，秦必留太子而合楚，以复几瑟也，是太子反弃之。"■今年（前302）是孟尝君发动齐、魏、韩合纵伐楚第二年。秦邀魏襄王、韩襄王会于应亭，韩襄王不往而命韩太子婴赴会。楚怀王恐秦加入伐楚，故命楚臣景鲤游说太师冷向，使之阻止韩太子婴赴会。冷向不欲太子入秦被扣，以免楚送归在楚为质的韩公子几瑟立为韩太子。诸家不明于此，遂误以为此策是韩婴与几瑟、韩咎争为韩太子。太子韩婴今年代父赴会应亭，秦未扣之，当年即归，两年后（前300）死于韩，楚遂二围雍氏而纳几瑟，秦救韩而杀楚将景翠。【附考】《韩策三》一：或谓韩公仲曰："夫孪子之相似者，唯其母知之而已；利害之相似者，唯智者知之而已。今公国，其利害之相似，正如孪子之相似也。得以其道为之，则主尊而身安；不得其道，则主卑而身危。今秦、魏之和成，而非公适束之，则韩必谋矣。若韩随魏以善秦，是为魏从也，则韩轻一度，主卑矣。秦已善韩，必将欲置其所爱信者，令用事于韩以完之，是公危矣。今公与安成君为秦、魏之

和，成固为福，不成亦为福。秦、魏之和成，而公适束之，是韩为秦、魏之门户也，是韩重而主尊矣。安成君东重于魏，而西贵于秦，操右契而为公责德于秦、魏之主，裂地而为诸侯，公之事也。若夫安韩、魏而终身相，公之下服，此主尊而身安矣。秦、魏不终相听者也。齐怒于不得魏，必欲善韩以塞魏；魏不听秦，必务善韩以备秦，是公择布而割也。秦、魏和，则两国德公；不和，则两国争事公。所谓成为福，不成亦为福者也。愿公之无疑也。"■据《韩策三》一，则秦仅约魏襄王赴会应亭，未约韩襄王赴会。韩相公仲朋恐秦、魏再次合攻韩，故欲加入秦、魏之会，遂命韩太子婴随魏襄王赴会应亭。

[6]《水经·河水注》引《竹书纪年》：今王（魏襄王）十七年（前302），邯郸命吏大夫奴迁于九原，又命将军、大夫、適（通嫡）子、戍卒皆貉服矣。▲杨宽：貉服即胡服。《赵世家》称武灵王二十六年（前300）复攻中山，攘地北至燕代，古至云中、九原。据此则武灵王二十四年（前302）已攘地至云中、九原矣。■《赵世家》赵武灵王二十四年（前302）未记事。"適子"即"嫡子"，嫡子赵何胡服，事在明年（前301），详见下章。

[7]《燕世家》：于是昭王为隗改筑宫而师事之。乐毅自魏往，邹衍自齐往，剧辛自赵往，士争趋燕。●《燕世家》：剧辛故居赵，与庞煖善，已而亡走燕。●《燕策一》十二：于是昭王为隗筑宫而师之。乐毅自魏往，邹衍自齐往，剧辛自赵往，士争凑燕。■苏秦离齐仕燕，早于乐毅、邹衍、剧辛。司马迁误将苏秦纪年提前三十年至燕文公、燕易王时，故不言苏秦自齐往燕仕于燕昭王。

[8]《苏秦列传》：苏秦之弟曰代，代弟苏厉，见兄遂，亦皆学。及苏秦死，代乃求见燕王，欲袭故事。曰："臣，东周之鄙人也。窃闻大王义甚高，鄙人不敏，释锄耨而干大王。至于邯郸，所见者绌于所闻于东周，臣窃负其志。及至燕廷，观王之群臣下吏，王，天下之明王也。"燕王曰："子所谓明王者何如也？"对曰："臣闻明王务闻其过，不欲闻其善，臣请谒王之过。夫齐、赵者，燕之仇雠也；楚、魏者，燕之援国也。今王奉仇雠以伐援国，非所以利燕也。王自虑之，此则计过，无以闻者，非忠臣也。"王

曰:"夫齐者固寡人之仇,所欲伐也,直患国敝力不足也。子能以燕伐齐,则寡人举国委子。"对曰:"凡天下战国七,燕处弱焉。独战则不能,有所附则无不重。南附楚,楚重;西附秦,秦重;中附韩、魏,韩、魏重。且苟所附之国重,此必使王重矣。今夫齐,长主而自用也。南攻楚五年,畜聚竭;西困秦三年,士卒罢敝;北与燕人战,覆三军,得二将。然而以其余兵南面举五千乘之大宋,而包十二诸侯。此其君欲得,其民力竭,恶足取乎!且臣闻之,数战则民劳,久师则兵敝矣。"燕王曰:"吾闻齐有清济、浊河可以为固,长城、钜防足以为塞,诚有之乎?"对曰:"天时不与,虽有清济、浊河,恶足以为固!民力罢敝,虽有长城、钜防,恶足以为塞!且异日济西不师,所以备赵也;河北不师,所以备燕也。今济西河北尽已役矣,封内敝矣。夫骄君必好利,而亡国之臣必贪于财。王诚能无羞从子母弟以为质,宝珠玉帛以事左右,彼将有德燕而轻亡宋,则齐可亡已。"燕王曰:"吾终以子受命于天矣。"●《燕策一》八:苏秦死,其弟苏代欲继之(误,苏代为苏秦之兄),乃北见燕王哙(当作燕昭王)曰:"臣东周之鄙人也,窃闻王义甚高甚顺,鄙人不敏,窃释锄耨而干大王,至于邯郸。所闻于邯郸者,又高于所闻东周。臣窃负其志,乃至燕廷。观王之群臣下吏,大王天下之明主也。"王曰:"子之所谓天下之明主者,何如者也?"对曰:"臣闻之:明主者,务闻其过,不欲闻其善。臣请谒王之过:夫齐、赵者,王之仇雠也;楚、魏者,王之援国也。今王奉仇雠以伐援国,非所以利燕也。王自虑此,则计过。无以谏之,非忠臣也。"王曰:"寡人之于齐、赵也,非所敢欲伐也。"曰:"夫无谋人之心,而令人疑之,殆;有谋人之心,而令人知之,拙;谋未发而闻于外,则危。今臣闻王局处不安,食饮不甘,思念报齐。身自削甲扎,日有大数矣。妻自组甲絣,日有大数矣。有之乎?"王曰:"子闻之,寡人不敢隐也。我有深怨积怒于齐,而欲报之二年矣。齐者,我仇国也,故寡人之所欲伐也,直患国弊力不足矣。子能以燕敌齐,则寡人奉国而委之于子矣。"■东周三苏兄弟,苏代为长,苏秦次之,苏厉又次之。《苏秦列传索隐》曰"苏秦字季子",亦证苏秦非长兄。《史记》、《战国策》均将苏秦纪年提前三十年至燕易王时,故误以苏秦为长,苏代次之,苏厉又次之。燕易王时,燕、齐并非敌国,燕易王不可能说"夫齐者固寡人之仇"。苏代前说燕王哙禅位子之而乱燕，致燕亡国，必无求仕燕昭王之理。策文燕昭王曰"欲报之二年矣"，证明燕昭王八年（前304）筑黄金台招贤，燕昭王十年（前302）苏秦离齐往燕。燕昭王十一年（前301）齐宣王死，苏秦为燕使齐吊丧，直至齐湣王十七年（前284）乐毅率五国联军破齐，为燕反间于齐十八年（前301—前284）。

[9]《庄子·至乐》：庄子妻死，惠子吊之。庄子则方箕踞，鼓盆而歌。惠子曰："与人居，长子老身，死不哭，亦足矣。又鼓盆而歌，不亦甚乎?"庄子曰："不然。是其始死也，我独何能无慨? 然察其始，而本无生；非徒无生也，而本无形；非徒无形也，而本无气；杂乎恍惚之间，变而有气，气变而有形，形变而有生；今又变而之死，是相与为春秋冬夏四时行也。人且偃然寝于巨室，而我噭噭然随而哭之，自以为不通乎命，故止也。"● 《廉颇蔺相如列传》：秦王使使者告赵王，欲与王为好会于西河外渑池。赵王畏秦，欲毋行。廉颇、蔺相如计曰："王不行，示赵弱且怯也。"赵王遂行，相如从。廉颇送至境，与王诀曰："王行，度道里会遇之礼毕，还，不过三十日。三十日不还，则请立太子为王。以绝秦望。"王许之，遂与秦王会渑池。秦王饮酒酣，曰："寡人窃闻赵王好音，请奏瑟。"赵王鼓瑟。秦御史前书曰："某年月日，秦王与赵王会饮，令赵王鼓瑟。"蔺相如前曰："赵王窃闻秦王善为秦声，请奏盆缻秦王，以相娱乐。"秦王怒，不许。于是相如前进缻，因跪请秦王。秦王不肯击缻。相如曰："五步之内，相如请得以颈血溅大王矣!"左右欲刃相如，相如张目叱之，左右皆靡。于是秦王不怿，为一击缻。相如顾召赵御史书曰："某年月日，秦王为赵王击缻。"■ 庄子所鼓之盆，即蔺相如命秦王所击盆缻，又名缶。

[10]《庄子·德充符》：惠子谓庄子曰："人固无情乎?"庄子曰："然。"惠子曰："人而无情，何以谓之人?"庄子曰："道与之貌，天与之形，恶得不谓之人?"惠子曰："既谓之人，恶得无情?"庄子曰："是非吾所谓情也。吾所谓无情者，言人之不以好恶内伤其身，常因自然而不益生也。"惠子曰："不益生，何以有其身?"庄子曰："道与之貌，天与之形，无以好恶内伤其身。今子外乎子之神，劳乎子之精，倚树而吟，据梧而瞑。天选子之形，子以坚白鸣。"

[11]《国语·鲁语下》：公父文伯卒，其母戒其妾曰："吾闻之：好内，女死之；好外，士死之。今吾子夭死，吾恶其以好内闻也。二三妇之辱共先者祀，请无瘠色，无洵涕，无搯膺，无忧容，有降服，无加服。从礼而静，是昭吾子也。"仲尼闻之曰："女知莫如妇，男知莫如夫。公父氏之妇智也夫！欲明其子之令德。"公父文伯之母朝哭穆伯，而暮哭文伯。仲尼闻之曰："季氏之妇可谓知礼矣。爱而无私，上下有章。"

四国伐楚宋取淮北，赵破中山苏秦使齐

前301年，岁在庚申。庄周六十九岁。宋康王三十七年。

周赧王十四年。秦昭王六年。楚怀王二十八年。魏襄王十八年。韩襄王十一年。赵武灵王二十五年。齐宣王十九年（卒）。燕昭王十一年。鲁滂公二年。卫嗣君十四年。中山嗣王九年（奔齐卒）。

蜀侯通之子蜀侯辉，诛杀蜀郡太守，叛秦自立。

秦昭王命令司马错入蜀平叛[1]，又命术视领兵伐韩，惩罚韩襄王去年拒绝赴会。

术视迅速攻取穰邑（今河南邓州北）。[2]

韩襄王向孟尝君求救。

公孙弘献策孟尝君："秦昭王伐韩，表面上是惩罚韩襄王去年拒绝赴会，其实是逼迫主公同意秦国加入伐楚。主公不如暂时与秦和解，允许秦昭王加入伐楚。这样既能破坏秦、楚之盟，又能消耗秦国实力，有利于伐楚以后伐秦。"

孟尝君采纳其策，邀请秦昭王加入伐楚。

秦昭王大悦，命令术视停止伐韩，移师伐楚。[3]

孟尝君随即发动第三次合纵伐楚。

齐将匡章，担任齐、魏、韩三国联军主帅。

魏将公孙喜，韩将暴鸢，各率本国之军。[4]

齐、魏、韩、秦四国大军，分为两路，大举伐楚。

楚怀王大恐，派出两路大军迎敌。

昭雎率领十万楚军，开赴汉中，迎击术视的秦军，先在楚地重丘（今河南新野）小胜。[5]

秦昭王又派庶长奂增援术视，在楚地重丘大败楚军，斩首二万[6]，进围楚邑新城（今河南襄城）。[7]

同时按照秦、宋盟约，遣使至宋，要求宋康王加入伐楚。

唐昧率领二十万楚军，开赴沘水（今河南泌阳西），迎击齐、魏、韩三国联军。

连降大雨，沘水暴涨。

三国联军每次乘舟渡河，均被对岸楚军的箭雨逼退。

隔岸对峙六个月，三国联军未能渡河。

匡章派出密探，询问楚民："何处水浅，何处水深？"

楚民说："楚军重兵防守之处，水浅。楚军防守薄弱之处，水深。"

匡章集中兵力，猛攻楚军重兵防守之处，一举突破楚军防线，涉过沘水，攻入方城，攻取宛邑（今河南南阳）、叶县（今河南叶县）。追击楚军直至陉山（今河南漯河东）、垂沙（今河南唐河），杀死唐昧。[8]

宛邑、叶县与齐不相邻，孟尝君全部分给韩、魏。

秦昭王约宋伐楚，宋康王大喜，趁着四国伐楚大胜，命令田不礼伐楚，攻取了淮北。[9]

楚国大盗庄蹻，楚威王时开始叛乱，至今未被剿灭，趁乱攻入郢都，大肆掠劫。

楚国太子熊横的太师，死于战乱，葬于湖北荆门郭店。墓中葬入一只漆器耳杯，上刻"东宫之师"四字。墓中另有《老子》、《太一生水》等道家著作，《唐虞之道》、《忠信之道》等儒家著作。1993年出土。[10]

楚怀王继十一年前伐秦大败之后，再次惨败。

楚国外战内乱，四分五裂，面临亡国。[11]

正在此时，孟尝君命令匡章停止伐楚。

齐宣王田辟疆死了。三十三岁即位，在位十九年（前319—前301），终年五十一岁（前351—前301）。

太子田地继位，即齐湣王。

孟尝君四十五岁，连任齐相。

诸侯遣使至齐，吊唁齐宣王，晋见齐湣王，拜见孟尝君。[12]

苏秦献策燕昭王："大王即位十一年，尽管与齐休兵，但是图谋伐齐报仇，不肯臣服齐宣王。大王心志外露，弱燕怎能战胜强齐？当年吴王夫差破越，越王勾践采用范蠡之策，佯装臣服夫差，卧薪尝胆，促使夫差放心用兵中原，终于灭吴报仇。如今齐宣王已死，齐湣王新立，正是大王效法勾践的良机。大王不如佯装臣服齐湣王，促使齐湣王放心用兵中原，才能战胜强齐。我愿为大王使齐吊贺，长驻临淄，离间齐国君臣，设法弱齐强燕，创造伐齐良机！"

燕昭王大喜，即命苏秦使齐。[13]

苏秦五十岁，为燕使齐。先去拜见稷下祭酒淳于髡："有人在市场卖千里马，三天无人光顾。他去拜见伯乐：'我有一匹千里马，无人赏识。恳请先生一顾，敬献马价一成。'伯乐于是前往市场，路过此马，返身细看，离去之时，假装恋恋不舍，一再回头。众人立刻争购此马，卖者获利十倍，伯乐也得重谢。如今我为燕使齐，永结燕、齐之好，价值胜过千里马。恳请先生一顾，敬献白璧一双。"

淳于髡笑纳白璧，向齐湣王进言："苏代、苏秦、苏厉三兄弟，原先均仕于齐，如今苏代告老归周，苏厉仍然仕齐。苏秦曾奉先王之命使秦，诱使甘茂叛秦仕齐。先王又命甘茂使楚，约楚共同伐秦。后来楚怀王叛齐亲秦，先王疑心甘茂，冷落苏秦。苏秦去年离齐仕燕，今年说服燕昭王臣事大王，永结燕、齐之好。大王与燕结盟，再无后顾之忧，必能大破楚、秦，称霸天下。"

齐湣王听从其言，召见苏秦，大为赏识，欣然缔结燕、齐之盟。

苏秦从此长驻临淄，开始了十八年反间生涯。[14]

赵武灵王趁着四国重创楚国，第五次亲征中山。

赵国骑兵长驱直入，一举攻破中山国都灵寿（今河北平山）。

不料连降大雨，赵军粮草运输中断。

正在此时，赵武灵王得知王后孟姚病危，被迫休兵，急归邯郸。

孟姚临死泣告："大王把我视为强国吉兆，果然大破中山。大王若能立赵何为太子，必能伐灭中山，击破暴秦。我将死而无憾！"

赵武灵王大恸，听从孟姚遗愿，废黜二十岁的太子赵章，改立九岁的赵何为太子。

乐毅谏阻："大王先立韩宣王之女为王后，生子赵章，立为太子。后来废黜韩氏，改立孟姚为王后，生子赵何、赵胜、赵豹。废立王后，乃是大王私事，我不敢谏。但是废立太子，关乎国本，并非大王私事。太子赵章追随大王五伐中山，执掌中军，屡建战功，百官拥戴，将士效命，无罪不应废黜。赵何年幼无功，不宜立为太子！"

赵武灵王不听，任命番吾（今河北磁县）孝子周袑为太子太傅，身穿胡服，辅佐太子赵何。

至此，赵国男子无不胡服。[15]

中山嗣王魏妜蚤逃离中山，出奔齐国而死，在位九年（前309—前301）。[16]

司马熹趁着赵武灵王休兵，纠集中山残部，收复了灵寿。

太子魏尚继位，即中山后王，魏属中山第五代国君。

司马熹凭借太王太后阴姬支持，三相中山。[17]

太王太妃江姬之子魏牟，时年二十岁。中山嗣王继位以后，逐渐疏远庶弟魏牟。如今中山后王继位，更加冷落叔父魏牟。

魏襄王追随孟尝君连年伐楚，又不敢与急速崛起的赵国为敌，听任中山自生自灭。

庄子六十九岁，惠施八十岁，仍在蒙邑东门比邻而居。

惠施说："宋康王利令智昏，竟然加入伐楚，攻取淮北。楚怀王一旦恢复元气，必将报复宋国，宋民又将大祸临头。"

庄子说："泰道退隐，否术猖獗，天下都将大祸临头。"

惠施问："怎样才能避免天下大祸临头？"

庄子说："唯有君主、臣民全都遵循泰道，天下才能避免人祸。"

惠施问："假如君主不愿遵循泰道，而是奉行否术，臣民如何避免被否术伤害？"

庄子说："君主奉行否术，臣民避免被否术伤害的方法，大多仍是奉行否术，很少遵循泰道。然而奉行刚强胜柔弱的否术，只能侥幸得逞一时，最终仍将趋死近刑。唯有遵循柔弱胜刚强的泰道，才能立于不败之地，真正做到逃刑免患。"

惠施说："为何大多数臣民不肯遵循泰道，而是奉行否术？"

庄子说："我给你打个比方吧！君主奉行否术，如同食肉的猛虎。臣民臣服君主，如同食草的绵羊。为了逃避被虎所食，食草的绵羊大多愿意丧失真德，习染伪德，争做食肉的恶狼。然而仅有少数绵羊能够成为恶狼，充当猛虎的帮凶，虽然可以食羊，仍然不免被虎所食。大多数绵羊欲做恶狼而不得，多被虎狼所食，仍然至死渴望做狼，不愿做羊。刚强胜柔弱的否术，于是席卷天下。"

惠施问："绵羊除了成为恶狼，如何逃避被虎狼所食的厄运？"

庄子说："食草的绵羊，不应丧失真德，不应习染伪德，不应争做食肉的恶狼，而应永葆真德，顺应天道，自强不息，变成食素的大象。恶狼充当猛虎的帮凶，仍然不免被虎所食。大象拒绝成为猛虎的帮凶，却比恶狼更能免于被虎所食。因为食素的大象，遵循大象无形的泰道，已经成了柔弱胜刚强的素王！"

惠施感叹："我终于明白了孔子晚年为何会说'朝闻道，夕死可矣'。可惜我一生误入歧途，比孔子闻道更晚！"

庄子说："闻道不论早晚，死前闻道，至少可以不做糊涂鬼！"

笺注

[1]、[6]《秦本纪》：秦昭王六年（前301），蜀侯辉反，司马错定蜀。庶长奂伐楚，斩首二万。■定蜀、伐楚之间，伐韩取穰，秦史未记，《韩世家》记之，见下注。

[2]《韩世家》：韩襄王十一年（前301），秦伐我，取穰。与秦伐楚，败楚将唐昧。■三年前（前304）楚怀王叛齐联秦，于是齐相孟尝君策动齐、韩、魏三国合纵伐楚。前年（前303）三国合纵伐楚首年，秦救楚。去年（前302）三国合纵伐楚次年，秦不救楚，楚太子横杀秦大夫而秦昭王怒，约魏、韩会于应亭，要求加入伐楚，韩襄王命太子赴会，孟尝君不许秦加入伐楚。今年（前301）三国合纵伐楚第三年，秦遂伐韩，惩罚韩襄王不赴会，逼迫孟尝君同意秦加入伐楚。孟尝君被迫同意秦加入伐楚，秦遂释韩伐楚。

[3]、[5]《楚策二》三：术视伐楚（前301），楚令昭鼠以十万军汉中，昭雎胜秦于重丘。●《楚策二》四：四国（齐、魏、韩、秦）伐楚（前301），楚令昭雎将以距秦。●《太平御览》四六〇引《战国策》佚文：秦有上群午者，重丘之战，谓秦王曰："必无与楚战。"王曰："何也？"对曰："南方火也，西方金也，金之不胜火亦必矣。"秦王不听，其战不胜。▲杨宽：可能重丘之战楚先胜而后败，此事不见于《史记》。

[4]《秦本纪》：秦昭王八年（当作六年，前301）……齐使章子，魏使公孙喜，韩使暴鸢，共攻楚方城，取唐昧。▲杨宽：公孙喜与公孙弘为昆仲。《韩非子·说林下》云"公孙弘断发而为越王骑。公孙喜使人绝之

曰：'吾不与子为昆弟矣。'公孙弘曰：'我断发，子断颈而为人用兵，我将谓之何？'"公孙喜为魏将，是年从齐将匡章共攻楚得胜。其后八年，即韩釐王三年，公孙喜率魏、韩、西周之军与秦战，在伊阙为秦将白起大败而被擒杀。伊阙在王城南，即所谓"周南之战"。■魏国公孙三兄弟。公孙衍为长，字犀首。公孙喜次之，字犀武。公孙弘又次之，其字不详（或字犀文）。

[7]秦简《编年记》：秦昭王六年（前301），攻新城。●《秦本纪正义》引《括地志》：许州襄城县，即古新城县也。▲杨宽：新城即襄城。■《编年记》未记司马错入蜀平叛，未记术视伐韩取穰，未记术视、庶长奂伐楚重丘，仅记秦伐楚新城。魏邑襄城前被楚国攻取，改名新城。

[8]《楚世家》：楚怀王二十八年（前301），秦乃与齐、韩、魏共攻楚，杀楚将唐眜，取我重丘而去。●《魏世家》：魏哀王（当作襄王）十八年（前301），与秦伐楚。●《田世家》：齐湣王二十三年（当作齐宣王十九年，前301），与秦击败楚于重丘。●《吕览·处方》：齐令章子将，而与韩、魏攻荆。荆令唐篾将而拒之。军相当，六月而不战。齐令周最趣章子急战，其辞甚刻。章子对周最曰："杀之免之，残其家，王能得此于臣。不可以战而战，可以战而不战，王不能得此于臣。"与荆人夹沘水而军。章子令人视水可绝者，荆人射之，水不可得近。有刍水旁者，告齐候者曰："水浅深易知。荆人所盛守，尽其浅者也；所简守，皆其深者也。"候者载刍者与见章子，章子甚喜，因练卒以夜奄荆人之所盛守，果杀唐篾。●《楚策三》一（苏子谓楚王）：垂沙之事，死者以千数。▲梁玉绳：眜、蔑古通，字从目从未，各本讹作眛。▲杨宽：重丘在秦、楚两国之间。方城、陉山、沘水皆在南阳郡，垂沙当即沘水旁地名。……是年秦庶长奂伐楚，斩首二万而取得重丘，同年齐、韩、魏三国联军大破楚于垂沙，杀楚将唐眜，《史记》误混为一事。■唐篾即唐眜、唐眛。唐眜为齐、魏、韩联军所杀，非秦所杀。周最此时离开西周国仕齐。因楚立姬咎为西周新太子，故周最仇楚。今年（前301）齐宣王死后，周最又归西周国。

[9]《宋世家》：君偃……南败楚，取地三百里。■杨宽谓《宋世家》夸诞不实，实则三百里乃综合攻魏、攻齐、攻楚，非仅指淮北。●《宋卫

策》八：宋康王……灭滕伐薛，取淮北之地。■前后有误。宋康王三十七年（前299）孟尝君发动齐、魏、韩、秦四国合纵伐楚，宋康王乘机攻取楚之淮北。宋康王四十二年（前296）孟尝君发动齐、魏、韩、赵、宋五国合纵伐秦，宋康王乘机灭滕。宋康王四十五年（前293）齐湣王罢免孟尝君、楚怀王伐薛，宋康王乘机伐薛取五城。●《战国纵横家书》八《苏秦谓齐王章》一：薛公相（脊）[齊]也，伐楚（九）[五]岁，攻秦三年，欲以残宋，取（进）[淮]北；宋不残，（进）[淮]北不得。■苏秦所言"伐楚攻秦，欲以残宋取淮北"，是游说齐湣王伐宋的虚拟意图。孟尝君合纵伐楚五年（前303—前299）、合纵伐秦三年（前298—296）之真实意图，与"欲以残宋取淮北"无关。

[10] 1993年湖北荆门郭店一号墓，出土战国中期《老子》竹简甲、乙、丙三种摘抄本，为目前所知《老子》最古抄本。同墓出土老子后学所撰阐释《老子》的《太一生水》，详见拙著《老子奥义》。

[11]《荀子·议兵》（《淮南子·兵略训》、《韩诗外传》卷四、《商君书·弱民》、《史记·礼书》略同）：齐之田单，楚之庄蹻，秦之卫鞅，燕之缪蚑，是皆世俗所谓善用兵者也。……楚人鲛革犀兕以为甲，鞈如金石；宛钜铁釶，惨如蜂虿，轻利僄速，卒如飘风；然而兵殆于垂沙，唐蔑死，庄蹻起，楚分而为三四。●《荀子·议兵》杨倞注：庄蹻初为盗，而后为楚将。●《韩非子·喻老》：庄蹻为盗于境内，而吏不能禁。●《吕览·介立》：庄蹻之暴郢也。▲杨宽：庄蹻当为楚之"善用兵"名将，与田单、乐毅齐名者。庄蹻之所以被称为"盗"，即因彼"暴郢"，又因彼在垂沙之役唐眜死后，"起"而使"楚分而为三四"。■庄蹻为盗是实，名将不得谓之"吏不能禁"。旧说庄蹻于楚顷襄王时被招安，任楚将，入滇灭夜郎，因归路被秦兵所阻，率部在滇称王。《后汉书·四夷传》之入滇楚将庄豪，旧多视为庄蹻，以为豪、蹻声近通用，未必是。"其后为楚将"，或谓庄蹻后裔庄豪为楚将。【附考】《秦策四》一：秦取楚汉中（前313），再战于蓝田（前312），大败楚军。韩、魏闻楚之困，乃南袭至邓，楚王引归（前312）。后三国谋攻楚（前303），恐秦之救也，或说薛公曰："可发使告楚曰：'今三国之兵且去楚，楚能应而共攻秦，虽蓝田岂难得哉！况于楚之故地？'楚疑

于秦之未必救已也，而今三国之辞去，则楚之应之也必劝，是楚与三国谋出秦兵矣。秦为知之，必不救也。三国疾攻楚，楚必走秦以急；秦愈不敢出，则是我离秦而攻楚也，兵必有功。"薛公曰："善。"遂发重使之楚，楚之应之果劝（前302）。于是三国并力攻楚，楚果告急于秦，秦遂不敢出兵，大胜有功（前301）。■此言"秦愈不敢出"，不确。实则孟尝君合纵伐楚五年，前303三国伐楚，楚太子横入秦为质求救，秦伐韩、魏而救楚，三国引兵去。前302太子横杀秦大夫而亡归楚，秦怒，即此策所言孟尝君离间之功，秦、楚遂失和。前301三国伐楚胜于垂沙，杀死唐昧。秦亦攻楚重丘，斩首二万。

[12]《田世家》：齐宣王十九年（前301），宣王卒，子湣王地立。▲杨宽：《纪年》亦同《史记》，以齐宣王十九年卒，《田世家》、《六国表》虽误其年世，而其在位年数固不误，《索隐》因而未尝引《纪年》以记异。■杨说是。

[13]《苏秦列传》：苏秦……乃说燕（昭）王曰："臣居燕不能使燕重，而在齐则燕必重。"燕王曰："唯先生之所为。"于是苏秦伴为得罪于燕而亡走齐，齐宣王（当作齐湣王）以为客卿。齐宣王卒，湣王即位，说湣王厚葬以明孝，高宫室大苑囿以明得意，欲破敝齐而为燕。■苏秦讹史谓苏秦仕于燕文公、燕易王，则必不能经历燕王哙、燕王子之、燕昭王而及于齐湣王。齐宣王以为客卿之苏秦，非为燕使齐者，乃自周仕齐者。五年前（前306）曾为齐使秦贺秦昭王即位，又引甘茂至齐。此后不用苏秦，故去年（前302）苏秦离齐仕燕。今年（前301）齐宣王死，苏秦乃为燕使齐而开启十八年反间（前301—前317）生涯。齐宣王不喜自周仕齐之客卿苏秦，故未重用。齐湣王甚喜自燕使齐之燕臣苏秦，故留其在齐。齐宣王、齐湣王性格大异，喜好不同，盖为其时盛传，故韩非据此而作寓言，谓齐宣王喜听三百人吹竽，齐湣王喜听一人吹竽。

[14]《燕策二》三：苏代（当作苏秦）为燕说齐，未见齐王，先说淳于髡曰："人有卖骏马者，比三旦立市，人莫之知。往见伯乐曰：'臣有骏马，欲卖之，比三旦立于市，人莫与言。愿子还而视之，去而顾之，臣请献一朝之贾。'伯乐乃还而视之，去而顾之，一旦而马价十倍。今臣欲以骏马见

于王，莫为臣先后者，足下有意为臣伯乐乎？臣请献白璧一双，黄金万镒，以为马食。"淳于髡曰："谨闻命矣。"入言之王而见之，齐王大说苏子。■齐国由弱变强，始于青年淳于髡讽谏齐威王三年不鸣。齐国由强转弱，始于老年淳于髡向齐湣王引荐为燕使齐之苏秦。

[15]《六国表》赵武灵王二十五年（前301）：赵攻中山，惠后卒。●《赵世家》：赵武灵王二十五年（前301），惠后卒。使周袑胡服傅王子何。●《列女传》卷七《孽嬖传》：赵灵吴女者，号孟姚，吴广之女，赵武灵王之后也。初，武灵王娶韩王女为夫人，立以为后，生子章，章为太子。王尝梦见处女，鼓瑟而歌曰："美人荧荧兮，颜若苕之荣，命兮命兮，逢天时而生，曾莫我嬴嬴。"异日，王饮酒乐，数言所梦，想见其人。吴广闻之，乃因后而入其女孟姚，甚有色焉，王爱幸之，不能离数年，生子何。孟姚数微言后有淫意，太子无慈孝之行，王乃废后与太子，而立孟姚为惠后，以何为王，是为惠文王。●《赵策二》五：王立周绍（即周袑）为傅，曰："寡人始行县，过番吾，当子为子之时，践石以上者，皆道子之孝。故寡人问子以璧，遗子以酒食，而求见子。子谒病而辞。人有言子者曰：'父之孝子，君之忠臣也。'故寡人以子之知虑，为辩足以道人，危足以持难，忠可以写意，信可以远期。《诗》云：'服难以勇，治乱以知，事之计也。立傅以行，教少以学，义之经也。循计之事，失而累；访议之行，穷而不忧。'故寡人欲子之胡服以傅王子。"周绍曰："王失论矣，非贱臣所敢任也。"王曰："选子莫若父，论臣莫若君。君，寡人也。"周绍曰："立傅之道六。"王曰："六者何也？"周绍曰："知虑不躁达于变，身行宽惠达于礼，威严不足以易于位，重利不足以变其心，恭于教而不快，和于下而不危。六者傅之才，而臣无一焉。隐中不竭，臣之罪也。傅命仆官，以烦有司，吏之耻也。王请更论。"王曰："知此六者，所以使子。"周绍曰："乃国未通于王胡服。虽然，臣，王之臣也，而王重命之，臣故不听令乎？"再拜，赐胡服。王曰："寡人以王子为子任，欲子之厚爱之，无所见丑。御道之以行义，勿令溺苦于学。事君者，顺其意，不逆其志。事先者，明其高，不倍其孤。故有臣可命，其国之禄也。子能行是，以事寡人者毕矣。《书》云：'去邪勿疑，任贤勿贰。'寡人与子，不用人矣。"遂赐周绍胡服，衣冠具带，黄金师比，

以傅王子也。■赵武灵王今年（前301）第五次亲征中山。

[16]《秦本纪》：秦昭王八年（当作六年，前301），赵破中山，其君亡，竟死齐。●《赵策一》九：昔者楚人久伐而中山亡。●《战国纵横家书》二一《苏秦献书赵王章》：楚人久伐而中山亡。●《齐策五》一（苏秦说齐闵王）：昔者中山悉起而迎燕、赵，南战于长子（当作房子），败赵氏；北战于中山，克燕军，杀其将。夫中山千乘之国也，而敌万乘之国二，再战（北）[比]胜，此用兵之上节也。然而国遂亡，君臣于齐者，何也？●《魏策四》二：中山恃齐、魏以轻赵，齐、魏伐楚而赵亡中山。●《资治通鉴》：周赧王十四年（前301），赵王伐中山，中山君奔齐。●《太平寰宇记》卷六一引《史记》佚文：赵武灵王以惠文三年灭中山，迁其君尚肤施。▲诸祖耿《战国策集注汇考》：乐史云："桓公传五世为赵所灭。"自桓、成、釁、奵盗、至尚，适为五世。由此知尚为亡国之君，奵盗即死齐之君。■今年（前301）齐、魏、韩伐楚而赵破中山，中山嗣王魏奵盗奔齐而死，中山未灭。五年后（前297）赵灭中山，中山后王魏尚迁于肤施。

[17]《中山策》五：司马熹三相中山。■司马熹三相中山，即连相中山三王：中山先王魏釁，中山嗣王魏奵盗，中山后王魏尚。

太子死韩列强争储，惠施殁宋庄子悼友

前300年，岁在辛酉。庄周七十岁。宋康王三十八年。

周赧王十五年。秦昭王七年。楚怀王二十九年。魏襄王十九年。韩襄王十二年。赵武灵王二十六年。齐湣王元年。燕昭王十二年。鲁湣公三年。卫嗣君十五年。中山后王元年。

韩国太子韩婴病死。[1]

韩襄王，韩相公叔，欲立韩婴长弟韩咎为新太子，得到齐湣王、魏襄王支持。

公仲朋及其死党韩珉，以及韩婴的太师冷向，欲立在楚为质的韩婴幼弟几瑟为新太子，得到楚怀王支持。[2]

公仲朋派遣胡衍使楚，献策楚怀王："假如韩襄王立韩咎为太子，大王必将空抱质子。大王不如送归几瑟，立为太子。几瑟继位以后，韩国必将听命大王。"[3]

楚怀王即命郑强使韩，晋见韩襄王："大王只要立几瑟为太子，楚国愿献新城。"

公叔谏阻："去年四国伐楚大胜，仅因齐宣王死去，楚怀王幸免亡国。如今楚怀王竟然干涉大王册立太子，大王不可听从。"

韩襄王听从其言，拒绝郑强之请。[4]

楚怀王大怒："寡人尽管小败，仍为天下最强。韩襄王竟敢藐视寡人！"

命令景翠率领十万大军伐韩，再次围攻雍氏（今河南禹州东北）。[5]

又命昭献率领兵车百乘，把几瑟送至阳翟（今河南禹州旁），等待景翠攻破雍氏，立为韩国太子。[6]

冷向献策韩珉："楚军再围雍氏，准备送归几瑟。大王必命先生迎敌。先生不如佯败于楚，迫使大王立几瑟为太子。"

韩珉采纳其策，坚守雍氏五个月，然后佯败于楚。[7]

雍氏告急，韩襄王向齐、魏、秦求救。

齐湣王、魏襄王立刻发兵救韩。

秦昭王亲政以来，宣太后畏惧王叔樗里疾，不敢继续干政。

今年樗里疾病重，宣太后重新干政，拒绝救韩。

韩襄王又命尚靳使秦求救。

宣太后说："我侍奉先王之时，先王把双腿压在我身上，我不感到疲倦。先王把全身压在我身上，我也不感到沉重。是何缘故？因为对我有利！秦军如果救韩，不仅损伤士卒，而且耗费粮草，韩襄王能否让我有利可图？"

尚靳复命，韩襄王又命张翠使秦求救。

张翠抱病使秦。

宣太后说："先生正在生病，韩襄王还派你来，韩国告急了吧？"

张翠说："韩国不告急，秦国告急！韩国如果告急，不会向秦求救，而是向楚投降。楚、韩同心，魏襄王不敢不听。楚怀王必将发动楚、魏、韩三国合纵伐秦！"

宣太后大惊，任命同母弟芈戎为主将，庶长奂为副将，立刻救韩。[8]

楚怀王得知秦军救韩，又派郑强携带八百金使秦，劝说秦军放弃救韩，助楚伐韩。

冷向奉韩珉之命，追上郑强："先生携带区区八百金，就想劝说秦昭王征伐盟国，必定失败。若想成功，必须让秦昭王不满韩相公叔。"

郑强问："如何做到?"

冷向说："先生不妨告诉宣太后：'公叔并非真心立韩咎为太子，因为把几瑟送到阳翟的昭献，乃是公叔好友，必受公叔支使。'宣太后必将认为，公叔也想立几瑟为太子。那么秦军如果救韩，不仅得罪楚国，而且得罪韩国。"

郑强受教至秦。[9]

宣太后不信郑强之言，得知齐、魏救韩雍氏，景翠已经退兵，于是命令芈戎、庶长奂移师伐楚，再攻新城（今河南襄城）。

楚国再围雍氏又告失败，昭献没能送归几瑟。

韩襄王担心楚怀王再伐，暂时不立韩咎为太子。[10]

楚怀王担心孟尝君再次发动四国伐楚，急命景翠使齐，把东地六城（越地北部）献给齐国，又命昭应护送太子熊横至齐为质，请求齐、楚结盟，共同伐秦。[11]

熊横至齐为质，读了稷下学士慎到之书《慎子》，大为敬佩，于是礼聘五十一岁的赵人慎到为太傅。

正在此时，樗里疾病死。任右丞相三年（前309—前307），独任秦相七年（前306—前300），终年五十二岁（前351—前300）。[12]

宣太后担心齐、楚结盟以后共同伐秦，也派幼子泾阳君嬴市至齐为质，同时礼聘孟尝君入秦为相。[13]

孟尝君知道齐湣王对自己日益不满，打算接受秦聘。

公孙弘、兒说反对，孟尝君不听。

公孙弘拜见苏秦："当年张仪，自负口才天下无双。唯有令兄苏代与之齐名，世称西张东苏。如今先生的口才，远胜令兄和张仪，天下无人可及。孟尝君打算入秦为相，我和兒说劝阻无效。恳请先生出马!"

苏秦欣然受命，拜见孟尝君："今天我从外面来，路上听见木偶与土偶说话。木偶说：'雨若不停，你将毁坏。'土偶说：'我生于土，坏则归土，并无损失。积水不退，你若浮起，不知漂流何方?'秦人是虎狼之性，相公如果入秦为相，万一不能归来，必被土偶人嘲笑！"

孟尝君顿时醒悟，谢绝秦聘，与楚和解。[14]

宣太后计策失败，任命异父弟魏冉为相。[15]

魏襄王准备配合秦军，继续伐楚。

赵武灵王不愿楚国过弱，以免秦祸及赵，派遣楼缓使魏，劝说魏襄王："大王无论是助秦伐楚，还是助楚伐秦，全都不利魏国。只有听凭秦、楚互战，才能有利魏国。"

魏襄王听从楼缓之言[16]，在釜丘（今山东定陶西南）会见孟尝君，商定停止伐楚。[17]

芈戎、庶长奂率领秦军，围攻楚国新城。

景翠使齐归来，新城告急，楚怀王命其驰救新城。

新城失守，景翠战死。

秦军乘胜攻取楚国八城，斩首三万。二万是楚兵之首，一万是楚民之首。

芈戎凯旋，宣太后把新城封给芈戎。[18]

赵武灵王仍然置身诸侯混战之外，由于中山死灰复燃，东胡也趁机叛赵，于是第六次亲征中山，兼伐东胡。

赵国骑兵大获全胜，拓地千里，北至燕、代边境，西至云中（今内蒙古托克托）、九原（今内蒙古包头西北）。[19]

庄子七十岁，惠施死了。

宋人惠施，墨子之徒，名家始祖。少年成名，不仕母邦恶君。三十八岁（前343）仕魏，四十二岁（前340）相魏。相魏十九年（前340—前322），罢相逃楚。六十岁（前321）由楚返宋，与庄子为友三年（前321—前319）。六十二岁（前319）返魏谋复魏相失败，留任客卿五年（前318—前314）。六十七岁（前313）告老居魏，研究墨家名学九年（前313—前

305），公布"历物十事"，在大梁与天下辩者辩论。七十七岁（前304）离魏归宋，与庄子为邻五年（前304—前300）。闻道而死，终年八十一岁（前380—前300）。遗著《惠子》，汉后亡佚。

庄子感慨伤怀，击缶而歌。

蔺且无以慰之，吹箫伴奏。

不久，庖丁也死了。

庄子与蔺且为庖丁送葬，路过惠施之墓。

庄子告诉蔺且："当年有个郢人粉刷墙壁，石灰溅上鼻尖，如同苍蝇翅膀，要求匠石用斧子削掉。匠石抡起斧子，呼呼生风，削尽鼻尖石灰，丝毫未伤鼻子。郢人站着，纹丝不动，面不改色。宋康王得知以后，要求匠石表演。匠石说：'我虽然还能用斧子削掉鼻尖的石灰，但是那个能够纹丝不动、面不改色的郢人，已经死了。'"

蔺且问："夫子是把那个郢人，比做惠施吧？"

庄子说："是啊！惠施死后，我已无人可以交谈，看来只能著书了。"[20]

不久，庄子写了一篇寓言——

南伯子葵问乎女偶曰："子之年长矣，而色若孺子，何也？"

曰："吾闻道矣。"

南伯子葵曰："道可得学邪？"

曰："恶！恶可！子非其人也。夫卜梁倚有圣人之才而无圣人之道，我有圣人之道而无圣人之才，吾欲以教之，庶几其果为圣人乎？不然。以圣人之道告圣人之才，亦易矣。吾犹告而守之，叁日而后能外天下；已外天下矣，吾又守之，七日而后能外物；已外物矣，吾又守之，九日而后能外生；已外生矣，而后能朝彻；朝彻而后能见独，见独而后能无古今，无古今而后能入于不死不生。故杀生者不死，生生者不生。其为物，无不将也，无不迎也，无不毁也，无不成也，其名为撄宁。撄宁也者，撄而后成者也。"

南伯子葵曰："子独恶乎闻之？"

曰："闻诸副墨之子，副墨之子闻诸络诵之孙，络诵之孙闻之瞻明，瞻明闻之聂许，聂许闻之需役，需役闻之於讴，於讴闻之玄冥，玄冥闻之参寥，参寥闻之拟始。"[21]

蔺且问："南伯子葵，显然是南伯子綦的化身。女偊和卜梁倚，又是谁的化身？"

庄子说："女偊是泰道的化身，卜梁倚是惠施的化身。惠施不肯仕宋，卜君于梁，成为梁相，希望倚待梁王，实现天下偃兵，最终失败。"

蔺且问："惠施死前闻道，是否悟道？"

庄子说："没有。惠施拙于用大，有圣人之才，无圣人之道。浪费大才，糊里糊涂过完了一生。"[22]

蔺且问："那么夫子为何说卜梁倚最终悟道？"

庄子说："一是告慰惠施在天之灵，二是阐明闻道、悟道各有九阶。闻道九阶是：副墨之子，络诵之孙，瞻明，聂许，需役，於讴，玄冥，参寥，拟始。悟道九阶是：外天下，外物，外生，朝彻，见独，无古今，入于不死不生，撄宁，撄而后成。"

蔺且问："夫子常言的四境，与九阶有何关系？"

庄子说："九阶专言闻道、悟道，不包括行道、成道。人之学道，当历四境：始于闻道，继以悟道，证以行道，终于成道。"

蔺且问："闻悟行成，如何达至？"

庄子说："闻道依外力，悟道靠自力，行道凭定力，成道非人力。所以闻道易，悟道难，行道更难，成道难于登天。关键在于，时刻铭记道体、道术之异同。"

蔺且问："何为道体、道术之异？"

庄子说："人是万物之一，尽管独具领悟道体之德心，仍然不能尽知道体，只能领悟道术。此即道体、道术之异！"

蔺且问："何为道体、道术之同？"

庄子说："道术仿效道体，所以道体无为无不为，道术也无为无不为。"

蔺且问："道体如何无为无不为？"

庄子说："道体之无为，就是永恒循环，不受天地万物影响，又对天地万物无所亲疏。道体之无不为，就是遍在永在，既造化万物，又主宰万物。此即《老子》所言'道恒无为，侯王若能守之，万物将自为'。"

蔺且问："道术如何无为无不为？"

庄子说："道术之无为，就是顺应天道，永不违背天道。道术之无不为，就是因循真德，自适其适，永不适人之适。此即《老子》所言'为道者日损，损之又损之，以至于无为，无为而无不为'。"

笺注

[1]《韩世家》：韩襄王十二年（前300），太子婴死。公子咎、公子虮虱（当作几瑟）争为太子。时虮虱质于楚。……楚之兵奉虮虱而内之……楚围雍氏，韩求救于秦。■楚围雍氏（今河南禹州东北）两次。第一次在楚怀王十七年（前312），见上第五十八章。《周本纪》将第二次"楚围雍氏"（内容同于《西周策》四）误记于周赧王八年（前307），《甘茂列传》也将第二次"楚围雍氏"误记于秦昭王立年（前307），其实楚怀王二十二年（前307）无"楚围雍氏"。第二次"楚围雍氏"在楚怀王二十九年（前300），起因是韩太子婴死，韩襄王、韩相公叔欲立韩咎为新太子，韩臣公仲朋、韩珉、冷向及楚怀王欲立在楚为质的韩公子几瑟为新太子，故楚怀王命景翠兵围雍氏送归几瑟强立之，韩向秦求救，秦救韩败楚；明年（前299）韩襄王遂立韩咎为新太子。旧多误言韩婴、韩咎、几瑟三人争为新太子，不合前年（前302）韩太子婴朝秦，亦不合今年（前300）韩太子婴死。实为今年韩太子婴死，各方争立韩咎、几瑟为新太子，最终韩咎成为新太子。《韩策二》十三"公叔将杀几瑟"、十四"公叔且杀几瑟"，《韩策二》十、十一"韩公叔与几瑟争国"、《楚策一》十四"韩公叔有齐、魏"等，均言公叔欲立韩咎。《韩策二》十六"胡衍之出几瑟于楚"、《韩策二》十七"几瑟亡之楚，楚将收秦而复之"等，均言楚围雍氏欲立几瑟。

[2]《楚策一》十四：韩公叔（欲立韩咎）有齐、魏，而太子（即几瑟）有楚、秦，以争国。郑申（申为疆之讹）为楚使于韩，矫以新城、阳人予

太子（几瑟）。楚王怒，将罪之。对曰："臣矫予之，以为国也。臣为太子得新城、阳人，以与公叔争国而得之。齐、魏必伐韩；韩氏急，必悬命于楚，又何新城、阳人之敢求？太子不胜，（然）[幸]而不死，今倒冠而至，又安敢言地？"楚王曰："善。"乃不罪也。●《韩策二》十：韩公叔与几瑟争国。郑强为楚（怀）王使于韩，矫以新城、阳人合世子（几瑟），以与公叔争国。楚怒，将罪之。郑强曰："臣之矫与之，以为国也。臣曰，世子得新城、阳人，以与公叔争国，而得全，魏必急韩氏；韩氏急，必县命于楚，又何新城、阳人敢索？若战而不胜，走而不死，今且以至，又安敢言地？"楚王曰："善。"乃弗罪。■楚怀王命郑强使韩，欲其立在楚为质的韩公子几瑟为新太子。《楚策一》十四称几瑟为"太子"乃是楚国一厢情愿之词，《韩策二》十称几瑟为"世子"亦不当，宜称几瑟为"公子"。

　　[3]《韩策二》十六：胡衍之出几瑟于楚也，教公仲谓魏王曰："太子在楚，韩不敢离楚也。公何不试奉公子咎，而为之请太子。因令人谓楚王曰：'韩立公子咎而弃几瑟，是王抱虚质也。王不如亟归几瑟。几瑟入，必以韩权报仇于魏，而德王矣。'"■胡衍献策公仲朋，一是假装支持魏襄王立韩咎，二是另请楚怀王出兵拥立几瑟。楚怀王从公仲朋使者胡衍之请，遂命郑强使请立几瑟。

　　[4]韩襄王不从郑强之请，于是郑强以归还新城、阳人二邑诱韩立几瑟，楚怀王怒其许地于韩。郑强辩解仅是虚许，一旦几瑟立为新太子，魏襄王、齐湣王必怒而伐韩，韩命悬于楚，怎能再索新城、阳人？楚怀王乃不罪郑强。见上注2。【附考】《韩策二》十一：韩公叔与几瑟争国。中庶子强（郑强）谓太子（几瑟）曰："不若及齐师未入，急击公叔。"太子（几瑟）曰："不可。战之于国中，必分。"对曰："事不成，身必危，尚何足以图国之全为？"太子弗听，齐师果入，太子出走。■楚围雍氏五月，几瑟不欲为争太子而伤母邦。韩向秦求救，秦邀齐击楚，郑强遂劝几瑟急击韩，几瑟不欲，宁失太子之位。

　　[5]、[7]《韩世家》：韩襄王十二年（前300），太子婴死。公子咎、公子虮虱（当作几瑟）争为太子。时虮虱质于楚。苏代谓韩咎（当作冷向谓韩珉）曰："虮虱亡在楚，楚王欲内之甚。今楚兵十余万在方城之外，公何

不令楚王筑万室之都雍氏之旁，韩必起兵以救之，公必将矣。公因以韩楚之兵奉虮虱而内之，其听公必矣，必以楚韩封公也。"韩咎从其计。●《韩策二》十八：冷向谓韩咎（当作冷向谓韩珉）曰："虮虱亡在楚，楚王欲复之甚，今楚兵十余万在方城之外。臣请令楚筑万家之都于雍氏之旁，韩必起兵以禁之，公必将矣。公因以楚、韩之兵奉几瑟而内之，几瑟得入而得公，必以韩、楚奉公矣。"■公叔欲立韩咎为新太子，冷向、韩珉欲立几瑟为新太子，《韩世家》"苏代谓韩咎"，《韩策二》十八"冷向谓韩咎"，当作"冷向谓韩珉"。

[6]《东周策》六：昭献在阳翟，（东）周君将令相国往，相国将不欲。苏厉（当作苏代）为之谓（东）周君曰："楚王与魏王遇也，主君令陈封之楚，令向公（冷向）之魏。楚、韩之遇也，主君令许公之楚，令向公之韩。今昭献非人主也，而主君令相国往；若其王在阳翟，主君将令谁往？"（东）周君曰："善。"乃止其行。■昭献把几瑟送至阳翟，乃是等待景翠攻破雍氏，立刻把几瑟送入强立为新太子。"向公"即韩婴太师冷向，又称"向子"（《齐策六》一）。齐并燕失败后，苏代已经离齐归于东周。

[8]《韩策二》一：楚围雍氏五月。韩令使者求救于秦，冠盖相望也，秦师不下崤。韩又令尚靳使秦，谓秦王曰："韩之于秦也，居为隐蔽，出为雁行。今韩已病矣，秦师不下崤。臣闻之，唇揭者其齿寒，愿大王之熟计之。"宣太后曰："使者来者众矣，独尚之之言是。"召尚子入。宣太后谓尚子曰："妾事先王也，先王以其髀加妾之身，妾困不疲也；尽置其身妾之上，而妾弗重也，何也？以其少有利焉。今佐韩，兵不众，粮不多，则不足以救韩。夫救韩之危，日费千金，独可使妾少有利焉。"尚靳归书报韩王，韩王遣张翠。张翠称病，日行一县。张翠至，甘茂曰："韩急矣，先生病而来。"张翠曰："韩未急也，且急矣。"甘茂曰："秦重国知王也，韩之急缓莫不知。今先生言不急，可乎？"张翠曰："韩急则折而入于楚矣，臣安敢来？"甘茂曰："先生毋复言也。"甘茂入言秦王曰："公仲柄得秦师，故敢捍楚。今雍氏围，而秦师不下崤，是无韩也。公仲且抑首而不朝，公叔且以国南合于楚。楚、韩为一，魏氏不敢不听，是楚以三国谋秦也。如此则伐秦之形成矣。不识坐而待伐，孰与伐人之利？"秦王曰："善。"果下师于崤以救

韩。■甘茂已经离秦六年，策文"甘茂"必误。【附考】《西周策》四：雍氏之役，韩征甲与粟于（东）周（国）。（东）周君患之，告苏代。苏代曰："何患焉？代能为君令韩不征甲与粟于（东）周，又能为君得高都。"周君大悦曰："子苟能，寡人请以国听。"苏代遂往见韩相国公中曰："公不闻楚计乎？昭应谓楚王曰：'韩氏罢于兵，仓廪空，无以守城，吾收之以饥，不过一月必拔之。'今围雍氏五月不能拔，是楚病也。楚王始不信昭应之计矣，今公乃征甲及粟于周，此告楚病也。昭应闻此，必劝楚王以兵守雍氏，雍氏必拔。"公中曰："善。然吾使者已行矣。"代曰："公何不以高都与（东）周。"公中怒曰："吾无征甲与粟于（东）周，亦已多矣。何为与高都？"代曰："与之高都，则（东）周必折而入于韩，秦闻之必大怒，而焚（东）周之节，不通其使，是公以弊高都得完（东）周也，何不与也？"公中曰："善。"不征甲与粟于（东）周而与高都，楚卒不拔雍氏而去。■齐并燕失败后，苏代已经离齐归于东周。高都原为东周国之邑，魏惠王十七年（前353）割让给韩，见《水经·伊水注》引《竹书纪年》："梁惠王十七年，东周与郑高都、利。"刘向不明二周史，此策误编于《西周策》，应编于《东周策》。

[9]《韩策一》十二：郑强载八百金入秦，请以伐韩。泠向（当作冷向）谓郑强曰："公以八百金请伐人之与国，秦必不听公。公不如令秦王疑公叔。"郑强曰："何如？"曰："公叔之攻楚也，以几瑟之存焉，故言伐楚也。今已令楚王奉几瑟以车百乘居阳翟，令昭献转而与之处，旬有余，彼已觉。而几瑟，公叔之仇也；而昭献，公叔之人也。秦王闻之，必疑公叔为楚也。"

[10]《韩世家集解》引《竹书纪年》：今王（魏襄王）十九年（前300）楚入雍氏，楚人败。●《韩策二》十一：齐师果入，太子（几瑟）出走。●《韩世家》：韩襄王十二年（前300），……于是楚解雍氏围。……虮虱竟不得归韩。韩立咎为太子。■齐、魏欲立韩咎而救韩败楚。《竹书纪年》"楚入雍氏"当作"楚围雍氏"，围攻五月未入。《韩策二》十一几瑟"出走"即从阳翟返楚。《韩世家》"韩立咎为太子"，事在明年（前299）。

[11]《楚策二》二：齐、秦约攻楚，楚令景翠以六城赂齐，太子为质。

昭雎谓景翠曰："秦恐，且因景鲤、苏厉而效地于楚。公出地以取齐，鲤与厉且以收地取秦，公事必败。公不如令王重赂景鲤、苏厉，使入秦，秦恐，必不求地而合于楚。若齐不求，是公与约也。"●《楚策四》七：长（当作垂）沙之难（前301），楚太子横为质于齐（前300）。●《赵策四》十六：魏败楚于陉山，禽唐明（即唐眜）。楚王惧，令昭应奉太子以委和于薛公。▲杨宽：明、眜一声之转。■孟尝君合纵伐楚五年（前303—前299），今年是第四年。去年（前301）垂沙之役杀楚将唐眜，今年（前300）雍氏之役败楚将景翠。楚国被迫割让六城（越地北部，原为吴地）给齐，又让去年（前301）从秦逃归的太子熊横为质于齐。

[12]《樗里子列传》：昭王七年（前300），樗里子卒。●《秦策三》六：谓魏冉曰："楚破，秦不能与齐县衡矣。秦三世积节于韩、魏，而齐之德新加与。齐、秦交争，韩、魏东听，则秦伐矣。齐有东国之地，方千里。楚苞九夷，又方千里。南有符离之塞，北有甘鱼之口，权县宋、卫，宋、卫乃当阿、甄耳。利有千里者二，富擅越隶，秦乌能与齐县衡？韩、魏支分方城膏腴之地以薄郑（当作都），兵休复起，足以伤秦，不必待齐。"▲杨宽："郑"当作"都"。■秦相樗里疾今年（前300）死，宣太后异父同母长弟魏冉继任秦相。孟尝君发动齐、魏、韩、秦四国伐楚而齐独得楚之东地，故秦人不平而说秦相魏冉。

[13]《田世家》：齐湣王二十四年（当作齐湣王元年，前300），秦使泾阳君质于齐。●《孟尝君列传》：秦昭王闻其贤，乃先使泾阳君为质于齐，以求见孟尝君。●《秦本纪》：秦昭王六年（前301），蜀侯辉反，司马错定蜀。庶长奂伐楚，斩首二万。泾阳君质于齐。日食，昼晦。七年（前300），拔新城。樗里子卒。八年（前299），使将军芈戎攻楚，取新市。齐使章子，魏使公孙喜，韩使暴鸢共攻楚方城，取唐眜。赵破中山，其君亡，竟死齐。魏公子劲、韩公子长（当作辰）为诸侯。▲朱文鑫《历代日食考》：六年日食必为七年之误。■《秦本纪》秦昭王六至八年错简甚多，当作："秦昭王六年（前301），蜀侯辉反，司马错定蜀。庶长奂伐楚，斩首二万。齐使章子，魏使公孙喜，韩使暴鸢共攻楚方城，取唐眜。赵破中山，其君亡，竟死齐。七年（前300），日食，昼晦。使将军芈戎攻楚，拔新城。樗

里子卒。泾阳君质于齐。八年（前299），魏公子劲、韩公子长（当作辰）为诸侯。"故今年（前300）秦有四事：其一日食。其二芈戎攻楚拔新城。其三樗里子卒。其四秦泾阳君质于齐（证见《田世家》、《孟尝君列传》）。

[14]《孟尝君列传》：（秦昭王七年，齐湣王元年，前300）秦昭王闻其贤，乃先使泾阳君为质于齐，以求见孟尝君。孟尝君将入秦，宾客莫欲其行，谏，不听。苏代（《齐策三》三作苏秦）谓曰："今旦代（当作秦）从外来，见木偶人与土偶人相与语。木偶人曰：'天雨，子将败矣。'土偶人曰：'我生于土，败则归土。今天雨，流子而行，未知所止息也。'今秦，虎狼之国也，而君欲往，如有不得还，君得无为土偶人所笑乎？"孟尝君乃止。●《齐策三》三：孟尝君将入秦，止者千数而弗听。苏秦欲止之，孟尝君曰："人事者，吾已尽知之矣；吾所未闻者，独鬼事耳。"苏秦曰："臣之来也，固不敢言人事也，固且以鬼事见君。"孟尝君见之。谓孟尝君曰："今者臣来，过于淄上，有土偶人与桃梗相与语。桃梗谓土偶人曰：'子，西岸之土也，埏子以为人，至岁八月，降雨下，淄水至，则汝残矣。'土偶曰：'不然。吾西岸之土也，吾残则复西岸耳。今子，东国之桃梗也，刻削子以为人，降雨下，淄水至，流子而去，则子漂漂者将何如耳。'今秦，四塞之国，譬若虎口，而君入之，则臣不知君所出矣。"孟尝君乃止。■泾阳君质于齐，孟尝君欲入秦而止，均在秦昭王七年（前300），《秦本纪》错简至秦昭王五年（前302），证见《齐策三》三。秦昭王八年（前299），孟尝君入秦为相。

[15]《六国表》秦昭王七年（前300）：樗里子卒。魏冉为相。

[16]《魏策四》五：魏、秦伐楚，魏（当作赵）王不欲。楼缓谓魏王曰："王不与秦攻楚，楚且与秦攻王。王不如令秦、楚战，王交制之也。"■赵武灵王欲秦、楚相攻，故命楼缓使魏，魏遂不再助秦伐楚。

[17]《水经·济水注》引《竹书纪年》：今王（魏襄王）十九年（前300），薛侯来，会王于釜丘。

[18]《秦本纪》：秦昭王九年（当作七年，前300），奂攻楚，取八城，[芈戎拔新城]，杀其将景快。●《六国表》秦昭王七年（前300，今年）：击楚，斩首三万。●秦简《编年记》：秦昭王六年（前301，去年）攻新城，七年

（前300，今年）新城陷。●《秦本纪正义》引《括地志》：许州襄城县即古新城县也。▲杨宽：新城即襄城。●《楚世家》：楚怀王二十九年（前300），秦复攻楚，大破楚，楚军死者二万，杀我将军景缺。怀王恐，乃使太子为质于齐以求平。三十年（当据《六国表》作二十九年，前300），秦复伐楚，取八城。●《六国表》楚怀王二十九年（前300）：秦取我襄城，杀景缺。■《秦本纪》"景快"，即《楚世家》"景缺"，即景翠。秦军斩首三万，二万为楚军，一万为民首。【附考】《穰侯列传索隐》：宣太后二弟，其异父长弟曰穰侯，姓魏氏，名冉；同父弟曰芈戎，为华阳君。●《范雎蔡泽列传集解》：华阳君芈戎，宣太后之同父弟，亦号为新城君是也。■襄城原是魏邑，楚国攻取后改名新城。芈戎初封华阳，号华阳君；今年攻取楚邑新城后益封新城，又号新城君。

[19]《水经·河水注》引《竹书纪年》：今王（魏襄王）十七年（前302），邯郸命吏大夫奴迁于九原，又命将军、大夫、適（通嫡）子、戍卒皆貉服矣。●《赵世家》：赵武灵王二十六年（前300），复攻中山，攘地北至燕、代，西至云中、九原。●《匈奴列传》：秦有陇西、北地、上郡，筑长城以拒胡。而赵武灵王亦变俗胡服，习骑射，北破林胡、楼烦。筑长城，自代并阴山下，至高阙为塞。而置云中、雁门、代郡。■赵武灵王今年（前300）第六次亲征中山。前年（前302）拓地已至云中、九原，或许楼烦与中山一样，趁赵武灵王新丧王后重新收复部分失地，因而今年（前300）不得不重新攻取。此一反复，当为明年（前299）赵武灵王禅位赵何之一因，希望不再被国政分心而全力攘地，以免反复拉锯。

[20]《庄子·徐无鬼》：庄子送葬，过惠子之墓，顾谓从者曰："郢人垩，墁其鼻端若蝇翼，使匠石斫之。匠石运斤成风，听而斫之，尽垩而鼻不伤，郢人立不失容。宋元君闻之，召匠石曰：'尝试为寡人为之。'匠石曰：'臣则尝能斫之，虽然，臣之质死久矣。'自夫子之死也，吾无以为质矣。吾无与言之矣。"

[21]文见《庄子·大宗师》。

[22]《庄子·齐物论》：彼非所明而明之，故以坚白之昧终。

秦劫楚怀赵禅幼主，屈原见放庄子著书

前299年，岁在壬戌。庄周七十一岁。宋康王三十九年。

周赧王十六年。秦昭王八年。楚怀王三十年（囚秦）。魏襄王二十年。韩襄王十三年。赵武灵王二十七年（禅）。齐湣王二年。燕昭王十三年。鲁湣公四年。卫嗣君十六年。中山后王二年。

齐湣王、魏襄王鉴于去年秦国救韩伐楚，担心韩襄王重新亲秦，于是共赴韩都新郑，册立韩咎为太子。

去年韩国立储风波，引发诸侯混战，今年尘埃落定。[1]

魏冉献策秦昭王："齐、魏、韩合纵伐楚三年，去年齐、魏救韩以后停止伐楚，今年齐湣王、魏襄王亲赴新郑立韩咎为太子，策动者都是孟尝君，目的都是阻止秦军东进。楚怀王原本与秦结盟，如今转而与齐结盟。楚太子原本为质于秦，如今转而为质于齐。所以能否阻止孟尝君策动合纵伐秦，关键仍在楚国。"

秦昭王听从其言，致书楚怀王："五年前寡人与大王约为兄弟，盟于黄棘。四年前大王让太子为质于秦，至为欢愉。三年前太子杀死寡人重臣，不向寡人谢罪就亡归郢都，寡人确实非常震怒，所以前年、去年出兵侵扰大王边邑，不料大王竟命太子为质于齐。秦、楚边境接壤，互通婚姻，相亲已久，如今骤然失欢，难以号令诸侯。寡人愿把去年攻取的新城还给大王，与大王在武关会见，恢复旧盟。"[2]

楚怀王问策群臣："寡人若去武关，担心被扣，不去又担心被伐。"

昭睢说："虎狼之秦，久有兼并诸侯之心，一向无信无义，大王不可赴会！"

屈原说："大王被张仪、秦惠王、秦武王一再欺骗戏弄，怎能再次轻信秦昭王？"

郑袖之子子兰觊觎王位，劝说父王赴会："七年前屈原妄议国事，大王免其左徒，贬为三闾大夫，掌管昭、屈、景三大公族内部事务，不许妄议国事。如今屈原不听大王之命，仍然妄议国事，必须严惩！秦昭王主动示好，大王不应绝秦欢心！"

楚怀王听从子兰之言，决定前往武关。把四十一岁的屈原逐出郢都，流放江北。[3]

孟尝君得知楚怀王准备入秦，亲自使赵，晋见赵武灵王："三晋齐心，秦国必弱。三晋离心，秦国必强。大王亲秦多年，疏远韩、魏，不问中原之事，一心征伐中山，难道不知秦军击破韩、魏、楚之后，必将伐赵？秦昭王加入伐楚，拓地千里，如今却欺骗楚怀王：'假如大王来见寡人，约为兄弟之国，寡人必助大王反攻韩、魏，夺回楚国失地。'秦、楚一旦重新结盟，诸侯必将有祸，事态紧急！大王不如在楚怀王入秦以前，派出精锐骑兵，协助韩、魏守卫西疆。楚怀王得知三晋坚盟反秦，必定不敢入秦。秦昭王必将怒而伐楚，秦祸不离楚境，有利三晋。即使楚怀王仍然入秦，秦昭王得知三晋坚盟反秦，必定不放楚怀王，要求楚国多割土地，秦祸仍然不离楚境，仍然有利三晋。诚愿大王熟虑深计，事态紧急！"

赵武灵王听从其言，派出骑兵，协助韩、魏守卫西疆。[4]

秦昭王按照魏冉之策，命人假扮自己，伏兵武关（今陕西丹凤）。

楚怀王一到武关，即被劫持，押往咸阳。

秦昭王在章台宫召见楚怀王，待以接见藩臣之礼："大王只要割让巫郡、黔中郡，寡人立刻恭送大王返国！"

楚怀王说："大王先按书信所约，与寡人分庭抗礼，平等结盟，再说其它。"

秦昭王说："大王先同意割地，寡人再按书信所约，与大王分庭抗礼，平等结盟。"

楚怀王大怒："大王欺骗寡人入秦，劫持寡人为质，强迫寡人割地，如此无信无义，天下如何心服？寡人不受要挟！"

秦昭王大怒，囚禁楚怀王。遣使至楚，要求楚国割让巫郡、黔中郡，再放楚怀王。

六十岁的楚怀王，又被二十七岁的秦昭王欺骗，成了囚徒，后悔莫及。[5]

赵武灵王召见群臣："楚国被诸侯连年征伐，实力已经大损。如今楚怀王又被劫持在秦，楚国一旦臣服秦国，秦祸必将及赵。唯有速灭中山，才能全力抗秦。寡人既要治理国政，又要亲征中山，难以兼顾，打算禅位太子，尽快伐灭中山，然后转而伐秦。"

乐毅谏阻："大王前年废长立幼，已欠慎重。若再禅位幼主，必将不利于国。"

赵武灵王不悦："孟姚是先祖赵简子预言的强赵神女，先生前年阻止寡人改立太子，如今又非议寡人禅位太子，是否怀有二心，不愿寡人伐灭故国中山？"

立刻罢免乐毅，改命肥义为相。

赵武灵王担心时机稍纵即逝，不愿遵循常例等到明年年初，于五月戊申（二十六日）举行禅位大典。

新太子赵何十一岁，受禅继位，即赵惠文王。

前太子赵章二十二岁，执礼称臣。

赵武灵王改称"主父"。

赵武灵王遣使通报天下诸侯赵王禅位，自己冒充赵使，亲自使秦，欲观秦昭王之为人。

沿途观察山川地形，军事险要，为伐秦预做准备。

一入咸阳，看见街面清洁如洗，秦民恭肃守法，深感震惊。

赵使身穿胡服，晋见秦昭王："赵武灵王禅位太子赵何，改称主父。命我使秦，永结秦、赵之盟！"

秦昭王说："赵武灵王九年前拥立寡人，寡人感激至今。可惜未谋一面，竟已禅位。"

赵使离去以后，秦昭王自言自语："赵使状貌奇伟，气度不像人臣。"

越想越疑，命人追回赵使。

赵使纵马疾驰，已出函谷关东归。

秦昭王稍后得报，赵使竟是赵武灵王本人，深感震惊。[6]

魏冉说："赵武灵王今年协防韩、魏，禅位太子，冒名使秦，必与孟尝君使赵有关。大王如果放归楚怀王，孟尝君必将策动齐、楚、三晋合纵伐秦。"

秦昭王惊疑不定，不敢放归楚怀王。[7]

楚相昭雎，召集群臣商议："秦昭王劫持大王，勒索割地。如何是好？"

群臣激愤："秦人背信弃义，不能任其摆布。不如让太子继位，断绝秦昭王勒索之念！"

靳尚说："如今大王在秦为囚，太子在齐为质，假如秦、齐共同伐楚，楚国必亡！不如立子兰为王，可免秦人勒索。"

昭雎说："大王没死，怎能违背大王意愿，不立太子而改立庶子？不过齐湣王一旦知道大王被秦劫持，也有可能勒索太子。使者往齐，可称大王病死。"

群臣反对靳尚，支持昭雎。

楚使至齐，谎称楚怀王病死，请求放归太子熊横。

齐湣王问策群臣："楚怀王病死，楚使请求放归太子熊横，如何应对？"

苏秦献策："去年景翠进献上东国（越地北部）。如今大王可让熊横答应进献下东国（越地南部），然后放归。"

孟尝君反对："不行！万一熊横不肯答应，大王不肯放归，楚人必将另立子兰。熊横是南后之子，一向敌秦。子兰是郑袖之子，一向亲秦。大王一旦勒索不成，必将空抱质子，反被天下斥为不义，而且不利于遏制秦国。"

苏秦说："相国不必担心！万一楚人另立楚王，仍可要挟新王：'献出下东国，就为大王杀掉熊横。否则就与秦、魏、韩联合出兵，强立熊横为楚王。'这样必得下东国！"

齐湣王听从苏秦，召见熊横："太子只要割让下东国，寡人立刻护送太子返国！"

熊横采纳太傅慎到之策，假装答应割让下东国。

齐湣王大悦，赐以马车五十乘，护送熊横归楚。

熊横回到郢都继位，即楚顷襄王。

子兰怒于昭雎不肯立己为王，向楚顷襄王进谗。

楚顷襄王听信其谗，罢免昭雎，改命子兰为相。

遣使入秦，拒绝割地："幸赖神灵庇佑社稷，楚国已有新王。"[8]

齐使晋见楚顷襄王："恭贺大王继位！请大王兑现承诺，割让下东国。"

楚顷襄王问策慎到："太傅劝说寡人答应割让下东国，如今怎么办？"

慎到说："我有三策。其一，君无戏言，大王可命上柱国子良使齐献地。其二，要盟不守，大王可命大司马昭常往守东地。其三，以敌制敌，大王可命大夫景鲤使秦求救。三策并行，下东国可保！"

楚顷襄王问："秦昭王劫持父王，如何肯发救兵？"

慎到说："秦昭王劫持大王父君，意在勒索割地，如今勒索未成，必不甘心秦负恶名而齐得楚地，必将救楚击齐。"

楚顷襄王尽从三策。

子良至齐献地。

齐湣王大悦，派人接收下东国。

昭常领兵三十万，驻守下东国，拒绝交割："我奉王命驻守东地，人在地在！"

齐湣王质问子良："你奉王命献地，他奉王命守地。寡人应该信谁？"

子良说："我来献地，乃是亲奉王命。昭常守地，必是矫称王命。大王可命齐军进攻昭常！"

齐湣王即命齐军南攻，尚未涉过泗水（淮河支流），秦昭王已应景鲤之请，派遣舅父芈戎率领秦军五十万，借道韩、魏、宋，横贯中原，直抵齐国西境。

芈戎怒斥齐将："齐国要挟楚太子，是为不仁。齐国勒索下东国，是为不义。立刻退兵便罢，否则秦国就要主持正义，助楚击齐！"

齐将无奈，只好退兵。[9]

秦昭王勒索楚地未成，再次礼聘孟尝君入秦为相。

孟尝君与门客商议："赵武灵王为了知己知彼，敢于冒险使秦。我为了知己知彼，也决定冒险相秦。"[10]

兒说反对："秦昭王礼聘主公，决无诚意。主公一旦入秦，必与楚怀王一样，有去无回。"

孟尝君说："我用先生之策，先王死后得以连相。但是大王如今听信苏秦，不听我劝，勒索楚地未成，对我非常不满。我若离齐相秦，既能为伐秦做准备，又能打消大王疑忌。"

公孙弘支持："主公既然决意入秦为相，不如送归在齐为质的泾阳君，以示相信秦昭王。"

孟尝君听从公孙弘，带领泾阳君嬴市和众多门客，浩浩荡荡入秦任相。

孟尝君途中绕道郢都，晋见楚顷襄王："我反对勒索下东国，希望齐、楚亲善。"

楚顷襄王大为感激，赠送象牙床为谢。

公孙弘进谏："主公不应接受象牙床。"

孟尝君问："这是为何？"

公孙弘说："天下诸侯听命主公，乃是因为主公素有存亡继绝之义。四方豪杰追随主公，乃是因为主公素有济贫赈穷之廉。主公一旦接受楚国重礼，其他诸侯必将纷纷进献奇珍异宝。主公如果继续接受，必失廉义之名；如果不再接受，必失诸侯之心。"

孟尝君欣然听从，告诫门客："田文若有过错，必须尽快入谏！"[11]

秦昭王二十七岁，假装罢免舅父魏冉，礼聘四十七岁的孟尝君为相。[12]

孟尝君兼相齐、秦，暂停策动合纵伐秦，同时阻止秦军东进中原。

魏襄王、韩襄王惊闻孟尝君相秦，认为合纵伐秦已无可能，畏惧秦伐，争相讨好秦昭王。

魏襄王册封亲秦的公子魏劲为成陵君。

韩襄王册封亲秦的公子韩辰为成阳君。

秦昭王大悦，命令史官记入《秦记》。[13]

赵人荀况自幼学儒，今年十五岁，禀承孔子之教"十五志于学"，东行入齐，游学稷下学宫。[14]

威、宣二朝的稷下盛况，早已风光不再。邹忌、告子、季梁、许行、彭蒙等人，早已死去。魏人季真、邹人孟轲、周人苏代、宋人宋钘等人，各归母邦。邹衍离齐往燕，匡章已任齐将，稷下祭酒淳于髡已老。邹奭、尹文、田骈、田巴之徒，人数不多，年纪又轻，身为稷下学士，渴望成为孟尝君门客。

孟尝君禀承父风，大力招揽门客，养士三千，人数三倍于全盛时期的稷下学士。

兒说五十二岁，既不愿追随孟尝君入秦，也不愿重返稷下，于是告老还乡，离齐归宋。

兒说乘着白马驾驶的马车，到了齐、宋边关，被关吏拦住："马是战略物资，不得随意出境。先生虽是薛公贵客，仍须遵守齐国之法，交纳马税！"

兒说问："你没听说过'白马非马'吗？白马不是马，不必交纳马税。"

关吏不予理睬，兒说只好交税。

稷下学士闻讯大笑："六年前公孙龙在大梁提出'白马非马'，天下无不斥为谬论。只有兒说为公孙龙辩护，我们都辩不过他。如今兒说过关，仍须为白马交纳马税。可见虚言辩名可以战胜一国，考实按形不能诓骗一人。"[15]

荀况说："坚白同异、白马非马之类奇谈怪论，不懂仍是君子，懂了仍是小人！"[16]

庄子七十一岁，去年惠施死后，无人可以交谈，开始著书。

蔺且问："夫子的言语，弟子都能明白。夫子的文章，弟子为何难以明白？"

庄子说："言语仅及小年，不妨直白。文章关涉大年，不能直白。"

蔺且问："为何必须如此？"

庄子说："今世之君多为否王，多行否术，全悖泰道。儒墨百家都对君主进言，多为君王谋划，仍然常被诛戮。我不对君主进言，不为君王谋划，更难得到容忍。宋康王猛如骊龙，无罪尚要诛戮，何况直言贬斥？我被否君诛戮事小，伏羲泰道失传事大。老聃尽管也对君主进言，但是不为君王谋划，而为天下谋划，预知否君不能容忍伏羲泰道，所以隐晦其言，恍惚其旨，从不点明泰道、否术。即便如此，老聃之书仍被痞士大肆篡改。为免后世痞士篡改吾书，我只能更加隐晦其言，恍惚其旨。"[17]

笺注

[1]《六国表》魏哀王（当作襄王）二十年（前299）：与齐王会于韩。●《六国表》韩襄王十三年（前299）：齐、魏王来，立咎为太子。●《韩

世家》韩襄王十二年（前300），韩立咎为太子。齐、魏王来。■《韩世家》误前一年。

[2]《楚世家》：楚怀王三十年（前299），秦复伐楚，取八城。秦昭王遗楚王书曰："始寡人与王约为弟兄，盟于黄棘，太子为质，至欢也。太子陵杀寡人之重臣，不谢而亡去，寡人诚不胜怒，使兵侵君王之边。今闻君王乃令太子质于齐以求平。寡人与楚接境壤界，故为婚姻，所从相亲久矣。而今秦楚不欢，则无以令诸侯。寡人愿与君王会武关，面相约，结盟而去，寡人之愿也。敢以闻下执事。"楚怀王见秦王书，患之。欲往，恐见欺；无往，恐秦怒。昭睢曰："王毋行，而发兵自守耳。秦虎狼，不可信，有并诸侯之心。"怀王子子兰劝王行，曰："奈何绝秦之欢心！"于是往会秦昭王。昭王诈令一将军伏兵武关，号为秦王。楚王至，则闭武关，遂与西至咸阳，朝章台，如蕃臣，不与亢礼。楚怀王大怒，悔不用昭子言。秦因留楚王，要以割巫、黔中之郡。楚王欲盟，秦欲先得地。楚王怒曰："秦诈我而又强要我以地！"不复许秦。秦因留之。●秦简《编年记》：秦昭王八年（前299）新城归。■《楚世家》"秦复伐楚，取八城"，事在去年（前300）。去年秦伐楚取八城（含新城），今年秦昭王致书楚怀王，以归还新城为饵，邀其至秦地武关会盟而诱捕之。

[3]《屈原列传》：时秦昭王与楚婚，欲与怀王会。怀王欲行，屈平曰："秦虎狼之国，不可信，不如毋行。"怀王稚子子兰劝王行："奈何绝秦欢？"怀王卒行。入武关，秦伏兵绝其后，因留怀王，以求割地。怀王怒，不听。●《屈原列传索隐》：《楚世家》昭睢有此言，盖二人同谏王，故彼此各随录之也。■昭睢为楚相，故《楚世家》记其谏言。屈原同谏，故《屈原列传》记之。

[4]、[7]《赵策一》十七：谓赵王曰："三晋合而秦弱，三晋离而秦强，此天下之所明也。秦之有燕而伐赵，有赵而伐燕；有梁而伐赵，有赵而伐梁；有楚而伐韩，有韩而伐楚；此天下之所明见也。然山东不能易其路，兵弱也。弱而不能相一，是何秦之知、山东之愚也？是臣所为山东之忧也。虎将即禽，禽不知虎之即己也而相斗，两罢，而归其死于虎。故使禽知虎之即己，决不相斗矣。今山东之主，不知秦之即己也，而尚相斗，两散，

而归其国于秦，知不如禽远矣。愿王熟虑之也。今事有可急者，秦之欲伐韩、梁，东窥周室甚，惟寐忘之。今南攻楚者，恶三晋之相合也。今攻楚休而复之，已五年（前303—前299）矣，攘地千余里。今谓楚王：'苟来举玉趾而见寡人，必与楚为兄弟之国，必为楚攻韩、梁，反楚之故地。'楚王美秦之语，怒韩、梁之不救己，必入于秦。[秦]有谋，故（杀）[发]使之赵，以燕饵赵，而离三晋。今王美秦之言，而欲攻燕；攻燕食未饱，而祸已及矣。楚王入秦，秦、楚为一，东面而攻韩。韩南无楚，北无赵，韩不待伐割，挈马兔而西走。秦与韩为上交，秦祸安移于梁矣。以秦之强，有楚、韩之用，梁不待伐割矣，挈马兔而西走。秦与梁为上交，秦祸案攘于赵矣。以强秦之有韩、梁、楚，与燕之怒，割必深矣。国之举此，臣之所为来。臣故曰：事有可急为者。及楚王之未入也，三晋相亲相坚，出锐师以戍韩、梁西边，楚王闻之，必不入秦，秦必怒而循攻楚，是秦祸不离楚也，便于三晋。若楚王入，秦见三晋之大合而坚也，必不出楚王，即多割，是秦祸不离楚也，有利于三晋。愿王之熟计之也，急！"赵王因起兵南戍韩、梁之西边。秦见三晋之坚也，果不出楚王，而多求地。▲杨宽：吴师道以为是陈轸合三晋之辞。不能确定。■说赵武灵王者当为孟尝君，至少是孟尝君门客公孙弘，因为孟尝君合纵伐楚的目的就是合纵伐秦。

[5]《秦本纪》：秦昭王十年（当作八年，前299），楚怀王入朝秦，秦留之。●《六国表》秦昭王八年（前299）：楚（怀）王来，因留之。●《六国表》楚怀王三十年（前299）：王入秦。●《楚策二》七：秦败楚汉中（汉中之重丘，去年秦败楚之地）。楚王入秦，秦王留之（前299）。游腾为楚谓秦（昭）王曰："王挟楚王，而与天下攻楚，则伤行矣。不与天下共攻之，则失利矣。王不如与之盟而归之。楚王畏，必不敢背盟。背盟，王因与三国攻之，义也。"■游腾为东周国谋士。

[6]《赵世家》：赵武灵王二十七年（前299）五月戊申，大朝于东宫，传国，立王子何以为王。王庙见礼毕，出临朝。大夫悉为臣，肥义为相国，并傅王。是为惠文王。惠文王，惠后吴娃子也。武灵王自号为主父。主父欲令子主治国，而身胡服将士大夫西北略胡地，而欲从云中、九原直南袭秦，于是诈自为使者入秦。秦昭王不知，已而怪其状甚伟，非人臣之度，

使人逐之，而主父驰已脱关矣。审问之，乃主父也。秦人大惊。主父所以入秦者，欲自略地形，因观秦王之为人也。

[8]《楚世家》(续上)：楚大臣患之，乃相与谋曰："吾王在秦不得还，要以割地，而太子为质于齐，齐、秦合谋，则楚无国矣。"乃欲立怀王子在国者。昭雎曰："王与太子俱困于诸侯，而今又倍王命而立其庶子，不宜。"乃诈赴于齐，齐湣王谓其相曰："不若留太子以求楚之淮北。"相（孟尝君）曰："不可。郢中立王，是吾抱空质而行不义于天下也。"或（苏秦）曰："不然。郢中立王，因与其新王市曰'予我下东国，吾为王杀太子，不然，将与三国共立之'，然则东国必可得矣。"齐王卒用其相计而归楚太子。太子横至，立为王，是为顷襄王。乃告于秦曰："赖社稷神灵，国有王矣。"●《齐策三》一：楚王死，太子在齐质。苏秦谓薛公曰："君何不留楚太子，以市其下东国？"薛公曰："不可。我留太子，郢中立王，然则是我抱空质，而行不义于天下也。"苏秦曰："不然。郢中立王，君因谓其新王曰：'予我下东国，吾为王杀太子。不然，吾将与三国共立之。'然则下东国必可得也。"●《楚策二》九：女阿谓苏子（苏秦）曰："秦栖楚王，危太子者，公也。今楚王归，太子南，公必危。公不如令人谓太子曰：'苏子知太子之怨己也，必且务不利太子。太子不如善苏子，苏子必且为太子入矣。'"苏子乃令人谓太子。太子复请善于苏子。■《楚世家》之齐相，即《齐策三》一之薛公孟尝君。《楚世家》之"或人"，即《齐策三》一之苏秦。司马迁误以为苏秦死于燕王哙时，故改。苏秦所言"下东国"，与"上东国"对言。去年（前300）楚太子横质于齐，又使昭应略齐六城，即上东国（越地北部，原为吴地）。今年（前299）为质于齐的楚太子横要求返国继位，齐湣王遂采苏秦之策要求楚割下东国（越地南部，越国本土）。

[9]《楚策二》八：楚襄王为太子之时，质于齐（前300）。怀王薨（未薨，乃留秦），太子辞于齐王而归。齐王隘之："予我东地五百里，乃归子。子不予我，不得归。"太子曰："臣有傅，请退而问傅。"傅慎子曰："献之地，所以为身也。爱地不送死父，不义。臣故曰：献之便。"太子入，致命于齐王曰："敬献地五百里。"齐王归楚太子。太子归，即位为王。齐使车五十乘，来取东地于楚。楚王告慎子曰："齐使来求东地，为之奈何？"慎子曰：

"王明日朝群臣，皆令献其计。"上柱国子良入见。王曰："寡人得来反，主坟墓，复群臣，归社稷也，以东地五百里许齐。齐令使来求地，为之奈何？"子良曰："王不可不与也！王身出玉声，许万乘之强齐而不与，则不信，后不可以约结诸侯。请与，而复攻之。与之信，攻之武。臣故曰：与之！"子良出，昭常入见。王曰："齐使来求东地五百里，为之奈何？"昭常曰："不可与也！万乘者，以地大为万乘。今去东地五百里，是去战国之半也。有万乘之号，而无千乘之用也，不可。臣故曰：勿与！常请守之！"昭常出，景鲤入见。王曰："齐使来求东地五百里，为之奈何？"景鲤曰："不可与也！虽然，楚不能独守。王身出玉声，许万乘之强齐也，而不与，负不义于天下。楚亦不能独守，臣请西索救于秦。"景鲤出，慎子入。王以三大夫计告慎子曰："子良见寡人曰：'不可不与也，与而复攻之。'常见寡人曰：'不可与也，常请守之。'鲤见寡人曰：'不可与也，虽然，楚不能独守也，臣请索救于秦。'寡人谁用于三子之计？"慎子对曰："王皆用之！"王怫然作色曰："何谓也？"慎子曰："臣请效其说，而王且见其诚然也。王发上柱国子良车五十乘，而北献地五百里于齐。发子良之明日，遣昭常为大司马，令往守东地。遣昭常之明日，遣景鲤车五十乘，西索救于秦。"王曰："善！"乃遣子良北献地于齐。遣子良之明日，立昭常为大司马，使守东地。又遣景鲤西索救于秦。子良至齐，齐使人以甲受东地。昭常应齐使曰："我典主东地，且与死生。悉五尺，主六十，三十余万弊甲钝兵，愿承下尘。"齐王谓子良曰："大夫来献地，今常守之，何如？"子良曰："臣身受命弊邑之王，是常矫也。王攻之！"齐王大兴兵攻东地，伐昭常。未涉泗，强秦以五十万临齐右壤，曰："夫隘楚太子弗出，不仁！又欲夺之东地五百里，不义！其缩甲则可，不然，则愿待战！"齐王恐焉，乃请子良南道楚，西使秦，解齐患。士卒不用，东地复全。▲杨宽：《楚世家》称秦留楚怀王后，楚"乃诈赴于齐"，求归太子。胡三省注云："诈言楚王薨，而请太子还至楚。"……《齐策》、《楚策》所载楚王死，盖即据楚之诈赴也。■慎子即赵人慎到。楚太子横去年为质于齐，礼聘齐国稷下学士慎到为太傅。【附考】《楚策四》七：长（＝垂）沙之难（前301），楚太子横为质于齐（前300）。楚王死（未死，乃留秦），薛公归太子横，因与韩、魏之兵随而攻东国。太子惧，昭盖曰："不若令屈署以新东国为和于齐，以动秦。秦恐齐之败东国，而令行于天下也，必将救我。"太子曰："善！"遽令屈署以东国为和于齐。秦王闻之惧，令芈戎告楚曰："毋与齐东国，吾与子出兵矣。"■前年（前301）垂沙之战，去年（前300）太子横为质于齐，今年（前299）太子横归楚继位，策文连言之。

[10]、[12]《秦本纪》：秦昭王九年（当作八年，前299），孟尝君薛文来相秦。●《田世家》（《六国表》同）：齐湣王二十五年（当作二年，前299），归泾阳君于秦。孟尝君薛文入秦，即相秦。文亡去。●《孟尝君列传》：（齐湣王元年，前300）孟尝君将入秦（苏秦谏之）……乃止。齐湣王二十五年（当作二年，前299），复卒使孟尝君入秦，昭王即以孟尝君为秦相。■薛文，即薛公田文。

[11]《齐策三》九：孟尝君出行国（自齐经楚至秦任相），至楚，献象床。郢之登徒，直使送之，不欲行，见孟尝君门人公孙戌（当作公孙弘）曰："臣，郢之登徒也，直送象床。象床之直千金，伤此若发漂，卖妻子不足偿之。足下能使仆无行，先人有宝剑，愿得献之。"公孙曰："诺。"入见孟尝君曰："君岂受楚象床哉？"孟尝君曰："然。"公孙戌曰："臣愿君勿受。"孟尝君曰："何哉？"公孙戌曰："小国所以皆致相印于君者，闻君于齐能振达贫穷，有存亡继绝之义。小国英桀之士，皆以国事累君，诚说君之义，慕君之廉也。今到楚而受象床，所未至之国，将何以待君？臣戌愿君勿受。"孟尝君曰："诺。"公孙戌趋而去。未出，至中闺，君召而返之，曰："子教文无受象床，甚善。今何举足之高，志之扬也？"公孙戌曰："臣有大喜三，重之宝剑一。"孟尝君曰："何谓也？"公孙戌曰："门下百数，莫敢入谏，臣独入谏，臣一喜；谏而得听，臣二喜；谏而止君之过，臣三喜。输象床，郢之登徒不欲行，许戌以先人之宝剑。"孟尝君曰："善。受之乎？"公孙戌曰："未敢！"曰："急受之！"因书门版曰："有能扬文之名，止文之过，私得宝于外者，疾入谏。"■孟尝君门人"公孙戌"，乃公孙弘，公孙衍三弟。此时已经取代兒说，成为孟尝君第一门客。兒说此后离齐返宋，见下。

[13]《秦本纪》：秦昭王八年（前299），魏公子劲、韩公子长（当作辰）为诸侯。●《魏策四》二四：安陵君（答信陵君使者）曰："吾先君成

侯（即成陵君），受诏襄王，以守此地也，手受大府之宪。"▲杨宽:《楚策二》一载:"魏相翟强死，为甘茂谓楚王曰:'魏之几相者公子劲也，劲也相魏，魏、秦之交必善。'"是公子劲固魏襄王时之贵公子而亲秦者。公子劲当即《魏策四》二四之"成侯"，安陵即鄢陵，在今河南鄢陵县北，盖魏、楚交界之地，是时为魏所有。又《秦本纪》之"韩公子长"，"长"疑"辰"之字误……韩辰亦韩公子之亲秦者。余疑公子辰即成阳君，《魏策四》十五言"成阳君欲以韩、魏听秦"，《秦本纪》昭王十五年城阳君入朝……是成阳君亦韩公子之亲秦者。成阳，《汉书·地理志》属汝南郡，在今河南信阳北，盖韩、楚交界之地，是时为韩所有。两公子皆因亲秦而于是年封侯，《秦本纪》因特记之。■杨说是。《魏策四》二四安陵君谓信陵君使者"吾先君成侯，受诏（魏）襄王"，即安陵君之父成陵君魏劲，受封于魏襄王二十年（前299），为魏之亲秦者。韩公子辰即成阳君韩辰，受封于韩襄王十三年（前299），为韩之亲秦者。

[14]《孟子荀卿列传》：荀卿，赵人。年五十（当作十五）始来游学于齐。……田骈之属皆已死。齐襄王时，而荀卿最为老师。齐尚修列大夫之缺，而荀卿三为祭酒焉。齐人或谗荀卿，荀卿乃适楚，而春申君以为兰陵令。春申君死而荀卿废，因家兰陵。李斯尝为弟子，已而相秦。荀卿嫉浊世之政，亡国乱君相属，不遂大道而营于巫祝，信禨祥，鄙儒小拘，如庄周等又猾稽乱俗，于是推儒、墨、道德之行事兴坏，序列著数万言而卒。因葬兰陵。●刘向《序荀卿书》：方齐宣王、威王之时，聚天下贤士于稷下，尊宠之……是时孙卿有秀才，年五十（当作十五），始来游学。▲黄以周：游学必幼年事，五十游学断无是理。■《郡斋读书志》引作"年十五"，《风俗通义·穷通》亦作"年十五"。

[15]《韩非子·外储说左上》：兒说，宋人，善辩者也，持"白马非马也"服齐稷下之辩者。乘白马而过关，则顾白马之赋。故籍之虚辞则能胜一国，考实按形不能谩于一人。●《赵策二》二（秦攻赵，苏子为谓秦王）：……夫刑名之家，皆曰"白马非马"也。已若白马实马，乃使有白马之为也。■有学者据《韩非子·外储说左上》，以为"白马非马"乃兒说首创，其实兒说乃是赞成公孙龙之"白马非马"，并非首创。又有学者误信苏

秦讹史（误前三十年），而据《赵策二》二苏秦引用"白马非马"，以为"白马非马"为苏秦首创，其实苏秦是引用公孙龙之"白马非马"，亦非首创。六年前（前305），魏牟与乐正子舆辩论，已经提及公孙龙之"白马非马"（见上第六十五章），早于兒说之赞成、苏秦之引用。

[16]《荀子·儒效》：坚白、同异之分隔也，是聪耳之所不能听也，明目之所不能见也，辩士之所不能言也，虽有圣人之知，未能偻指也。不知无害为君子，知之无损为小人。■荀况讳言公孙，代以"惠施邓析"，故不肯明斥公孙龙首创之"白马非马"，仅斥惠施、公孙共有之"坚白"、"同异"。

[17]《庄子·寓言》：寓言十九，重言十七，卮言日出，和以天倪。……非卮言日出，和以天倪，孰得其久？●《庄子·天下》：以天下为沉浊，不可与庄语。以卮言为蔓衍，以重言为真，以寓言为广。

孟尝返齐三国伐秦，仇赫相宋庄子疑赵

前298年，岁在癸亥。庄周七十二岁。宋康王四十年。

周赧王十七年。秦昭王九年。楚顷襄王元年。魏襄王二十一年。韩襄王十四年。赵惠文王元年。齐湣王三年。燕昭王十四年。鲁湣公五年。卫嗣君十七年。中山后王三年。

秦昭王去年劫持楚怀王，勒索楚地未成，反被天下不齿。今年恼羞成怒，再次伐楚。

秦军大败楚军，斩首五万，攻取了析邑（今河南淅川）等十五城。[1]

赵武灵王召见金受："孟尝君去年上半年劝说寡人抗秦，下半年竟然入秦为相，令人费解。为免秦、齐联合，寡人命你使秦，劝说秦昭王罢免孟尝君。"

金受奉命使秦，晋见秦昭王："孟尝君是齐国宗室，父子两代相齐，封地薛邑也在齐国。如今兼相齐、秦，必定先齐后秦，不利秦国。"

魏冉附议："孟尝君相秦，固然不会策动合纵伐秦，但也不会赞成秦军东进。孟尝君去年使赵以后，赵武灵王协防韩魏、禅位幼子、冒名使秦，无不令人费解。赵武灵王胡服骑射以后，连破中山，国力大强，将来必为秦国大敌。为免赵武灵王背叛秦国，大王不如送个顺水人情，罢免孟尝君。"

秦昭王于是让魏冉复相，同意金受之请，囚禁孟尝君，准备诛杀。

公孙弘按照预定之策，拜见秦昭王宠姬，进献重礼，恳请营救孟尝君。

宠姬说："其他礼物，我不稀罕！孟尝君有一件狐白裘，价值千金，天下无双。若能送给我，我就向大王求情。"

宠姬不知，孟尝君的狐白裘已经进献秦昭王。

孟尝君有个门客擅长狗盗，夜入章台宫，偷出狐白裘，献给宠姬。

宠姬晚上侍寝，劝说秦昭王："大王去年邀约楚怀王会盟，而予囚禁，已被天下诟病。如今礼聘孟尝君相秦，再予诛杀，必将失信天下。合纵伐秦不系于一人，公孙衍之后有孟尝君，孟尝君之后必有他人。"

秦昭王听信其言，半夜传命，释放孟尝君。

孟尝君连夜出发，从咸阳赶到函谷关，天还没亮，尚未启关。

孟尝君大为发愁："等到鸡鸣启关，秦昭王一旦后悔，必将派兵追赶！"

孟尝君有个门客擅长鸡鸣，引得群鸡半夜齐鸣，函谷关吏提前启关。

秦昭王晨起后悔，派兵追赶。

追兵赶到函谷关，孟尝君刚刚出关东归。[2]

孟尝君逃回齐国，即以秦昭王背信弃义劫持楚怀王为罪名，立刻发动齐、魏、韩三国合纵伐秦，要求秦昭王释放楚怀王。

二十一年前张仪兼相秦、魏，连横伐齐大败，秦军遭遇商鞅变法以后第一次大败，败于齐境，并未失地。次年魏相公孙衍策动第一次合纵伐秦，魏、韩、赵、燕、楚五国加入，楚怀王担任纵长，结果大败。

今年齐相孟尝君策动第二次合纵伐秦，齐、魏、韩三国加入。齐湣王担任纵长，匡章担任联军统帅。

楚怀王囚于秦都咸阳，楚顷襄王投鼠忌器，不敢加入伐秦。

赵武灵王全力征伐中山，继续假装亲秦，拒绝加入伐秦。

三国联军士气旺盛，愤怒于秦昭王诱捕楚怀王，大失君王之德，无信无义达于极致。

秦国守军士气低落，不满于秦昭王篡位败德，无信无义，尤其不满宣太后秽乱宫廷，干政乱国。

双方士气一消一长，强弱顿时易势，秦军斩首之威消于无形。

匡章率领三国联军，势如破竹，迅速收复商鞅变法以后四世秦君攻取的魏、韩河东之地。秦军遭遇商鞅变法以后第二次大败，丧师失地，打回原形。

收复的魏、韩河东之地，与齐不相邻，孟尝君全部还给魏、韩。

三国联军攻至函谷关外，粮草告急。[3]

中原大涝数年之后，今年再次大旱，黄河、渭水断流。天下缺粮，饥民遍地。

孟尝君决定先筹粮草，然后攻入函谷关，于是就近向敌秦的西周国借粮。[4]

西周武公九年前怒伐东周国，被樗里疾击败，太子姬共战死。如今不愿卷入伐秦，于是派遣韩庆为使，拜见孟尝君："君侯策动齐、魏、韩合纵伐楚五年，大败楚军，攻取宛邑、叶县以北大片土地，全都分给魏、韩。如今策动齐、魏、韩合纵伐秦，大败秦军，攻取函谷关以东大片土地，全都还给魏、韩。魏、韩南无楚忧，西无秦患，地广国重，齐国必轻。本末的轻重，不断更改；强弱的消长，随时变异。君侯继续破秦，必定不利齐国。不如驻军函谷关外，不再攻入秦国本土，也就不必再向敝国借粮。敝国愿意出面调停，告诉秦昭王：'薛公无意伐灭秦国而张大韩、魏，只要大王释放楚怀王，要求楚怀王把下东国割让给齐国，薛公立刻退兵。'秦昭王感念君侯以德报怨，为了免于亡国，必将释放楚怀王。楚怀王感念君侯伐秦救己，为了能够返国，必将割让下东国。齐湣王得到下东国，必将重赏君侯。秦国不被过度削弱，就能从西面牵制三晋，三晋必定更加亲齐。"

孟尝君认为，函谷关以东的秦侵之地，易攻难守，收复较易。函谷关以西的秦国本土，易守难攻，攻入较难。攻破函谷关，齐国仍然不能得到寸土。得到下东国，必将重获齐湣王信任。于是采纳韩庆之策，命令匡章不再攻入函谷关，也不再向西周国借粮。

韩庆为孟尝君使秦，晋见秦昭王："孟尝君命我为使，要求大王保证以函谷关为界，秦军不再东进。大王只要释放楚怀王，要求楚怀王割让下东国给齐，联军立刻退兵！"[5]

赵武灵王趁着三国伐秦，第七次亲征中山，已经攻取了扶柳（今河北冀州）[6]。得知孟尝君与秦议和，急召群臣商议："孟尝君伐秦大胜，不再攻入函谷关，正在与秦议和。议和一旦成功，齐、魏必将腾出手来，阻止寡人伐灭中山。寡人打算阻止议和，可有二策：一是继续假装亲秦，促使秦昭王拒绝议和。二是加入合纵伐秦，促使孟尝君放弃议和。何策更佳？"

富丁说："暴秦无信无义，不能姑息养奸。大王应该加入伐秦！"

楼缓说："秦国仅失河东侵地，未失河西本土，元气未伤，仍然强大，所以孟尝君不敢攻入函谷关。大王此时加入伐秦，即使能够破秦，也将损失惨重，伐灭中山又将遥遥无期。唯有继续假装亲秦，让秦昭王以为能得赵援，拒绝议和。双方苦战函谷关，大王就能伐灭中山。"

司马浅说："楼缓之言不妥，富丁之言可取！孟尝君不知大王是假装亲秦，破秦以后必将策动合纵伐赵。"

赵武灵王问："寡人如果加入伐秦，何时能灭中山？"

司马浅说："大王仅需分出少量赵军加入伐秦，即可阻止议和。双方苦战函谷关，赵军主力就能伐灭中山。伐灭中山以后，赵军主力再移师伐秦，必能击破暴秦。"

楼缓又说："加入伐秦必须分兵，难以速灭中山。假装亲秦无需分兵，就能速灭中山。大王假装亲秦，不必担忧孟尝君识破，但要避免秦昭王识破。去年大王协防魏韩、禅位太子、冒名使秦，秦昭王必定有所警觉。大王只有既结秦，又连宋，才能打消秦昭王疑心。因为中原诸侯时而合纵，时而连横，摇摆不定。唯有宋康王一向亲秦，从未加入合纵。"[7]

赵武灵王采纳楼缓之策，决定结秦连宋，派遣楼缓使秦，仇赫使宋。[8]

赵、宋相邻，仇赫先到商丘，晋见宋康王："三国联军叩关，秦国告急！赵武灵王拥立秦昭王，与秦结盟已有九年。大王与秦结盟最久，所以赵武灵王决定结秦连宋，与大王共同出兵，袭击三国联军后路，牵制孟尝君伐秦。"

宋康王问策群臣。

田不礼说："秦国已被孟尝君打回原形，此时与赵结盟，袭击三国联军后路，不利宋国。"

曹商说："二十年前大王命我使秦，与秦惠王结盟。此后秦军战无不胜，诸侯尽管畏秦，仍然无视大王。九年前赵武灵王胡服骑射，为了孤立中山，又派赵固使秦，仇赫使韩，王贲使楚，富丁使魏，赵爵使齐，仍然无视大王。近年孟尝君发动合纵伐楚、合纵伐秦，仍与公孙衍一样无视大王。如今赵国之强，仅次于秦，赵武灵王主动求盟，大王不应拒绝。大王与秦、赵两强结盟，必将击败三国联军，天下诸侯再也不敢无视大王。"

宋康王听从曹商之言，罢免田不礼，改命仇赫为相。

田不礼罢相，降任右师，深恨仇赫、曹商，更恨宋康王、赵武灵王。[9]

赵、秦相远，楼缓后到咸阳，晋见秦昭王："赵武灵王去年被孟尝君蛊惑，隐名使秦，观察大王为人，敬佩大王是古今罕有的贤君，因此决意结秦连宋。命令仇赫使宋，与宋结盟。宋康王欣然从命，已命仇赫为相。赵、宋相约，联合袭击三国联军后路，帮助大王击败孟尝君！"

秦昭王被孟尝君打回原形，怒杀宠姬，正在考虑忍辱议和。意外得到赵、宋强援，于是拒绝议和，再次罢免魏冉，改命楼缓为相。[10]

秦、赵、宋连横，齐、魏、韩合纵，天下形成均势。

庄子七十二岁，孟尝君合纵伐秦大胜，赵、宋结盟。

蔺且问："当年秦强宋弱，所以宋康王主动与秦结盟。如今赵强宋弱，赵武灵王为何主动与宋结盟？"

庄子说："赵武灵王行事，常常出人意表。拥立燕昭王、秦昭王，胡服骑射，禅位幼主，冒名使秦，全都具有长远谋略，此举恐怕也不例外。诸侯时而合纵，时而连横，时而亲秦，时而叛秦，都是相互利用。比如孟尝君合纵伐楚，允许秦国加入，只是利用秦国，并非亲秦。孟尝君入秦为相，仅是假装亲秦，所以返齐以后，立刻发动合纵伐秦。如今赵武灵王结秦连宋，连宋仅是手段，结秦才是目的。不过结秦可能也是假象，意在避免齐、魏腾出手来，阻止赵国伐灭中山。秦昭王能够识破孟尝君并非真心亲秦，也能识破赵武灵王并非真心亲秦，所以任命楼缓为相，可能也是将计就计，假装相信赵武灵王是真心亲秦，可以促使孟尝君担心赵、宋袭击三国联军后路，不敢冒险攻入函谷关。庙堂人道就是如此，永远没有真德，只有利益得失，永远没有诚信，只有尔虞我诈。"[11]

笺注

[1]《楚世家》：顷襄王横元年（前298），秦要怀王不可得地，楚立王以应秦，秦昭王怒，发兵出武关攻楚，大败楚军，斩首五万，取析十五城而去。●《六国表》楚顷襄王元年（前298）：秦取我十六城。●《楚世家集解》：《年表》云"取十六城"，既取析，又并取左右十五城也。●秦简《编年记》：秦昭王九年（前298），攻析。▲杨宽：析在今河南内乡县西北。■《楚世家》、《六国表》合于《编年记》。秦昭王八年（前298）楚怀王留秦，孟尝君入秦为相。秦昭王九年（前295）孟尝君罢相，转相楼缓。《秦本纪》均误记于秦昭王十年（前296）。

[2]《秦本纪》：秦昭王十年（当作九年，前298），薛文以金受免，楼缓为丞相。●《孟尝君列传》：昭王即以孟尝君为秦相（前299）。（前298）人（赵使金受）或说秦昭王曰："孟尝君贤，而又齐族也，今相秦，必先齐而后秦，秦其危矣。"于是秦昭王乃止，囚孟尝君，谋欲杀之。孟尝君使人抵昭王幸姬求解。幸姬曰："妾愿得君狐白裘。"此时孟尝君有一狐白裘，值千金，天下无双，入秦献之昭王，更无他裘。孟尝君患之，遍问客，莫能对。最下坐有能为狗盗者曰："臣能得狐白裘。"乃夜为狗，以入秦宫臧中，取所献狐白裘至，以献秦王幸姬。幸姬为言昭王，昭王释孟尝君。孟尝君得出，即驰去，更封传，变名姓，以出关。夜半至函谷关。秦昭王后悔出孟尝君，求之已去，即使人驰传逐之。孟尝君至关，关法：鸡鸣而出客。孟尝君恐追至，客之居下坐者，有能为鸡鸣。而鸡齐鸣，遂发传出。

出如食顷，秦追果至关，已后孟尝君出，乃还。始孟尝君列此二人于宾客，宾客尽羞之。及孟尝君有秦难，卒此二人拔之。自是之后，客皆服。■孟尝君入秦为相在去年（前299），赵武灵王令金受败之在今年（前298），传文连言之。●《赵策四》十六：魏败楚于陉山，禽唐明（前301）。楚王惧，令昭应奉太子以委和于薛公（前300）。主父欲败之，乃结秦连宋之交（前299），令仇郝相宋，楼缓相秦（前298）。▲杨宽:《秦本纪》言"薛文以金受免，楼缓为丞相"。据《东周策》十四：周最谓金投曰："公负令秦与强齐战。"《东周策》十三：或为周最谓金投曰："秦以周最之齐疑天下，而又知赵之难予齐人战，恐齐、韩之合，必先合于秦。秦、齐合，则公之国虚矣。"可知金受当即金投，乃赵臣之亲秦而欲与齐战者。孟尝君之免秦相而代之以楼缓，盖金投游说昭王所致。秦以楼缓代薛文为相，乃赵武灵王组织赵、秦、宋联盟以对抗齐、魏、韩联盟之结果。■杨说金受即金投不误，但谓金受为赵臣之亲秦者，赵武灵王组织赵、秦、宋联盟以对抗齐、魏、韩联盟，均误。赵武灵王之结秦连宋，命金受使秦，命楼缓相秦，均属欺秦之伪装，是为伐灭中山争取时间，故于后年（前296）伐灭中山之后亲率赵、宋联军加入孟尝君发动的齐、魏、韩合纵伐秦，变成了齐、魏、韩、赵、宋五国合纵伐秦。

[3]《六国表》齐湣王二十六年（当作三年，前298）：孟尝君归相齐。●《田世家》：齐湣王二十六年（当作三年，前298），齐与韩、魏共攻秦，至函谷军焉。●《魏世家》：魏哀王（当作襄王）二十一年（前298），与齐、韩共败秦军函谷。●《韩世家》：韩襄王十四年（前298），与齐、魏王共击秦，至函谷而军焉。●《东周策》二五：三国临秦。■孟尝君发动齐、魏、韩三国合纵伐秦第一年（前298），攻至函谷关而驻军。

[4]《六国表》魏哀王（当作襄王）二十一年（前298）：河、渭绝一日。

[5]《孟尝君列传》（续上）：孟尝君怨秦，将以齐为韩、魏攻楚，因与韩、魏攻秦，而借兵食于西周。苏代（当从《西周策》一作韩庆）为西周谓曰："君以齐为韩、魏攻楚九年（当作五年），取宛、叶以北以强韩、魏，今复攻秦以益之。韩、魏南无楚忧，西无秦患，则齐危矣。韩、魏必轻齐畏秦，臣为君危之。君不如令敝邑深合于秦，而君无攻，又无借兵食。君

临函谷而无攻，令敝邑以君之情谓秦昭王曰：'薛公必不破秦以强韩、魏。其攻秦也，欲王之令楚王割东国以与齐，而秦出楚怀王以为和。'君令敝邑以此惠秦，秦得无破而以东国自免也，秦必欲之。楚王得出，必德齐。齐得东国益强，而薛世世无患矣。秦不大弱，而处三晋之西，三晋必重齐。"薛公曰："善。"因令韩、魏贺秦，使三国无攻，而不借兵食于西周矣。是时，楚怀王入秦，秦留之，故欲必出之。秦不果出楚怀王。●《西周策》一：薛公以齐为韩、魏攻楚（前303—前299），又与韩、魏攻秦（前298—前296），而藉兵乞食于西周。韩庆为西周谓薛公曰："君以齐为韩、魏攻楚（九）[五]年，取宛、叶以北以强韩、魏，今又攻秦以益之。韩、魏南无楚忧，西无秦患，则地广而益重，齐必轻矣。夫本末更盛，虚实有时，窃为君危之。君不如令弊邑阴合于秦而君无攻，又无藉兵乞食。君临函谷而无攻，令弊邑以君之情谓秦王曰：'薛公必破秦以张韩、魏，所以进兵者，欲王令楚割东国以与齐也。'秦王出楚王以为和，君令弊邑以此忠秦，秦得无破，而以楚之东国自免也，必欲之。楚王出，必德齐，齐得东国而益强，而薛世无患。秦不大弱，而处之三晋之西，三晋必重齐。"薛公曰："善！"因令韩庆入秦，而使三国无攻秦，而使不藉兵乞食于西周。■《孟尝君列传》"以齐为韩、魏攻楚，因与韩、魏攻秦"，《西周策》一"薛公以齐为韩、魏攻楚，又与韩、魏攻秦"，前句谓孟尝君发动齐、魏、韩三国合纵伐楚五年（前303—前299），后句谓孟尝君发动齐、魏、韩三国合纵伐秦三年（前298—前296）。

[6]《赵策四》八：三国攻秦，赵攻中山，取扶柳。▲杨宽：扶柳在今河北冀县西北。■赵武灵王今年（前298）第七次亲征中山。

[7]《赵策三》五：富丁欲以赵合齐、魏，楼缓欲以赵合秦、楚。富丁恐主父之听楼缓而合秦、楚也。司马浅为富丁谓主父曰："不如以顺齐。今我不顺齐以伐秦，秦、楚必合，而攻韩、魏。韩、魏告急于齐，齐不欲伐秦，必以赵为辞，则伐秦者赵也，韩、魏必怨赵。齐之兵不西，韩必听秦违齐，违齐而亲[秦]，兵必归于赵矣。今我顺[齐]而齐不西，韩、魏必绝齐，绝齐则皆事我。且我说齐，齐无不西。日者，楼缓坐魏三月，不能散齐、魏之交。今我顺，而齐、魏果西，是罢齐散秦也，赵必为天下重国。"

主父曰："我与三国攻秦，是俱敝也。"曰："不然。我约三国而告之秦，以未构中山也。三国欲伐秦之果也，必听我，欲和我。中山听之，是我以（王因）[三国]饶中山而取地也。中山不听，三国必绝之，是中山孤。三国不能和我，虽少出兵可也。我分兵而孤中山，中山必亡。我已亡中山，而以余兵与三国攻秦，是我一举而两取地于秦、中山也。"■《赵策三》五末句"我已亡中山，而以余兵与三国攻秦，是我一举而两取地于秦、中山也"，正是赵武灵王的根本战略。赵武灵王先采楼缓之策"结秦连宋"，后采富丁之策于灭中山后加入三国伐秦。【附考一】《赵策四》五：楼缓将使（相秦），伏事，辞行，谓赵王曰："臣虽尽力竭知，死不复见于王矣。"王曰："是何言也？固且为书而厚寄卿。"楼子曰："王不闻公子牟夷（当作目夷）之于宋乎？非肉不食。文张善宋，恶公子牟夷（当作目夷），寅然。今臣之于王，非宋之于公子牟夷（当作目夷）也，而恶臣者过文张，故臣死不复见于王矣。"王曰："子勉行矣，寡人与子有誓言矣。"楼子遂行。后以中牟反，入梁。候者来言，而王弗听，曰："吾已与楼子有言矣。"■此策为楼缓相秦之内幕。楼缓深知赵武灵王结秦连宋是伪装，而不知内幕的赵臣（及后世史家）以为楼缓是叛赵仕秦，故曰"臣虽尽力竭知，死不复见于王矣"。【附考二】《赵策三》六（前298）：魏因富丁且合于秦，赵恐，请效地于魏而听薛公。教子欷谓李兑曰："赵畏横之合也，故欲效地于魏而听薛公。公不如令主父以地资周最，而请相之于魏。周最以天下辱秦者也，今相魏，魏、秦必虚矣。齐、魏虽劲，无秦不能伤赵。魏王听，是轻齐也。秦、魏虽劲，无齐不能得赵。此利于赵而便于周最也。"■此策亦证赵武灵王结秦连宋是伪装，故曰"赵畏横之合也，故欲效地于魏而听薛公"。赵武灵王唯恐齐、魏、韩驻军函谷关外不再伐秦，于是"以地资周最，而请相之于魏"，因为"周最以天下辱秦者也，今相魏，魏、秦（之交）必虚矣"。只要齐、魏、韩联军驻守函谷关外不东撤，魏襄王就无暇救魏属中山，赵武灵王就能伐灭中山。

[8]《赵策四》十六：主父欲败之，乃结秦连宋之交（前299），令仇郝（即仇赫）相宋，楼缓相秦（前298）。●《东周策》十九：谓周最曰："仇赫之相宋，将以观秦之应赵、宋，败三国。三国不败，将与赵、宋合于东

方以孤秦，亦将观韩、魏之于齐也。不固，则将与宋败三国，则卖赵、宋于三国。公何不令人谓韩、魏之王曰：'欲秦、赵之相卖乎？何不令周最兼相，视之不可离，则秦、赵必相卖以合于王也。'"■《赵策四》十六"主父欲败之"，即言赵武灵王不欲伐秦联军与秦讲和而东撤。《东周策》十九"将与赵、宋合于东方以孤秦"，即言赵武灵王将在灭中山后以赵、宋联军加入合纵伐秦。西周国相周最是"以天下辱秦者"（《赵策三》六），不知赵武灵王结秦连宋乃是伪装，所以想要兼相魏、韩，既坚魏、韩伐秦之志而不东撤，又"欲秦、赵之相卖"。【附考】《赵世家》：赵武灵王二十年（前306），王略中山地，至宁葭；西略胡地，至榆中。林胡王献马。归，使楼缓之秦，仇液之韩，王贲之楚，富丁之魏，赵爵之齐。■赵武灵王八年前（前306）"使楼缓之秦，仇（液）[赫]之韩，王贲之楚，富丁之魏，赵爵之齐"，今年（前298）"令仇赫相宋，楼缓相秦"，均为深谋远虑的外交战略。

[9]《墨子·所染》：宋康染于唐鞅、佃不礼。●《吕览·当染》：宋康王染于唐鞅、田不禋（当作礼）……所染不当，故国皆残亡，身或死辱，宗庙不血食，绝其后类，君臣离散，民人流亡。■宋康王先后以唐鞅、田不礼为相。赵武灵王命仇赫相宋之时，宋相为田不礼。

[10]《秦本纪》：秦昭王十年（当作九年，前298），薛文以金受免。楼缓为丞相。■齐相孟尝君相秦而罢免魏冉，赵臣楼缓相秦而罢免魏冉，仅是秦国联齐、联赵的外交姿态，秦相实权仍在魏冉。

[11]《庄子·齐物论》：言者有言，其所言者特未定也。●《庄子·大宗师》：夫知有所待而后当，其所待者特未定也。

纵横待赵齐湣听竽，魏牟隐楚东郭问道

前297年，岁在甲子。庄周七十三岁。宋康王四十一年。

周赧王十八年。秦昭王十年。楚顷襄王二年。魏襄王二十二年。韩襄王十五年。赵惠文王二年。齐湣王四年。燕昭王十五年。鲁湣公六年。卫嗣君十八年。中山后王四年。

孟尝君发动齐、魏、韩三国合纵伐秦，进入第二年。

双方对峙于函谷关，联军无法攻入，秦军无法攻出。

孟尝君认为，赵武灵王结秦连宋可能是假象，意在等待双方消耗实力，然后以生力军加入伐秦。

秦昭王认为，赵武灵王结秦连宋可能是真心，意在等待双方消耗实力，然后以生力军袭击联军。

双方都在等待赵军增援。苦等一年，赵军没有出现，僵局仍未打破。

宋康王也在等待，询问仇赫："先生奉赵武灵王之命，与寡人结盟，约定共同袭击三国联军后路，为何至今毫无动静？"

仇赫说："函谷关易守难攻，秦国暂无大碍。三国联军一举收复魏、韩失地，士气正盛，难以一举击溃。赵武灵王准备先伐中山，迫使齐、魏停止伐秦，回救中山。即使齐、魏不救中山，继续伐秦，也必久战力疲，粮草耗尽，那时赵、宋再袭联军后路，必将大胜。大王不如先助赵国征伐中山，然后赵、宋再袭三国联军后路。大王与秦、赵两强结盟，必能复兴殷商之盛！"

宋康王听信其言，命令田不礼率领宋军往赵，助伐中山。

田不礼暗喜，决意利用这一机会，报复赵武灵王夺相、宋康王罢相之仇。

楚怀王也在等待。囚秦两年，先等楚臣营救，得知太子熊横继位，又惊又怒。随后得知孟尝君伐秦大胜，转忧为喜。如今得知双方僵持于函谷关，转喜为愁。于是趁着秦军前方吃紧，后方松懈，冒险逃出咸阳。

秦昭王立刻派兵追捕，封锁通往楚国的南路。

楚怀王改走北路，逃往赵国。

赵武灵王领兵在外，不在邯郸。赵惠文王年仅十三岁，尚未亲政。肥义留守邯郸，按照结秦连宋之策，拒绝楚怀王入赵。

楚怀王再改东路，逃往魏国，却被秦兵追到，重新押回咸阳，忧愤而病。[1]

赵武灵王北赴代郡，巡行近年攻取的中山新地。又出代郡西行，在河西会见楼烦王，收编东胡骑兵为雇佣军，增强赵国军力。

又把田不礼的宋军，编入赵国中军，归前太子赵章指挥。准备发动伐灭中山的最后一战。[2]

三年前，中山后王魏尚于赵军大破中山之后继位。此后第一年赵军又伐，不敢懈怠。第二第三年赵军未伐，于是懈怠下来，听凭司马熹专权，宠信佞臣魏义、偃长，广选美女，沉湎酒色。

王叔魏牟进谏："大王不应听凭司马熹继续专权，更不应亲近魏义、偃长。赵武灵王必将再伐，齐、魏正在全力伐秦，无暇援救中山！"

中山后王不听。

魏牟眼看中山将亡，离开灵寿，南游楚国。[3]

孟尝君策动诸侯伐楚伐秦多年，齐湣王即位以后无所事事，沉湎乐舞。

齐宣王喜欢听竽，由于忙于国事，偶尔听竽，喜欢让宫廷乐队的三百乐师合奏。

齐湣王禀承父风，同样喜欢听竽，由于国事不必自己操心，为了消磨时光，命令宫廷乐队的三百乐师，一一独奏。

宫廷乐师原本个个技艺卓绝，因为齐宣王爱听合奏，很多人混迹其中，技艺逐渐荒废。

齐湣王突然要求一一独奏，许多人荒腔走板，轻则受刑，重则被诛。

南郭先生惧诛，连夜逃走。[4]

魏牟至楚，拜见老聃之徒詹何："江湖传闻，先生隐居山中，道行高深，能够未卜先知，与老聃、田子方齐名。特来求教！"

詹何说："我怎能与老聃、田子方相比！如今否术大行，天下乱战，只要不是利欲熏心，没有利令智昏，人人可以未卜先知。楚怀王当国三十年，举措失当，由强转弱，国破民叛，四分五裂。所以我远离庙堂，归隐江湖。"

魏牟问："我虽然身形流落于江湖之上，德心仍然牵挂于庙堂之下，如之奈何？"

詹何说："重视生命！只要重视生命，必能淡泊名利，轻视爵禄。"

魏牟说："尽管知晓此理，然而不能战胜俗念。"

詹何说："不能战胜俗念，只能顺从俗念。顺从俗念，你的心神不厌恶吗？既不能战胜俗念，又勉强自己不从俗念，必受双重伤害。受到双重伤害，必难尽其天年。"

魏牟说："我已厌倦庙堂人道，愿随先生学习江湖天道。"

詹何说："你是万乘之王的公子，隐居山岩洞穴，难度大于布衣。若能发此大愿，即使不能领悟天道，也已难能可贵。"

魏牟二十四岁，师从五十四岁的詹何学道。[5]

庄子七十三岁，继续著书，弘扬天道。

东郭子闻讯，质问庄子："天下大旱，诸侯大战，饥民遍地，仁义不存，人与人相食。先生所言天道，究竟何在？"

庄子说："无所不在。"

东郭子说："先生必须指实天道所在，我才愿意认可。"

庄子说："天道在于蝼蛄、蚂蚁。"

东郭子问："为何如此卑下？"

庄子说："天道在于稊米、稗草。"

东郭子问："为何愈加卑下？"

庄子说："天道在于瓦片、砖头。"

东郭子问："为何更为卑下？"

庄子说："天道在于屎粪、尿液。"

东郭子不再说话，神色不以为然。

庄子说："你的问题，原本没有涉及本质。刚才我去东门，看见市场小吏正获，向屠夫询问猪的肥瘦。屠夫仅仅捏捏猪脚，即已明白猪的肥瘦，因为猪脚的肥瘦最为明显。除非你不要我指实天道所在，否则我的回答无法离开具体之物。天道既然在于小物，必然在于大物。我名周，我儿子名遍、名咸，三名取义相同，都是表示天道遍在万物。不过天下万物，包括我们人类，难以尽知天道。天道造化万物，主宰万物，与万物没有界限，所以天道没有局限。万物被天道造化，被天道主宰，所以万物均有界限，万物均有局限。天道遍在万物，呈现于万物的盈亏生杀。万物均有盈亏、生杀、本末、积散，无时不变。天道没有盈亏、生杀、本末、积散，古今不变。"[6]

东郭子走后，蔺且问："为何世人大多不信天道遍在万物？"

庄子说："《老子》如此论道：'视之不见，名之曰微；听之不闻，名之曰希；搏之不得，名之曰夷。是谓无状之状，无物之象。'人们不相信看不见摸不着的天道，只相信看得见摸得着的万物。然而万物又有生死，不能长存，所以人们又无法真正相信万物，只能追逐万物，终身不返。惠施尚且如此，众人更是如此，所以毫无信仰，全无特操！"[7]

笺注

[1]《秦本纪》：秦昭王十一年（当作十年，前297），楚怀王走之赵，赵不受，还之秦，（十一年，前296）即死，归葬。■《秦本纪》连言二年之事。●《六国表》秦昭王十年（前297）：楚怀王亡之赵，赵弗内。●《屈原列传》：（怀王）亡走赵，赵不内，复之秦。●《楚世家》：楚顷襄王二年（前297），楚怀王亡逃归，秦觉之，遮楚道，怀王恐，乃从间道走赵以求归。赵主父在代，其子惠王初立，行王事，恐，不敢入楚王。楚王欲走魏，秦追至，遂与秦吏复之秦。怀王遂发病。■赵惠文王乃按主父所定"结秦连宋"之策，故意不纳楚怀王。意在使秦、楚交恶，促使齐、魏、韩继续合纵伐秦，为赵伐灭中山争取时间。

[2]《赵世家》：惠文王二年（前297），主父行新地，遂出代，西遇楼烦王于西河而致其兵。▲杨宽：武灵王二十年林胡王献马，是年又遇楼烦王而致其兵。致其兵者，招徕其兵，实即收编其兵。盖赵在降服林胡、楼烦之后，尝收编其兵，因而赵之兵力大为加强。

[3]《墨子·所染》：中山尚染于魏义、偃长……所染不当，故国家残亡，身为刑戮，宗庙破灭，绝无后类，君臣离散，民人流亡。■《吕览·当染》略同，"偃"作"椻"。

[4]《韩非子·内储说上》：齐宣王使人吹竽，必三百人。南郭处士请为王吹竽，宣王说之，廪食以数百人。宣王死，湣王立，好一一听之，处士逃。

[5]《庄子·让王》：中山公子牟谓詹子曰："身在江海之上，心居乎巍阙之下，为之奈何？"詹子曰："重生！重生则轻利。"中山公子牟曰："虽知之，未能自胜也。"詹子曰："不能自胜，则从之。从之，神无恶乎？不能自胜而强不从者，此之谓重伤。重伤之人，无寿类矣。"魏牟，万乘之公子也。其隐岩穴也，难为于布衣之士。虽未至乎道，可谓有其意矣。■詹何（前350—前270），楚人，道家，时年（前297）五十五岁。魏牟（前320—前240），魏属中山公子，时年二十五岁。

[6]《庄子·知北游》：东郭子问于庄子曰："所谓道，恶乎在？"庄子曰："无所不在。"东郭子曰："期而后可。"庄子曰："在蝼蚁。"曰："何其下邪？"曰："在稊稗。"曰："何其愈下邪？"曰："在瓦甓。"曰："何其愈甚邪？"曰："在屎溺。"东郭子不应。庄子曰："夫子之问也，固不及质。正获之问于监市，履狶也，每下愈况。汝唯莫必，无乎逃物。至道若是，言大亦然。周、遍、咸三者，异名同实，其指一也。尝相与游乎无何有之宫，同合而论，无所终穷乎？尝相与无为乎？澹而静乎？漠而清乎？调而闲乎？寥矣吾志，既往焉，而不知其所至；去而来，而不知其所止。吾已往来焉，而不知其所终，彷徨乎冯闳。大知入焉，而不知其所穷。物物者，与物无际；而物有际者，所谓物际者也。不际之际，际之不际者也，谓盈虚长杀。彼为盈虚，非盈虚；彼为长杀，非长杀；彼为本末，非本末；彼为积散，非积散也。"

[7]《庄子·齐物论》：魍魉问影曰："曩子行，今子止；曩子坐，今子起，何其无特操欤？"影曰："吾有待而然者邪？吾所待又有待而然者邪？吾待蛇蚹蜩翼邪？"恶识所以然？恶识所以不然？

赵灭中山五国破秦，宋并滕国庄子怜民

前296年，岁在乙丑。庄周七十四岁。宋康王四十二年。

周赧王十九年。秦昭王十一年。楚顷襄王三年。魏襄王二十三年（卒）。韩襄王十六年（卒）。赵惠文王三年（灭中山）。齐湣王五年。燕昭王十六年。鲁湣公七年。卫嗣君十九年。中山后王五年（灭）。

孟尝君发动齐、魏、韩三国合纵伐秦，进入第三年。
双方对峙于函谷关，仍在苦等赵国援军。

赵武灵王一切准备就绪，率领倾国之兵，第八次亲征中山。
楼烦王的东胡雇佣军，田不礼的宋国增援军，助赵征伐中山。
赵军攻破灵寿（今河北平山），中山后王魏尚立刻诛杀专权三十三年（前328—前296）的司马熹，又杀佞臣魏义、偃长，然后纳土降赵，被赵武灵王贬为庶民，迁至肤施（今陕西榆林）。
中山亡国，君臣离散，民众流亡。
魏属中山，共历六君：中山武公魏击（前405—前403，后为魏武侯），中山桓公魏絷（前402—前350），中山成公魏某（前349—前328），中山先王魏瞿（前327—前310），中山嗣王魏姧蚕（前309—前301），中山后王魏尚（前300—前296）。国祚一百十年（前405—前296）。[1]

赵武灵王凯旋邯郸，大宴五日，论功行赏。

执掌中军的前太子赵章二十五岁，封为安阳君，封地代郡。既是随父征战的奖赏，也是储位被废的补偿。

赵武灵王询问群臣："谁愿辅佐安阳君？"

赵国群臣均愿辅佐赵惠文王，不愿辅佐前太子，无人应命。

田不礼说："我愿辅佐安阳君！更愿率领宋军，追随大王伐秦！"

赵武灵王大悦，任命田不礼为代郡之相。

赵章怒于储位被废，耻于臣事幼弟，愤于群臣势利，从此与田不礼密谋叛乱，决意夺回王位。[2]

赵武灵王庆功封赏既毕，立刻亲率赵国骑兵、田不礼宋军、中山降军，开赴函谷关，驰援三国联军。[3]

正在此时，楚怀王熊槐死了。三十一岁即位，在位三十年（前328—前299）。被秦昭王诱捕囚禁三年（前298—前296），客死秦都咸阳，终年六十三岁（前358—前296）。

消息传出，秦人怀惭，楚人悲愤。天下鄙视虎狼之秦。

楚国境内，盛传民谣："楚虽三户，亡秦必楚！"

屈原在流放地，忧愤不已，撰写了《离骚》、《九歌》、《国殇》等辞赋。[4]

孟尝君把楚怀王之死，视为打破僵局的良机，命令匡章发动猛攻，一举攻破了函谷关。

秦昭王苦撑两年，仍未等到赵、宋联军袭击三国联军后路，被迫割地求和。

孟尝君不允求和，命令联军深入秦境，务必攻破咸阳，伐灭暴秦。[5]

宋突奉宋康王之命，拜见仇赫："赵武灵王伐灭中山，齐、魏不救，未能阻止孟尝君伐秦。大王希望相国劝说赵武灵王，归还中山之地，派人通报孟尝君：'秦、赵、宋、中山四国，正在密谋借道卫国，阻断匡章后路。'必能迫使孟尝君停止伐秦。"

仇赫大笑："赵武灵王并非真心亲秦。拥立秦昭王，意在使秦内乱。结秦连宋，意在伐灭中山。如今中山已灭，赵武灵王正率赵国骑兵、田不礼宋军、中山降军，西行加入伐秦。" [6]

宋康王大惊，急召仇赫质问："赵武灵王结秦连宋，寡人才命先生为相，又命田不礼助伐中山。如今赵武灵王突然叛盟伐秦，又胁迫田不礼以寡人名义叛盟伐秦，岂非陷害寡人？"

仇赫说："大王不必担心秦昭王报复！孟尝君发动三国伐秦，已把秦国打回原形。赵国北驱东胡，东灭中山，拓地千里，已经取代秦国跃居天下最强。秦国步卒虽以斩首之威，长胜中原步卒，却不能战胜义渠骑兵，凭借宣太后色诱劫杀义渠王，才把义渠逼回漠北。赵国骑兵远比义渠骑兵强大，横扫东胡骑兵、中山骑兵不费吹灰之力，击败秦国步卒更加轻而易举。如今赵、宋加入伐秦，五国联军必破暴秦。大王叛秦亲赵，必无后患。"

宋康王惊疑不定，不敢斥责仇赫欺骗自己。

曹商说："大王不妨静观五国伐秦结果如何，然后再作决定。如今诸侯全力伐秦，中原空虚，正是大王伐滕的良机。"

宋康王采纳其策，一举伐灭了夹在宋、齐、楚之间的滕国（今山东滕州西南）。

滕成公在位二十一年（前316—前296），身死国灭。[7]

孟尝君发动齐、魏、韩三国合纵伐秦三年，第一年攻至函谷关，第二年相持函谷关，第三年攻破函谷关。随后赵武灵王亲率赵国骑兵、田不礼宋军、中山降军加入伐秦，变成齐、魏、韩、赵、宋五国合纵伐秦。

赵武灵王十七年前向秦惠王称臣，此后不敢与秦交战，苦思破秦之策。胡服骑射以后，北驱东胡，东灭中山，拓地千里，赵国强势崛起，威震天下。

斩首计功的秦国步卒，首次遭遇胡服骑射的赵国铁骑，不堪一击，一触即溃。

赵武灵王一举收复被秦侵占的西部重镇蔺邑（今山西柳林）、离石（今山西吕梁）。

伐秦联军得到赵国骑兵之助，攻至盐氏（今山西运城）。[8]

正在此时，魏襄王魏嗣羞愤于中山被赵伐灭，愧对父祖，惊惧而死，在位二十三年（前318—前296）。

太子魏政继位，即魏昭王。王后是齐宣王之女。[9]

魏襄王葬于汲郡（今河南卫辉），墓中葬入《归藏》、《竹书纪年》、《穆天子传》等书，于西晋咸宁五年（279年）出土。《归藏》为孔子得之于宋，子夏携带至魏。唐宋以后，《归藏》、《竹书纪年》亡佚，《穆天子传》独存至今。[10]

事有凑巧，韩襄王韩仓也暴病而亡，在位十六年（前311—前296）。

太子韩咎继位，即韩釐王。[11]

秦昭王面临亡国，趁着魏、韩两国易君治丧，急忙求和，把封陵（今山西永济西南）还给魏国，把武遂（今山西垣曲东南）还给韩国，把楚怀王遗体送归楚国。[12]

魏昭王、韩釐王急于罢兵，孟尝君被迫改变主意，接受秦国求和，失去了灭秦的唯一机会。

秦昭王三十岁，遭遇重创，幸免亡国，对天发誓："孟尝君策动伐秦，赵武灵王、宋康王叛盟伐秦，寡人必报大仇！"

宋康王被赵武灵王欺骗，慑于赵武灵王之威，不敢罢免仇赫。又担心秦昭王报复，立刻召见曹商："孟尝君未能灭秦，即与秦国休兵。寡人担心秦昭王报复，命你再次使秦，向秦昭王说明，田不礼叛盟伐秦，乃被赵武灵王胁迫，未奉寡人之命。"

曹商至秦，晋见秦昭王："赵武灵王结秦连宋，宋康王受到欺骗，任命仇赫相宋，又命田不礼助赵征伐中山，希望齐、魏停止伐秦，还救中山。没想到齐、魏一心伐秦，竟然不救中山，也没想到赵武灵王伐灭中山以后，竟然叛盟伐秦，更没想到田不礼不满被宋康王罢相，竟然叛宋仕赵，出任代相。田不礼助赵叛秦，意在陷害宋康王，破坏秦、宋之盟。大王不能责怪宋康王轻信赵武灵王，因为大王也被赵武灵王欺骗，任命楼缓相秦！"

秦昭王大悦："先生所言甚是！宋康王和寡人均被赵武灵王欺骗，寡人不怪宋康王，愿意永结秦、宋之好！"

秦昭王同样慑于赵武灵王之威，不敢罢免楼缓。

曹商返宋复命。

宋康王如释重负，重赏曹商。

孟轲七十七岁，离齐归邹已有十六年，得知宋康王灭滕，感慨万千。自己先后寄望宋康王、滕文公、齐宣王成为圣王，如今滕文公已死二十一年，齐宣王已死六年，唯有宋康王仍在倒行逆施，于是发愤著书。[13]

庄子七十四岁，孟尝君破秦，赵武灵王叛秦。

蔺且问："秦人虽是虎狼之性，一向无信无义，但是宣太后原是楚国宗室，秦昭王为何竟然诱捕楚怀王，囚禁至死？"

庄子叹息："秦昭王弑兄篡位，大肆清洗宗室。宣太后又弑杀正后，大肆清洗旧臣、客卿，重用其弟魏冉、芈戎和外甥向寿。外戚干政专权，秦国宗室、群臣、客卿必然不满，疑其心向母邦，心向中原。宣太后、魏冉为了固位止谤，必须做出超常之举，最大限度出卖楚国和损害中原，因而激起中原诸侯同仇敌忾，追随孟尝君伐秦。"

蔺且问："孟尝君破秦，夫子如何评价？"

庄子说："当年齐威王礼贤下士，礼敬不臣天子、不友诸侯的陈仲子、匡章。孟尝君颇有齐威王之风，同样礼贤下士，礼敬不臣天子、不友诸侯的高士，十分难得。孟尝君伐楚五年大胜，伐秦三年大胜，诸侯听命，成为天下第一权相，已经功高震主，如果不循泰道，不知持盈保泰，必有后患。"

蔺且问："赵武灵王背叛与秦十年之盟，帮助孟尝君破秦，夫子如何评价？"

庄子说："赵武灵王拥立秦昭王乱秦以后，实行胡服骑射，北驱东胡，东灭中山；结秦连宋，叛盟伐秦，西破暴秦。可谓全局在胸，谋定后动，动必成功，功业赫赫。十年之间，赵国骑兵战无不胜，拓地数千里，取代秦国跃居天下最强。赵武灵王如今天下无敌，如果不循泰道，不知持盈保泰，也有后患。"

蔺且说："孟尝君仅是相国，功高震主而有后患。赵武灵王乃是君主，没有功高震主之忧，为何也有后患？"

庄子说："《老子》有言：'祸莫大于无敌，无敌近亡吾宝矣。'赵武灵王天下无敌之后，举措失当。废长立幼，另封前太子赵章于代郡，重用宋国乱臣田不礼，全都埋下了重大隐患。宋康王尽管短于任用贤臣，然而长于培植乱臣。司马熹已经先乱宋国，后乱中山。田不礼也将先乱宋国，后乱赵国。"

蔺且说："天下局势，今后又将如何变化？"

庄子说："秦昭王囚死楚怀王，丧尽道义，遭遇重创，丧失了商鞅变法以来四世秦君东进中原所取之地。秦国一旦恢复元气，必将疯狂报复，重新东进中原。战争规模必将继续扩大，战争时间必将旷日持久，中原军民必将遭遇残暴屠戮。斩首计功的秦军步卒，天下无敌的赵国骑兵，必将进入新一轮厮杀对决。"

笺注

[1]《赵世家》：赵惠文王三年（前296），灭中山，迁其王于肤施。起灵寿，北地方从，代道大通。●《韩非子·说林上》：鲁丹三说中山之君而不受也，因散五十金事其左右。复见，未语，而君与之食。鲁丹出，而不反舍，遂去中山。其御曰："反见，乃始善我，何故去之？"鲁丹曰："夫以人言善我，必以人言罪我。"未出境，而公子恶之曰："为赵来间中山。"君因索而罪之。▲杨宽：此亦疑中山君尚晚年事。●《韩非子·外储说左上》（《中山策》七略同）：赵主父使李疵视中山可攻不也。还报曰："中山可伐也。君不亟伐，将后齐、燕。"主父曰："何故可攻？"李疵对曰："其君见好岩穴之士，所倾盖与车，以见穷间隘巷之士以十数，优礼下布衣之士以百

数矣。"君曰："以子言论，是贤君也，安可攻？"疵曰："不然。夫好显岩穴之士而朝之，则战士怠于行阵；上尊学者，下士居朝，则农夫惰于田。战士怠于行阵者，则兵弱也；农夫惰于田者，则国贫也。兵弱于敌，国贫于内，而不亡者，未之有也。伐之不亦可乎？"主父曰："善。"举兵而伐中山，遂灭也。▲杨宽：赵武灵王以胡服骑射攻灭中山而略胡地，而中山则以礼贤下士，怠于耕战而衰亡。●《吕览·贵卒》：赵氏攻中山。中山之人多力者曰吾丘鸩。衣铁甲，操铁杖以战，而所击无不碎，所冲无不陷，以车投车，以人投人也。几至将所而后死。▲杨宽：中山之战士颇有勇于行阵者，非皆怠于行阵者。■杨说自我抵牾。中山若怠于耕战，怎能伐燕取地？赵武灵王今年（前296）第八次亲征中山，灭之。

[2]《赵世家》(续上)：(主父) 还归，行赏，大赦，置酒酺五日，封长子章为代安阳君。章素侈，心不服其弟所立。主父又使田不礼相章也。■田不礼前为宋相，赵武灵王命仇赫相宋后田不礼罢免宋相，率领宋军助赵伐灭中山。赵武灵王自负，不知田不礼已怀二心，反而命其为前太子赵章之相，埋下田不礼唆使赵章叛乱之祸根。

[3]《秦本纪》：秦昭王十一年（前296），齐、韩、魏、赵、宋、中山五国共攻秦。●《秦本纪正义》：盖中山此时属赵，故云五国也。

[4]《秦本纪》：秦昭王十一年（前297），楚怀王走之赵，赵不受，还之秦，即死，归葬（前296）。●《楚世家》：楚顷襄王三年（前296），怀王卒于秦，秦归其丧于楚。楚人皆怜之，如悲亲戚。诸侯由是不直秦。秦、楚绝。●《屈原列传》：(怀王) 死于秦而归葬。

[5]《秦策四》三：三国攻秦，入函谷。秦王谓楼缓曰："三国之兵深矣，寡人欲割河东而讲。"对曰："割河东，大费也；免于国患，大利也。此父兄之任也，王何不召公子池而闻焉？"王召公子池而问焉，对曰："讲亦悔，不讲亦悔。"王曰："何也？"对曰："王割河东而讲，三国虽去，王必曰：'惜矣！三国且去，吾特以三城从之。'此讲之悔也。王不讲，三国入函谷，咸阳必危，王又曰：'惜矣！吾爱三城而不讲。'此又不讲之悔也。"王曰："钧吾悔也，宁亡三城而悔，无危咸阳而悔。寡人决讲矣。"卒使公子池以三城讲于三国，三国之兵乃退。▲杨宽：《韩非子·内储说上》大

体相同，公子池作公子沲。沲为池误，池又作他，见《秦策二》十五、《赵策一》十一。■楼缓去年（前297）相秦，今年（前296）三国攻秦而赵军爽约不救，而推诿于秦王父兄，不肯负责，足证深知赵武灵王之策，故明年（前295）被秦昭王罢相。楼缓又深知秦王讲和亦悔不讲和亦悔，自己献策必被祸及，献策可能事后被诛，装傻顶多事后罢相。又秦昭王问策楼缓之时，赵、宋尚未加入伐秦。如果孟尝君此时已允求和，则无赵、宋加入攻秦之事。

[6]《赵策四》八：三国攻秦，赵攻中山，取扶柳。五年（当作三年）以擅呼沲（肤施），齐人戎郭。宋突谓仇郝曰："不如尽归中山之新地。中山案此言于齐曰：'四国将假道于卫，以（过）[遏]章子（匡章）之路。'齐闻此，必效鼓。"▲杨宽：扶柳在今河北冀县西北。"齐人戎郭"，即指军屯于函谷关而言。宋突向宋相仇赫献策，盖为中山谋求解脱困境……未尝施用，但由此可以了解当时之形势。■杨宽误系宋突事于三国伐秦第一年（前298）。"三年以擅呼沲"，乃言"三国攻秦"第三年（前296），赵灭中山而徙中山后王魏尚于肤施。事在赵、宋合灭中山之后，背叛秦盟加入合纵伐秦之前。宋康王命田不礼率领宋军助赵伐中山，宋臣宋突不可能"为中山谋求解脱困境"，而是问仇赫为何不按赵武灵王"结秦连宋"之策救秦，因为宋康王不知赵武灵王"结秦连宋"乃是欺秦之伪装。

[7]《世本》：滕氏，周文王第十四子滕侯之后，子孙以国为氏。●《宋卫策》八（《新序·杂事四》二八略同）：宋康王……灭滕。●《赵策四》四：秦起中山与胜（当作滕），而赵、宋同命。▲金正炜：胜当为滕。中山灭于赵，滕灭于宋，秦复起二国，故曰赵、宋同命。▲杨宽：宋灭滕，确与赵灭中山同时。▲谭贞默《孟子编年略》：传记滕文公卒，再传二十一年，灭于宋。与此正合。■滕定公在位年数不详（？—前324）。滕文公在位八年（前323—前316），因滕成公当年改元而实计七年（前323—前317）。滕成公在位二十一年（前316—前296），身死国灭。【附考】越王朱句三十四年（前415），越灭滕。此后越国内乱，滕得复国。《史记》无《滕世家》，仅于《陈杞世家》附言及之："滕、薛、骓、夏、殷、周之闲封也，小，不足齿列，弗论也。"今因《孟子·滕文公》而滕国广为人知。孟子先因宋康王欲

行王政而离齐往宋，后因宋康王放弃王政而离宋返邹。又因在宋期间得遇时为世子的滕文公，故于滕定公殁后赴滕治丧，欲行王政，恢复井田，旋即失败。最后孟子曾寄厚望的宋康王灭滕。

[8]《秦本纪》：秦昭王十一年（前296），齐、韩、魏、赵、宋、中山五国共攻秦，至盐氏而还。秦与韩、魏河北及封陵以和。彗星见。●《秦本纪正义》：盖中山此时属赵，故云五国也。●《括地志》：盐故城一名司盐城，在蒲州安邑县。●《韩非子·存韩》：先时五诸侯共伐秦，韩反与诸侯先为雁行，以向秦军于关下矣。▲杨宽：三国攻秦函谷，先后有三年之久，赵、宋持观望态度，及是年三国得胜，攻入函谷，于是赵、宋起兵与齐、魏、韩三国向河东进攻，攻至盐氏，迫使秦归还已占有之河外及封陵、武遂。盐氏在今山西运城。■杨宽未明因果。赵武灵王"结秦连宋"是为伐灭中山争取时间的暂时伪装。三国攻入秦国之同时，赵武灵王已灭中山，遂撕下伪装伐秦。田不礼仅受宋康王之命助赵伐中山，未受宋康王之命助赵伐秦。田不礼叛宋仕赵，亦非忠赵，而是欲报赵武灵王命仇赫夺其相之仇，故唆使赵章叛乱，导致赵武灵王饿死。此后齐伐宋，秦弃宋，远因正是田不礼率领宋军助赵伐秦。

[9]《魏世家》：二十三年（前296），哀王（当作襄王）卒，子昭王立。●《魏世家索隐》引《世本》：昭王名遫。■魏襄王太子名魏政，秦惠王更元十二年（前313）为秦所立，史籍未言魏襄王太子魏政早死或被废。《世本》恐误，本书不从。

[10]《晋书·束皙传》：初，太康二年，汲郡人不准盗发魏襄王墓，或言安厘王冢，得竹书数十车。其《纪年》十三篇，记夏以来至周幽王为犬戎所灭，以事接之，三家分，仍述魏事至安厘王（魏襄王）之二十年。盖魏国之史书，大略与《春秋》皆多相应。其中经传大异，则云夏年多殷；益干启位，启杀之；太甲杀伊尹；文丁杀季历；自周受命，至穆王百年，非穆王寿百岁也；幽王既亡，有共伯和者摄行天子事，非二相共和也。其《易经》二篇，与《周易》上下经同。《易繇阴阳卦》二篇，与《周易》略同，繇辞则异。《卦下易经》一篇，似《说卦》而异。《公孙段》二篇，公孙段与邵陟论《易》。《国语》三篇，言楚、晋事。《名》三篇，似《礼记》，

又似《尔雅》、《论语》。《师春》一篇，书《左传》诸卜筮，"师春"似是造书者姓名也。《琐语》十一篇，诸国卜梦妖怪相书也。《梁丘藏》一篇，先叙魏之世数，次言丘藏金玉事。《缴书》二篇，论弋射法。《生封》一篇，帝王所封。《大历》二篇，邹子谈天类也。《穆天子传》五篇，言周穆王游行四海，见帝台、西王母。《图诗》一篇，画赞之属也。又杂书十九篇：《周食田法》，《周书》，《论楚事》，《周穆王美人盛姬死事》。大凡七十五篇，七篇简书折坏，不识名题。冢中又得铜剑一枚，长二尺五寸。漆书皆科斗字。初发冢者烧策照取宝物，及官收之，多烬简断札，文既残缺，不复诠次。武帝以其书付秘书校缀次第，寻考指归，而以今文写之。晳在著作，得观竹书，随疑分释，皆有义证。迁尚书郎。■"望之不似人君"（孟轲）的魏襄王，比魏惠王更为昏庸，在位期间魏国更加衰落，沦为秦、楚、齐三强博弈的棋子，不仅无力阻止迅速崛起的赵国伐灭魏属中山，自己也死于赵灭中山之年，墓中葬入子夏携带至魏的《归藏》之抄本。束晳不知为《归藏》，名之为《易繇阴阳卦》，所谓"与《周易》略同，繇辞则异"，乃言六十四卦及其卦名同于《周易》，卦序、卦辞异于《周易》。《晋中经》始以汲冢易书为《归藏》，《隋书·经籍志》、《唐书·经籍志》著录汲冢《归藏》十三卷。《归藏》为商代易书，在汲冢竹书中价值最高，因其不利于维护《周易》之权威地位，隋唐以后亡佚。马国翰、严可均辑有汲冢《归藏》佚文，证明1993年湖北荆州王家台出土易书即《归藏》。《竹书纪年》为魏国史书，在汲冢竹书中价值次高，止于"今王（魏襄王）二十年（前299）"，因其不利于维护《史记》之权威地位，隋唐以后亡佚，被后人仿造的伪书《今本竹书纪年》取代。清人夏曾佑、王国维辑有《古本竹书纪年》。《穆天子传》为神话小说，在汲冢竹书中价值最低，因其不影响任何经、史之地位，完整无缺流传至今。

[11]《韩世家》：韩襄王十六年（前296），襄王卒，太子咎立，是为厘王。■韩襄王之前太子韩婴，死于韩襄王十二年（前300）。韩襄王十三年（前299），齐湣王、魏襄王至魏立韩咎为新太子，今年即位为韩釐王。魏襄王、韩襄王同年而死，是孟尝君伐秦三年而罢兵之主因。否则不可能上半年不允求和，下半年赵、宋（及中山）加入而大胜之后，反而允和。

[12]《魏世家》：魏哀王（当作襄王）二十三年（前296），秦复予我河外及封陵为和。●《六国表》秦昭王十一年（前296）：复与魏封陵。●《韩世家》：韩襄王十六年（前296），秦与我河外及武遂。●《六国表》韩襄王十六年（前296）：与齐、魏击秦，秦与我武遂，和。●《田世家》：齐湣王二十八年（当作五年，前296），秦与韩河外以和，兵罢。●《西周策》十六：三国攻秦反，西周恐魏之藉道也。为西周谓魏（昭）王曰："楚、宋不利秦之听三国也，彼且攻王之聚以劲秦。"魏王惧，令军拔舍速东。■孟尝君策动齐、魏、韩三国合纵"伐楚五年，攻秦三年"，魏、韩得地而齐不得地，后来苏秦以此向齐湣王进谗。

[13]《孟子》言及"梁惠王"（前319卒）、"鲁平公"（前303卒）、"齐宣王"（前301卒）、"梁襄王"（前296卒），故《孟子》必完成于魏襄王今年（前296）卒后谥"襄"之后。梁涛认为《孟子》完成于前290年，即孟子（前372—前289）殁前一年。

主父饿死孟尝伐燕，苏秦相燕庄子哀宋

前295年，岁在丙寅。庄周七十五岁。宋康王四十三年。

周赧王二十年。秦昭王十二年。楚顷襄王四年。魏昭王元
年。韩釐王元年。赵惠文王四年。齐湣王六年。燕昭王十七年。
鲁湣公八年。卫嗣君二十年。

年初，安阳君赵章离开封地代郡，前往邯郸参加岁首朝会。

赵武灵王看见二十六岁的赵章北面为臣，朝拜十五岁的赵何，心生愧
疚，考虑分赵为二，把北部的云中郡（郡治今内蒙古托克托）、九原郡（郡
治今内蒙古包头西北）增封给善战的赵章，让赵章在北部新地裂土称王，
作为防御东胡南侵赵国的屏障。

赵章不知主父打算，受到田不礼唆使，正以防御东胡南侵为名，加紧
扩充军备，密谋夺回王位。[1]

李兑拜见赵相肥义："安阳君为人强悍骄横，田不礼为人残忍嗜杀，如
今扩军防胡，是否另有图谋？二人物以类聚，相互推助，必将意存侥幸，
密谋叛乱。田不礼目光短浅，为了满足私欲，必定徒见其利，无视其害，
不惜把安阳君拖入祸门。相国任重权大，一旦祸乱骤起，必将最先遭殃。
仁者泛爱万物，智者止祸未形。不仁不智，怎能治国？相国如果既仁且智，
应该防患未然，不如称病辞相，让主父的叔父赵成担任相国。"

肥义说："不行！主父命我辅佐幼主，我已发愿以死报国，怎能畏惧灾祸而逃避责任？国家若有祸乱，贞臣立其节操，忠臣彰其德行。你虽忠告于前，我也有言在先，不敢食言偷生！"

李兑洒泪告辞："祸乱不出今年，相国多多保重！"

肥义得到李兑提醒，与赵成秘密商定防备赵章、田不礼之策。

嘱咐属下信期："安阳君、田不礼令人担忧。名誉虽好，心术险恶，为人行事，不子不臣。我朝夕忧虑，夜而忘寐，饥而忘食，不可不备。如果今后有人以主父名义召见大王，必须亲见我面。我将先见主父，若无异常，大王才可入见。"[2]

赵武灵王带着赵惠文王，巡游中山新地，住在沙丘（今河北巨鹿）行宫，各居一宫。

赵章采纳田不礼之策，前往沙丘晋见主父，再以主父名义召见赵惠文王。

肥义先入主父之宫，立刻被杀。

信期不见肥义出来，不让赵惠文王进入主父之宫。

赵章即命高信围攻赵惠文王之宫，遭到侍卫拼死抵抗。

赵成、李兑闻讯，率领四邑骑兵，迅速赶来平叛。

高信兵败战死，赵章、田不礼逃入主父之宫。

赵成下令包围主父之宫，要求主父交出赵章、田不礼。

主父交出田不礼，恳请叔父赵成赦免赵章。

赵成采纳李兑之言，诛杀田不礼，拒绝赦免赵章。

主父被迫诛杀赵章，命令赵成撤围。

李兑提醒赵成："公子包围主父之宫，不允其请，迫其诛杀赵章。一旦撤围，公子必被灭族。"

赵成大惧，不敢撤围，向主父宫中喊话："先出者生，后出者死。"

主父侍从，纷纷出宫。

主父明白，叔父赵成既敢抗命，自己出宫必将被囚，不愿出宫受辱。

不久宫中粮尽，主父准备出宫。

赵成采纳李兑之言，封死宫门，不让主父出宫。

主父以麻雀窝里的雀蛋、雏雀为食，三个月后饿死于沙丘行宫。

赵武灵王赵雍，在位二十七年（前325—前299）。第三年参加五国相王，称王。第八年加入魏相公孙衍策动的第一次合纵伐秦，失败以后取消王号，自贬为君，韬光养晦。第十二年发起伐齐存燕，立燕昭王，牵制中山。第十四年助燕复国，谋伐中山。第十九年首次亲征中山，立秦昭王乱秦，胡服骑射。第二十七年禅位新太子赵何，冒名使秦，谋破暴秦。禅位当年，结秦连宋，阻止孟尝君与秦议和。禅位三年，第八次亲征中山灭之，背叛与秦十年之盟，加入齐相孟尝君策动的第二次合纵伐秦，击破暴秦。禅位四年，因宋国叛臣田不礼唆使前太子赵章叛乱，饿死。

赵国首次以王礼为国君治丧，丧礼隆重盛大。

诸侯畏惧跃居天下最强的赵国，无不遣使吊丧。

赵惠文王十五岁，未行冠礼，不能亲政。生母孟姚已死，叔祖赵成摄政。

赵惠文王厚葬肥义，重赏信期。任命赵成为相国，封安平君，主持国政。任命李兑为司寇，封奉阳君，执掌赵军。

赵成年老体衰，名为相国，一直在家养老。

李兑年富力强，独掌大权，天下仰其鼻息。[3]

赵武灵王一死，天下局势大变。

秦昭王得知赵武灵王死讯，又惊又喜，立刻罢免楼缓，魏冉复相。

魏冉伏地请罪："大王听我之言，劫持楚怀王，聘相孟尝君，导致三国伐秦，尽失河东。幸蒙大王赦罪，我必戴罪立功，尽快收复失地！"

秦昭王说："寡人得以正位，舅父功劳最大，所以最受母后器重。此次受挫，不能全怪舅父！放归孟尝君，也是寡人失策。寡人更没想到，赵武灵王拥立寡人，结秦连宋，亲秦十年，竟会叛秦。幸亏去年魏襄王、韩襄王及时死去，今年赵武灵王又死于内乱，足证天不亡秦。舅父辅佐寡人，必能重振秦威！"

魏冉说："魏襄王、韩襄王、赵武灵王虽死，孟尝君仍在，大仇不可不报！大王不妨先与楚国修复旧盟，然后击破魏、韩，报复赵、齐。楚国连年旱涝，饥荒严重，饥民越来越多，庄蹻叛乱规模越来越大。大王不妨赠送五万石粮食，与楚复盟联姻。"

秦昭王听从其言。

楚顷襄王鉴于饥荒严重，被迫接受秦粮。然而难忘父仇，拒绝复盟联姻。[4]

孟尝君得知赵武灵王死讯，向齐湣王进言："秦国与齐相远，被大王征伐三年，尽失河东，国力大损，对齐已无威胁。赵武灵王胡服骑射十年，拓地千里，国力大强，对齐威胁极大。何况中山一灭，赵、齐之间再无缓冲。如今赵武灵王已死，大王固然不宜立刻伐赵，但是可以趁机伐燕，削弱赵国势力。"

齐湣王说："燕昭王为赵武灵王所立，固然亲赵，但也亲齐，派遣苏秦长驻临淄，维护燕、齐之盟，一向恭顺寡人。寡人征伐盟国，岂非与暴秦一样？"

孟尝君说："燕昭王亲赵是真，亲齐是假。仿效越王勾践卧薪尝胆，时刻准备报复先王破燕之仇。苏秦固然忠于大王，燕昭王未必忠于大王。大王伐楚五年，伐秦三年，魏、韩始终响应。赵、宋尽管与秦结盟，也最终加入伐秦。唯有燕昭王既不响应伐楚，也不响应伐秦，岂非怀有二心，并非真心亲齐？"

齐湣王无奈，只好同意伐燕。

孟尝君鉴于匡章上次伐燕失败，改命司马穰苴伐燕。

苏秦为燕使齐，维持齐、燕之交五年。齐军突然伐燕，燕昭王猝不及防。

燕军在权城（今河北正定）匆忙迎敌，初战失利。[5]

魏冉闻讯，立刻亲自使赵，拜见李兑："赵武灵王不幸早夭，秦昭王愿意不计前嫌，重修秦、赵旧盟。如今孟尝君竟敢征伐与赵结盟的燕国，君侯手握强赵之兵，何不救燕击齐？"

孟尝君闻讯，派遣魏处使赵，拜见李兑："君侯假如救燕击齐，齐湣王必将与燕休兵，移师伐赵。君侯不如按兵不动，旁观齐、燕再战。齐军若胜，必将师劳国疲，君侯就能伐取齐地唐邑（今河北唐县东北）、曲逆（今河北顺平东南）。齐军若败，必将命悬于赵。君侯只要中立，既能割取齐地，又能劳顿燕师。齐、燕两国，均将听命君侯！"[6]

正在此时，中山后王魏尚得知赵武灵王死讯，纠集中山残部叛赵。

李兑于是拒绝魏冉之请，听从魏处之言，全力平定中山叛乱。

孟尝君投桃报李，出兵助赵平叛。[7]

司马穰直率领齐军深入燕境，又在桓曲（今地不详）击破十万燕军，杀死二将，攻取十城。

无终部落趁机袭燕，突入燕军助赵伐胡之时攻取的楼烦数县，掠走大量牛马。[8]

李兑得齐之助，迅速平定中山叛乱。转而助齐伐燕，攻取了鄚邑（今河北任丘东北）、易邑（今河北易县）。[9]

燕昭王急遣陈翠使齐求和，郑重嘱咐："至齐之后，一切听命苏秦！"[10]

苏秦在齐，无力阻止孟尝君伐燕，正在苦思对策。

陈翠至齐，苏秦立刻晋见齐湣王："祝贺大王伐燕大胜！吊唁大王伐燕大胜！"

齐湣王大为诧异："先生为何又贺又吊？"

苏秦说："饿汉肚子再饿，不吃乌鸦嘴巴，因为虽能充饥，必被毒死。燕国尽管弱小，燕昭王的王后却是秦惠王、宣太后长女，秦昭王胞姐。秦昭王继位之前，曾经在燕为质五年，与燕昭王朝夕相处，情谊深厚。如今大王取燕十城，万一秦昭王、燕昭王共同策动诸侯伐齐，大王岂非贪吃乌鸦嘴巴？"

齐湣王大惊失色："薛公只说燕昭王不助寡人伐秦，并非真心亲齐，没说燕昭王是秦昭王姐夫、宣太后女婿。寡人错怪燕昭王，有无补救之策？”

苏秦说：“贤明之君，无不善于处事，必能因祸为福。大王只要归还燕国十城，燕、秦必将共同事齐。大王号令天下，诸侯不敢不听，必能奠定霸业！”

齐湣王后悔误听孟尝君，命令司马穰苴退兵，归还燕国十城。[11]

陈翠归燕复命。

燕昭王喜出望外，准备重赏苏秦。

田代、孙去疾纷纷反对：“苏秦卖国求荣，反复无常，实为乱臣。使齐五年，未能阻止齐伐。齐湣王先取十城，然后归还，居心叵测，必有阴谋。”

燕昭王听信谗言，免去苏秦官职。[12]

苏秦立刻返燕，面见燕昭王：“我是东周国乡下人，七年前寸功未立，尚且得到大王信任。如今我为大王吓退齐军，索回十城，理应更获信任，却被免去官职，必有左右进谗，说我无信无义。我若有信有义，只对自己有利，却对大王不利。我离开老母，不是想用有信有义为自己谋取私利，而是想用无信无义为大王进取齐地。莫非大王要我孝如曾参，信如尾生，廉如伯夷，才肯信任？”

燕昭王说：“正是！”

苏秦问：“我若孝如曾参，就不会离开老母，怎能成为燕臣？我若信如尾生，就不会欺骗齐湣王，怎能事奉大王？我若廉如伯夷，就无法买通齐臣，怎能弱齐强燕？”

燕昭王问：“难道做人不该有信有义？”

苏秦说：“人若无信，必不通达；国若无义，必难称王。但我只能对大王有信有义，不能对齐国有信有义，否则怎能为大王进取齐地？我是进取之臣，不事无为之君。假如大王满足于收复失地，请允许我返回洛阳种地，不再有辱大王之廷。”

燕昭王问：“寡人不该满足于收复失地吗？”

苏秦说:"假如满足于收复失地,秦军就出不了函谷关,齐军就出不了临淄,楚军就出不了沮漳。如今齐湣王、孟尝君南破楚国,西屈秦国,驱使韩、魏之兵,燕、赵之众,如同鞭赶牛羊,五个燕国也难抵挡。大王只有绝对信任我在齐反间,才有机会击败强齐,洗雪齐宣王破燕之耻、杀父之仇。"[13]

燕昭王问:"齐国如此强大,凭你一人在齐反间,弱燕怎能战胜强齐?"

苏秦说:"齐国固然强大,但我已获齐湣王信任。我已通过离间孟尝君,收买齐臣,安插同党,让齐湣王独信燕国,不信诸侯,与天下为敌。我还会让齐湣王西劳于宋,南疲于楚,得罪天下诸侯。大王就能进取齐地,报仇雪耻!"

燕昭王大悦:"寡人信任先生,愿给先生五年时间!"

苏秦说:"五年不够,至少还要十年!"

燕昭王说:"只要先生能让寡人报仇雪耻,全依先生!"

苏秦说:"但是大王如果继续听信左右谗言,我还会因为尽忠大王而获罪。"

燕昭王问:"先生尽忠寡人,怎会获罪?"

苏秦说:"我讲个故事,大王就会明白。我在东周国,有个邻居。丈夫外出做官,三年不归,其妻有了情夫。情夫问:'你丈夫回来怎么办?'妇人说:'不必担心!我已备好毒酒。'丈夫回来,妇人命令小妾送上毒酒。小妾知是毒酒,既不愿毒杀主人,又不敢得罪主母,于是假装摔倒,泼掉毒酒。妇人大怒:'良人远行归来,我特备美酒,却被这贱人泼了!'丈夫于是鞭打小妾。小妾正因尽忠主人,才会遭到鞭打。如今我为燕使齐反间,大王若是听信谗言,我必功败垂成。古人有言:万乘之君,不受制于左右;匹夫之士,不受制于妻妾。大王乃是当世明君,只有不受制于左右,我才能安心使齐反间!"

燕昭王说:"寡人知错了!愿与先生盟誓,永不怀疑先生!"

任命苏秦为上卿,授予相印,封武安君。[14]

苏秦以马车五十乘返齐,燕昭王之弟襄安君同行,为质于齐。[15]

乐毅与乐池商议："大哥当年被司马熹夺去中山相位，我们兄弟转仕赵国，至今三十四年。最初十几年，赵武灵王无所作为，后来用我之策，策动伐齐存燕，派遣大哥拥立燕昭王，助燕复国。十二年前秦武王暴死，赵武灵王命我为相，用我之策，立秦昭王以乱秦，胡服骑射以强赵。可惜赵国强大以后，赵武灵王开始刚愎自用，因我反对废立太子和禅位幼主，把我免相，不听我劝。结果去年伐灭中山，今年内乱而死。如今大王必定对我怀恨，亲政以后必将对我报复。我已无法重返故国中山，打算离赵往魏。"

乐池说："我没得罪大王，只求终老于赵。兄弟避祸往魏，好自为之。"

乐毅洒泪辞别乐池，南行往魏。[16]

尽管魏冉未能挑唆赵、齐开战，秦昭王仍然决定重出函谷关，先伐魏国河东，报复魏国追随孟尝君伐秦。

老将司马错领兵，一举攻取了襄城（楚名新城）。[17]

魏昭王服满除丧，刚刚即位，即遭秦伐。正在发愁如何抵御秦军，刚好乐毅离赵至魏。于是罢免亲秦的魏劲，改命乐毅为相。[18]

曹商得知赵武灵王死讯，献策宋康王："大王被赵武灵王欺骗，任命仇赫为相。秦昭王也被赵武灵王欺骗，任命楼缓为相。去年赵武灵王雄视天下，大王和秦昭王都不便罢免仇赫、楼缓。如今赵武灵王一死，秦昭王立刻罢免楼缓，大王也应罢免仇赫。否则秦昭王很难相信，田不礼助赵伐秦未奉大王之命。"

宋康王说："赵武灵王虽死，赵国仍是天下最强。如果罢免仇赫，李兑一旦不悦，必将伐宋。"

曹商说："大王罢免仇赫，并非与赵绝交。仇赫乃是赵武灵王旧臣，李兑专权于赵，正在清洗赵国旧臣，不会因为大王罢免仇赫而伐宋。"

宋康王说："先生言之有理！仇赫欺骗寡人，寡人早想罢免，只是不愿得罪赵武灵王，又没有合适人选。先生是否愿为寡人分忧？"

曹商窃喜，刚要拜谢，突然想起子綦教诲，鉴于司马熹、唐鞅、田不礼均无善终，于是改口："我愿为大王分忧，但是德薄才小，不敢觊觎相位。大王先后任命司马熹、戴盈、唐鞅、田不礼为相，均非善类。不如效法魏襄王，任命太子为相。"

宋康王大悦："先生对寡人如此忠心，竟不贪图富贵爵禄，真是难得的贤人！"

于是罢免仇赫，重赏曹商，任命太子为相。[19]

庄子七十五岁，赵武灵王死于内乱，秦昭王重新东进。

蔺且说："夫子去年曾说，如果孟尝君、赵武灵王不循泰道，不知持盈保泰，必有后患。没想到赵武灵王后患如此之快，下场如此之惨！"

庄子说："《孙子兵法·谋攻》曾言战争四境：'上兵伐谋，其次伐交，其次伐兵，其下攻城。'纵横家如张仪、公孙衍，擅长伐谋伐交，短于伐兵攻城。兵家如吴起、孙膑，擅长伐兵攻城，短于伐谋伐交。赵武灵王兼有两者之长，而无两者之短，既能立燕昭王而得燕，立秦昭王而乱秦，又能北驱东胡，东灭中山，西破暴秦。但是赵武灵王自负雄才大略，刚愎自用，不善用人，所以事必躬亲，亲自使秦，亲自出征。赵武灵王能强国而不善治国，能破敌而不善治家，所以改立太子，禅位幼主，分封赵章，重用田不礼。最终自致内乱，自食其果。"

蔺且问："孟尝君伐楚伐秦，都是为了遏制暴秦，为何今年转而伐燕？"

庄子说："去年魏襄王、韩襄王一死，孟尝君立刻停止伐秦，我已十分疑惑。今年孟尝君转而伐燕，我才明白他不愿灭秦，希望秦国牵制迅速崛起的赵国，减轻赵国对齐国的威胁。但是孟尝君不顾齐湣王反对而伐燕，又证明他不循泰道，不知持盈保泰。齐湣王把孟尝君伐燕攻取的十城归还燕国，看来孟尝君也后患将至。"

蔺且问："赵武灵王已死，如果孟尝君再出意外，秦军是否又将卷土重来？"

庄子说："正是。去年五国破秦，秦昭王割地求和。今年赵武灵王一死，秦军立刻重出函谷关，又伐魏国河东。不仅中原将会再受秦军屠戮，宋国也将承受秦祸。"

蔺且问："宋国与秦结盟之前，秦军也从未伐宋。如今宋国已经与秦结盟，难道秦军反会伐宋？"

庄子说："去年田不礼率领宋军助赵破秦，秦昭王必将怀恨宋康王。田不礼虽已死于赵国，宋民仍将受其余殃。宋、卫、中山三个千乘之国，乃是七雄争霸天下的三枚棋子。如今卫国示弱贬号而存，中山逞强称王而亡。逞强称王的宋国，已是七雄博弈的最后一枚棋子。"

笺注

[1]《赵世家》：赵惠文王四年（前295），朝群臣，安阳君（前太子赵章）亦来朝。主父令王听朝，而自从旁观，窥群臣宗室之礼。见其长子章傫然也，反北面为臣，诎于其弟，心怜之，于是乃欲分赵而王章于代，计未决而辍。

[2]《赵世家》：赵惠文王四年（前295），李兑谓肥义曰："公子章强壮而志骄，党众而欲大，殆有私乎？田不礼之为人也，忍杀而骄。二人相得，必有谋阴贼起，一出身徼幸。夫小人有欲，轻虑浅谋，徒见其利，而不顾其害，同类相推，俱入祸门。以吾观之，必不久矣。子任重而势大，乱之所始，祸之所集也，子必先患。仁者爱万物，而智者备祸于未形，不仁不智，何以为国？子奚不称疾毋出，传政于公子成？毋为怨府，毋为祸梯。"肥义曰："不可。昔者主父以王属义也，曰：'毋变尔度，毋异尔虑，坚守一心，以殁尔世。'义再拜受命而籍之。今畏不礼之难而忘吾籍，变孰大焉？进受严命，退而不全，负孰甚焉？变负之臣，不容于刑。谚曰：'死者复生，生者不愧。'吾言已在前矣，吾欲全吾言，安得全吾身？且夫贞臣也，难至而节见。忠臣也，累至而行明。子则有赐而忠我矣，虽然，吾有语在前者也，终不敢失。"李兑曰："诺，子勉之矣！吾见子已今年耳。"涕泣而出。李兑数见公子成，以备田不礼之事。异日，肥义谓信期曰："公子与田不礼甚可忧也。其于义也，声善而实恶。此为人也，不子不臣。吾闻之也，奸臣在朝，国之残也；谗臣在中，主之蠹也。此人贪而欲大，内得主而外为暴。矫令为慢，以擅一旦之命，不难为也，祸且逮国。今吾忧之，夜而

忘瘵，饥而忘食。盗贼出入，不可不备。自今以来，若有召王者，必见吾面，我将先以身当之，无故而王乃入。"信期曰："善哉，吾得闻此也！"

[3]《赵世家》：赵惠文王四年（前295），主父及王游沙丘，异宫，公子章即以其徒与田不礼作乱，诈以主父令召王。肥义先入，杀之。高信即与王战。公子成与李兑自国至，乃起四邑之兵入距难，杀公子章及田不礼，灭其党贼而定王室。公子成为相，号安平君，李兑为司寇。公子章之败，往走主父，主父开之。成、兑因围主父宫。公子章死，公子成、李兑谋曰："以章故，围主父，即解兵，吾属夷矣。"乃遂围主父，令宫中人后出者夷，宫中人悉出。主父欲出不得，又不得食，探爵鷇而食之，三月余而饿死沙丘宫。主父定死，乃发丧，赴诸侯。是时王少，成、兑专政，畏诛，故围主父。主父初以长子章为太子，后得吴娃，爱之，为不出者数岁，生子何，乃废太子章而立何为王。吴娃死，爱弛，怜故太子，欲两王之，犹豫未决，故乱起，以至父子俱死，为天下笑，岂不痛乎！●《赵世家集解》：应劭曰：武灵王葬代郡灵丘县。●《赵世家正义》：《括地志》云：赵武灵王墓在蔚州灵丘县东三十里。应说是也。●《秦策三》十：李兑用赵，减食主父，百日而饿死。●《楚策四》九：李兑用赵，饿主父于沙丘，百日而杀之。●《韩非子·奸劫弑臣》：李兑之用赵也，饿主父百日而死。●《列女传》卷七《孽嬖传》：赵灵吴女者，号孟姚，吴广之女，赵武灵王之后也。初，武灵王娶韩王女为夫人，立以为后，生子章，章为太子。王尝梦见处女，鼓瑟而歌曰："美人荧荧兮，颜若苕之荣，命兮命兮，逢天时而生，曾莫我嬴嬴。"异日，王饮酒乐，数言所梦，想见其人。吴广闻之，乃因后而入其女孟姚，甚有色焉，王爱幸之，不能离数年，生子何。孟姚数微言后有淫意，太子无慈孝之行，王乃废后与太子，而立孟姚为惠后，以何为王，是为惠文王。武灵王自号主父，封章于代，号安阳君。四年，朝群臣，安阳君来朝，主父从旁观窥，群臣宗室见章傫然也，反臣于弟，心怜之。是时惠后死久恩衰，乃欲分赵而王章于代，计未决而辍。主父游沙丘宫，章以其徒作乱，李兑乃起四邑之兵击章，章走主父，主父闭之，兑因围主父宫。既杀章，乃相与谋曰："以章围主父，即解兵，吾属夷矣。"乃遂围主父，主父欲出不得，又不得食，乃探雀鷇而食之，三月余，遂饿死沙丘宫。

《诗》曰："流言以对，寇攘式内。"言不善之从内出也。颂曰：吴女茗颜，神瘠赵灵。既见嬖近，惑心乃生。废后兴戎，子何是成。主闭沙丘，国以乱倾。

[4]《秦本纪》(《六国表》同)：秦昭王十二年（前295），楼缓免，穰侯魏冉为相。予楚粟五万石。●《赵策三》二：赵使仇（郝）[赫]之秦，请相魏冉。宋突谓仇（郝）[赫]曰："秦不听，楼缓必怨公。公不若阴辞楼子曰：'请无急秦王。'秦王见赵之相魏冉之不急也，且不听公言也，是事而不成，[以德楼子，事成]，魏冉固德公矣。"●《穰侯列传》：赵人楼缓来相秦，赵不利，乃使仇（郝）[赫]之秦，请以魏冉为秦相。仇液将行，其客宋公（宋突）谓液曰："秦不听公，楼缓必怨公。公不若谓楼缓曰：'请为公毋急秦。'秦王见赵请相魏冉之不急，且不听公。公言而事不成，以德楼子；事成，魏冉故德公矣。"于是仇液从之。而秦果免楼缓，而魏冉相秦。■《穰侯列传》本于《赵策三》二，仇液即仇郝、仇赫，宋公即宋突。仇赫原为相宋之赵臣，宋突为宋臣，受宋相仇赫重用，去年误信赵武灵王之结秦连赵，曾请仇赫劝说赵武灵王归还所侵中山之新地而复中山。楼缓为支持赵武灵王胡服之重臣，使秦乃是欺骗秦国，去年秦新败，赵武灵王强，秦不敢罢免楼缓，今年赵武灵王一死即罢其相。宋康王亦当如此，去年虽被赵武灵王欺骗，不敢罢免仇赫，今年赵武灵王一死即罢其相。仇赫离宋归赵，李兑又命其为赵使秦，请秦罢免楼缓，让魏冉复相。

[5]、[6]《齐策二》六：权之难，齐、燕战。秦使魏冉之赵，出兵助燕击齐。薛公使魏处之赵，谓李向（李兑）曰："君助燕击齐，齐必急。急必以地和于燕，而身与赵战矣。然则是君自为燕东兵，为燕取地也。故为君计者，不如按兵勿出，齐必缓，缓必复与燕战。战而胜，兵罢弊，赵可取唐、曲逆；战而不胜，命悬于赵。然则吾中立而割穷齐与疲燕也。两国之权，归于君矣。"■"向"为"兑"讹。●《燕策一》三：权之难，燕再战不胜，赵弗救。哙子谓文公曰："不如以地请合于齐，赵必救我。若不吾救，不得不事。"文公曰："善。"令郭任以地请讲于齐。赵闻之，遂出兵救燕。▲杨宽：文公必为昭王之误，哙子亦当误。……齐于此役败燕之主帅，当为司马穰苴。《齐策二》六载："权之难，齐、燕战。"《齐策五》一又载：

"昔者齐燕战于桓之曲，燕不胜，十万之众尽。"都该指此时事。《燕策一》载苏代说：齐王"南攻楚五年"，"西困秦三年"，"北与燕战，覆三军，获二将，而又以其余兵，南面而举五千乘之劲宋"，可知此事在西困秦之后，灭宋之前。《齐策五》又称"齐、燕战而赵氏兼中山"，可知此与燕赵灭中山同时。《齐策六》说：齐湣王时，"司马穰苴为政者也，杀之，大臣不亲"，《赵策二》记苏子谓秦王曰："宣王（当作湣王）用之，后逼韩威魏，以南伐楚，西攻秦，……十年攘地，秦人远迹不服，而齐为虚戾。……今富非有齐威、宣之余也，精兵非有富韩劲魏之军也，而将非有田单、司马之虑也"，据此司马穰苴当为齐湣王的名将，而《史记·司马穰苴列传》把他说成是齐景公时名将，因"燕侵河上、齐师败绩"，"将兵捍燕晋之师"，收复了所失故地。但是这事不见《左传》记载。苏辙《古史·孙武吴起列传》认为《史记》之说不可信。■燕"再战不胜"，是齐、燕今年二战，燕先战失利而求救于赵，又有《齐策二》六"秦使魏冉之赵，出兵助燕击齐。薛公使魏处之赵"阻赵助燕，赵遂不救，齐遂覆三军，获二将，取十城。"哙子谓文公曰"以下，当属错简。

[7]《田世家》（《六国表》同）：齐湣王二十九年（当作六年，前295），赵杀其主父，齐佐赵灭中山。●《六国表》赵惠文王四年：围杀主父。与齐、燕共灭中山。▲杨宽：吴师道、梁玉绳力辨无赵与齐、燕共灭中山之事，甚是。盖赵主父既灭中山，齐、燕乘机略取邻近之中山地，犹如齐宣王破燕，中山乘机略取大块燕地，非齐与中山共破燕也。■《田世家》"赵杀其主父"，或为追述去年之事，或为去年围主父三月，主父于今年饿死。去年赵灭中山，随后加入合纵伐秦，随后公子章叛乱，公子成、李兑平叛，已够一年之忙，年底围主父，三月而主父饿死，或已入于今年。记于去年乃为叙事完整而提前。《赵世家》今年未记一事。

[8]《齐策五》一（苏秦说齐闵王）：齐、燕战而赵氏兼中山。……昔者齐、燕战于桓之曲，燕不胜，十万之众尽。胡人袭燕、楼烦数县，取其牛马。■"齐、燕战而赵氏兼中山"，略误。赵兼中山在去年，今年乃主父死而中山叛，齐助赵平叛。●《燕策一》八（下）（苏秦谓燕王）：（齐）南攻楚五年（前303—前299），畜积散。西困秦三年（前298—前296），民憔瘁，

士罢弊。北与燕战（前295权之难），覆三军，获二将，而又以其余兵，南面而举五千乘之劲宋（前288—前286）。●《荀子·王霸》：齐湣、薛公是也……故强，南足以破楚，西足以诎秦，北足以败燕，中足以举宋。■杨宽将"权之难，齐、燕战"系于五国伐秦、赵灭中山同一年（前296），误前一年。《齐策五》一"齐、燕战而赵氏兼中山"，不合《魏策四》二"中山恃齐、魏以轻赵，齐、魏伐楚而赵亡中山"。《六国表》系赵灭中山于赵惠文王四年（前295），《田世家》系"赵杀其主父，齐佐赵灭中山"于齐湣王二十九年（当作六年，前295），均误后一年。去年（前296）赵灭中山，今年（前295）巩固侵地、剿灭残余，故"齐、燕战而赵氏兼中山"为今年（前295）之事。《荀子·王霸》谓齐湣王、薛公"南足以破楚，西足以诎秦，北足以败燕，中足以举宋"，《燕策一》八谓齐"南攻楚五年（前303—前299），畜积散。西困秦三年（前298—前296），民憔瘁，士罢弊。北与燕战（前296以后，即前295权之难），覆三军，获二将，而又以其余兵，南面而举五千乘之劲宋（前288—前286），而包十二诸侯"，均证权之难在"西困秦三年"之后，"举五千乘之劲宋"之前，不当与五国伐秦、赵灭中山同年。去年为齐、魏、韩伐秦第三年，齐无余暇伐燕，赵灭中山后与宋加入伐秦，亦无余暇救燕，秦先被三国所伐，后被五国所伐，既无暇又无由派魏冉出使正在合纵攻秦的赵国。齐用五年败楚，又用三年败秦，然后败燕取十城，苏秦遂为燕昭王使齐反间，以舌辩讨回齐伐燕所取之十城，又使齐湣王释燕灭宋。故杨宽将"权之难，齐、燕战"误系于去年，不可从。

[9]《赵世家》：赵惠文王五年（前294，明年），与燕鄚、易。■今年李兑平定中山叛乱之后助齐伐燕取鄚、易，明年归燕鄚、易。●《燕策二》八：燕饥，赵将伐之。楚使将军之燕，过魏，见赵恢。赵恢曰："使除患无至，易于救患。伍子胥、宫之奇不用，烛之武、张孟谈受大赏。是故谋者皆从事于除患之道，而先使除患无至者。今予以百金送公也，不如以言。公听吾言而说赵王曰：'昔者吴伐齐，为其饥也，伐齐未必胜也，而弱越乘其弊以霸。今王之伐燕也，亦为其饥也，伐之未必胜，而强秦将以兵承王之西，是使弱赵居强吴之处，而使强秦处弱越之所以霸也。愿王之熟计之也。'"使者乃以说赵王，赵王大悦，乃止。燕昭王闻之，乃封之以地。■

齐伐燕，赵欲伐燕，因楚说而止，未深伐，非不伐。此后终燕昭王之世，赵未曾伐燕。此策亦当在今年。燕昭王为赵武灵王所立，燕、赵向为铁盟。去年赵武灵王一死，李兑即违背燕、赵铁盟而助齐伐燕，可谓不智。

[10]《燕策二》六：陈翠合齐、燕，将令燕王之弟（襄安君）为质于齐，燕王许诺。太后（燕昭王与弟之生母）闻之大怒曰："陈公不能为人之国，亦则已矣，焉有离人子母者，老妇欲得志焉。"陈翠欲见太后，王曰："太后方怒子，子其待之。"陈翠曰："无害也。"遂入见太后曰："何臞也？"太后曰："赖得先王雁鹜之余食，不宜臞。臞者，忧公子之且为质于齐也。"陈翠曰："人主之爱子也，不如布衣之甚也。非徒不爱子也，又不爱丈夫子独甚。"太后曰："何也？"对曰："太后嫁女诸侯，奉以千金，赍地百里，以为人之终也。今王愿封公子，百官持职，群臣效忠，曰：'公子无功不当封。'今王之以公子为质也，且以为公子功而封之也。太后弗听，臣是以知人主之不爱丈夫子独甚也。且太后与王幸而在，故公子贵，太后千秋之后，王弃国家，而太子即位，公子贱于布衣。故非及太后于王封公子，则公子终身不封矣！"太后曰："老妇不知长者之计。"乃命公子束车制衣为行具。●《燕策一》八：……（苏秦曰）"王诚毋爱宠子、母弟以为质，宝珠玉帛以事其左右，彼且德燕而轻亡宋，则齐可亡已。"王曰："吾终以子受命于天矣。"●《战国纵横家书》九《苏秦自燕献书齐王章》二：始也，燕累臣以求（挚）[质]。■今年（前295）权之难后，陈翠为燕使齐求和，请以燕昭王同母弟襄安君为质于齐，燕昭王同意，燕昭王之母后不同意。陈翠携燕昭王同母弟襄安君为质于齐求和，苏秦遂说齐湣王归还孟尝君伐燕所取十城。

[11]《燕世家》：易王初立，齐宣王因燕丧伐我，取十城；苏秦说齐，使复归燕十城。●《苏秦列传》：易王初立，齐宣王因燕丧伐燕，取十城。易王谓苏秦曰："往日先生至燕，而先王资先生见赵，遂约六国从。今齐先伐赵，次至燕，以先生之故为天下笑，先生能为燕得侵地乎？"苏秦大惭，曰："请为王取之。"苏秦见齐王，再拜，俯而庆，仰而吊。齐王曰："是何庆吊相随之速也？"苏秦曰："臣闻饥人所以饥而不食乌喙者，为其愈充腹而与饿死同患也。今燕虽弱小，即秦王之少婿也。大王利其十城而长与强

秦为仇。今使弱燕为雁行而强秦敝其后，以招天下之精兵，是食乌喙之类
也。"齐王愀然变色曰："然则奈何？"苏秦曰："臣闻古之善制事者，转祸
为福，因败为功。大王诚能听臣计，即归燕之十城。燕无故而得十城，必
喜；秦王知以己之故而归燕之十城，亦必喜。此所谓弃仇雠而得右交者也。
夫燕、秦俱事齐，则大王号令天下，莫敢不听。是王以虚辞附秦，以十城
取天下。此霸王之业也。"王曰："善。"于是乃归燕之十城。■司马迁采信
苏秦讹史，故将燕昭王、齐湣王时孟尝君伐燕取十城，误书于燕易王、齐
宣王时。其实齐宣王伐燕乃吞并燕国全境，并非仅取十城，更未归还十
城。今年齐未伐赵。苏秦常驻齐国，齐湣王信之而视为齐臣，故伐燕而不
逐苏秦。

[12]《燕策一》五：人有恶苏秦于燕王者，曰："武安君，天下不信人也。
王以万乘下之，尊之于廷，示天下与小人群也。"武安君从齐来，而燕王不
馆也。谓燕王曰："臣东周之鄙人也，见足下，身无咫尺之功，而足下迎臣
于郊，显臣于廷……"

[13]《战国纵横家书》五《苏秦谓燕王章》：[苏秦]谓燕王曰："今日
愿藉于王前。假臣孝若曾参，信如尾生，廉如伯夷，即有恶臣者，可毋惭
乎？"王曰："可矣。""臣有三资者以事王，足乎？"王曰："足矣。""王足之，
臣不事王矣。孝如曾参，乃不离亲，不足（而）[以]益国。信如尾生，乃
不诞，不足（而）[以]益国。廉如伯夷，乃不窃，不足以益国。臣以信
与仁俱彻，义不与王偕立。"王曰："然则仁义不可为与？"对曰："胡为不
可！人无信则不彻，国无义则不王。仁义所以自为也，非所以为人也。自
复之术，非进取之道也。三王代立，五伯驰政，皆以不复其常。若以复其
常为可王，治官之主，自复之术也，非进取之路也。臣进取之臣也，不事
无为之主。臣愿辞而之周，负笼操臿，毋辱大王之廷。"王曰："自复不足
乎？"对曰："自复而足，楚将不出沮、漳，秦将不出商、於，齐[将]不出
营、隧，燕将不出屋、注，晋将不逾太行，此皆以不复其常为进者。"●
《燕策一》五：人有恶苏秦于燕王者，曰："武安君，天下不信人也。王以
万乘下之，尊之于廷，示天下与小人群也。"武安君从齐来，而燕王不馆
也。谓燕王曰："臣东周之鄙人也，见足下，身无咫尺之功，而足下迎臣于

郊，显臣于廷。今臣为足下使，利得十城，功存危燕，足下不听臣者，人必有言臣不信，伤臣于王者。臣之不信，是足下之福也。使臣信如尾生，廉如伯夷，孝如曾参，三者天下之高行，而以事足下，不可乎？”燕王曰：“可。”曰：“有此，臣亦不事足下矣。”苏秦曰：“且夫孝如曾参，义不离亲一夕宿于外，足下安得使之之齐？廉如伯夷，不取素餐，污武王之义而不臣焉，辞孤竹之君，饿而死于首阳之山。廉如此者，何肯步行数千里，而事弱燕之危主乎？信如尾生，期而不来，抱梁柱而死。信至如此，何肯扬燕、秦之威于齐，而取大功乎哉？且夫信行者，所以自为也，非所以为人也，皆自覆之术，非进取之道也。且夫三王代兴，五霸迭盛，皆不自覆也。君以自覆为可乎？则齐不益于营丘，足下不逾楚境，不窥于边城之外。且臣有老母于周，离老母而事足下，去自覆之术，而谋进取之道，臣之趣固不与足下合者。足下皆自覆之君也，仆者进取之臣也，所谓以忠信得罪于君者也。”燕王曰：“夫忠信，又何罪之有也？”对曰：“足下不知也。臣邻家有远为吏者，其妻私人。其夫且归，其私之者忧之。其妻曰：‘公勿忧也，吾已为药酒以待之矣。’后二日，夫至。妻使妾奉卮酒进之，妾知其药酒也，进之则杀主父，言之则逐主母，乃阳僵弃酒。主父大怒而笞之。故妾一僵而弃酒，上以活主父，下以存主母也。忠至如此，然不免于笞，此以忠信得罪者也。臣之事，适不幸而有类妾之弃酒也。且臣之事足下，亢义益国，今乃得罪，臣恐天下后事足下者，莫敢自必也。且臣之说齐，曾不欺之也。使之说齐者，莫如臣之言也，虽尧、舜之智，不敢取也。”●《燕策一》十四：苏代（当作苏秦）谓燕昭王曰：“今有人于此，孝若曾参、孝己，信如尾生高，廉如鲍焦、史䲡，兼此三行以事王，奚如？”王曰：“如是足矣。”对曰：“足下以为足，则臣不事足下矣。臣且处无为之事，归耕乎周之上地，耕而食之，置而衣之。”王曰：“何故也？”对曰：“孝如曾参、孝己，则不过养其亲耳。信如尾生高，则不过不欺人耳。廉如鲍焦、史䲡，则不过不窃人之财耳。今臣为进取者也。臣以为廉不与身俱达，义不与生俱立。仁义者，自（完）[复]之道也，非进取之术也。”王曰：“自（忧）[复]不足乎？”对曰：“以自（忧）[复]为足，则秦不出崤塞，齐不出营丘，楚不出疏章。三王代位，五伯改政，皆以不自（忧）[复]故也。若自（忧）[复]

而足，则亦之周负笯耳，何为烦大王之廷耶？昔者，楚取章武，诸侯北面而朝。秦取西山，诸侯西面而朝。曩者使燕毋去周室之上，则诸侯不为别（马）[驾]而朝矣。臣闻之，善为事者，先量其国之大小，而揆其兵之强弱，故功可成而名可立也。不能为事者，不先量其国之大小，不揆其兵之强弱，故功不可成而名不可立也。今王有东乡伐齐之心，而愚臣知之。"王曰："子何以知之？"对曰："矜戟砥剑，登丘东乡而叹，是以愚臣知之。今夫乌获举千钧之重，行年八十，而求扶持。故齐虽强国也，西劳于宋，南罢于楚，则齐军可败，而河间可取。"燕王曰："善。吾请拜子为上卿，奉子车百乘，子以此为寡人东游于齐，何如？"对曰："足下以爱之故欤？则何不与爱子与诸舅、叔父、负床之孙？不得，而乃以与无能之臣，何也？王之论臣，何如人哉？今臣之所以事足下者，忠信也。恐以忠信之故，见罪于左右。"王曰："安有为人臣，尽其力，竭其能，而得罪者乎？"对曰："臣请为王譬，昔周之上地尝有之。其丈夫官，三年不归，其妻爱人。其所爱者曰：'子之丈夫来，则且奈何乎？'其妻曰：'勿忧也！吾已为药酒，而待其来矣。'已而其丈夫果来，于是因令其妾酌药酒而进之。其妾知之，半道而立，虑曰：'吾以此饮吾主父，则杀吾主父；以此事告吾主母，则逐吾主母。与杀吾[主]父、逐吾主母者，宁佯踬而覆之。'于是因佯僵而仆之。其妻曰：'为子远行来之故，为美酒，今妾奉而仆之。'其丈夫不知，缚其妾而笞之。故妾所以笞者，忠信也。今臣为足下使于齐，恐忠信不谕于左右也。臣闻之曰：万乘之主，不制于人臣；十乘之家，不制于众人；匹夫徒步之士，不制于妻妾。而又况于当世之贤主乎？臣请行矣！愿足下之无制于群臣也。"●《苏秦列传》：人有毁苏秦者曰："左右卖国反复之臣也，将作乱。"苏秦恐得罪，归，而燕王不复官也。苏秦见燕王曰："臣，东周之鄙人也，无有分寸之功，而王亲拜之于庙，而礼之于廷。今臣为王却齐之兵而得十城，宜以益亲。今来而王不官臣者，人必有以不信伤臣于王者。臣之不信，王之福也。臣闻忠信者，所以自为也；进取者，所以为人也。且臣之说齐王，曾非欺之也。臣弃老母于东周，固去自为而行进取也。今有孝如曾参，廉如伯夷，信如尾生，得此三人者以事大王，何若？"王曰："足矣。"苏秦曰："孝如曾参，义不离其亲一宿于外，王又安能使之步行千里而事弱燕之危王哉？廉如伯夷，义不为孤竹君之嗣，不肯为武王臣，不受封侯而饿死首阳山下。有廉如此，王又安能使之步行千里而行进取于齐哉？信如尾生，与女子期于梁下，女子不来，水至不去，抱柱而死。有信如此，王又安能使之步行千里却齐之强兵哉？臣，所谓以忠信得罪于上者也。"燕王曰："若不忠信耳，岂有以忠信而得罪者乎？"苏秦曰："不然。臣闻客有远为吏而其妻私于人者，其夫将来，其私者忧之。妻曰：'勿忧，吾已作药酒待之矣。'居三日，其夫果至。妻使妾举药酒进之。妾欲言酒之有药，则恐其逐主母也；欲勿言乎，则恐其杀主父也。于是乎佯僵而弃酒。主父大怒，笞之五十。故妾一僵而覆酒，上存主父，下存主母，然而不免于笞，恶在乎忠信之无罪也？夫臣之过，不幸而类是乎！"燕王曰："先生复就故官。"益厚遇之。▲杨宽：以上三篇（《战国纵横家书》五、《燕策一》五、十四）皆记苏秦为燕昭王主谋，伐破齐国之事，乃同一事件之不同记述。惟《燕策一》十四误作苏代，其实苏代未尝参与其事。……（《战国纵横家书》五）较为原始，但有残缺。……盖苏秦与燕昭王已有密约，正欲策划利用秦、赵之力以伐破齐国。■杨说是。又见《苏秦列传》。《燕策一》五苏秦曰"今臣为足下使，利得十城，功存危燕"，即今年（前295）权之难后苏秦说服齐湣王归还十城。《燕策一》十四苏秦曰"齐虽强国也，西劳于宋，南罢于楚，则齐军可败，而河间可取"，即苏秦为燕反间于齐之总方略。苏秦自齐宣王卒年（前301）为燕使齐反间，此后五年（前300—前296）齐攻楚伐秦未尝伐燕，故有《战国纵横家书》四所谓"臣受教任齐交五年，齐兵数出，未尝谋燕"。至今年（前295）齐伐燕而有"权之难"，燕臣遂"恶苏秦于燕王"，斥为"天下不信人"。实则苏秦已经说服齐湣王不再伐燕，而归"权之难"所侵十城。而燕臣复因苏秦说服齐湣王归燕十城，复毁之曰"左右卖国反复之臣也，将作乱"（《苏秦列传》）。

[14]秦惠王封张仪为武信君（见第五十八章），燕昭王封苏秦为武安君（见《燕策一》五）。

[15]《燕策二》十一：客（苏秦）谓燕（昭）王曰："齐南破楚，西屈秦，用韩、魏之兵，燕、赵之众，犹鞭策也。使齐北面伐燕，即虽五燕不能当。王何不阴出使，散游士，顿齐兵，弊其众，使世世无患？"燕王曰："假寡

人五年，寡人得其志矣。"苏子（苏秦）曰："请假王十年。"燕王说，奉苏子车五十乘，南使于齐。■今年（前295）权之难后，苏秦劝说齐湣王归燕十城，返燕与燕昭王密约十年破齐，受封为武安君，以五十乘返齐继续反间。至燕昭王二十八年（前284）燕伐齐，共十一年。【附考一】《燕策一》八（上）：苏秦死，其弟苏代欲继之（误，苏代为苏秦之兄），乃北见燕王哙（当作燕昭王）曰："臣东周之鄙人也，窃闻王义甚高甚顺，鄙人不敏，窃释锄耨而干大王，至于邯郸。所闻于邯郸者，又高于所闻东周。臣窃负其志，乃至燕廷。观王之群臣下吏，大王天下之明主也。"王曰："子之所谓天下之明主者，何如者也？"对曰："臣闻之：明主者，务闻其过，不欲闻其善。臣请谒王之过：夫齐、赵者，王之仇雠也；楚、魏者，王之援国也。今王奉仇雠以伐援国，非所以利燕也。王自虑此，则计过。无以谏之，非忠臣也。"王曰："寡人之于齐、赵也，非所敢欲伐也。"曰："夫无谋人之心，而令人疑之，殆；有谋人之心，而令人知之，拙；谋未发而闻于外，则危。今臣闻王局处不安，食饮不甘，思念报齐。身自削甲扎，曰有大数矣。妻自组甲絣，曰有大数矣。有之乎？"王曰："子闻之，寡人不敢隐也。我有深怨积怒于齐，而欲报之二年矣。齐者，我仇国也，故寡人之所欲伐也，直患国弊力不足矣。子能以燕敌齐，则寡人奉国而委之于子矣。"……■《燕策一》八（上），乃苏秦初见燕昭王时形势。燕昭王八年（前304）招贤，燕昭王十年（前302）苏秦离齐往燕，故燕昭王曰："我有深怨积怒于齐，而欲报之二年矣。"燕昭十一年齐宣王卒（前301），此前燕昭王仇齐宣王而不与齐通，齐宣王卒而苏秦为燕使齐（前301），齐湣王因信苏秦而信燕。然而孟尝君不信燕，遂于伐楚五年（前303—前299）、伐秦三年（前298—前296）之次年（前295）赵主父死后伐燕取十城，苏秦说服齐湣王归燕十城。同年（前295）乐毅离赵往魏，二年后（前293）离魏往燕（见下注16、18）。此后燕相苏秦反间于齐，燕将乐毅练兵于燕，十一年后（前284）燕将乐毅伐齐，苏秦在齐内应。【附考二】《燕策一》八（下）（续上）：……（苏秦）对曰："凡天下之战国七，而燕处弱焉；独战则不能，有所附则无不重。南附楚则楚重，西附秦则秦重，中附韩、魏则韩、魏重。苟所附之国重，此必使王重矣。今夫齐王，长主也，而自用也。南攻楚五年（前303—前299），畜积散。西困秦三年（前298—前296），民憔瘁，士罢弊。北与燕战（前295权之难），覆三军，获二将，而又以其余兵，南面而举五千乘之劲宋（前288—前286），而包十二诸侯。此其君之欲得也，其民力竭也，安敢取哉？且臣闻之：数战则民劳，久师则兵弊。"王曰："吾闻之齐有清济、浊河，可以为固；有长城、巨防，足以为塞。诚有之乎？"对曰："天时不与，虽有清济、浊河，何足以为固？民力穷弊，虽有长城、巨防，何足以为塞？且异日也，济西不役，所以备赵也；河北不师，所以备燕也。今济西、河北，尽以役矣，封内弊矣。夫骄主必不好计，而亡国之臣贪于财。王诚毋爱宠子、母弟以为质，宝珠玉帛以事其左右，彼且德燕而轻亡宋，则齐可亡已。"王曰："吾终以子受命于天矣。"曰："内寇不与，五敌不可距。王自治其外，臣自报其内，此乃亡之之势也。"■《燕策一》八（下），言及"（齐）南攻楚五年（前303—前299），畜积散。西困秦三年（前298—前296），民憔瘁，士罢弊。北与燕战（前295权之难），覆三军，获二将，而又以其余兵，南面而举五千乘之劲宋（前288—前286），而包十二诸侯"，已非苏秦初见燕昭王时之形势，而是齐灭宋后之形势。《燕策一》八综述苏秦为燕谋齐之始末，细节无一不符，决无夸诞之处。杨宽等学者误信苏秦诳史，遂谓《燕策一》八为后人夸诞之拟作。

[16]、[18]《乐毅列传》：乐毅者，其先祖曰乐羊。乐羊为魏文侯将，伐取中山，魏文侯封乐羊以灵寿。乐羊死，葬于灵寿，其后子孙因家焉。……乐毅贤，好兵，赵人举之。……遂与三晋击秦，助赵灭中山……及武灵王有沙丘之乱（前295，燕昭王十七年），乃去赵适魏。■亲秦的魏公子劲，魏襄王五年（前314）田文罢相后相魏，魏襄王八年（前311）罢相，田需复相。魏襄王九年（前310）田需死，太子魏政为相。魏襄王十二年（前307），太子魏政质秦，翟强相魏。魏襄王十四年（前305）翟强死，魏劲复相。魏襄王二十年（前299）受封为成陵君，魏昭王元年（前295，今年）罢相，乐毅代之。魏昭王二年（前294，明年）孟尝君罢免齐相归薛，魏昭王三年（前293，后年）离薛相魏，乐毅罢免魏相往燕。魏昭王十年（前287）秦命魏让魏劲复相，未果。

[17]《魏世家》：魏昭王元年（前295），秦拔我襄城。●《六国表》魏

昭王元年（前295）：秦尉错（司马错）来击我襄。●《秦本纪正义》引《括地志》：许州襄城县，即古新城县也。▲杨宽：新城即襄城。■魏邑襄城前被楚国攻取，改名新城。秦昭王六年（前301）术视、庶长奂伐楚新城，秦昭王七年（前300）芈戎攻取新城，增为芈戎封地，故芈戎初封华阳称华阳君，益封新城称新城君。秦昭王八年（前299）诈称归楚新城，约楚怀王在秦邑武关会盟，楚怀王被劫至秦，新城实未归楚，仍然属秦。孟尝君伐秦首年（前298）攻至函谷关而收复河东，魏邑襄城（楚名新城）重新归魏。今年秦军重出函谷关，司马错又重新攻取襄城。

[19]《赵策四》三：……宋置太子以为王……。■为王曰"立"，不当曰"置"。宋仅一王，"王"当作"相"。

第七部

宋灭庄殁（前294—前286）

田甲乱齐孟尝罢相，鲲鱼化鹏逍遥南溟

前294年，岁在丁卯。庄周七十六岁。宋康王四十四年。

周赧王二十一年。秦昭王十三年。楚顷襄王五年。魏昭王二年。韩釐王二年。赵惠文王五年。齐湣王七年。燕昭王十八年。鲁湣公九年。卫嗣君二十一年。

李兑清洗旧臣，培植党羽，专擅赵政，一手遮天。得知齐湣王归还燕国十城，也把去年助齐伐燕攻取的鄚邑（今河北任丘东北）、易邑（今河北易县）还给燕国，恢复赵、燕之盟。[1]

赵惠文王十六岁，无所事事，养了三千剑士，沉迷剑术。

同母长弟赵胜十五岁，同母幼弟赵豹十四岁，也是少年心性，同样沉迷剑术。[2]

秦昭王与魏冉商议：“山东诸侯第二次合纵伐秦，寡人尽失河东，罪魁祸首是策动伐秦的孟尝君和欺骗寡人的赵武灵王。赵武灵王去年自取灭亡，赵仇将来再报不迟。如今当务之急，就是尽快除掉孟尝君，以免山东诸侯第三次合纵伐秦。”

魏冉说：“《孙子兵法·用间》有言：‘昔殷之兴也，伊挚在夏；周之兴也，吕牙在殷。故明君贤将，能以上智为间者，必成大功。此兵之要，三军之所恃而动也。’楚怀王派遣昭滑使越反间，骗取越王无疆信任而相越，帮助楚怀王灭越成功。赵武灵王派遣楼缓使秦反间，谎称结秦连宋，骗取大王信任而相秦，帮助孟尝君伐秦得逞。大王想要报复孟尝君，阻止山东诸侯第三次合纵伐秦，不妨派人使齐反间，促使齐湣王罢免孟尝君。"

秦昭王感叹："秦国之人愚直，只会真刀真枪，上阵厮杀。山东之人狡猾，一人反间，胜过十万雄兵。既然如此，听凭舅父安排。"

魏冉于是假装欲杀客卿吕礼。

吕礼逃离秦国，途经魏国，出奔齐国。[3]

吕礼至齐，晋见齐湣王："魏冉怒于大王破秦，因为我是齐人，打算予以诛杀。我侥幸逃回，愿为大王之臣。"

齐湣王大悦："当年甘茂叛秦仕齐，父王不予信任，错失破秦良机，直到寡人才艰难破秦。可惜前年魏襄王、韩襄王同时死去，寡人被迫听从薛公而暂停伐秦。去年秦军重出函谷关，寡人正要再伐。你既仕秦多年，必定熟知秦国内幕，了解山川地形，可助寡人竟其全功！"

吕礼说："大王伐楚伐秦伐燕，尽管无不大胜，然而未获实利，徒有虚名。甚至虚名也非大王所有，尽归薛公。"

齐湣王不悦："何以见得？"

吕礼说："天下都说孟尝君伐楚伐秦伐燕，不说大王伐楚伐秦伐燕。天下又说，伐楚伐秦伐燕，乃至停止伐楚伐秦伐燕，均非大王的命令，均为孟尝君的命令。"

齐湣王面有怒色。

吕礼说："大王息怒，容我直言！靖郭君、孟尝君父子两代相齐，势力盘根错节，实非齐国之福。当年靖郭君相齐，伐燕大胜，导致诸侯伐齐存燕，齐国不强反弱。如今孟尝君相齐，伐楚大胜，方城以北的楚地宛邑、叶县尽归韩、魏；伐秦大胜，函谷关以东的河东之地尽归韩、魏；伐燕大胜，十城又还给燕国。孟尝君连年征伐，无不大胜，然而大王一再损兵耗粮，竟然未得寸地。大王只有不再伐秦，转伐邻国，才能胜必得地。"

齐湣王似有醒悟。

吕礼又说："威、宣二朝，稷下学宫人才鼎盛，天下贤士汇聚齐国，魏惠王、韩昭侯三次朝齐。如今稷下学宫人才凋零，孟尝君私养门客三千，天下士人不奔稷下，争趋薛邑。大王重用孟尝君，既无实利，又失虚名，只让孟尝君扬威秦、楚，市恩魏、韩，驱遣赵、燕。如今孟尝君权倾天下，楚、秦执礼聘相，魏、韩、赵、燕听命。天下敬畏强齐，仅是敬畏孟尝君，并非敬畏大王。大王只有罢免孟尝君，天下才会敬畏大王！"[4]

齐湣王十分为难："父王遗命寡人，务必重用孟尝君。如今天下诸侯，齐国群臣，无不听命于孟尝君。寡人久有罢免孟尝君之心，一是群臣反对，二是没有罪名。"

吕礼说："这有何难？宗室、群臣并非忠于孟尝君，仅是敢怒不敢言。宗室田甲和大臣成騳，全都忠于大王，痛恨孟尝君欺君专权。"

齐湣王说："他们人微言轻，又有何用？"

吕礼说："大王只需如此如此，必能罢免孟尝君。"

齐湣王大悦，采纳其策，密召田甲、成騳，面授机宜。

田甲假装发动叛乱，劫持了齐湣王。

孟尝君迅速平定叛乱，救出了齐湣王。[5]

成騳上朝，当着孟尝君之面，向齐湣王进言："田文欺君专权，久有弒君篡位之心。田甲劫持大王，必定受其指使。大王对田文仁义，就是对齐民不仁不义。大王对田文仁慈，就是对先王不忠不孝。田文如果继续专权，齐国必将兵弱于外，政乱于内，父兄犯法，有亡国之忧！"[6]

齐湣王佯装大怒："大胆妄言！薛公若有叛乱篡弒之心，何必救出寡人？"

于是诛杀田甲、成騳，假装安慰孟尝君："相国功高盖世，破楚破秦，辅佐寡人跃居天下最强。寡人决不听信谗言！当年先王因为张仪连横而失去燕地，怒杀王后嬴氏，废黜嬴氏之子，相国议立寡人生母为后，寡人感念至今[7]。不过寡人不敢以先王之臣为臣，相国年事已高，不如归薛颐养天年。"

孟尝君连相宣、湣二朝，相齐十九年（前312—前294）罢相。

齐湣王改命韩人韩珉为相。[8]

苏厉询问苏秦："为何吕礼一来，田甲立刻叛乱，成驩竟敢诬告？齐湣王不信诬告，为何仍然罢免孟尝君？"

苏秦说："吕礼是姜齐始祖姜尚的后裔，怒于田齐取代姜齐，于是离齐仕秦。如今必是为秦反间，假装逃秦奔齐，唆使齐湣王，利用田甲、成驩不满孟尝君专权，设局陷害孟尝君。如今孟尝君罢相，无人策动合纵伐秦，为我带来极大麻烦！"

苏厉说："孟尝君去年伐燕，为二哥带来极大麻烦，我以为二哥希望孟尝君罢相。孟尝君继续相齐，齐国必将日益强大，二哥怎能帮助燕昭王伐齐报仇？"

苏秦说："智者谋事，善于因祸为福，转败为功。若非孟尝君去年伐燕，我怎能相燕封君？只要齐湣王信任我，齐军就不会再次伐燕。只要孟尝君相齐，齐军就会连年征伐，损兵耗粮，师劳国疲。所以孟尝君罢相，不利于我为燕弱齐。我为燕弱齐，与燕昭王订约十年，谋定后动，立于不败之地。吕礼为秦弱齐，目光短浅，急于求成，迟早必将失败。"

苏厉又问："齐湣王罢免孟尝君以后，为何不命吕礼为相，却命韩珉为相？"

苏秦说："吕礼今年刚刚离秦奔齐，齐湣王不敢深信。六年前韩太子韩婴死去，公仲朋、韩珉、冷向欲立几瑟为太子而失败，次年韩襄王立韩咎为太子。前年韩咎继位为韩釐王，韩珉、冷向担心报复，于是离韩仕齐。韩珉原是亲秦的公仲朋死党，在韩反对公叔敌秦，在齐反对孟尝君伐秦。如今齐湣王听信吕礼而停止伐秦，于是改命亲秦的韩珉为相，以此示好秦昭王。冷向不受齐湣王重用，已经投入我的门下。你要替我约束冷向、宋郭、盛庆、辛谒、韩山等所有门客，没有我的命令，不可轻举妄动。我将顺水推舟，鼓动齐湣王伐宋。"

苏厉心悦诚服，欣然领命。[9]

秦昭王嘉奖魏冉："舅父妙计，果然厉害！吕礼奔齐反间，收效如此神速！孟尝君既已罢相，寡人立刻伐韩，尽快收复被孟尝君夺回的河东。"

魏冉即命向寿为主将，白起为副将，兵分两路，伐韩河东。

向寿领兵五万，攻打洛阳西面的武始（今地不详）。

白起领兵五万，攻打洛阳南面的伊阙（今河南伊川）。

向寿迅速攻克武始，与白起合兵，指挥十万秦军猛攻伊阙。[10]

伊阙告急，韩釐王向魏昭王、西周国求救。

魏昭王听从敌秦的公孙衍之言，命其二弟公孙喜，率领魏军驰救伊阙。[11]

西周武公听从敌秦的周最之言，追随魏国，驰救伊阙。[12]

公孙喜统帅魏、韩、西周联军二十四万，死守伊阙。[13]

孟尝君五十二岁，被罢免齐相，回到封地薛邑。

门客冯谖请命使魏，晋见魏昭王："齐湣王听信谗言，罢免了破秦强齐的孟尝君。大王如果礼聘孟尝君相魏，必能击退秦军！"

魏昭王大喜，让乐毅降任上将军，虚其相位。连派三位使者至薛，以黄金千斤，马车百乘，礼聘孟尝君相魏。

冯谖返薛，禀报孟尝君："魏昭王三聘主公，大王必已得知。大王如果悔悟，必请主公复相！"

孟尝君于是谢绝魏昭王礼聘，静观齐湣王反应。

齐湣王毫无反应。[14]

乐毅去年离赵相魏，如今被罢免魏相，于是离魏往燕，晋见燕昭王："久闻大王乃是当世明君，竭诚招贤，特来报效。"

燕昭王喜出望外："寡人当年国破父丧，幸赖先生与令兄乐池之助，得以复国，铭记于心多年，无缘报答厚恩。先生辅佐赵武灵王实行胡服骑射，北驱东胡，东灭中山，西破暴秦，赵国迅速崛起。寡人仰慕先生已久，愿请先生治军，同样实行胡服骑射。"

即命乐毅为亚卿，暂摄相事，负责训练燕国骑兵。

赵人剧辛，赵武灵王时与乐毅交好。如今在赵不受李兑重用，于是离赵往燕，协助乐毅治军。

燕昭王外有苏秦、苏厉在齐反间，内有乐毅、剧辛在燕练兵。继续韬光养晦，等待破齐良机。[15]

庄子七十六岁，著书数年，反复修改，首先完成第一篇《逍遥游》。

蔺且问："夫子所言逍遥，究竟何意？"

庄子说："逍遥名相，古已有之。《小雅·白驹》有言：'皎皎白驹，食我场苗。絷之维之，以永今朝。所谓伊人，于焉逍遥。'屈原《离骚》亦言：'路漫漫其修远兮，吾将上下而求索。饮余马于咸池兮，总余辔乎扶桑。折若木以拂日兮，聊逍遥以倘佯。'"

蔺且问："夫子所言逍遥，难道与《诗经》、《离骚》一样，也是倘佯徘徊之义？"

庄子说："当然不同。我所言逍遥，乃是顺道循德，自适其适。逍又训消，就是自消己德，永不自得。遥又训达，就是求索天道，遥达彼道。"

蔺且说："屈原心系庙堂，为何向往逍遥？"

庄子说："屈原不为庙堂所容，遭到贬官放逐，乃是被迫远离庙堂，并非主动逍遥，所以身在江湖，心系庙堂，仍是陷溺北溟之鲲。我不愿成为陷溺北溟之鲲，而愿化为心系南溟之鹏，所以自觉远离庙堂，主动逍遥江湖，倘佯于藐姑射之山，无何有之乡。"

蔺且说："弟子明白了！被迫远离庙堂者，不可能逍遥江湖。只有自觉远离庙堂者，才能逍遥江湖。"

庄子说："屈原被逐，惠施罢相，都是被迫远离庙堂。他们用意不坏，都是顺道大知，仅因陷溺人道，未悟天道，所以成为陷溺北溟之鲲，结果收效甚微，代价惨重。至于张仪、公孙衍之类悖道大知，靳尚、曹商之类悖道小知，则是翱翔蓬蒿之间的蜩鸠、尺鷃，自负知效一官，行比一乡，德合一君，能征一国，无法理解北溟之鲲，更不理解南溟之鹏。故曰：'小知不及大知，小年不及大年；朝菌不知晦朔，蟪蛄不知春秋。'"

蔺且说："朝菌、蟪蛄、冥灵、大椿，是否隐喻生命四境：无知，小知，大知，至知？"

　　庄子说："正是。生命四境，是我四十岁时在雕陵的重要领悟，也与《老子》君主四境、《孙子》战争四境、《子华子》养生四境，略有相通。无知、小知、大知囿于肉身小年，屈从小年人道，所以适人之适，役人之役。至知至人超越肉身小年，顺应大年天道，所以乘物游心，自适其适，尽其所受乎天。"[16]

笺注

[1]《赵世家》：赵惠文王五年（前294），与燕鄚、易。■去年（前295）齐相孟尝君伐燕，助赵平叛。赵相李兑平叛之后助齐伐燕，攻取鄚、易。去年齐湣王听信苏秦归还侵燕十城，今年（前294）赵相李兑亦归还鄚、易。

[2]《庄子·说剑》：昔赵文王喜剑，剑士夹门而客三千余人，日夜相击于前，死伤者岁百余人，好之不厌。如是三年，国衰，诸侯谋之。

[3]《秦本纪》：秦昭王十三年（前294），五大夫礼出亡奔魏。●《穰侯列传》：魏冉相秦，欲诛吕礼，礼出奔齐。■吕礼假装叛秦，奔齐反间。经魏至齐，与甘茂同。短暂留魏，意在避免齐湣王怀疑。六年后（前288）秦、齐称帝失败，吕礼归秦。

[4]《西周策》一：薛公以齐为韩、魏攻楚……取宛、叶以北以强韩、魏。……韩、魏南无楚忧，西无秦患，则地广而益重，齐必轻矣。●《秦策三》六：韩、魏支分方城膏腴之地。■吕礼离秦至齐反间，必谮孟尝君"伐楚五年，攻秦三年"，韩、魏得地而齐未得地，导致齐湣王罢免孟尝君，止伐楚、秦，改命亲秦的韩珉为相，采纳苏秦之策伐宋。吕礼意在秦、齐夹攻魏、韩，重夺河东之地。韩珉意在借齐伐赵，以报赵叛秦之仇。苏秦意在按照与燕昭王的密约，鼓动齐湣王伐宋。因为宋非七雄，齐伐宋有利于苏秦整合六雄，先破齐，再破秦。苏秦之目标是弱齐、弱秦、弱赵，助燕成为天下最强，创造难以置信之伟业而青史留名。

[5]《孟尝君列传》：孟尝君相齐，……居数年，人或毁孟尝君于齐湣王

曰：“孟尝君将为乱。”及田甲劫湣王，湣王意疑孟尝君，孟尝君乃奔。……吕礼嫉害于孟尝君……孟尝君恐，乃如魏。魏昭王以为相，西合于秦、赵，与燕共伐破齐。……齐（湣）王惑于秦、楚之毁，以为孟尝君名高其主而擅齐国之权，遂废孟尝君。▲杨宽：所谓复召孟尝君与复其相位，皆出于策士之传，并非事实。此谓田甲劫王，王疑孟尝君，孟尝君因而出奔。齐灭宋以前，孟尝君早已入魏为相。■复相之事，并非策士空造，而是田婴、田文皆称薛公，齐宣王、齐湣王纪年皆乱，导致齐宣王初年之田婴罢而复相，牵扯为孟尝君罢而复相。孟尝君连相宣、湣十九年（前312—前294），仅有湣王二年（前299）入秦兼相，随即逃归，以齐相身份发动三国伐秦。齐湣王信任孟尝君多年，直至吕礼进谗、田甲叛乱而后罢相，此后再未复任齐相，而是韩珉相齐，重用吕礼、苏秦。此后韩珉反对秦、齐称帝（前288）而罢相，吕礼相齐。月余齐湣王听信苏秦去帝，与赵相约伐秦去帝，吕礼罢相归秦。田甲仅此一见，非齐重臣，不可能轻易叛乱而劫齐湣王，齐湣王若真被劫也不可能轻易脱困。“湣王意疑孟尝君”可证，齐湣王采纳吕礼之策，设局陷害孟尝君。

[6]《韩非子·内储说上》：成驩谓齐（湣）王曰：“王太仁，太不忍人。”王曰：“太仁，太不忍人，非善名邪？”对曰：“此人臣之善也，非人主之所行也。夫人臣必仁而后可与谋，不忍人而后可近也；不仁则不可与谋，忍人则不可近也。”王曰：“然则寡人安所太仁，安不忍人？”对曰：“王太仁于薛公，而太不忍于诸田。太仁薛公，则大臣无重；太不忍诸田，则父兄犯法。大臣无重，则兵弱于外；父兄犯法，则政乱于内。兵弱于外，政乱于内，此亡国之本也。”■《荀子·解蔽》杨注引“成驩”讹为“戴驩”。戴驩乃宋相，必误。成驩为“诸田”不平，当为田甲同党。其谗孟尝君，必与田甲叛乱、孟尝君罢相有关。“父兄犯法”云云，当指田甲叛乱。田甲叛乱之时，荀况正游齐国稷下，当有所闻，因田甲叛乱乃齐湣王、吕礼授意，故语焉不详或不敢直言。

[7]事在齐宣王八年（前312），见上第五十八章。

[8]《六国表》齐湣王三十年（当作七年，前294）：田甲劫王，相薛文走。●《孟尝君列传集解》：湣王三十四年（当作七年，前294），田甲劫

王，薛文走。●《齐策四》一：后期年，齐王谓孟尝君曰："寡人不敢以先王之臣为臣。"孟尝君就国于薛。●《战国纵横家书》八《苏秦谓齐王章》：苏秦谓齐（湣）王曰："……王弃薛公，身断事。"■"田甲劫王，相薛文走"，湣王何由得脱，史无明文，此甚可疑。田甲劫王时，孟尝君为相，叛乱必为孟尝君平定，齐湣王必为孟尝君所救。齐湣王听信谗言而逐孟尝君，故孟尝君相魏之后放弃合纵伐秦，转而合纵伐齐。《战国纵横家书》九《苏秦自燕献书谓齐王章》，齐湣王九年（前292）韩珉已相齐；《韩策三》十三"韩珉相齐，令吏逐（楚使）公畴坚"，齐湣王十一年（前290）韩珉亦相齐；均证孟尝君罢相归薛之后，韩珉即相齐。

[9]吕礼轻易得手，可证原为齐人，故得齐湣王信任。苏秦一向与孟尝君交好，孟尝君欲入秦为相，苏秦曾经劝阻（《齐策三》三，见上第七十章注14）。苏秦为燕反间于齐，从不得罪权倾天下的齐相孟尝君，以免轻举妄动，全盘皆输。苏秦先在齐国扎根、结党，再谋定后动，故冷向离韩至齐，即被苏秦收为死党。苏厉为其三弟，仕齐甚久而不受重用。如今苏秦身为燕相，封武安君，又有劝齐归燕十城之奇功，故苏厉预知其谋。

[10]《秦本纪》：秦昭王十三年（前294），向寿伐韩，取武始。左更白起攻新城（伊阙）。●《秦本纪正义》引《括地志》：洛州伊阙县，本汉新城县，隋文帝改为伊阙，在洛州南七十里。●《吕览·开春》：韩氏城新城，期十五日而成。▲杨宽：伊阙在洛州南十九里，新城则在洛州南七十里。……此新城与楚之新城不同，楚之新城更在西南约五十里，在今伊川县西南。●《白起列传》：白起者，郿人也。善用兵，事秦昭王。昭王十三年（前294），而白起为左庶长，将而击韩之新城。是岁，穰侯相秦。●《穰侯列传》：白起者，穰侯之所任举也。■白起为秦相魏冉启用之将，一如魏章为秦相张仪启用之将，故魏冉罢相之后，秦相范雎不用白起，另用郑安平等，导致秦围邯郸之败。【附考一】《十二年上郡守寿戈刻铭》：（秦昭王）十二年（前295）上郡守寿造，漆垣工师乘，工更长琦。▲杨宽：此戈出土于内蒙古准格尔旗勿尔图沟墓地，属秦之上郡。上郡中心之肤施，上年赵灭中山后，尝迁中山王于此。■"上郡守寿"，即宣太后外甥向寿，爵位高于白起，故向寿为主将，白起为副将。【附考二】《水经·河水注》引

《竹书纪年》：奢延水又东，经肤施县南，秦昭王三年（当作十三年，前294）置上郡治。▲杨宽：《秦本纪》称秦惠王十年（前328）"魏纳上郡十五县"。《魏世家》作"魏尽入上郡于秦"。可知二十四年前秦已有魏之上郡。此后秦不断扩大上郡割境。但此时肤施尚未为秦所有。《赵世家》称惠文王三年"灭中山，迁其王于肤施"。《水经注》"秦昭王三年"当为"十三年"之误。■杨说是。

[11]《魏世家》：魏昭王二年（前294），与秦战，我不利。

[12]《西周策》十四：宫他谓（西）周君曰："……今君恃韩、魏而轻秦，国恐伤矣。君不如使周最阴合于赵以备秦，则不毁。"■秦武王四年（前307）兵车入东周，周最劝谏无效（《西周策》十三），此后敌秦。

[13]秦简《编年记》：秦昭王十三年（前294），攻伊阙。十四年（前293），[陷]伊阙。■去年秦攻魏，今年秦攻韩，明年秦败韩、魏于伊阙，则伊阙之战始于今年，终于明年。今年魏助韩守伊阙不利，明年大败。

[14]《齐策四》一：齐人有冯谖者，贫乏不能自存，使人属孟尝君，愿寄食门下。……后期年，齐（湣）王谓孟尝君曰："寡人不敢以先王之臣为臣。"孟尝君就国于薛。……于是梁（昭）王虚上位，以故相（乐毅）为上将军，遣使者黄金千斤，车百乘，往聘孟尝君。冯谖先驱，诫孟尝君曰："千金，重币也；百乘，显使也。齐其闻之矣。"梁使三反，孟尝君固辞不往也。■孟尝君不知成驩诬告乃齐湣王、吕礼指使，仍对齐湣王抱有幻想，故不肯相魏。"以故相为上将军"者，即离赵至魏之乐毅。

[15]《燕世家》：昭王为隗改筑宫而师事之。乐毅自魏往，邹衍自齐往，剧辛自赵往，士争趋燕。●《乐毅列传》：（乐毅）闻燕昭王以子之之乱而齐大败燕，燕昭王怨齐，未尝一日而忘报齐也。燕国小，辟远，力不能制，于是屈身下士，先礼郭隗以招贤者。乐毅于是为魏昭王使于燕，燕王以客礼待之。乐毅辞让，遂委质为臣，燕王以为亚卿，久之。▲杨宽：乐毅由赵经魏入燕，已在沙丘之乱以后，已是燕昭王十七年（前295）以后事，并非在燕昭王即位之初招贤之时。■乐毅，乐羊后裔，魏属中山人，初仕中山为将。司马熹相中山后，其兄乐池罢相，与兄转仕赵国，献策赵武灵王伐齐存燕、胡服骑射，助其伐灭中山。赵武灵王死后离赵相魏，孟尝君

相魏后离魏仕燕。齐宣王破燕之后，乐毅献策赵武灵王伐齐存燕，乐池至韩护送燕之质子公子职归燕即位为燕昭王，乐氏兄弟前为燕昭王复国所建大功，是燕昭王后来重用乐毅之前因。但是乐毅在燕仅为亚卿（副相），破齐前亦未封君；正卿（正相）为苏秦，破齐前已封武安君。乐毅破齐之后，燕昭王始封其为昌国君。苏秦死后，乐毅始为上卿，始任燕相。

[16]《离骚》：路曼曼其修远兮，吾将上下而求索。饮余马于咸池兮，总余辔乎扶桑。折若木以拂日兮，聊逍遥以徜徉。……欲远集而无所止兮，聊浮游以逍遥。●《九歌·湘君》：时不可兮再得，聊逍遥兮容与。●《九歌·湘夫人》：时不可兮骤得，聊逍遥兮容与。●《九章·哀郢》：去终古之所居兮，今逍遥而来东。●《九章·悲回风》：寤从容以周流兮，聊逍遥以自恃。●《远游》：聊仿佯而逍遥兮，永历年而无成！●《九辩》：去乡离家兮徕远客，超逍遥兮今焉薄！……揽骒辔而下节兮，聊逍遥以徜徉。●《怨世》：服清白以逍遥兮，偏与乎玄英异色。●《思忠》：登华盖兮乘阳，聊逍遥兮播光。●《遭厄》：意逍遥兮欲归，众秽盛兮沓沓。●《守志》：陟玉峦兮逍遥，览高冈兮峣峣。■《楚辞》之“逍遥”，与《庄子》之“逍遥”，名相同而意旨异。

白起屠韩楚宋伐薛，天道真宰齐一万物

前293年，岁在戊辰。庄周七十七岁。宋康王四十五年。

周赧王二十二年。秦昭王十四年。楚顷襄王六年。魏昭王三年。韩釐王三年。赵惠文王六年。齐湣王八年。燕昭王十九年。鲁湣公十年。卫嗣君二十二年。

向寿、白起率领十万秦军，围攻伊阙，从去年延至今年。

公孙喜率领二十四万魏、韩、西周联军，仍然死守伊阙。

向寿苦于秦军太少，请求秦昭王增兵。

秦昭王不悦。

魏冉说："向寿担任甘茂副将多年，实非良将。因其官爵高于白起，又是太后外甥，所以担任主将，导致副将白起无法施展。白起出身农民，杀敌勇猛，累积军功，凭借斩首计功的二十等爵制度，被我从步卒逐渐提拔为什夫长、百夫长、千夫长，实为不可多得的良将。大王只要改命白起为主将，无需增兵，伊阙必破！"[1]

秦昭王听从其言，拒绝增兵，命令向寿返秦待罪，提拔白起担任主将。

白起成为从步卒升至主将的第一人，感恩图报，身先士卒，一举攻克伊阙，诛杀公孙喜，斩首二十四万，垒起了商鞅变法以来的最大首冢。

秦昭王在孟尝君破秦以后，凭借白起的残暴屠杀，迅速卷土重来。[2]

韩釐王战败，被迫罢免敌秦的公叔，改命亲秦的成阳君韩辰为相。

韩辰奉韩釐王之命，公孙衍奉魏昭王之命[3]，周足奉西周武公之命[4]，共同入秦朝拜秦昭王，自称"东藩之臣"。[5]

公孙衍曾在秦惠王早年短暂相秦，后被张仪夺相返魏，此后毕生反秦。如今使秦求和，不堪屈辱，返魏以后含恨而死。相秦二年（前332—前331），相魏二年（前318—前317），相韩三年（前316—前314）。五十三岁（前323）策动五国相王成功，五十八岁（前318）策动五国伐秦失败，终年八十三岁（前375—前293）。[6]

秦昭王重新收服魏、韩、二周，于是致书楚顷襄王："大王当年身为太子，在秦为质，杀死秦国大夫，背叛寡人在先。寡人不计前嫌，前年送粮五万石，恳请复盟联姻。大王收下粮食，不肯复盟联姻，不与寡人和解。寡人将率诸侯伐楚，不惜抵死拼命，只求比大王多活一天。但愿大王整备士卒，乐于一战！"

楚顷襄王大惧，愿意和解。[7]

秦昭王说："孟尝君策动诸侯征伐楚、秦，乃是楚、秦共同大仇，如今罢相归薛。大王愿与寡人和解，何不伐薛？"

楚顷襄王为免秦伐，立刻伐薛。

魏冉献策秦昭王："孟尝君伐秦第三年，赵武灵王率领赵、宋联军加入伐秦。休兵以后，宋康王才命曹商使秦，辩解田不礼率领宋军随赵伐秦，非奉其命。大王很难确知，宋康王究竟是被赵武灵王所骗，被田不礼所卖，还是墙倒众人推，对秦落井下石。如今楚顷襄王已奉大王之命伐薛，大王可命宋康王助楚伐薛，既能惩罚孟尝君，又能明白宋康王是否忠秦。"

秦昭王采纳其策，遣使至宋，命令宋康王助楚伐薛。

宋康王欣然从命。

楚顷襄王、宋康王被秦昭王驱使，为其报仇，共同伐薛。

孟尝君向齐湣王求救。

淳于髡、苏秦主张救薛，韩珉、吕礼反对救薛。

齐湣王深恨孟尝君，拒绝救薛。

楚军攻取了薛地大部。[8]

宋军攻取了薛地五城。[9]

孟尝君去年罢相归薛，三拒魏昭王聘相，希望齐湣王悔悟。如今齐湣王拒绝救薛，孟尝君终于明白，田甲叛乱和成驩诬陷，均为齐湣王、吕礼所设之局。

如今楚、宋瓜分薛邑，孟尝君被迫逃往大梁。

魏昭王大喜："寡人去年罢免乐毅，虚其相位，三聘君侯。君侯不肯屈驾，导致今年秦军大屠伊阙，寡人被迫向秦称臣。商鞅变法以来，天下仅有君侯一人能够挫败暴秦，逼其退入函谷关。如今秦军重出函谷关，唯有君侯能够阻止暴秦卷土重来，帮助寡人转危为安。"[10]

孟尝君说："齐湣王不念我父子两代相齐强国之功，设局陷害，免我相位，拒绝救薛。大王要我相魏抗秦，必须废黜王后田氏，解我心头之恨。"

魏昭王病急乱投医，废黜王后田氏（齐湣王妹），驱逐归齐。[11]

孟尝君五十三岁，第二次相魏。立刻分遣门客，策动诸侯合纵伐齐，必欲报仇雪恨。

魏昭王说："寡人虽聘君侯执政，也想与闻国事。"

孟尝君说："大王想要处理国事，必须熟读李悝《法经》。"

魏昭王读了十余枚竹简，直打瞌睡："寡人读不下去。"

从此听任孟尝君专擅魏政，不闻不问。[12]

齐相韩珉派遣韩春秘密使秦，献策秦昭王："孟尝君乃是大王仇人，如今罢免齐相，失去薛邑，沦为丧家之犬。魏昭王竟对大王阳奉阴违，既向大王称臣，又聘孟尝君为相。甚至听命孟尝君，废黜王后田氏。大王如果迎娶田氏，齐湣王必定大悦，秦、齐就能共同伐魏，驱逐孟尝君，立田氏之子魏负刍为魏太子。将来魏负刍继位，生母在秦，就会终身事秦，魏国全境必为秦国郡县。魏昭王如果畏惧秦、齐共伐，就会迎归田氏，罢免孟尝君。"

秦昭王正为魏昭王拜相孟尝君而大怒，于是听从韩珉，迎娶田氏。

齐湣王正为魏昭王驱逐妹妹田氏而大怒，于是与秦和解，共谋伐魏。[13]

李兑担心秦、齐和解以后共同伐赵，以赵惠文王的名义，把武城（今河北磁县，魏名邺城）封给孟尝君，以免魏、韩加入伐赵。

孟尝君派遣门客接收封地，郑重嘱咐："我曾听说：'借得他人马车，日日奔驰；借得他人衣服，夜夜当被。'有无此言？"

门客说："确有这一民间谚语。"

孟尝君说："我以为很不可取！愿意出借衣服、马车，必是亲友兄弟。滥用亲友马车，糟蹋兄弟衣服，岂非缺德？赵惠文王认为我德行高尚，所以赐封武城。先生替我管理武城，不可辜负赵惠文王信赖，切勿滥伐树木，乱拆房屋！"[14]

宋康王问策群臣："孟尝君离薛相魏，天下格局大变。诸侯重新合纵连横，正在酝酿新一轮大战。寡人应该如何应对？"

曹商说："宋国土地肥沃，国富民丰，定陶居于天下之中，汇通天下商贸，税收冠于天下。然而大王即位之时，兵弱不强，屡受楚、魏征伐。当时天下有楚、魏、齐、秦、韩、赵、燕七个万乘之国，宋、卫、中山三个千乘之国，另有百乘小国数十。经过大王四十五年励精图治，巧妙借力，宋国已经由弱变强。二十四年前公孙衍合纵伐秦大败，大王与秦结盟，助齐伐魏，攻取观泽。八年前孟尝君合纵伐楚大胜，大王助秦伐楚，尽取淮北。三年前孟尝君合纵伐秦大胜，大王与赵结盟，助赵伐灭中山，吞并滕国。今年楚顷襄王伐薛，大王助楚伐薛，又攻取五城。大王称王以来，蚕食周边列强，战无不胜，拓地三百里[15]。如今百乘小国数十，均已亡国。千乘之国，中山已灭，卫国雌伏。唯有宋国在大王治下，不再是千乘之弱宋，已经变成五千乘之劲宋[16]，不比魏、韩、燕三雄弱小，可与秦、赵、齐、楚四强比肩。强秦、强赵又与大王结盟，天下再也无人胆敢伐宋。"

群臣拜贺："大王文武全才，已经复兴殷商之盛。必将建成万乘之强宋，称霸天下！"

宋康王喜不自禁，野心膨胀，把秦、赵以外的所有诸侯雕成木人，伸开双臂，放在厕所门口，作为箭靶。[17]

下令铸造一千架编钟，纪念殷商复兴。[18]

庄子七十七岁，改定第二篇《齐物论》。

蔺且问："何为'吾丧我'？"

庄子说："'吾'不与外物对待，'我'与外物对待。'吾丧我'就是保持独立人格，不与外物对待。所以说：'天地与我并生，万物与我为一。'达于齐物之观，首先可以领悟，万物均为天道所生，均有天道分施的真德。进而可以领悟，他人的相对是非，亦据天赋真德。最终可以领悟，只有天道的是非，才是绝对是非。这样就能消泯人间相对是非的无谓争执，然其然，不然其不然。"

蔺且问："子綦所言天籁、地籁、人籁，究竟何意？"

庄子说："人籁之言无定，正如儒墨之言，常常是其所非，非其所是，把一己相对之是，拔高为天下绝对之是，强求统一天下之言，因而导致永无休止的纷争攻战。地籁之音有定，正如众窍之音，仅仅自是其是，但不非人之是，不把一己相对之是，拔高为天下绝对之是，不强求统一天下之音，因而形成吹万不同的美妙和声。可见强求齐一的人籁违背天籁，吹万不同的地籁符合天籁，所以人籁应该效法地籁。《老子》有言：'人法地，地法天，天法道，道法自然。'"

蔺且问："何为真宰，何为真君？"

庄子说："天道是万物的真宰真君，人道是万物的假宰假君。俗君一旦自居真君，就是违背天道的僭主，必将代司杀者杀，祸害天下万民，殃及鸟兽虫鱼。《老子》有言：'夫代司杀者杀，是代大匠斫也。夫代大匠斫者，则希不伤其手矣。'"

蔺且问："夫子赞扬十日并出，是否暗示十王并存，从而停止战争？"

庄子说："正是！传说盘古开天辟地，天有十日，万物皆照。唐尧自居真君，自命天下独尊，于是命令后羿射落九日。从此泰道式微，否术大行，俗君僭主无不坚信'天无二日，国无二主'，战争再也无法避免。国内战争，乃是争为唯一的国君。国际战争，乃是争为唯一的天子。天尊地卑、君尊臣卑的否术，导致万物不齐，人类分等；民众倚待百官，如同魍魉倚待影子；百官倚待俗君，如同影子倚待主人。"

蔺且问："既然万物均应倚待天道，泰道又是天道显证，夫子为何又说'天下莫大于秋毫之末，而泰山为小'？"

庄子说："人类认知天道永无止境，泰道仅是人类已经认知的部分天道，并非全部天道。人类一旦把目前认知的部分天道视为全部天道，必将停止探索天道，进而违背天道。"

蔺且问："既然万物形貌有异而本质齐一，不能坚执此是彼非，为何篇末结于'周与蝴蝶，则必有分矣，此之谓物化'？"

庄子说："不能领悟万物形貌有异而本质齐一，就会盲从人道视角，认为庄周、蝴蝶乃是异类，必有绝对分别和绝对是非。领悟万物形貌有异而本质齐一，就会采用天道视角，认为庄周、蝴蝶均为一气所化，没有绝对分别和绝对是非。万物的产生，乃是天道主宰的造化。万物的变迁，乃是天道主宰的物化。达于此旨，可泯相对是非之争，可免蜗角蛮触之战。"[19]

笺注

[1]《穰侯列传》:（秦）昭王十四年（前293），魏冉举白起，使代向寿将而攻韩、魏，败之伊阙，斩首二十四万，虏魏将公孙喜。■去年（前294）白起已攻韩新城（伊阙），然后向寿驰援，为主将，白起为副将，不胜。今年（前293）魏冉以白起代向寿为主将，大胜。

[2]《秦本纪》: 秦昭王十四年（前293），左更白起攻韩、魏于伊阙，斩首二十四万，虏公孙喜，拔五城。●《白起列传》:（秦昭王十四年，前293），白起为左更，攻韩、魏于伊阙，斩首二十四万，又虏其将公孙喜，拔五城。起迁为国尉。涉河取韩安邑以东，到干河。●《魏世家》:魏昭王三年（前293），佐韩攻秦，秦将白起败我军伊阙二十四万。●《韩世家》:

韩厘王三年（前293），使公孙喜率周、魏攻秦。秦败我二十四万，虏喜伊阙。●《韩非子·说林下》：周南之战，公孙喜死焉。▲杨宽：《韩世家》误以公孙喜为韩将，《资治通鉴》、《周季编略》皆误称"韩将公孙喜"……公孙喜为魏之大将，乃是役主帅。……公孙喜八年前曾统率大军与齐将匡章、韩将暴鸢共攻楚方城，大破楚军而杀楚将唐昧。■《韩世家》未书"韩将"，不误。公孙喜统帅魏、韩、西周联军而守韩伊阙，故言。《资治通鉴》、《周季编略》误读《韩世家》。魏国公孙三兄弟，公孙衍为长，字犀首；公孙喜次之，字犀武；公孙弘又次之，其字不详。伊阙在今洛阳东南龙门，在西周国之南，故《韩非子》称"伊阙之战"为"周南之战"。

[3]《魏策一》二四：秦败东周（当作西周），与魏战于伊阙，杀犀武（公孙喜之字），乘胜而留于境。魏令公孙衍请卑辞割地，以讲于秦。为窦屡谓魏（昭）王曰："臣不知衍之所以听于秦之少多，然而臣能半衍之割，而令秦讲于王。"王曰："奈何？"对曰："王不若与窦屡关内侯，而令赵王重其行而厚奉之。因扬言曰：'闻周、魏令窦屡以割魏于奉阳君而听秦矣。'夫（西）周君、窦屡、奉阳君之与穰侯，贸首之仇也。今行和者，窦屡也；制割者，奉阳君也。太后恐其不因穰侯也，而欲败之，必以少割请合于王，而和于东周（当作西周）与魏也。"●《魏策一》二六：魏令公孙衍请和于秦，綦母恢教之语曰："无多割。和成，固有秦重，以与王遇；和不成，则后必莫能以魏合于秦者矣。"■"东周"当作"西周"，证见注4《西周策》十七、二、十一。东周国自秦武王四年（前307）宜阳之役、樗里疾兵车入洛阳后，即已臣秦，必不抗秦。西周国则至秦昭王十四年（前293）伊阙之战后，方始臣秦。

[4]《西周策》十七：犀武败，（西）周（国）使周足之秦。或谓周足曰："何不谓（西）周君曰：'臣之秦，秦、（西）周之交必恶主君之臣，又秦重而欲相者，且恶臣于秦，而臣为不能使矣。臣愈免而行。君因相之，彼得相，不恶（西）周于秦矣。'君重秦，故使相往，行而免，且轻秦也，公必不免。公言是而行，交善于秦，且公之成事也；交恶于秦，不善于公，且诛矣。"●《西周策》二：秦攻魏将犀武于伊阙，进兵而攻（西）周。为周最谓李兑曰："君不如禁秦之攻周。赵之上计，莫如令秦、魏复战。今秦攻

（西）周而得之，则众必多伤矣。秦欲待（西）周之得，必不攻魏。秦若攻（西）周而不得，前有胜魏之劳，后有攻（西）周之败，又必不攻魏。今君禁之，而秦未与魏讲也，而全赵令其止，必不敢不听，是君却秦而定（西）周也。秦去（西）周，必复攻魏。魏不能支，必因君而讲，则君重矣。若魏不讲而疾支之，是君存（西）周而战秦、魏也。重亦尽在赵。"●《西周策》十一：犀武败于伊阙，（西）周君之魏求救，魏（昭）王以上党之急辞之。（西）周君反，见梁囿而乐之也。綦母恢谓（西）周君曰："温囿不下此，而又近。臣能为君取之。"反见魏（昭）王，王曰："（西）周君怨寡人乎？"对曰："不怨，且谁怨乎？臣为王有患也。（西）周君，谋主也。而设以国为王扞秦，而王无之扞也。臣见其必以国事秦也。秦悉塞外之兵，与（西）周之众，以攻南阳，而两上党绝矣。"魏（昭）王曰："然则奈何？"綦母恢曰："（西）周君形不利事秦，而好小利。今王许戍三万人，与温囿，周君得以为辞于父兄百姓，而私温囿以为乐，必不合于秦。臣尝闻温囿之利，岁八十金，（西）周君得温囿，其以事王者，岁百二十金，是上党毋患而赢四十金。"魏（昭）王因使孟卯致温囿于（西）周君，而许之戍也。●《东周策》十二：温人之（西）周，（西）周不纳。客即对曰："主人也。"问其巷而不知也，吏因囚之。君使人问之曰："子非（西）周人，而自谓非客何也？"对曰："臣少而诵《诗》。《诗》曰：'普天之下，莫非王土；率土之滨，莫非王臣。'今周君天下，则我天子之臣，而又为客哉？故曰主人。"君乃使吏出之。■《东周策》十二，事在《西周策》十一西周武公得魏温囿之后，刘向不知二周国史，误编于《东周策》，当编于《西周策》。▲杨宽：梁囿为大梁近郊之苑囿，乃魏君所有，不能为周君所得。周臣綦母恢为之向魏王请求温囿。温囿为河内温地之苑囿。●《周本纪》：周王赧三十四年（前281），苏厉谓（西）周君曰："秦破韩、魏，扑师武（犀武），北取赵蔺、离石者，皆白起也。是善用兵，又有天命。……"▲杨宽：师、犀古读同音，两字通用。犀武或师武，非别一大将，当即公孙喜之称号，犹如公孙衍之号称犀首也。■杨宽误以"犀首"、"犀武"为号，实为公孙衍字犀首，公孙喜字犀武。

[5]《战国策》末章（秦昭王使应侯责武安君白起）：君前……与（韩、

魏）战之于伊阙，大破二国之军，流血漂卤，斩首二十四万。韩、魏以故至今称东藩。

[6]公孙衍为魏使秦求和之后，再无史料，当卒于今年。

[7]《楚世家》：楚顷襄王六年（前293），秦使白起伐韩于伊阙，大胜，斩首二十四万。秦乃遗楚王书曰："楚倍秦，秦且率诸侯伐楚，争一旦之命。愿王之饬士卒，得一乐战。"楚顷襄王患之，乃谋复与秦平。

[8]《齐策三》四：孟尝君在薛，荆人攻之。●《吕览·报更》：孟尝君前在于薛，荆人攻之。淳于髡为齐使于荆，还反，过于薛。孟尝君令人礼貌，而亲郊迎之，谓淳于髡曰："荆人攻薛，夫子弗为忧，文无以复待矣。"淳于髡曰："敬闻命矣。"至于齐，毕报。王曰："何见于荆?"对曰："荆甚固，而薛亦不量其力。"王曰："何谓也?"对曰："薛不量其力，而为先王立清庙。荆固而攻薛，薛清庙必危。故曰薛不量其力，而荆亦甚固。"齐王知颜色，曰："嘻！先君之庙在焉！"疾兴兵救之。由是薛遂全。颠蹶之请，坐拜之谒，虽得则薄矣。故善说者，陈其势，言其方，见人之急也，若自在危厄之中，岂用强力哉！▲杨宽：顾观光系此于周赧王二十一年（前294），今从之。孟尝君之父田婴为齐威王之少子，因而薛之宗庙亦为齐湣王之先君宗庙。■杨宽已据齐宣王初年逐田婴而齐貌辨说之，谓田婴必非齐威王少子，此处又说田婴为齐威王之少子，自相矛盾。田婴为齐威王少子，田婴乃齐湣王叔祖，并非齐湣王之先君，故《吕览·报更》谓淳于髡主张救薛可信，谓齐湣王救薛不可信。齐湣王不救薛，是孟尝君相魏以后放弃合纵伐秦、转为合纵伐齐的重要原因。

[9]《宋世家》：君偃……东败齐，取五城。●《宋卫策》八：宋康王……灭滕伐薛。▲杨宽：孟尝君失去齐相，其封邑孤立无援，宋、楚皆谋侵取之。■《宋世家》"东败齐，取五城"，即《宋卫策》"伐薛"，薛乃齐地。宋康王受秦命而伐薛，故齐伐宋时秦昭王曰"吾爱宋"（《韩策三》三）。

[10]《齐策四》一（《孟尝君列传》略同）：齐人有冯谖者，贫乏不能自存，使人属孟尝君，愿寄食门下。孟尝君曰："客何好?"曰："客无好也。"曰："客何能?"曰："客无能也。"孟尝君笑而受之曰："诺。"左右以君贱之也，食以草具。居有顷，倚柱弹其剑，歌曰："长铗归来乎！食无

鱼。"左右以告，孟尝君曰："食之，比门下之客。"居有顷，复弹其铗，歌曰："长铗归来乎！出无车。"左右皆笑之，以告。孟尝君曰："为之驾，比门下之车客。"于是乘其车，揭其剑，过其友曰："孟尝君客我。"后有顷，复弹其剑铗，歌曰："长铗归来乎！无以为家。"左右皆恶之，以为贪而不知足。孟尝君问："冯公有亲乎？"对曰："有老母。"孟尝君使人给其食用，无使乏。于是冯谖不复歌。后孟尝君出记，问门下诸客："谁习计会，能为文收债于薛者乎？"冯谖署曰："能。"孟尝君怪之，曰："此谁也？"左右曰："乃歌夫长铗归来者也。"孟尝君笑曰："客果有能也，吾负之，未尝见也。"请而见之，谢曰："文倦于事，愦于忧，而性懧愚，沉于国家之事，开罪于先生。先生不羞，乃有意欲为收债于薛乎？"冯谖曰："愿之。"于是约车治装，载券契而行，辞曰："债毕收，以何市而反？"孟尝君曰："视吾家所寡有者。"驱而之薛，使吏召诸民当偿者，悉来合券。券遍合，起矫命，以债赐诸民，因烧其券，民称万岁。长驱到齐，晨而求见。孟尝君怪其疾也，衣冠而见之曰："债毕收乎？来何疾也！"曰："收毕矣。""以何市而反？"冯谖曰："君云'视吾家所寡有者'，臣窃计，君宫中积珍宝，狗马实外厩，美人充下陈。君家所寡有者，以义耳！窃以为君市义。"孟尝君曰："市义奈何？"曰："今君有区区之薛，不拊爱子其民，因而贾利之。臣窃矫君命，以债赐诸民，因烧其券，民称万岁。乃臣所以为君市义也。"孟尝君不说，曰："诺，先生休矣！"后期年，齐王谓孟尝君曰："寡人不敢以先王之臣为臣。"孟尝君就国于薛，未至百里，民扶老携幼，迎君道中。孟尝君顾谓冯谖："先生所为文市义者，乃今日见之。"冯谖曰："狡兔有三窟，仅得免其死耳。今君有一窟，未得高枕而卧也。请为君复凿二窟。"孟尝君予车五十乘，金五百斤，西游于梁，谓惠王（当作昭王）曰："齐放其大臣孟尝君于诸侯，诸侯先迎之者，富而兵强。"于是梁（昭）王虚上位，以故相为上将军，遣使者黄金千斤，车百乘，往聘孟尝君。冯谖先驱，诫孟尝君曰："千金，重币也；百乘，显使也。齐其闻之矣。"梁使三反，孟尝君固辞不往也。齐王闻之，君臣恐惧，遣太傅赍黄金千斤，文车二驷，服剑一，封书谢孟尝君曰："寡人不祥，被于宗庙之祟，沉于谄谀之臣，开罪于君，寡人不足为也。愿君顾先王之宗庙，姑反国统万人乎？"冯谖诫孟尝君曰："愿请先王之祭器，立宗庙于薛。"庙成，还报孟尝君曰："三窟已就，君姑高枕为乐矣。"孟尝君为相数十年，无纤介之祸者，冯谖之计也。■"梁（昭）王虚上位，以故相为上将军，遣使者黄金千斤，车百乘，往聘孟尝君"，属实。"冯谖先驱"以下，因田齐之年淆乱而误，齐湣王既未救薛，亦未让孟尝君复相，否则孟尝君必不至魏为相。齐湣王让薛公（孟尝君田文）复相，乃齐宣王让薛公（靖郭君田婴）复相之讹传。《齐策四》四"孟尝君逐于齐而复反"，亦同此误。

[11]、[13]《秦策四》二：薛公入魏而出齐女。韩春谓秦王曰："何不取为妻？以齐、秦劫魏，则上党秦之有也。齐、秦合而立负刍，负刍立，其母在秦，则魏，秦之县也已。岷（当作珉）欲以齐、秦劫魏而困薛公，佐欲定其弟，臣请为王因岷与佐也。魏惧而复之，负刍必以魏殁世事秦。齐女入魏而怨薛公，终以齐奉事王矣。"▲杨宽：岷即韩岷，岷一作珉，《战国纵横家书》作韩巤（即韩珉）。《田世家》作韩聂，正为齐相。韩岷主张秦齐联合"劫魏而困薛公"，盖薛公正为魏相。高诱注："负刍即魏公子，其母即魏所出之齐女也。……佐，负刍兄也，故欲定其弟。"盖是时薛公入魏为相，薛公怨齐而出齐女。……韩珉为齐相在次年（前290），今定薛公为魏相在此年（前291）。■杨宽谓楚、宋伐薛在前294年，与孟尝罢相归薛同年，误前一年。杨宽又谓孟尝君相魏在前291年，误后一年。杨宽谓韩珉相齐在前290年，误后四年。前294年孟尝君罢相归薛，韩珉即已相齐，此年楚、宋均未伐薛。次年（前293）年初，秦先大败魏、韩、西周于伊阙，随后命楚、宋伐薛，楚伐薛取其大半，宋伐薛取其五城。孟尝君既失封地，遂离薛相魏。魏昭王聘孟尝君为相意在合纵抗秦，而孟尝君相魏意在合纵伐齐，故命魏昭王逐出王后田氏（齐湣王田地之妹）以辱之。齐宣王八年（前312），孟尝君献策齐宣王，把太子田地之妹嫁给魏太子政，见上第五十八章。魏昭王王后田氏生长子魏佐，今年约19岁（前311—前293），生次子魏负刍，今年约18岁（前310—前293）。

[12]《韩非子·外储说左上》：魏昭王欲与官事，谓孟尝君曰："寡人欲与官事。"君曰："王欲与官事，则何不试习读《法》？"昭王读《法》，十余简而睡卧矣。王曰："寡人不能读此《法》。"夫不躬亲其势柄，而欲为人臣

所宜为者也，睡不亦宜乎？■《法》即李悝《法经》。此证孟尝君专权于魏，故后谓孟尝君率魏昭王朝赵之李兑。此时李兑专权于赵，孟尝君专权于魏，君皆傀儡。【附考】《韩非子·外储说右上》：薛公之相魏昭侯也，左右有栾（通变）子者，曰阳胡、潘其，于王甚重，而不为薛公。薛公患之，于是乃召与之博，予之人百金，令之昆弟博，俄又益之，人二百金。方博有间，谒者言："客张季之子在门。"公怫然怒，抚兵而授谒者曰："杀之！吾闻季之不为文也。"立有间，时季羽在侧曰："不然。窃闻季为公甚，顾其人阴未闻耳。"乃辍不杀客，大礼之曰："曩者闻季之不为文也，故欲杀之；今诚为文也，岂忘季哉！"告廪献千石之粟，告府献五百金，告驺私厩献良马固车二乘，因令奄将官人之美妾二十人并遗季也。栾（通变）子因相谓曰："为公者必利，不为公者必害，吾曹何爱不为公？"因私竞劝而遂为之。薛公以人臣之势，假人主之术也，而害不得生，况错之人主乎！夫驯鸟者断其下翎焉，断其下翎则必恃人而食，焉得不驯乎？夫明主畜臣亦然，令臣不得不利君之禄，不得无服上之名。夫利君之禄，服上之名，焉得不服？▲杨宽：魏昭侯当即魏昭王。■杨说是。魏无昭侯，韩有昭侯。孟尝君相魏专权，魏昭王之荌臣不满，孟尝君遂以此策收服之。

[14]《赵策一》十六：赵（惠文）王封孟尝君以武城。孟尝君择舍人以为武城吏，而遣之曰："鄙语岂不曰'借车者驰之，借衣者被之'哉？"皆对曰："有之。"孟尝君曰："文甚不取也。夫所借衣车者，非亲友，则兄弟也。夫驰亲友之车，被兄弟之衣，文以为不可。今赵王不知文不肖，而封之以武城，愿大夫之往也，毋伐树木，毋发屋室，訾然使赵王悟而知文也。谨使可全而归之。"■事在前293年孟尝君离齐相魏之后，前289年率魏、韩朝赵之前。诸家误系于前283年，是年为孟尝君卒年（见下尾声第三章），必非。

[15]《宋世家》：君偃……东败齐，取五城；南败楚，取地三百里；西败魏军。●《宋卫策》八：宋康王……灭滕伐薛，取淮北之地，乃愈自信，欲霸之亟成，故射天笞地，斩社稷而焚灭之，曰："威服天下鬼神！"骂国老谏曰（《新序》作"骂国老之谏臣者"），为无颜之冠以示勇。剖伛之背，锲朝涉之胫，而国人大骇。齐闻而伐之，民散，城不守。王乃逃倪侯之馆，

遂得而死。见祥而不为祥，反为祸。■宋康王灭滕伐薛之后，野心极度膨胀。而曹商为宋使秦，乃是催化剂。

[16]《燕策一》八：五千乘之劲宋。

[17]《燕策二》十一：客（苏秦）谓燕（昭）王曰："……今宋王射天笞地，铸诸侯之象，使侍屏匽，展其臂，弹其鼻。……"

[18]《吕览·侈乐》：宋之衰也，作为千钟。

[19]《庄子·齐物论》：南郭子綦隐几而坐，仰天而嘘，嗒焉似丧其偶。颜成子游立侍乎前，曰："何居乎？形固可使如槁木，而心固可使如死灰乎？今之隐几者，非昔之隐几者也？"子綦曰："偃，不亦善乎？尔之问也。今者吾丧我，汝知之乎？汝闻人籁而未闻地籁，汝闻地籁而未闻天籁夫？"子游曰："敢问其方？"子綦曰："夫大块噫气，其名为风。是唯无作，作则万窍怒号。尔独不闻之翏翏乎？山林之畏佳，大木百围之窍穴，似鼻，似口，似耳；似枅，似圈，似臼，似洼者，似污者。激者，謞者；叱者，吸者，叫者，譹者，宎者，咬者。前者唱于，而随者唱喁；泠风则小和，飘风则大和。厉风济，则众窍为虚。尔独不见之调调、之刁刁乎？"子游曰："地籁则众窍是矣，人籁则比竹是矣。敢问天籁？"子綦曰："夫吹万不同，而使其自己也。咸其自取，怒者其谁邪？"●《庄子·齐物论》：道恶乎隐而有真伪？言恶乎隐而有是非？道恶乎往而不存？言恶乎存而不可？道隐于小成，言隐于荣华。故有儒墨之是非，以是其所非，而非其所是。欲是其所非，而非其所是，则莫若以明。●《庄子·齐物论》：若有真宰，而特不得其朕，可行己信，而不见其形，有情而无形。百骸，九窍，六藏，赅而存焉，吾谁与为亲？汝皆悦之乎？其有私焉？如是皆有，为臣妾乎？其臣妾不足以相治乎？其递相为君臣乎？其有真君存焉！如求得其情，与不得，无益损乎其真。●《庄子·齐物论》：昔者庄周梦为蝴蝶，栩栩然蝴蝶也，不知周也。俄然觉，则蘧蘧然周也。不知周之梦为蝴蝶欤？蝴蝶之梦为周欤？周与蝴蝶，则必有分矣。此之谓物化。●《庄子·则阳》：有国于蜗之左角者，曰触氏。有国于蜗之右角者，曰蛮氏。时相与争地而战，伏尸数万，逐北，旬有五日而后返。

苏秦重齐屈原自沉，丧我存吾养生有主

前292年，岁在己巳。庄周七十八岁。宋康王四十六年。

周赧王二十三年。秦昭王十五年。楚顷襄王七年。魏昭王四
年。韩釐王四年。赵惠文王七年。齐湣王九年。燕昭王二十年。
鲁湣公十一年。卫嗣君二十三年。

孟尝君破秦以后，魏冉殚精竭虑，戴罪立功。四年之中，赵武灵王饿
死于赵，孟尝君被逐于齐。魏冉破格启用白起，秦军重新东进，获得伊阙
大胜，垒起了商鞅变法以来的最大首冢。

魏冉操劳过度，身心交瘁，今年终于病倒，于是辞去相位。

秦昭王念其功大，封魏冉为穰侯，封地穰邑（今河南邓州北）。

魏冉超越了仅被封君的商鞅、张仪、樗里疾，成为首位封侯的秦相。[1]

客卿寿烛继任秦相，向秦昭王进言："当年公孙衍合纵伐秦失败，罢免
魏相，转任韩相，秦惠王立刻伐韩，迫使天下诸侯不敢再用公孙衍。如今
孟尝君合纵伐秦得逞，罢免齐相，转任魏相，大王也应立刻伐魏，迫使天
下诸侯不敢再用孟尝君。"

秦昭王听从其言，命令司马错、白起领兵伐魏，重新攻取了垣邑（今
山西垣曲）。

孟尝君劝说魏昭王："大王不如向秦求和，邀秦加入合纵伐齐。"

魏昭王说："寡人只愿向秦求和，不愿邀秦加入合纵伐齐。"

魏使至秦求和。

寿烛向秦昭王进言："大王不妨把垣邑还给魏国，要求魏昭王罢免孟尝君。"

秦昭王听从其言，把垣邑还给魏国。

魏昭王佯装答应罢免孟尝君。

司马错、白起于是移师伐楚，攻取了宛邑（今河南南阳）、叶县（今河南叶县）。[2]

楚顷襄王问子兰："寡人去年为秦昭王伐薛报仇，为何秦军今年仍然伐楚?"

子兰说："三年前秦昭王送粮五万石，请求复盟联姻。大王收下粮食，却拒绝复盟联姻。大王只有与秦复盟联姻，秦军才会停止伐楚。"

楚顷襄王听从其言，请求与秦复盟联姻。[3]

屈原在流放地，闻讯再次上书，痛斥楚顷襄王轻忘父仇，偷安事敌。

子兰、靳尚纷纷进谗："屈原当年一再不敬先王，先被贬官，后被流放，仍然不思悔改，撰写辞赋讪谤先王，声称'虽九死其犹未悔'。如今仍然不敬大王，再次妄议国事!"

楚顷襄王大怒，又把屈原从江北流放江南，投于烟瘴之地。[4]

苏秦年初返燕，参加岁首朝会，与燕昭王重新商定使齐反间的具体方略。

苏秦离燕返齐之前，致信齐湣王："前年燕昭王命我护送其弟襄安君赴齐为质，我不愿赴齐而勉强赴齐，乃因大王尽管信任我，仍然把我视为燕臣，不让我为大王分忧。如今孟尝君离齐相魏，正与诸侯密谋伐齐，我怎能不尽快赴齐，为大王分忧? 密谋伐齐的天下诸侯，不愿事齐的部分燕臣，都在劝说燕昭王加入伐齐联盟。燕昭王面对内外压力，未必听我规劝。但我宁愿失去燕昭王信任，决意尽快赴齐，为大王分忧。我赴齐之时，若能得到大王超常礼敬，天下诸侯必将轰传：'燕昭王仍命燕相苏秦使齐，必不加入伐齐联盟。齐湣王竟命齐相韩珉为燕相苏秦驾车，齐、燕仍为铁盟！'大王如果允准，我将以一百五十乘使齐。大王如果不允，我将以五十乘使齐。管仲不谋私利，一心为齐，得到齐桓公信任，因而九合诸侯，一匡天下。大王远比齐桓公贤明，我虽不如管仲之贤，但像管仲一样忠于齐国，也愿大王像齐桓公信任管仲那样信任我！"

齐湣王正为孟尝君策动合纵伐齐而发愁，尽从苏秦之请。[5]

苏秦十年前第一次为燕使齐，前年第二次为燕使齐，均为五十乘。今年第三次为燕使齐，却是一百五十乘，超过了百乘的最高规格。

齐相韩珉奉齐湣王之命，前往临淄北面百里的高阆（今地不详），迎接燕相苏秦，为其驾车，超过了郊迎三十里的最高规格。

此事轰传天下，诸侯认为齐、燕一心，于是都不响应孟尝君策动的合纵伐齐。

齐湣王大喜，从此自居齐桓公，视苏秦为管仲，信任倚重超过韩珉。[6]

苏秦向齐湣王进言："大王南破强楚，西屈强秦，驱使韩、魏之兵，燕、赵之众，如同鞭赶牛羊。大王想要代周为王，必须诛暴正乱，征伐无道之国，诛灭不义之君。如今宋康王射天笞地，把秦、赵以外的天下诸侯做成木人，伸开双臂，放在厕所门口，作为箭靶。宋国是天下最为无道之国，宋康王是天下最为不义之君，天下称为'桀宋'。大王若不伐宋，难以号令天下。况且宋国是中原最为肥沃之地，又与齐境相邻。去年宋康王凭借与秦、赵结盟，竟敢助楚伐薛。薛邑虽是孟尝君封地，仍是齐国之地。大王与其得百里于燕，不如得十里于宋。大王伐宋，论名合于大义，论实则有大利，大王何不伐宋？"

齐湣王问："寡人如果伐宋，秦、赵是否会救？"

苏秦说："秦远赵近，大王不必担心秦军救宋，只需担心赵军救宋。我愿使赵，说服奉阳君李兑同意大王伐宋，决不救宋。"

齐湣王大悦，派遣苏秦使赵。[7]

苏秦从齐至赵，致信求见李兑："洛阳乘轩里苏秦，家境贫寒，母亲老迈，没有劣车驽马，唯有书简行囊。日行百里，一路风尘，顶霜冒雪，渡过漳水，双足重茧，赶到邯郸。立于外阙，求见君侯，愿言天下大事。"

李兑命人传话："人事我已尽知，除非先生谈论鬼事，方许入见。"

苏秦说："保证只言鬼事，不谈人事。"

李兑准其入见。

苏秦进言："我赴赵途中，遇上大雨，露宿田间，夜半听见木偶与土偶对话。土偶对木偶说：'你不如我！我是泥土，如今大雨滂沱，不过复归泥土。你是木头，一旦漂入漳水，东流至海，必将漫无所归。'如今君侯执掌强赵权柄，固然天下侧目，诸侯听命，但是君侯饿杀主父，凌驾幼主，其实危如累卵。听我之言则生，不听我言则死！"

李兑大为惶恐："敬请先生指明生路！"

苏秦说："各国权相，诸如吴起、商鞅、张仪、惠施、田婴、公孙衍、甘茂，无不得到君王倚重，然而旧君一死，即被新君罢免、放逐、诛杀、灭族。唯有孟尝君连相二君，齐宣王死后，齐湣王不仅未予罢免、放逐、诛杀、灭族，反而更加倚重，是何缘故？因为暴秦是中原公敌，孟尝君是伐秦盟主！孟尝君破秦以后，尽管因故罢相，齐湣王仍然不敢诛杀，又被魏昭王聘为魏相。如今赵惠文王已经十八岁，两年以后就会亲政，君侯大祸将至。齐湣王命我奉劝君侯：放弃结秦连宋，君侯策动伐秦，齐国负责伐宋。君侯一旦取代孟尝君，成为伐秦盟主，必将受到天下礼敬，永无后患。"

李兑受教拜谢。

苏秦返齐复命。

齐湣王大悦，不顾韩珉反对，着手筹备伐宋。[8]

屈原流放江南，披散头发，面色憔悴，形容枯槁，行吟泽畔。

渔父问："先生不是三闾大夫吗？为何不居郢都，来到此地？"

屈原说："举世皆浊我独清，众人皆醉我独醒。所以受到放逐。"

渔父问："世人皆浊，先生为何不肯搅其淤泥，扬其浊波？众人皆醉，先生为何不肯食其糟粕，饮其劣酒？为何深思高举，自取放逐？"

屈原说："沐浴之人，弹冠振衣，意在洁净。怎能以洁净之身，承受外物之污？宁赴湘水，葬于鱼腹。不愿以洁白之身，蒙受世俗之尘！"

渔父说："圣人不凝滞于外物，而能与世推移。庙堂有道，用世济民。庙堂无道，归隐江湖。"

划桨而去，自吟其歌："沧浪之水清洌，自当洗濯冠缨；沧浪之水浑浊，自当洗濯双足。"

屈原一腔热血，无以报国，负石自沉于汨罗江。终年四十八岁（前339—前292）。[9]

庄子七十八岁，改定第三篇《养生主》。

蔺且说："东郭子问我，渔父身为老聃之徒，为何劝说屈原与靳尚、子兰同流合污？"

庄子说："东郭子对渔父的误解，也是人们对老聃之徒的误解。渔父如果主张同流合污，怎么还是渔父？"

蔺且说："我也告诉东郭子，渔父只是问屈原为何不肯同流合污，并非主张同流合污。屈原以沐浴为喻，说明自己尽管涉足污浊的庙堂，但是不肯同流合污，所以受到放逐。渔父就以洗濯为喻，说明任何人一旦涉足污浊的庙堂，除了同流合污别无出路。沧浪之水清洌，可以洁其冠缨，乃喻庙堂有道可以出仕。沧浪之水浑浊，可以洁其双足，乃喻庙堂无道不可出仕。屈原涉足庙堂，已经失足污足，最后自沉江湖，仅是洁足自赎。渔父远离庙堂，未曾失足污足，所以逍遥江湖，无需洁足自赎。"

庄子问："东郭子明白没有？"

蔺且说："没有明白。他说我为渔父辩护，乃因渔父与夫子一样，都是失败者。"

庄子说："世俗之人，羡慕庙堂成功者，鄙弃庙堂失败者，又把远离庙堂者，全都视为失败者。其实寄生于庙堂，才是人生的最大失败。"

蔺且问："屈原如此大才，为何不愿遵循泰道，远离庙堂？"

庄子说："《九歌》首章《东皇泰一》，说明屈原已闻泰道。但是屈原不能丧忘宗室身份，所以不愿远离庙堂，宁可玉石俱焚。"

蔺且说："屈原如果读过《养生主》，是否可能远离庙堂，逍遥江湖？"

庄子说："恐怕不能。《离骚》首句'帝高阳之苗裔兮'，说明屈原未能丧我，怎能存吾？"

蔺且说："《养生主》三寓言，弟子还有许多不明之处。比如第一寓言的庖丁，乃是夫子之友，文惠君又是隐喻何人？"

庄子说："文惠君就是被戴剔成囚禁弑杀的宋桓侯，如今戴剔成之弟戴偃为君，不便直言。宋桓侯被囚以后，痛不欲生，看见庖丁解牛之技，得闻养生之主。"

蔺且问："司马熹、惠盎均曾担任右师，均被宋康王刖足。第二寓言的右师，是不是惠盎？"

庄子说："正是惠盎。这一寓言抨击宋康王滥杀无辜，同样不便直言。"

蔺且问："第三寓言，为何不言老聃之道，仅言老聃之死？"

庄子说："世人盛传老聃是长生不死的仙人，不利于理解老聃之道。挑明老聃死于秦国，意在破除世俗妄传。人生价值不在生命长短，而在勘破死生循环，领悟物化，顺应造化。"[10]

笺注

[1]《秦本纪》：秦昭王十五年（前292），冉免，封……魏冉陶（当作穰），为诸侯。●《六国表》秦昭王十五年（前292）：魏冉免相。●《穰侯列传》：（秦昭王十五年，前292），又取楚之宛、叶。魏冉谢病免相，[乃封魏冉于穰，复益封陶，号曰穰侯。]以客卿寿烛为相。其明年（秦昭王十六年，前291），烛免，复相冉。（乃封魏冉于穰，复益封陶，号曰穰侯。）穰侯封四岁（秦昭王十八年，前289），为秦将攻魏。魏献河东方四百里。拔魏之河内，取城大小六十余。■《穰侯列传》"乃封魏冉于穰，复益封陶，

号曰穰侯"三句，错简于秦昭王十六年（前291）复相之后，当系于秦昭王十五年"魏冉谢病免相"下。"穰侯封四岁"，指秦昭王十五（前292）至十八年（前289），可证穰侯封于秦昭王十五年。错简之后，遂以为免相之时不应封侯，复相之时宜于封侯；不知魏冉"免相"非有过被动罢相，乃"谢病"主动辞相，故其辞相之时因功封侯。楚人魏冉是首位相秦而封侯的六国士人，破例封侯，原因有四。其一，剿灭秦季君，帮助秦昭王篡位成功。其二，孟尝君破秦以后，策划吕礼奔齐反间，导致孟尝君罢相失薛奔魏。其三，孟尝君破秦以后，启用屠夫白起，取得伊阙大胜，秦军卷土重来。其四，他是宣太后异父长弟，秦昭王舅父。魏冉以前相秦的六国士人，卫人商鞅功劳最大，封为商君；魏人张仪功劳次之，封为武信君；楚人甘茂功劳又次之，封为横门君。魏冉始得封侯，初封穰邑，故称穰侯，后因同意齐灭秦之盟国宋而益封宋之定陶。魏冉封侯之后，魏人范雎相秦封为应侯，卫人吕不韦相秦封为文信侯。

[2]《秦本纪》：秦昭王十五年（前292），大良造白起攻魏，取垣，复予之。攻楚，取宛。●秦简《编年记》：秦昭王十五年（前292），攻魏。●《穰侯列传》：（秦昭王十五年），又取楚之宛、叶。

[3]《楚世家》（《六国表》同）：楚顷襄王七年（前292），楚迎妇于秦，秦、楚复平。

[4]、[9]《屈原列传》：屈平既嫉之，虽放流，睠顾楚国，系心怀王，不忘欲反，冀幸君之一悟，俗之一改也。其存君兴国而欲反复之，一篇之中三致志焉。然终无可奈何，故不可以反，卒以此见怀王之终不悟也。……怀王以不知忠臣之分，故内惑于郑袖，外欺于张仪，疏屈平而信上官大夫、令尹子兰，兵挫地削，亡其六郡，身客死于秦，为天下笑。……令尹子兰闻之大怒，卒使上官大夫短屈原于顷襄王，顷襄王怒而迁之。屈原至于江滨，被发行吟泽畔。颜色憔悴，形容枯槁。渔父见而问之曰："子非三闾大夫欤？何故而至此？"屈原曰："举世混浊而我独清，众人皆醉而我独醒，是以见放。"渔父曰："夫圣人者，不凝滞于物而能与世推移。举世混浊，何不随其流而扬其波？众人皆醉，何不餔其糟而啜其醨？何故怀瑾握瑜而自令见放为？"屈原曰："吾闻之，新沐者必弹冠，新浴者必振衣，人

又谁能以身之察察，受物之汶汶者乎！宁赴常流而葬乎江鱼腹中耳，又安能以皓皓之白而蒙世俗之温蠖乎！"于是怀石，遂自沉汨罗以死。●《楚辞·渔父》：屈原既放，游于江潭，行吟泽畔，颜色憔悴，形容枯槁。渔父见而问之曰："子非三闾大夫与！何故至于斯？"屈原曰："举世皆浊我独清，众人皆醉我独醒，是以见放。"渔父曰："圣人不凝滞于物，而能与世推移。世人皆浊，何不淈其泥而扬其波？众人皆醉，何不哺其糟而歠其醨？何故深思高举，自令放为？"屈原曰："吾闻之，新沐者必弹冠，新浴者必振衣；安能以身之察察，受物之汶汶者乎？宁赴湘流，葬于江鱼之腹中。安能以皓皓之白，而蒙世俗之尘埃乎！"渔父莞尔而笑，鼓枻而去，乃歌曰："沧浪之水清兮，可以濯吾缨；沧浪之水浊兮，可以濯吾足。"遂去，不复与言。■渔父先言"淈泥扬波、哺糟歠醨"，非其主张，乃是存有敬意之反问。后歌"濯缨濯足"，方为主张。求洁之意与屈同，求洁之径与屈异，足且濯之，高洁更胜。后来庄门后学仿照《楚辞·渔父》而撰《庄子·渔父》，两位渔父均为道家。

[5]《战国纵横家书》九《苏秦自燕献书谓齐王章》：谓齐王曰：始也，燕累臣以求（挚）[质]（前295权之难后），臣为是未欲来，亦未可为王为也。今南方之事齐者多故矣，是王有忧也，臣何可以不亟来？南方之事齐者，欲得燕与天下之师，而入之秦与宋，以谋齐。臣争之于燕王，燕王必弗听矣。臣又来，则大夫之谋齐者大懈矣。臣为是，虽无燕，必将来。[管]子之请，贵循也，非以自为也，[桓]公听之。臣贤王于桓[公]，臣不敢妄请[王重御臣]。王诚重御臣，则天下必曰：燕不应天下以师，又使苏[秦]□□□大贵□□□□□□□□□□□□□□□□□（缺十九字）齐，韩聂（即珉）之□□□□[为臣]之车也。王[若诚重御臣]，请以百五十乘，王以诸侯御臣；若不欲[重御臣]，请以五[十]乘来。请贵重之□□□□□□□□□□（缺十字）。高贤足下，故敢以闻也。■"今南方之事齐者多故矣"，乃言楚、宋伐薛，魏相孟尝君欲伐齐等。韩聂即齐相韩珉。

[6]《战国纵横家书》八：臣以车百五十乘入齐，聂（即珉）逆于高间，身御臣以入。

[7]《燕策二》十一：客（苏秦）谓燕王曰："齐南破楚，西屈秦，用韩、魏之兵，燕、赵之众，犹鞭策也。使齐北面伐燕，即虽五燕不能当。王何不阴出使，散游士，顿齐兵，弊其众，使世世无患？"燕王曰："假寡人五年，寡人得其志矣。"苏子（苏秦）曰："请假王十年。"燕（昭）王说，奉苏子车五十乘，南使于齐，谓齐（湣）王曰："齐南破楚，西屈秦，用韩、魏之兵，燕、赵之众，犹鞭策也。臣闻当世之（举）[兴]王，必诛暴正乱，举无道，攻不义。今宋王射天笞地，铸诸侯之象，使侍屏匽，展其臂，弹其鼻，此天下之无道不义，而王不伐，王名终不成。且夫宋，中国膏腴之地，邻民之所处也，与其得百里于燕，不如得十里于宋。伐之，名则义，实则利，王何为弗为？"齐王曰："善。"

[8]《赵策一》八：苏秦说李兑曰："雒阳乘轩里苏秦，家贫亲老，无罢车驽马，桑轮蓬箧，赢縢负书担橐，触尘埃，蒙霜露，越漳、河，足重茧，日百而舍，造外阙，愿见于前，口道天下之事。"李兑曰："先生以鬼之言见我则可，若以人之事，兑尽知之矣。"苏秦对曰："臣固以鬼之言见君，非以人之言也。"李兑见之。苏秦曰："今日臣之来也暮，后郭门，藉席无所得，寄宿人田中，旁有大丛。夜半，土梗与木梗斗曰：'汝不如我，我乃土也。使我逢疾风淋雨，坏沮，乃复归土。今汝非木之根，则木之枝耳。汝逢疾风淋雨，漂入漳、河，东流至海，泛滥无所止。'臣窃以为土梗胜也。今君杀主父而族之，君之立于天下，危于累卵。君听臣计则生，不听臣计则死。"李兑曰："先生就舍，明日复来见兑也。"苏秦出，李兑舍人谓李兑曰："臣窃观君与苏公谈也，其辩过君，其博过君，君能听苏公之计乎？"李兑曰："不能。"舍人曰："君即不能，愿坚塞两耳，无听其谈也。"明日复见，终日谈而去。舍人出送苏君，苏秦谓舍人曰："昨日我谈粗而君动，今日精而君不动，何也？"舍人曰："先生之计大而规高，吾君不能用也。乃我请君塞两耳，无听谈者。虽然，先生明日复来，吾请资先生厚用。"明日来，抵掌而谈。李兑送苏秦明月之珠，和氏之璧，黑貂之裘，黄金百镒。苏秦得以为用，西入于秦。■末句"苏秦得以为用，西入于秦"误。苏秦除了秦昭王元年（前306）为齐使秦，引甘茂至齐，此后再未使秦。

[10]《庄子·养生主》：庖丁为文惠君解牛，手之所触，肩之所倚，足之所履，膝之所踦，砉然响然，奏刀騞然，莫不中音。合于《桑林》之舞，乃中《经首》之会。文惠君曰："嘻，善哉！技盖至此乎？"庖丁释刀对曰："臣之所好者道也，进乎技矣。始臣之解牛之时，所见无非全牛者。三年之后，未尝见全牛也。方今之时，臣以神遇而不以目视，官知止而神欲行。依乎天理，批大郤，导大窾，因其固然。技经肯綮之未尝，而况大骨乎？良庖岁更刀，割也；族庖月更刀，折也。今臣之刀十九年矣，所解数千牛矣，而刀刃若新发于硎。彼节者有间，而刀刃者无厚；以无厚入有间，恢恢乎其于游刃必有余地矣，是以十九年而刀刃若新发于硎。虽然，每至于族，吾见其难为，怵然为戒，视为止，行为迟，动刀甚微，謋然已解，如土委地。提刀而立，为之四顾，为之踌躇满志，善刀而藏之。"文惠君曰："善哉！吾闻庖丁之言，得养生焉。"●《庄子·养生主》：公文轩见右师而惊曰："是何人也？恶乎介也？天欤？其人欤？"曰："天也，非人也。天之生是使独也，人之貌有与也。以是知其天也，非人也。泽雉十步一啄，百步一饮，不祈畜乎樊中。神虽王，不善也。"●《庄子·养生主》：老聃死，秦佚吊之，三号而出。弟子曰："非夫子之友邪？"曰："然。""然则吊焉若此，可乎？"曰："然。始也吾以为至人也，而今非也。向吾入而吊焉，有老者哭之，如哭其子；少者哭之，如哭其母。彼其所以会之，必有不祈言而言，不祈哭而哭者。是遁天倍情，忘其所受；古者谓之遁天之刑。适来，夫子时也；适去，夫子顺也。安时而处顺，哀乐不能入也；古者谓是帝之悬解。指穷于为薪，火传也，不知其尽也。"

秦再伐魏孟尝借兵，免刑全生至人间世

前291年，岁在庚午。庄周七十九岁。宋康王四十七年。

周赧王二十四年。秦昭王十六年。楚顷襄王八年。魏昭王五年。韩釐王五年。赵惠文王八年。齐湣王十年。燕昭王二十一年。鲁湣公十二年。卫嗣君二十四年。

秦昭王怒斥寿烛："你去年劝说寡人把垣邑还给魏国，要求魏昭王罢免孟尝君。为何魏昭王至今阳奉阴违，仍不罢免孟尝君？"

寿烛大恐，主动辞相。

魏冉病愈复相，派出两路秦军。

白起担任主将，率领主力，继续伐魏。

司马错担任副将，领兵伐韩，配合白起伐魏。[1]

魏昭王连夜召见孟尝君："寡人不听秦命，不肯罢免君侯。如今秦军又伐，君侯有何良策？"

孟尝君说："大王不必忧虑！我已派遣门客向诸侯求救。"

魏昭王说："君侯门客，未必能够请来救兵。唯有君侯亲自出使，诸侯才肯来救！"

孟尝君以马车百乘使赵，晋见赵惠文王："秦军伐魏，请大王救魏击秦。"

赵惠文王十九岁，尚未亲政，不敢作主："结秦连宋是父王定下的国策，寡人不能救魏击秦。"

孟尝君说："我请大王救魏击秦，并非为魏，而是为赵。"

赵惠文王说："寡人不明君侯之意。"

孟尝君说："魏、赵均与秦国歃血为盟，但是魏地年年被秦所割，魏民岁岁被秦斩首，赵国却无此祸，是何缘故？因为魏国与秦相邻，年年岁岁代替赵国承受秦祸。魏国一旦被秦伐灭，赵国就会与秦相邻，赵地也将年年被秦所割，赵民也将岁岁被秦斩首。"

赵惠文王转问李兑："先生以为如何？"

李兑说："先王五年前加入薛公策动的合纵伐秦，即已终止结秦连宋。大王应该救魏击秦！"

赵惠文王听从其言。

李兑派出十万骑兵救魏击秦。又在南行唐（今河北行唐）修筑城墙，预防秦国报复赵国。[2]

孟尝君又离赵至燕，晋见燕昭王："秦军伐魏，请大王救魏击秦。"

燕昭王说："敝国遭遇灾荒，连年歉收。寡人无力行军数千里救魏。"

孟尝君说："如今魏昭王不出国门，就能看见秦军，想要行军数千里救人之国，也不可得。能够行军数千里救魏，实为大王之福！"

燕昭王说："秦惠王帮助寡人复国，又嫁女于寡人。秦昭王不仅是寡人王后之弟，而且在燕为质五年，未曾不敬寡人。即位至今十六年，也未为难寡人。寡人怎能救魏击秦？"

孟尝君说："既然如此，请允许我告辞！天下一旦大变，大王切勿后悔！"

燕昭王问："敢问君侯，天下有何大变？"

孟尝君说："大王不肯救魏，魏国一旦告急，魏昭王就会割地求和，然后西借秦军步卒，东合赵国骑兵，策动秦、赵、魏、韩四国联合伐燕。四国伐燕之时，燕军无须劳师远征，运送粮草更加方便。大王不愿行军数千里救魏，莫非是希望在国门之外迎敌？"

燕昭王深知孟尝君确有能力策动四国伐燕，被迫起兵八万救魏。[3]

白起伐魏，攻取了轵邑（今河南济源）、邓邑（今河南邓州）。[4]

司马错伐韩，攻取了宛邑（河南南阳）。[5]

赵、燕救兵先后到达，帮助魏国收复轵邑。

魏昭王大喜，重赏孟尝君。[6]

秦昭王担心孟尝君再次策动合纵伐秦，被迫退兵。把邓邑增封给长弟高陵君嬴悝，把宛邑增封给幼弟泾阳君嬴市。[7]

苏秦催促齐湣王："去年我奉大王之命，劝说奉阳君放弃结秦连宋，担任伐秦盟主。奉阳君听我之言，今年果然救魏击秦。大王最好加紧筹备，尽快开始伐宋，以免坐失良机。"

齐湣王听从其言，不顾韩珉反对，加紧筹备伐宋。[8]

宋康王召见曹商："宋国已从千乘之国变成五千乘之国，如何成为万乘之国，与七雄平起平坐？"

曹商说："大王只要奖励多生男丁，就能扩充兵源，成为万乘之国。"

宋康王采纳其言，发布命令：宋民生育男丁，免除三年口赋。

蒙邑丁氏，与庖丁同宗，家中无井，每天要有一个男人外出挑水。

丁氏在院子里打了一口井，高兴地告诉邻居："打井以后，省出一个男丁！"

邻家妇人，又转告邻家妇人。

一传十，十传百，传为异闻："丁氏打井，挖出一个男丁！"

曹商禀报宋康王："蒙邑丁氏生了一个男丁，县令登记在册，丁氏竟予否认。丁氏瞒报男丁，必是逃避兵役。为免宋民仿效，大王应予严惩！"

宋康王大怒，命令蒙邑县令拘捕丁氏，押送商丘，亲自审问。

丁氏说："传言有误！我家原先无井，需要一个男丁天天外出挑水。打井以后省出一个男丁，并非生育男丁。"

曹商说："即使传言确实有误，大王仍然不宜轻饶！否则不明真相的宋民，仍会因为大王仁慈而瞒报男丁，逃避兵役，宋国怎能成为万乘之国？"

宋康王听从其言，诛杀丁氏。[9]

庄子七十九岁，改定第四篇《人间世》。

蔺且问："孟尝君离薛相魏，天下大战又起。夫子一向敬佩墨子止楚攻宋，为何反对颜回进谏卫庄公？"

庄子说："颜回进谏卫庄公，乃是寓言。颜回跟随孔子周游天下十四年，其时卫灵公、卫出公祖孙在位。颜回死后一年，卫灵公之子卫庄公逐子即位，暴虐卫民。这一寓言的寓意是：老聃、孔子所处的春秋末年，泰道未隐，否术未盛，但是大多数君主已像卫庄公一样，不肯听取颜回规劝。墨子所处的战国初年，泰道大隐，否术大盛，仍有极少数君主能像楚惠王那样，愿意听取墨子规劝而罢兵。如今泰道极隐，否术极盛，所有君主都与卫庄公一样，不愿听取惠施、宋钘规劝而偃兵。士人不应往刑亏生，而应逃刑全生。故曰：'方今之时，仅免刑焉。'"

蔺且问："楚威王不是也曾听从夫子规劝而放弃伐越吗？魏惠王不是也曾听从夫子规劝而放弃伐齐吗？"

庄子说："那是假装礼贤下士，楚威王、魏惠王终究仍是好战嗜杀的否君。如今天下乱战，尚未一统，各国否君唯有假装礼贤下士，才能击败敌国。一旦否王一统天下，必将不再礼贤下士。"

蔺且问："如今否君好战，否术猖獗，世人如何处世，才能顺道全生？"

庄子说："《人间世》写了八则寓言。前四则寓言，是说身在庙堂的士人，如何因应否君否术。后四则寓言，是说身在江湖的士人，如何因应悖道外境。无论身处庙堂，还是身处江湖，均应免刑全生，丧我存吾。行有余力，兼济天下。故曰：'古之至人，先存诸己，而后存诸人。'"

蔺且问："夫子所言'天子之与己，皆天之所子'，与孟尝君所养上士'不臣天子，不友诸侯'，是否相同？"

庄子说："略有相关，但不全同。'不臣天子，不友诸侯'，源于《周易》'不事王侯，高尚其事'，仅是士人遵循泰道的个人选择，尚未齐一万物。只有天下人全都齐一万物，领悟'天子之与己，皆天之所子'，领悟万物均为天道所生，人人都是天道之子，才能普遍遵循泰道，不再好战嗜杀。"

蔺且问："匠石、支离疏均为夫子之友，夫子为何贬斥匠石，褒扬支离疏？"

庄子说："匠石原先认为文木有用，散木无用，后经吾师子綦教诲而领悟：文木用于庙堂，必将害己害人；散木用于江湖，才能存己存人。吾师子綦主张神人不材，但我主张至人间世，因为入世成为文木，固然难免雕琢，出世成为散木，仍然难免刑戮。唯有间世，处乎材与不材之间，才能免此两难。支离疏天生畸形，乃是不自觉的支离其形，尚且能够免刑全生。间世至人则是自觉地支离其德，既能葆全真德，又不张扬真德而招刑。故曰：'夫支离其形者，犹足以养其身，终其天年，又况支离其德者乎？'"

蔺且问："为何最后要写接舆讽刺孔子？"

庄子说："老聃曾以泰道教导孔子，可惜当时孔子没有领悟。孔子游楚之时，接舆又以老聃之道讽刺孔子，讥其'临人以德，画地而趋'。晚年孔子得读《归藏》，终于领悟泰道，感叹'朝闻道，夕死可矣'。可惜如今的子夏之徒，并非真正的孔子之徒，仅知早年孔学，未闻晚年孔学，为了功名富贵，不惜雕琢自己成为文木，不惜黥劓天下助长否术，唆使否君好战嗜杀，代大匠斫。故曰：'已乎已乎，临人以德；殆乎殆乎，画地而趋。'" [10]

笺注

[1]《穰侯列传》：（秦昭王十五年，前292，去年）魏冉谢病免相，以客卿寿烛为相。其明年（秦昭王十六年，前291，今年），烛免，复相冉。

[2]《赵世家》：赵惠文王八年（前291），城南行唐。

[3]、[6]《魏策三》七：秦将伐魏。魏（昭）王闻之，夜见孟尝君，告之曰："秦且攻魏，子为寡人谋，奈何？"孟尝君曰："有诸侯之救，则国可存也。"王曰："寡人愿子之行也。"重为之约车百乘。孟尝君之赵，谓赵（惠

文）王曰："文愿借兵以救魏。"赵王曰："寡人不能。"孟尝君曰："夫敢借兵者，以忠王也。"王曰："可得闻乎？"孟尝君曰："夫赵之兵，非能强于魏之兵；魏之兵，非能弱于赵也。然而赵之地不岁危，而民不岁死；而魏之地岁危，而民岁死者，何也？以其西为赵蔽也。今赵不救魏，魏歃盟于秦，是与强秦为界也，地亦且岁危，民亦且岁死矣。此文之所以忠于大王也。"赵王许诺，为起兵十万，车三百乘。又北见燕（昭）王曰："先日，公子常约两王之交矣。今秦且攻魏，愿大王之救之。"燕王曰："吾岁不熟二年矣，今又行数千里而以助魏，且奈何？"田文曰："夫行数千里而救人者，此国之利也。今魏王出国门而望见军，虽欲行数千里而助人可得乎？"燕王尚未许也。田文曰："臣效便计于王，王不用臣之忠计，文请行矣。恐天下之将有大变也。"王曰："大变可得闻乎？"曰："秦攻魏，未能克之也，而台已燔，游已夺矣。而燕不救魏，魏王折节割地，以国之半与秦，秦必去矣。秦已去魏，魏王悉韩、魏之兵，又西借秦兵，以因赵之众，以四国攻燕，王且何利？利行数千里而助人乎？利出燕南门而望见军乎？则道里近而输又易矣，王何利？"燕王曰："子行矣，寡人听子。"乃为之起兵八万，车二百乘，以从田文。魏王大说，曰："君得燕、赵之兵甚众且亟矣。"秦王大恐，割地请讲于魏。因归燕、赵之兵，而封田文。

[4]、[7]《秦本纪》：秦昭王十六年（前291），左更错取轵及邓。冉免。封公子市宛，公子悝邓，魏冉陶，为诸侯。▲杨宽：《秦本纪》言是年魏冉封陶，《穰侯列传》言是年魏冉封穰及陶，并非事实。冉于初相时已封于穰，此时秦尚未得陶，不可能以陶封冉。……魏冉封于陶，在秦攻齐取得陶邑之后。《索隐》曰：陶即定陶，有魏冉冢。《水经·济水注》于"东过守陶县西"下云："济水又东径秦相魏冉冢南，冉……卒于陶而因葬焉，世谓之安平陵，墓南崩，碑尚存。"■杨谓"冉于初相时已封于穰"不确。秦昭王六年（前301）术视伐韩取穰邑（见上第六十九章），秦昭王七年（前300）樗里疾死后魏冉相秦，虽有前之拥立之功，并未封侯，至秦昭王十四年（前293）启用白起大败韩、魏于伊阙，逆转孟尝君合纵伐秦之后秦之颓势，始于秦昭王十五年（前292）因病辞相而封穰侯。故《秦本纪》"冉免"及"魏冉陶，为诸侯"八字当属去年，考辨见上章注1。魏冉封为穰侯，故

称"诸侯"。公子市为秦昭王同母幼弟，始封泾阳，称泾阳君，秦昭王十五年攻取楚之宛，秦昭王十六年攻取韩之宛，均增封给泾阳君。公子悝为秦昭王同母长弟，始封高阳，称高阳君，秦昭王十六年攻取魏之邓，增封给高阳君。公子市、公子悝均为食邑之封君，并非独立之诸侯，魏冉封为穰侯，并非食邑之封君，乃是独立之诸侯（与孟尝君称薛侯相同，但因孟尝君罢相以后失去薛地，史家仍多称其为孟尝君、薛公，少称薛侯），亦证八字当属去年。

[5]秦简《编年记》：秦昭王十六年（前291），攻宛。●《韩世家》：韩厘王五年（前291），秦拔我宛。■今年所攻乃韩之宛，非去年所攻楚之宛。●《白起列传》（秦昭王十六年，前291）：起与客卿错攻垣城，拔之。■白起为大良造，主将。司马错为左更，副将。《秦本纪》失记白起，或因误以白起为魏冉提拔，魏冉免相则白起废用，明年魏冉复相又复用白起，不知魏冉免相乃因病辞相，白起并未废用。又《秦本纪》昭王十五年"白起攻魏，取垣，复予之"，或为系年有误而重，或为去年取垣归还，今年再攻。

[8]去年（前292）苏秦游说李兑担任合纵伐秦之新盟主，今年（前291）李兑救魏击秦。

[9]《吕览·察传》：宋之丁氏，家无井而出溉汲，常一人居外。及其家穿井，告人曰："吾穿井得一人。"有闻而传之者曰："丁氏穿井得一人。"国人道之，闻之于宋君。宋君令人问之于丁氏，丁氏对曰："得一人之使，非得一人于井中也。"求能之若此，不若无闻也。

[10]《庄子·人间世》：颜回见仲尼，请行。曰："奚之？"曰："将之卫。"曰："奚为焉？"曰："回闻卫君，其年壮，其行独，轻用其国，而不见其过；轻用民死，死者以国，量乎泽若蕉，民其无如矣。回尝闻之夫子曰：'治国去之，乱国就之。医门多疾。'愿以所闻，思其所行，则庶几其国有瘳乎？"仲尼曰："嘻！若殆往而刑耳！"●《庄子·人间世》：孔子适楚，楚狂接舆游其门，曰："凤兮凤兮，何如德之衰也？来世不可待，往世不可追也。天下有道，圣人成焉；天下无道，圣人生焉；方今之时，仅免刑焉。福轻乎羽，莫之知载；祸重乎地，莫之知避。已乎已乎，临人以德；殆乎殆乎，画地而趋。迷阳迷阳，无伤吾行；却曲却曲，无伤吾足。"

孟尝使诈借秦伐齐，不事王侯德充之符

前290年，岁在辛未。庄周八十岁。宋康王四十八年。

周赧王二十五年。秦昭王十七年。楚顷襄王九年。魏昭王六年。韩釐王六年。赵惠文王九年。齐湣王十一年。燕昭王二十二年。鲁滑公十三年。卫嗣君二十五年。

秦昭王伐魏两年，魏昭王仍不罢免孟尝君，恼怒至极，今年继续伐魏。白起、司马错又伐垣邑（今山西垣曲）、轵邑（今河南济源），未能攻克。[1]

秦昭王召见魏冉："寡人伐魏三年，韩国助魏，赵、燕救魏，魏昭王仍不罢免孟尝君。寡人担心孟尝君再次发动合纵伐秦，舅父有何良策？"

魏冉说："韩珉在韩之时，与公仲朋、韩辰共同亲秦。如今韩珉相齐，韩辰相韩，必能说服韩釐王背叛纵约。只要韩釐王率先背叛纵约，山东诸侯就会分崩离析，孟尝君再也无法策动合纵伐秦。"

秦昭王听从其言，遣使至齐，秘密拜见齐相韩珉。

韩珉奉秦昭王之命，派人至韩，秘密拜见韩相韩辰。

韩辰采纳韩珉之策，向韩釐王进言："去年秦军兵分两路，同时征伐魏、韩。赵、燕为何救魏不救韩？因为孟尝君相魏。今年秦军又兵分两路，伐魏二城，仍然无功，必将移师伐韩。大王只有背叛纵约，献地事秦，才能确保秦祸不离魏境。"

韩釐王听从其言，派遣韩辰入秦献地。[2]

魏昭王闻讯，问策老臣白圭："先生有无良策，阻止成阳君韩辰入秦献地？"

白圭说："大王不妨派人劝说成阳君：'楚怀王入秦被扣，由于楚顷襄王不肯献地，终于被囚至死。相国入秦献地，万一韩釐王反悔而不肯献地，也将被扣，被囚至死。'这样成阳君必定不敢入秦。"

魏昭王听从其言，派人恐吓韩辰。

韩辰不为所动，仍然离开新郑，动身西行。[3]

公畴竖闻讯，献策楚顷襄王："成阳君入秦献地，秦、韩一旦结盟，必将不利楚国。"

楚顷襄王问："成阳君已经动身西行，如何阻止？"

公畴竖说："成阳君必将途经西周国，大王可命西周武公予以扣留。"

楚顷襄王采纳其言，命其出使西周国。

公畴竖到达河南，晋见西周武公："十七年前，秦军攻取韩邑宜阳，西周国失去一道屏障，秦武王顺利入周举鼎。三年前，秦军攻取韩邑伊阙，西周国又失去一道屏障，秦军入周更为容易。如今成阳君入秦献地，西周国必将失去所有屏障，秦军入周再无障碍。君侯唯有扣留成阳君，西周国才不会像东周国一样沦为秦国附庸。"

西周武公采纳其言，扣留了过境往秦的韩辰。

齐相韩珉闻讯，派遣门客怒斥西周武公，命其释放韩相韩辰，驱逐楚使公畴竖。

西周武公既担心得罪韩珉招来齐伐，更担心扣留韩辰招来秦、韩共伐，被迫释放韩辰[4]，陪同韩辰入秦请罪。

周最谏阻父君入秦无效，愤而辞相，离开西周国，转仕魏国。[5]

韩辰入秦，割让武遂（今山西垣曲东南）以西二百里地。[6]

魏冉祝贺秦昭王："孟尝君夺回的河东韩地，已经重归大王。我愿亲自领兵收复孟尝君夺回的河东魏地，重振秦威！"

秦昭王大悦，亲临咸阳东门劳军，为魏冉出师壮行。

秦相魏冉亲率秦军，大举伐魏，分兵三路，同时围攻河东三邑：垣邑（今山西垣曲），蒲坂（今山西永济），皮氏（今山西河津东南）。

韩釐王听从韩辰之言，助秦伐魏。[7]

苏秦向齐湣王进言："韩釐王不仅率先叛纵事秦，而且助秦伐魏。大王应该约赵伐韩，以免其他诸侯也叛纵事秦！"

齐湣王不知韩釐王献地事秦、助秦伐魏均为韩珉唆使，听从苏秦，准备约赵伐韩。

韩珉谏阻："秦国与齐相远，楚国已经大破，对齐均无威胁。韩、魏则有秦患，燕国与齐亲善，宋、鲁十分贫弱，所以赵国乃是齐国的最大威胁。大王应该约秦伐赵，怎能约赵伐韩？"

齐湣王不听，派遣苏秦率领齐军至赵。[8]

赵惠文王二十岁，冠礼以后亲政，仍然迷恋剑术。李兑继续独掌大权。[9]

苏秦领兵至赵，约赵伐韩。

李兑即命赵梁率领赵、齐联军伐韩，攻至鲁关（今河南鲁山鲁阳关）。[10]

魏昭王又连夜召见孟尝君："秦、韩共同伐魏，君侯可否再请赵、燕救魏？"

孟尝君说："去年魏、韩同心，共同抗秦，所以赵、燕肯救。如今韩釐王献地事秦，助秦伐魏，赵、燕未必肯救。大王难以独力抗击秦、韩联军，不如像韩釐王一样献地事秦。"

魏昭王说："君侯之言甚是！不过成阳君使秦，可以安全返回。君侯如果使秦，难以安全返回。寡人当遣何人使秦献地？"

孟尝君说："芒卯。"

魏昭王听从其言，派遣芒卯入秦献地。

芒卯至秦，割让绛邑（今山西翼城）、汾邑（今山西汾阳）等河东四百里地。

秦昭王大喜，命令秦、韩联军停止伐魏，嘉奖魏冉："韩珉让韩辰入秦献地，寡人一举收复被孟尝君夺回的河东韩地。魏昭王不敢与寡人再战，也命芒卯入秦献地，寡人又一举收复被孟尝君夺回的河东魏地。孟尝君伐秦三年夺回的魏、韩河东之地，舅父仅仅巧施妙计，即已兵不血刃重归寡人！"

李兑得知魏昭王也献地事秦，急命赵梁退兵，赵、齐联军停止了伐韩。[11]

芒卯返魏之前，辞别秦昭王："魏国没有亲秦大臣，不利大王东进。大王如果能让魏昭王任命我为司徒，我就劝说魏昭王再献河东三邑长羊、王屋、洛林。"

秦昭王不敢相信竟有此事，疑心有诈。[12]

芒卯私见魏冉，呈上孟尝君密信："门客向我密报，吕礼逃秦奔齐，乃是为秦反间。齐、秦一旦交好，吕礼必被秦昭王所重，君侯必为秦昭王所轻。君侯不如劝说秦昭王伐齐，破齐之后，我将返齐复相，必请齐湣王分封君侯。"

魏冉大悦，向秦昭王进言："孟尝君被齐湣王罢相，又失封地薛邑，陷入穷途末路，从仇秦变成亲秦，从忠齐变成仇齐，必欲报复齐湣王，所以派遣芒卯使秦，背着魏昭王卖魏事秦，希望大王助其伐齐。大王不必疑心芒卯，应该利用魏昭王信任孟尝君，孟尝君仇恨齐湣王，推助山东诸侯内耗，秦军就能加速东进。"

秦昭王不再疑心芒卯，派遣御史大夫起贾，陪同芒卯返魏，替芒卯请功。[13]

起贾至魏，晋见魏昭王："芒卯使秦有功，秦昭王希望大王任命他为司徒。"

魏昭王不悦："寡人宁可让奴隶担任司徒，也不让芒卯担任司徒！"

起贾只好告退。

孟尝君入见："起贾有何冒犯，惹得大王如此不悦？"

魏昭王说："秦昭王要求寡人任命芒卯为司徒。寡人说：宁用奴隶，不用芒卯！"

孟尝君问："大王为何如此鄙视芒卯？"

魏昭王说："芒卯私通兄嫂，连生五子。寡人命其担任司徒，必被天下耻笑！"[14]

孟尝君叹息："难怪大王受制于秦！牛若驮书至秦，也称善牛。芒卯即使私德有亏，难道还不如牛？大王既然命他使秦，当然宜为重臣！"

魏昭王犹豫三天，终于听从孟尝君，任命芒卯为司徒，执掌魏军。[15]

芒卯担任司徒，上朝进言："秦昭王对我许诺，只要大王再献河东三邑长羊、王屋、洛林，秦军永不再攻魏国先君陵墓所在的旧都安邑。立刻出兵助魏伐齐，所得齐地尽归大王。"

魏昭王问孟尝君："君侯以为如何？"

孟尝君说："大王若是不允，秦昭王必将继续伐魏，河东三邑仍然不保。大王如果允准，秦昭王就会停止伐魏，大王就能失地于秦，得地于齐。"

魏昭王无奈，又向秦国再献河东三邑。

过了数月，秦军不出。

魏昭王质问芒卯："秦军为何至今不出？"

芒卯说："大王赦我死罪！我立刻入秦，要求秦昭王兑现承诺。"

芒卯从魏至秦，责备秦昭王："大王亲口许诺，只要我劝魏昭王割让长羊、王屋、洛林，必定出兵助魏伐齐。如今魏昭王献地已有数月，大王却不派秦军至魏。如果我被魏昭王诛杀，今后山东各国谁还愿意事秦？"

秦昭王醒悟，行礼告罪："寡人决不失信于先生！正在筹措粮草，数日即可出兵。"

十天之后，秦军至魏。与魏合兵，准备伐齐。

周最去年辞去西周国相，转仕魏国，此时进谏魏昭王、孟尝君："芒卯割魏事秦，联秦伐齐，有利虎狼之秦，有损魏国之义。大王、君侯不可听信！"

孟尝君不予理睬，魏昭王无可奈何。

芒卯统帅魏、秦联军，东伐齐国，攻取了二十二县。[16]

周最怒于芒卯卖魏事秦，不肯与之同座。

公孙弘夜访周最："我们兄弟三人，毕生反秦。四年前，二哥在伊阙被秦杀害，大哥也被迫入秦求和，含恨而死。我奉大哥之命，追随孟尝君二十年，一心阻止秦祸东来。然而孟尝君四年前失薛相魏以后，因为痛恨齐湣王，竟然背叛母邦，与齐为敌，与秦为友，不再策动合纵伐秦，转而策动合纵伐齐。由于中原诸侯均不响应，今年孟尝君利用魏昭王信任，幕后操纵芒卯，不惜卖魏事秦，不顾靖郭君丘墓仍在齐国，竟然联秦伐齐，加剧秦祸东来！孟尝君为泄私愤，不顾公义，一意孤行，不再像以前那样从善如流。我不愿继续追随孟尝君，决定离魏往齐，特来拜辞公子！"

周最问："先生有何赐教？"

公孙弘说："公子反秦，天下无人不知，士人无不敬仰。但是如今公子不与芒卯同座，徒然激怒秦昭王，无助于阻止秦祸东来。魏昭王固然敬重公子，然而更加信任孟尝君。公子不如献策魏昭王、孟尝君：'恳请大王、君侯允许我离魏仕齐！如果联秦伐齐顺利，我在齐国可为内应。一旦联秦伐齐失利，我在齐国可以修复魏、齐之交。'秦昭王深知公子反秦，一旦得知公子奉魏昭王、孟尝君之命离魏仕齐，必将疑心魏昭王、孟尝君并非真心事秦，秦、魏之盟就会破裂。"

周最拜谢受教。

公孙弘离魏往齐，不愿投靠亲秦的韩珉，于是投靠敌秦的苏秦。[17]

庄子八十岁，改定第五篇《德充符》。

蔺且问："《德充符》上篇，为何连写王骀、申徒嘉、叔山无趾三兀者?"

庄子说："《养生主》已言，养身是养生之次，养心是养生之主。身心兼养为全生，遭受身刑为亏生，遭受心刑为迫生，迫生不如死亡。《人间世》已言，必须善于因应悖道外境，才能免刑全生。《德充符》进而阐明，免刑全生固然最佳，万一不能免刑全生，那么宁受身刑，不受心刑，宁愿亏生，不能迫生。三兀者正是如此。"

蔺且问："《德充符》下篇，为何又连写哀骀它、支离无唇、瓮𥂖大瘿三恶人?"

庄子说："三兀者不善于因应悖道外境，因而遭受身刑而亏生。三恶人善于因应悖道外境，因而免刑全生。三恶人实为三善人、三美人、三真人，仅因庙堂伪道颠倒善恶，颠倒美丑，颠倒真假，才会视善为恶，视美为丑，视真为假。"

蔺且问："叔山无趾批评孔子'天刑之，安可解'，为何鲁哀公却赞扬孔子是'至人'?"[18]

庄子说："我曾告诉惠施，孔子六十岁以后，否定了五十九岁以前的主张。"

蔺且说："弟子记得此事，但是仍不明白此篇为何对孔子先贬后褒。"

庄子说："吾师子綦认为，孔子至死未悟泰道。但我认为，孔子死前已经领悟泰道，仅是来不及把泰道传授给颜回以外的晚年弟子，所以我抉发了孔子晚年改宗的秘史。"[19]

蔺且问："夫子所言孔子晚年改宗，与世人所知完全相反，世人怎能相信?"

庄子说："说不说在我，信不信由人。孔子晚年是否改宗，其实并不重要，因为孔子早已死了。重要的是，世人能否闻道改宗，能否得意忘言。"

蔺且问："何为得意忘言?"

庄子说："渔父以笼捕鱼，得鱼以后忘笼。猎户以网捕兔，得兔以后忘网。我以言寓意，达意以后忘言。世人读我之文，必须得我之意，忘我之言。"[20]

笺注

[1] 秦简《编年记》：秦昭王十七年（前290），攻垣、枳。

[2]《秦本纪》：秦昭王十七年（前290），城阳君（成阳君韩辰）入朝，及东周君（当作西周君）来朝。秦以垣为蒲阪、皮氏。王之宜阳。●《秦本纪索隐》："为"当为"易"。▲杨宽："秦以垣为蒲阪、皮氏"当作"秦攻垣及蒲阪、皮氏"。《秦本纪索隐》"为"当为"易"，为臆说。枳即轵，《秦本纪》载"左更错取轵"在上年。■《秦本纪》去年"左更错取轵"不误，赵、燕救魏，重又夺回，今年秦复攻取，又被魏夺回，明年秦又复攻取，拉锯三年之久。

[3]《魏策四》十五：成阳君欲以韩、魏听秦，魏王弗利。白圭谓魏（昭）王曰："王不如阴侯人说成阳君曰：'君入秦，秦必留君，而以多割于韩矣。韩不听，秦必留君，而伐韩矣。故君不如安行求质于秦。'成阳君必不入秦，秦、韩不敢合，则王重矣。"■"魏王弗利"，实为孟尝君弗利。白圭未能阻止成阳君入秦。"秦必留君"云云，乃以秦留楚怀王、孟尝君为说。参看《秦策三》七"五国罢成皋（前287），秦王欲为成阳君求相韩、魏"。

[4]《韩策三》十三：韩珉相齐，令吏逐公畴竖，大怒于（西）周之留成阳君也。谓韩珉曰："公以二人者为贤人也，所入之国，因用之乎？则不如其处小国。何也？成阳君为秦去韩，公畴竖，楚王善之。今公因逐之，二人者必入秦、楚，必为公患。且明公之不善于天下。天下之不善公者，与欲有求于齐者，且收之，以临齐而市公。"▲《战国策》鲍彪注：（成阳）君本在齐，为秦善之，珉欲使之入秦，过周，周留之，故怒。■成阳君韩辰乃韩相，鲍说"君本在齐"大误。▲杨宽：成阳君主张以韩、魏听秦，韩珉主张齐、秦相合，皆为当时秦所重用之人。顾观光定此事于周郝王二十五年（前290），云"因涉成阳君附此"。其说可从。韩珉相齐当在此年。■杨宽据《韩策三》十三"韩珉相齐"，遂谓"韩珉相齐在此年"，实则四年前（前290）孟尝君罢相韩珉即已相齐，齐遂不再伐秦，转而亲秦。韩珉相齐以后，苏秦以百五十乘为燕使齐，齐相韩珉远迎于高间（《战

国纵横家书》八、九）。至前288年吕礼说齐湣王称东帝，韩珉罢相，吕礼相齐。苏秦说齐湣王去东帝，吕礼罢相归秦，韩珉复相齐。苏秦说齐湣王与赵李兑相会，约共攻秦，残宋取淮北，韩珉再罢相，苏秦相齐，直至六国伐齐（见《战国纵横家书》八）。

[5]《西周策》五：（西）周君之秦。谓周最曰："不如誉秦王之孝也，因以应为太后养地。秦王、太后必喜，是公有秦也。交善，周君必以为共功；交恶，劝周君入秦者，必有罪矣。"■《西周策》五"周君之秦。谓周最曰"，可证《秦本纪》"东周君"当作"西周君"，即西周武公，其先于樗里疾兵车入东周后，与东周战，后助韩、魏抗秦于伊阙，故谥"武"。兼证周最为西周国公子，非东周国公子。旧因《战国策》之《东周策》、《西周策》常误系，而周最兼见于《东周策》、《西周策》，且《东周策》在前、《西周策》在后，故多误视周最为东周国公子。前267年范雎相秦，前266年宣太后殁，遂将此策西周所献宣太后养邑应邑封范雎，称应侯。【附考】《赵策三》六（前298）：……周最以天下辱秦者也……●《西周策》九：司寇布为周最谓周君，曰："君使告齐王以周最不肯为太子也，臣为君不取也。……今君之使最为太子，独知之契也，天下未有信之者也。臣恐齐王之为君实立果而让之于最，以嫁之齐也。"●《西周策》十五：谓齐王曰："王何不以地赍周最以为太子也？"齐王令司马悍以赂进周最于周。■周最为西周武公五庶子之一，秦武王四年（前307）秦兵车入周后反秦。周最反秦，故齐湣王欲使西周武公废姬咎而改立周最为太子。西周武公五庶子，可知者四：姬咎、姬佼、周足、周最。

[6]《韩世家》：韩厘王六年（前290），与秦武遂地二百里。

[7]《穰侯列传》：穰侯封四岁（秦昭王十七年，前290），为秦将攻魏。魏献河东方四百里。●《魏世家》：魏昭王六年（前290），予秦河东地，方四百里。芒卯以诈重。●《韩非子·外储说左下》：秦、韩攻魏，昭卯（即芒卯）西说而秦、韩罢。■《韩非子》之昭卯，即《魏世家》之芒卯。《魏世家》"芒卯以诈重"，实为魏相孟尝君授意，详下各注。

[8]《战国纵横家书》八《苏秦谓齐王章》之一：韩珉曰：伤齐者，必赵也。秦虽强，终不敢出塞溯河，绝中国而攻。楚、越远，宋、鲁弱，

燕人承，韩、梁有秦患，伤齐者必赵。

[9]《赵策二》一：苏秦从燕之赵，始合从，说赵（惠文）王曰："天下之卿相人臣，乃至布衣之士，莫不高贤大王之行义，皆愿奉教陈忠于前之日久矣。虽然，奉阳君妒，大王不得任事，是以外宾客游谈之士，无敢尽忠于前者。"■此策为赵惠文王十四年（前285）苏秦幕后策动合纵伐齐时对赵惠文王所言，导致李兑罢相，燕将乐毅相赵。次年（前284）燕将乐毅统帅五国联军破齐，又次年（前283）赵惠文王诛杀李兑。故李兑从赵惠文王三年（前296）饿杀赵武灵王，至赵惠文王十四年（前285）罢相，专擅赵政十一年（前296—前285）。赵惠文王二十岁亲政（前290）之后，李兑继续专擅赵政六年（前290—前285）。

[10]《赵世家》：赵惠文王九年（前290），赵梁将，与齐合军攻韩，至鲁关下。

[11]《魏策三》二：芒卯谓秦（昭）王曰："王之士未有为之中者也。臣闻明王不胥中而行。王之所欲于魏者，长羊、王屋、洛林之地也。王能使臣为魏之司徒，则臣能使魏献之。"秦王曰："善。"因任之以为魏司徒。谓魏（昭）王曰："王所患者上地也。秦之所欲于魏者，长羊、王屋、洛林之地也，王献之秦，则上地无忧患，因请以下兵东击齐，攘地必远矣。"魏王曰："善。"因献之秦。地入数月，而秦兵不下。魏王谓芒卯曰："地已入数月，而秦兵不下，何也？"芒卯曰："臣有死罪。虽然，臣死则契折于秦，王无以责秦。王因赦其罪，臣为王责约于秦。"乃之秦，谓秦王曰："魏之所以献长羊、王屋、洛林之地者，有意欲与下大王之兵东击齐也。今地已入，而秦兵不可下，臣则死人也。虽然，后山东之士，无以利事王者矣。"秦王惧然曰："国有事，为赡下兵也，今以兵从。"后十日，秦兵下。芒卯并将秦、魏之兵以东击齐，启地二十二县。

[12]《孟尝君列传》：孟尝君惧，乃遗秦相穰侯魏冉书曰："吾闻秦欲以吕礼收齐，齐，天下之强国也，子必轻矣。齐秦相取以临三晋，吕礼必并相矣，是子通齐以重吕礼也。若齐免于天下之兵，其仇子必深矣。子不如劝秦王伐齐。齐破，吾请以所得封子。齐破，秦畏晋之强，秦必重子以取晋。晋国散于齐而畏秦，晋必重子以取秦。是子破齐以为功，挟晋以为

重；是子破齐定封，秦、晋交重子。若齐不破，吕礼复用，子必大穷。"于是穰侯言于秦昭王伐齐，而吕礼亡。●《秦策三》一：薛公为魏谓魏冉曰："文闻秦王欲以吕礼收齐，以济天下，君必轻矣。齐、秦相聚以临三晋，礼必并相之，是君收齐以重吕礼也。齐免于天下之兵，其仇君必深。君不如劝秦王令弊邑卒攻齐之事。齐破，文请以所得封君。齐破晋强，秦王畏晋之强也，必重君以取晋。齐与晋弊，而不能支秦，晋必重君以事秦。是君破齐以为功，（操）[挟]晋以为重。破齐定封，而秦、晋皆重君；若齐不破，吕礼复用，子必大穷矣。"■《孟尝君列传》谓魏相孟尝君致书秦相魏冉属是，《秦策三》一谓魏相孟尝君使秦面见秦相魏冉则误。孟尝君破秦之后为秦大敌，必不亲自使秦，故遣芒卯使秦致以秦相魏冉秘信。《孟尝君列传》末句误言吕礼亡秦奔齐在此之后，实则吕礼为秦反间于齐，导致孟尝君罢齐相而任魏相，魏相孟尝君才遣芒卯致书秦相魏冉。孟尝君养士三千，密探遍布列国，已知吕礼反间之秘，故其密信首句即言"吾闻秦欲以吕礼收齐"。

[13]《吕览·应言》：魏令孟卯（即芒卯）割绛、汾、安邑之地以与秦（昭）王。王喜，令起贾为孟卯求司徒于魏（昭）王。魏王不说，应起贾曰："卯，寡人之臣也。寡人宁以臧为司徒，无用卯。愿大王之更以他人诏之也。"起贾出，遇孟卯于廷。曰："卯之事何如？"起贾曰："公甚贱于公之主。公之主曰：宁用臧为司徒，无用卯。"孟卯（当作孟尝君）入见，谓魏王曰："秦客何言？"王曰："求以女为司徒。"孟卯（当作孟尝君）曰："王应之谓何？"王曰："宁以臧，无用卯也。"孟卯（当作孟尝君）太息曰："宜矣，王之制于秦也！王何疑秦之善臣也？以绛、汾、安邑，令负牛（当作牛负）书与秦，犹乃善牛也。卯虽不肖，独不如牛乎？且王令三将军为臣先，曰'视卯如身'，是重臣也。令二（当作今王）轻臣也，令臣责，卯虽贤，固能平？"居三日，魏王乃听起贾。▲杨宽：今考秦简《编年记》云：昭王"二十年攻安邑"，《秦本纪》、《六国表》皆言昭王二十一年"魏献安邑"，则是年（前290）魏予秦河东地，安邑确不在内。割献绛、安邑之地，乃秦昭王二十一年（前286）之事。■杨说是。安邑早在商鞅时已为秦取，孟尝君伐秦后归魏。魏之垣邑近三年内在秦、魏之间反复易手数次。

一是前年（前292）秦相寿烛于白起攻取垣邑后，欲笼络魏国而主动归还。二是去年（前291）魏冉复相，今年（前290）先命白起再攻垣邑，未能攻取，随后魏冉于韩献地后，亲自领兵伐魏垣邑、蒲坂、皮氏，至此乃由芒卯割让绛邑、垣邑等河东地。但是魏昭王并未真正屈服，未如韩相成阳君韩辰那样朝秦，因而明年（魏昭王七年、秦昭王十八年，前289）魏昭王又采魏相孟尝君之策，与韩相成阳君一起朝拜赵国。孟尝君利用魏昭王不愿失去旧都安邑的心理，让芒卯请秦昭王许诺不攻"上地"安邑，以售其奸。此策与魏昭王对话之孟卯，必为孟尝君之讹，魏昭王不可能当面对芒卯说"宁以臧，无用卯"。

[14]《淮南子·氾论训》：孟卯（即芒卯）妻其嫂而有五子焉，然而相魏，宁其危而解其患。●《列女传》卷一《母仪传》：魏芒慈母者，魏孟阳氏之女，芒卯之后妻也。有三子。前妻之子有五人，皆不爱慈母。遇之甚异，犹不爱。慈母乃命其三子，不得与前妻子齐衣服饮食，起居进退甚相远，前妻之子犹不爱。于是前妻中子犯魏王令当死，慈母忧戚悲哀，带围减尺，朝夕勤劳以救其罪人。有谓慈母曰："人不爱母至甚也，何为勤劳忧惧如此？"慈母曰："如妾亲子，虽不爱妾，犹救其祸而除其害，独于假子而不为，何以异于凡母！其父为其孤也，而使妾为其继母。继母如母，为人母而不能爱其子，可谓慈乎！亲其亲而偏其假，可谓义乎！不慈且无义，何以立于世！彼虽不爱，妾安可以忘义乎！"遂讼之。魏安厘王闻之，高其义曰："慈母如此，可不救其子乎！"乃赦其子，复其家。自此五子亲附慈母，雍雍若一。慈母以礼义之渐，率导八子，咸为魏大夫卿士，各成于礼义。君子谓慈母一心。《诗》云："尸鸠在桑，其子七兮，淑人君子，其仪一兮，其仪一兮，心如结兮。"言心之均也。尸鸠以一心养七子，君子以一仪养万物。一心可以事百君，百心不可以事一君。此之谓也。颂曰：芒卯之妻，五子后母，慈惠仁义，扶养假子，虽不吾爱，拳拳若亲，继母若斯，亦诚可尊。■《列女传》谓芒卯前妻之五子不爱芒卯后妻，后妻对前妻之五子与己之三子一视同仁。芒卯后妻原为芒卯之嫂。

[15]《吕览·应言》：……居三日，魏王乃听起贾。■魏昭王不齿芒卯，则芒卯必为孟尝君相魏以后启用之魏人，芒卯可能是孟尝君早期相魏三年

（前316—前314）时之旧交。

[16]《魏策三》二：后十日，秦兵下。芒卯并将秦、魏之兵以东击齐，启地二十二县。【附考一】《韩非子·外储说左下》：秦、韩攻魏，昭卯（即芒卯）西说而秦、韩罢；齐、荆攻魏，卯东说而齐、荆罢。魏襄王（当作魏昭王）养之以五乘将军。卯曰："伯夷以将军葬于首阳山之下，而天下曰：'夫以伯夷之贤与其称仁，而将军葬，是手足不掩也。'今臣罢四国之兵，而王乃与臣五乘，此其称功，犹赢胜而履蹻。"■魏昭王受起贾之秦威、孟尝君之力荐，勉强用芒卯为司徒，仍然不予重用，仅赐五乘。【附考二】《魏策三》一：秦、赵约而伐魏，魏王患之。芒卯曰："王勿忧也。臣请发张倚，使谓赵王曰：夫邺，寡人固刑弗有也。今大王收秦而攻魏，寡人请以邺事大王。"赵（惠文）王喜，召相国（李兑）而命之曰："魏王请以邺事寡人，使寡人绝秦。"相国曰："收秦攻魏，利不过邺。今不用兵而得邺，请许魏。"张倚因谓赵王曰："敝邑之吏效城者，已在邺矣。大王且何以报魏？"赵王因令闭关绝秦，秦、赵大恶。芒卯应赵使曰："敝邑所以事大王者，为完邺也。今郊邺者，使者之罪也，卯不知也。"赵王恐魏承秦之怒，遽割五城以合于魏而支秦。■《魏策三》一之芒卯诈赵绝秦，近于张仪诈楚绝齐。此亦"芒卯以诈重"之一例。【附考三】《韩非子·显学》：是以魏任孟卯（即芒卯）之辩，而有华下之患。▲杨宽：所谓"孟卯之辩"，即《魏世家》所说"芒卯以诈重"。所谓"华下之患"，指秦昭王三十四年（前273）秦大破芒卯于华阳下，斩首十五万。■史论以为孟尝君相魏而重用芒卯，是魏国溃败的重要原因。

[17]《东周策》二一：（公孙弘）谓周最曰："魏王以国与先生，贵合于秦以伐齐。薛公[背]故主，轻忘其薛，不顾其先君之丘墓，而公独修虚信，为茂行，明群臣，据故主，不与伐齐者产（当作座），以忿强秦，不可。公不如谓魏王、薛公曰：'请为王入齐。天下不能伤齐而有变，臣请为救之；无变，王遂伐之。且臣为齐奴也，如累王之交于天下，不可，王为臣赐厚矣。臣入齐，则王亦无齐之累也。'"▲金正讳：产或为座。■"谓周最"者，当为公孙弘。魏国公孙三兄弟终生反秦。三年前（前293）公孙喜死于伊阙之战，公孙衍死于使秦求和之后。公孙弘从中山返魏之后即追随孟尝

君合纵伐秦，如今孟尝君相魏之后从合纵伐秦转为合纵伐齐，故公孙弘斥其"背故主，轻忘其薛，不顾其先君之丘墓"，劝说周最往齐，破坏秦、魏伐齐。周最为西周国公子，此策应编于《西周策》，刘向不明二周史，误编于《东周策》。公孙弘劝说周最，事在今年（前290）。周最离魏入齐，事在明年（前289）。公孙弘劝说周最之后，不再继续追随合纵伐齐的孟尝君，离魏往齐，投入力主合纵伐秦的苏秦门下。此策亦证芒卯以秦、魏之兵伐齐，乃是"薛公背故主"、与秦相魏冉密谋之结果。

[18]三兀者王骀、申徒嘉、叔山无趾，三恶人哀骀它、支离无唇、瓮㿜大瘿，均见《庄子·德充符》。文长不引，详见拙著《庄子复原本》。

[19]《庄子·寓言》：庄子谓惠子曰："孔子行年六十而六十化，始时所是，卒而非之。未知今之所谓是之非五十九非也？"惠子曰："孔子勤志服知也。"庄子曰："孔子谢之矣，而其未之尝言。孔子云：'夫受才乎大本，复灵以生。鸣而当律，言而当法。利义陈乎前，而好恶是非，直服人之口而已矣；使人乃以心服而不敢强立，定天下之定。已乎！已乎！吾且不得及彼乎？'"

[20]《庄子·外物》：庄子曰：……筌者所以在鱼也，得鱼而忘筌；蹄者所以在兔也，得兔而忘蹄。言者所以在意也，得意而忘言。吾安得夫忘言之人而与之言哉？

孟尝技穷魏韩朝赵，葆德日进宗师天道

前289年，岁在壬申。庄周八十一岁。宋康王四十九年。

周赧王二十六年。秦昭王十八年。楚顷襄王十年。魏昭王七
年。韩釐王七年。赵惠文王十年。齐湣王十二年。燕昭王二十三
年。鲁湣公十四年。卫嗣君二十六年。

周最按照公孙弘之教，先命门客向魏昭王进言："秦昭王痛恨赵武灵王
叛盟伐秦，必将策动秦、魏、韩连横伐赵。赵惠文王为了抗衡三国，必将
与齐结盟。秦昭王不愿赵、齐结盟，也将与齐结盟。秦、赵争相与齐结盟，
大王在齐却无内应，不利魏国。不如派遣周最仕齐，作为内应。"

魏昭王说："寡人将与孟尝君商议此事。"

周最上朝，向魏昭王、孟尝君进言："大王、君侯去年联秦伐齐大胜，
如果打算继续联秦伐齐，请允许我离魏仕齐。如果联秦伐齐顺利，我在齐
国可为内应。一旦联秦伐齐失利，我在齐国可以修复魏、齐之交。"

魏昭王希望周最修复魏、齐之交，孟尝君希望周最作为伐齐内应，各
有图谋，全都同意。

周最奉命，离魏仕齐。[1]

秦昭王闻讯大怒，命令长驻大梁的起贾质问魏昭王："周最反秦，天下
皆知！周最反对大王联秦伐齐，大王却派周最离魏仕齐。是否打算背叛秦、

魏之盟，暗通齐国?"

魏昭王担心秦军再伐，一口否认："周最反秦亲齐，不满寡人联秦伐齐，把寡人与秦结盟的机密通报齐湣王。如今周最背叛寡人逃往齐国，齐湣王再也不能知道寡人的机密。寡人事奉大王，今后也不用担心有人泄密。大王不应伐魏，而应伐赵!"[2]

秦昭王大怒魏昭王撒谎，立刻伐魏。

白起、司马错再次攻取了垣邑（今山西垣曲）。又在孟津（今河南孟津）搭建浮桥，渡过黄河，攻取河阳（今河南孟州），改名河雍。

魏国军民畏惧屠夫白起，六十一座河东魏邑闻风而降。[3]

魏昭王急召孟尝君问策。

孟尝君说："大王一再割地事秦，秦人言而无信，再次背盟伐魏，如今唯有拼死一战。去年大王联秦伐齐，已经得罪齐国。如今大王唯有借助强赵，才能击败暴秦。赵惠文王虽已亲政，奉阳君仍然专权。大王不如亲自朝拜赵惠文王、奉阳君!"

魏昭王听从其言，邀约韩釐王共同朝赵。

韩釐王召见韩辰："继续割地事秦，寡人必将亡国。如今唯有强赵可以遏制暴秦，但是寡人若随魏昭王朝赵，必招秦伐。不如相国陪同魏昭王朝赵，那样秦昭王就会只伐魏不伐韩。"

孟尝君率领魏昭王、韩辰，前往邯郸朝拜赵惠文王、李兑。

魏昭王把魏地阴成（今地不详）、负蒿（今地不详）、葛孽（今河北肥乡），献给赵国。

魏君、韩相朝赵，三晋重建联盟。胡服骑射的赵国，取代雄霸百年的魏国，成为三晋盟主。

三晋君臣，从此分为两派。

主流派主张，以赵为首的三晋，应该联齐伐秦。主谋者是齐湣王倚重的燕相苏秦，追随者是离魏仕齐的周最，支持者是齐湣王、赵惠文王、魏昭王、韩釐王。

反对派主张，以赵为首的三晋，应该联秦伐齐。主谋者是痛恨齐湣王的魏相孟尝君，追随者是魏将芒卯、韩相韩辰、赵将韩徐为。

天下局势取决于三晋，三晋两派取决于李兑，于是天下君臣争事李兑。[4]

李兑三年前被苏秦说服，决意取代孟尝君，成为伐秦盟主。去年赵惠文王亲政，李兑大为恐慌，欲借伐秦固位免祸。于是秦伐魏，李兑即救魏。韩亲秦，李兑即伐韩。不过李兑尚未公开反秦，仍在等待时机。如今孟尝君率领魏、韩朝赵，李兑认为时机已到，立刻公开反秦，收回赵武灵王当年献给宣太后的养邑，故意挑衅秦昭王。[5]

秦昭王大怒，与魏冉商议，欲让亲秦的齐相韩珉，说服齐湣王共同伐赵。

三晋、秦、齐五国君臣，忙于合纵连横。

燕昭王听命苏秦，等待时机。

楚顷襄王置身事外，静观其变。

孟轲离齐归邹二十三年，死于邹国。终年八十四岁（前372—前289）。

弟子万章等人，编纂了《孟子》内外篇。

孟轲亲撰的内篇七：《梁惠王》、《公孙丑》、《滕文公》、《离娄》、《万章》、《告子》、《尽心》。后人注疏章句，每篇分为上、下。

弟子万章等人所撰的外篇四：《性善》、《辩文》、《说孝经》、《为政》。后人视为伪作，东汉以后亡佚。

孟轲如此评论自己所处时代——

圣王不作，诸侯放恣，处士横议。杨朱、墨翟之言盈天下。天下之言，不归杨，则归墨。杨氏为我，是无君也。墨氏兼爱，是无父也。无父无君，是禽兽也。

杨墨之道不息，孔子之道不著，是邪说诬民、充塞仁义也。仁义充塞，则率兽食人，人将相食。吾为此惧，闲先圣之道，距杨墨，放淫辞，邪说者不得作。作于其心，害于其事；作于其事，害于其政。圣人复起，不易吾言矣。[6]

庄子八十一岁，改定第六篇《大宗师》。

蔺且问："何为知天，何为知人？何为真知，何为真人？"

庄子说："知天就是知晓天道永恒不变，知人就是知晓人道无时不变。丧忘人道伪知，就能破茧化蝶。直面天地万物，就能获得真知。顺应天地真道，因循天赋真德，飞翔天地之间，就能成为真人。"

蔺且问："何为役人之役，适人之适？何为自适其适，以德为循？"

庄子说："以君为父者，把君主之役视为命定之役，把君主之适视为自己之适，以人道遮蔽天道，以伪德戕害真德。以天为父者，把自己之适视为命定之适，把天赋真德视为立身之本，以天道鄙弃人道，以真德鄙弃伪德。故曰：'不以心损道，不以人助天，是之谓真人。'"

蔺且问："为何适人之适就是违背天道，自适其适就是顺应天道？"

庄子说："此时此刻勉强自己适人之适，彼时彼刻就会强迫别人适己之适，最终违背真德，变成假人。己若适人，己必不适。人若适己，人必不适。人人适人，必定人人不能自适，人人役于他人，人人亏生迫生。勉强自己适人之适，实为伪善，却被伪道视为真善。役人就是强迫他人适己，实为真恶，却被伪道视为不恶。没人愿意仅仅适人，人们之所以被迫适人，都是为了役人。役人之真恶，植根于适人之伪善。"

蔺且问："很多人把适人之伪道，奉为自古而然的真道，甚至以适人为自适。又该如何区分伪自适与真自适？"

庄子说："适人者必须倚待外物，谨小慎微，既不可能丧忘伪道之雷池，也不可能丧忘适人之不适，可见以适人为自适，实为自欺欺人。自适者无须自欺欺人，不必倚待外物，不会谨小慎微，自由遨游真道之天池，抵达丧忘自适之至适。"

蔺且问："何为丧忘自适之至适？"

庄子说："鞋子合脚，脚处于至适，就会丧忘脚和鞋子；鞋子不合脚，脚处于不适，就会扭曲脚，努力适应鞋子，不可能丧忘脚和鞋子。腰带合腰，腰处于至适，就会丧忘腰和腰带；腰带不合腰，腰处于不适，就会扭曲腰，努力适应腰带，不可能丧忘腰和腰带。真德合于心，心处于至适，就会丧忘伪道之是非；伪德不合于心，心处于不适，就会扭曲真德，努力适应伪道之是非，不可能丧忘伪道之是非。扭曲真德，努力适应伪德，无法消灭真德，仍须每时每刻强迫真德屈从伪德，所以每时每刻都不可能丧忘伪德。只有顺应天道，因循真德，不变迁内德，不盲从外境，才能无往不适，不仅抵达丧忘适人的自适，而且抵达丧忘自适的至适。"[7]

蔺且问："君尊臣卑的人道，核心乃是礼仪。很多人遵守礼仪早已习惯成自然，认为遵守礼仪并非适人，而是自适，因为遵守礼仪不仅他人舒适，自己也很舒适。又该如何看待？"

庄子说："《老子》有言：'失道而后德，失德而后仁，失仁而后义，失义而后礼。夫礼者，忠信之薄，而乱之首也。'此言不易理解，不妨打个比方。如果你踩了路人的脚，必须卑辞道歉。如果你踩了兄长的脚，只须弯一弯腰。如果你踩了父母的脚，无须任何表示。所以说，至高之礼，不把他人视为外人。至高之义，不把万物视为外物。至高之知，不对外境揣测迎合。至高之仁，不对万物有所亲疏。至高之信，不用金钱做出担保。一切礼仪，都把他人视为外人，都把万物视为外物，都对万物有所亲疏，所以不仅违背道德，而且违背仁义忠信。遵守君尊臣卑的礼仪，就是适人。强迫他人遵守君尊臣卑的礼仪，就是役人。君尊臣卑的礼仪，正是祸乱之首！如今天下大战，正是为了争夺至尊君权，以便奴役天下，强迫他人适己尊己，强迫天下卑躬屈膝。以君为父，以人为师，必将适人之适，役人之役。只有以天为父，以道为师，才能顺道循德，自适其适。"[8]

笺注

[1]《东周策》二十：为周最谓魏王曰："秦知赵之难与齐战也，将恐齐、赵之合也，必阴劲之。赵不敢战，恐秦不己收也，先合于齐。秦、赵争齐，而王无人焉，不可。王不去周最，合于收齐，而以兵之急则伐齐，无因事也。"■《东周策》二十，接于《东周策》二一之后。《东周策》二一（见

上章注17）为公孙弘劝说周最，《东周策》二十为周最采纳公孙弘之策，命门客向魏昭王、孟尝君进言。周最为西周国公子，二策均应编于《西周策》，刘向不明二周史，均误编于《东周策》，刘向又不明二策之因果，颠倒了二策之先后。去年（前290）魏之芒卯、秦之起贾在前台表演，魏相孟尝君、秦相魏冉在后台操纵，导致秦、魏伐齐。周最怒于芒卯事秦，以秦、魏之兵伐齐，不与芒卯同座。公孙弘怒于孟尝君事秦，向周最揭破芒卯事秦乃是"薛公背故主"，去年离魏往齐转投苏秦门下。周最今年（前289）采纳其策，说服魏昭王、孟尝君同意他离魏往齐。

[2]《魏策四》二一：周最入齐，秦（昭）王怒，令姚贾（当作起贾）让魏（昭）王。魏王为之谓秦王曰："魏之所以为王通天下者，以周最也。今周最遁寡人入齐，齐无通于天下矣。敝邑之事王，亦无齐累矣。大国欲急兵，则趣赵而已。"■《魏策四》二一，接于《东周策》二一、二十之后。《东周策》十三（周最使人对赵臣金投言）、十四（周最对赵臣金投言）、十八（苏厉为周最谓苏秦），又在《魏策四》二一之后。"姚贾"当从《吕览·应言》作"起贾"（见上章注13），姚贾为秦始皇之臣（与李斯害死韩非者），非秦昭王之臣。魏昭王同意周最离魏往齐，为魏、齐恢复邦交预留余地。秦昭王深知周最是"以天下辱秦者"（《赵策三》六），又深知"周最善齐"（《魏策四》二十），故怒。

[3]《秦本纪》：秦昭王十八年（前289），错攻垣、河雍，决桥取之。●《六国表》秦昭王十八年（前289）：客卿错击魏，至轵，取城大小六十一。●《魏世家》：魏昭王七年（前289），秦拔我城大小六十一。●《六国表》魏昭王七年（前289）：秦击我，取城大小六十一。●《白起列传》：[秦昭王十六年]（当作十八年，前289）白起……攻魏，拔之，取城小大六十一。●《穰侯列传》：穰侯封四岁（秦昭王十五年封穰侯，至十八年正是四岁）……拔魏之河内，取城大小六十余。▲杨宽：《秦本纪》"秦昭王十五年（前292），白起取魏之垣，韩之宛。拔魏六十一城。"《魏世家》、《六国表》在秦昭王十八年、魏昭王七年（前289）。当以《魏世家》、《六国表》为是。■魏之垣邑，秦、魏争夺四年（前292—前289），反复易手。秦昭王十五年（前292）白起取之，秦相寿烛随即归之。秦昭王十六年（前

291）、十七年（前290）又均秦取魏夺，秦昭王十八年（前289）才最终为秦所取。垣之四年争夺，盖因其为战略要地。去年（前290）魏命芒卯献秦河东四百里而求和，今年（前289）秦又因周最离魏往齐而伐魏。今年秦伐魏取城甚多，却无斩首记录，当为不战而降。秦相魏冉之策是推魏伐齐，逼魏代秦东进，使魏失地于秦，取地于齐（去年秦、魏伐齐取二十二县）。魏相孟尝君之策是借秦逼迫三晋合纵伐齐，以泄齐湣王罢其相位之私怨。

【附考】秦简《编年记》：秦昭王十八年（前289），攻蒲反。▲杨宽：是时秦分兵两路攻魏。《秦本纪》谓昭王十五年（前292）白起攻魏取垣，复予之。《白起列传》称昭王十五年（前292）攻魏拔之，十六年（前291）起与客卿错攻垣城拔之。《秦本纪》又称昭王十六年（前291）左更错取轵及邓，十八年（前289）"错攻垣、河雍，决桥取之"。盖白起主攻河东，而司马错主攻河内，垣则两路军会合攻拔之。河雍原名河阳，在孟津对岸，为黄河中游主要渡口，时架设有浮桥。又《六国表》谓昭王十八年"客卿错击魏，至轵，取城大小六十一"，《穰侯列传》又谓"拔魏之河内，取城大小六十余"。轵即在河内，可知"取城大小六十一"即在河内，为司马错所攻取。《白起列传》谓白起于昭王十五年攻魏拔之，取城小大六十一，当有错误。■杨说非。今年秦伐魏取城大小六十一，兼系于穰侯、白起、司马错，实皆无误。系于穰侯，乃因策为魏冉所定。系于白起，乃因魏冉命白起为主将。系于司马错，乃因攻取河内六十一城者，实为副将司马错。《秦本纪》去年（前290）已攻蒲坂，攻而未拔，魏即割地求和，但未割蒲坂，故今年秦复攻之。秦简《编年记》记"攻"、"拔"绝无含糊，往往去年攻、今年拔，均明确言之。可证去年（前290）秦攻蒲坂未拔，今年（前289）秦复攻仍未拔。据《魏策三》二，魏去年采纳芒卯之策，先割河东地四百里，后割长羊、王屋、洛林之地，盖非战略要地，意在确保"上地无忧患"，蒲坂、垣邑均属"上地"。

[4]《魏策三》九：……魏王……身济漳，朝邯郸，抱葛薛、阴成以为赵养邑。●《赵策四》二：……魏王……济于漳，而身朝于邯郸，抱阴成、负蒿、葛薛以为赵蔽。●《战国纵横家书》八《苏秦谓齐王章》之一：薛公……身率梁（昭）王与成阳君（韩辰），北面而朝奉阳君（李兑）于邯

郸。■《魏策三》九、《赵策四》二，均言魏昭王朝邯郸（意为朝赵惠文王），此言其表。《战国纵横家书》八苏秦明言孟尝君率领魏昭王、韩相成阳君韩辰朝赵相奉阳君李兑，此言其质。因为李兑专权于赵，架空赵惠文王。

[5]《魏策四》十二：芮宋欲绝秦、赵之交，故令魏（当作赵）氏收秦太后之养地。秦王（于秦）[怒]。芮宋谓秦王曰："魏委国于王，而王不受（前290），故委国于赵也（前289）。李郝谓臣曰：'子言无秦，而养秦太后以地，是欺我也，故敝邑收之。'"秦王怒，遂绝赵也。■芮宋欲绝秦、赵之交，必不令魏收秦太后（宣太后）之养地，"魏"必为"赵"之误。养邑必为赵武灵王结秦之时所献。李兑收回，乃是公开挑战秦国，此乃苏秦游说李兑借敌自重之功。魏相孟尝君去年（前290）割地事秦，今年（前289）率领魏王、韩相朝赵，导致明年（前288）秦邀齐称帝而谋伐赵。

[6]《史记·孟子荀卿列传》：孟轲，驺人也。受业子思之门人。道既通，游事齐宣王，宣王不能用。适梁，梁惠王不果所言，则见以为迂远而阔于事情。当是之时，秦用商君，富国强兵；楚、魏用吴起，战胜弱敌；齐威王、宣王用孙子、田忌之徒，而诸侯东面朝齐。天下方务于合纵连衡，以攻伐为贤，而孟轲乃述唐、虞、三代之德，是以所如者不合。退而与万章之徒序诗书，述仲尼之意，作《孟子》七篇。●《汉书·艺文志》：《孟子》十一篇。内篇七，外篇四：《性善》、《辩文》、《说孝经》、《为政》。■《孟子》内篇七，为孟子亲撰，今存；《孟子》外篇四，为弟子所撰，今佚。《庄子》内篇七，为庄子亲撰；《庄子》外篇二十八，为弟子所撰；《庄子》杂篇十四，为后学所撰（详见《庄子复原本》）。

[7]《庄子·达生》：工倕旋而合规矩，指与物化，而不以心稽，故其灵台一而不窒。忘足，屦之适也；忘腰，带之适也；知忘是非，心之适也；不内变，不外从，事会之适也。始乎适而未尝不适者，忘适之适也。

[8]《庄子复原本·宇泰定》（郭象拼接于《庚桑楚》）：蹍市人之足，则辞以放傲，兄则以妪，太亲则已矣。故曰：至礼不人，至义不物，至知不谋，至仁无亲，至信辟金。

秦王僭帝齐湣伐宋，息黥补劓因应伪帝

前288年，岁在癸酉。庄周八十二岁。宋康王五十年。

周赧王二十七年。秦昭王十九年（称西帝）。楚顷襄王十一年。魏昭王八年。韩釐王八年。赵惠文王十一年。齐湣王十三年（称东帝）。燕昭王二十四年。鲁湣公十五年。卫嗣君二十七年。

年初，秦昭王与魏冉商议："去年孟尝君率领魏君、韩相朝赵，奉阳君收回赵武灵王献给母后的养邑，成为山东诸侯合纵反秦的最新盟主。如今奉阳君正在策动第三次诸侯合纵伐秦，怎样才能阻止？"

魏冉说："魏之公孙衍，齐之孟尝君，赵之奉阳君，敢于一而再、再而三地反秦，乃因天下列强均已叛周称王，名号相同，分庭抗礼，平起平坐。大王唯有称帝，才能名正言顺威服诸王。"

秦昭王大惊："帝为天神！人王受命于天，只能祭祀天帝，怎能僭用天帝之号？"

魏冉说："当年秦孝公采纳商鞅的帝道、王道、霸道，设定了以秦代周的三大目标：由侯而霸，由霸而王，由王而帝。秦孝公实现了由侯而霸，秦惠王实现了由霸而王。秦武王攻取宜阳，入周举鼎，准备由王而帝，不幸举鼎夭亡。天命注定，由王而帝的乃是大王。"

秦昭王问："寡人如何由王而帝？"

魏冉说："自古改朝换代，无不重定正朔。夏之岁首为一月，一月为正月，一月一日为朔日。商代夏，岁首前移一个月，改为十二月；十二月为正月，十二月一日为朔日。周代商，岁首前移一个月，改为十一月；十一月为正月，十一月一日为朔日。如今秦代周，岁首也应前移一个月，改为十月；十月为正月，十月一日为朔日。大王入主中原，不可僻处西鄙，必须迁都中原。可按秦武王既定之策，定都宜阳。十月一日称帝，重定天下正朔。命令天下来朝，不朝者伐！"

秦昭王大悦，遣使通报天下：今年十月一日，秦昭王在宜阳进号称帝，举行天下朝会。来朝者赏，不朝者伐。[1]

李兑闻讯大怒，加紧策动合纵伐秦。

秦昭王急召魏冉问策。

魏冉说："山东诸侯囿于三代旧礼，认为人君只可称王，不可称帝。好在吕礼密报，齐湣王仅是不愿名号低于大王。大王不如暂时放弃独自称帝，改称西帝，邀请齐湣王进称东帝，使齐退出合纵伐秦。秦、齐称帝以后，就能联合伐赵。破赵之后，大王再伐齐国，天下可定！"

秦昭王听从其言，命其使齐。

魏冉至齐，晋见齐湣王："殷人信仰五帝教，周人信仰泰一教。周灭商，泰一教取代五帝教。如今东周将亡，五帝教又将取代泰一教。天有五帝，就是东帝、西帝、南帝、北帝、中帝。当今天下，秦、齐最强，理应二分天下。秦王进号西帝，分治楚王、魏王、韩王。齐王进号东帝，分治赵王、燕王、宋王。赵国是秦、齐称帝的唯一障碍，秦、齐称帝，联合伐赵，天下可定！"[2]

齐湣王大喜，苦于苏秦返燕参加岁首朝会，不在齐国，只好问策群臣："秦相魏冉与寡人相约：秦昭王进号西帝，寡人进号东帝，然后共同伐赵。是否可行？"

韩珉说："赵国是齐之大敌，大王应该联秦伐赵，但是人王不应僭用天帝之号。"

周最说："秦国是中原大敌，大王不应联秦伐赵，更不能僭用天帝之号。秦是虎狼之国，一向无信无义。大王一旦助秦破赵，秦军必将伐齐！"

吕礼说："大王进号东帝，齐、秦就能平起平坐。大王联秦破赵，齐、秦就能二分天下！"

祝弗附议，支持吕礼。

齐湣王说："韩珉、周最，拘于虚名。吕礼、祝弗，明于实利。"

罢免韩珉，驱逐周最。改命吕礼为相，重用祝弗。

遣使通报天下：明年正月一日，齐湣王在临淄进号东帝，举行天下朝会。来朝者赏，不朝者伐。[3]

苏秦在燕闻讯，立刻离燕往魏，晋见魏昭王："大王身为天下明主，不仅事秦称臣，而且在宜阳助秦建造帝宫，我为大王深感羞耻！大王若能听我之言，加入合纵伐秦，必将永无秦患！"

魏昭王原本准备参加西帝大典，听了苏秦之言，改变了主意。[4]

苏秦又拜见孟尝君："周最一向反秦亲齐，如今反对秦、齐称帝伐赵，已被齐湣王驱逐。韩珉一向亲秦反赵，如今支持秦、齐伐赵，反对秦、齐称帝，也被齐湣王罢相。齐湣王改命吕礼为相，重用祝弗，意在取悦秦昭王。八年前君侯破秦，随后吕礼假装亡秦奔齐，诱使齐湣王设局，唆使田甲假装叛乱，鼓动成驩诬陷君侯，导致君侯罢相失薛。假如秦、齐称帝成功，吕礼必将长期相齐，君侯必将无望返齐复相。君侯何不联合三晋，迫使齐湣王罢免吕礼，驱逐祝弗？事成之后，齐湣王必将迎接君侯返齐复相，君侯必能收复薛邑。"

孟尝君听从其言，鼓动三晋反对齐湣王僭称东帝。[5]

苏秦随即离魏至齐，从章华门进入临淄。

齐湣王大喜："寡人终于盼来了先生！魏冉邀请寡人进号东帝，寡人已经答应。如今国内群臣，天下诸侯，无不反对。寡人骑虎难下，先生有何良策？"

苏秦说："秦昭王原先宣布独自称帝，因为天下反对人王僭窃天帝之号，才拉大王垫背，以便分担罪责。大王拒绝魏冉，必将得罪秦国。大王听从魏冉，又将得罪天下。如今虽已答应魏冉，仍有回旋余地。如果秦昭王十月一日进号西帝成功，天下无人反对，大王不妨明年正月一日进号东帝。如果秦昭王进号西帝失败，天下无不反对，大王可以取消进号东帝，收揽天下之心。"

齐湣王心悦诚服，静观秦昭王称帝成败。[6]

十月一日，秦昭王在宜阳帝宫，举行西帝大典。

天下各大诸侯，均不遣使观礼。[7]

仅有东周国派遣公子姬启，西周国派遣公子姬佼，出席观礼。

西帝大典冷冷清清，秦昭王大为郁闷，魏冉惴惴不安。[8]

李兑加紧策动合纵伐秦，同时静观齐湣王是否僭称东帝。

苏秦问齐湣王："秦昭王进号西帝，大王进号东帝，天下尊秦还是尊齐？"

齐湣王说："尊秦而卑齐！"

苏秦问："秦昭王僭称西帝，大王取消僭称东帝，天下爱齐还是爱秦？"

齐湣王说："爱齐而憎秦！"

苏秦问："秦、齐共伐强赵，齐国独伐弱宋，哪个有利？"

齐湣王说："独伐弱宋有利！"

苏秦问："那么大王如果取消进号东帝，加入奉阳君策动的诸侯合纵伐秦，必能伐灭宋国，成就汤、武之业！"

齐湣王听从其言，宣布取消进号东帝[9]，致信秦昭王："应当先有西帝、东帝之实，再立西帝、东帝之名。"[10]

苏秦又问齐湣王："大王是否想过，既然魏冉欲杀吕礼，吕礼亡秦奔齐，为何魏冉邀请大王称帝，劝说大王伐赵，吕礼无不赞成？"

齐湣王恍然大悟："莫非魏冉、吕礼联手设局，欺骗寡人？"

苏秦说："无论是否设局，吕礼、祝弗鼓动大王僭称东帝，欲陷大王于不义，招来天下公愤，罪不可赦！"

齐湣王大怒，罢免吕礼，驱逐归秦，诛杀祝弗。韩珉复相。[11]

公孙弘前年不满孟尝君放弃伐秦而联秦伐齐，离魏至齐，投靠力主伐秦的苏秦。今年奉苏秦之命使赵，拜见李兑："赵惠文王亲政已有三年，君侯年事渐高，即将归政，宜于早定封地。君侯的封地，若在韩、魏，过于近秦；若在燕、楚，过于偏僻；若在中山，过于贫瘠；若在宋国，既不近秦，又不偏僻，也不贫瘠，最为理想。君侯反对秦、齐称帝，齐湣王非常敬佩，所以取消称帝，愿与君侯会盟，共商合纵伐秦，逼迫秦昭王撤销帝号。仍按苏秦与君侯先前约定：君侯主持合纵伐秦，齐国负责伐灭宋国。齐灭宋后，即把宋国定陶封给君侯。"

李兑大为心动，欣然同意。

公孙弘返报苏秦。[12]

苏秦禀报齐湣王："奉阳君已经同意担任第三次合纵伐秦盟主，愿与大王在阿邑会盟。"

齐湣王大喜，准备赴会。

韩珉反对："大王应该联秦伐赵，不应联赵伐秦。"

齐湣王大怒，再次罢免韩珉，驱逐归韩。改命苏秦为相，与燕一样封为武安君。

苏秦兼相燕、齐。[13]

李兑陪同赵惠文王，前往齐地阿邑（今山东阳谷），与齐湣王、苏秦会盟，盟约有二。

其一，赵国主持合纵伐秦，强迫秦昭王撤销西帝僭号。

其二，齐国负责伐灭宋国，惩罚宋康王与暴秦结盟，与中原为敌。[14]

魏昭王不顾孟尝君、芒卯反对，立刻响应李兑发起的合纵伐秦。把去年被秦攻占的河阳（今河南孟州）、姑密（孟州附近），预封给李兑之子，以坚李兑伐秦之志。[15]

韩釐王不顾韩辰、韩珉反对，立刻响应李兑发起的合纵伐秦。罢免亲秦的韩辰，让敌秦的公叔复相[16]。韩珉惧诛，离韩奔楚。[17]

燕昭王听命苏秦，为了取悦齐湣王，不顾王后嬴氏反对，立刻响应李兑发起的合纵伐秦。又命张魁领兵二万，自备粮食，南下至齐，助齐伐宋。[18]

李兑为了确保得到定陶，也命董叔率领赵、魏联军，助齐伐宋。[19]

齐湣王听从苏秦，弃用孟尝君重用的匡章、司马穰苴，任命苏秦门客冷向为伐宋主将，率领齐、燕联军伐宋。

秦昭王既怒于齐湣王取消称帝，导致自己称帝引起公愤，又怒于齐湣王征伐与秦结盟的宋国，更怒于李兑策动伐秦、助齐伐宋。命令起贾离魏使赵，斥责李兑背叛赵武灵王结秦连宋之策，命其停止助齐伐宋。[20]

李兑已受齐、魏预封，不予理睬。

秦昭王大怒，立刻伐赵，攻取了梗阳（今山西太原清徐）。

李兑大怒，加紧筹备合纵伐秦。[21]

魏冉献策秦昭王："大王应该奖赏参加西帝大典的二周使者，以便今后山东诸侯之臣争相事秦。西周国对秦称臣未久，可予实赏。东周国对秦称臣已久，可予虚赏。"

秦昭王听从其言，把梗阳封给参加西帝大典的西周国公子姬佼。把赵惠文王之弟平原君赵胜的封地平原（今山东武城），预封给参加西帝大典的东周国公子姬启。[22]

宋国边吏急报："齐国大军压境，宋民人心惶恐！"

宋康王不信："寡人知道天下反对秦昭王称帝，所以拒绝参加西帝大典，齐湣王为何伐宋？"

左右都说："宋国如此强大，齐国如此弱小，齐湣王怎敢伐宋？边吏必为齐国奸细，乱我民心。"

宋康王怒杀报信者，另派二探三探。回报如前，又予诛杀。再派四探。

第四个探者出宫，遇到哥哥。

哥哥问："国有大难，你去哪里？"

探者说："大王派人打探齐军消息。三个探者禀报齐军来伐，都被诛杀。我若实报，也必被诛。我若谎报，齐军一到仍将被诛。"

哥哥说："实报死得快，谎报死得慢。"

探者于是回报："根本没有齐军，国人毫不恐慌！"

宋康王大喜，重赏探者。

齐军旋即攻宋，宋康王大惊，派人追究探者。

探者及其哥哥，早已举家出逃。

宋康王急命曹商使秦求救。[23]

苏秦献策齐湣王："大王不妨派人使秦，以宋地预封秦昭王之弟泾阳君，让秦昭王不救宋国。"

齐湣王听从其言，派遣苏秦门客宋郭使秦。

秦昭王痛恨齐湣王、苏秦，拒绝宋郭之请。[24]

曹商至秦求救。

秦昭王说："宋康王不赴西帝大典，寡人为何救宋？何况奉阳君正在策动诸侯合纵伐秦，寡人如今自顾不暇！"

曹商返宋复命。

宋康王大怒："你鼓动寡人与秦国结盟，与诸侯为敌，一再保证诸侯畏秦，不敢伐宋。如今诸侯伐宋，你为何请不来秦国救兵？"

立刻诛杀曹商，转命臧孙子使楚求救。[25]

臧孙子至楚求救。

楚顷襄王大喜："寡人不会忘记宋康王助楚伐薛，帮助寡人报了孟尝君破楚之仇，立刻发兵救宋！"

臧孙子返宋途中，忧心如焚。

御者问："楚王答应救宋，先生为何发愁？"

臧孙子说："救弱宋，敌强齐，楚王应该大忧，不该大喜。楚王只说大王曾经助楚伐薛，不提大王曾经助齐伐楚攻取淮北，轻易许诺相救，必是虚言相欺，希望宋、齐恶战，两败俱伤。"

齐军攻取了宋国五城，楚国救兵不至。

宋康王只好再命臧孙子使齐，割地求和。[26]

臧孙子至齐，晋见齐湣王："宋康王愿意割让淮北，请求大王退兵！楚军即将救宋，大王若不退兵，那么伐宋师疲以后，再与强楚交战，必定不利！"

齐湣王不听。

苏秦说："楚顷襄王即位十三年，因为畏惧秦伐，一直臣事秦国。大王不如暂停伐宋，既可避免与楚交战，又可避免楚国更加亲秦敌齐。"

齐湣王听从其言，命令冷向暂停伐宋，改命赵信接收淮北。

齐伐宋第一年，以宋割淮北告终。[27]

十二月，秦昭王为使诸侯失去伐秦理由，在僭称"西帝"两个月之后，被迫撤销僭号[28]。为了阻止中原诸侯第三次合纵伐秦，把秦侵魏地温邑（今河南温县）、轵邑（今河南济源）、高平（今山西高平）还给魏国，把秦侵赵地王公（今地不详）、符逾（今地不详）还给赵国。[29]

庄子八十二岁，改定第七篇《应帝王》。齐湣王第一次伐宋。

蔺且问："齐湣王为何伐宋？"

庄子说："我五岁之时，魏惠王曾经伐宋。此后七十多年，诸侯再未伐宋。然而宋康王奉行否术，逞强称王，凭借与秦、赵结盟，不断投机取巧，征伐魏、楚、齐，拓地三百里。诸侯尽管畏惧秦、赵而不敢伐宋，但都敌视宋国。宋康王原先动兵境外，宋军虽有伤亡，宋民未遭屠戮。秦昭王在孟尝君破秦之后，迅速卷土东来，于是得意忘形，僭窃帝号，激怒了天下诸侯。如今宋国成了唯一与秦结盟之国，所以大难临头。曹商唆使宋康王与暴秦结盟，与中原为敌，暂得一时富贵，最终害己害人，祸及宋民。"

蔺且问:"帝是天神之号,人王不可僭窃,秦昭王为何敢冒天下之大不韪?"

庄子说:"众多称王诸侯,都想代周为王。秦昭王为了名正言顺威服诸王,于是僭窃帝号。自古人君称帝,都在死后。五帝生前均不称帝,全都称后。所以后人所撰《尚书·尧典》,记录禹对舜言,使用生称,称之为后;仅在客观叙述时,撰者才对尧舜使用死称,称之为帝。殷商五帝教认为,人王死后成神,可以称帝,所以商王生前称王,死后称帝。西周一神教认为,人王死后成鬼,不可称帝,所以周王生前称王,死后称谥。此即《周书·吕刑》所言'绝地天通,罔有降格。群后之逮在下,明明棐常,鳏寡不盖',意为人神不扰,各得其序,天帝之号不可降格用于人王。西周一神教通行天下七百多年,所以诸侯无不反对人王僭用帝号。何况秦昭王生前僭窃帝号,不仅违背西周一神教,同时违背商代五帝教。商王死后,已从祭祀者变成被祭者,称帝仅是有限悖道。秦王生前,尚未从祭祀者变成被祭者,称帝乃是终极悖道。"

蔺且说:"难怪秦昭王称帝失败。"

庄子说:"这次尽管失败,以后未必失败。一旦秦国一统天下,称帝就会成功,伪帝僭主就会君临天下。不过秦昭王僭窃帝号,倒是启发我改定了《应帝王》。"

蔺且问:"夫子早已草定七篇,为何今年秦昭王僭窃帝号,有助于改定《应帝王》?"

庄子说:"《应帝王》篇名,原本意为'顺应天帝的王德之人',如今又增加了第二个寓意'因应僭窃帝号的俗王'。否王僭窃帝号,乃是终极否术,彻底违背泰道,故曰:'有虞氏不如泰氏。'神巫季咸,隐喻僭窃帝号的俗王僭主。至人壶子,隐喻顺应天帝的王德之人。壶子四应季咸,隐喻王德之人因应俗王僭主的四境。"

蔺且问:"篇末所言浑沌凿窍,又寓何意?"

庄子说:"中央之帝,隐喻天道真帝。南海之帝、北海之帝,隐喻僭窃帝号的僭主伪帝。人王僭代天帝,伪道遮蔽真道,伪德黥劓真德,真帝、真道、真德即被凿破浑沌而死。天下人必将不知真帝而膜拜伪帝,不知真道而盲从伪道，丧失真德而竞趋伪德，不再以德为循，自适其适，而是适人之适，役人之役。假人必将遍布庙堂，真人只能隐于江湖。"

蔺且问："真人不能阻止浑沌之死，不能阻止伪道立于庙堂，仅仅隐于江湖，有何价值？"

庄子说："真人隐于江湖，旨在秘传日渐式微的真道，避免真道在伪道猖獗之世彻底失传。天道永恒循环，无往不复，否极泰来。庙堂伪道的小年必将终结，江湖真道的大年必将来临。"

蔺且大受鼓舞，喃喃念诵《应帝王》："至人之用心若镜，不将不迎，应而不藏，故能胜物而不伤。"[30]

笺注

[1]《六国表》秦昭王十九年（前288）：十月为帝，十二月复为王。●《赵世家》：赵惠文王十年（前289），秦自置为西帝。■《赵世家》未必误前一年，可能去年秦、魏伐齐大胜之后秦昭王即已称帝。赵相李兑策动合纵伐秦"去帝"，秦为破坏合纵伐秦，遂谓仅称西帝，邀齐称东帝。

[2]《韩非子·内储说下》：穰侯相秦而齐强，穰侯欲立秦为帝，而齐不听，因请立齐为东帝，而不能成也。

[3]《东周策》十七：齐（湣王）听祝弗，外周最。谓齐（湣）王曰："逐周最，听祝弗，相吕礼者，欲深取秦也。……"■齐湣王应魏冉之邀欲称东帝，韩珉反对而罢相，吕礼支持（配合魏冉）而相齐。周最去年（前289）离魏至齐，今年（前288）因反对齐湣王称东帝而被驱逐。《战国策》、《史记》对韩珉罢相、吕礼相齐、周最被逐的原因含糊其辞，盖因反对以"王"僭"帝"之先秦常识，秦始皇、汉武帝之后无法明言。

[4]《苏秦列传》：（苏秦）又说魏襄王（当作魏昭王）曰："……魏，天下之强国也；王，天下之贤王也。今乃有意西面而事秦，称东藩，筑帝宫，受冠带，祠春秋，臣窃为大王耻之。……大王诚能听臣，六国从亲，专心并力壹意，则必无强秦之患。"■事在秦昭王十九年、魏昭王八年（前288）十月秦昭王称帝之前，"魏襄王"当作"魏昭王"。魏国正在宜阳为秦修筑

帝宫。

[5]《东周策》十六：（苏秦）谓薛公曰："周最于齐王厚也，而逐之，听祝弗，相吕礼者，欲取秦。秦、齐合，弗与礼重矣，有用齐、秦，必轻君。君弗如急北兵，趋赵以[合]秦、魏，收周最以为后行，且反齐王之信，又禁天下之率。齐无秦，天下果，弗必走，齐王谁与其为国？"●《孟尝君列传》：秦亡将吕礼相齐，欲困苏代（当作苏秦）。代（当作秦）乃谓孟尝君曰："周最于齐，至厚也，而齐王逐之，而听亲弗（当作祝弗）、相吕礼者，欲取秦也。齐、秦合，则亲弗（祝弗）与吕礼重矣。有用，齐、秦必轻君。君不如急北兵，趋赵以和秦、魏，收周最以厚行，且反齐王之信，又禁天下之变。齐无秦，则天下集齐，亲弗（祝弗）必走，则齐王孰与为其国也？"■《孟尝君列传》此段，采自《东周策》十六，司马迁误信苏秦诡史，以为苏秦此时已死而删，故改"苏秦"为"苏代"。吕礼欲困苏秦，乃因苏秦反对秦、齐称帝。苏秦反对秦、齐称帝，故请孟尝君策动伐齐以止之，并以"齐王孰与为其国"为说，诱惑孟尝君返齐复相。孟尝君策动伐齐而导致齐湣王去帝之后，苏秦转而反对孟尝君策动伐齐，支持李兑策动伐秦，所以下半年苏秦再次使魏，即被孟尝君拘捕。

[6]、[9]《齐策四》十：苏秦自燕之齐，见于华章南门（因自魏来，故谓南门）。齐王曰："嘻！子之来也。秦使魏冉致帝，子以为何如？"对曰："王之问臣也卒，而患之所从生者微。今不听，是恨秦也；听之，是恨天下也。不如听之以卒秦，勿庸称也，以为天下。秦称之，天下听之，王亦称之。先后之事，帝名为无伤也。秦称之，而天下不听，王因勿称，其于以收天下，此大资也。"●《齐策四》十一：苏秦谓齐王曰："齐、秦立为两帝，王以天下为尊秦乎？且尊齐乎？"王曰："尊秦。""释帝则天下爱齐乎？且爱秦乎？"王曰："爱齐而憎秦。""两帝立，约伐赵，孰与伐宋之利也？"[王曰："不如伐宋。"]（六字脱，杨宽补）对曰："夫约然与秦为帝，而天下独尊秦而轻齐；齐释帝，则天下爱齐而憎秦；伐赵不如伐宋之利。故臣愿王明释帝，以就天下；倍约傧秦，勿使争重；而王以其间举宋。夫有宋，则卫之阳城危；有淮北，则楚之东国危；有济西，则赵之河东危；有阴（当作陶）、平陆，则梁门不启。故释帝而贰之以伐宋之事，则国重而名尊，燕、楚以

形服，天下不敢不听，此汤、武之举也。敬秦以为名，而后使天下憎之，此所谓以卑易尊者也！愿王熟虑之也！"●《田世家》：齐湣王三十六年（当作十三年，前288），王为东帝，秦昭王为西帝。苏代（当作苏秦）自燕来，入齐，见于章华东门。齐（湣）王曰："嘻，善，子来！秦使魏冉致帝，子以为何如？"对曰："王之问臣也卒，而患之所从来微，愿王受之而勿备称也。秦称之，天下安之，王乃称之，无后也。且让争帝名，无伤也。秦称之，天下恶之，王因勿称，以收天下，此大资也。且天下立两帝，王以天下为尊齐乎？尊秦乎？"王曰："尊秦。"曰："释帝，天下爱齐乎？爱秦乎？"王曰："爱齐而憎秦。"曰："两帝立，约伐赵，孰与伐桀宋之利？"王曰："伐桀宋利。"对曰："夫约钧，然与秦为帝而天下独尊秦而轻齐，释帝则天下爱齐而憎秦，伐赵不如伐桀宋之利，故愿王明释帝以收天下，倍约宾秦，无争重，而王以其间举宋。夫有宋，卫之阳地危；有济西，赵之阿东国危；有淮北，楚之东国危；有陶、平陆，梁门不开。释帝而贷之以伐桀宋之事，国重而名尊，燕、楚所以形服，天下莫敢不听，此汤、武之举也。敬秦以为名，而后使天下憎之，此所谓以卑为尊者也。愿王孰虑之！"于是齐去帝，复为王，秦亦去帝位。■《田世家》此段，采自《齐策四》十、十一，司马迁误信苏秦讹史，故改"苏秦"为"苏代"。《齐策四》十作"华章南门"，因为苏秦先离燕往魏，再离魏来齐，故书"南门"。《田世家》作"章华东门"，因为司马迁认为"苏代"自燕来齐，故改为"东门"。

[7]《魏策三》四：秦败魏于华[阳]。魏（昭）王且入朝于秦。周䜣谓王曰："宋人有学者，三年反而名其母。其母曰：'子学三年，反而名我者，何也？'其子曰：'吾所贤者，无过尧、舜，尧舜名。吾所大者，无大天地，天地名。今母贤不过尧、舜，母大不过天地，是以名母也。'其母曰：'子之于学者，将尽行之乎？愿子之有以易名母也。子之于学也，将有所不行乎？愿子之且以名母为后也。'今王之事秦，尚有可以易入朝者乎？愿王之有以易之，而以入朝为后。"魏王曰："子患寡人入而不出邪？许绾为我祝曰：'入而不出，请殉寡人以头。'"周䜣对曰："如臣之贱也，今人有谓臣曰：入不测之渊，而必出；不出，请以一鼠首为女殉者。臣必不为也。今秦不可知之国也，犹不测之渊也；而许绾之首，犹鼠首也。内王于不可知

之秦，而殉王以鼠首，臣窃为王不取也。且无梁，孰与无河内急？"王曰："梁急。""无梁，孰与无身急？"王曰："身急。"曰："此三者，身上也，河内其下也，秦未索其下，而王效其上，可乎？"●《吕览·应言》：秦王立帝宜阳，许绾诞魏（昭）王，魏王将入秦。魏敬谓王曰："以河内孰与梁重？"王曰："梁重。"又曰："梁孰与身重？"王曰："身重。"又曰："若使秦求河内，则王将与之乎？"王曰："弗与也。"魏敬曰："河内，三论之下也；身，三论之上也。秦索其下而王弗听，索其上而王听之，臣窃不取也。"王曰："甚然。"乃辍行。▲杨宽：《魏策三》四"魏王且入朝于秦"，为一事之两传。首句"秦败魏于华"，当据《吕览·应言》作"秦立帝宜阳"。●《韩策三》六（谓郑王）：今强国将有帝王之矗（兆），而以国先者，此桓公、许异之类也。岂可不谓善谋哉？夫先与强国之利，强国能王，则我必为之霸；强国不能王，则利用辟其兵，使之无伐我。然则强国事成，则我立帝而霸；强国之事不成，犹之厚德我也。今与强国，强国之事成则有福，不成则无患，然则先与强国者，圣人之计也。■秦昭王"立帝"宜阳，兼招楚顷襄王、魏襄王、韩釐王入朝，楚、魏、韩皆未入朝。

[8]《韩策三》二（或谓公仲曰）：……昔者周佼以西周善于秦，而封于梗阳；周启以东周善于秦，而封于平原。■秦昭王"立帝"宜阳，仅有西周国公子周佼（西周武公五庶子之一）、东周国公子周启入朝观礼，故得秦封。

[10]《战国纵横家书》十三《韩珉献书于齐章》：秦悔不听王以先事而后名。

[11]《秦本纪》：秦昭王十九年（前288），王为西帝，齐为东帝，皆复去之。吕礼来自归。●《六国表》秦昭王十九年（前288）：十月为帝，十二月复为王。●《魏世家》：魏昭王八年（前288），秦昭王为西帝，齐湣王为东帝，月余，皆复称王归帝。●《楚世家》：楚顷襄王十一年（前288），齐、秦各自称为帝；月余，复归帝为王。●《六国表》齐湣王三十六年（当作十三年，前288）：为东帝二月，复为王。●《穰侯列传》：昭王十九年（前288），秦称西帝，齐称东帝。月余，吕礼来，而齐、秦各复归帝为王。魏冉复相秦，六岁而免。●《乐毅列传》：齐湣王……与秦

昭王争重为帝，已而复归之，诸侯皆欲背秦而服于齐。■"月余"、"二月"仅指秦昭王在宜阳举行称帝大典至取消帝号之时间。齐湣王仅是准备称帝，并未举行称帝大典。

[12]《赵策一》十：齐攻宋，奉阳君不欲。客（公孙弘）请奉阳君曰："君之春秋高矣，而封地不定，不可不熟图也。秦人贪，韩、魏危，燕、楚僻，中山之地薄，宋罪重，齐怒深，残伐乱宋，定身封，德强齐，此百代之一时也。"●《赵策四》三：齐将攻宋，而秦、楚禁之。齐因欲与赵，赵不听。齐乃令公孙（衍）[弘]说李兑以攻宋而定封焉。（李兑）[苏秦]乃谓齐王曰："臣之所以坚三晋以攻秦者，非以为齐得利秦之毁也，欲以使攻宋也。而宋置太子以为王，下亲其上而守坚，臣是以于足下之速归休士民也。今太子走，诸善太子者，皆有死心。若复攻之，其国必有乱，而太子在外，此亦举宋之时也。臣为足下使公孙（衍）[弘]说奉阳君曰：'免君之身老矣，封不可不早定也。为君虑封，莫如予宋，他国莫可。夫秦人贪，韩、魏危，燕、楚僻，中山之地薄，莫如于（阴）[陶]。失今之时，不可复得已。宋之罪重，齐之怒深，残乱宋，德大齐，定身封，此百代之一时也已。'奉阳君甚食之，（唯）[虽]得大封，齐无大异。臣愿足下之大发攻宋之举，而无庸致兵，姑待以耕，以观奉阳君之应足下也。县（阴）[陶]以甘之，循有燕以临之，而臣待忠之封，事必大成。臣又愿足下有地效于襄安君以资臣也。足下果残宋，此两地之（时）[封]也，足下何爱焉？若足下不得志于宋，与国何敢望也。足下以此资臣也，臣循燕观赵，则足下击溃而决天下矣。"▲杨宽：吴师道认为公孙衍早已为魏所杀。此处公孙衍当作公孙弘。■吴、杨是。《赵策一》十之"客"，即《赵策四》三苏秦对齐湣王说"臣为足下使公孙（衍）[弘]说奉阳君"，可证公孙弘前年（前290）离魏入齐，成为苏秦门客。"齐攻宋，奉阳君不欲"，乃因赵武灵王"结秦连宋"而赵、宋结盟，宋曾助赵伐灭中山。苏秦对齐湣王说"县陶以甘之"，即以齐灭宋后以宋之定陶预封李兑，诱使李兑同意齐伐宋。后来苏秦又命宋郭使秦，同样对秦相魏冉"县陶以甘之"，亦以齐灭宋后以宋之定陶预封魏冉，诱使魏冉同意齐伐宋。苏秦把定陶同时预封给赵相李兑、秦相魏冉，意在引发秦、赵相攻。齐灭宋后，宋之定陶最终封给了秦相魏冉，引发秦昭王不

满，导致魏冉罢相。苏秦又对齐湣王说"臣又愿足下有地效于襄安君以资臣也"，即请齐湣王以宋地预封在齐为质的燕昭王同母弟襄安君，以便苏秦说服燕昭王永不叛齐。

[13]《战国纵横家书》四《苏秦自齐献书燕王章》：王以求卿与封，不中意，王为臣有之两。■苏秦在权之难（前295）后说服齐湣王归还孟尝君伐燕所取十城，被燕昭王拜为燕相，封为武安君。今年（前288）又被齐湣王拜为齐相，封为武安君。此即"有之两"，指苏秦兼相燕、齐，又被燕、齐同封为武安君。明年（前287）赵相李兑亦如此，遂"有之三"。苏秦实佩三国相印，"苏秦身佩六国相印"为讹史。

[14]《战国纵横家书》四《苏秦自齐献书燕王章》：齐、赵遇于阿，王忧之。臣与于遇，约攻秦去帝。■齐相苏秦、赵相李兑主持的齐湣王、赵惠文王阿邑之会，宗旨是"攻秦去帝"。分工是赵国策动合纵伐秦"去帝"，齐国伐灭秦之盟国宋。

[15]《秦本纪》：秦昭王十八年（前289），错攻垣、河雍，决桥取之。●《赵世家》：惠文王十一年（前288），得河阳于魏。●《魏策三》九：奉阳君约魏，魏（昭）王将封其子。（孟尝君）谓魏王曰："王尝身济漳，朝邯郸，抱葛薛、阴成以为赵养邑，而赵无为王有也。王能又封其子河阳、姑密乎？臣为王不取也。"魏王乃止。■河阳即河雍，去年（前289）被秦攻取，今年（前288）魏昭王把河阳预封给李兑之子，以坚李兑策动合纵伐秦之志。去年（前289）魏昭王朝赵，献养邑给赵惠文王，无用，乃因赵惠文王并无实权，李兑独霸赵政。因此今年（前288）苏秦以宋地定陶预封李兑，魏昭王今年亦效法之而以秦侵魏地预封李兑之子。孟尝君仅欲合纵伐齐，不欲合纵伐秦，故而反对，但是无效。策尾"魏王乃止"必误。

[16]《秦策三》七：五国罢成皋，秦王欲为成阳君求相韩、魏，韩、魏弗听。秦太后为魏冉谓秦王曰："成阳君以王之故，穷而居于齐。"■五国罢成皋为明年（前287）之事，今年亲秦的韩相成阳君韩辰反对李兑策动的五国伐秦而罢相，逃到齐国。敌秦的公叔复相。

[17]《战国纵横家书》十二《苏秦自赵献书齐王章》之二：梁氏不恃寡人，树寡人曰："齐道楚取秦，苏修在齐矣。"故天下汹汹然曰"寡人将返

珉"也，寡人无之。■刚刚罢免齐相回到韩国的韩珉，反对李兑策动的五国伐秦，逃到楚国。此为明年（前287）苏秦向李兑转达齐湣王解释未与秦国和解之言，即齐湣王没答应楚使苏修之请求，不允许韩珉自楚返齐复相。

[18]《战国纵横家书》十一《苏秦自赵献书齐王章》之一：以燕之事齐也为尽矣，先为王绝秦，质子，宦二万甲自食以攻宋，二万甲自食以攻秦。●《吕览·行论》：齐攻宋，燕王使张魁将燕兵以从焉。■战国诸侯助另一诸侯出兵，定例为主攻之国为助攻之国出粮。燕兵助齐攻宋而自带粮食，乃是破例，故曰"燕之事齐也为尽矣"。又此书二句前后之序，亦证齐、赵盟约之后，今年（前288）齐即攻宋，明年（前287）赵始伐秦。故"宦二万甲自食以攻宋"，事在今年。"二万甲自食以攻秦"，事在明年（详见下章）。

[19]《赵世家》：赵惠文王十一年（前288），董叔与魏氏伐宋。■魏昭王去年（前289）朝赵、今年（前288）预封李兑之子，魏已附赵，故魏助赵伐宋，出兵不出将，受赵将董叔指挥。赵之合纵五国攻秦事大，故今年尚需筹备。齐之攻宋事小，故齐赵相约之后立即发动，且有攻宋观秦反应之作用。

[20]《赵策四》二：齐欲攻宋，秦令起贾禁之。齐乃收赵以伐宋。秦王怒，属怨于赵。■"齐乃收赵以伐宋"，即《赵策四》三（见上注12）苏秦门客公孙弘以宋邑定陶预封李兑而收买之，事在齐、赵今年（前288）阿邑会盟之前。

[21]《赵世家》：赵惠文王十一年（前288），秦取梗阳。▲杨宽：梗阳在今山西太原市西南。《六国表》误作"桂阳"，《资治通鉴》误作"杜阳"，皆非赵地。杜阳在今陕西麟游县西北，在秦旧都雍（今陕西凤翔县）之东北。■赵惠文王三年（前296）赵灭中山之后，背叛秦、赵十年之盟（前306—前296）加入孟尝君五国伐秦以后，秦曾伐魏、伐韩、伐齐，未曾伐赵。今年（前288）秦取梗阳，是赵灭中山之后首次伐赵，但未深入，仅施薄惩，意在阻止赵国伐秦去帝。更加激怒李兑，李兑即于明年之初发动五国伐秦去帝。

[22]《韩策三》二（或谓公仲曰）：……昔者周佼以西周善于秦，而封

于梗阳；周启以东周善于秦，而封于平原。今公以韩善秦，韩之重于两周也无计，而秦之争机也，万于周之时。今公以韩为天下先合于秦，秦必以公为诸侯，以明示天下，公行之计，是其于身大利也。愿公之加务也。▲杨宽：平原君所封平原，在今山东平原县西南，此时为秦势力所不及。■杨说含糊。秦以平原君之封邑平原预封东周国公子周启，乃是效法齐以宋之定陶预封李兑、魏以秦占之地河阳预封李兑之子，均为外交手段之空头支票。【附考】《赵策一》九：昔者五国之王尝合横而谋伐赵，参分赵国壤地，著之盘盂，属之（雠柞）[酬酢]。●《战国纵横家书》二十一《苏秦献书赵王章》：五国之主尝合衡谋伐赵，疏分赵壤，箸之盘盂，属之祀籍。■"参分赵国壤地，著之盘盂，属之酬酢"，即"疏分赵壤，著之盘盂，属之祀籍"，亦即伐赵之前，预先瓜分赵地。

[23]《吕览·壅塞》：齐攻宋，宋王使人候齐寇之所至。使者还曰："齐寇近矣，国人恐矣。"左右皆谓宋王曰："此所谓'肉自生虫'者也。以宋之强，齐兵之弱，恶能如此？"宋王因怒而诎杀之。又使人往视齐寇，使者报如前，宋王又怒诎杀之。如此者三。其后又使人往视，齐寇近矣，国人恐矣。使者遇其兄，兄曰："国危甚矣！若将安适？"其弟曰："为王视齐寇，不意其近而国人恐如此也。今又私患，乡之先视齐寇者，皆以寇之近也，报而死；今也报其情，死，不报其情，又恐死。将若何？"其兄曰："如报其情，有且先夫死者死，先夫亡者亡。"于是报于王曰："殊不知齐寇之所在，国人甚安。"王大喜。左右皆曰："乡之死者宜矣。"王多赐之金。寇至，王自投车上，驰而走。此人得以富于他国。夫登山而视牛若羊，视羊若豚，牛之性不若羊，羊之性不若豚，所自视之势过也。而因怒于牛羊之小也，此狂夫之大者。狂而以行赏罚，此戴氏之所以绝也。■齐伐宋，三年（前288—前286）灭之。"以宋之强，齐兵之弱"，必为齐伐宋第一年（前288）之语。旧多据末句而误系此条于宋国亡年（前286）。齐伐宋第一年，宋割淮北求和，此后必无此语。

[24]《苏秦列传》：齐请以宋地封泾阳君，秦必不受。●《燕策一》十一：齐请以宋封泾阳君，秦不受。●《魏策一》十三：齐请以宋地封泾阳君，而秦不必也。■《苏秦列传》"秦必不受"，是事先的推测，因为宋

是秦之盟国，伐宋就是向秦挑衅。《燕策一》十一"秦不受"，是事后的结果之一，即秦不接受齐以宋地预封泾阳君，亦即秦不同意齐伐宋。《魏策一》十三"秦不必也"，是事后的结果之二，即秦未明确答应必不救宋。宋郭是苏秦门客，今年（前288）使秦预封泾阳君失败，后年（前286）又使秦预封秦相魏冉成功（详见第八十四章）。

[25] 曹商为秦、宋结盟之主谋和使者。齐伐宋而秦不救，必被宋康王诛杀。

[26]《宋卫策》一：齐攻宋，宋使臧子索救于荆。荆王大说，许救甚劝。臧子忧而反。其御曰："索救而得，有忧色何也？"臧子曰："宋小而齐大。夫救于小宋，而恶于大齐，此王之所忧也。而荆王说甚，必以坚我。我坚而齐弊，荆之利也。"臧子乃归。齐王果攻，拔宋五城，而荆王不至。●《韩非子·说林上》：齐攻宋，宋使臧孙子南求救于荆。荆大说，许救之，甚欢。臧孙子忧而反。其御曰："索救而得，今子有忧色，何也？"臧孙子曰："宋小而齐大。夫救小宋，而恶于大齐，此人之所以忧也。而荆王说，必以坚我也。我坚而齐敝，荆之所利也。"臧孙子乃归。齐人拔五城于宋，而荆救不至。

[27]、[28]《宋卫策》六（《战国纵横家书》十四同）：宋与楚为兄弟。齐攻宋，楚王言救宋。宋因卖楚重以求讲于齐，齐不听。苏秦为宋谓齐（相）[王]曰："不如与之，以明宋之卖楚重于齐也。楚怒，必绝于宋而事齐，齐、楚合，则攻宋易矣。"■"苏秦为宋谓齐相曰"必误，当作"苏秦谓齐王曰"。齐湣王伐齐为苏秦唆使，苏秦必不为宋而罢齐伐，末言"则攻宋易矣"亦证苏秦之言非为宋。何况此时之齐相即苏秦。【附考一】《燕策二》二（韩徐为语）："令齐王召蜀子（当作向子，即冷向）使不伐宋，苏子也。"■赵将韩徐为是苏秦死敌，故对轻信苏秦的李兑中伤苏秦，导致明年李兑囚禁苏秦。苏秦不欲今年齐国速灭宋，而欲缓灭宋，意在促使李兑明年启动伐秦，以便苏秦布置全局，整合天下力量为燕伐齐。【附考二】《战国纵横家书》十四《苏秦谓齐王章》之四：臣使苏厉告楚王曰："……宋以淮北与齐讲，王攻之，击赵信，齐不以为怨，反为王诛赵信，以其无礼于王之边吏也。……"■苏秦此信写于明年（前287），苏秦在魏游说魏相孟

尝君不伐齐。接收淮北的齐将赵信杀死争夺淮北的楚将公畴竖，楚顷襄王怒，齐湣王问策于使魏之苏秦，苏秦遂请齐湣王诛杀赵信以息楚怒，并派苏厉使楚解释之。【附考三】《秦本纪》：秦昭王十九年（前288），王为西帝，齐为东帝，皆复去之。吕礼来自归。齐破宋。■齐伐宋第一年破宋，为今年岁尾之事。

[29]《战国纵横家书》二十一《苏秦献书赵王章》：……五国之主尝合衡谋伐赵，疏分赵壤，箸之盘盂，属之祀籍。五国之兵出有日矣，齐乃西师以禁强秦，使秦废令，疏服而听，反温、轵、高平于魏，反王公、符逾，遇赵，此天下所明知也。……●《赵策一》九（苏秦为齐上书说赵王）：……昔者五国之王尝合横而谋伐赵，参分赵国壤地，著之盘盂，属之酬酢。五国之兵出有日矣，齐乃西师以禁秦国，使秦废令素服而听，反温、轵、高平于魏，反三公、什清于赵，此王之明知也。……●《赵世家》：赵惠文王十六年（前283），秦复与赵数击齐，齐人患之。苏厉为齐遗赵王书曰：……五国三分王之地，齐倍五国之约而殉王之患，西兵以禁强秦，秦废帝请服，反高平、根柔于魏，反至分、先俞于赵。……▲杨宽：归赵之二邑，因记载有讹，不详所在。■《赵策一》九，同于《战国纵横家书》二十一，可证此信为苏秦致赵惠文王信。司马迁误信苏秦讹史，故《赵世家》把《赵策一》九之"苏秦"改为"苏厉"。【附考】秦昭王尽管称"西帝"失败而撤销，但是秦国仍然实行以夏历十月（亥月）为岁首、夏历九月（戌月）为岁末的颛顼历。此后秦国之编年史《秦记》，每年先记夏历十月（亥月）至夏历十二月（丑月）之事，后记一月（寅月）至九月（戌月）之事。比如《秦本纪》："秦昭王四十二年，十月宣太后薨，葬芷阳郦山，九月穰侯出之陶。"即采之《秦记》。《秦记》先记十月之事，后记九月之事，并非颠倒记事，而是以夏历十月（亥月）为岁首，以夏历九月（戌月）为岁末。

[30]《庄子·应帝王》：南海之帝为倏，北海之帝为忽，中央之帝为浑沌。倏与忽时相与遇于浑沌之地，浑沌待之甚厚。倏与忽谋报浑沌之德，曰："人皆有七窍以视听食息，此独无有，尝试凿之。"日凿一窍，七日而浑沌死。

五国谋秦齐再伐宋，悲民疾苦庄哀为臣

前287年，岁在甲戌。庄周八十三岁。宋康王五十一年。

周报王二十八年。秦昭王二十年。楚顷襄王十二年。魏昭王九年。韩釐王九年。赵惠文王十二年。齐湣王十四年。燕昭王二十五年。鲁湣公十六年。卫嗣君二十八年。

赵惠文王二十三岁，亲政已有四年。李兑仍不归政，今年自任纵长，发动了第三次合纵伐秦，赵、齐、燕、魏、韩加入。

两万燕军，自备粮草，南行往齐，到达齐都临淄，与数万齐军会合。

两国之军西行往赵，到达赵都邯郸，与十万赵军会合。

三国之军南行往魏，到达魏都大梁，等待魏军加入。[1]

秦使起贾长驻大梁，劝说魏昭王："秦昭王希望大王罢免孟尝君，让魏劲复相。退出合纵伐秦，恢复秦、魏之盟。"

魏昭王不听，执意加入伐秦。[2]

孟尝君只想伐齐，不愿伐秦，于是唆使芒卯，以正在调集魏军为借口，迫使三国之军滞留魏国观泽（今河南清丰）数月。[3]

魏昭王不断催促孟尝君、芒卯，魏军终于加入联军。

四国之军西行往韩，到达荥阳，等待韩军加入。

起贾又离魏至韩，劝说韩釐王："秦昭王希望大王罢免公叔，让韩辰复相。退出合纵伐秦，恢复秦、韩之盟。"

韩釐王不听，韩军加入联军。[4]

孟尝君又以魏军正在筹措粮草为借口，迫使五国联军滞留韩国荥阳（今河南荥阳）数月。

齐湣王、苏秦不断催促李兑尽快伐秦，李兑却对孟尝君的拖延阻挠无可奈何。[5]

秦昭王问策魏冉："五国联军正在西进途中，起贾无法阻止魏、韩。如今尚有何策？"

魏冉说："五国伐秦虽由李兑策动，背后推手却是齐湣王、苏秦。如今只有楚国没有加入伐秦，韩珉因为反对韩釐王加入伐秦而逃到楚国。大王不妨双管齐下，一请韩珉劝说齐湣王，二请楚顷襄王出面调停。"

秦昭王听从其言，遣使至楚，分别授意韩珉和楚顷襄王。

韩珉奉秦昭王之命，致信齐湣王："秦昭王后悔不听大王良言，应该先有西帝、东帝之实，再立西帝、东帝之名。秦昭王愿意等待三四年，再与大王共同称帝。若没有大王支持，秦昭王怎能收服三晋？秦昭王希望大王让我返齐复相，恢复秦、齐之盟。大王伐宋，秦昭王将命楚、魏不与大王争夺宋地。齐国尽取宋地，秦国尽取魏、韩上党。收服魏、韩以后，秦、齐共同伐赵，秦国尽取河西赵地，齐国尽取河东赵地。收服赵国以后，秦国再取韩国上地，齐国再取燕国阳地。收服三晋以后，秦、齐再共同伐楚，秦国尽取鄢田、云梦，齐国尽取东国、下蔡。瓜分诸侯之地以后，秦、齐分治天下，然后再进帝号，天下谁能禁止？"

齐湣王听从苏秦，不予理睬。[6]

楚顷襄王奉秦昭王之命，派遣苏修使齐，晋见齐湣王："楚顷襄王愿意会见大王，劝说大王退出伐秦，恢复秦、齐之盟，罢免苏秦，让韩珉返齐复相。"

齐湣王不听，但是为免楚军救宋，礼遇楚使苏修。

魏昭王派遣韦非使齐，质问齐湣王："大王礼遇苏修，是否准备接受楚国调停，与秦私下和解，让韩珉返齐复相？"

齐湣王说："寡人无意与秦和解，倒是魏昭王听任孟尝君一再阻挠联军西行，导致伐秦迟迟不能开始。"

韦非说："大王把宋国定陶预封给奉阳君，使之发动伐秦。魏昭王恳请大王再把宋国平陵（今地不详）预封给孟尝君，使之支持伐秦。"

齐湣王假装同意。

韦非返魏复命。

魏昭王大喜，劝说孟尝君不再阻挠联军西行。

孟尝君不听，命令芒卯伐宋，进攻原属薛地的葍邑（今山东滕州葍川，宋康王伐薛所取五城之一）。[7]

秦昭王眼见韩珉、苏修无法说服齐湣王退出伐秦，只好遣使至赵，劝说李兑："秦昭王愿把魏昭王预封给君侯之子的河阳（秦侵魏地，又名河雍）献给君侯，希望君侯停止伐秦。"

李兑不予理睬。

韩徐为说："齐湣王一旦与秦和解，必将与秦共同伐赵。君侯不如抢先与秦和解，然后与秦共同伐齐。"

李兑内有韩徐为阻挠，外有孟尝君阻挠，又疑心齐湣王准备与秦和解，于是考虑与秦和解，命令联军驻守成皋（今河南荥阳汜水镇，位于洛阳以东），暂停西进。[8]

苏秦向齐湣王进言："大王去年不愿与楚交战而暂停伐宋，奉阳君疑心不能得到定陶。如今苏修在齐，奉阳君又疑心大王接受楚国调停而与秦和解，所以驻军成皋，暂停西进。"

齐湣王问："如何打消奉阳君疑心？"

苏秦说："最好双管齐下！大王立刻调兵，准备伐宋。我再使赵，劝说奉阳君尽快伐秦。"[9]

齐湣王听从其言，撤空齐、燕边境的齐军，调往齐、宋边境，准备再次伐宋。[10]

苏秦为齐使赵，拜见李兑："齐湣王之所以考虑与秦和解，原因有四：其一，伐秦对魏最为有利，孟尝君却迟迟不让魏军加入，迫使联军滞留魏地观泽数月。其二，孟尝君又迟迟不让联军西行，迫使联军滞留韩地荥阳、成皋数月。其三，去年孟尝君不肯断绝魏、宋之交，迫使齐国暂停伐宋。其四，如今孟尝君又命魏军进攻宋国蒲邑，与齐争地。另外，齐湣王又听说，孟尝君两次派人入秦。齐湣王担心孟尝君背叛纵约，单方面与秦和解，才被迫考虑与秦和解。但是齐湣王认为，尽快伐秦才是上策，与秦和解乃是下策。孟尝君却倒打一耙，到处造谣：'齐湣王打算接受楚使苏修调停，打算与秦和解，准备让韩珉返齐复相。'其实齐湣王拒见楚使苏修，接见魏使韦非，并明确告诉韦非，不会接受楚国调停，不会与秦和解，不会让韩珉复相。齐湣王又同意魏昭王之请，把宋国平陵预封给孟尝君。君侯不必担心孟尝君继续阻挠伐秦。"

李兑说："很好！既然五国合纵伐秦，那么哪国先与秦国和解，另外四国必将共伐！"

苏秦又说："伐秦如果无功而退，诸侯必将争事秦国，秦军必将驰救宋国，魏冉必将嫉妒君侯得到定陶。君侯即使因为孟尝君阻挠而暂缓伐秦，至少不能与秦和解。联军即使不能西行，只要留在成皋，秦军就难以救宋。仅需数月，齐军必能伐灭宋国，君侯就能得到定陶。"

李兑于是不再考虑与秦和解，命令联军留在成皋，等待齐军伐宋。[11]

韩徐为受孟尝君指使，派遣周纳向李兑进谗："苏秦一直挑唆齐湣王不信任君侯，去年劝说齐湣王停止伐宋，背叛纵约，今年又劝说齐湣王联秦伐赵，囚禁赵国质子。因为君侯反对秦、齐称帝，而苏秦支持秦、齐称帝，所以一再破坏齐、赵之交！"

李兑大怒，立刻囚禁苏秦。派遣周纳使燕，请示燕昭王："苏秦破坏赵、齐之交，已经被我囚禁。苏秦所为，是否大王授意？若非大王授意，请问如何处置?"

苏秦虽被囚禁,自恃兼相燕、齐,必无危险。于是派遣公孙弘返燕,密报燕昭王:"我被奉阳君囚禁,大王不必担心我的安危。我为齐使赵,预知有此危险。如果我之牺牲,能使赵、齐绝交,能助大王联赵破齐,我将死而无憾!"[12]

燕昭王听命苏秦,于是告诉周纳:"苏秦破坏赵、齐之交,并非寡人授意。寡人不再信任苏秦,听凭奉阳君处置!"

李兑又派周纳使齐,请示齐湣王:"苏秦破坏齐、赵之交,已经被我囚禁。燕昭王不再信任苏秦,请问如何处置?"

苏秦始知危险,急派盛庆返燕,向燕昭王求救:"齐湣王已派宋窍告诉我,不信周纳谗言。奉阳君被孟尝君、韩徐为蛊惑,准备停止伐秦,转而伐齐。大王不可过早加入伐齐,否则齐湣王必将怀疑我,奉阳君必将诛杀我!我若死去,齐湣王必将重用他人,不利大王。即使奉阳君不杀我,我被囚禁在赵,仍然不利大王。"[13]

几天后,苏秦又派辛谒返燕,再向燕昭王求救:"盛庆走后,韩徐为又威胁要诛杀我。我并不怕死,只是不愿在帮助大王破燕报仇之前死去,恳请大王尽快派人营救。我一旦脱困,不愿再往齐国,恳请大王允许我返燕。"[14]

燕昭王急派孙去疾、公孙弘使赵,请求李兑、韩徐为:"囚禁寡人重臣苏秦,犹如免去寡人的王冠!"

李兑、韩徐为不敢得罪燕昭王,把苏秦从囚禁改为软禁,仍不释放。

燕昭王又命盛庆返赵,安慰苏秦:"先生已无性命之忧,不久必定获释。先生一旦脱困,仍当冒险返齐。否则先生就会前功尽弃,如何实施预定计划?"[15]

齐湣王大怒李兑囚禁苏秦,派遣李终使赵,斥责李兑:"君侯为何背叛盟约,先听信孟尝君造谣而停止伐秦,后听信周纳谗言而囚禁寡人重臣苏秦?再不释放苏秦,寡人将与秦、宋和解,共同伐赵!"

李兑大怒，派遣门客赵足质问苏秦："先生是否使用调虎离山之计，先让齐湣王假装伐宋，诱骗赵军离境伐秦，滞留成皋。然后趁着赵国空虚，准备齐、秦、宋联合伐赵？"

苏秦说："韩珉一向主张齐、秦联合伐赵，我一向主张齐、赵联合伐秦，所以齐湣王才会罢免韩珉，命我为相。孟尝君一心伐齐报仇，我一心伐秦去帝，所以公孙弘才会离开孟尝君，成为我的门客。我若劝说齐湣王联秦伐赵，齐湣王就会罢免我，而让韩珉返齐复相，对我有何好处？"

李兑觉得有理，解除苏秦软禁，但是不许离赵。静观齐湣王是否与秦和解，是否继续伐宋，再决定是否伐秦。[16]

韩徐为发现李兑又被苏秦蛊惑，于是擅自命令赵梁伐齐。

孟尝君大喜，立刻邀请燕昭王加入伐齐。

燕昭王大喜，命令助齐伐宋的张魁在齐内应。

齐湣王大怒，诛杀张魁。遣使至燕，怒斥燕昭王叛齐助赵。遣使至赵，怒斥李兑背盟伐齐。[17]

李兑大怒韩徐为，命令赵梁立刻退兵。遣使至齐，向齐湣王解释："赵梁伐齐，乃是韩徐为受孟尝君指使，背着我擅自发动。如今我已明白周纳也是受孟尝君、韩徐为指使，意在诬陷苏秦，破坏赵、齐之盟。愿与大王消除误会，仍遵前约：联军继续伐秦，齐军继续伐宋。"[18]

苏秦又派韩山返燕，通报燕昭王："奉阳君已经对我解除软禁，只是不许离赵。恳请大王继续营救，让我尽快离赵。但我一旦离赵，不能往齐，只能返燕。因为大王不听我言，过早加入伐齐，命令张魁在齐配合赵梁伐齐，导致齐湣王不仅怀疑大王不忠，而且怀疑我不忠。"

燕昭王命令韩山返赵，向苏秦认错："寡人被孟尝君、韩徐为欺骗，误以为赵梁伐齐是奉阳君的命令，所以命令张魁在齐内应。寡人已经遣使向齐湣王解释，张魁非奉寡人之命，已被孟尝君、韩徐为收买。寡人还会派人使齐，恳请奉阳君允许先生离赵。先生一旦离赵，不能返燕，仍应往齐，尽力挽回燕、齐之交。"

公玉丹奉齐湣王之命使赵，拜见李兑："君侯释放苏秦，命令赵梁撤兵。齐湣王非常感谢，相信君侯确实是被孟尝君、韩徐为蒙骗。愿意再把宋地蒙邑增封给君侯，希望君侯允许苏秦离赵返齐。"[19]

公孙弘奉燕昭王之命使赵，拜见李兑："君侯促使燕昭王不亲赵而亲齐，很不明智！"

李兑十分诧异："我何曾促使燕昭王不亲赵而亲齐？"

公孙弘说："燕国弱于赵、齐，不亲赵，必亲齐。如今燕昭王听命于苏秦，君侯却囚禁苏秦，软禁苏秦，不放苏秦，岂非促使燕昭王不亲赵而亲齐？君侯信任苏秦也好，不信任苏秦也罢，均应善待苏秦，燕昭王才会不亲齐而亲赵。"[20]

李兑听从其言，授予苏秦相印，与燕、齐一样封为武安君。[21]

苏秦拘赵数月，九死一生，终于离赵返齐。

齐湣王大悦，设宴为苏秦压惊："周纳进谗，张魁作乱，寡人都不怀疑先生。但是寡人怀疑张魁作乱，并非被孟尝君、韩徐为收买，而是燕昭王的命令。"

苏秦说："燕昭王不顾燕臣反对，派遣二万燕军，自备粮草，助齐伐宋；又不顾王后嬴氏求情，毅然与秦绝交，派遣二万燕军，自备粮草，加入伐秦。韩、魏可能如此忠于大王吗？燕昭王如此忠于大王，还被大王怀疑，十分苦恼！燕昭王让我感谢大王诛杀张魁，另派良将助齐伐宋。但愿大王因为我之忠心，也让燕昭王安心。"

齐湣王说："难道燕昭王果真忘了先王伐燕之仇，毫无卧薪尝胆之心？或许先生也被燕昭王蒙骗了。"

苏秦说："先王若不伐燕，继任燕王的就是太子姬平，而非燕昭王。所以我不敢担保个别燕臣没有谋齐之心，却敢以死担保燕昭王决无谋齐之心。如果燕昭王不听我言，而听个别燕臣之言，大王可以诛杀我。如今我兼相燕、齐，只要大王像燕昭王一样信任我，燕、齐一心，大王必得天下。"

齐湣王说："寡人当然信任先生，也愿因为先生而相信燕昭王。但是为何燕、齐一心，寡人必得天下？"

苏秦说："孟尝君当年专擅齐政，破楚破秦，但是所取之地均归魏、韩。于是伐宋淮北，打算扩充薛邑，结果未能破宋，未得淮北。只好率领魏昭王、成阳君到邯郸朝拜奉阳君，劝说魏昭王、韩釐王献地给奉阳君，仍然不得奉阳君欢心。大王罢免孟尝君以来，不再受制于人，于是想称东帝，想要伐秦，想与奉阳君结盟，想要破宋攻取淮北，无不心想事成，可见大王的贤明远远超过齐桓公！尽管如此，大王应该明白：大王能够心想事成，没有其它原因，仅仅因为燕昭王听我之言忠于大王，解除了大王的后顾之忧。只要燕昭王继续听我之言忠于大王，三晋必定不敢变心，诸侯必将继续伐秦。大王必能伐灭宋国，击破秦、赵，代周为王！"

齐湣王心悦诚服，不再怀疑燕昭王。[22]

田代、孙去疾向燕昭王进谗："张魁作乱，齐湣王仅仅怀疑大王，毫不怀疑苏秦，足证苏秦已经叛燕忠齐。"

张魁作乱之后，燕昭王强命苏秦自赵返齐，挽救燕、齐之交，仅是死马当活马医，打算牺牲苏秦，并不真抱希望。如今齐湣王竟然毫不怀疑苏秦，燕昭王深感匪夷所思，不得不信谗言，怀疑苏秦或许果真叛燕忠齐。于是派遣韩山至齐，命令苏秦返燕。

苏秦早有防备，翻出精心保存的众多原始记录，撰写一封长信，详尽回顾了为燕反间十五年（前301—前287）的完整过程，力辩自己一心强燕弱齐，从未叛燕忠齐。

燕昭王读毕韩山带回的苏秦自辩长信，彻底打消疑心，再也不信谗言。[23]

齐湣王问策苏秦："奉阳君虽与寡人达成谅解，但是孟尝君仍在阻挠伐秦，又与寡人争夺宋地，先生有何良策？"

苏秦说："大王不必忧虑，我愿使魏，劝说孟尝君支持伐秦，不争宋地。使魏之前，我先去燕国，劝说燕昭王罢黜敌齐的田代、孙去疾，以免出现第二个张魁。"

齐湣王大喜。

苏秦从齐返燕，告诫燕昭王："八年前大王给我五年，我说至少需要十年。如今伐齐时机仍未成熟，大王如果不想前功尽弃，再也不能轻举妄动，必须静待齐国伐宋师疲，得罪天下诸侯。"

燕昭王说："寡人操之过急，打乱了先生部署。再也不会轻举妄动，一切听命先生！"

苏秦又从燕往魏，途经赵国，询问李兑："君侯既与齐湣王达成谅解，为何联军至今滞留成皋，仍不西行伐秦？"

李兑说："连日大雨，不宜行军。魏、韩均已承诺，决不与秦和解。我正调集上党赵军开赴成皋，很快就能西行伐秦。"

苏秦又从赵往魏，途中派人返齐送信，禀报齐湣王："我先从齐至燕，告诉燕昭王：'只要齐湣王信任我一天，必定不会怀疑大王！'燕昭王感激大王信任，向我保证：'只要齐湣王信任先生一天，无论齐国是与三晋结盟，还是与秦、楚结盟，寡人永远听命先生，追随齐国！'随后我从燕往魏，途经赵国，奉阳君向我保证：'正在调集上党赵军开赴成皋，只要齐湣王不与楚顷襄王会见，不让韩珉返齐复相，伐秦再无变数。'我正在往魏途中，大王静候佳音！"[24]

苏秦到达大梁，尚未晋见魏昭王。

孟尝君痛恨苏秦一再破坏合纵伐齐，不顾魏昭王反对，立刻囚禁苏秦。

苏秦急遣门客返齐求救。

齐湣王急命使魏营救。

苏厉至魏，晋见魏昭王、孟尝君："去年齐湣王把宋地预封给秦昭王之弟泾阳君，请求秦昭王与宋断交，允许齐国伐宋，遭到拒绝。秦昭王并非不愿与齐和解，也非不想得到宋地，而是不信任苏秦。如今秦昭王得知魏国囚禁苏秦，必将与齐和解，伐秦必将失败，秦军必将伐魏。只有释放苏秦，不让秦、齐和解，伐秦才能启动，魏国才能收复秦侵之地。"[25]

魏昭王说："薛公也有苦衷，父子两代忠齐，使齐跃居天下最强，齐湣王却听信吕礼谗言，诬陷薛公谋反，使之罢相归薛。楚、宋伐薛之时，又拒绝救薛，使之失去封地。"

苏厉劝说孟尝君："齐湣王听从苏秦规劝，早已后悔听信吕礼谗言而错怪君侯，所以罢免吕礼驱逐归秦。齐湣王又听从苏秦规劝，让韦非转告大王和君侯：'灭宋以后，必把宋侵薛地还给薛公，再把宋地平陵增封薛公。'何况君侯无论相齐还是相魏，苏秦一向敬重君侯，十多年来从未冒犯。"

魏昭王也劝说孟尝君："寡人礼聘君侯相魏，意在抗秦，并非伐齐。君侯何不接受苏秦好意，与齐湣王尽释前嫌？"

孟尝君只好释放苏秦，假装同意与齐湣王和解。

苏秦获释，继续驻守大梁，防止孟尝君再次阻挠伐秦。

苏厉返齐，禀报齐湣王："孟尝君已经释放苏秦，愿与大王尽释前嫌。奉阳君即将发动伐秦，大王可以放心伐宋！"

苏秦经过大半年舍死忘生的艰苦折冲，终于排除了伐秦、伐宋的一切障碍。

李兑命令联军西行伐秦，齐湣王也命赵信继续伐宋。[26]

齐军再次伐宋，宋康王大急，拜见六十四岁的兒说："去年齐湣王伐宋，楚顷襄王答应相救而不救，寡人被迫割让淮北，与齐和解。齐湣王既得淮北，竟然再次伐宋。二十八年前，鲁平公送来连环刁难寡人，先生在齐，派遣弟子返宋破解连环，寡人感念至今。十二年前，先生离齐归宋，不肯接受寡人礼聘，寡人遗憾至今。如今齐军压境，恳请先生为了宋民，再次解救寡人！"

兒说说："如今齐强楚弱，楚顷襄王若无好处，怎肯救弱宋，击强齐？既然大王割让淮北以后，齐湣王仍然伐宋，大王不如把淮北还给楚国，诱使齐、楚交战。"

宋康王如梦初醒，命令臧孙子使楚，把淮北还给楚国。

楚顷襄王大喜，命令公畴竖领兵至宋，与赵信争夺淮北。[27]

楚、齐对峙于淮北，楚将公畴竖、齐将赵信全都要求宋国助战。

宋康王宣布中立，两不相助。

楚、齐开战，齐军大胜，赵信杀死公畴竖。

楚顷襄王大怒，准备伐齐报仇。

齐湣王又命苏厉至魏，向苏秦问策。

苏秦先命苏厉返齐，献策齐湣王：“我劝说大王把定陶预封给奉阳君，把平陵预封给孟尝君，使他们不再反对大王伐宋。我留在魏国敦促三晋伐秦，使秦军不能救宋。如今万事俱备，赵信却节外生枝，杀死公畴竖，惹怒了楚顷襄王，打乱了破秦灭宋大局。大王只有诛杀赵信，楚顷襄王才会息怒。大王听我之言，三月必成霸业，否则我愿请死。我被赵、魏囚禁，甘愿冒死从事，除了帮助大王成就霸业，另有一点私心，就是希望万世留名！”

齐湣王深受感动，立刻诛杀赵信。又命苏厉使楚，晋见楚顷襄王：“宋国割让淮北，与齐和解，大王却派公畴竖争夺淮北，进攻赵信。齐湣王不怪大王争地，反怪赵信杀死公畴竖而冒犯大王，立刻诛杀赵信。大王怎能辜负齐湣王好意？”

楚顷襄王并不愿意与齐决战，于是就坡下驴，放弃伐齐。[28]

正在此时，齐湣王又派宋窍、侯催至魏，问策苏秦：“寡人听从先生，倾力伐宋，乃是凭借燕昭王忠齐。如今寡人得到密报，燕昭王趁着齐、燕边境空虚，准备偷袭齐国。无论伐宋结果如何，寡人将于八月撤兵。”

苏秦急遣盛庆返燕，通报燕昭王：“田代、孙去疾与孟尝君、韩徐为密谋伐齐，不慎泄露消息，齐湣王再次怀疑大王，紧急从宋撤兵。我立刻冒死返齐，挽救燕、齐之交。大王只有诛杀田代、孙去疾，我才能免于被齐湣王诛杀！”

燕昭王为了保全苏秦，立刻诛杀田代、孙去疾。

苏秦火速离魏返齐，劝说齐湣王："田代、孙去疾因为被燕昭王罢黜，才与孟尝君、韩徐为密谋伐齐，大王怎能再次怀疑燕昭王？燕昭王得知田代、孙去疾抗命谋齐，大为震怒，立刻诛杀二人。大王如果仍然怀疑燕昭王，可以立刻诛杀我！"

齐湣王再次听信苏秦，重新相信燕昭王。

赵信已被诛杀，伐宋齐军仍于八月撤回。

齐伐宋第二年，无功而返。[29]

韩徐为质问李兑："齐湣王再次停止伐宋，君侯怎能继续轻信齐湣王、苏秦？"

李兑听从其言，与秦和解，命令驻守成皋的伐秦联军，撤兵东归，各归本国。

苏秦幕后推动，李兑担任纵长的第三次合纵伐秦，未曾与秦交兵，无疾而终。[30]

正在此时，秦国又发生异事：一匹公马，生下一只马驹。[31]

秦昭王视为吉兆，立刻伐魏，攻取了魏邑新垣（今地不详）、曲阳（今河南济源西），又攻三年前承诺永不再攻的魏国旧都安邑。[32]

宋康王被齐连伐两年，明白自己得罪诸侯太深，担心再遭齐伐，假装禅位太子。

宋民痛恨宋康王，爱戴宋太子，上下一心，坚守宋地，宋国暂安。[33]

庄子八十三岁，齐湣王第二次伐宋。

蔺且问："去年齐湣王首次伐宋，宋康王割让淮北，齐军退兵。今年齐湣王再次伐宋，宋康王诱使楚、齐争夺淮北，齐军获胜以后，不知何故再次退兵。齐湣王会不会第三次伐宋？"

庄子说："宋康王好战逞强，投机取巧，得罪诸侯太多，即使禅位太子，恐怕仍难阻止齐伐。宋国已成秦、赵、齐、楚四强角逐的共同猎物，恐怕亡国在即。"

蔺且问："夫子是否悲宋之亡?"

庄子说："不悲宋国之亡,仅悲宋民之苦。"

蔺且问："难道宋国之亡,并非宋民之苦?"

庄子说："我讲个故事,你就会明白。"——

周文王的祖父亶父,当年住在邠地,狄人来侵。亶父献上皮
毛布帛,献上狗马牲畜,献上珍珠玉器,狄人都不肯退兵,还想
要土地。

亶父不愿打仗,于是告诫族人:"与人的哥哥同住,却让弟弟
打仗而死,与人的父亲同住,却让儿子打仗而死,我不忍心。我
曾听说:'不以养生之物,危害所养生命。'我将离开邠地,你们
好好住在这里!做我的臣民,与做狄人的臣民,有何不同?"

于是拄着手杖,离开邠地。

民众相连于途,追随亶父,于是周人在岐山脚下的周原建
国。[34]

蔺且问："亶父为何如此爱惜民众生命?"

庄子说："亶父乃是殷民,遵循《归藏》泰道,深知民为邦本,所以爱
惜民众生命。亶父之孙周文王编纂《周易》以后,周武王伐灭殷商,周公
制定周礼,从此泰道式微,否术大行,否君痞士不再爱惜臣民生命。"

蔺且问："亶父为何认为,成为任何君主的臣民,均无不同?"

庄子说："因为一为臣民,必将适人之适,役人之役。唯有不做任何君
主的臣民,才能自适其适,以德为循。古人为了自适其适,以德为循,宁
可终生贫贱,不愿为了身外之物而害身,不愿为了利生之物而丧生。今人
不惜适人之适,役人之役,贪图一时富贵,愿意为了身外之物而害身,愿
意为了利生之物而丧生。"

笺注

[1]《战国纵横家书》十一《苏秦自赵献书齐王章》之一：以燕之事齐也为尽矣：先为王绝秦，质子，宦二万甲自食以攻宋，二万甲自食以攻秦。●《燕策二》十：或（苏秦）献书燕（昭）王："……臣窃为王计，不如以兵南合三晋，约成韩、梁之西边。山东不能坚为此，此必皆亡。"燕果以兵南合三晋也。■《战国纵横家书》十一"宦二万甲自食以攻宋"，事在去年（前288）。"二万甲自食以攻秦"，事在今年（前287），即《燕策二》十"燕果以兵南合三晋也"。

[2]、[4]《赵策四》四：天下争秦，秦（昭）王内韩珉于齐，内成阳君于韩，相魏怀（当作魏劲）于魏。●《秦策三》七（前287）：五国罢成皋，秦（昭）王欲为成阳君求相韩、魏，韩、魏弗听。秦太后为魏冉谓秦王曰："成阳君以王之故，穷而居于齐，今王见其达收之，亦能翕其心乎？"王曰："未也。"太后曰："穷而不收，达而报之，恐不为王用；且收成阳君，失韩、魏之道也。"■《赵策四》四"魏怀"仅此一见，当作"魏劲"。《秦策三》七"秦王欲为成阳君求相韩、魏"必误，成阳君韩辰不可能兼相韩、魏，当从《赵策四》四"内成阳君于韩，相魏（怀）[劲]于魏"，作："秦王欲为成阳君求相韩，[为成陵君求相]魏。"参看《秦本纪》秦昭王八年（前299）："魏公子劲、韩公子长（当作辰）为诸侯。"魏公子劲，魏襄王五年（前314）田文罢相后相魏，魏襄王八年（前311）罢相，田需复相。魏襄王九年（前310）田需死，太子魏政为相。魏襄王十二年（前307），太子魏政质秦，翟强相魏。魏襄王十四年（前305）翟强死，魏劲复相。魏襄王二十年（前299）受封为成陵君。魏昭王元年（前295）罢相，乐毅代之。魏昭王三年（前293）孟尝君相魏，乐毅罢相往燕。今年（前287）五国伐秦，秦又欲让亲秦的成陵君魏劲复相于魏。

[3]、[5]《战国纵横家书》十二《苏秦自赵献书齐王章》之二：……梁氏（隐指魏相孟尝君）留齐兵于观，数月不逆，……释齐兵于荥阳、成皋，数月不从……■观即观泽。魏相孟尝君阻挠五国伐秦，先留五国之兵于观

泽数月，后留五国之兵于荥阳数月。此为稍后苏秦为齐使赵，向李兑转述齐湣王之言（实为苏秦之言），苏秦不欲挑破魏相孟尝君阻挠五国伐秦，以"梁氏"隐指魏相孟尝君。苏秦对李兑指斥孟尝君留联军于"荥阳、成皋"，其实留联军于荥阳者为魏相孟尝君，留联军于成皋者为赵相李兑（见下注8）。

[6]《战国纵横家书》十三《韩珉自楚献书齐王章》：秦悔不听王以先事而后名。今秦王请待王以三四年。齐不收秦，秦焉受晋国？齐、秦复合，使珉返，且复故事，秦仰曲尽听王。齐取宋，请令楚、梁毋敢有尺地于宋，尽以为齐。秦取梁之上党。韩、梁从，以攻赵，秦取赵之上地，齐取河东。赵从，秦取韩之上地，齐取燕之阳地。三晋大破而攻楚，秦取鄢田、云梦，齐取东国、下蔡。使从亲之国，如带而已。齐、秦虽立百帝，天下孰能禁之？●《战国纵横家书》十二《苏秦自赵献书齐王章》之二：（韩珉）使人于齐大夫之所，而偷语则有之。

[7]《战国纵横家书》十二《苏秦自赵献书齐王章》之二：……梁氏（隐指魏相孟尝君）不恃寡人（齐湣王），树寡人曰："齐道楚取秦，苏修在齐矣。"故天下汹汹然曰"寡人将返珉"也，寡人无之。……寡人不见使者，秦大怼也。寡人有返珉之虑，必先与君谋之。■此为稍后苏秦为齐使赵，向李兑转述齐湣王之言（实为苏秦之言），指斥魏相孟尝君造谣说齐已接受楚使苏修调停，欲与秦国私下和解。

[8]《赵策四》二：齐欲攻宋，秦令起贾禁之。齐乃收赵以伐宋。秦王怒，属怨于赵（前288）。李兑约五国以伐秦，无功，留天下之兵于成皋（前287）。■秦取伊阙后，韩献河东四百里，魏献河东二百里，逼近洛阳；伊阙在洛阳西，荥阳、成皋在洛阳东。荥阳、成皋均非前线。旧多误视成皋为伐秦前线，以为"无功"义同"无攻"，是至秦境"无攻"而返，实为未至秦境"无功"而返。此策明言"李兑……留天下之兵于成皋"。●《赵策四》四：五国伐秦无功，罢于成皋（前287）。赵欲构于秦，楚与魏、韩将应之。秦（当作齐）弗欲。■"秦弗欲"甚误，当作"齐弗欲"，故苏秦稍后为齐使赵，敦促李兑伐秦。秦若弗欲，何必命韩珉致信齐湣王？何必遣楚使苏修使齐调停？此策明言"赵（李兑）欲构于秦"。所以今年（前

287）五国伐秦，先是魏相孟尝君欲伐齐而阻挠之，留联军于观泽数月，留联军于荥阳数月，后是赵相李兑欲等待齐先灭宋、兑现定陶之封而观望之，留联军于成皋数月。

[9]苏秦也担心齐湣王仍想称东帝，则必让韩珉返齐复相，从而罢免苏秦。

[10]《战国纵横家书》四《苏秦自齐献书燕王章》：齐之信燕也，虚北地，行其甲。

[11]《战国纵横家书》十二《苏秦自赵献书齐王章》之二（前287上半年，苏秦自赵致齐第一信）：[苏秦]自赵献书于齐王曰：臣已令告奉阳君曰："寡人之所以有讲，虑者有[四]：寡人之所为攻秦者，为梁为多。梁氏留齐兵于观，数月不逆，寡人失望，一。释齐兵于荥阳、成皋，数月不从，而攻宋，再。寡人之仍攻宋也，请于梁闭关于宋，而不许。寡人已与宋讲矣，乃来争得，三。今燕、赵之兵皆至矣，愈疾攻菑，四。寡人又闻梁【入两使，阴成于秦。且君尚曰：'吾县免于梁氏，不能辞已。'虽韩亦然。寡人恐梁氏之弃与国而独取秦也，是以有讲虑。今曰：不】如□之疾之，请从攻秦，寡人之上计；讲，最寡人之太下也。梁氏不恃寡人，树寡人曰：'齐道楚取秦，苏修在齐矣。'故天下汹汹然曰'寡人将反珉'也，寡人无之。乃珉固于齐，使人于齐大夫之所，而偷语则有之。寡人不见使者，[秦]大[怼]也。寡人有反珉之虑，必先与君谋之。寡人【此处错简移上】与韦非约曰：'若与楚遇，将与韩、梁四遇，以约攻秦。若楚不遇，将与梁王复遇于围地，收秦等，遂盟攻秦。太上破之，其次摈之，其下完交而[佯]讲，与国毋相离也。'此寡人之约也。韦非以梁王之令，欲以平陵貤薛，以陶封君。平陵唯城而已，其鄙尽入梁氏矣。寡人许之已。"臣以告奉阳君，奉阳君甚悦曰："王又使周湿、长驱重令兑，兑也敬受令。"奉阳君答臣曰："替有私议：与国不先反而天下有攻之者，虽知不利，必据之。与国有先反者，虽知不利，必怨之。"……●《赵策四》四：五国伐秦无功，罢于成皋。赵欲构于秦，楚与魏、韩将应之，秦（当作齐）弗欲。苏代（当作苏秦）谓齐王曰：臣已为足下见奉阳君矣。臣谓奉阳君曰："天下散而事秦，秦必据宋。魏冉必妒君之有陶地也。秦王贪，魏冉妒，则陶不可得已矣。君无构，

齐必攻宋。齐攻宋，则楚必攻宋，魏必攻宋，燕、赵助之。五国据宋，不至一二月，陶必得矣。得陶而构，秦虽有变，则无患矣。若不得已而必构，则愿五国复坚约。愿得赵，足下雄飞，与韩氏大吏东免，齐王必无召珉也。使臣守约，若与有倍约者，以四国攻之。无倍约者，而秦侵约，五国复坚而摈之。今韩、魏与齐相疑也，若复不坚约而讲，臣恐与国之大乱也。齐、秦非复合也，必有倚重者矣。后合与倚重者，皆非赵之利也。且天下散而事秦，是秦制天下也。秦制天下，将何以天下为？臣愿君之蚤计也。天下争秦有六举，皆不利赵矣。天下争秦，秦王受负海内之国，合负秦之交，以据中国，而求利于三晋，是秦之一举也。秦行是计，不利于赵，而君终不得陶，一矣。天下争秦，秦王内韩珉于齐，内成阳君于韩，相魏怀于魏，复合衍交两王，王贲、韩他之曹，皆起而行事，是秦之一举也。秦行是计也，不利于赵，而君又不得陶，二矣。天下争秦，秦王受齐受赵，三强三亲，以据魏而求安逸可，是秦之一举也。秦行是计，齐、赵应之，魏不待伐，抱安邑而信秦，秦得安邑之饶，魏为上交，韩必入朝秦，过赵已安邑矣，是秦之一举也。秦行是计，不利于赵，而君必不得陶，三矣。天下争秦，秦坚燕、赵之交，以伐齐收楚，与韩珉而攻魏，是秦之一举也。秦行是计，而燕赵应之。燕、赵伐齐，兵始用，秦因收楚而攻魏，不至一二月，魏必破矣。秦汇安邑而塞女戟，韩之太原绝，下轵道、南阳、好，伐魏，绝韩，包二周，即赵自消烁矣。国燥于秦，兵分于齐，非赵之利也。而君终身不得陶，四矣。天下争秦，秦坚三晋之交攻齐，国破曹屈，而兵东分于齐，秦桉兵攻魏，取安邑，是秦之一举也。秦行是计也，君桉救魏，是以攻齐之已弊，救与秦争战也；君不救也，韩、魏焉免西合？国在谋之中，而君又终身不得陶，五矣。天下争秦，秦安为义，存亡继绝，固危扶弱，定无罪之君，必起中山与滕焉。秦起中山与滕，而赵、宋同命，何暇言陶？六矣。故曰君必无讲，则陶必得矣。"奉阳君曰："善。"乃绝和于秦，而收齐、魏以成，取陶。▲杨宽：此称奉阳君因此而"绝和于秦，而收齐、魏以成取陶"，但齐湣王灭宋后，奉阳君未能因此得陶。此亦赵首先发动五国合纵伐齐原因之一。■《赵策四》四"魏冉必妒君之有陶地也"，伏下苏秦将宋之定陶预封给李兑、魏冉。【附考】《韩策一》十一：五国约而攻秦，楚王为从长，不能伤秦，兵罢而留于成皋（七字误衍）。魏顺谓市丘君曰：
"五国罢，必攻市丘，以偿兵费。君资臣，臣请为君止天下之攻市丘。"市
丘君曰："善。"因遣之。魏顺南见楚王曰："王约五国而西伐秦，不能伤秦，
天下且以是轻王而重秦，故王胡不卜交乎？"楚王曰："奈何？"魏顺曰："天
下罢，必攻市丘以偿兵费。王令之勿攻市丘。五国重王，且听王之言而不
攻市丘；不重王，且反王之言而攻市丘。然则王之轻重必明矣。"故楚王卜
交而市丘存。■《韩策一》十一为楚考烈王二十二年（前241）春申君策动
的第四次合纵伐秦，故谓"楚王为从长"，误衍"兵罢而留于成皋"七字。
李兑策动的第三次合纵伐秦，楚未参加，纵长为李兑。

[12]《燕策二》二（上）：苏代（当作苏秦）……谓（燕）昭王曰：韩为
（即韩徐为）谓臣曰："人（周纳）告奉阳君曰：'使齐不信赵者，苏子也；
令齐王召蜀子（向子）使不伐宋，苏子也；与齐王谋，道取秦以谋赵者，
苏子也；令齐守赵之质子以甲者，又苏子也。'请告子以情，齐果以守赵之
质子以甲，吾必守子以甲。"其言恶矣。虽然，王勿患也，臣故知入齐之有
赵累也。出为之以成所欲，臣死而齐大恶于赵，臣犹生也。今齐、赵绝，
可大纷已。特臣非张孟谈也，使臣也如张孟谈也，齐、赵必有为智伯者矣。
▲杨宽：章首有一段"苏代为奉阳君说燕于赵以伐齐，奉阳君不听。乃入
齐恶赵，令齐绝于赵。齐已绝于赵，因之燕"，后又有一大段讲"臣以为不
若逃而去之……故举大事，逃不足以为辱矣"，皆出于后人妄加，与书信
之内容不合。此信内容，具体说明在赵被拘留而"守之以甲"之原因，因
为有人向奉阳君检举，苏秦有一系列行动破坏齐、赵之间关系，致使齐、
赵大恶。因此赵将韩徐为与之言甚恶，奉阳君亦甚怒。苏秦此书着重于表
明对燕昭王之忠诚，以为若能使齐、赵"大纷"而"必相攻"，虽死不足为
患。此当为苏秦被赵拘留之后第一封信。■《燕策二》二（上），是苏秦为
齐使赵、自赵致燕第一信，送信者当为公孙弘（证见注15），李兑因周纳
进谗而囚禁苏秦。苏秦自恃兼相燕、齐，不虑有危，故作大言曰："臣死而
齐大恶于赵，臣犹生也。"《燕策二》二（中）"奉阳君告朱谨与赵足"，为明
年（前286）之事，原为两策，刘向误合为一。《燕策二》二（下）又是另
一策，亦被刘向误合。

[13]《战国纵横家书》三《苏秦自赵使盛庆献书燕王章》(前287上半年，苏秦自赵致燕第二信，在赵被囚，已有生命危险)：臣秦谓：虽未攻齐，事必美者。以齐之任臣，已不攻宋，欲从韩、梁取秦，以谋赵。赵已用薛公、徐为之谋，谋齐，故齐、赵相背也。今齐王使宋窍谓臣曰："奉阳君使周纳告寡人曰：'燕王请毋任苏秦以事！'信□□奉阳君使周纳言之曰：'欲谋齐。'寡人弗信也。"周纳言："燕、赵循善矣，皆不任子以事。"奉阳[君]□□□丹若得也，曰："苟毋任子，讲，请以齐为上交。天下有谋齐者，请攻之。"苏修在齐，使□□□□□□□□子齐、赵矣。今[齐]王使宋窍诏臣曰："吾将与子□有谋也。"臣之所□□□□□□□不攻齐，全于界。所见于薛公、徐为，其攻齐益疾。王必赵之攻齐，若以天下□□□□□□焉。外齐于和，必不合齐、秦以谋燕，则臣请为免于齐而归矣。为赵择□□韩□□□□必赵之不合齐、秦以谋燕也。齐王虽归臣，臣将不归。诸可以恶齐、赵[者]，将□□之。以恶可[也]，以辱可也，以与赵为大仇可也。今王曰："必善赵，利于国。"臣与不知其故。奉阳君之所欲，循[善]齐、秦以定其封，此其上计也。次循善齐以安其国。齐、赵循善，燕之大祸。[将]养赵而美之齐乎？害于燕。恶之齐乎？奉阳君怨臣，臣将何处焉？臣以齐善赵，必容焉，以为不利国故也。赵非可与攻齐也，无所用赵。毋恶于齐，为上。齐、赵不恶，国不可得而安，功不可得而成也。齐、赵之恶从已，愿王之定虑而羽[翼]赞臣也。赵止臣而他人取齐，必害于燕。臣止于赵而待其鱼肉，臣秦不利于身。■苏秦兼相燕、齐，故李兑因周纳进谗而囚禁苏秦之后，即命周纳出使燕、齐，请示燕昭王、齐湣王如何处置苏秦。周纳自赵至燕，再自燕至齐，告诉齐湣王："燕王请毋任苏秦以事！"燕昭王此前已经收到公孙弘所送苏秦第一信（见上注），才按苏秦授意如此说。齐湣王不信苏秦破坏齐、赵之盟。苏秦已经发现有生命危险，于是不再大言，而是派盛庆至燕送第二信，请求燕昭王遣使营救。

[14]《战国纵横家书》二《苏秦自赵使韩山献书燕王章》：臣使庆报之后，徐为之与臣言甚恶。死亦大物已，不快于心而死，臣甚难之，故臣使辛谒（大）[去]之。……■《战国纵横家书》无辛谒返燕求救之信，仅在《苏秦自赵使韩山献书燕王章》提及，苏秦命盛庆返燕报信之后，又命辛谒返

燕求救，可能辛谒返燕并未带信，仅是口述苏秦之意，一是请求脱困于赵，二为请求自赵返燕，不再返齐，因为苏秦担心齐湣王已信周纳谗言，派遣宋窍至赵告其不信，或是诱其返齐杀之。燕昭王答应营救，但不允苏秦自赵返燕，要求苏秦离赵以后仍然冒险返齐继续反间。

[15]《战国纵横家书》二《苏秦自赵使韩山献书燕王章》(续上)：……王使庆谓臣："不利于国，且我忧之。"臣为此无敢去之。王之赐使使孙(孙去疾)与弘(公孙弘)来，甚善已。言臣之后，奉阳君、徐为之视臣益善，有遣臣之语矣。……■此时送第一信的盛庆已经自燕返赵。燕昭王认为苏秦离齐返燕，不利于伐齐报仇，易致苏秦反间前功尽弃。所以苏秦表示"无敢去之"，不再请求离齐，继续在齐反间。●《战国纵横家书》四(前287下半年，苏秦自赵致燕)：……臣止于赵，王谓韩徐为："止某不道，犹免寡人之冠也。"以拯臣之死。■燕昭王不能自谓韩徐为，而是《战国纵横家书》二所言，派遣孙去疾、公孙弘至赵营救。

[16]《战国纵横家书》二《苏秦自赵使韩山献书燕王章》(续上)：……今齐王使李终之赵，怒于赵之止臣也，且告奉阳君："相桥于宋，与宋通关。"奉阳君甚怒于齐，使赵足问之臣，臣对以弗知也。臣之所患，齐、赵之恶日益，奉阳君尽以为臣罪，恐久而后不可□救也。齐王之言臣，反不如已。愿王之使人反复言臣，必毋使臣久于赵也。■齐湣王先派宋窍至赵安抚苏秦勿忧，再派李终使赵怒斥李兑囚禁齐相苏秦。

[17]《吕览·行论》：齐攻宋，燕王使张魁将燕兵以从焉(前288)，齐王杀之(前287)。■燕将张魁去年率领两万燕军助齐伐宋，今年在齐为赵伐齐内应而被诛。张魁若非助赵伐齐，齐湣王不可能杀之。

[18]《战国纵横家书》三《苏秦使盛庆献书燕王章》：薛公、徐为，其攻齐益疾。●《战国纵横家书》四《苏秦自齐献书燕王章》：……薛公、韩徐为与王约攻齐。奉阳君鬻臣，归罪于燕，以定其封于齐。齐杀张廑(即张魁)，臣请属事，辞为臣于齐。王使庆谓臣："不之齐，危国。"臣以死之国，治齐、燕之交。●《赵世家》：赵惠文王十二年(前287)，赵梁将，攻齐。▲杨宽：是时齐、魏正分别攻宋，争夺宋地。魏相孟尝君、赵将韩徐为正约燕昭王共伐齐。赵于此年首先开始攻齐，当在五国攻秦无功而罢

于成皋之后，成为此后五国合纵伐齐之先声。■杨宽把《赵世家》误读为"赵惠文王十二年，赵、梁（杨误释为魏）将攻齐"。《赵世家》"赵惠文王九年，赵梁将，与齐合军攻韩，至鲁关下"，可证"赵梁"实为赵将，而非"赵、梁（魏）"二国。赵梁伐齐亦非"五国攻秦无功而罢于成皋之后"，而是五国攻秦留于成皋未返之前。《战国纵横家书》三"薛公、徐为，其攻齐益疾"，即《赵世家》"赵梁将，攻齐"。魏相孟尝君不欲合纵伐秦，而欲合纵伐齐，故留伐秦联军于观泽、荥阳、成皋近一年，背着赵相李兑，与赵臣韩徐为、燕昭王密谋伐齐，于是赵将赵梁伐齐，燕昭王又命去年助齐伐宋的燕将张魁在齐内应。齐湣王遂杀燕将张魁，大怒燕昭王（后来苏秦冒死返齐，代燕昭王谢齐杀张魁，齐湣王才不疑燕昭王）。李兑大怒魏相孟尝君、赵臣韩徐为，因为齐、赵交恶必将导致齐不伐宋，进而导致李兑得不到齐国预封的宋之定陶。

[19]《战国纵横家书》四《苏秦自齐献书燕王章》：……奉阳君鬻臣，归罪于燕，以定其封于齐。公玉丹之赵致蒙，奉阳君受之。王忧之，故强臣之齐。■齐湣王为使李兑尽快释放苏秦，又命公玉丹使赵，在预封定陶之外，又预封宋之蒙邑（即庄子故乡）。"奉阳君受之"，立刻释放苏秦。燕昭王误信孟尝君、韩徐为，而命张魁助赵伐齐失败，急于挽回，故命苏秦被释之后冒死返齐，修复燕、齐之交。

[20]《燕策一》二：奉阳君李兑甚不取于苏秦，苏秦在燕。李兑因（七字衍文）为苏秦谓奉阳君曰："齐、燕离则赵重，齐、燕合则赵轻。今君[合燕]之齐，非赵之利也。臣窃为君不取也。"奉阳君曰："何吾合燕于齐？"对曰："夫制于燕者苏子也，而燕弱国也，东不如齐，西不如赵，岂能东无齐、西无赵哉？而君甚不善苏秦，苏秦能抱弱燕而孤于天下哉？是驱燕而使合于齐也。且燕亡国之余也，其以权立，以重外，以事贵。故为君计，善苏秦则取，不善亦取之，以疑燕、齐。燕、齐疑，则赵重矣。齐王疑苏秦，则君多资。"奉阳君曰："善。"乃使使与苏秦结交。■"苏秦在燕。李兑因"七字衍文，其时苏秦为齐使赵而囚禁于赵，并非在燕。"李兑因为苏秦谓奉阳君曰"不通，奉阳君即李兑，策文首五字即为"奉阳君李兑"。"为苏秦谓奉阳君"者，当为苏秦门客公孙弘。末句谓李兑"与苏秦结交"，实

为经公孙弘劝说（加上齐湣王派公玉丹使赵，以宋之蒙邑增封李兑），李兑释放苏秦。

[21]《战国纵横家书》一《苏秦自赵献书燕王章》（苏秦自赵致燕第四信，被囚以后第三信，软禁以后第二信，解除软禁后第一信，当属在赵最后一信）：始臣甚恶事，……故冒赵而欲说丹与得。……今奉阳[君]之使与□□□□□□□□封秦也，任秦也，比燕于赵。■参看《战国纵横家书》四"王以求卿与封，不中意，王为臣有之两"。此即"有之两"后，李兑"比燕于赵"，拜苏秦为相，封苏秦为武安君。至此苏秦兼相燕、齐、赵，身佩三国相印，苏秦讹史夸饰为"身佩六国相印"。

[22]《战国纵横家书》十一《苏秦自赵献书齐王章》之一：……燕王亦有苦：天下恶燕而王信之。以燕之事齐也为尽矣：先为王绝秦，质子，宦二万甲自食以攻宋，二万甲自食以攻秦，韩、梁岂能得此于燕哉？尽以为齐，王犹听恶燕者，【以下49字，为十二章错简于此】燕王甚苦之。愿王之为臣甚安燕王之心也。燕、齐循善，为王何患无天下？●《战国纵横家书》十《苏秦谓齐王章》之三：[苏秦]谓齐王：燕王难于王之不信己也，则有之；若虑大恶焉，则无之（二句解释张魁之事）。燕大恶，臣必以死争之；不能，必令王先知之。必毋听天下之恶燕交者！以臣所□□□鲁甚焉。□臣大□□息士民，毋庸发怒于宋、鲁也。为王不能，则完天下之交，复与梁王遇。复攻宋之事，士民苟可复用，臣必王之无外患也。若燕，臣必以死必之。臣以燕重事齐，天下必无敢东视谋齐。况臣能以天下攻秦，疾与秦相萃而不解，王欲复攻宋而复之，不而舍之，王为制矣。●《战国纵横家书》八《苏秦谓齐王章》之一：[苏秦]谓齐王曰：薛公相齐也，伐楚九（当作五）岁，攻秦三年。欲以残宋，取淮北；宋不残，淮北不得。以齐封奉阳君，使梁、韩皆效地，欲以取赵，赵氏不得；身率梁王与成阳君北面而朝奉阳君于邯郸，而赵氏不得。王弃薛公，身断事。立帝，帝立。伐秦，秦伐。谋取赵，得。攻宋，宋残。是则王之明也。虽然，愿王之察之也，是无它故，臣之以燕事王，循也。鼌（即珉）谓臣曰："伤齐者，必赵也。秦虽强，终不敢出塞溯河，绝中国而攻齐。楚、越远，宋、鲁弱，燕人承，韩、梁有秦患，伤齐者必赵。赵氏终不可得已，为之若何？"臣谓

矗（即珉）曰："请劫之。子以齐大重秦，秦将以燕事齐。齐、燕为一，韩、梁必从。赵悍则伐之，愿则执而攻宋。"矗（即珉）以为善。臣以车百五十乘入齐，矗（即珉）逆于高间，身御臣以入。事曲当臣之言，是则王之教也，然臣亦见其必可也，犹矗（即珉）不知变事以攻宋也。不然，矗（即珉）之所与臣前约者善矣。今三晋之敢据薛公与不敢据，臣未之识。虽使据之，臣保燕而事王，三晋必不敢变。齐、燕为一，三晋有变，事乃时为也。是故当今之时，臣之为王守燕，百它日之节。虽然，成臣之事者，在王之循甘燕也。王虽疑燕，亦甘之；不疑，亦甘之。王明示天下以有燕，而臣不能使王得志于三晋，臣亦不足事也。■此为苏秦自赵返齐之首言，与前重复者皆略。■苏秦自赵返齐以后，为燕昭王反复辩解，终于说服齐湣王相信燕昭王，抵达战国策士之巅峰。

[23]《战国纵横家书》四《苏秦自齐献书燕王章》（苏秦回顾反间史以自辩从未叛燕）：[苏秦]自齐献书于燕王曰：燕、齐之恶也久矣。臣处于燕、齐之交，固知必将不信。臣之计曰：齐必为燕大患。臣循用于齐，大者可以使齐毋谋燕，次可以恶齐、赵之交，以便王之大事，是王之所与臣期也。臣受教任齐交五年（前301—前296），齐兵数出，未尝谋燕。齐、赵之交，壹美壹恶，壹合壹离。燕非与齐谋赵，则与赵谋齐。齐之信燕也，虚北地，[行]其甲。王信田代（《书》一作田伐）、缲去[疾]（《书》一作孙疾，缲为孙讹）之言攻齐，使齐大戒而不信燕，臣秦拜辞事，王怒而不敢强。赵疑燕而不攻齐，王使襄安君东，以便事也。臣岂敢强王哉？齐、赵遇于阿，王忧之。臣与于遇，约攻秦去帝。虽费，毋齐、赵之患，除群臣之（聰）[耻]。齐杀张庳（即张魁），臣请属事，辞为臣于齐。王使庆谓臣："不之齐，危国。"臣以死之国，治齐、燕之交。后薛公、韩徐为与王约攻齐，奉阳君鬻臣，归罪于燕，以定其封于齐。公玉丹之赵致蒙，奉阳君受之。王忧之，故强臣之齐。臣之齐，恶齐、赵之交，使毋予蒙而通宋使。故王能裁之，臣以死任事。之后，秦受兵矣（前287），齐、赵皆尝谋。齐、赵未尝谋燕，而俱争王于天下。臣虽无大功，自以为免于罪矣。今齐有过辞，王不谕齐王多不忠也，而以为臣罪，臣甚惧。庳（即张魁）之死也，王辱之。襄安君之不归哭也，王苦之。齐改葬其后而召臣，臣欲毋往，

使齐弃臣。王曰："齐王之多不忠也，杀妻逐子，不以其罪，何可怨也？"故强臣之齐。二者大物也，而王以赦臣，臣受赐矣。臣之行也，固知必将有口，故献御书而行，曰："臣贵于齐，燕大夫将不信臣。臣贱，将轻臣。臣用，将多望于臣。齐有不善，将归罪于臣。天下不攻齐，将曰善与齐谋。天下攻齐，将与齐兼弃臣。臣之所处者重卵也。"王谓臣曰："余必不听众口与造言，余信若犹龁也。大，可以得用于齐；次，可以得信；下，苟毋死，若无不为也。以孳自信，可；与言去燕之齐，可；甚者与谋燕，可。期于成事而已！"臣恃之诏，是故无不以口齐王而得用焉。今王以众口与造言罪臣，臣甚惧。王之于臣也，贱而贵之，辱而显之，臣未有以报。王以求卿与封，不中意，王为臣有之两。臣举天下使臣之封，不惭。臣止于赵，王谓韩徐为："止某不道，犹免寡人之冠也。"以拯臣之死。臣之德王，深于骨髓。臣甘死辱，可以报王，愿为之。今王使庆令臣曰："余欲用所善。"王苟有所善，而欲用之，臣请为王事之。王若欲劓舍臣，而槫任所善，臣请归释事。苟得时见，盈愿矣。●《燕策二》五：苏代（当作苏秦）自齐献书于燕王曰：臣之行也，固知将有口事，故献御书而行，曰："臣贵于齐，燕大夫将不信臣；臣贱，将轻臣；臣用，将多望于臣；齐有不善，将归罪于臣；天下不攻齐，将曰善为齐谋；天下攻齐，将与齐兼贸臣。臣之所处，重卵也。"王谓臣曰："吾必不听众口与谗言，吾信汝也，犹刬刈者也。上可以得用于齐，次可以得信，于下苟无死，女无不为也，以女自信可也。与之言曰：去燕之齐可也，期于成事而已。"臣受令以任齐，及五年（前301—前296），齐数出兵，未尝谋燕。齐、赵之交，一合一离，燕王不与齐谋赵，则与赵谋齐。齐之信燕也，至于虚北地，行其兵。今王信田伐与参去疾之言，且攻齐，使齐犬马骏而不言燕。今王又使庆令臣曰："吾欲用所善。"王苟欲用之，则臣请为王事之。王欲释臣，专任所善，则臣请归释事。臣苟得见，则盈愿。▲杨宽："犬马骏"，当是"大戒"之误。《燕策二》五，与《战国纵横家书》四，当为一事之两传。文句颇多雷同，惟帛书较详，策文较略。■此为苏秦自赵返齐之后，燕臣田代、孙去疾等人因张魁事件之后齐湣王仍然不可思议地坚信苏秦，认定苏秦已经叛燕忠齐，燕昭王因而疑之，派遣韩山召其回燕。苏秦事情正忙，故自赵致信燕昭王，回顾反间史，终获燕昭王重新信任。其中叙事并不全按先后，因为燕昭王均知先后。苏秦自赵返齐之后，诸事正忙，无暇返燕自辩，先让韩山带回此信，稍后离齐往魏说服孟尝君不再阻挠联军伐秦，往魏之前返燕亲见燕昭王，然后自燕过赵至魏（详下）。此信末句"苟得时见，盈愿矣"，即谓经过张魁事件幸得齐湣王不杀而面见燕昭王述职反间详情，于愿已足。

[24]《战国纵横家书》十一《苏秦自赵献书齐王章》之一（写于自燕过赵往魏途中）：[苏秦]自赵献书于齐王曰：臣既从燕之梁矣。臣至赵，所闻于韩、梁之攻秦，无变志矣。以雨，未得速至。臣之所得于奉阳君者，韩、梁合，赵氏将悉上党以攻秦。奉阳君谓臣："楚无秦事，不敢与齐遇。齐、楚果遇，是王收秦已。"其不欲甚。欲王之赦梁王而复见之。赵氏之虑，以为齐、秦复合，必为两帝以攻赵，若出一口。若楚遇不必，虽必不为功，愿王之以毋遇，喜奉阳君也。……臣以足下之所与臣约者告燕王："臣已好处于齐，齐王终臣之身不谋燕。臣得用于燕，终臣之身不谋齐。"燕王甚悦，其于齐循善。事卬曲，尽从王。王坚三晋，亦从王。王取秦、楚，亦从王。■苏秦离齐以后，先返燕，再过赵，后使魏。信中先汇报过赵见李兑之事，后汇报至燕见燕昭王之事。苏秦转述李兑之言，基本属实，又不完全属实，借用李兑之言，不欲韩珉返齐复相，固为李兑之意，亦为苏秦之欲。苏秦转述燕昭王之言，完全是欺骗齐湣王。

[25]《魏策一》十三：苏秦拘于魏，欲走而之韩，魏氏闭关而不通。齐使苏厉为之谓魏王曰："齐请以宋地封泾阳君，而秦不必也。夫秦非不利有齐而得宋地也，然其所以不受者，不信齐王与苏秦也。今秦见齐、魏之不合也如此其甚也，则齐必不欺秦，而秦信齐矣。齐、秦合而泾阳君有宋地，则非魏之利也。故王不如复东苏秦，秦必疑齐而不听。夫齐、秦不合，天下无忧，伐齐成，则地广矣。"■苏秦往魏说服魏相孟尝君不要阻挠联军伐秦，因孟尝君不欲伐秦仅欲伐齐而被囚禁。齐湣王遂命苏厉使魏营救【附考】《燕策一》十一：苏代（当作苏秦）过魏，魏为燕执代（此乃牵扯于苏代乱燕）。齐使人（苏厉）谓魏王曰："齐请以宋封泾阳君，秦不受。秦非不利有齐而得宋地也，不信齐王与苏子也。今齐、魏不和，如此其甚，则齐不欺秦。秦信齐，齐、秦合，泾阳君有宋地，非魏之利也。故王不如

东苏子，秦必疑而不信苏子矣。齐、秦不和，天下无变，伐齐之形成矣。"于是出苏代（当作苏秦）之宋（当作之齐），宋（当作齐）善待之。●《苏秦列传》：苏代（当作苏秦）过魏，魏为燕执代。齐使人（苏厉）谓魏王曰："齐请以宋地封泾阳君，秦必不受。秦非不利有齐而得宋地也，不信齐王与苏子也。今齐、魏不和，如此其甚，则齐不欺秦。秦信齐，齐、秦合，泾阳君有宋地，非魏之利也。故王不如东苏子，秦必疑齐而不信苏子矣。齐、秦不合，天下无变，伐齐之形成矣。"于是出苏代。代之宋，宋善待之。■《燕策一》十一、《苏秦列传》此段，实与《魏策一》十三相同，因司马迁、刘向采信苏秦诳史而妄改苏秦为苏代，又牵到苏代乱燕而改动其他。末句言魏释放苏代，"苏代之宋，宋善待之"，尤为无稽。苏秦获释之后留魏敦促联军伐秦，并未往宋。又让苏厉返齐，敦促齐湣王开始第二次伐宋。

[26]《战国纵横家书》七《苏秦自梁献书燕王章》之二：[苏秦]自梁献书于燕王曰：薛公未得所欲于晋国，欲齐之先变以谋晋国也。臣故令遂恐齐王曰："天下不能攻秦，□道齐人取秦。"[齐]王甚惧，而欲先天下虑，从楚取秦，虑反干韩聂（韩珉），又虑从赵取秦。今梁、赵、韩、[秦]□□□□□薛公、徐为有辞，言劝晋国变矣。齐先鬻赵以取秦，后卖秦以取赵而攻宋，今又鬻天下以取秦，如是而薛公、徐为不能以天下为其所欲，则天下固不能谋齐矣。愿王之使赵弘（在赵之公孙弘）急守徐为，令田贤急守薛公，非是毋有使于薛公、徐之所，它人将非之以败臣。毋与奉阳君言事，非于齐，一言毋舍也，事必[败矣]。南方强，燕毋首。又慎毋非令群臣众议攻齐。齐王以燕为必，待其敝而攻齐，未可懈也。言者以臣秦贱，而遽于王矣。■此为苏秦在魏致燕昭王第一信。整理者误编为之二。之一当在之二以后，详下。所谓"薛公未得所欲于晋国"，即谓孟尝君未能迫使魏昭王放弃伐秦，转而支持其伐齐。"齐先鬻赵以取秦"指去年（前288）秦、齐欲称二帝，"后卖秦以取赵而攻宋"指去年（前288）齐放弃称帝而约赵伐秦去帝。"如是而薛公、徐为不能以天下为其所欲，则天下固不能谋齐矣"，乃谓苏秦已促使齐湣王得罪天下所有诸侯，孟尝君、韩徐为必能策动天下共同伐齐。"南方强，燕毋首"以下，乃诚燕昭王静待苏秦策动诸侯合纵伐齐，不可擅自伐齐。

[27]《楚策一》一：齐、楚构难，宋请中立。齐急宋，宋许之。子象（《韩非子》作"干象"）为楚谓宋王曰："楚以缓失宋，将法齐之急也。齐以急得宋，后将常急矣。是从齐而攻楚，未必利也。齐战胜楚，势必危宋；不胜，是以弱宋干强楚也。而令两万乘之国，常以急求所欲，国必危矣。"▲郭人民：此当为齐湣王十四年（287），齐第二次伐宋时事。齐与宋讲和，齐决定八月撤兵，楚与齐争地。■郭说是。杨宽误系此事于前301年垂沙之战。此为齐伐宋第二年，楚军与齐军争夺淮北之地。献策者子象不知何人，或即自齐归宋之兒说或其弟子。

[28]《战国纵横家书》十四《苏秦谓齐王章》之四（苏秦在魏）：[苏秦]谓齐王曰：臣恐楚王之勤竖之死也（勤，忧劳。竖，人名，即公晦竖）。王不可以不故懈之。臣使苏厉告楚王曰："竖之死也，非齐之令也，泚子之私也。杀人之母而不为其子礼，竖之罪固当死。宋以淮北与齐讲，王攻之，击赵信，齐不以为怨，反以王诛赵信，以其无礼于王之边吏也。王必毋以竖之私怨，败齐之德。"前事愿王之尽加之于竖也，毋与它人矣，以安抚薛公之心。王□尝与臣言，甘薛公以就事，臣甚善之。今爽也、强得也，皆言王之不信薛公，薛公甚惧，此不便于事。非薛公之信，莫能合三晋以攻秦，愿王之甘之□也。臣负齐、燕以伺薛公，薛公必不敢反王。薛公有变，臣必绝之。臣请终事而与，王勿计，愿王之固为终事也。攻秦之事成，三晋之交完于齐，齐事纵横尽利。讲而归亦利，围而勿舍亦利，归息士民而复之，使如中山亦利。攻秦之事败，三晋之约散而争秦，事卬曲尽害。是故臣以王令甘薛公，骄敬三晋，劝之为一，以疾攻秦，必破之。不然则摈之，不则与齐共讲，欲而复。三晋以王为爱己、忠己。今攻秦之兵方始合，王又欲得兵以攻平陵，是害攻秦也。天下之兵皆去秦而与齐争宋地，此其为祸不难矣。愿王之毋以此畏三晋也，独以甘楚。楚虽毋伐宋，宋必听。王已和三晋伐秦，秦必不敢言救宋。秦弱宋服，则王事速决矣。夏后坚欲为先薛公得平陵，愿王之勿听也。臣欲王以平陵予薛公，然而不欲王之无事与之也。欲王之县陶、平陵令于薛公、奉阳君之上以勉之，终事然后予之，则王多资矣。御事者必曰："三晋相坚也而伤秦，必以其余骄王。"愿王之勿听也。三晋伐秦，秦未至晋而王已尽宋息民矣。臣保燕而循事王，

三晋必无变。三晋若愿乎，王遂役之。三晋若不愿乎，王收秦而剂其后，三晋岂敢为王骄？若三晋相坚也以攻秦，案以负王而取秦，则臣必先知之。王收燕循楚，而啖秦以晋国，三晋必破。是故臣在事中，三晋必不敢反。臣之所以备患者百余。王苟为臣安燕王之心，而毋听伤事者之言，请毋至三月而王不见王天下之业，臣请死。臣之出死以要事也，非独以为王也，亦自为也。王以不谋燕为臣赐，臣有以德燕王矣。王举霸王之业，而以臣为三公，臣有以矜于世矣。是故物事苟成，臣虽死不丑。■去年（前288）齐将冷向伐宋，宋割淮北求和，齐湣王命冷向停伐，转命赵信接收淮北。今年（前287）楚军争夺淮北，齐将赵信杀死楚将公畴竖。苏秦在魏，建议齐湣王诛杀赵信以息楚怒，齐湣王听之，苏秦遂派苏厉使楚向楚顷襄王谢罪。

[29]《战国纵横家书》六《苏秦自梁献书燕王章》之一（前287下半年）：[苏秦]自梁献书于燕王曰：齐使宋窍、侯濡[催]谓臣曰："寡人与子谋攻宋，寡人恃燕、赵也。今燕王与群臣谋破齐于宋而攻齐，甚急兵，率又子循而不知。寡人得地于宋，亦以八月归兵，不得地，亦以八月归兵。"今又告薛公之使者田林，薛公以告臣，而不欲其从己闻也。愿王之阴知之而毋有告也。王告人，天下之欲伤燕者与群臣之欲害臣者，将成之。臣请疾之齐，观之而以报。王毋忧，齐虽欲攻燕，未能，未敢。燕南方之交完，臣将令陈臣、许鄢以韩、梁间之齐。足下虽怒于齐，请养之以便事。不然，臣之苦齐王也，不乐生矣。■燕昭王和田代、孙去疾仍然密谋伐齐，但又事机不密被齐获知，于是齐湣王决定八月从宋撤兵。苏秦再次劝告燕昭王切勿操之过急："足下虽怒于齐，请养之以便事。不然，臣之苦齐王也，不乐生矣。"

[30]今年（前287）李兑等待齐先伐宋得陶然后攻秦，苏秦等待李兑先攻秦然后伐宋，双方互相等待而空耗一年，最终伐秦联军在观泽、荥阳、成皋迁延至年底，无功而返。

[31]《秦本纪》秦昭王二十年《集解》引徐广曰：秦地有父马生驹。●《汉书·五行志》引《史记》佚文（《洪范五行传》同）：秦昭王二十年（前287），牡马生子而死。■参看《六国表》秦孝公二十一年（341）：马生人。

[32]《秦本纪》：秦昭王二十年（前287），王之汉中，又之上郡、北河。●《魏世家》：魏昭王九年（前287），秦拔我新垣、曲阳之城。●秦简《编年记》：秦昭王二十年（前287），攻安邑。▲杨宽：是年（前287）秦攻魏，当在五国攻秦无功而罢于成皋之后。当齐约赵发动五国合纵攻秦之初，秦为缓解五国攻势，废除帝号，并将温、轵、高平归还于魏（前288）。及五国罢于成皋（前287），秦又继续分兵两路攻魏，一路攻河内，拔新垣、曲阳。曲阳在今河南济源市西，新垣即在曲阳附近。另一路攻河东之安邑，次年（前286）魏被迫献纳安邑及河内之地。■秦今年（前287）攻安邑，明年（前286）拔安邑，且与齐交易。秦卖宋，齐卖魏。三年前（前290）芒卯使秦献河东魏地四百里，秦曾许诺不伐魏之旧都安邑，如今魏既加入伐秦，秦遂怒拔新垣、曲阳，又伐安邑。

[33]《赵策四》三：齐将攻宋，而秦、楚禁之。齐因欲与赵，赵不听。齐乃令公孙衍（当作公孙弘）说李兑以攻宋而定封焉。……宋置太子以为王……。■公孙衍此时已死。公孙弘此时为齐相苏秦之门客。宋康王面临亡国，假装禅位太子；正如金兵南伐，北宋将亡，宋徽宗禅位宋钦宗。

[34]文见《庄子·让王》，又见《孟子》等。

齐湣灭宋康王死魏，复归鸿蒙庄子化蝶

前286年，岁在乙亥。庄周八十四岁。宋康王五十二年（灭）。

周赧王二十九年。秦昭王二十一年。楚顷襄王十三年。魏昭王十年。韩釐王十年。赵惠文王十三年。齐湣王十五年（灭宋）。燕昭王二十六年。鲁湣公十七年。卫嗣君二十九年。

齐湣王得知李兑放弃伐秦，与秦和解，勃然大怒："奉阳君与寡人约定，由他主持合纵伐秦，寡人负责伐灭宋国。寡人遵守约定，连续伐宋两年。奉阳君却策动一年，折腾一年，未曾与秦交兵，即命联军东归，真是无信无义的小人！"

苏秦说："奉阳君前年策动合纵伐秦，去年发动合纵伐秦，虽未与秦交兵，至少牵制秦国无暇救宋。如今奉阳君既然放弃伐秦，大王也应与秦和解，再让韩珉返齐复相，才能继续伐宋，又使秦昭王仍不救宋。"

齐湣王听从其言，与秦和解，让韩珉返齐复相，准备继续伐宋。[1]

秦昭王大惑不解："齐湣王已与寡人和解，明知宋国与秦结盟，为何仍然伐宋？韩珉返齐复相，明知寡人最爱宋国，为何不阻止齐湣王伐宋？"

魏冉说："看来齐湣王虽让韩珉复相，仍不信任韩珉，依然听信苏秦。"[2]

秦昭王大怒，派遣公子嬴他使赵，拜见李兑："齐湣王与赵结盟，与秦和解，竟然无视秦、赵与宋结盟，继续伐宋。寡人愿派四万秦军至赵，协助君侯救宋击齐。"

孟尝君、韩徐为趁机劝说李兑联秦伐齐。

李兑仍对得到定陶抱有幻想，命令韩徐为率领赵军，驻守与齐相邻的井陉关（今河北井陉西），静观齐湣王反应。

齐湣王急召苏秦："寡人已与秦国和解，又让韩珉返齐复相。秦昭王仍约奉阳君伐齐救宋，先生有何良策？"

苏秦说："大王不必担心！奉阳君若想得到定陶，必定不会听命于秦。大王可派匡章带领庶子田顺，为质于赵，稳住奉阳君。另派宋郭使秦，劝说秦昭王放弃救宋击齐，继续伐魏驱逐孟尝君！"

齐湣王尽从其策。

匡章带领公子田顺，为质于赵，拜见李兑："君侯虽然放弃伐秦，只要不联秦救宋，齐湣王仍将信守承诺，把定陶、蒙邑封给君侯。"

李兑将信将疑，听从门客朱讙、赵足劝告，命令韩徐为继续驻兵井陉关，暂不伐齐。[3]

苏秦派遣宋郭使秦，行前面授机宜："你前年使秦，把宋地预封给泾阳君，要求秦昭王允许齐国伐宋，结果使秦失败。乃是我的失策，因为泾阳君不能影响秦昭王决策。你这次使秦，先去拜见魏冉，把定陶预封给魏冉。魏冉必能影响秦昭王决策，助你使秦成功。"

宋郭惊问："相公已把定陶预封给李兑，如今再把定陶预封给魏冉，将来如何收场？"

苏秦大笑："我对宋国毫无仇恨，劝说齐湣王伐宋，一是为了让齐师疲弊，二是为了让齐国得罪天下。定陶预封给赵、秦二相，齐湣王必将无法收场，至少激怒其中一人。赵、秦二强，如今无敌天下。只要二人之一策动天下诸侯伐齐，我就可以助燕破齐。"

宋郭又问:"那么去年赵信伐宋,相公为何又劝齐湣王予以诛杀?"

苏秦说:"前年我劝齐湣王暂停伐宋,乃因李兑尚未开始伐秦。不料齐湣王另派赵信接收淮北,去年又命赵信继续伐宋,打乱了我的计划。赵信不是我的人,如果灭宋之功归于赵信,我就不能实施后面的计划。为何灭宋之功必须归于冷向,你不必细问,事至即明。"

宋郭不敢再问,领命而去。

宋郭至秦,先去拜见魏冉,呈上苏秦密信:"天下传言,秦国即将出兵四万,助赵伐齐。齐湣王十分忧虑,我劝告齐湣王:'秦昭王如此英明,穰侯如此睿智,必定不会助赵伐齐,理由有五。其一,三晋多次叛秦欺秦,赵武灵王叛秦欺秦更是秦国大恨。破齐肥赵,非秦所愿。其二,没有齐国从东面牵制,秦国难以击破三晋和楚国。其三,秦国如果出兵太少,赵国必定不敢伐齐。秦国如果出兵太多,三晋和楚国必将趁机袭秦。其四,秦军助赵伐齐,必将促使齐、赵恢复旧盟,重新策动合纵伐秦。秦国联赵伐齐不成,反被齐、赵共伐。其五,秦昭王和穰侯不可能如此愚蠢,让赵国先借秦军破齐,再借齐军破秦。'齐湣王于是不信传言。"

魏冉读毕苏秦密信,心悦诚服。

宋郭又说:"宋康王大大得罪齐国,齐湣王痛恨之极,必欲灭之。君侯为秦国屡立大功,封地仅有小小的穰邑,远远不及寸功未立的泾阳君、高陵君,齐湣王不平之极。只要君侯劝说秦昭王放弃助赵伐齐,转而支持齐国灭宋,齐湣王愿把宋国定陶封给君侯。"

魏冉怦然心动,欣然答应。[4]

宋郭随后晋见秦昭王:"韩珉返齐复相,明知大王爱宋,为何不阻止齐湣王伐宋?因为齐国原本强大,再灭宋国,楚、魏必将恐惧,从而西向事秦。大王不折一兵,不损一卒,就能让魏昭王割让安邑。这就是韩珉对大王的报答!"

秦昭王问:"寡人不懂齐湣王的心思,时而合纵伐秦,时而连横亲秦,是何缘故?"

宋郭说："齐湣王的心思，一点也不难懂。齐国伐宋，宋康王必将更加亲秦。中原诸侯都想离间秦、齐之交，不愿秦、齐结盟，所以既劝说大王敌齐，又劝说齐湣王敌秦。齐湣王认为，秦、齐不能听凭中原诸侯摆布，应该恢复旧盟。敬请大王明断！"

秦昭王犹豫不决，询问魏冉："相国意下如何？"

魏冉说："大王欲伐安邑，不愿齐军救魏。齐湣王欲伐宋国，不愿秦军救宋。不如大王允许齐湣王伐宋，齐湣王允许大王伐魏安邑。"[5]

秦昭王改变主意，告诉宋郭："宋康王与秦结盟，竟派田不礼率领宋军加入孟尝君发动的合纵伐秦。又把寡人做成木人，伸开双臂，放在厕所门口，作为箭靶。寡人久有伐宋之心，苦于地隔兵远，欲伐不能。齐湣王伐宋，一如寡人自伐。楚、魏若与齐国争夺宋地，寡人必将制止，确保齐国独得宋地。宋康王如此无道，欺侮不算逆天，伐灭无人报仇。齐湣王不要再次允许宋康王割地求和，务必一举灭宋。"[6]

宋郭返齐复命。

齐湣王大喜，听从苏秦，又命冷向担任伐宋主将，开始第三次伐宋。[7]

秦昭王命令司马错伐魏，围攻安邑。

魏昭王不敢抗秦，割让安邑求和。

秦昭王驱逐安邑魏民。填入秦民，加赐一爵。填入罪人，赦免其罪。[8]

司马错又移师伐韩，攻取了夏山（今地不详）。[9]

冷向率领齐国大军伐宋，势如破竹。

楚顷襄王、魏昭王得知秦、赵不再击齐救宋，出兵与齐争夺宋地。

宋国三面临敌，全无救兵，军民丧失斗志。

数月之间，冷向灭宋，占领大部分宋地。

楚军、魏军夺得部分边邑。[10]

齐军攻破商丘，宋康王化装出逃。逃到魏国温邑（今河南温县），国灭身死。

宋康王戴偃，三十二岁逐兄篡位，在位五十二年（前337—前286）。

第十年称王，前十年（前337—前328）为君，后四十二年（前327—前286）为王，终年八十四岁（前369—前286）。[11]

齐湣王恼怒李兑，听从苏秦，把定陶封给魏冉。

设宴庆功，重赏灭宋功臣苏秦、冷向、苏厉、宋郭。

苏秦把所得赏赐，分赏门客公孙弘、盛庆、辛谒、韩山。[12]

李兑得知定陶封给魏冉，愤怒至极，告诉门客朱讙、赵足："齐湣王让公玉丹向我承诺'必不召回韩珉'，如今召回了；又向我承诺'必不重用苏秦'，如今封君拜相了；又向我承诺'必不与燕结盟'，如今与燕结为上交。齐湣王之子田顺，为质于赵，我以为其言可信。如今田顺竟也抵赖先前之言，比其父王更加过分。田顺曾经声称痛恨苏秦，视如厉鬼，如今却称颂苏秦为天下大贤。罢了罢了，我再也不相信齐湣王了！"[13]

命令驻兵井陉关的韩徐为，立刻伐齐。[14]

苏秦派人返燕，通报燕昭王："奉阳君未得定陶，大怒伐齐。齐湣王认为奉阳君是小人，齐、赵之交已经大恶！只要齐、赵能够相攻，我愿勉力求死！有生之物，无不有死。如果我之一命，能助大王破齐，我将死而无憾！"[15]

庄子八十四岁，天年将终，静卧在床。听见门外人喊马嘶，狗吠鸡跳。

蔺且说："齐军攻破商丘，蒙邑县令已经开城投降！"

庄子感叹："我父亲离楚至宋，一直都想返楚，最终未能如愿。我送父母归葬楚国，然后重新返宋，没想到临死之前成了齐民。"

蔺且说："听说前年齐湣王为了让李兑同意伐宋，曾把定陶预封给李兑。去年齐湣王为了让李兑发动伐秦，又把蒙邑增封给李兑。假如齐湣王兑现承诺，难道夫子又成赵民？"

庄子笑了："听说今年齐湣王为了让秦昭王同意伐宋，又把定陶预封给魏冉。假如齐湣王也把蒙邑增封给魏冉，我岂非又成秦民？无论宋国亡于何国，蒙邑封给何人，我都是不臣天子、不友诸侯的天民。"[16]

庄子将死，吟诵《小雅·黄鸟》：

> 黄鸟黄鸟，无集于榖，无啄我粟。
>
> 此邦之人，不我肯谷。言旋言归，复我邦族。
>
> 黄鸟黄鸟，无集于桑，无啄我粱。
>
> 此邦之人，不可与明。言旋言归，复我诸兄。
>
> 黄鸟黄鸟，无集于栩，无啄我黍。
>
> 此邦之人，不可与处。言旋言归，复我诸父。

蔺且忍不住哭泣。

庄子说："你忘了安时处顺吗？我如今死去，并非早夭。即使再活百年，与天地相比，仍是短命。既然难免一死，何必贪求须臾？"[17]

蔺且说："弟子准备厚葬夫子！"

庄子笑了："我以天地为棺椁，以日月为连璧，以星辰为珠玑，以万物为赍送。葬具如此完备，何以复加？"

蔺且说："恐怕乌鸦老鹰，将会争食夫子遗体。"

庄子说："葬于地面之上，会被乌鸦老鹰所食。葬于地面之下，会被蝼蛄蚂蚁所食。剥夺乌鸦老鹰的食物，转为蝼蛄蚂蚁的食物，岂非过于偏心？把不公平视为公平，所谓公平实非公平；把没有凭证视为凭证，所谓凭证实非凭证。明显的表象均被天道驱使，神妙的本质才是天道凭证。明显的表象，永远不能战胜神妙的本质。世人惑于所见，陷溺人道，只求功效止于表象，岂不可悲？"[18]

庄子终其天年，享年八十四岁（前369—前286）。

遗著七篇：《逍遥游》、《齐物论》、《养生主》、《人间世》、《德充符》、《大宗师》、《应帝王》。

庄遍、庄咸、蔺且，把庄子葬于蒙泽之畔。

庄子入土之时，一只蝴蝶翩翩飞起，倏忽隐入天地之间。[19]

笺注

[1]《燕策二》二（中）：齐（湣）王之不信赵，而小人奉阳君也，因是而倍之。●《燕策二》二（中）：奉阳君告朱讙与赵足曰："齐王使公玉丹命兑曰'必不反韩珉'，今召之矣；'必不任苏子以事'，今封而相之。"■去年（前287）李兑伐秦无功而返，率先与秦和解，背叛了前年（前288）齐、赵阿邑"伐秦去帝"之约，所以今年（前286）齐湣王采纳苏秦之策，背叛了去年（前287）对李兑所做不让韩珉返齐复相、不与秦和解之承诺，同时也撤销了把宋之定陶、蒙邑预封给李兑的空头支票，但是伐宋之策不变。

[2]《韩策三》三：韩（人）[珉]攻宋，秦（昭）王大怒曰："吾爱宋，与新城、阳晋同也。韩珉与我交，而攻我甚所爱，何也？"●《田世家》：齐湣王三十八年（当作十五年，前286），伐宋。秦昭王怒曰："吾爱宋，与爱新城、阳晋同。韩聂（当作珉）与吾友也，而攻吾所爱，何也？"■韩珉尽管自楚返齐复相，齐国相权仍在苏秦。正如秦国曾邀孟尝君相秦，秦国相权仍在魏冉。

[3]《秦策二》十五：陉山之事，赵且与秦伐齐。齐惧，令田章（匡章）以阳武合于赵，而以顺子（齐湣王庶子公子顺）为质。赵王喜，乃案兵告于秦曰："齐以阳武赐弊邑而纳顺子，欲以解伐。敢告下吏。"秦王使公子他之赵，谓赵王曰："齐与大国救魏而倍约，不可信恃，大国不义，以告弊邑，而赐之二社之地，以奉祭祀。今又案兵，且欲合齐而受其地，非使臣之所知也。请益甲四万，大国裁之。"苏代（当作苏秦）为齐献书穰侯曰："臣闻往来之者言曰：'秦且益赵甲四万人以伐齐。'臣窃必之弊邑之王曰：'秦王明而熟于计，穰侯智而习于事，必不益赵甲四万人以伐齐。'是何也？夫三晋相结，秦之深仇也。三晋百背秦，百欺秦，不为不信，不为无行。今破齐以肥赵，赵，秦之深仇，不利于秦。一也。秦之谋者必曰：'破齐弊晋，而后制晋、楚之胜。'夫齐，罢国也，以天下击之，譬犹以千钧之弩溃痈也。秦王安能制晋、楚哉？二也。秦少出兵，则晋、楚不信；多出

兵，则晋、楚为制于秦。齐恐，则必不走于秦且走晋、楚。三也。齐割地以实晋、楚，则晋、楚安。齐举兵而为之顿剑，则秦反受兵。四也。是晋、楚以秦破齐，以齐破秦，何晋、楚之智而齐、秦之愚？五也。秦得安邑，善齐以安之，亦必无患矣。秦有安邑，则韩、魏必无上党哉。夫取三晋之肠胃与出兵而惧其反也，孰利？故臣窃必之弊邑之王曰：'秦王明而熟于计，穰侯智而习于事，必不益赵甲四万以伐齐矣。'"■苏秦让匡章携齐湣王庶子公子顺为质于赵，以便支开匡章，确保苏秦门客冷向担任灭宋主将。

[4]《魏策二》七：五国伐秦，无功而还（前287）。其后（前286）齐欲伐宋，而秦禁之。齐令宋郭之秦请合，而以伐宋。秦王许之。……秦王谓宋郭曰："分宋之城，服宋之强者，六国也。乘宋之敝，而与王争得者，楚、魏也。请为王毋禁楚之伐魏也，而王独举宋。王之伐宋也，请刚柔而皆用之。如宋者，欺之不为逆者，杀之不为仇者也。王无与之讲以取地，既已得地矣，又以力攻之，期于啖宋而已矣。"……●《秦策三》五：（宋郭）谓穰侯曰："为君虑封，莫若于陶。宋罪重，齐怒深，残伐乱宋，德强齐，定身封，此亦百世之时也已。"■《魏策二》七"齐令宋郭之秦请合，而以伐宋"，故《秦策三》五之"谓穰侯"者，即齐相苏秦的门客宋郭。秦昭王原先怒齐伐宋，声称"吾爱宋"（《韩策三》三），宋郭使秦之后采纳魏冉之策同意齐伐宋。但是秦昭王此时不知宋郭携带苏秦密信把宋之定陶预封给魏冉，齐灭宋后兑现承诺把宋之定陶封给魏冉，秦昭王始知，于是罢免了魏冉。

[5]《韩策三》三：韩（人）[珉]攻宋，秦（昭）王大怒曰："吾爱宋，与新城、阳晋同也。韩珉与我交，而攻我甚所爱，何也?"苏秦为（韩）[齐]说秦王曰："韩珉之攻宋，所以为王也。以（韩）[齐]之强，辅之以宋，楚、魏必恐；恐，必西面事秦。王不折一兵，不杀一人，无事而割安邑，此韩珉之所以祷于秦也。"秦王曰："吾固患（韩）[齐]之难知，一从一横，此其说何也?"对曰："天下故令（韩）[齐]可知也。（韩）[齐]固已攻宋矣，其西面事秦，以万乘自辅，不西事秦，则宋地不安矣。中国白头游敖之士，皆积智欲离秦、（韩）[齐]之交。伏轼结靷西驰者，未有一人言善（韩）[齐]者也；伏轼结靷东驰者，未有一人言善秦者也。皆不欲（韩）[齐]、秦之

合者何也？则晋、楚智而（韩）[齐]、秦愚也。晋、楚合，必伺（韩）[齐]、秦；（韩）[齐]、秦合，必图晋、楚。请以决事！"秦王曰："善。"●《田世家》：齐湣王三十八年（当作十五年，前286），伐宋。秦昭王怒曰："吾爱宋，与爱新城、阳晋同。韩聂（韩珉）与吾友也，而攻吾所爱，何也？"苏代（当作苏秦）为齐谓秦王曰："韩聂（韩珉）之攻宋，所以为王也。齐强，辅之以宋，楚、魏必恐，恐必西事秦，是王不烦一兵，不伤一士，无事而割安邑也，此韩聂（韩珉）之所祷于王也。"秦王曰："吾患齐之难知，一从一衡，其说何也？"对曰："天下故令齐可知乎？齐以攻宋，其知事秦以万乘之国自辅，不西事秦则宋治不安。中国白头游敖之士皆积智欲离齐、秦之交，伏式结轶西驰者，未有一人言善齐者也，伏式结轶东驰者，未有一人言善秦者也。何则？皆不欲齐秦之合也。何晋楚之智而齐秦之愚也！晋楚合必议齐秦，齐秦合必图晋楚，请以此决事。"秦王曰："诺。"于是齐遂伐宋。■《韩策三》三作"苏秦为韩说秦王"，"韩"当作"齐"；《田世家》作"苏代为齐谓秦王"，"苏代"当作"苏秦"（司马迁误信苏秦诡史而改）。但是齐相苏秦并未亲自使秦，而是派遣门客宋郭使秦，证见《魏策二》七"齐令宋郭之秦请合，而以伐宋"。

[6]《燕策二》一（《苏秦列传》同）：秦欲攻安邑（前286），恐齐救之，则以宋委于齐，曰："宋王无道，为木人以写寡人，射其面，寡人地绝兵远，不能攻也，王苟能破宋有之，寡人如自得之。"

[7]《秦策一》四：冷向（当作冷向）谓秦王曰："向欲以齐事王，故攻宋也。宋破，晋国危，安邑王之有也。燕、赵恶齐、秦之合，必割地以交于王矣。齐必重于王，则向之攻宋也，且以（恐）[添]齐而重王。王何恶向之攻宋乎？向以王之明，为先知之，故不言。"■冷向原为韩国前太子韩婴之太师，韩襄王十二年（前300）韩婴病死，冷向争立几瑟为新太子失败，担心新太子韩咎（后继位为韩釐王）报复而离韩至齐，投入苏秦门下（见上第六十二章），是苏秦门客中的唯一武将，故前年（前288）苏秦命其担任伐宋主将。去年（前287）齐湣王改命赵信担任伐宋主将，打乱了苏秦布置，故苏秦建议齐湣王诛杀赵信以息楚怒（详见上章），确保了今年（前286）冷向仍是伐宋主将。为了确保冷向是今年的伐宋主将，苏秦又

支开了匡章（见上注3《秦策二》十五）。苏秦谋略之周密，张仪、公孙衍、陈轸之辈难望项背，故被视为战国第一策士。

[8]《秦本纪》：秦昭王二十一年（前286），错攻魏河内。魏献安邑，秦出其人，募徙河东赐爵，赦罪人迁之。■芒卯卖魏之时（前290），秦曾承诺不攻"上地"安邑。去年（前287）魏国加入五国伐秦，无功而返之后，年底秦攻安邑。今年（前286）与齐交易之后又攻安邑，魏即献之。

[9]《韩世家》(《六国表》同)：韩釐王十年（前286），秦败我师于夏山。●秦简《编年记》：秦昭王廿一年（前286），攻夏山。

[10]《汉书·地理志》：宋为齐、楚、魏所灭，三分其地。魏得其梁（睢阳）、陈留，齐得其济阴、东平，楚得其沛。▲杨宽：梁指睢阳。《汉书·地理志》其说不确。东平属鲁，原非宋地。陈留一带早于战国初期已为魏有，魏得睢阳，楚得沛，当在合纵破齐之后。吴师道注《国策》辨之曰："《史》称齐既灭宋，南割楚之淮北，西侵三晋。是乘灭宋之强，并夺楚、魏地。而谓与之分宋地，岂其实哉?"《史·表》燕灭齐之年书"楚取齐淮北"，则楚、魏分地当是乐毅破齐后事。■睢阳即宋都商丘。

[11]《宋世家》：诸侯皆曰"桀宋"。"宋其复为纣所为，不可不诛"。告齐伐宋。王偃立四十七年（当作五十二年，前286），齐湣王与魏、楚伐宋，杀王偃，遂灭宋而三分其地。●《魏世家》：魏昭王十年（前286），齐灭宋，宋王死我温。●《秦本纪》：昭襄王十九年（前288），齐破宋。宋王在魏，死温（前286）。■秦昭王十九年（前288）是齐伐宋第一年，"齐破宋"即割淮北。秦昭王二十一年（前286）是齐伐宋第三年,《秦本纪》连后而言"宋王在魏，死温"。宋君纪年厘正，详见引子第一章注6。▲杨宽：传说中宋王偃如同殷纣王一样荒淫暴虐，实不足信。详顾颉刚《宋王偃的绍述先德》，收入《古史辨》第二册。■钱穆《先秦诸子系年》又继顾颉刚而谓宋王偃即"为义而亡"之徐偃王。顾、钱、杨未明宋王偃先行仁后行暴（本书有详尽叙事）。【附考】君主死后，谥号由本国后君与大臣拟定。亡国之君死后之谥号，则由伐灭之国拟定。比如魏、韩、赵为晋国末君拟谥为"静"，史称晋静公。田齐为姜齐末君拟谥为"幽"，史称齐幽公。齐灭宋后，为宋国末君拟谥为"康"，史称"宋康王"，见于《墨子·所染》、

《吕览·当染》、《吕览·顺说》、《战国策·宋卫策》等。宋国遗民或私谥为"元",故《吕览·君守》称"宋元王",《庄子·徐无鬼》、《列子·说符》称"宋元君";或私谥为"献",故《荀子·王霸》称"宋献(王)",《荀子》杨倞注:"国灭之后,其臣子各私为谥,故不同。"

[12]《秦策三》五:(宋郭)谓穰侯曰:"为君虑封,莫若于陶。"●《穰侯列传》:封魏冉于穰,复益封陶……于是穰侯之富,富于王室。▲杨宽:宋国的定陶是当时中原最繁荣的都市,素来为各大国所垂涎。这时齐湣王想灭宋,赵的奉阳君李兑和秦的穰侯魏冉又都想夺取定陶作为自己的封地。就在魏昭王入朝赵国的那一年(前288),争夺宋国的战争便开始了,赵国派了董叔联合魏军攻宋。秦国却乘隙而入,攻取了赵的梗阳(今山西太原西南,《史记·赵世家》)。这时赵国内部分为两派,将军韩徐为和魏国相国孟尝君合谋进攻齐国,反对齐国攻灭宋国;相国奉阳君李兑则和齐国勾结,希望通过齐国取得宋的陶邑作为自己的封地。■定陶为天下第一商都,故前有陶朱公范蠡富甲天下,后有"穰侯之富,富于王室"。

[13]、[15]《燕策二》二(中):[苏秦谓燕王:]奉阳君告朱讙与赵足曰:"齐王使公玉丹命兑曰'必不反韩珉',今召之矣;'必不任苏子以事',今封而相之;'必不合燕',今以燕为上交。吾所恃者顺(为质于齐的公子顺)也,今其言变,有甚于其父。顺始与苏子为仇,见之如无厉,今贤之两之,已矣,吾无齐矣!"奉阳君之怒甚矣。如齐王之不信赵,而小人奉阳君也,因是而倍之。不以今时大纷之,解而复合,则后不可奈何也。故齐、赵之(合)[分]苟可循也,死不足以为臣患,逃不足以为臣耻,为诸侯不足以为臣荣,被发自漆为厉不足以为臣辱。然而臣有患也:臣死而齐、赵不循恶交分于臣也,而后相效,是臣之患也。若臣死而必相攻也,臣必勉之而求死焉。尧、舜之贤而死,禹、汤之知而死,孟贲之勇而死,乌获之力而死,生之物固有不死者乎?在必然之物,以成所欲,王何疑焉?▲"贤之两之"鲍彪注:"两"谓封而相。▲杨宽:甚是。《战国纵横家书》四"王为臣有之两","两"亦谓"卿与封"。■朱讙、赵足均为李兑亲信。去年(前287)苏秦在赵被囚,李兑曾命赵足质问苏秦。李兑对亲信朱讙、赵足之私言,苏秦竟能知之,或为苏秦策反朱讙、赵足之一,或为苏秦另有间谍在

赵。苏秦能量极大，否则不可能操纵天下于股掌之上。

[14]《赵世家》：赵惠文王十三年（前286），韩徐为将，攻齐。■《赵世家》"赵惠文王十二年（前287），赵梁将攻齐"，杨宽误读为："赵、梁（误释为魏）将攻齐。"《赵世家》"赵惠文王十三年（前286），韩徐为将，攻齐"，杨宽却释为："上年赵使赵梁将攻齐，是年又使韩徐为为将攻齐，可知赵对齐之攻势加强。"自相矛盾！

[16]齐之灭宋，魏、楚出兵争地。庄子于宋灭之年（前286）死去，死后故邑蒙城归楚（或在前286年齐灭宋之后，或在前284年乐毅破齐之后）。此为后世误传庄子为楚人之一因。

[17]《意林》引桓谭《新论》：庄周病剧，弟子对泣之。应曰："我今死则谁先？更百年生则谁后？必不得免，何贪于须臾。"

[18]《庄子复原本·曹商》（郭象拼接于《列御寇》）：庄子将死，弟子欲厚葬之。庄子曰："吾以天地为棺椁，日月为连璧，星辰为珠玑，万物为赍送。吾葬具岂不备邪？何以加此？"弟子曰："吾恐乌鸢之食夫子也。"庄子曰："在上为乌鸢食，在下为蝼蚁食，夺彼与此，何其偏也！以不平平，其平也不平；以不征征，其征也不征。明者唯为之使，神者征之。夫明之不胜神也久矣，而愚者恃其所见入于人，其功外也。不亦悲乎！"

[19]《庄子·齐物论》：夕者庄周梦为蝴蝶，栩栩然蝴蝶也，不知周也。俄然觉，则蘧蘧然周也。不知周之梦为蝴蝶欤？蝴蝶之梦为周欤？周与蝴蝶，则必有分矣，此之谓物化。

蔺魏弘庄（前285—前282）

苏秦谋齐诈立三帝，蔺且释庄撰文五篇

前285年，岁在丙子。庄殁一年。

周赧王三十年。秦昭王二十二年。楚顷襄王十四年。魏昭王十一年。韩釐王十一年。赵惠文王十四年。齐湣王十六年。燕昭王二十七年。鲁湣公十八年。卫嗣君三十年。

苏秦派遣盛庆返燕，通报燕昭王："齐湣王伐灭宋国，占领宋国所侵的楚地淮北，兼并泗上十二诸侯、吴越九夷之地，齐国疆域已达原先三倍。一个齐国，燕国尚且不能抵御，三个齐国，燕国更难抵御。然而智者谋事，善于因祸为福，转败为功。当年勾践先败于吴，然后灭吴称霸，正是如此。大王想要因祸为福，转败为功，必须继续尊齐为霸。秦昭王不甘心居于齐湣王之下，必将策动诸侯连横伐齐。大王不妨派人劝说秦昭王：'秦称西帝，赵称中帝，燕称北帝，就能策动诸侯连横伐齐，迫使齐湣王让宋复国，把淮北还给楚国。'三年前秦昭王被迫撤消西帝之号，乃是刺心之痛。大王投其所好，秦昭王必将策动诸侯连横伐齐。奉阳君没能得到定陶、蒙邑，孟尝君没能得到薛邑、平陵，必将劝说赵惠文王、魏昭王响应秦昭王。不过诸侯连横伐齐之初，大王不可公开叛齐，必须等待齐师疲弊之后，再予最后一击。"[1]

燕昭王大喜，召见乐毅："武安君建议寡人，明尊齐湣王为霸主，暗尊秦昭王为西帝，策动诸侯连横伐齐。先生以为如何？"

乐毅说："齐国久霸中原，地广人众，国富兵强，大王难以独攻。武安君之策甚佳！"

燕昭王于是派遣赵嚼使秦，郑重嘱咐："你以私人身份至秦，劝说秦昭王策动诸侯连横伐齐。不可泄露是奉寡人之命。"[2]

赵嚼从燕至秦，晋见秦昭王："齐湣王伐灭与秦结盟的宋国，大王若不伐齐存宋，今后诸侯必将不愿与秦结盟。秦、齐远隔，大王不便单独伐齐，不如策动山东诸侯连横伐齐，诸侯必将响应！"

秦昭王问："山东诸侯无不敌视秦国，为何响应寡人？"

赵嚼说："齐湣王伐宋三年，不仅师疲国贫，而且得罪天下诸侯。齐湣王灭宋之前，把定陶、蒙邑预封给奉阳君，又把薛邑、平陵预封给孟尝君，诱使他们支持齐国伐宋。然而齐湣王灭宋之后，竟然食言，奉阳君、孟尝君均被激怒。赵惠文王听命于奉阳君，魏昭王听命于孟尝君，赵、魏必将响应大王。韩釐王与魏结盟，燕昭王与赵结盟，韩、燕也必随之响应大王。楚国淮北被宋康王攻取，如今归于齐国，楚顷襄王也必响应大王。"

秦昭王说："魏、韩、楚皆弱，赵惠文王未必听命于奉阳君，燕昭王又听命于苏秦而亲齐。"

赵嚼说："大王只要进号西帝，邀请赵惠文王进号中帝，邀请燕昭王进号北帝，就能确保赵、燕响应。秦、赵率领魏、韩、楚正面伐齐，燕军背后袭齐，齐国必破！"

秦昭王大为心动，转问魏冉："相国以为如何？"

魏冉担心连横伐齐一旦失败，齐湣王可能收回定陶，于是反对："大王如果采纳三帝之策，赵惠文王受制于反对称帝的奉阳君，燕昭王听命于反对称帝的苏秦，必定不会响应。齐灭宋后，气势正盛，大王暂时不宜连横伐齐。"

秦昭王既听从魏冉，不取三帝之策，又听从赵嚼，决意连横伐齐。遣使通报天下诸侯："齐湣王与寡人四次结盟，四次欺骗寡人，三次挑起诸侯合纵伐秦，如今又伐灭与秦结盟的宋国，罪大恶极！寡人发誓：有齐无秦，有秦无齐！"[3]

秦昭王亲往泾阳君的封地宛邑（今河南南阳）会见楚顷襄王，邀约加入连横伐齐。

楚顷襄王拒绝。

秦昭王又亲往赵地中阳（今山西吕梁）会见赵惠文王，邀约加入连横伐齐。

赵惠文王拒绝。[4]

长驻大梁的秦使起贾，奉秦昭王之命，邀约魏昭王加入连横伐齐。

孟尝君大悦，劝说魏昭王："赵相奉阳君，赵将韩徐为，全都愿意伐齐。秦、赵两强共同伐齐，必能破齐。大王应该加入伐齐！"

魏昭王不听："奉阳君、韩徐为固然愿意伐齐，赵惠文王未必愿意伐齐。魏国西有秦祸，东有齐患，唯有依靠赵国，才能抵御秦、齐威胁。寡人愿与赵惠文王同进退！"

孟尝君于是亲自使赵，与李兑、韩徐为一起劝说赵惠文王加入连横伐齐。

赵惠文王二十五岁，亲政已经六年，仍然受制于李兑，被迫同意加入连横伐齐。

孟尝君又亲自使燕，晋见燕昭王："大王对于齐宣王破燕杀父，忍辱负重。对于齐湣王诛杀张魁，表示感谢。对于力主伐齐的忠臣田代、孙去疾，罢黜诛杀。大王如此忍耻事齐，乃是畏惧齐国强大。如今秦昭王策动诸侯连横伐齐，赵惠文王已经响应。大王追随秦、赵两强，必能报仇雪耻。"

燕昭王牢记苏秦秘嘱，拒绝加入连横伐齐。[5]

齐湣王急召苏秦："秦昭王策动诸侯连横伐齐，奉阳君已经说服赵惠文王加入，孟尝君已经说服魏昭王加入，如今又去劝说燕昭王加入。寡人十分忧虑！"

苏秦说："燕昭王忠于大王，大王不必忧虑！秦国太远，魏国太弱，同样不足为虑！赵国强大，与齐相邻，才是可虑之事。但是奉阳君固然愿意伐齐，赵惠文王未必愿意伐齐。赵惠文王亲政六年，必对奉阳君不肯归政极度不满。我只要修书一封，必能说服赵惠文王退出连横伐齐。"

齐湣王仍然忧心忡忡。

苏秦派遣公孙弘使赵，致信赵惠文王："个别赵国大臣，鼓动大王亲秦敌齐，我劝大王切勿听从！秦昭王意在伐灭韩国，吞并二周，才以瓜分齐地为诱饵，引诱中原诸侯加入伐齐。天下有识之士无不明白，秦国一旦灭韩吞周，必将灭魏，祸将及赵。况且天下固有处势虽异，所患相同者。三年前秦、齐相约称帝伐赵，诸侯伐赵之兵已在途中，齐湣王却与大王会于阿邑，相约伐秦去帝，于是秦昭王被迫听命，撤销帝号，把温邑、轵邑、高平还给魏国，把王公、符逾还给赵国。此事天下无人不知！齐国如此厚待赵国，假如大王反而联秦伐齐，将来哪个诸侯还敢厚待赵国？大王只有同样厚待齐国，天下诸侯才会认为大王深明大义，敬畏并且听命大王。但愿大王听我良言，三思后行，不要被个别大臣蛊惑！"

赵惠文王听从苏秦，立刻罢免李兑，驱逐李兑死党韩徐为，宣布退出连横伐齐。[6]

公孙弘返齐复命。

齐湣王大悦。

苏秦说："大王如果仍不放心燕昭王，我再返燕一趟。"

随即往燕，与燕昭王商定破齐方略。

燕昭王按照苏秦所定方略，假装驱逐乐毅至赵。

赵惠文王大喜，任命乐毅为相，廉颇为将。

苏秦返齐复命："我告诉燕昭王：'孟尝君谎称赵国加入连横伐齐，其实仅是奉阳君、韩徐为愿意伐齐。赵惠文王已经听我之言，罢免了奉阳君，驱逐了韩徐为，大王不要被孟尝君欺骗！'燕昭王向我保证，决不加入伐齐，又罢免了主张伐齐的乐毅，驱逐归赵。如今仅剩秦、魏决意伐齐，大王只要派遣苏厉使魏，劝说魏昭王罢免孟尝君，退出伐齐，秦昭王策动的连横伐齐即告失败。"

齐湣王大喜，即命苏厉使魏。[7]

苏厉至魏，晋见魏昭王："齐湣王灭宋，跃居天下最强，赵、燕、韩、楚都不敢加入伐齐。秦、齐远隔，大王如果单独助秦伐齐，齐湣王必将报复魏国。大王不如罢免孟尝君，退出伐齐。"

魏昭王说："寡人既不响应伐齐，也不罢免孟尝君，听凭秦、齐相攻。"

苏厉又拜见长驻大梁的秦使起贾："秦昭王策动诸侯连横伐齐，诸侯时而响应，时而退出，乃因各怀私心。魏昭王一向不愿伐齐，勉强听从孟尝君，必将消极观望。如今乐毅兼相燕、赵，燕、赵一心，都已退出连横伐齐。先生的上策，乃是劝说秦昭王放弃伐齐，听凭孟尝君率领魏军伐齐。因为齐、秦交战，唯有魏国得利，只有听凭齐、魏交战，才能秦国得利。齐、魏两败俱伤，魏昭王必将听命秦国，罢免孟尝君。我二哥武安君苏秦，为了避免齐湣王责怪，只想免祸存身，希望先生劝说秦昭王放弃伐齐，至少不再鼓动魏昭王加入伐齐。先生若能如此，一定重谢先生！"

起贾说："我只是御史大夫，人微言轻，怎能说服秦昭王改变决策？"[8]

苏厉返齐复命："魏昭王也已退出伐齐，中原诸侯无一响应秦昭王。"

齐湣王大悦，怒于秦昭王策动连横伐齐，再次罢免亲秦的韩珉，让苏秦复相。[9]

苏秦台前幕后的两套动作，导致秦昭王策动的连横伐齐，诸侯时而响应，时而退出，迷雾重重，纷扰不休。[10]

秦昭王失去耐心，决定单独伐齐。由于魏冉反对伐齐，于是不用白起，任命蒙骜为伐齐主将。

蒙骜出身农民，凭借斩首计功，成为白起之后从步卒升至主将的第二人。感恩图报，身先士卒，一举攻取了齐国河东九县。[11]

乐毅献策赵惠文王："齐湣王野心极大，灭宋以后，必将伐赵。大王西有秦祸，东有齐患，唯有利用秦、齐相攻，首先借秦破齐，然后率领诸侯破秦，才能避免两面受敌。燕昭王为报齐宣王破燕杀父之仇，一直假装亲齐，齐湣王已经撤空了齐、燕边境的驻军。如今齐湣王只防西境，不防北境。燕昭王为助大王破齐，假装把我免相，命我至赵，劝说大王助秦伐齐。一旦齐军全部开赴西境，燕军就会袭击齐国北境，必可破齐。"

赵惠文王大喜，命令乐毅率领赵军助秦伐齐，攻取了灵丘（今山东高唐南）。[12]

齐湣王大惑不解："赵惠文王已经罢免奉阳君，驱逐韩徐为，为何又命乐毅伐齐？"

苏秦说："乐毅在赵惠文王继位以前，相赵多年，辅佐赵武灵王实行胡服骑射，伐灭中山，屡立大功，在赵根基深厚。奉阳君饿杀主父以后，乐毅离赵相魏。孟尝君失薛相魏以后，乐毅又离魏仕燕。我是燕国上卿，乐毅是燕国亚卿，位居我下，所以燕昭王一直听我之言忠于大王，不听乐毅之言。如今秦昭王策动伐齐，乐毅劝说燕昭王响应，被燕昭王驱逐奔赵。恰巧赵惠文王听我之言罢免李兑，于是又命乐毅相赵，希望借助乐毅在赵的威望，肃清李兑党羽。赵惠文王仅有二十五岁，已经听任奉阳君专权十一年，所以无法阻止乐毅擅自伐齐。好在如今仅有秦、赵两国伐齐，齐国如此强大，大王如此贤明，只要击败暴秦、强赵，就能一统天下！"

齐湣王感叹："寡人远远不如齐桓公贤明，先生远比管仲贤明，必能挫败一切来犯之敌！"[13]

庄殁一年，蔺且反复阅读庄子遗著，不断加深理解。

鉴于庄子遗著支离其言，晦藏其旨，后人很难理解，蔺且撰写了五篇释庄之文：《寓言》、《山木》、《达生》、《至乐》、《曹商》。

蔺且师从庄子半生，亲见亲闻许多庄子言行，以及庄子、惠施对话，一部分著录于五篇释庄之文，大部分记录于零散札记。[14]

笺注

[1]《战国纵横家书》二十《苏秦自齐献书谓燕王章》：谓燕王曰：列

在万乘，寄质于齐，名卑而权轻。奉万乘助齐伐宋，民劳而实费。夫以宋加之淮北，强万乘之国也，而齐兼之，是益一齐也。九夷方七百里，加以鲁、卫，强万乘之国也，而齐兼之，是益二齐也。夫一齐之强，燕犹弗能支，今以三齐临燕，其祸必大。虽然，夫知者之[举]事，因祸而为福，转败而为功。齐紫，败素也，贾十倍。句浅（践）栖会稽，其后残吴，霸天下，此皆因祸为福，转败而为功。今王若欲因祸而为福，转败而为功，则莫若（招）[遥]霸齐而尊之，使盟周室而焚秦符，曰："太上破秦，其次必长摈之。"秦[挟]摈以（侍）[待]破，秦王必患之。秦五世伐诸侯，今为齐下，秦王之心苟得穷齐，不难以国壹栖（接）。然则王何不使辩士以若说说秦王曰："燕、赵破宋，肥齐，尊之。为之下者燕、赵，非利之也。燕、赵弗利而势为者，以不信秦王也。然则王何不使可信者接收燕、赵，如泾阳君，如高陵君，先于燕、赵曰：'秦有变，因以为质。则燕、赵信秦。秦为西帝，燕为北帝，赵为中帝，立三帝以令于天下，韩、魏不听则秦伐，齐不听则燕、赵伐，天下孰敢不听？天下服听，因驱韩、魏以伐齐，曰：必反宋，归楚淮北。反宋、归楚淮北，燕、赵之所利也。并立三（王）[帝]，燕、赵之所愿也。夫实得所利，尊得所愿，燕、赵之弃齐，（说）[脱]（沙）[屣]也。今不收燕、赵，齐伯必成。诸侯赞齐而王弗从，是国伐也。诸侯伐齐而王从之，是名卑也。今收燕、赵，国安名尊；不收燕、赵，国危而名卑。夫去尊安，取卑危，知者弗为。'秦王闻若说，必如刺心。然则[王]何不使辩士以如说[说]秦？秦必取，齐必伐矣。夫取秦，上交也；伐齐，正利也。尊上交，务正利，圣王之事也。" ●《燕策一》十三（前285）：齐伐宋，宋急。苏代（当作苏秦）乃遗燕昭王书曰："夫列在万乘，而寄质于齐，名卑而权轻。秦、齐助之伐宋，民劳而实费。破宋，残楚淮北，肥大齐，仇强国，国弱也。此三者，皆国之大败也，而足下行之，将欲以除害取信于齐也。而齐未加信于足下，而忌燕也愈甚矣。然则足下之事齐也，失所为矣。夫民劳而实费，又无尺寸之功，破宋肥仇，而世负其祸矣。足下以宋加淮北，强万乘之国也，而齐并之，是益一齐也。北夷方七百里，加之以鲁、卫，此所谓强万乘之国也，而齐并之，是益二齐也。夫一齐之强，而燕犹不能支也，今乃以三齐临燕，其祸必大矣。虽然，臣闻知者之举事也，转祸而为福，因败而成功者也。齐人紫，败素也，而贾十倍。越王勾践栖于会稽，而后残吴霸天下。此皆转祸而为福，因败而为功者也。今王若欲转祸而为福，因败而为功乎？则莫如遥伯齐而厚尊之，使使盟于周室，尽焚天下之秦符，约曰：‘夫上计破秦，其次长宾之秦。’秦挟宾客以待破，秦王必患之。秦五世以结诸侯，今为齐下；秦王之志，苟穷齐，不惮以一国都为功。然而王何不使布衣之人，以穷齐之说说秦，谓秦王曰：‘燕、赵破宋，肥齐尊齐，而为之下者，燕、赵非利之也，弗利而势为之者，何也？以不信秦王也。今王何不使可以信者接收燕、赵，（今）[令]泾阳君，若高陵君，先于燕、赵？秦有变，因以为质，则燕、赵信秦矣。秦为西帝，赵为中帝，燕为北帝，立为三帝而以令诸侯。韩、魏不听，则秦伐之。齐不听，则燕、赵伐之。天下孰敢不听？天下服听，因驱韩、魏以攻齐，曰必反宋地，而归楚之淮北。夫反宋地，归楚之淮北，燕、赵之所同利也。并立三帝，燕、赵之所同愿也。夫实得所利，名得所愿，则燕、赵之弃齐也，犹释弊屣。今王之不收燕、赵，则齐伯必成矣。诸侯戴齐，而王独弗从也，是国伐也。诸侯戴齐，而王从之，是名卑也。王不受燕、赵，名卑而国危；王收燕、赵，名尊而国宁。夫去尊宁而就卑危，知者不为也。’秦王闻若说也，必如刺心然，则王何不务使知士以若此言说秦？秦伐齐必矣。夫取秦，上交也；伐齐，正利也。尊上交，务正利，圣王之事也。”燕昭王善其书，曰：“先人尝有德苏氏，子之之乱，而苏氏去燕。燕欲报仇于齐，非苏氏莫可。”乃召苏氏，复善待之。与谋伐齐，竟破齐，闵王出走。●《苏秦列传》：齐伐宋，宋急，苏代（当作苏秦）乃遗燕昭王书曰：“夫列在万乘，而寄质于齐，名卑而权轻；奉万乘助齐伐宋，民劳而实费；夫破宋，残楚淮北，肥大齐，仇强而国害，此三者皆国之大败也。然且王行之者，将以取信于齐也。齐加不信于王，而忌燕愈甚，是王之计过矣。夫以宋加之淮北，强万乘之国也，而齐并之，是益一齐也。北夷方七百里，加之以鲁、卫，强万乘之国也，而齐并之，是益二齐也。夫一齐之强，燕犹狼顾而不能支，今以三齐临燕，其祸必大矣。虽然，智者举事，因祸为福，转败为功。齐紫，败素也，而贾十倍；越王勾践栖于会稽，复残强吴而霸天下：此皆因祸为福，转败为功者也。今王若欲因祸为福，转败为功，则莫若挑霸齐而尊之，使使盟于周室，焚秦符，曰：'其大上计，破秦；其次，必长宾之。'秦挟宾以待破，秦王必患之。秦五世伐诸侯，今为齐下，秦王之志，苟得穷齐，不惮以国为功。然则王何不使辩士以此言说秦王曰：'燕、赵破宋肥齐，尊之为之下者，燕、赵非利之也。燕、赵不利而势为之者，以不信秦王也。然则王何不使可信者接收燕、赵，令泾阳君、高陵君先于燕、赵？秦有变，因以为质，则燕、赵信秦。秦为西帝，燕为北帝，赵为中帝，立三帝以令于天下。韩、魏不听则秦伐之，齐不听则燕、赵伐之，天下孰敢不听？天下服听，因驱韩、魏以伐齐，曰"必反宋地，归楚淮北"。反宋地，归楚淮北，燕、赵之所利也；并立三帝，燕、赵之所愿也。夫实得所利，尊得所愿，燕、赵弃齐如脱躧矣。今不收燕、赵，齐霸必成。诸侯赞齐而王不从，是国伐也；诸侯赞齐而王从之，是名卑也。今收燕、赵，国安而名尊；不收燕、赵，国危而名卑。夫去尊安而取危卑，智者不为也。'秦王闻若说，必若刺心然。则王何不使辩士以此若言说秦？秦必取，齐必伐矣。夫取秦，厚交也；伐齐，正利也。尊厚交，务正利，圣王之事也。"燕昭王善其书，曰："先人尝有德苏氏，子之之乱而苏氏去燕。燕欲报仇于齐，非苏氏莫可。"乃召苏代（当作苏秦），复善待之，与谋伐齐。竟破齐，愍王出走。■《战国纵横家书》二十《苏秦自齐献书谓燕王章》为去年（前286）齐灭宋后苏秦致燕昭王之密信，两年后（前284）燕破齐后公开，故《史记·苏秦列传》、《燕策一》十三抄之，因司马迁、刘向误信苏秦诒史，而改"苏秦"为"苏代"。【附考】前年（前287）齐二伐宋，苏秦告诫燕昭王"南方强，燕毋首。又慎毋非令群臣众议攻齐"（《战国纵横家书》七《苏秦自梁献书燕王章》二）。去年（前286）齐三伐宋而灭之，李兑未得定陶，即命韩徐为伐齐，苏秦立刻向燕昭王报喜（《燕策二》二），仍然告诫"燕毋首"。今年（前285）又劝燕昭王以"三帝"引诱秦昭王、赵惠文王策动天下诸侯合纵伐齐，不再言"燕毋首"。又苏秦未言魏相孟尝君田文、赵相奉阳君李兑必欲伐齐，因为燕昭王皆知。

[2]《乐毅列传》：齐湣王……与秦昭王争重为帝，已而复归之。诸侯皆欲背秦而服于齐（前288）。湣王自矜，百姓弗堪。于是燕昭王问伐齐之

事（前285）。乐毅对曰："齐，霸国之余业也，地大人众，未易独攻也。王必欲伐之，莫如与赵及楚（当作秦）、魏。"于是使乐毅约赵惠文王，别使连楚（当作秦）、魏，令赵嚼说秦以伐齐之利。诸侯害齐湣王之骄暴，皆争合从与燕伐齐。乐毅还报，燕昭王悉起兵，使乐毅为上将军，赵惠文王以相国印授乐毅。乐毅于是并护赵、楚（当作秦）、韩、魏、燕之兵以伐齐，破之济西。诸侯兵罢归，而燕军乐毅独追，至于临菑。齐湣王之败济西，亡走，保于莒。乐毅独留徇齐，齐皆城守。乐毅攻入临菑，尽取齐宝财物祭器输之燕。■所谓"令赵嚼说秦以伐齐之利"，即《战国纵横家书》二十苏秦向燕昭王所献秦、赵、燕"三帝"计划。乐毅主张"未易独攻"，可证乐毅受到燕昭王重用，尽知苏秦反间于齐，以及苏秦策动天下诸侯连横伐齐的整体计划。

[3]《燕策二》一（《苏秦列传》同）：秦……已得安邑，塞女戟（前286），因以破宋为齐罪（前285）。秦欲攻齐，恐天下救之，则以齐委于天下，曰："齐王四与寡人约，四欺寡人，必率天下以攻寡人者三。有齐无秦，无齐有秦，必伐之，必亡之！"■秦昭王所言"齐王四与寡人约，四欺寡人"。前288年秦、齐约称二帝，齐湣王单方面去帝，一欺。前288年把宋地预封泾阳君，前286年齐灭宋后没有兑现，却把定陶封给魏冉（此事秦昭王不知），二欺。前287年齐湣王先答应为秦使齐的楚使苏修让韩珉复相，后因李兑之怒而未兑现，三欺。前286年齐湣王让韩珉返齐复相后不给韩珉实权，仍然重用苏秦而伐灭秦之盟国宋国，四欺。秦昭王所言"必率天下以攻寡人者三"，即魏相公孙衍、齐相孟尝君、赵相李兑先后策动的三次合纵伐秦，此为秦昭王分化山东六国的外交辞令，表示冤有头，债有主，只要天下诸侯加入此次连横伐齐，秦国不再追究参与三次合纵伐秦的天下诸侯。

[4]《秦本纪》：秦昭王二十一年（前286），泾阳君封宛。二十二年（前285），与楚王会宛。与赵王会中阳。●《楚世家》：楚顷襄王十四年（前285），楚顷襄王与秦昭王好会于宛，结和亲。●《赵世家》（《六国表》同）：赵惠文王十四年（前285），与秦会中阳。■秦、楚会宛，秦、赵会中阳，均为秦昭王策动连横伐齐，但是楚顷襄王、赵惠文王均予拒绝。所

以楚没加入明年伐齐，后来赵军加入伐齐是赵相李兑出于私欲，所以伐齐之后赵惠文王采纳苏秦之策罢免了李兑（见下）。

[5]《燕策二》十三：齐、魏争燕（前285）。齐（齐相苏秦）谓燕王曰："吾得赵矣。"魏（魏相孟尝君）亦谓燕王曰："吾得赵矣。"燕无以决之，而未有适予也。苏子（燕相苏秦，反间之真苏秦）谓燕相（乐毅）曰："臣闻辞卑而币重者，失天下者也；辞倨而币薄者，得天下者也。"今魏之辞倨而币薄，燕因合于魏，得赵（乐毅兼为赵相），齐遂北矣（前284）。■撰者对苏秦真史所知有限，策文多属皮相之言。比如颠倒苏秦、乐毅在燕之地位高下，苏秦为燕之上卿（正相），乐毅为燕之亚卿（副相）。策文又未明苏秦之真假两面。"齐谓燕王曰：'吾得赵矣。'"乃是苏秦欺骗齐湣王之辞，假装劝说燕昭王不加入伐齐以欺骗齐湣王，又假装劝说赵惠文王不加入伐齐以欺骗齐湣王（见下注6《战国纵横家书》二十一）。故苏秦虽为伐齐的幕后主谋，齐湣王却至死坚信苏秦忠齐，始终坚信伐齐主谋是魏相孟尝君（以及赵相李兑、秦昭王）。"燕因合于魏，得赵"，即燕国最终加入了名义上由魏相孟尝君策动、实际上由齐相苏秦幕后策动的合纵伐齐，非在今年（前285），而在明年（前284）。"得赵"，指乐毅离燕至赵，以赵相名义率领赵、秦、韩、魏、燕五国联军伐齐。乐毅奉燕昭王之命离燕至赵，亦为苏秦欺骗齐湣王之策略，以便齐湣王相信燕昭王不同意乐毅主张加入伐齐，于是离燕至赵。

[6]《战国纵横家书》二十一《苏秦献书赵王章》(假装劝说燕昭王不加入伐齐以欺骗齐湣王)：献书赵王：臣闻甘露降，时雨至，禾谷丰盈，众人喜之，贤君恶之。今足下功力非数加于秦也，怨毒积怒非深于齐，下吏（李兑、韩徐为）皆以秦为忧而憎齐。臣窃以事观之，秦岂忧赵而憎齐哉？欲以亡韩、吞两周，故以齐饵天下。恐事之不□成，故出兵以割革赵、魏。恐天下之疑己，故出质以为信。声德与国，实伐郑韩。[臣]以秦之计必出于此。且说士之计皆曰："韩亡（参）[三]川，魏亡晋国，市□□朝未罢，祸及于赵。"且物固[有势]异而患同者。昔者楚久伐，中山亡。今（燕）[赵]尽齐之河（南）[北]，距（莎）[沙]丘、巨鹿之围三百里，距麋关北至于[榆中]者千五百里。秦尽韩、魏之上党，则地与王布属壤界者七百里。秦

以强弩坐羊肠之道，则地去邯郸百廿里。秦以三军攻王之上党而包其北，则注之西，非王之有也。今增注、莝恒山而守三百里，（遇）[通]燕阳、曲逆，此代马、胡（狗）[驹]不东，（纶）[仑]山之玉不出，此三葆者，或非王之有也。今从强秦久伐齐，臣恐其祸出于此也。且五国之主尝合衡谋伐赵，疏分赵壤，箸之盘盂，属之祝籍。五国之兵出有日矣，齐乃西师以禁强秦，使秦废令疏服而听，反温、轵、高平于魏，反王公、符逾于赵，此天下所明知也。夫齐之事赵，宜正为上交，乃以抵罪取伐，臣恐后事王者不敢自必也。今王收齐，天下必以王为义矣。齐保社稷事王，天下必重王。然则齐义，王以天下就之；齐逆，王以天下[禁]之。是一世之命制于王也。臣愿王与下吏详计某言，而笃虑之也。●《赵策一》九：赵收天下，且以伐齐。苏秦为齐上书说赵（惠文）王曰："臣闻古之贤君，德行非施于海内也，教顺慈爱，非布于万民也，祭祀时享非当于鬼神也。甘露降，风雨时至，农夫登，年谷丰盈，众人喜之，而贤主恶之。今足下功力，非数痛加于秦国，而怨毒积恶，非曾深凌于韩也。臣窃外闻大臣及下吏之议，皆言主前专据，以秦为爱赵而憎韩。臣窃以事观之，秦岂得爱赵而憎韩哉？欲亡韩吞两周之地，故以韩为饵，先出声于天下，欲邻国闻而观之也。恐其事不成，故出兵以佯示赵、魏。恐天下之惊觉，故微韩以贰之。恐天下疑己，故出质以为信。声德于与国，而实伐郑韩。臣窃观其图之也，意秦之谋计，必出于是。且夫说士之计，皆曰韩亡三川，魏亡晋国，市朝未罢，而祸及于赵。且勿固有势异而患同者，又有势同而患异者。昔者，楚人久伐而中山亡。今燕尽齐之北地，距沙丘，而至巨鹿之界三百里；距于捍关，至于榆中千五百里。秦尽韩、魏之上党，则地与国都邦属而壤界者七百里。秦以三军强弩坐羊唐之上，即地去邯郸百二十里。且秦以三军攻王之上党而包其北，则句注之西非王之有也。今逾句注、禁常山而守，三百里通于燕之唐、曲逆，此代马、胡驹不东，而昆山之玉不出也。此三宝者，又非王之有也。今从于强秦久伐齐，臣恐其祸出于是矣。昔者五国之王，尝合横而谋伐赵，参分赵国壤地，著之盘盂，属之（雒柞）[酬酢]。五国之兵出有日矣，齐乃西师以禁秦国，使秦废令素服而听，反温、轵、高平于魏，反三公、什清于赵，此王之明知也。夫齐事赵，宜为上交；今乃以抵罪取伐，臣恐其后事王者之不敢自必也。今王收齐，天下必以王为义。齐抱社稷以事王，天下必重王。然则齐义，王以天下就之，下至齐暴，王以天下禁之，是一世之命，制于王已。臣愿大王深与左右群臣卒计而重谋，先事成虑而熟图之也。"■《战国纵横家书》二十一、《赵策一》九略同，均为今年（前285）齐相苏秦幕后推动天下连横伐齐之时，苏秦致信赵惠文王，劝其不要加入伐齐。苏秦不使赵而致信，可将此信事先给齐湣王过目，以便欺骗齐湣王。为苏秦使赵者当为公孙弘，去年已经多次使赵，正如为苏秦使魏者为苏厉，去年已经多次使魏。《赵世家》赵惠文王十六年（前283）"苏厉为齐遗赵王"之信与此略同，司马迁误改"苏秦"为"苏厉"，又误后两年。赵惠文王十六年（前283）为乐毅破赵（前284）后一年，已无必要劝赵惠文王不加入伐齐；又是苏秦死后一年，苏厉已把苏秦遗体送归东周国（详见下章）。【附考】《赵策二》一：苏秦从燕之赵，始合从，说赵（惠文）王曰："天下之卿相人臣，乃至布衣之士，莫不高贤大王之行义，皆愿奉教陈忠于前之日久矣。虽然，奉阳君妒，大王不得任事，是以外宾客游谈之士，无敢尽忠于前者。"■《赵策二》一可证，李兑去年（前286）伐秦无功，今年（前285）罢相，必与今年苏秦游说赵惠文王直接相关。李兑从赵惠文王三年（前296）饿杀赵武灵王，至赵惠文王十四年（前285）罢相，专擅赵政十一年（前285）。赵惠文王二十岁亲政（前290）之后，李兑继续专擅赵政六年（前290—前285）。

[7]《战国纵横家书》十七《苏厉谓起贾章》：燕、赵共相，二国为一。●《乐毅列传》：赵惠文王以相国印授乐毅。■公孙弘为苏秦使齐所致赵惠文王之信，"下吏（李兑、韩徐为）皆以秦为忧而憎齐"，挑拨赵惠文王与赵相李兑、赵将韩徐为之关系，导致赵惠文王罢免李兑、韩徐为，为乐毅离燕相赵腾出了相位，此亦苏秦之周密方略。

[8]《战国纵横家书》十七《苏厉谓起贾章》：谓起贾曰：私心以公为为天下伐齐，共约而不同虑。齐、秦相伐，利在晋国。齐、晋相伐，重在秦。是以晋国之虑，奉秦，以重虞秦。破齐，秦不妒得，晋之上也。秦食晋以齐，齐毁，晋敝，余齐不足以为晋国主矣。晋国不敢倍秦伐齐，又不敢倍秦收齐，秦两县齐、晋，以持大重，秦之上也。是以秦、晋皆策若计以相

伺也。古之为利者养人，□□立重。立重者，畜人以利。重立而为利者卑，利成而立重者轻。故古之人患利重之［自］夺□□□，唯贤者能以重终，察于见反，故能制天下。愿御史之熟虑之也。且使燕尽阳地，以河为境，燕、齐毋［敢］难矣。以燕王之贤，伐齐，足以刷先王之（饵）［耻］，利擅河山之间，（执）［势］无齐患，交以赵为死友，地不与秦攘界，燕毕□□之事，难听尊矣。赵取济西，以防河东，燕、赵共相，二国为一，兵全以临齐，则秦不能与燕、赵争。□□□□亡宋得，南阳伤于鲁，北地归于燕，济西破于赵，余齐弱于晋国矣。为齐计者，不踰强晋，□□□□秦，秦［齐］不合，莫尊秦矣。魏亡晋国，犹重秦也。与之攻齐，攻齐已，魏为□国，重楚为□□□□重不在梁西矣。一死生于赵，毁齐，不敢怨魏。魏，公之魏已。楚割淮北，以为下蔡启□，得虽近越，实必利郢。天下且攻齐，且属纵，为传焚之约。终齐事，备患于秦，□是秦重攻齐也，国必虑，意齐毁未当于秦心也。虑剂齐而生事于［秦］。周与天下交长，秦无祸矣。天下剂齐不待夏。近虑周，周必半岁；上党、宁阳，非一举之事也，然则韩□一年有余矣。天下休，秦兵适散，秦有虑矣。非是犹不信齐也，畏齐太甚也。公孙鞅之欺魏卬也，公孙鞅之罪也，身在于秦，请以其母质，襄疵弗受也。魏至今然者，襄子之过也。今事来矣，此齐之以母质之时也，而武安君之弃祸存身之诀也。■此信牵涉太广，仅择其要。末句之"武安君"即苏秦，可证面见长驻大梁的秦国御史起贾者，并非苏秦本人，而是苏秦所派密使苏厉。

［9］去年（前286）韩珉复相，并无实权，齐湣王仍听苏秦伐宋，并命苏秦门客冷向为伐宋主将。今年（前285）秦昭王策动伐齐，所以齐湣王又把亲秦的韩珉免相，苏秦复相。

［10］《苏秦列传》：燕使约诸侯从亲如苏秦时，或从或不，而天下由此宗苏氏之从约。■苏秦为燕使齐而反间，长驻齐都临淄。司马迁仅知燕使苏秦"约诸侯从亲"伐秦（赵相李兑台前策动，齐相苏秦幕后推动），诸侯"或从或不"，不知燕使苏秦"约诸侯从亲"伐齐（魏相孟尝君、赵相李兑、秦昭王台前策动，齐相苏秦幕后推动）。"天下由此宗苏氏之从约"，即明年（前284）乐毅率领五国联军伐齐破齐，是苏秦为燕使齐而反间十八年（前

301—前284）的最终结果。

[11]《秦本纪》：秦昭王二十二年（前285），蒙武（当作骜）伐齐，[取]河东，为九县。●《田世家》：齐湣王三十九年（当作十六年，前285），秦来伐，拔我列城九。■秦拔齐九邑，与秦本土不连，故设为县，不设为郡。县通悬，意为悬于本土之外。

[12]《赵世家》：赵惠文王十四年（前285），相国乐毅将赵、秦、韩、魏、燕攻齐，取灵丘。■今年（前285）仅有秦、赵单独伐齐。明年才是兼相燕、赵的乐毅率领赵、秦、韩、魏、燕五国联军伐齐破齐。

[13]《战国纵横家书》九《苏秦自燕献书谓齐王章》：[管]子之请，贵循也，非以自为也，[桓]公听之。臣贤王于桓[公]，臣不敢妄请[王重御臣]。

[14]详见拙著《庄子复原本》。

乐毅破齐苏秦车裂，魏牟慕庄师事蔺且

前284年，岁在丁丑。庄殁二年。

周赧王三十一年。秦昭王二十三年。楚顷襄王十五年。魏昭王十二年。韩釐王十二年。赵惠文王十五年。齐湣王十七年（卒）。燕昭王二十八年。鲁湣公十九年。卫嗣君三十一年。

苏秦派遣密使返燕，通报燕昭王：“去年秦、赵伐齐，我已成功离间齐、赵。如今诸侯伐齐形势明朗，齐国陷入孤立。大王报仇雪耻时机成熟，可以公开伐齐！我将按照既定方略，确保燕军必胜，齐军必败！”

燕昭王大喜，亲率燕军前往邯郸，会见赵惠文王：“齐灭宋后，空前强大。寡人愿命燕军，为大王之师充当前驱！”

赵惠文王忌惮强齐，大喜从命。

乐毅率领燕、赵联军伐齐，燕军居前，赵军押后，直逼济水西岸。[1]

齐湣王大怒：“燕昭王忠齐二十八年，竟敢公然背叛寡人！”

宋郭向齐湣王进言：“大王已经撤空了齐、燕边境的驻军，燕军不从齐、燕边境直接偷袭，反而绕道赵国，可见燕昭王仅是受到秦、赵胁迫而无奈伐齐，计策游疑未定，并非真心背叛大王和武安君。大王为何不让武安君领兵御敌？以武安君之贤，率领强齐之兵，迎战弱燕之师，必定大获全胜。燕军一破，赵军必定听命。大王破燕服赵，就能号令天下！”

齐湣王听从其言，调集倾国之兵，任命苏秦为主将，准备一举击溃赵、燕联军。

苏秦假装推辞："我不擅长兵事，恳请大王另命主将。"

齐湣王说："去吧！寡人相信先生无所不能！"

苏秦率领齐军，开赴济水，迎战燕军。故意战败，损兵二万人。

苏秦派遣苏厉赶回临淄，向齐湣王请罪："大王强行命我担任主将，如今战败，损兵二万人，恳请大王治罪！"

齐湣王说："这是寡人之过，武安君无罪！"

宋郭又说："昨日之战，燕军乃是侥幸获胜，大王可命武安君明日再战。武安君初战小败，明日必以大胜报答大王信任！"

齐湣王正在考虑是否换将，听了宋郭之言，打消换将之念。

苏秦坚辞，齐湣王不听。

次日再战，苏秦又故意战败，损兵三万人。

苏秦兵败，回到临淄，请求治罪。

齐湣王不听。[2]

赵惠文王眼见弱燕二败强齐，命令赵军加入伐齐。

魏昭王与赵惠文王同进退，终于听从孟尝君，也命魏军加入伐齐。

韩釐王与魏、赵同进退，也命韩军加入伐齐。

秦昭王大喜，命令秦军也加入伐齐。

乐毅兼相燕、赵，统帅燕、赵、魏、韩、秦五国联军，陈兵济水西岸，等待齐军决战。[3]

苏秦二战皆败，齐湣王考虑改命匡章、司马穰苴为主将。

苏秦向齐湣王进言："大王三年灭宋，其实仅用两年。第一年命令冷向伐宋，攻取淮北；第二年转命赵信伐宋，无功而返；第三年再命冷向伐宋，一举灭宋。宋国远比中山强大，但是号称天下第一良将的赵武灵王，用了十多年才伐灭中山，冷向仅用两年就伐灭了宋国。可见冷向远胜赵武灵王，实为天下第一良将。大王不如改命冷向为主将，必可大破五国之兵！"

齐湣王听从其言，不用匡章、司马穰苴，改命冷向为主将，达子为副将，率领五十万齐军，在济水西岸与五国联军决战。

两军对垒，擂响战鼓，兵锋将合。

冷向按照苏秦预定方略，突然鸣金，齐军转为撤退。

乐毅尽知苏秦预定方略，继续擂鼓，联军立刻冲锋。

冷向独驾一车先逃，从此不知所踪。

齐军正在撤退，突然失去主将，阵脚大乱，自相践踏，折损大半。

副将达子收拾残部，准备再战，齐军士气低落。

达子派人返回临淄，恳请齐湣王犒赏三军，激励士气。

齐湣王大怒："败军之将，怎能要求犒赏？"

达子勉力再战，奋勇战死，齐军残部覆灭。[4]

燕昭王大喜，亲临济水前线，犒赏三军，封乐毅为昌国君。[5]

齐军主力瞬间尽灭，齐湣王难以置信。

宗室陈举冒死进谏："大王宠信苏秦，不知苏秦误国。苏秦二战皆败，大王不予治罪！冷向离韩奔齐，大王不用，苏秦用之！冷向身为主将，鸣金动摇军心，临阵一乘先逃！苏秦用人不当，大王理应治罪！"

齐湣王大怒："胜败乃兵家常事，武安君对寡人忠心不二！"

司马穰苴冒死进谏："十一年前，我奉大王之命伐燕，攻取十城，杀死二将。大王听信苏秦之言，归还十城，从此被他蛊惑！苏秦为燕谋齐，在齐反间，骗得大王信任，先让大王得罪天下，再让大王一败涂地！"

齐湣王大怒："命你伐燕的并非寡人，而是孟尝君！你先得孟尝君重用，后被寡人弃用，难怪怨恨寡人！你明知孟尝君离齐相魏以后，背叛寡人，处心积虑策动诸侯伐齐，被武安君一再挫败，竟敢诬陷武安君背叛寡人！"[6]

齐民狐援冒死进谏："周武王灭商以后，仅把殷商的九鼎陈列于周廷，但是不许殷商的社稷立于天下，不许殷商的乐舞奏于宗庙，乃是为了引以为戒。大王千万不要让齐国的大吕陈列于诸侯的朝廷，不要让太公的社稷不得立于天下，不要让齐国的乐舞不得奏于宗庙。"

齐湣王大怒："庶民怎敢妄议国事，诅咒寡人！"

立刻在东闾公开诛杀陈举、司马穰苴、狐援，宣布："胆敢诽谤寡人，谗言苏秦，杀无赦！"

从此宗室离心，大臣不亲，百姓不附。[7]

齐国群臣不再进谏，秘密商议："苏秦不死，齐国必亡！"

派遣勇士，刺杀苏秦。

苏秦被刺，伤重将死。

齐湣王大怒："寡人必将缉捕刺客，为先生报仇！"

苏秦临死，进献最后一策："大王远胜齐桓公，我却不如管仲，不能继续辅佐大王，亲见大王成就汤、武之业！大王可把我的尸体，车裂于东闾。发布公告：'苏秦乱齐，为燕反间！刺客忠齐，寡人有赏！'刺客必来请功领赏，大王就能为我报仇！"

齐湣王大恸，依计而行。

刺客中计现身，晋见齐湣王："我刺杀苏秦，乃是为国除害，不愿请功领赏。愿为大王领兵御敌！"

齐湣王怒杀刺客，车裂于东闾。[8]

东周国洛阳人苏秦，三十九岁游楚，四十岁仕齐，四十五岁为齐使秦，四十九岁离齐仕燕。五十岁为燕使齐，反间十八年（前301—前284），助齐灭宋，助燕破齐，被刺身亡，终年六十七岁（前350—前284）。死前自请车裂，诱引刺客现身，成功复仇。

苏秦既死，门客宋郭、盛庆、辛谒、韩山，纷纷携带细软，逃离临淄，不知所踪。

公孙弘不知苏秦为燕反间，被其利用，未能破秦，反而破齐，愧对九泉之下的公孙衍、公孙喜，也逃离临淄，不知所踪。

苏厉护送苏秦遗体归葬洛阳，盛大车队到达洛阳郊外。

苏代带领苏氏宗族，远迎苏秦灵柩。

苏代之妻，苏厉之妻，跪伏道旁，不敢抬头。

苏厉说："你们当年奚落二哥无能，如今二哥已死，为何如此恭敬？"

二人说："我们都是妇人之见，有眼无珠，不知二哥竟是左右天下的不朽伟人！"[9]

苏厉以其余生，把苏秦亲撰的反间记录，编纂成册，藏诸名山。1973年出土于长沙马王堆汉墓，整理者命名为《战国纵横家书》。[10]

苏代读毕，衷心叹服："二弟真是有心人！竟然每事必有记录，每信必留底稿。"

苏厉说："二哥保存这些即时记录，一是预防燕昭王听信田代、孙去疾之流的谗言，怀疑二哥叛燕忠齐。二是确保二哥只手操纵天下，帮助弱燕击破强齐的旷世奇功，不因极度隐秘而彻底湮灭。"[11]

乐毅击破齐军主力，遣返秦军、韩军，任凭魏军、赵军瓜分宋地。

魏军占领了与魏相邻的宋地商丘（今河南商丘）、陈留（今河南陈留）。

赵军占领了与赵相邻的宋地河间（今河北河间）。[12]

魏相孟尝君，收复了封地薛邑。

秦相魏冉，保留齐封之地定陶。[13]

乐毅、剧辛率领燕军独攻齐国，一举攻破临淄。尽取珍宝重器，烧毁宫室宗庙。

燕军乘胜深入齐境，用了半年时间，攻取七十余城，占领齐国大部。

齐国全境，仅剩四座孤城，未被燕军攻克：莒邑（今山东莒县）、聊城（今山东聊城）、阳晋（今山东郓城）、即墨（今山东平度）。[14]

齐湣王逃出临淄，流亡中立多年的卫国，大惑不解："寡人想不明白，寡人五年破楚，三年破秦，三年灭宋，辟地千里，战无不胜，雄霸天下，为何竟会突然亡国？"

公玉丹说："我以为大王已经明白，没想到还不明白！大王之所以亡国，乃是因为过于贤明。当今天下诸侯，均为不肖之主，无不嫉恨大王贤明，因此联合伐齐，导致大王亡国。"

齐湣王仰天长叹："贤明之君，为何竟有如此磨难？"

公玉丹说："传说上古贤君，失去天下而无恨色。我以前不敢相信，如今亲见于大王。大王曾经号称东帝，雄霸天下，如今失去齐国，仍然容光焕发，神态自若，视天下为身外之物，一如上古贤君，岂是不肖之主可比！"

齐湣王叹息："苏秦死后，只有你最了解寡人了！寡人客居卫国数月，腰带已经放宽了三次！" [15]

楚顷襄王没有加入伐齐，召见淖齿："齐弱有利于楚，齐强不利于楚。但是齐亡更不利于楚，因为齐亡之后，秦必伐楚。寡人不愿齐亡，你可领兵救齐！"

淖齿奉命救齐，先趁乱收复淮北 [16]，然后把齐湣王接到莒邑。[17]

齐湣王把莒邑东庙设为行宫，任命淖齿为相，准备复国。[18]

淖齿相齐不久，听说齐湣王怀念苏秦，厌恶自己。

于是命人假扮秦使，晋见齐湣王："大王以燕臣苏秦为相而亡国，为何又命楚臣淖齿为相？"

齐湣王说："淖齿怎能与苏秦相提并论！"

淖齿大怒，抽了齐湣王的筋，吊在莒邑东庙的横梁之上。

齐湣王田地，被吊一夕咽气。在位十七年（前300—前284），国破身死。[19]

太子田法章闻讯，连夜化装逃走。

莒邑少年王孙贾，年仅十五岁，新近成为齐湣王侍卫。

值夜过后，清晨回家，告诉母亲："大王不见踪影！"

母亲说："你有幸事奉大王，晨出暮归，暮出晨归，我都高兴。既然大王失踪，你怎么有空回家？"

王孙贾冲出家门，当街大喊："奸贼淖齿祸乱齐国，弑杀大王！愿意随我杀贼的齐人，祖露右肩！"

瞬间招募了四百多名莒邑少年，突入东庙，杀死淖齿。[20]

楚国山中，魏牟请教詹何："燕昭王破齐报仇，是否可算贤君？"

詹何说："燕昭王复国以后，仿效越王勾践，卧薪尝胆，誓报齐仇。勾践被吴击败之后，十年生聚，十年教训，用了二十年时间，终于灭吴报仇。燕昭王即位第八年招贤，同样用了二十年时间，终于破齐报仇。勾践和燕昭王，从庙堂利害来看，可谓难得的贤君，从江湖祸福来看，则是民众的灾星。从世道变迁来看，勾践之时既有范蠡，也有文种，燕昭王之时没有范蠡，仅有文种。看来你十分仰慕勾践、燕昭王，尽管身居江湖，仍然心系庙堂，没忘赵灭中山之仇。"

魏牟大为羞愧："公孙龙的名学极为难懂，我十五岁时一听就懂。我二十四岁师从夫子，闻道至今，已有十三年，为何至今仍未悟道？"

詹何说："宋人庄子，师从文子弟子南郭子綦，尽得老聃之道！你在我处不能悟道，何不北行拜见庄子？"[21]

庄殁二年，三十七岁的魏牟来到蒙邑，叩开庄子家门。

庄遍说："父亲已死两年。"

魏牟怅然若失："莫非我今生无缘悟道？"

庄咸说："蔺且先生师从父亲半生，尽传其道。"

魏牟恳请庄遍、庄咸引见，拜见蔺且。

蔺且说："吾师留有遗著七篇，你既有心学道，不妨读之。"

魏牟喜出望外，留在蒙邑，师从蔺且学道。

魏牟说："我早年遍读百家之书，以为名家之言最为高深难懂。后来在詹何之处得读《老子》，发现老聃之道更为高深难懂。如今在先生之处得读

《庄子》，始知庄子之道最为高深难懂。"

蔺且说："庄子之道是否高深，姑且不论。你觉得何处难懂？"

魏牟说："老聃之书，固然隐晦其言，恍惚其旨，毕竟直言其事，直言其理，尽管难以悟透，多读仍有所悟。庄子之书，极少直言其事，直言其理，多为故事，故事虽然极为有趣，但是其中人物各言其事，各言其理，难明庄子真意为何。"

蔺且说："如今泰道式微，否术猖獗，不宜明褒泰道，明斥否术，所以庄子不得不支离其言，晦藏其旨。庄子之书，共有三言。"

魏牟说："愿闻三言之义。"

蔺且说："故事之言，谓之寓言。重复之言，谓之重言。支离之言，谓之卮言。寓言乃是借事言道的案例，便于阅者举一反三。由于寓言晦藏其旨，阅者难明其旨，所以又用重言、卮言，点明寓言晦藏之旨。"

魏牟问："老聃隐晦其言，恍惚其旨，能够领悟之人已经极少。庄子进而支离其言，晦藏其旨，能够领悟之人岂非更少？"

蔺且说："上士闻道，勤而行之。中士闻道，若存若亡。下士闻道，必定大笑。痞士闻道，必将篡改。可见传道之言，如果浅显易懂，益处不大，害处不小。老聃隐晦其言，恍惚其旨，由于直言其事，直言其理，其书仍然多被痞士篡改，而且极易篡改，仅改一字，意思全反。庄子有鉴于此，不仅支离其言，晦藏其旨，而且不再直言其事，直言其理，并不影响上士莫逆于心，勤而行之，却使中士、下士、痞士难明其义，不易篡改。只有这样，庄子之道才能传之久远。"

魏牟说："原来庄子三言，用意如此深远。不过弟子以为，庄子是以卮言为蔓衍，以重言为真，以寓言为广。卮言至关重要，所以蔓衍各处。重言则是真言，可免理解有误。寓言则是譬解，用于广演其道。"

蔺且大悦："你迟迟不能领悟老聃之道，竟能迅速领悟庄子之道。我追随庄子半生，根据亲见亲闻，写了五篇释庄之文，或许有助于理解。另有一些记录庄子言行的零散札记，你也可以参考。"

魏牟读毕蔺且释庄之文，大为叹服："经过先生解说，结合庄子言行，庄子三言果然易懂多了。"[22]

笺注

[1]《燕策二》四：苏代（当作苏秦）自齐使人谓燕昭王曰："臣（闻）[间]离齐、赵，齐、赵已孤矣，王何不出兵以攻齐？臣请为王弱之。"……●《赵世家》：赵惠文王十五年（前284），燕昭王来见。■《燕策二》四之"闻"，为"间"之讹。"间离"二字，是苏秦反间之铁证。撰者不知苏秦为燕反间于齐，传抄而讹。

[2]《燕策二》四（续上）：……燕乃伐齐攻晋。[苏秦]令人谓闵王曰："燕之攻齐也，欲以复振故地也。燕兵在晋而不进，则是兵弱而计疑也。王何不令苏子将而应燕乎？夫以苏子之贤，将而应弱燕，燕破必矣。燕破则赵不敢不听，是王破燕而服赵也。"闵王曰："善。"乃谓苏子曰："燕兵在晋，今寡人发兵应之，愿子为寡人为之将。"对曰："臣之于兵，何足以当之，王其改举。王使臣也，是败王之兵，而以臣遗燕也。战不胜，不可振也。"王曰："行！寡人知子矣。"苏子遂将，而与燕人战于晋下，齐军败，燕得甲首二万人。苏子收其余兵，以守阳城，而报于闵王曰："王过举，令臣应燕，今军败，亡二万人，臣有斧质之罪，请自归于吏以戮。"闵王曰："此寡人之过也，子无以为罪。"明日，[苏秦]又使燕攻阳城及狸，又使人谓闵王曰："日者齐不胜于晋下，此非兵之过，齐不幸而燕有天幸也。今燕又攻阳城及狸，是以天幸自为功也。王复使苏子应之，苏子先败王之兵，其后必务以胜报王矣。"王曰："善。"乃复使苏子，苏子固辞，王不听，遂将以与燕战于阳城。燕人大胜，得首三万。齐君臣不亲，百姓离心。燕因使乐毅大起兵伐齐，破之。▲杨宽：此为后世策士所伪托，用以夸张苏秦为燕反间而取得破齐之计者。考阳城及狸乃燕之腹地。《赵世家》称赵悼襄王九年赵攻燕，取狸、阳城，"兵未罢，秦攻邺拔之"。《韩非子·饬邪》言赵北伐燕，"兵至釐而六城拔矣，至阳城，秦拔邺矣"。"狸"或"釐"皆即狸。阳城在今河北顺平县东南，狸在今河北任丘市东北，皆为燕境内之重要都邑。而此云苏子败于晋下，收其余兵以守阳城，又谓燕攻阳城及狸，乃不知地理者之妄说。■杨说非。齐宣王五年（前315）匡章吞并燕国全境，燕

昭王元年（前311）复国并未收复旧燕全境，阳城与狸等旧燕故地仍为齐占。燕昭王二十八年（前284）乐毅破齐，收复全部齐占燕地，占领齐国全境（仅余莒邑、即墨）。赵悼襄王九年（前236）赵攻燕之阳城与狸，不能证明此策伪托。此策合于其他一切苏秦史料，正是燕相苏秦为燕反间于齐十八年（前301—前284）而确保燕将乐毅破齐之重要史实。

[3]《乐毅列传》：乐毅于是并护赵、楚（当作秦）、韩、魏、燕之兵以伐齐，破之济西。▲杨宽：楚乃秦之误。■杨说是。济西之战无楚军，乐毅所率为赵、秦、韩、魏、燕五国联军。乐毅破齐之后，齐湣王逃至莒邑，楚派淖齿救齐，亦证乐毅所率五国联军无楚军。

[4]《齐策六》一：……燕举兵，使昌国君将而击之。齐使向子将而应之。齐军破，向子以舆一乘亡。达子收余卒，复振，与燕战，求所以偿者，闵王不肯与，军破走。王奔莒。……●《吕览·权勋》：昌国君将五国之兵以攻齐。齐使触子（当作向子）将，以迎天下之兵于济上。齐王欲战，使人赴触子（当作向子），耻而訾之曰："不战，必划若类，掘若垄！"触子（当作向子）苦之，欲齐军之败，于是以天下兵战，战合，击金而却之，卒北，天下兵乘之。触子（当作向子）因以一乘去，莫知其所，不闻其声。达子又帅其余卒以军于秦周，无以赏，使人请金于齐王。齐王怒曰："若残竖子之类，恶能给若金？"与燕人战，大败，达子死，齐王走莒。燕人逐北入国，相与争金于美唐甚多。此贪于小利以失大利者也。■《吕览·权勋》之"触子"，即《齐策六》一"向子"，即苏秦门客冷向，又称"向公"（《东周策》六）。"欲齐军之败"者，并非冷向，而是苏秦。"向子以舆一乘亡"，并非冷向临时起意，而是苏秦反间破齐之终极方略，即《燕策二》四苏秦自齐使人谓燕昭王曰："王何不出兵以攻齐？臣请为王弱之。"苏秦为了确保这一终极方略万无一失，齐伐宋第一年（前288）即命冷向为主将，由于齐伐宋第二年（前287）齐湣王改命赵信为主将，苏秦不仅叫停伐宋，而且建议齐湣王诛杀赵信以息楚怒，确保齐伐宋第三年（前286）之灭宋主将是其门客冷向。因为只有冷向建立灭宋大功，方能确保乐毅伐齐之时的齐军主将为冷向，从而顺利实施这一终极方略。为了确保这一终极方略顺利实施，苏秦又支开了齐国名将匡章，命其率领齐湣王庶子公子顺为质于赵。

[5]《乐毅列传》：燕昭王大悦，亲至济上劳军，行赏飨士，封乐毅于昌国，号为昌国君。

[6]《范雎列传》：……诸侯见齐之罢獘，君臣之不和也，兴兵而伐齐，大破之。士辱兵顿，皆咎其王曰："谁为此计者乎？"王曰："文子为之。"●《东周策》二一：……薛公背故主，轻忘其薛，不顾其先君之丘墓。●《孟尝君列传》：……孟尝君恐，乃如魏。魏昭王以为相，西合于秦、赵，与燕共伐破齐。齐湣王亡在莒，遂死焉。■由于苏秦反间极其隐秘，齐湣王至死不知。所以齐湣王至死认为五国伐齐的策动者是魏相孟尝君田文。盲信苏秦讹史的司马迁、刘向亦然。

[7]《齐策六》一：齐负郭之民有狐咺（即《吕览》狐援）者，正议闵王，斮之檀衢，百姓不附。齐孙室者陈举直言，杀之东闾，宗族离心。司马穰苴为政者也，杀之，大臣不亲。以故燕举兵，使昌国君将而击之。齐使向子将而应之。齐军破，向子以舆一乘亡。达子收余卒，复振，与燕战，求所以偿者，闵王不肯与，军破走。王奔莒。●《吕览·贵直》：狐援说齐湣王曰："殷之鼎陈于周之廷，其社盖于周之屏，其干戚之音充人之游。亡国之音不得至于庙，亡国之社不得见于天，亡国之器陈于廷，所以为戒。王必勉之！其无使齐之大吕陈之廷，无使太公之社盖之屏，无使齐音充人之游。"齐王不受。狐援出而哭国三日，其辞曰："先出也，衣絺纻；后出也，满囹圄。吾今见民之洋洋然东走而不知所处。"齐王问吏曰："哭国之法若何？"吏曰："斮。"王曰："行法！"吏陈斧质于东闾，不欲杀之，而欲去之。狐援闻而蹶往过之。吏曰："哭国之法斮，先生之老欤？昏欤？"狐援曰："曷为昏哉？"于是乃言："有人自南方来，鲋入而鲵居，使人之朝为草，而国为墟。殷有比干，吴有子胥，齐有狐援。已不用若言，又斮之东闾，每斮者以吾参夫二子者乎！"狐援非乐斮也，国已乱矣，上已悖矣，哀社稷与民人，故出若言。出若言非平论也，将以救败也。固嫌于危，此（触子）[向子]之所以去之也，达子之所以死之也。■《齐策六》一之"狐咺"，即《吕览·贵直》之"狐援"。《齐策六》一颠倒先后，齐军败前，狐咺、陈举、司马穰苴不会谏，谏亦不会被杀。司马穰苴为匡章之后的齐之良将，曾经伐燕得十城（前295），因其为孟尝君启用，故齐湣王罢免孟尝

君以后弃用之，今又杀之。《吕览·贵直》之"(触子)[向子]之所以去之也，达子之所以死之也"，即《齐策六》一"齐使向子将而应之"、"向子以舆一乘亡"，《吕览》撰者不知冷向临阵脱逃是苏秦反间破齐之终极方略。

[8]《苏秦列传》：……齐大夫多与苏秦争宠者，而使人刺苏秦，不死，殊而走。齐王使人求贼，不得。苏秦且死，乃谓齐（湣）王曰："臣即死，车裂臣以徇于市，曰'苏秦为燕作乱于齐'，如此则臣之贼必得矣。"于是如其言，而杀苏秦者果自出，齐王因而诛之。燕闻之曰："甚矣，齐之为苏生报仇也！"苏秦既死，其事大泄。齐后闻之，乃恨怒燕。……■此段大抵属实，仅是司马迁误信苏秦诋史而提前至燕王哙时，把"齐后闻之，乃恨怒燕"作为齐宣王破燕的原因。冷向一乘独逃导致齐军溃败于燕军，齐湣王仍然坚信苏秦，而齐大夫已有人知苏秦为燕反间，由于齐湣王执迷不悟而多杀谏者，不得已使人刺之。苏秦遂施此计以报仇。"苏秦既死，其事大泄"，只有齐湣王至死不悟。【附考】《楚策一》十八（张仪为秦破从连横说楚王）：……凡天下所信约从亲坚者苏秦，封为武安君而相燕，即阴于燕王谋破齐共分其地。乃佯有罪，出走入齐，齐王因受而相之。居二年而觉，齐王大怒，车裂苏秦于市。……■策文把张仪的对手公孙衍误为苏秦有误，其言"齐王大怒，车裂苏秦于市"不误，但是齐湣王车裂苏秦并非疑其为燕反间于齐，而是为其报仇。

[9]《苏秦列传》：……于是六国从合而并力焉。苏秦为从约长，并相六国。北报赵王，乃行过雒阳，车骑辎重，诸侯各发使送之甚众，疑于王者。周显王闻之恐惧，除道，使人郊劳。苏秦之昆弟妻嫂侧目不敢仰视，俯伏侍取食。苏秦笑谓其嫂曰："何前倨而后恭也？"嫂委蛇蒲服，以面掩地而谢曰："见季子位高金多也。"苏秦喟然叹曰："此一人之身，富贵则亲戚畏惧之，贫贱则轻易之，况众人乎！且使我有雒阳负郭田二顷，吾岂能佩六国相印乎！"于是散千金以赐宗族朋友。初，苏秦之燕，贷人百钱为资，乃得富贵，以百金偿之。■"佩六国相印"为苏秦诋史。苏秦相燕、相齐、相赵之后，未闻何时返乡，姑系此。

[10]《战国纵横家书》二十七章，整理者所编次序甚误，两大部分之正确顺序如下。与苏秦相关之十八章：二二、五、九、十三（韩珉致齐湣

王）、十二、三、二、一、十、八、四（此前十五年苏秦反间史）、十一、七、十四、六、二〇、二一、十七（苏秦派苏厉至魏说起贾）。与苏秦无关之九章：十五、十六、十八、十九、二三、二四、二五、二六、二七。详见拙著《战国纵横家书系年》（未刊稿）。

[11]《孙子·用间》传世本：昔殷之兴也，伊挚在夏；周之兴也，吕牙在殷。●1972年山东临沂银雀山西汉墓出土竹简《孙子·用间》又增八字：昔殷之兴也，伊挚在夏；周之兴也，吕牙在殷；燕之兴也，苏秦在齐。■可见西汉之时，仍然有人明白苏秦为燕反间于齐。《史记》、《战国策》误采苏秦讹史之后，苏秦真史隐入忘川。【附考】《苏秦列传》：太史公曰：苏秦兄弟三人，皆游说诸侯以显名，其术长于权变。而苏秦被反间以死，天下共笑之，讳学其术。然世言苏秦多异，异时事有类之者皆附之苏秦。夫苏秦起闾阎，连六国从亲，此其智有过人者。吾故列其行事，次其时序，毋令独蒙恶声焉。■《苏秦列传》谓"苏秦被反间以死"，是苏秦讹史残存的苏秦真史。

[12]《汉书·地理志》：宋为齐、楚、魏所灭，三分其地。魏得其梁（睢阳）、陈留，齐得其济阴、东平，楚得其沛。▲杨宽：梁指睢阳。《汉书·地理志》其说不确。东平属鲁，原非宋地。陈留一带早于战国初期已为魏有，魏得睢阳，楚得沛，当在合纵破齐之后。吴师道注《战国策》辨之曰："《史》称齐既灭宋，南割楚之淮北，西侵三晋。是乘灭宋之强，并夺楚、魏地。而谓与之分宋地，岂其实哉？"《史·表》燕灭齐之年书"楚取齐淮北"，则楚、魏分地当是乐毅破齐后事。■睢阳即宋都商丘。

[13]《韩非子·定法》：公孙鞅之治秦也，设告相坐而责其实，连什伍而同其罪，赏厚而信，刑重而必，是以其民用力劳而不休，逐敌危而不却，故其国富而兵强。然而无术以知奸，则以其富强也资人臣而已矣。及孝公、商君死，惠王即位，秦法未败也。张仪以秦殉韩、魏。惠王死，武王即位，甘茂以秦殉周。武王死，昭襄王即位，穰侯越韩、魏而东攻齐，五年而秦不益尺寸之地，乃成其陶邑之封，应侯攻韩八年，成其汝南之封；自是以来，诸用秦者皆应、穰之类也。■魏相孟尝君收复被宋所侵之薛邑，是其策动五国伐齐的重要目标。秦相魏冉得到齐国预封的宋之定陶（苏秦密使

宋郭许之，秦昭王不知），是魏冉说服秦昭王同意齐灭宋的重要原因。

[14]《燕世家》：燕昭王二十八年（前284），燕国殷富，士卒乐轶轻战，于是遂以乐毅为上将军，与秦、楚、三晋合谋以伐齐。齐兵败，湣王出亡于外。燕兵独追北，入至临淄，尽取齐宝，烧其宫室宗庙。齐城之不下者，独唯聊、莒、即墨，其余皆属燕，六岁（前284—前278）。●《赵世家》：赵惠文王十五年（前284），燕昭王来见。赵与韩、魏、秦共击齐，齐王败走，燕独深入，取临菑。●《魏世家》：魏昭王十二年（前284），与秦、赵、韩、燕共伐齐，败之济西，湣王出亡。燕独入临菑。与秦王会西周。●《韩世家》：韩厘王十二年（前284），与秦昭王会西周而佐秦攻齐。齐败，湣王出亡。●《乐毅列传》：……乐毅于是并护赵、楚（当作秦）、韩、魏、燕之兵以伐齐，破之济西。诸侯兵罢归，而燕军乐毅独追，至于临菑。齐湣王之败济西，亡走，保于莒。乐毅独留徇齐，齐皆城守。乐毅攻入临菑，尽取齐宝财物祭器输之燕。……燕昭王收齐卤获以归，而使乐毅复以兵平齐城之不下者。乐毅留徇齐五岁（前283—前278），下齐七十余城，皆为郡县以属燕，唯独莒、即墨未服。●《资治通鉴》：燕王悉起兵，以乐毅为上将军。秦尉斯离帅师与三晋之师会之。赵王以相国印授乐毅，乐毅并将秦、魏、韩、赵之兵以伐齐。齐湣王悉国中之众以拒之，战于济西，齐师大败。乐毅还秦、韩之师，分魏师以略宋地，部赵师以收河间。身率燕师，长驱逐北。剧辛曰："齐大而燕小，赖诸侯之助以破其军，宜及时攻取其边城以自益，此长久之利也。今过而不攻，以深入为名，无损于齐，无益于燕而结深怨，后必悔之。"乐毅曰："齐王伐功矜能，谋不逮下，废黜贤良，信任诌谀，政令戾虐，百姓怨怼。今军皆破亡，若因而乘之，其民必叛，祸乱内作，则齐可图也。若不遂乘之，待彼悔前之非，改过恤下而抚其民，则难虑也。"遂进军深入。齐人果大乱失度，湣王出走。乐毅入临淄，取宝物、祭器，输之于燕。燕王亲至济上劳军，行赏飨士；封乐毅为昌国君，遂使留徇齐城之未下者。■《史记》各《世家》所书，无法解释以燕之弱，为何五国联军破齐之后，独让燕军占领齐境。《燕策二》四（见上注2）及《齐策六》一（见上注4）才是唯一解释：燕相苏秦命其同党冷向为齐军主将而故意临阵脱逃，预知苏秦破齐方略的燕将乐毅率领燕

军趁机大破齐军。【附考】《燕策一》十二（《燕世家》略同）：燕昭王收破燕后即位，卑身厚币，以招贤者，欲将以报仇。……燕王吊死问生，与百姓同其甘苦。二十八年（前284），燕国殷富，士卒乐佚轻战。于是遂以乐毅为上将军，与秦、楚、三晋合谋以伐齐。齐兵败，闵王出走于外。燕兵独追北，入至临淄，尽取齐宝，烧其宫室宗庙。齐城之不下者，唯独莒、即墨。●《燕策二》十一：客（苏秦）谓燕（昭）王曰："齐南破楚，西屈秦，用韩、魏之兵，燕、赵之众，犹鞭策也。使齐北面伐燕，即虽五燕不能当。王何不阴出使，散游士，顿齐兵，弊其众，使世世无患？"燕王曰："假寡人五年，寡人得其志矣。"苏子（苏秦）曰："请假王十年。"燕（昭）王说，奉苏子车五十乘，南使于齐，谓齐（湣）王曰："齐南破楚，西屈秦，用韩、魏之兵，燕、赵之众，犹鞭策也。臣闻当世之（举）[兴]王，必诛暴正乱，举无道，攻不义。今宋王射天笞地，铸诸侯之象，使侍屏匽，展其臂，弹其鼻，此天下之无道不义，而王不伐，王名终不成。且夫宋，中国膏腴之地，邻民之所处也，与其得百里于燕，不如得十里于宋。伐之，名则义，实则利，王何为弗为？"齐王曰："善。"遂兴兵伐宋，三覆宋，宋遂举。燕王闻之，绝交于齐，率天下之兵以伐齐，大战一，小战再，顿齐国，成其名。故曰：因其强而强之，乃可折也；因其广而广之，乃可缺也。
▲杨宽："大战一"即是济西之战，"小战再"即是秦周之战。……齐与燕接境之地为河北，齐与赵接境之地为济西。乐毅为赵、燕之共相，（去年）先以赵相率五国之师攻取齐之灵丘，（今年）进而大破齐军于济西。继而又以燕相独率燕军追至临淄。■杨说固是，然未能解释为何五国联军破齐之后，独让燕军占领齐境。乐毅实为燕相，去年兼任赵相，乃是不欲齐湣王疑及燕昭王、苏秦。且冷向为苏秦门客，故以齐之强，冷向大败于济西，实为苏秦破齐方略之关键布置。乐毅率五国之兵，燕师在前，故共伐诸国以破齐为燕功。于是冷向逃亡、苏秦被杀以后，独让燕军占领齐境，诸侯仅是瓜分齐占宋地。

[15]《吕览·审己》：齐湣王亡居于卫，昼日步足，谓公玉丹曰："我已亡矣，而不知其故。吾所以亡者，果何故哉？我当已。"公玉丹答曰："臣以王为已知之矣，王故尚未之知邪？王之所以亡者，以贤也。天下之王皆

不肖，而恶王之贤也，因相与合兵而攻王。此王之所以亡也。"湣王慨焉太息曰："贤固若是其苦邪？"此亦不知其所以也，此公玉丹之所以过也。●《吕览·过理》(《新序·杂事五》二一略同)：齐湣王亡居卫，谓公玉丹曰："我何如主也？"玉丹对曰："王贤主也。臣闻古人有辞天下而无恨色者，臣闻其声，于王而见其实。王名称东帝，实辨天下。去国居卫，容貌充满，颜色发扬，无重国之意。"王曰："甚善！丹知寡人。寡人自去国居卫也，带益三副矣。"●《吕览·达郁》：列精子高听行乎齐湣王，善衣东布衣，白缟冠，颡推之履。特会朝雨，袪步堂下，谓其侍者曰："我何若？"侍者曰："公姣且丽。"列精子高因步而窥于井，粲然恶丈夫之状也。喟然叹曰："侍者为吾听行于齐王也，夫何阿哉！又况于所听行乎？万乘之主，人之阿之亦甚矣，而无所镜，其残亡无日矣。"孰当可而镜？其唯士乎！人皆知说镜之明己也，而恶士之明己也。镜之明己也功细，士之明己也功大。得其细，失其大，不知类耳。■齐湣王对其亡国"不知其故"，司马迁、刘向及无数后人亦然。【附考】《赵策三》十三（鲁仲连谓辛垣衍）：齐闵王将之鲁，夷维子执策而从，谓鲁人曰："子将何以待吾君？"鲁人曰："吾将以十太牢待子之君。"夷维子曰："子安取礼而来待吾君？彼吾君者，天子也。天子巡狩，诸侯辟舍，纳于管键，摄衽抱几，视膳于堂下，天子已食，退而听朝也。"鲁人投其籥，不果纳。不得入于鲁，将之薛，假途于邹。当是时，邹君死，闵王欲入吊。夷维子谓邹之孤曰："天子吊，主人必将倍殡柩，设北面于南方，然后天子南面吊也。"邹之群臣曰："必若此，吾将伏剑而死。"故不敢入于邹。■齐威王为第一个叛周称王的战国诸侯，已经自居"天子"。齐宣王又建明堂，同样自居"天子"。齐湣王欲称"东帝"，同样自居"天子"。

[16]《楚世家》：楚顷襄王十五年（前284），楚王与秦、三晋、燕共伐齐，取淮北。●《汉书·地理志》：宋为齐、楚、魏所灭，三分其地。魏得其梁（睢阳，即商丘）、陈留，齐得其济阴、东平，楚得其沛。■沛邑即在淮北。齐伐宋首年（前288），宋割淮北（原为楚地）。齐伐宋次年（前287），宋转献淮北归楚，楚将公畴竖争淮北而为赵信所杀，淮北归齐。齐伐宋第三年（前286），灭宋。今年（前284）五国破齐，燕入齐，诸侯瓜

分齐占宋地，楚国收复淮北。因庄子死后二年部分宋地归楚，导致后人误将庄子视为楚人。

[17]《乐毅列传》：齐湣王之败济西，亡走，保于莒。……乐毅留徇齐五岁（前283—前278），下齐七十余城，皆为郡县以属燕，唯独莒、即墨未服。●《燕策一》十二（《燕世家》略同）：齐城之不下者，唯独莒、即墨。●《齐策六》一：齐军破，向子以舆一乘亡。达子收余卒，复振，与燕战，求所以偿者，闵王不肯与，军破走。王奔莒。●《说苑·奉使》十八：昔燕攻齐，遵雒路，渡济桥，焚雍门，击齐左而虚其右，王歜绝颈而死于杜山；公孙差格死于龙门，饮马乎淄、渑，定获乎琅邪，王与太后奔于莒，逃于城阳之山。

[18]《田世家》：齐湣王四十年（当作十七年，前285），燕、秦、楚（误衍）、三晋合谋，各出锐师以伐，败我济西（前284），王解而却。燕将乐毅遂入临淄，尽取齐之宝藏器。湣王出亡，之卫。卫君辟宫舍之，称臣而共具。湣王不逊，卫人侵之，湣王去，走邹、鲁，有骄色，邹、鲁君弗内，遂走莒。楚使淖齿将兵救齐，因相齐湣王。淖齿遂杀湣王，而与燕共分齐之侵地卤器。▲杨宽：《田世家》既言"燕、秦、楚、三晋合谋，各出锐师以伐"，又谓"楚使淖齿将兵救齐，因相齐湣王"，前后矛盾。"燕、秦、楚、三晋合谋"，"楚"字当衍。■楚虽未加入五国伐齐，然而淮北原为楚地，先为宋占，齐灭宋则归齐。故而五国破齐以后楚军收复淮北。楚军未攻齐国本土，然而楚之收复淮北，亦可视为楚加入伐齐，旧史故有牵涉。又淖齿相齐，乃因齐相苏秦已死。

[19]《韩非子·内储说上》：淖齿闻齐王之恶己也，乃矫为秦使以知之。●《齐策六》一：……王奔莒。淖齿数之曰："夫千乘、博昌之间，方数百里，雨血沾衣，王知之乎？"王曰："不知。""嬴、博之间，地坼至泉，王知之乎？"王曰："不知。""人有当阙而哭者，求之则不得，去之则闻其声，王知之乎？"王曰："不知。"淖齿曰："天雨血沾衣者，天以告也；地坼至泉者，地以告也；人有当阙而哭者，人以告也。天地人皆以告矣，而王不知戒焉，何得无诛乎！"于是杀闵王于鼓里。●《秦策三》十（范雎谓秦昭王）：淖齿管齐之权，缩闵王之筋，县之庙梁，宿昔而死。●《楚策四》九

（客说春申君）：淖齿用齐，擢闵王之筋，县于其庙梁，宿夕而死。●《韩非子·难一》：湣王一用淖齿而身死乎东庙。▲杨宽：淖、卓皆当为昭之通假，犹如昭滑之或作卓滑。盖楚之贵族。……齐湣王因兵败出奔，经卫、邹、鲁等国，回国走莒，即依靠淖齿之救助。莒为齐五都之一，在齐长城附近，靠近楚国，据此可重建齐之政权，因而重用淖齿为相。……淖齿之杀湣王，盖由于利害冲突，猜疑而相恶。《韩非子·内储说上》云："淖齿闻齐王之恶己也，乃矫为秦使以知之。"韩非列此为"倒言反事以尝所疑则奸情得"之一例，盖淖齿使人伪装秦使以见湣王，探得湣王厌恶自己，因而设计杀死湣王。

[20]《齐策六》二：王孙贾年十五，事闵王。王出走，失王之处。其母曰："女朝出而晚来，则吾倚门而望；女暮出而不还，则吾倚闾而望。女今事王，王出走，女不知其处，女尚何归？"王孙贾乃入市中，曰："淖齿乱齐国，杀闵王，欲与我诛者，袒右！"市人从者四百人，与之诛淖齿，刺而杀之。

[21]《庄子·让王》：中山公子牟谓詹子曰："身在江海之上，心居乎巍阙之下，为之奈何？"詹子曰："重生！重生则轻利。"中山公子牟曰："虽知之，未能自胜也。"詹子曰："不能自胜，则从之。从之，神无恶乎？不能自胜而强不从者，此之谓重伤。重伤之人，无寿类矣。"魏牟，万乘之公子也。其隐岩穴也，难为于布衣之士。虽未至乎道，可谓有其意矣。■赵武灵王伐灭中山（前296）之后，中山先王与阴姬所生庶子中山公子魏牟离开中山，游于楚国，师事楚国道家詹何（前350—前270）。

[22]《庄子·秋水》：公孙龙问于魏牟曰："龙少学先王之道，长而明仁义之行；别同异，离坚白；然不然，可不可；困百家之知，穷众口之辩。吾自以为至达矣。今吾闻庄子之言，茫焉异之。不知论之不及钦？知之弗若钦？今吾无所开吾喙，敢问其方？"公子牟隐几太息，仰天而笑曰："子独不闻夫坎井之蛙乎？谓东海之鳖曰：'吾乐钦！出跳乎井干之上，入休乎缺甃之崖。赴水则接腋持颐，蹶泥则没足灭跗；还视虷蟹与蝌蚪，莫吾能若也。且夫专擅一壑之水，而跨跱坎井之乐，此亦至矣。夫子奚不时来入观乎？'东海之鳖左足未入，而右膝已絷矣。于是逡巡而却，告之曰：'夫

海，万里之远不足以举其大，千仞之高不足以极其深。禹之时十年九潦，而水弗为加益；汤之时八年七旱，而崖不为加损。夫不为顷久推移，不以多少进退者，此亦东海之大乐也。'于是坎井之蛙闻之，适适然惊，规规然自失也。且夫智不知是非之境，而犹欲观于庄子之言，是犹使蚊负山，商蚷驰河也，必不胜任矣。且夫智不知论极妙之言，而自得一时之利者，是非坎井之蛙欤？且彼方跐黄泉而登太皇，无南无北，释然四解，沦于不测；无西无东，始于玄冥，返于大通。子乃规规然而求之以察，索之以辩，是直用管窥天，用锥指地也，不亦小乎？子往矣！且子独不闻夫寿陵余子之学步于邯郸欤？未得国能，又失其故步矣，直匍匐而归耳。今子不去，将忘子之故步，失子之业。"公孙龙口呿而不能合，舌举而不能下，乃逸而走。■魏牟（前320—前240）后来投入庄门，成为庄子弟子蔺且（前340—前260）的弟子。后来游赵重逢早年偶像公孙龙，遂极赞庄子，极斥公孙龙。

三

李兑诛赵孟尝死薛，魏牟改宗尽弃方术

前283年，岁在戊寅。庄殁三年。

周赧王三十二年。秦昭王二十四年。楚顷襄王十六年。魏昭王十三年。韩釐王十三年。赵惠文王十六年。齐襄王元年（在莒）。燕昭王二十九年。鲁湣公二十年。卫嗣君三十二年。

赵惠文王二十七岁，其弟平原君赵胜二十六岁。

平原君向赵惠文王进言："李兑饿杀父王，专权乱国，私欲熏心，愚蠢无谋。为了得到宋地定陶作为封地，助齐伐宋无功，受到苏秦愚弄；为了得到魏地河阳作为其子封地，策动伐秦无功，受到孟尝君愚弄。大王亲政六年，李兑仍然专擅国政，自命三晋盟主和纵约之长。李兑权倾天下十一年，诸侯仰其鼻息，最终徒逞其威，不仅寸功未立，反而加剧秦祸东来。大王前年仅予罢相，不足以惩治乱臣！"

赵惠文王听从其言，诛杀李兑，改命平原君为相。乐毅仍然兼相燕、赵。[1]

赵惠文王受制于李兑之时，无所事事，沉迷剑术。诛杀李兑之后，积习难改，仍然沉迷剑术。

平原君进谏："父王死后，李兑无能，未能遏制秦军卷土重来。大王继续沉迷剑术，怎能阻止秦祸及赵？"

赵惠文王不听，命令廉颇率领赵军，配合乐毅继续伐齐。

乐毅率领燕军，攻取了聊城（今山东聊城）。

廉颇率领赵军，攻取了阳晋（今山东郓城）。

齐国全境，仅剩莒邑（今山东莒县）、即墨（今山东平度）两座孤城。[2]

齐国太子田法章，躲入民间，改名换姓，做了莒邑太史敫的家仆。

太史敫之女发现，新来男仆状貌气度异于常人，心生爱慕，偷施衣食，与之私通。

齐国群臣在莒邑城内，到处寻访太子。

田法章担心危险，躲藏很久才敢现身，得到齐臣拥立，在莒邑东庙即位，即齐襄王。

遣使通报天下诸侯："幸赖神灵庇佑社稷，齐国已有新王。"

齐襄王把太史敫之女立为王后，封号君王后。生子田建，立为太子。[3]

秦昭王四十三岁，不愿齐国死灰复燃，多次邀约赵惠文王共同灭齐。

平原君向赵惠文王进言："父王实行胡服骑射，一是为了伐灭中山，二是为了遏制暴秦。大王如果助秦灭齐，不利于遏制暴秦。"

赵惠文王听从其言，拒绝助秦灭齐。[4]

魏冉向秦昭王进言："齐国已破，乐毅仍在追剿齐国残部。赵惠文王不愿助秦灭齐，秦军难以劳师远征。如今胆敢对抗秦国的赵武灵王、齐湣王、苏秦、李兑，都已先后死去，唯有孟尝君仍为魏昭王重用。孟尝君伐齐报仇已毕，又已收复薛邑，极有可能重新策动合纵伐秦，大王应该继续伐魏。"

秦昭王听从其言，为免楚国救魏，亲往楚地鄢邑（今河南鄢陵）会见楚顷襄王。

楚顷襄王庆幸齐破以后，秦昭王不谋伐楚而谋伐魏，承诺决不救魏。

秦昭王又约韩釐王共同伐魏。

韩釐王畏惧秦伐，于是罢免敌秦的公叔，让亲秦的韩辰复相，同意助秦伐魏。

秦、韩联军伐魏，攻取安城（今河南原阳西南），进围魏都大梁。

孟尝君又向赵、燕求救。

赵惠文王不愿齐破以后，秦再灭魏，又与燕昭王共同救魏。

秦、韩联军忌惮赵、燕骑兵，立刻退兵。[5]

魏都大梁首次遭到秦军围攻，虽得赵、燕之救而幸免陷落，魏昭王仍然十分后怕，终于明白，只要孟尝君相魏一日，秦昭王不可能停止伐魏。于是罢免孟尝君，改命庶子魏无忌为相，封为信陵君。

又把信陵君之姐魏氏，嫁给赵相平原君，希望借赵抗秦。[6]

孟尝君被罢免魏相，重归薛邑。

回想自己为泄私愤，放弃合纵伐秦，转而合纵伐齐，本意是薄惩齐湣王，然后返齐复相，继续合纵伐秦。不料合纵伐齐一旦启动，自己再难掌控，竟为苏秦作嫁，导致弱燕击破强齐，齐湣王惨死莒邑。尽管薛邑失而复得，但是自己失去强齐后盾，即被魏昭王抛弃。

孟尝君痛悔一念之差，铸下大错。一世英名，尽付流水。如今身为齐国宗室，却从齐国功臣变成齐国罪人。自伤自嗟，很快病死，终年六十三岁（前345—前283）。

魏昭王闻讯，出兵灭薛。

孟尝君田文，先相魏三年（前316—前314），再相齐十九年（前312—前294），兼任秦相一年（前299），后相魏十一年（前293—前283）。伐楚五年（前303—前299），伐秦三年（前298—前296），伐燕一年（前295），伐齐十年（前293—前284），无不大胜。然而伐破母邦，自毁长城。身死薛灭，子孙绝祀。[7]

秋天，秦昭王亲往魏冉新得封地定陶，再次会见楚顷襄王，商议共同伐赵。

秦昭王一到定陶，发现定陶作为天下第一商都，税赋冠绝天下，富丽奢华超过七雄国都。如今魏冉之富，已经超过秦国王室。终于明白，魏冉前年反对伐齐，去年五国破齐以后，听凭诸侯瓜分宋地，不为秦国争得寸地，都是为了保住自己的封地定陶。

于是大为不快，立刻罢免魏冉。[8]

楚顷襄王为了预防秦伐，罢免了亲秦的庶弟子兰，改命宗室公子黄歇为相，封为春申君。

春申君相楚，上朝进言：“如今齐国大破，魏、韩臣服秦国，燕国远离秦国，楚、赵成了秦军征伐的两大目标，秦昭王不伐赵，必伐楚。大王想要避免秦伐，不如把秦昭王垂涎已久的和氏璧，献给赵惠文王，诱使秦、赵两强互战。”

楚顷襄王说：“和氏璧乃是传国重宝，怎能拱手献出？”

春申君说：“大王如果不能借助赵国削弱秦国，必将与魏、韩、齐同命，怎能保住和氏璧？献出区区玉璧，诱使秦、赵互战，岂非舍轻得重？”

楚顷襄王听从其言，忍痛割爱，派遣庄辛使赵献璧。[9]

庄辛到达邯郸，晋见赵惠文王：“赵武灵王雄才大略，北驱东胡，东灭中山，西破暴秦，跃居天下最强。大王承父之威，年轻有为，如今赵、燕一体，兼并齐、宋，疆域超过天下一半，声势盖过战国以来所有强国。敝国大王认为，天下重宝和氏璧，不该属楚，应该归赵。”

赵惠文王接过和氏璧，看见上刻“天子宝玺”四字，喜出望外，重赏庄辛。

平原君拜见庄辛：“大王沉迷剑术，无心国事，我屡谏无效。如今大王赏识先生，先生能否劝说大王不再迷恋剑术，尽心国事，率领中原诸侯合力抗秦？”

庄辛欣然承诺：“我将以剑术进言，劝说大王不再沉迷剑术。”

平原君说："大王自幼身穿胡服，喜欢身穿胡服的剑士，不喜欢身穿儒服的儒士。先生身穿儒服，大王必不相信先生精通剑术。"

庄辛于是改穿胡服，再次晋见赵惠文王。

赵惠文王问："先生原先身穿儒服，如今改穿胡服，莫非精通剑术？"

庄辛说："即使十步一人阻挡，我照样仗剑横行千里。"

赵惠文王大惊："先生的剑术，可谓天下无敌！请问先生之剑，长短多少？"

庄辛说："我有三柄剑，分别是天子之剑、诸侯之剑、庶人之剑。听凭大王挑选！"

赵惠文王问："天子之剑如何？"

庄辛说："天子之剑，以燕溪、石城为剑锋，以齐地、泰山为剑刃，以晋地、卫地为剑脊，以二周、宋地为剑环，以韩地、魏地为剑柄，以四夷、四季为剑鞘，以渤海、恒山为剑穗。此剑一出，匡正诸侯，威服天下。"

赵惠文王问："诸侯之剑如何？"

庄辛说："诸侯之剑，以智勇之士为剑锋，以清廉之士为剑刃，以贤良之士为剑脊，以忠圣之士为剑环，以豪杰之士为剑柄。此剑一出，国人听命，百姓臣服。"

赵惠文王问："庶人之剑如何？"

庄辛说："庶人之剑，身穿胡服，对面击刺，上斩颈脖，下刺肺肝，如同斗鸡。一旦命丧剑下，再也无益于国。如今大王身为万乘之主，竟然喜好庶人之剑，我为大王深感羞愧。"

赵惠文王茫然若失。

庄辛告辞。[10]

平原君随即进言："齐国之所以取代强魏，称霸中原，乃因田齐桓公、齐威王、齐宣王在稷下大力招贤。齐国之所以三世无敌，雄霸天下，乃因靖郭君田婴、孟尝君田文父子两代在薛邑大量养士。孟尝君之所以破楚破秦，号令诸侯，乃因养士三千。弱燕之所以大破强齐，乃因燕昭王仿效齐国，修筑黄金台招贤。可见得天下之士，必得天下之土。父王实行胡服骑射以来，赵国骑兵已对秦军步卒取得优势。大王只要仿效齐、燕，招揽天下贤士，必能击破暴秦，代周为王。"

赵惠文王听从其言，驱逐剑士，招纳贤士。

平原君酷爱名家之学，尊崇离魏返赵的名学巨子公孙龙。不喜儒家之学，冷遇离齐返赵的儒学大师荀况。

去年乐毅破齐，稷下学士离齐，多归平原君门下。

今年孟尝君死去，门客星散天下，多被平原君收揽。

平原君仿效孟尝君，也养士三千[11]，成为中原诸侯合纵反秦的最新策动者。[12]

庄殁三年，魏牟师从蔺且，阅读庄子遗著七篇，蔺且释庄五篇和零散札记，迅速领悟庄学。

魏牟说："我终于明白，早年迷恋的公孙龙名学，尽管极为精微，然而仅是方术，并非道术，无益于顺道循德，全生尽年。"

蔺且说："我一生师从庄子，略知庄子道术，很少涉猎杂学，不通百家方术。你转益多师，精通百家方术，既有其利，也有其弊。能去成心则利，不去成心则弊。"

魏牟说："弟子明白了！只有损之又损之，才能从为学增知，变成为道去知，息黥补劓，破茧化蝶，鲲化为鹏，抵达南溟。"

魏牟遵循师教，撰写了不朽名篇《秋水》，贬斥儒墨方术，畅论老庄道术。其中化入不少蔺且散记的庄子言行和庄惠对话。

蔺且读毕《秋水》，大为欣喜："我零散杂录的庄子言行，原本朴素无华，被你巧妙化入文章，文采远胜于我。所论庄学精微，义理不逊于我。如此看来，司马熹虽有大罪，也有大功！"

魏牟不解："先生何出此言？"

蔺且微笑："司马熹先乱宋国，唆使宋康王逐兄篡位，导致庄子辞去漆园吏，终生不仕，成了道术宗师。司马熹后乱中山，唆使中山先王册立阴姬为后，导致你没能立为中山太子，远离庙堂，成了庄学传人。"

魏牟恍然大悟："先生一言，洗尽我郁积半生的俗念。从此以后，我对庙堂再无任何留恋。我的兄长魏孖盗成为中山嗣王，我的侄子魏尚成为中山后王，均已亏生早夭。我却因祸得福，得以全生尽年。有幸传承庄子之道，更是不负此生！"

蔺且大为嘉许："《老子》有言：'祸兮福之所倚，福兮祸之所伏，夫孰知其极？'"

魏牟接口吟诵："'其无正也！正复为奇，善复为妖。人之迷也，其日固久矣。是以圣人方而不割，廉而不刿，直而不肆，光而不耀。'"

蔺且正色告诫："你的才华，不逊庄子。你的悟性，远胜于我。唯当谨记老聃之言'光而不耀'，庄子之言'内葆之而外不荡'，不可好胜逞才，恃才傲物，才能做到'至人之用心若镜，不将不迎，应而不藏，故能胜物而不伤'。"

魏牟躬身受教："弟子谨记！"[13]

笺注

[1] 李兑结局未见史载，但其策动五国伐秦失败（前286）之后再无史迹，当为次年（前285）苏秦游说赵惠王之后罢相（参看《战国纵横家书》二十一、《赵策一》九、《赵策二》一），乐毅代之。乐毅统帅五国联军破齐（前284）之后被诛（前283）。乐毅破齐之后驻守燕占齐地六年（前284—前278），赵惠文王同母弟平原君赵胜相赵。●《荀子·臣道》：韩之张去疾，赵之奉阳，齐之孟尝，可谓篡臣也。■赵人荀况（前313—前238），与赵惠文王（前309—前266）、赵相奉阳君李兑（前330—前283）、赵相平原君赵胜（前308—前252）同国同时，若非李兑被赵惠文王诛杀，荀况不可能称同国同时之赵相为"篡臣"。赵惠文王诛杀李兑之罪名，必为饿杀主父、专擅赵政。

[2]《燕世家》：齐城之不下者，独唯聊、莒、即墨。●《乐毅列传》：乐毅留徇齐五岁（前283—前278），下齐七十余城，皆为郡县以属燕，唯独莒、即墨未服（前283）。■乐毅去年（前284）破齐，聊城、莒邑、即

墨未破。今年（前283）攻取聊城，唯独莒邑、即墨未破。●《廉颇蔺相如列传》：廉颇者，赵之良将也。赵惠文王十六年（前283），廉颇为赵将伐齐，大破之，取阳晋，拜为上卿，以勇气闻于诸侯。■赵相李兑所用赵将为韩徐为。李兑之后，赵相为平原君。韩徐为之后，赵将为廉颇。

[3]《田世家》：湣王之遇杀，其子法章变名姓，为莒太史敫家庸。太史敫女奇法章状貌，以为非恒人，怜而常窃衣食之，而与私通焉。淖齿既以去莒，莒中人及齐亡臣相聚求湣王子，欲立之。法章惧其诛己也，久之，乃敢自言“我湣王子也”。于是莒人共立法章，是为襄王。以保莒城而布告齐国中：“王已立在莒矣。”襄王既立，立太史氏女为王后，是为君王后，生子建。太史敫曰：“女不取媒因自嫁，非吾种也，污吾世。”终身不覩君王后。君王后贤，不以不覩故失人子之礼。襄王在莒五年（前283—前279），田单以即墨攻破燕军，迎襄王于莒，入临菑。齐故地尽复属齐。齐封田单为安平君。●《乐毅列传》：乐毅留徇齐五岁（前283—前279），下齐七十余城，皆为郡县以属燕，唯独莒、即墨未服。会燕昭王死（前279），子立为燕惠王。惠王自为太子时尝不快于乐毅，及即位，齐之田单闻之，乃纵反间于燕，曰：“齐城不下者两城耳。然所以不早拔者，闻乐毅与燕新王有隙，欲连兵且留齐，南面而王齐。齐之所患，唯恐他将之来。”于是燕惠王固已疑乐毅，得齐反间，乃使骑劫代将，而召乐毅。乐毅知燕惠王之不善代之，畏诛，遂西降赵。赵封乐毅于观津，号曰望诸君。尊宠乐毅，以警动于燕、齐。

[4]《赵世家》：赵惠文王十六年（前283），秦复与赵数击齐，齐人患之。十七年（前282），乐毅将赵师攻魏伯阳。而秦怨赵不与己击齐，伐赵，拔我两城。■今年“秦复与赵数击齐”，乃“数约”遭拒，非“数击”，加之今年秦伐魏而燕、赵救魏（见下注5），所以明年“秦怨赵不与己击齐”而伐赵。

[5]《秦本纪》：秦昭王二十四年（前283），与楚王会鄢，又会穰。秦取魏安城，至大梁，燕、赵救之，秦军去。●《楚世家》：楚顷襄王十六年（前283），与秦昭王好会于鄢。其秋，复与秦王会穰。●《魏世家》：魏昭王十三年（前283），秦拔我安城。兵到大梁，去。●《赵策一》六：秦、

韩围梁，燕、赵救之。谓山阳君曰："秦战而胜三国，秦必过周、韩而有梁。三国而胜秦，三国之力虽不足以攻秦，足以拔郑。计者不如构三国攻秦。"▲杨宽《战国封君表》：山阳君，韩釐王时封君，掌握韩的大权。公元前273年秦、韩围攻魏的大梁，越燕来救，有人劝说山阳君联合魏、赵、燕三国攻秦（《赵策一》六）。■杨说非。韩既助秦伐魏，韩之山阳君焉得约三国（魏、赵、燕）伐秦？此山阳君为赵之封君，因秦、韩伐魏，说者劝其约三国（魏、赵、燕）伐秦。故而赵、燕救魏击秦。《战国策》三见山阳君，当属三人。《楚策一》六（见附一），事在前352年，策文明言是"梁山阳君"。《赵策一》六，事在前283年，为赵之山阳君。《韩策三》十五（见附二），事在前272年，策文明言是秦所封的韩之山阳君。杨宽认为《赵策一》六与《韩策三》十五之山阳君均为韩之山阳君，其事均在前272年，均误。韩之山阳君为秦所封，不可能约三国伐秦。【附一】《楚策一》六（事在前352年）：江尹欲恶昭奚恤于楚王而力不能，故为梁山阳君请封于楚。楚王曰："诺。"昭奚恤曰："山阳君无功于楚国，不当封。"江尹因得山阳君，与之共恶昭奚恤。【附二】《韩策三》十五（事在前272年秦取魏南阳之后）：或谓山阳君曰："秦封君以山阳，齐封君以莒。齐、秦非重韩，则贤君之行也。今楚攻齐取莒，上及不交齐，次弗纳于君，是棘齐、秦之威而轻韩也。"山阳君因使之楚。

[6]《魏公子列传》：魏公子无忌者，魏昭王子少子而魏安釐王异母弟也。昭王薨，安釐王即位，封公子为信陵君。……公子姊为赵惠文王弟平原君夫人。■封魏无忌为信陵君者为魏安釐王，但其相魏当在孟尝君之后、魏齐之前。否则仅以一封君，殊难策动第四次合纵伐秦（前247）。战国封君极多，若不为相，能量有限。

[7]《孟尝君列传》：后齐湣王灭宋，益骄，欲去孟尝君。孟尝君恐，乃如魏。魏昭王以为相，西合于秦、赵，与燕共伐破齐。齐湣王亡在莒，遂死焉。齐襄王立，而孟尝君中立于诸侯，无所属。齐襄王新立，畏孟尝君，与连和，复亲薛公。文卒，谥为孟尝君。诸子争立，而齐、魏共灭薛。孟尝绝嗣无后也。●《孟尝君列传正义》引《括地志》：孟尝君墓在徐州滕县五十二里。卒在齐襄王之时也。●《吕不韦列传》：当是时，魏有信陵君，

楚有春申君，赵有平原君，齐有孟尝君，皆下士喜宾客以相倾。●《吕不韦列传正义》:《年表》云：秦昭王五十六年（前251），平原君卒；始皇四年（前243），信陵君死；始皇九年（前238），李园杀春申君。孟尝君当秦昭王二十四年（前283）已后而卒，最早。■传曰"齐襄王立，而孟尝君中立于诸侯，无所属"，可证已免魏相。"齐、魏共灭薛"，亦证魏弃孟尝君。"齐襄王复亲薛公"甚谬，齐湣王至死认为孟尝君是破齐之罪魁，齐襄王复国之后不可能复亲孟尝君，而是必欲诛之以报叛国杀父之仇。

[8]《秦本纪》：秦昭王二十四年（前283），与楚王会鄢，又会穰。秦取魏安城，至大梁，燕、赵救之，秦军去。魏冉免相。●《穰侯列传》：封魏冉于穰，复益封陶……于是穰侯之富，富于王室。魏冉复相秦，六岁（当作八岁，前291—前284）而免（前283）。●《穰侯列传索隐》曰：陶即定陶，有魏冉冢。●《水经·济水注》"东过守陶县西"下：济水又东径秦相魏冉冢南，冉……卒于陶而因葬焉，世谓之安平陵，墓南崩，碑尚存。■后来魏冉又曾复相，最终被范雎取代，就封至陶，死于陶，葬于陶。

[9]《春申君列传》：春申君者，楚人也，名歇，姓黄氏。游学博闻，事楚顷襄王。顷襄王以歇为辩，使于秦。……春申君既相楚，是时齐有孟尝君，赵有平原君，魏有信陵君，方争下士，招致宾客，以相倾夺，辅国持权。■春申君事楚顷襄王（前296—前263），相楚之年不详，姑系今年。至楚考烈王时连相，发动第五次合纵伐秦（前241）。楚之和氏璧如何至赵，史阙其文，姑系今年。

[10]《庄子·说剑》：昔赵文王喜剑，剑士夹门而客三千余人，日夜相击于前，死伤者岁百余人，好之不厌。如是三年，国衰，诸侯谋之。太子悝患之，募左右曰："孰能说王之意止剑士者，赐之千金。"左右曰："庄子当能。"太子乃使人以千金奉庄子（下略）。■楚人庄辛游说赵惠文王（采钱穆说），事在宋人庄周死后。后人误将庄辛传为庄周。赵惠文王之太子名丹（赵孝成王），不名悝。

[11]《平原君列传》：虞卿欲以信陵君之存邯郸为平原君请封。公孙龙闻之，夜驾见平原君曰："龙闻虞卿欲以信陵君之存邯郸为君请封，有之乎?"平原君曰："然。"龙曰："此甚不可。且王举君而相赵者，非以君之智

能为赵国无有也。割东武城而封君者，非以君为有功也，而以国人无勋，乃以君为亲戚故也。君受相印不辞无能，割地不言无功者，亦自以为亲戚故也。今信陵君存邯郸而请封，是亲戚受城而国人计功也。此甚不可。且虞卿操其两权，事成，操右券以责；事不成，以虚名德君。君必勿听也。"平原君遂不听虞卿。……平原君厚待公孙龙。公孙龙善为坚白之辩，及邹衍过赵言至道，乃绌公孙龙。

[12]《赵策四》十四（前257）：……秦王乃见使者，曰："赵豹、平原君，数欺弄寡人。赵能杀此二人则可，若不能杀，请今率诸侯受命邯郸城下。"■赵豹即赵惠文王、平原君同母幼弟，生母均为吴娃。战国四公子无不反秦，齐相孟尝君、魏相信陵君、楚相春申君各策动一次合纵伐秦，唯有平原君反秦而未发动合纵伐秦。另两次为魏相公孙衍、赵相奉阳君发动。

[13]庄子再传弟子魏牟编纂《庄子》初始本，外篇《秋水》、《天下》等名篇为其所撰（旧多视为庄子亲撰）。详见拙著《庄子复原本》。

公孙偃兵游说赵燕，魏牟弘庄编纂《庄子》

前282年，岁在己卯。庄殁四年。

周赧王三十三年。秦昭王二十五年。楚顷襄王十七年。魏昭王十四年。韩釐王十四年。赵惠文王十七年。齐襄王二年。燕昭王三十年。鲁湣公二十一年。卫嗣君三十三年。

秦昭王四十四岁，眼看齐国已破，奉阳君、孟尝君已死，又生称帝之念。鉴于六年前在宜阳称帝失败，决定先不称帝，于是再次前往宜阳帝宫，命令诸侯朝拜，试探天下反应。

魏昭王、韩釐王、东周君、西周君畏惧秦伐，均往宜阳帝宫，朝拜秦昭王。[1]

赵惠文王二十八岁，不满魏昭王朝秦，命令廉颇率领赵军伐魏，围攻伯阳（今河南安阳西北）。

魏昭王向秦求救。

秦昭王忌惮赵国骑兵，犹豫是否救魏，先命使者至赵，试探虚实。

秦使至赵，晋见赵惠文王："秦昭王听说大王得到了天下重宝和氏璧，愿用十五座城池交换。"

赵惠文王问策群臣。

平原君说:"秦昭王以礼软求,大王不宜拒绝。不如派人带着和氏璧使秦,见机行事。"

赵惠文王问:"谁能胜任使秦?"

宦官缪贤说:"我的门客蔺相如,可以胜任!"

赵惠文王问:"为何能够胜任?"

缪贤说:"大王去年诛杀李兑,我害怕受到牵连,准备投奔燕昭王。蔺相如问:'先生为何认为,燕昭王愿意收留先生?'我说:'燕昭王至赵会见大王,曾经对我私下示好。'蔺相如说:'赵强燕弱,先生得到大王信任,燕昭王才对先生示好。如今先生得罪大王而逃亡,燕昭王必定不敢收留。先生只有向大王主动请罪,大王才有可能赦罪!'我听从其言,果然得到大王赦罪。我从此知道他有勇有谋!"

赵惠文王大悦,派遣蔺相如奉璧使秦。

蔺相如到达咸阳,晋见秦昭王,献上和氏璧。

秦昭王看见"天子宝玺"四字,大为得意,赏玩赞叹,传示美人嬖臣。

群臣高呼万岁。

蔺相如上前一步:"玉璧实有瑕疵,我指给大王看。"

秦昭王递还玉璧。

蔺相如持璧急退三步,背靠殿柱,怒发冲冠:"大王遣使至赵,许诺用十五城交换玉璧。赵国群臣都说,秦国空口许诺,恐怕不会献城。我说布衣之交尚不可欺,何况大国之交?赵惠文王听我之言,相信大王不会食言,于是斋戒五日,命我使秦献璧。如今大王对我礼节倨傲,得到玉璧,传示美人左右,无意交割十五城,所以我取回玉璧。大王如果相逼,我将以头颅和玉璧一起撞碎于此柱!"

秦昭王被迫召来大臣,展开秦国地图,佯装割让十五城。

蔺相如说:"赵惠文王敬重大王,确有献璧诚意,所以斋戒五日,然后命我使秦。大王如果敬重赵惠文王,确有割地诚意,也应斋戒五日,然后我再献璧。"

秦昭王被迫答应。

五天以后，秦昭王召见蔺相如："寡人斋戒已毕，先生可否献璧？"

蔺相如说："秦穆公之后二十多位秦君，一向无信无义。我担心被大王欺骗，已命属下把玉璧送回邯郸。大王只要先交割十五城，赵惠文王岂能无信无义？大王如果动怒，我愿引颈就戮！"

秦昭王无奈，只好放归蔺相如。

蔺相如不辱使命，完璧归赵，受到赵惠文王破格提拔，与廉颇同列上卿。[2]

秦昭王召见白起："赵惠文王去年拒绝帮助寡人灭齐，今年又因魏昭王朝拜寡人而伐魏，如今更以和氏璧戏弄寡人。不管赵国骑兵如何强大，寡人决意伐赵！"

白起奉命伐赵，一举攻取了赵国西部三镇：蔺邑（今山西柳林），离石（今山西吕梁），祁邑（今山西祁县）。[3]

赵惠文王忧心如焚，身穿丧服。派遣公子赵郜为质于秦，愿献焦邑（今河南三门峡西）、黎邑（今河南黎阳）、牛狐（今地不详）三邑，换回三镇。

秦昭王尽管小胜，仍然忌惮强赵，见好就收，同意换地。

赵惠文王得到三镇，听从平原君，不献三邑。

秦昭王大怒，派遣公子嬴缯至赵，斥责赵惠文王无信无义。

赵惠文王拒见嬴缯，命令郑朱转告嬴缯："蔺邑、离石、祁邑三镇，远离邯郸，近于贵国。幸赖先王贤明，先臣得力，才能为赵所有。如今寡人无能，无力收复三镇，所以愿以三邑换回三镇。但是三邑守将不听寡人命令，寡人也没办法！"[4]

秦昭王愤怒至极："山东诸侯尽管认为寡人无信无义，但是从来不敢对寡人无信无义。只有赵武灵王、赵惠文王、平原君、平阳君父子，胆敢一再欺骗戏弄寡人。寡人不报此仇，誓不为人！"

终因忌惮赵国骑兵，不敢与赵决战，只好暂时隐忍，打消了再次称帝之念。[5]

赵惠文王召见公孙龙："寡人即位十多年，一直准备采纳先生之言，遵循墨子之道，实现天下偃兵，然而天下大战愈演愈烈，永无休止。如今楚破、齐残、魏弱、韩小、燕远，全都不能帮助寡人阻止秦军东进，秦、赵迟早必将决战。先生所言天下偃兵，是否永无实现之日？"

公孙龙说："大王真想实现天下偃兵，必须兼爱天下。兼爱天下，不能务其虚名，而应有其实质。今年秦军攻取蔺邑、离石、祁邑三镇，大王爱护赵民，于是身穿丧服。但是前年大王破齐，为何不爱齐民，反而宴饮庆贺？大王不能兼爱天下，怎能实现天下偃兵？"

赵惠文王无言以对。[6]

公孙龙今年四十四岁，二十三年前（前305）在大梁与惠施辩论，以"白马非马"一举成名。返赵以后潜心研究名学，著述《公孙龙子》数万言，尤以《白马论》惊世骇俗[7]。公孙龙的名学，虽与惠施的墨辩学派大异其趣，但是惠施、公孙龙都是墨子之徒，全都主张兼爱非攻，天下偃兵。

公孙龙叹息："大王不肯与秦偃兵，天下大战何时方休？"

弟子说："乐毅已经攻取了大部分齐地，仍在继续围攻莒邑、即墨[8]，必欲伐灭齐国。如今乐毅兼相燕、赵，先生只要说服燕昭王与齐偃兵，大王就会与秦偃兵。"

公孙龙听从其言，准备往燕。

正在此时，一位青年士子求见："我敬慕先生，愿为弟子！"

公孙龙说："只有具备一技之长，我才愿意收为弟子。"

士子说："我别无所长，只是嗓门很大。"

公孙龙问弟子："门下弟子，有无大嗓门？"

弟子说："没有。"

公孙龙说："把他列入弟子名籍，一起往燕！"

公孙龙带着弟子往燕，到达黄河。

岸边无船，河心有船。

众弟子大喊数声，船夫毫无反应。

新弟子大喊一声，船夫立刻靠岸。

公孙龙大笑："道无弃物，天无弃人。人有一技之长，就能立于世间。"[9]

公孙龙到达蓟城，晋见燕昭王："当年齐宣王破燕，不肯及时偃兵，燕民不悦，最终齐师大败，大王得以复国。如今大王破齐，齐民不悦，大王何不吸取齐宣王教训而及时偃兵？"

燕昭王说："先生言之有理！寡人将与群臣商议偃兵。"

公孙龙说："大王若与群臣商议，必定不能偃兵！"

燕昭王问："先生何出此言？"

公孙龙说："大王复国以来，处心积虑灭齐报仇，修筑黄金台，招纳天下才士。愿意帮助大王破齐之士，只要了解齐国险阻要塞、政事内幕，大王无不重用。不愿帮助大王破齐之士，即使德行更高，才能更大，大王均不重用。如今大王破齐，已经攻取七十余城，仅剩莒邑、即墨两座孤城，灭齐指日可待。大王重用的各国才士，必将反对大王偃兵。因此大王若与群臣商议，必定不能偃兵！"

燕昭王无言以对。[10]

荀况三十二岁，不受赵惠文王、平原君礼遇，愤而著书。

愤于儒分为八，导致孔子之道分裂，于是撰写多篇文章，痛斥各种小人儒。《劝学》痛斥陋儒、散儒。《非相》痛斥腐儒。《非十二子》痛斥子张氏之贱儒、子夏氏之贱儒、子游氏之贱儒。《儒效》痛斥俗儒、小儒，推崇雅儒、大儒。

愤于孟轲主张性善，违背孔子之道真义，于是撰写《性恶》，痛斥孟轲。其言曰："人之性恶，其善者伪也。孟子曰：'人之学者，其性善。'曰：是不然！是不及知人之性，而不察乎人之性伪之分者也。"

愤于天下违背孔子之道，君臣失其纲纪，于是撰写《君道》、《臣道》。前者颂扬古之明主，贬斥今之暗主。其言曰："主暗于上，臣诈于下，灭亡无日。"后者推崇古之圣臣伊尹、姜尚，颂扬古之功臣管仲、孙叔敖，怒斥今之态臣张仪、苏秦，痛斥今之篡臣奉阳君、孟尝君。其言曰："用圣臣者王，用功臣者强，用篡臣者危，用态臣者亡。"[11]

庄殁四年，蔺且五十九岁，魏牟三十九岁，继续研究庄学。

魏牟痛悔自己早年误入名家歧途，于是撰写《惠施》，痛诋惠施、公孙龙之学。庆幸自己没有成为中山王，于是撰写《让王》，感念詹何接引自己入门之恩。全面阐释庄学义理，于是撰写《田子方》、《知北游》、《庚桑楚》、《徐无鬼》、《管仲》、《则阳》、《外物》、《盗跖》、《列御寇》等篇，大量化入蔺且记述的庄子言行。

最后，魏牟撰写了不朽名篇《天下》，全面论述庄子道术远胜百家方术，批评儒家方术、墨家方术、法家方术，斥为不赅不遍的一曲之学，极言庄子道术博大精深——

> 寂漠无形，变化无常。死欤生欤？天地并欤？神明往欤？芒乎何之？惚乎何适？万物毕罗，莫足以归；古之道术有在于是者，庄周闻其风而悦之。
>
> 以谬悠之说，荒唐之言，无端崖之辞，时恣纵而不傥，不以觭见之也。以天下为沉浊，不可与庄语。以卮言为蔓衍，以重言为真，以寓言为广。独与天地精神往来，而不敖睨于万物。不谴是非，以与世俗处。
>
> 其书虽瑰玮，而连犿无伤也。其辞虽参差，而諔诡可观。彼其充实不可以已，上与造物者游，而下与外死生、无终始者为友。
>
> 其于本也，弘大而辟，深闳而肆；其于宗也，可谓调适而上遂者矣。虽然，其应于化而解于物也，其理不竭，其来不蜕，芒乎昧乎，未之尽者。[12]

笺注

[1]《韩世家》：韩厘王十四年（前282），与秦会两周间。■两周间隐

指秦昭王称帝之秦国新都宜阳，建有帝宫，见上第八十二章。

　　[2]《廉颇蔺相如列传》：廉颇者，赵之良将也。赵惠文王十六年（前283），廉颇为赵将伐齐，大破之，取阳晋，拜为上卿，以勇气闻于诸侯。蔺相如者，赵人也，为赵宦者令缪贤舍人。赵惠文王时，得楚和氏璧。秦昭王闻之，使人遗赵王书，愿以十五城请易璧。赵王与大将军廉颇诸大臣谋：欲予秦，秦城恐不可得，徒见欺；欲勿予，即患秦兵之来。计未定，求人可使报秦者，未得。宦者令缪贤曰："臣舍人蔺相如可使。"王问："何以知之？"对曰："臣尝有罪，窃计欲亡走燕，臣舍人相如止臣，曰：'君何以知燕王？'臣语曰：'臣尝从大王与燕王会境上，燕王私握臣手，曰"愿结友"。以此知之，故欲往。'相如谓臣曰：'夫赵强而燕弱，而君幸于赵王，故燕王欲结于君。今君乃亡赵走燕，燕畏赵，其势必不敢留君，而束君归赵矣。君不如肉袒伏斧质请罪，则幸得脱矣。'臣从其计，大王亦幸赦臣。臣窃以为其人勇士，有智谋，宜可使。"于是王召见，问蔺相如曰："秦王以十五城请易寡人之璧，可予不？"相如曰："秦强而赵弱，不可不许。"王曰："取吾璧，不予我城，奈何？"相如曰："秦以城求璧而赵不许，曲在赵。赵予璧而秦不予赵城，曲在秦。均之二策，宁许以负秦曲。"王曰："谁可使者？"相如曰："王必无人，臣愿奉璧往使。城入赵而璧留秦；城不入，臣请完璧归赵。"赵王于是遂遣相如奉璧西入秦。秦王坐章台见相如，相如奉璧奏秦王。秦王大喜，传以示美人及左右，左右皆呼万岁。相如视秦王无意偿赵城，乃前曰："璧有瑕，请指示王。"王授璧，相如因持璧却立，倚柱，怒发上冲冠，谓秦王曰："大王欲得璧，使人发书至赵王，赵王悉召群臣议，皆曰'秦贪，负其强，以空言求璧，偿城恐不可得'。议不欲予秦璧。臣以为布衣之交尚不相欺，况大国乎！且以一璧之故逆强秦之欢，不可。于是赵王乃斋戒五日，使臣奉璧，拜送书于庭。何者？严大国之威以修敬也。今臣至，大王见臣列观，礼节甚倨；得璧，传之美人，以戏弄臣。臣观大王无意偿赵王城邑，故臣复取璧。大王必欲急臣，臣头今与璧俱碎于柱矣！"相如持其璧睨柱，欲以击柱。秦王恐其破璧，乃辞谢固请，召有司案图，指从此以往十五都予赵。相如度秦王特以诈详为予赵城，实不可得，乃谓秦王曰："和氏璧，天下所共传宝也，赵恐，不敢不献。赵王送

璧时，斋戒五日，今大王亦宜斋戒五日，设九宾于廷，臣乃敢上璧。"秦王度之，终不可强夺，遂许斋五日，舍相如广成传。相如度秦王虽斋，决负约不偿城，乃使其从者衣褐，怀其璧，从径道亡，归璧于赵。秦王斋五日后，乃设九宾礼于廷，引赵使者蔺相如。相如至，谓秦王曰："秦自缪公以来二十余君，未尝有坚明约束者也。臣诚恐见欺于王而负赵，故令人持璧归，间至赵矣。且秦强而赵弱，大王遣一介之使至赵，赵立奉璧来。今以秦之强而先割十五都予赵，赵岂敢留璧而得罪于大王乎？臣知欺大王之罪当诛，臣请就汤镬，唯大王与群臣孰计议之。"秦王与群臣相视而嘻。左右或欲引相如去，秦王因曰："今杀相如，终不能得璧也，而绝秦赵之欢，不如因而厚遇之，使归赵，赵王岂以一璧之故欺秦邪！"卒廷见相如，毕礼而归之。相如既归，赵王以为贤大夫使不辱于诸侯，拜相如为上大夫。秦亦不以城予赵，赵亦终不予秦璧（前282）。其后秦伐赵，拔石城（前281）。明年（280），复攻赵，杀二万人。■《廉颇蔺相如列传》今年（前282）"赵亦终不予秦璧"之后，失记《周本纪》、《赵世家》、《赵策三》四所言今年（前282）秦攻赵，拔蔺、离石（见下注3）。

[3]《周本纪》：周赧王三十四年（前281，明年），苏厉谓（东）周君曰："秦破韩、魏，扑师武（犀武，公孙喜），北取赵蔺、离石者，皆白起也。"■此为苏厉明年（前281）对东周君言今年（前282）之事。苏厉在苏秦死后（前284），扶枢离齐返回东周国。●《赵世家》：赵惠文王十七年（前282），乐毅将赵师攻魏伯阳。而秦怨赵不与己击齐，伐赵，拔我两城。■"乐毅将赵师攻魏伯阳"当误。燕将乐毅正在将燕师伐齐（围攻莒邑、即墨），攻魏伯阳者当为赵将廉颇。秦拔赵两城，即蔺、离石（见下注6）。

[4]《赵策三》四：秦攻赵，蔺、离石、祁拔。赵以公子郚为质于秦，而请内焦、黎、牛狐之城，以易蔺、离石、祁于赵。赵背秦，不予焦、黎、牛狐。秦（昭）王怒，令公子缯请地。赵（惠文）王乃令郑朱对曰："夫蔺、离石、祁之地，旷远于赵，而近于大国。有先王之明与先臣之力，故能有之。今寡人不逮，其社稷之不能恤，安能收恤蔺、离石、祁乎？寡人有不令之臣，实为此事也，非寡人之所敢知。"卒倍秦。秦王大怒，令卫胡

易（当作易，即陽）伐赵，攻阏与（前270，事在十二年后）。赵奢将救之。魏令公子咎以锐师居安邑，以挟秦。秦败于阏与（事在前270—前269），反攻魏几，廉颇救几，大败秦师。■赵惠文王十七年（前282）蔺相如完璧归赵之后，秦攻蔺、离石、祁，赵以焦、黎、牛狐与秦易地，秦归还蔺、离石、祁之后，赵未交割焦、黎、牛狐。蔺、离石、祁三镇在秦国北部，当属赵武灵王西击西戎或五国伐秦时所占，故《赵策三》四称"先王之明与先臣之力，故能有之"。

[5]《赵策四》十四（前257）：……秦（昭）王乃见使者，曰："赵豹、平原君，数欺弄寡人。赵能杀此二人，则可。若不能杀，请今率诸侯受命邯郸城下。"■赵豹即赵惠文王、平原君同母弟平阳君。赵国"数欺弄"秦昭王，此前有赵武灵王乔装使秦、背叛秦盟加入五国伐秦，奉阳君收回给宣太后的养邑等，今年又有蔺相如完璧归赵，易地不割等。

[6]《吕览·审应》：赵惠王谓公孙龙曰："寡人事偃兵十余年矣，而不成，兵不可偃乎？"公孙龙对曰："偃兵之意，兼爱天下之心也。兼爱天下，不可以虚名为也，必有其实。今蔺、离石入秦，而王缟素布总；东攻齐得城，而王加膳置酒。秦得地而王布总，齐亡地而王加膳，所非兼爱之心也。此偃兵之所以不成也。今有人于此，无礼慢易而求敬，阿党不公而求令，烦号数变而求静，暴戾贪得而求定，虽黄帝犹若困。"▲栾星《公孙龙子长笺》：考《史记·六国年表》，赵惠文王十七年（前282），"秦拔我两城"。"十八年，秦拔我石城"（《赵世家》所载与《年表》均同）。《战国策·西周策》记苏厉语："攻赵取蔺、离石、祁者，皆白起。"此与公孙龙这里所说的"今蔺、离石入秦，而王缟素布总"相合。龙说燕昭王偃兵与说赵惠文王偃兵，当为同一时期内事。在这一时期，燕、赵结为军事联盟，几至亡齐。龙为说服世主偃兵，曾不避仆仆风尘，往来于燕、赵道途。就这一点来说，与墨徒略似。至于说燕说赵孰先孰后，则无法确考。龙本赵人，以一般事态推断，应说赵在先，说燕在后；说惠王不能早于惠文王十八年（前281），去燕当在惠文王十九年，即燕昭王三十二年。■赵武灵王死后，今年秦、赵首战，蔺、离石、祁被拔。龙说赵惠文王、燕昭王，当为同年之事，均在今年（前282）。

[7]《汉书·艺文志》:《公孙龙子》十四篇。●扬雄《法言·吾子》:或问:公孙龙诡辞数万以为法,法与?曰:断木为棋,革为鞠,亦皆有法焉。不合乎先生之法者,君子不法也。■"白马非马"问世于惠施、公孙大梁论辩,魏牟与乐正子舆辩论之时曾经言及(前305,见上第六十五章),兒说支持"白马非马"折服稷下辩者,离齐归宋过关之时曾经引用(前299,见上第七十一章)。《公孙龙子》十四篇,数万言,今之残本仅存五篇,不足三千言。

[8]《乐毅列传》:乐毅留徇齐五岁(前283—前279),下齐七十余城,皆为郡县以属燕,唯独莒、即墨未服。

[9]《淮南子·道应训》:昔者公孙龙在赵之时,谓弟子曰:"人而无能者,龙不能与游。"有客衣褐带索而见曰:"臣能呼。"公孙龙顾谓弟子曰:"门下故有能呼者乎?"对曰:"无有。"公孙龙曰:"与之弟子之籍。"后数日,往说燕(昭)王,至于河上,而航在一汜。使善呼者呼之,一呼而航来。故曰:圣人之处世,不逆有伎能之士。

[10]《吕览·应言》:公孙龙说燕昭王以偃兵,昭王曰:"甚善。寡人愿与客计之。"公孙龙曰:"窃意大王之弗为也。"王曰:"何故?"公孙龙曰:"日者,大王欲破齐,诸天下之士,其欲破齐者,大王尽养之;知齐之险阻要塞君臣之际者,大王尽养之;虽知而弗欲破者,大王犹若弗养。其卒果破齐以为功。今大王曰'我甚取偃兵',诸侯之士在大王之本朝者,尽善用兵者也。臣是以知大王之弗为也。"王无以应。

[11]荀况(前313—前238)十五岁(前299)游于齐国稷下学宫。乐毅破齐之后,荀况由齐返赵,后又游楚事春申君,为兰陵令。弟子有韩人韩非(前280—前233)、楚人李斯(前280—前208)等。《荀子》三十二篇,今存。

[12]见于魏牟版《庄子》初始本之《天下》,撰者即庄子再传弟子魏牟,旧因郭象认为外杂篇均为庄撰,而多误视为庄子所撰。《庄子·天下》是前无古人、后无来者的先秦学术总论,被古今学者公认为中国思想史第一名篇。其终篇章即庄子章,推尊庄子至极。

庄后略史

庄殁七年（前279）：燕昭王死，燕惠王立，以骑劫替换仍在伐齐的乐毅，乐毅惧诛奔赵。田单击败骑劫，齐襄王复国，从莒邑回到临淄。赵人荀况重返临淄，担任稷下祭酒。[1]

庄殁十三年（前273）：秦将白起在华阳大败魏军，杀死芒卯，斩首十五万。[2]

庄殁十七年（前269）：赵将赵奢在阏与大败秦军，封马服君。[3]

庄殁二十二年（前264）：秦将白起在陉城大败韩军，斩首五万。[4]

庄殁二十六年（前260）：庄子弟子蔺且（前340—前260）死。魏牟离开蒙邑，周游天下，传播庄学。[5]

庄殁二十八年（前258）：秦将白起在长平大败赵军，坑杀赵军降卒四十五万。[6]

庄殁三十年（前256）：秦昭王灭东周朝、西周国，秦围邯郸失败[7]。楚考烈王灭鲁。[8]

庄殁三十七年（前249）：秦庄襄王灭东周国。[9]

庄殁三十九年（前247）：魏相信陵君发动第四次中原诸侯合纵伐秦，小胜。[10]

庄殁四十五年（前241）：楚相春申君发动第五次中原诸侯合纵伐秦，大败。[11]

庄殁四十六年（前240）：庄子再传弟子魏牟（前320—前240）死。遗编《庄子》初始本，包括内篇七（庄子亲撰），外篇二十二（弟子所撰）。总计二十九篇，六万余言。

庄殁四十八年（前238）：赵人荀况死。遗著《荀子》大量抄引魏牟版《庄子》初始本。

庄殁五十一年（前235）：秦相吕不韦死。遗编《吕览》（又名《吕氏春秋》）大量抄引魏牟版《庄子》初始本。

庄殁五十三年（前233）：韩人韩非死。遗著《韩非子》大量抄引魏牟版《庄子》初始本。[12]

庄殁五十六年（前230）：秦王嬴政灭韩。

庄殁五十八年（前228）：秦王嬴政灭赵。

庄殁六十一年（前225）：秦王嬴政灭魏。

庄殁六十三年（前223）：秦王嬴政灭楚。

庄殁六十四年（前222）：秦王嬴政灭燕。

庄殁六十五年（前221）：秦王嬴政灭齐。统一天下，不灭卫国。把秦昭王僭称"西帝"之后仅行秦国的秦历颁行天下，十月为岁首，九月为岁末。僭称"皇帝"，实现商鞅变法的终极目标：由王而帝。[13]

庄殁六十七年（前219）：秦始皇首次东巡天下，特至彭城，命令上千役夫潜入泗水，寻找齐威王二十二年（前336）运齐途中沉没的周鼎，未能找到。[14]

庄殁七十三年（前213）：秦始皇采纳大儒荀况弟子李斯献策，焚烧了痛斥秦人无信无义、斩首计功的六国史、百家书。战国史事湮灭，各国纪年淆乱。[15]

庄殁七十六年（前210）：秦始皇再次东巡天下，猝死于赵武灵王的沙丘行宫。秦二世胡亥弑兄篡位。[16]

庄殁七十七年（前209）：秦二世胡亥废黜卫君角，贬为庶民。百年前（前310）卫嗣侯遵循秦道，贬号称君。经卫嗣君、卫怀君、卫元君、卫君角四世，卫民免于战祸百年，卫国成为亡国最晚的周封诸侯。[17]
楚人陈胜、吴广率领九百刑徒，在楚地大泽乡斩木为兵，揭竿而起[18]。楚将项梁、项羽把楚怀王熊槐之孙熊心，立为"楚怀王"，唤醒楚人耻辱记忆。天下反秦。[19]

庄殁七十九年（前207）：楚人刘邦攻破咸阳，秦帝国十四年（前220—前207）而亡[20]。楚地民谣"楚虽三户，亡秦必楚"应验。

庄殁一百五十二年（前134）：刘邦重孙汉武帝刘彻采纳大儒董仲舒之策，"罢黜百家，独尊儒术"。汉初重出的先秦百家著作，非亡即残，百不存一。[21]

庄殁一百六十四年（前122）：刘邦之孙淮南王刘安（前179—前122）死。遗编《庄子》大全本，以魏牟版《庄子》初始本为基础，新增二十三篇（新外篇六、杂篇十四、解说三），四万余言。包括内篇七（庄子亲撰），外篇二十八（弟子所撰），杂篇十四（后学所撰），解说三（刘安所撰）。总计五十二篇，十余万言。[22]

庄殁一百八十二年（前104）：汉武帝废除通行天下一百十六年（前220—前104）的秦历，恢复夏历，一月为岁首，十二月为岁末。沿用至今。[23]

庄殁五百九十八年（312）：西晋儒生郭象（252—312）死。遗著郭象版《庄子》删改本，删去刘安版《庄子》大全本之十九篇（外篇四，杂篇十二，解说三），四万余言。仅剩内篇七，外篇十五，杂篇十一（九篇为魏牟版、刘安版外篇）。总计三十三篇，六万余言。又全面篡改三十三篇原文，以郭义反注庄义，导致庄书面目全非，庄义全面反转。

唐宋以后，魏牟版《庄子》初始本、刘安版《庄子》大全本亡佚，郭象版《庄子》删改本独存，反庄学的郭象伪庄学黥劓天下。[24]

庄殁两千一百九十七年（1911）：辛亥革命终结以王僭帝的悖道政体，中华否极泰来。[25]

庄殁两千三百年：张远山完成《庄子奥义》、《庄子复原本》、《庄子传》，庄学重出江湖。[26]

笺注

[1]《燕世家》：燕昭王三十三年（前279）卒，子惠王立。惠王为太子时，与乐毅有隙；及即位，疑毅，使骑劫代将。乐毅亡走赵。齐田单以即墨击败燕军，骑劫死，燕兵引归，齐悉复得其故城。湣王死于莒（前283），乃立其子为襄王（前279）。●《田世家》：襄王在莒五年（前283—前279），田单以即墨攻破燕军（前279），迎襄王于莒，入临菑。齐故地尽复属齐。齐封田单为安平君。●《孟子荀卿列传》：齐襄王时，而荀卿最为老师。齐尚修列大夫之缺，而荀卿三为祭酒焉。齐人或谗荀卿，荀卿乃适楚，而春申君以为兰陵令。春申君死而荀卿废，因家兰陵。

[2]《白起列传》：秦昭王三十四年（前273），白起攻魏，拔华阳，走芒卯，而虏三晋将，斩首十三万。与赵将贾偃战，沉其卒二万人于河中。●《魏世家》：魏安釐王四年（前273），秦破我及韩、赵，杀十五万人，走我将芒卯。●《秦本纪》：秦昭王三十三年（前274），客卿胡（伤）[陽]攻魏卷、蔡阳、长社，取之。击芒卯华阳，破之，斩首十五万。魏入南阳以和（前273）。■《秦本纪》连言二年之事，且未言击芒卯华阳者为白起。

[3]《赵世家》：赵惠文王二十九年（前270），秦、韩相攻，而围阏与。赵使赵奢将，击秦，大破秦军阏与下（前269），赐号为马服君。●《秦本纪》：秦昭王三十八年（前269），中更胡（伤）[陽]攻赵阏与，不能取。■《赵世家》记始战之年（前270），《秦本纪》记终战之年（前269）。

[4]《秦本纪》：秦昭王四十三年（前264），武安君白起攻韩，拔九城，斩首五万。●《白起列传》：秦昭王四十三年（前264），白起攻韩陉城，拔五城，斩首五万。

[5]详见拙著《庄子复原本》魏牟论。

[6]《秦本纪》：秦昭王四十七年（前260），秦攻韩上党，上党降赵，秦因攻赵，赵发兵击秦，相距。秦使武安君白起击，大破赵于长平，四十

余万尽杀之。●《白起列传》：赵军长平，……括军败，卒四十万人降武安君。武安君计曰："前秦已拔上党，上党民不乐为秦而归赵。赵卒反覆。非尽杀之，恐为乱。"乃挟诈而尽坑杀之，遗其小者二百四十人归赵。前后斩首虏四十五万人。

[7]《周本纪》：周赧王五十九年，秦取韩阳城、负黍，西周恐，倍秦，与诸侯约从，将天下锐师出伊阙攻秦，令秦无得通阳城。秦昭王怒，使将军摎攻西周（国）。西周（武）君奔秦，顿首受罪，尽献其邑三十六，口三万。秦（昭王）受其献，归其君于（西）周（国）。（西）周君、王赧卒，（西）周民遂东亡。秦取九鼎宝器，而迁西周公于𢠖狐。●《秦本纪》：秦昭王五十一年（前256），秦使将军摎攻西周。西周君走来自归，顿首受罪，尽献其邑三十六城，口三万。秦（昭）王受献，归其君于（西）周（国）。五十二年（前255），周民东亡，其器九鼎入秦。周初亡。

[8]《鲁世家》：鲁顷公二十四年（前256），楚考烈王伐灭鲁。顷公亡，迁于下邑，为家人，鲁绝祀。顷公卒于柯。

[9]《周本纪》：（周赧王五十九年）后七岁（前249），秦庄襄王灭东周（国）。东、西周皆入于秦，周既不祀。●《秦本纪》：秦庄襄王元年（前249），大赦罪人，修先王功臣，施德厚骨肉而布惠于民。东周（嗣）君与诸侯谋秦，秦使相国吕不韦诛之，尽入其国。秦不绝其祀，以阳人地赐（东）周（嗣）君（之子），奉其祭祀。■秦昭王五十一年（前256）灭东周朝、西周国，秦庄襄王元年（前249）灭东周国。旧因不明东周朝与东周国之别，常把秦昭王灭东周朝（及西周国）与秦庄襄王灭东周国混为一谈，实则二事相距七年。

[10]《魏世家》：魏安釐王三十年（前247），无忌归魏，率五国兵攻秦，败之河外，走蒙骜。■此为信陵君发动的第四次合纵伐秦。

[11]《楚世家》：楚考烈王二十二年（前241），与诸侯共伐秦，不利而去。楚东徙都寿春，命曰郢。■中原诸侯合纵伐秦共计五次：第一次（前308）为魏相公孙衍策动（楚怀王为纵长），大败。第二次（前298—前296）为齐相孟尝君田文策动（纵长为齐宣王），大胜。第三次（前287）为赵相奉阳君李兑策动（纵长为赵相李兑，齐相苏秦为幕后推手），无功而

返。第四次（前247）为魏相信陵君魏无忌策动（纵长为魏安釐王），小胜。第五次（前241）为楚相春申君黄歇策动（纵长为楚考烈王），大败。

[12]魏牟（前320—前240）编纂《庄子》初始本，以及荀况（前313—前238）之《荀子》、吕不韦（前290—前235）之《吕氏春秋》、韩非（前280—前233）之《韩非子》大量抄引魏牟版《庄子》初始本，详见拙著《庄子复原本》。

[13]《秦始皇本纪》：庄襄王死，政代立为秦王（前246）。……十七年（前230），内史腾攻韩，得韩王安，尽纳其地，以其地为郡，命曰颍川。地动。十八年（前229），大兴兵攻赵，王翦将上地，下井陉，端和将河内，羌瘣伐赵，端和围邯郸城。十九年（前228），王翦、羌瘣尽定取赵地东阳，得赵王。引兵欲攻燕，屯中山。秦王之邯郸，诸尝与王生赵时母家有仇怨，皆坑之。秦王还，从太原、上郡归。始皇帝母太后崩。赵公子嘉率其宗数百人之代，自立为代王，东与燕合兵，军上谷。大饥。二十年（前227），燕太子丹患秦兵至国，恐，使荆轲刺秦王。秦王觉之，体解轲以徇，而使王翦、辛胜攻燕。燕、代发兵击秦军，秦军破燕易水之西。二十一年（前226），王贲攻（蓟）[荆]。乃益发卒诣王翦军，遂破燕太子军，取燕蓟城，得太子丹之首。燕王东收辽东而王之。王翦谢病老归。新郑反。昌平君徙于郢。大雨雪，深二尺五寸。二十二年（前225），王贲攻魏，引河沟灌大梁，大梁城坏，其王请降，尽取其地。二十三年（前224），秦王复召王翦，强起之，使将击荆。取陈以南至平舆，虏荆王。秦王游至郢陈。荆将项燕立昌平君为荆王，反秦于淮南。二十四年（前223），王翦、蒙武攻荆，破荆军，昌平君死，项燕遂自杀。二十五年（前222），大兴兵，使王贲将，攻燕辽东，得燕王喜。还攻代，虏代王嘉。王翦遂定荆江南地；降越君，置会稽郡。五月，天下大酺。二十六年（前221），齐王建与其相后胜发兵守其西界，不通秦。秦使将军王贲从燕南攻齐，得齐王建。秦王初并天下。●《秦本纪》：秦王政立二十六年（前221），初并天下为三十六郡，号为始皇帝。

[14]《封禅书》：宋太丘社亡，周鼎没于泗水彭城下（前336）。其后百一十五年（前221）而秦并天下。●《孝武本纪》：周德衰，宋之社亡（前336），鼎乃沦伏而不见。●《秦始皇本纪》：秦始皇二十八年（前219），

过彭城，斋戒祷祠，欲出周鼎泗水，使千人没水求之，弗得。■周显王三十三年（前336），秦惠王出兵至东周国求九鼎，齐威王出兵勤王，周鼎经魏过宋运齐，在宋国彭城（江苏徐州）沉于泗水，见上第三十四章。

[15]《秦始皇本纪》：秦始皇三十四年（前213），始皇置酒咸阳宫，博士七十人前为寿。仆射周青臣进颂曰："他时秦地不过千里，赖陛下神灵明圣，平定海内，放逐蛮夷，日月所照，莫不宾服。以诸侯为郡县，人人自安乐，无战争之患，传之万世。自上古不及陛下威德。"始皇悦。博士齐人淳于越进曰："臣闻殷周之王千余岁，封子弟功臣，自为枝辅。今陛下有海内，而子弟为匹夫，卒有田常、六卿之臣，无辅拂，何以相救哉？事不师古而能长久者，非所闻也。今青臣又面谀以重陛下之过，非忠臣。"始皇下其议。丞相李斯曰："五帝不相复，三代不相袭，各以治，非其相反，时变异也。今陛下创大业，建万世之功，固非愚儒所知。且越言乃三代之事，何足法也？异时诸侯并争，厚招游学。今天下已定，法令出一，百姓当家则力农工，士则学习法令辟禁。今诸生不师今而学古，以非当世，惑乱黔首。丞相臣斯昧死言：古者天下散乱，莫之能一，是以诸侯并作，语皆道古以害今，饰虚言以乱实，人善其所私学，以非上之所建立。今皇帝并有天下，别黑白而定一尊。私学而相与非法教，人闻令下，则各以其学议之，入则心非，出则巷议，夸主以为名，异取以为高，率群下以造谤。如此弗禁，则主势降乎上，党与成乎下。禁之便。臣请史官非《秦记》皆烧之。非博士官所职，天下敢有藏《诗》、《书》、百家语者，悉诣守、尉杂烧之。有敢偶语《诗》、《书》者弃市。以古非今者族。吏见知不举者与同罪。令下三十日不烧，黥为城旦。所不去者，医药卜筮种树之书。若欲有学法令，以吏为师。"制曰："可。"

[16]《秦本纪》：秦始皇三十七年（前210），始皇帝五十一年而崩，子胡亥立，是为二世皇帝。●《秦始皇本纪》：秦始皇三十有七年（前210），七月丙寅，始皇崩于沙丘平台。●《秦始皇本纪集解》：徐广曰：年五十。沙丘去长安二千余里。赵有沙丘宫，在巨鹿，武灵王之死处。●《秦始皇本纪正义》：始皇崩在沙丘之宫，平台之中。

[17]《卫世家》：卫君角二十一年（前209），二世废君角为庶人，卫绝

祀。■卫嗣君五年（前310）贬号为君（见上第六十章），贬号一百零二年（前310—前209）始灭，成为亡国最晚的周封诸侯。

[18]《陈涉世家》：陈胜者，阳城人也，字涉。吴广者，阳夏人也，字叔。……二世元年（前209）七月，发闾左适戍渔阳，九百人屯大泽乡。陈胜、吴广皆次当行，为屯长。会天大雨，道不通，度已失期。失期，法皆斩。陈胜、吴广乃谋曰："今亡亦死，举大计亦死，等死，死国可乎？"陈胜曰："天下苦秦久矣。吾闻二世少子也，不当立，当立者乃公子扶苏。扶苏以数谏故，上使外将兵。今或闻无罪，二世杀之。百姓多闻其贤，未知其死也。项燕为楚将，数有功，爱士卒，楚人怜之。或以为死，或以为亡。今诚以吾众诈自称公子扶苏、项燕，为天下唱，宜多应者。"……乃诈称公子扶苏、项燕，从民欲也。袒右，称大楚。……陈涉乃立为王，号为张楚。……葛婴至东城，立襄强为楚王。婴后闻陈王已立，因杀襄强，还报。至陈，陈王诛杀葛婴。■阳城、阳夏，旧皆楚地。陈胜、吴广皆楚人，故国号为大楚、张楚。

[19]《项羽本纪》：居鄛人范增，年七十，素居家，好奇计，往说项梁曰："陈胜败固当。夫秦灭六国，楚最无罪。自怀王入秦不反，楚人怜之至今，故楚南公曰'楚虽三户，亡秦必楚'也。今陈胜首事，不立楚后而自立，其势不长。今君起江东，楚蜂午之将皆争附君者，以君世世楚将，为能复立楚之后也。"于是项梁然其言，乃求楚怀王孙心民间，为人牧羊，立以为楚怀王，从民所望也。■项梁把楚怀王熊槐之孙熊心，立为"楚怀王"。

[20]《秦本纪》：二世皇帝三年（前207），诸侯并起叛秦，赵高杀二世，立子婴。子婴立月余，诸侯诛之，遂灭秦。●《高祖本纪》：汉元年十月（亥月，前207年岁末），沛公兵遂先诸侯至霸上。秦王子婴素车白马，系颈以组，封皇帝玺符节，降轵道旁。诸将或言诛秦王。沛公曰："始怀王遣我，固以能宽容；且人已服降，又杀之，不祥。"乃以秦王属吏，遂西入咸阳。■夏历以寅月为正月（夏历一月），商历以丑月（夏历十二月）为正月，周历以子月（夏历十一月）为正月，秦历以亥月（夏历十月）为正月。《秦始皇本纪》："始皇以秦昭王四十八年正月生于邯郸，名为政。"秦始皇

生于秦历正月（亥月，夏历十月），故名"政"。秦国从秦昭王十九年（前288）十月一日在宜阳帝宫称"西帝"以后，实行以亥月为正月的颛顼历，所以秦始皇生于秦昭王四十八年正月（亥月，夏历十月），属于西历前260年岁末，而西历前259年始于子月（夏历十一月，冬至所在月），距夏历正月（寅月）一日还有三个月，所以秦始皇并非生于前259年，而是生于前260年。汉承秦制，亦承以亥月为正月的颛顼历，汉高祖元年之元月（正月）是亥月（夏历十月），属于西历前207年岁末，所以秦并非灭于前206年，而是灭于前207年岁末。所以刘向《战国策序》曰："抚天下十四岁（前220—前207），天下大溃。"这是古代史家之常识，从无任何异议。然而今之史家大多误计秦帝国之国祚为十五年（前220—前206），乃是未明历法而多计一年。

[21]《汉书·艺文志》所记先秦古籍，汉后大多亡佚。

[22]详见拙著《庄子复原本》绪论三《刘安版大全本篇目考》。

[23]秦昭王十九年（前288）尽管称"西帝"失败而撤销，但是秦国仍然实行以夏历十月（亥月）为岁首、夏历九月（戌月）为岁末的颛顼历。此后秦国之编年史《秦记》，每年先记夏历十月（亥月）至夏历十二月（丑月）之事，后记一月（寅月）至九月（戌月）之事。秦始皇二十六年（前221）统一天下之后，秦历颁行天下。汉承秦制，兼承秦历，仍以夏历十月（亥月）为岁首，夏历九月（戌月）为岁末。直到汉武帝太初元年（前104）废除通行一百十六年（前220—前105）的颛顼历，遵循孔子之言"行夏之时"，颁行以夏历正月（寅月）为岁首、夏历十二月（丑月）为岁末的太初历，沿用两千余年至今。

[24]详见拙著《庄子复原本》。

[25]从秦始皇以"王"僭"帝"，至辛亥革命废"帝"共和，中华帝国史长达两千一百三十二年（前220—1911）。

[26]《庄子奥义》，江苏文艺出版社2008年第1版，天地出版社2020年第2版。《庄子复原本》，江苏文艺出版社2010年第1版，天地出版社2021年第2版。《庄子传》，江苏文艺出版社2013年第1版，天地出版社2020年第2版。

知人论世，鉴往知来

　　庄子生平史料，仅有二十余条，为之立传极其困难。如果强凑篇幅，只能写成评传，简述庄子生平，详析庄子思想，这样既与《庄子奥义》、《庄子复原本》重复过多，又在庄子思想内部继续打转，而我希望展示庄子思想得以产生的特殊外部环境，于是反复权衡之后，决定写成《庄子传》暨《战国纪》。

　　战国两百余年，贯穿着缠绕纠结、难解难分的两条主线。一是天下诸侯的战场决胜，结果是野蛮的秦国战胜了文明的中原，决定了此后两千年的中国政治走向。一是诸子百家的思想博弈，结果是周秦的否术遮蔽了夏商的泰道，决定了此后两千年的中国思想走向。

　　后人欲知野蛮如何战胜文明，否术如何遮蔽泰道，困难之大，甚于登天，因为秦始皇焚烧了六国史书，汉武帝罢黜了诸子百家。

　　商鞅变法以后，六世秦君凭借野蛮残忍的斩首计功，厚颜无耻的无信无义，屠杀了战国两千万人口的十分之一以上，费时一百多年，伐灭中原各国。同时代中原各国的官方史书，以及中原民间的百家著作，详尽记录秦军野蛮残忍，愤怒控诉秦君厚颜无耻。因此秦始皇统一天下之后，尽烧六国史书和百家著作。

　　中原各国的官方史书均为孤本，秦火之后，彻底消失。中原民间的百家著作，多有弟子传承，秦灭之后，汉初重出。然而躲过秦火的百家著作好景不长，不久汉武帝采纳儒生董仲舒献策，"罢黜百家，独尊儒术"，百家著作遭遇灭顶之灾。

秦火汉黜之后，秦国史基本完整，六国史缺失殆尽，儒家书基本完整，百家书非亡即残。辉煌灿烂的先秦文明，被秦汉否术一统天下，飞流直下三千尺，持续衰退两千年，百代皆行秦政制，万民均诵儒家经。国人难以诊断中华政治的病灶，难以探明中华思想的源头。

秦始皇尽烧六国史书之后百年，西汉早期的司马迁撰著《史记》，其战国史部分，除了依据《秦记》的秦国史事基本完整，其他各国史事大量残缺，所记少量史事不仅错讹无穷，而且拆散分记于各国编年史。因而《史记》的各国历史，仅有残缺断裂的历时性纵向罗列，缺乏天下互动的共时性横向关联，沦为秦汉僭主破坏犯罪现场之后残存的断烂朝报。

秦始皇尽烧六国史书之后两百年，西汉晚期的刘向编纂《战国策》，可以略补《史记》战国史的严重残缺，然而这些战国史残片均无系年。后世学者凭借《史记》的错讹纪年，对《战国策》史料予以系年，仍然错讹无穷。因而《战国策》的史事残片，仅有天下互动的共时性横向关联，缺乏定位精准的历时性纵向逻辑，沦为秦汉僭主谋杀先秦巨人之后残存的零余尸块。

战国史之残缺错讹，除了秦火汉黜两大浩劫，尚有诸多其他原因，姑举九例。

其一，君主多妻制度，导致各国君主时常废立太子，众多同父异母的嫡庶兄弟激烈争位，频繁篡弑。由于胜者为王，败者为寇，因此争位胜利者和篡弑成功者，常常抹去争位失败者和被篡弑之君。

比如田齐太公田和死后，嫡长子田剡继位，庶幼子田午（田齐桓公）弑兄篡位，于是抹去田侯剡。又如秦武王嬴荡死后无子，同母弟嬴壮（秦季君）继位，异母弟嬴稷（秦昭王）弑兄篡位，于是抹去秦季君。各国官方史书，原本讳言丑史秽史，自隐其恶，文过饰非，不尽真实。

其二，官方史书失真，加上秦火汉黜，导致后世史家常常误少误多君主，误减误增君主在位年数。

比如秦国史误少秦季君，田齐史误少田悼子、田侯剡，姜齐史误少齐幽公，晋国史误少晋悼公，卫国史误少卫孝襄侯；秦国史误多秦敬公，赵国史误多赵武公，魏国史误多魏哀侯。

又如魏文侯在位五十年，误减至三十八年；魏武侯在位二十六年，误减至十六年；魏惠王在位五十一年，误减至三十六年；魏襄王在位二十三年，误减至十六年。韩哀侯在位三年，误增至六年；韩昭侯在位三十年，误减至二十六年。燕献公在位二十二年，误增至二十八年；燕闵公在位二十四年，误增至三十一年；燕简公在位四十三年，误减至三十年。田齐太公在位二十二年，误增至二十六年；田侯剡在位四年，误增至九年、十年；田齐桓公在位十八年，误减至六年；齐威王在位三十九年，误减至三十六年；齐湣王在位十七年，误增至四十年。晋出公、晋哀公、晋烈公均在位二十三年，晋出公误减至十七年、十八年，晋哀公误减至十八年、十九年，晋烈公误增至二十七年。姜齐宣公在位五十五年，误减至五十一年。宋景公在位四十八年，误增至六十四年、六十六年；宋悼公在位十八年，误减至八年；宋桓侯在位四十一年，宋剔成君在位三年，误将年数互换；宋康王在位五十二年，误减至四十七年、四十三年。

易君治丧，既是一国重大史事，又是影响各国战局变动的重要原因。君主在位年数一误，丧期随之而误，天下战局变动的原因随之不明。君主在位年数的基础性讹误，不仅导致一国一君一事有误，前君之事误为后君之事，后君之事误为前君之事，进而导致史家增减别君而强合年数，牵连别事而整体搬移，波及别国而强求一致，于是不误之国之君之事也随之而误。战国史终于真伪杂陈，因果难明。

其三，战国时代的中原，魏国变法先强，稍后齐国变法继起，最后赵国变法崛起。中原以外，楚国在战国中期之前为天下最强，秦国在战国中期之前弱于六国。战国中期商鞅变法之后，秦国逐渐由弱变强，因此东进中原长达百余年，过程并非直线推进，而是反复拉锯，时进时退，攻占之地常被收复，乃至被迫或主动归还。尤其是孟尝君发动的第二次合纵伐秦，一举收复四世秦君东侵之地，把秦国打回函谷关以西。因此秦军常对同一城池一拔再拔，甚至三拔四拔。由于史料残缺不全，史家不明某地曾被收复或归还，尤其不明孟尝君曾把秦国打回原形，于是看见秦军二攻三攻已拔之地，即把真史视为讹史，进而妄改真史。

史家的有意妄改，加上传抄的无意错讹，导致残存史料的错讹程度雪上加霜，难以厘正复原。

其四，秦灭六国之前一百四十六年（前367），东周王朝分裂为西周、东周二公国。由于秦昭王在秦灭六国之前三十五年（前256）伐灭了东周朝、西周国，秦庄襄王又在秦灭六国之前二十六年（前247）伐灭了东周国，因此秦始皇尽烧六国史书之前，西周国史、东周国史早已亡佚殆尽。

战国诸侯为了代周为王而混战两百年，周分为二是极其关键的重大事变，然而《史记》失记这一重大史实，导致《战国策》之"东周（国）与西周（国）战"，如同"关公战秦琼"的笑谈，进而导致后世学者混淆东周朝之王、东周国之君，难以明白秦昭王"灭东周（朝）"之后，秦庄襄王为何又"灭东周（国）"。

其五，秦灭六国之前七十五年（前296），赵武灵王伐灭魏属中山。因此秦始皇尽烧六国史书之前，魏属中山史早已亡佚殆尽，所以《史记》没有《中山世家》。《战国策》虽有《中山策》，然而后世学者多把赵武灵王伐灭的魏属中山，误视为魏文侯伐灭以后复国的白狄中山，因而难以明白魏、赵敌对百年的真实原因，难以明白魏惠王两次伐赵大败而由盛转衰的重大转折，难以明白魏文侯变法而启动两百年混战的最初动因。

1973年，河北平山（即魏属中山国都灵寿）魏属中山王墓出土了青铜圆鼎、方壶、圆壶、侯钺。四器铭文，足以证明白狄中山（国都顾邑，即河北定州）被魏文侯伐灭之后从未复国，中山文公即魏文侯魏斯，中山武公即魏文侯长子魏击（后为魏武侯），中山桓公即魏文侯幼子魏挚；足以解释中山成公（魏挚之子）为何任命乐池（乐羊后裔）为中山相，魏惠王为何任命中山成公（魏惠王堂弟）为魏相，魏惠王为何邀请中山先王（魏惠王族侄）参加五国相王，中山公子魏牟（中山先王之子）为何姓魏；足以正确解读《战国策·中山策》等一切残存的中山史料。然而众多学者被《史记》妄言"白狄中山复国"误导，仍把魏属中山王墓误读为白狄中山王墓，致使重大考古发现迟迟未能兑现重大价值。

其六，秦灭六国之前六十五年（前286），齐湣王伐灭宋国。因此秦始皇尽烧六国史书之前，宋国史早已亡佚殆尽。《史记》虽有《宋世家》，但其春秋阶段可以参考儒书《春秋》、《左传》而基本完整，其战国阶段由于史料不足而残缺错讹。《战国策》虽有《宋卫策》，然而后世学者大多凭借《史记》的错讹纪年，予以错误系年。六国史的残缺错讹尚且乏人厘正复原，不属七雄的宋国史更加无人厘正复原。

其实宋国是七雄之外的最大千乘之国，宋康王拓地三百里，号称"五千乘劲宋"，又是居于天下之中的前朝遗邦。东之强齐，南之强楚，西之强秦，北之强魏和强赵，为了代周为王而分从四方问鼎中原，无法绕开宋国。只要深入梳理残存史料，宋国史就能大致厘正复原。

其七，战国中期的合纵连横，导致反间之事频繁。比如楚怀王派遣昭滑使越反间而相越，最终灭越。赵武灵王派遣楼缓使秦反间而相秦，最终破秦。秦昭王派遣吕礼奔齐反间，导致孟尝君罢免齐相而转任魏相，放弃合纵伐秦而转为合纵伐齐。燕昭王派遣苏秦使齐反间而相齐，最终灭宋破齐。反间之事，原本极端隐秘，当时已经知者极少，秦火汉黜之后更加鲜为人知。苏秦为燕使齐反间，则是最为隐秘又最为重大的战国秘史，司马迁、刘向全然不知，因此《史记》、《战国策》误将苏秦移前三十年，变成张仪师弟，共同师从子虚乌有的鬼谷子。

1973年，湖南长沙马王堆汉墓出土了《战国纵横家书》。全书二十七篇，除了九篇附录，十八篇是苏秦遗稿，均为苏秦游说陈轸、燕昭王、齐湣王、魏昭王、秦昭王、赵惠文王、齐相孟尝君田文、赵相奉阳君李兑、秦相穰侯魏冉的对话记录和信件底稿。第四篇是齐伐宋第二年（前287），苏秦在齐致燕昭王的密信，详尽回顾了为燕反间至此十五年（前301—前287）的过程细节，力辩自己从未叛燕忠齐。苏秦遗稿足以纠正《史记》、《战国策》关于苏代、苏秦、苏厉三兄弟的种种谬误（误以苏秦为兄，苏代为弟），足以揭破苏秦为燕反间十八年（前301—前284）的惊人秘史。然而整理者囿于《史记》的错讹纪年，未能对《战国纵横家书》做出正确排序、精确系年和合理解读。至今四十年，其他学者也未深入研究，致使重大考古发现迟迟未能兑现重大价值。

其八，汉武帝"罢黜百家，独尊儒术"，导致百家著作亡佚残缺，道家著作也不例外。因此《关尹子》、《列子》、《子华子》亡佚（或许包括杨朱之书），《文子》真伪杂陈。儒家官学仅对《老子》、《庄子》难以剿灭，只能先篡改到面目全非，再反注到反转宗旨。传承泰道、反对权谋的真《老子》，于是变成了鼓吹否术、宣扬权谋的伪《老子》。拒绝臣服、反对混世的真《庄子》，于是变成了鼓吹臣服、宣扬混世的伪《庄子》。

1973年，湖南长沙马王堆汉墓出土了《老子》帛书甲、乙本。1993年，湖北荆门郭店战国楚墓出土了《老子》竹简。2009年，北京大学入藏了汉墓出土的《老子》竹简。四大出土本足以证明今本《老子》的关键字句，多被后儒篡改。然而众多学者囿于窃据权威两千年的伪老学成心，未能深入研究马王堆《老子》、郭店《老子》、北大《老子》，致使重大考古发现迟迟未能兑现重大价值。伪老学、伪庄学至今窃据权威，毒害天下。

其九，伏羲画六十四卦，并予命名，乃是华夏文明黎明时期的初始史实，中华民族"开天辟地"（认知天地本质，确立天地之道）的根本史实，因而夏代《连山》、商代《归藏》、周代《周易》均有六十四卦及其卦名。由于周之灭商、孔子从周、独尊儒术等等一系列重大历史事变，无不导致《周易》取代《连山》、《归藏》，因此秦火汉黜之后《连山》、《归藏》亡佚。西晋咸宁五年（279年），汲郡魏襄王墓出土了《归藏》（孔子得之于宋，子夏携之至魏），包括六十四卦及其卦名，因其危及《周易》、《易传》权威，唐宋以后再次亡佚（同时出土的魏史《竹书纪年》，因其危及《史记》权威，也在唐宋以后亡佚。仅有价值最小的小说《穆天子传》，因其不会危及官学权威，独存至今）。此后国人仍然盲信积非成是的权威谎言，以为编纂《周易》的周文王始叠八卦为六十四卦，始定六十四卦卦名；不知中华第一圣山泰山之名，取自伏羲泰卦；不知儒家官学以《周易》、《易传》为权威依据而鼓吹的庙堂否术"天尊地卑，君尊臣卑"，违背《连山》、《归藏》、《老子》、《庄子》一脉相承的伏羲泰道"天柔地刚，君柔臣刚"。

1993年，湖北荆州王家台秦墓出土了《归藏》竹简，包括六十四卦及其卦名。至今二十年，仍未整理出版，遑论深入研究，致使重大考古发现迟迟未能兑现重大价值。国人仍把《周易》视为中华真道的至高宝典，不知《周易》实为中华伪道的终极依据，不知《周易》打开了两千年庙堂黑暗的潘多拉之盒。正如鼓吹《周易》伪道的《易传》所言，"形而上者谓之道，形而下者谓之器"，形而上的两千年悖道"道统"，导致了形而下的两千年悖道"政统"。中华民族失典忘祖两千年，无法认祖归宗，只能认贼作父，盲信"孔子登泰山而小天下"，盲信"皇帝封泰山而得天下"，有眼不识泰山。

独一无二的战国时代，奠定了此后两千年中国文化的一切独特性，催生了作为中国思想根源的诸子百家，造就了高居先秦绝顶的庄子，所以我把研究战国视为研究百家的前提，又把研究百家视为研究庄子的前提。由于战国史残缺错讹，疑难重重，因此我研究战国史的时间精力，超过研究百家书和《老子》、《庄子》。潜心战国三十年，反复研究了无数历史疑案，只要新见不能验于所有战国史残片、百家书残片，立刻推倒重来。积累多年而不敢轻率发表的大量笔记，成了撰写本书的重要准备。

战国二百六十年（前481—前221）。庄子之前百余年（前481—前370），是序盘布局阶段。庄子一生八十四年（前369—前286），是中盘决胜阶段。庄子之后六十五年（前285—前221），是收官残局阶段。庄子一生，恰好处于历史改道、鉴往知来的战国中期。前可统观战国为何如此布局，回眸此前两千余年的伏羲泰道为何逐渐式微。后可展望战国为何如此收官，预判此后两千余年的庙堂否术为何逐渐强化。

全书采用编年史体例，逐年叙述战国史事和庄子生平，每年一章，共计百章。庄子生前十二年为引子，庄子在世八十四年为本传，庄子殁后四年为尾声。前后各加略史，以观中华全史。

每章前半为《战国纪》，按时间先后叙述一年之中的天下各国史事，略做合理连缀，揭破天下互动的共时性横向关联。百章之间，略做因果勾连，揭破战国进程的历时性纵向逻辑。

每章后半为《庄子传》，按时间先后叙述庄子与诸子、诸侯互动的相关史迹。二十余条庄子生平史料，植入相关之年，仅占四分之一章节。其余四分之三章节，缺乏庄子生平史料，为免凭空虚构庄子史事而导致失真，因而立足道家立场，根据其他史料，虚拟庄子与其本师子綦、友人庖丁、弟子蔺且等人的对话，评议天下时事，抉发先秦秘史，演绎庄学义理，揭破庄子与诸子、诸侯互动的共时性横向关联。百章之间，穿插诸侯与诸子、否君与痊士的互动，重点展开老子之后的道家发展，孔子之后的儒分为八，墨子之后的墨离为三，揭破道、儒、墨互动博弈的历时性纵向逻辑。

概而言之，每章前半叙述形而下的诸侯之战，展示野蛮为何战胜了文明；每章后半叙述形而上的诸子之争，展示否术为何遮蔽了泰道。

全书没有凭空虚构一人一事，所有内容均有史料依据，少量内容是史料残片的逻辑延伸。书稿原有大量注释，乃是史料原文及其考辨厘正，因其数倍于正文，2013年第1版、2021年修订版付梓之前均予删去，笺注本终于补出。为免繁琐，已予简化。

本书篇幅，《战国纪》远远超过《庄子传》，似有颠倒主次之嫌。其实庄子毕生自觉边缘化，力求"无用之大用"，亦即无用于庙堂，大用于江湖，无用于小年，大用于大年。假如把庄子从时代边缘，移至舞台中心，反失历史之真。只要诸侯、诸子的百年互动，有助于读者理解庄子思想和百家思想得以产生的时代背景，以及后来遭到否君痞士焚毁、罢黜、剿灭、篡改、反注、遮蔽的历史成因，本书即已达到目的。

禅门有言："千年暗室，一灯即明。"禅学乃是秦火汉黜之后，庄学因应悖道外境的特殊变体，庄学正是照亮两千年庙堂黑暗的江湖明灯。久处陆地之鱼，大多变成鱼干，不知江湖浩淼无际。久处暗室之人，大多变成盲瞽，不知庄学烛照千年。近世盲瞽，常喜援引西哲伊拉斯谟之言："盲瞽国度，独眼为王。"于是欲保庙堂国粹者，膜拜独眼俗王，欲破庙堂国粹者，宗奉欧西大哲。不知双目如炬的先秦至人庄子，早已藐视俗君僭主，超越欧西大哲。

庄子主张"至知忘知，自知无知"，"吾生有涯，知也无涯"，略同于苏格拉底的"认识你自己"，"我只知道自己一无所知"。庄子主张"自适其适，以德为循"，反对"适人之适，役人之役"，略同于尼采的"不要跟随我，跟随你自己"。尽管高居庙堂的儒学伪道，与欧西自由精神大异其趣，然而隐于江湖的庄学真道，却与欧西古今大哲莫逆于心。

天道遍在永在，然而人难尽知。每个人的思想言行和祸福命运，均为内德、外境互动所致。

适人之适、役人之役者，失身六合之内，内化而外不化，于是违背天道，丧失内德，迎合外境。外境成为人生选择的决定力量，必然悖天而事人，逆命而卜运，拒福而求幸，沦为悖道外境的牺牲品。内德被伪道洗脑、伪德压抑而终生潜藏心底，仅在生命将终的垂暮之年，撒手人寰的临终之前，才有痛悔平生的回光返照。

自适其适、以德为循者，游心六合之外，外化而内不化，于是顺应天道，因循内德，因应外境。内德成为人生选择的决定力量，必然应天而因人，安命而顺运，祈福而拒幸，尽其所受乎天，纵浪大化之中，与天地万物共舞。外境仅是调整顺道循德之具体路径的非决定力量，因而超越悖道外境，不再沦为悖道外境的牺牲品。

身处秦火汉黜之后两千年，我准备半生，写作八年，终于在年届五十之时，凭借残存历史文献和新出考古材料，尽己所能完成了纪念庄子化蝶两千三百周年（前286—2014）的庄学三书：《庄子奥义》抉发庄学真义，《庄子复原本》复原庄书真貌，《庄子传》还原战国真史。唯愿庄学三书的文史哲全息图景，有助于颠覆秦火汉黜伪造的历史谎言，有助于治疗庙堂伪道导致的民族内伤，有助于接续江湖真道传承的先秦元气。

2012年9月3日初稿，2023年4月16日修改
2010年3月6日—2012年9月3日《庄子传》十一稿（含笺注初稿）
2023年2月21日—4月16日笺注本定稿

人物索引

B

伯皇氏：上古十二氏之三。

伯乐：秦穆公时相马师。

百里奚：楚人，秦穆公时秦相。

宾孟：周景王臣。劝周景王废除太子猛，立王子朝为太子，引发周景王死后王子朝争位之乱。

白狄中山武公姬某：白狄中山末君。在位九年（前414—前406），被魏文侯伐灭。

白圭（前400—前290）：魏人。姓白，名丹，字圭，以字行。历仕魏惠王、魏襄王、魏昭王。

白起：秦人，秦昭王时秦将。秦相魏冉启用，秦相范雎弃用。生年不详，秦昭王五十年（前257）赐死。

巴宁：魏人。魏惠王早期魏将。魏惠王八年（前362）魏相公叔痤伐赵时副将。

毕战：滕人。滕文公相。与孟轲同时。

暴鸢：韩人。韩襄王时韩将。韩釐王三年（前293）孟尝君策动齐魏韩三国合纵伐楚时的韩军主将。

鲍苏：宋人，宋康王时。事见《列女传》卷二《贤明传》。

鲍苏妻：宋康王封为"女宗"。事见《列女传》卷二《贤明传》。

C

常枞：宋人。又名商容。老子之师。曾仕齐桓公。

楚武王熊通：楚君蚡冒之弟。在位五十一年（前740—前690），第三十七年（前704）即周桓王十六年叛周称王。

楚庄王熊侣：楚穆王太子。在位二十三年（前613—前591）。

楚惠王熊章：楚昭王太子。在位五十七年（前488—前432）。

楚简王熊中：楚惠王太子。在位二十三年（前431—前408）。

楚声王熊当：楚简王太子。在位六年（前407—前402），盗杀楚声王。

楚悼王熊疑：楚声王太子。在位二十一年（前401—前381）。

楚肃王熊臧：楚悼王太子。在位十一年（前380—前370）。

楚宣王熊良夫：楚肃王之弟。在位三十年（前369—前340）。

楚威王熊商：楚宣王太子。在位十一年（前339—前329）。

楚怀王熊槐：楚威王太子。三十一岁即位，在位三十年（前328—前299）。被秦昭王诱捕囚禁三年（前298—前296），客死秦都咸阳，终年六十三岁（前358—前296）。

楚顷襄王熊横：楚怀王太子。在位三十六年（前298—前263）。

楚考烈王熊完：楚顷襄王太子。在位二十五年（前262—前238）。

楚幽王熊悍：楚考烈王太子。在位十年（前237—前228）。

楚哀王熊犹：楚幽王同母弟。继位二月（前228）被庶兄熊负刍弑杀，不入楚君纪年。

楚王熊负刍：楚哀王庶兄，弑弟篡位。在位五年（前227—前223），秦始皇灭楚。

楚怀王熊心：楚怀王熊槐之孙。秦二世元年（前209）项梁、项羽立之。

樗里疾：秦孝公庶子，秦惠王异母弟，约秦孝公十一年（前351）生。秦惠王更元十三年（前312）丹阳、蓝田大败楚军之后封严君。秦武王时任右丞相三年（前309—前307），秦武王死后助秦昭王篡位成功，独任秦相七年（前306—前300），终年五十二岁（前351—前300）。

臞襄：魏人。魏惠王早期魏将。魏惠王八年（前362）魏相公叔痤伐赵时副将。

淳于髡（前385—前290）：齐人。历事齐威王、齐宣王、齐湣王。齐国稷下学宫祭酒。

陈仲子（前365—前260）：齐人。陈完（田完）后裔，田氏宗室，"田"为"陳"之减笔。隐居於陵，史称於陵仲子。反对齐威王叛周称王。匡章之师。

陈轸：齐人。战国著名策士，张仪政敌。秦惠王时仕秦，秦惠王更元二年（前323）为秦使齐、使楚。后与秦相张仪争宠失败，转仕楚国，与楚怀王、楚相昭阳、屈原同时。

陈臻：齐人。孟轲弟子。事见《孟子·公孙丑下》。

陈相、陈辛兄弟：宋人。因滕文公重用孟轲恢复井田制（前324—前320），滕文公三年（前322）离宋往滕，师事许行。滕文公五年（前320）井田制失败，离滕返宋。

陈翠：燕人。燕昭王臣。齐湣王六年（前295）齐相孟尝君伐燕取十城，燕昭王命其使齐。

陈贾：齐人。田齐宗室，齐宣王臣。事见《孟子·公孙丑下》。

陈举：齐人。田齐宗室。齐湣王十七年（前284）燕将乐毅伐齐，向齐湣王进谏苏秦为燕国间谍，齐湣王不信，诛杀陈举。事见《齐策六》一。

陈胜：楚人。秦二世元年（前209）陈胜、吴广在大泽乡斩木为兵，揭竿而起。

储子：齐人。齐宣王五年（前315）至八年（前312）齐相，主张齐国吞并燕国，事败罢相。

春居：齐人。齐宣王时稷下学士，反对齐宣王建造明堂。事见《吕览·骄恣》。

成驩：齐人。齐湣王臣。齐湣王七年（前294）秦相魏冉命吕礼奔齐反间，献策齐湣王，唆使田甲假装叛乱，唆使成驩诬陷孟尝君，导致孟尝君罢相归薛。齐湣王过河拆桥，诛杀了田甲、成驩。

充虞：齐人。孟轲弟子。事见《孟子·公孙丑下》。

曹夏：宋人。曹商之父。撰者拟名。

曹商：宋人。庄子旧友。宋康王臣，为宋使秦，秦宋结盟。事见《庄子·曹商》。

D

大庭氏：上古十二氏之二。

大成午：赵人。赵成侯相。

戴驩：宋人。宋戴公后裔。宋桓侯时宋国权相。事见《战国策·宋卫策》、《韩非子·内储说上》、《韩非子·内储说下》。

戴盈：宋人。宋戴公后裔。又名盈之，字荡。宋康王时宋相。史料记载唯一与孟子、庄子均有交往者。事见《庄子·天运》商太宰荡，《孟子·滕文公下》戴盈之。

戴不胜：宋人。宋戴公后裔。宋康王时宋臣。事见《孟子·滕文公下》。

东周惠公姬根（一名班）：西周威公次子，父死与兄争位，得赵、韩支持而开国，成为东周国开国之君，在位七年（前366—前360）。

东周昭文君姬杰：东周惠公太子，东周国第二代国君。在位五十二年（前359—前308）。

东周嗣君姬某：东周昭文君太子，失名。东周国第三代国君，末君。在位五十九年（前307—前249），秦庄襄王灭之。

东周国公子姬辰：东周昭文君时。秦惠文君四年（前334），天子致文武胙之周显王使臣。

东周国公子姬启：东周嗣君时。秦昭王十九年（前288）奉东周嗣君之命，参加了秦昭王在宜阳帝宫的称帝大典。

东宫之师：楚怀王太子熊横（楚顷襄王）的太师。

东郭子：宋人，宋康王时。曾向庄子问道。事见《庄子·知北游》。

东门四子：子祀、子舆、子犁、子来，庄子之友。事见《庄子·大宗师》。

杜挚：秦人。秦孝公臣，反对商鞅变法。

杜赫：东周国人。东周昭文君相。贾谊《过秦论》："六国之士，有宁越、徐尚、苏秦、杜赫之属为之谋。"

董庆：魏人。魏惠王幸臣。魏惠王三十六年（前334）齐魏徐州相王之后，留齐为质。

董安于：又作董阏于。赵简子相。

董叔：李兑专权时赵将，赵惠文王十一年（前288）率领赵军助齐伐宋。

达子：齐湣王将。齐湣王十七年（前284）乐毅率五国兵伐齐，苏秦死党冷向任齐军主将，达子任齐军副将，率领五十万齐军，在济水西岸与五国联军决战。冷向按照苏秦预定方略临阵脱逃，达子战死，齐军主力覆灭。

斗鸡师：宋人。宋康王豢养的斗鸡师。

雕陵吏：宋人。宋君陵墓雕陵之守吏。事见《庄子·山木》。

F

伏羲氏：上古十二氏之十。

范蠡：字少伯，楚国宛邑三户人。老聃弟子。助越灭吴，退为陶朱公。终年八十八岁（前536—前448）。

范妻：范蠡之妻。

范大：范蠡长子。往楚营救范蠡次子失败，自杀。

范二：范蠡次子。在楚杀人，楚惠王诛之。

范环：楚怀王臣。

房喜：韩人，韩昭侯臣。韩昭侯十九年（前344）谏阻韩昭侯从魏惠王朝天子。事见《韩策三》二一，《韩非子·说林上》作彭喜。

腹䵍（前385—前315）：墨家第四代巨子。居秦，秦惠王礼之。子杀人，秦惠王赦之，腹䵍据墨家法刑之。

冯喜：张仪门客。秦武王元年（前310）为张仪使齐。事见《史记·张仪列传》。

冯章：秦武王臣。秦武王四年（前307）使楚，以归还汉中为饵，欺骗楚怀王放弃救韩，事后拒绝归还汉中。事见《秦策二》七。

冯谖：孟尝君门客。齐湣王七年（前294）孟尝君罢免齐相后使魏。事见《齐策四》一。

肥义：晋昭公二年（前530）伐灭长狄肥国（今河北肥乡）之后裔，以肥为姓。赵武灵王二十七年（前299）禅位太子赵惠文王，肥义为相。赵惠文王四年（前295）死于前太子赵章叛乱。

富丁：赵武灵王臣。赵武灵王二十年（前306）使魏。赵惠文王元年（前298）主张伐秦。

G

管仲（前723—前645）：春秋中期齐桓公相。战国中期齐国稷下学士集体编纂《管子》，托其名。

管浅：秦惠王臣。秦惠王九年（前329）为秦使楚。

庚桑楚：老聃弟子。事见《庄子·庚桑楚》。

告子（前420—前350）：宋人。曾与墨子言，事见《墨子·公孟》。齐威王时齐国稷下学士，曾与孟子辩人性善恶，事见《孟子·告子上》。

公输般（前507—前430）：即鲁班。欲助楚惠王伐宋，墨子止之。事见《墨子·公输》。

公父穆伯：鲁人，与孔子同时。事见《国语·鲁语下》。

公父文伯：鲁人，公父穆伯之子，与孔子同时。事见《国语·鲁语下》。

公叔痤：魏人，魏惠王早期魏相。魏惠王八年（前362）伐赵而胜，伐秦而败，同年死。

公叔：韩人。韩宣王臣，敌秦，公仲朋毕生政敌。继公仲朋为相，其后多次罢相、复相。大抵韩敌秦时任相，韩亲秦时罢相。

公子虔：嬴虔，秦孝公时秦国公子，秦孝公太子嬴驷之太师。秦孝公十七年（前345）太子嬴驷犯法，被商鞅施以黥刑，追加劓刑。

公子景贾：魏景贾，魏惠王时魏国公子。魏惠王后元五年（前330）率师伐郑。

公子胜：赵胜〔1〕，赵国公子，与平原君赵胜〔2〕同名。赵成侯元年（前373）与赵成侯争位，失败被诛。

公子范：赵范，赵成侯庶子。赵肃侯三年（前347）叛乱，兵败被诛。

公子刻：赵刻，赵肃侯时赵国公子。赵肃侯七年（前343）攻魏首垣。

公子食我：韩食我，韩昭侯时韩国公子。韩昭侯二十年（前343）使魏。事见《吕览·审应》。

公子卬：魏卬，魏惠王时魏国公子，商鞅游魏时旧友。秦孝公二十二年（前340）商鞅伐魏，诱杀魏卬。

公子华：嬴华，秦惠王时秦国公子。秦惠王十年（前328），使公子华与张仪围蒲阳，降之。

公子成：赵成，赵肃侯之子，赵武灵王叔父。赵武灵王十九年（前307）支持胡服骑射。赵惠文王四年（前295）与李兑共同平定赵武灵王前太子赵章叛乱，封安平君。

公子他：嬴他，秦昭王时秦国公子。齐伐宋第三年（前286）秦昭王命其使赵，约赵伐齐。事见《秦策二》十五：秦王使公子他之赵。

公子郚：赵郚，赵惠文王时赵国公子。赵惠文王十七年（前282）为质于秦。事见《赵策三》四：秦攻赵，蔺、离石、祁拔。赵以公子郚为质于秦。

公子缯：嬴缯，秦昭王时秦国公子。秦昭王二十五年（前282）使赵。事见《赵策三》四：秦（昭）王怒，令公子缯请地。

公孙颀：宋桓侯臣，宋相戴驩谋士。事见《魏世家》：子罃与公中缓争为太子。公孙颀自宋入赵，自赵入韩。

公孙贾：秦孝公时秦国公族，秦孝公太子嬴驷之太傅。秦孝公十七年（前345）太子嬴驷犯法，被商鞅施以黥刑。

公孙衍（前375—前293）：公孙三兄弟之长兄，魏惠王臣。合纵伐秦创始人，张仪终生之敌。复姓公孙，名衍，字犀首，以字行。秦惠王早年短暂相秦，后被张仪夺相返魏，此后毕生反秦。相秦二年（前332—前331），相魏二年（前318—前317），相韩三年（前316—前314）。五十三岁（前323）策动五国相王成功，五十八岁（前318）策动五国伐秦失败。伊阙之战（前294）败后，魏昭王命其使秦求和，不堪屈辱，返魏以后含恨而死，终年八十三岁（前375—前293）。

公孙喜：公孙三兄弟之二哥，魏惠王臣，毕生反秦。名喜，字犀武，以字行。秦昭王十三年（前294）白起攻打韩国伊阙，魏将公孙喜救韩，东周国亦救韩，秦昭王十四年（前293）白起攻破伊阙，杀公孙喜，斩首二十四万。

公孙弘：公孙三兄弟之三弟，魏惠王臣，毕生反秦。名弘，字不详。五国相王（前323）后长驻魏属中山，后被司马熹排挤返魏，后为孟尝君门客，协助孟尝君策动合纵伐楚伐秦成功。孟尝君相魏后从合纵伐秦转为合纵伐齐，魏昭王六年（前290）公孙弘离魏入齐，成为苏秦门客，协助苏秦策动合纵伐秦。

公孙仓：卫成侯时卫将。卫成侯二十年（前352）助齐伐魏襄陵。事见《竹书纪年》。

公孙闬：先为齐相邹忌门客，献策陷害齐将田忌。邹忌罢相后，转为齐相田婴门客。

公孙丑：孟轲弟子。事见《孟子·公孙丑》。

公孙赫：秦国公子，秦相樗里疾死党。

公孙龙（前325—前250）：赵人，墨子之徒，名家集大成者。平原君赵胜门客。魏襄王十四年（前305）大梁名辩，与桓团等一起击败惠施。其书《公孙龙子》，汉后残损。

公中缓：魏缓，魏武侯时魏国公子。魏武侯死后（前370）与魏惠王争位，兵败被诛。

公仲朋：韩朋，韩宣王臣，亲秦，公叔毕生政敌。继张开地为相，其后多次罢相、复相。大抵韩亲秦时任相，韩敌秦时罢相。

公师隅：越人，越王无疆臣。越王无疆三十一年（前312）九国大战，率领三百条战船助魏抗齐。事见《竹书纪年》。

公畴竖：楚人，楚顷襄王臣。楚顷襄王九年（前290）出使西周国，说服西周武公扣留使秦献地的韩相成阳君韩辰。齐伐宋第二年（前287）与齐争夺淮北，被齐将赵信杀死。事见《韩策三》十三：韩珉相齐，令吏逐公畴竖。又见《战国纵横家书》十四《苏秦谓齐王章》之四。

公玉丹：齐人，齐湣王臣。齐湣王十四年（前287）使赵，感谢赵相李兑释放齐相苏秦，把宋地蒙邑增封给李兑（此前预封宋地定陶）。

甘龙：秦孝公臣，反对商鞅变法。

甘茂：楚国上蔡人，历事秦惠王、秦武王、秦季君、秦昭王。秦武王时任左丞相。秦武王死后立秦季君。秦昭王弑秦季君篡位后，离秦逃魏，离魏逃齐，为齐使楚，死于魏。

高子：齐宣王臣。事见《孟子·公孙丑下》。

高信：赵武灵王前太子赵章之将。赵惠文王四年（前295）赵武灵王前太子赵章叛乱，命高信围攻赵惠文王之宫，兵败战死。

郭隗：燕昭王臣。燕昭王八年（前304）师之，筑黄金台招贤。

郭象（252—312）：西晋儒生。郭象版《庄子》删改本，删去刘安版《庄子》大全本之十九篇四万余言，仅剩三十三篇六万余言。

H

忽：北海之帝。

浑沌：中央之帝。

赫胥氏：上古十二氏之七。

馯臂子弓：楚人。子夏弟子，传子夏《周易》之学。

韩贞子韩顷：晋卿，韩氏宗长，与赵简子、魏献子同时。在位元年为周敬王七年（前513），卒年不详。

韩简子韩不佞：韩贞子太子。在位起讫不详。

韩庄子韩庚：韩简子太子。在位元年不详，卒年为周贞定王十三年（前

456）。晋出公十七年（前458）与赵襄子、魏简子共灭范、中行氏。

韩康子韩虎：韩庄子太子。在位三十一年（前455—前425）。晋出公二十二年、韩康子三年（前453）与赵襄子、魏桓子共灭知伯，分其地，史称"三家分晋"。

韩武子韩启章：韩康子太子。在位十六年（前424—前409）。

韩景侯韩虔：韩武子太子。在位九年（前408—前400）。第六年（前403）天子封侯。

韩烈侯韩取：韩景侯太子。在位十三年（前399—前387）。

韩文侯韩某：韩烈侯太子，失名。在位十年（前386—前377）。

韩哀侯韩某：韩文侯太子，失名。聂政刺杀韩相韩傀，兼及韩哀侯，韩傀、韩哀侯同时死。在位三年（前376—前374），韩懿侯继位当年改元，实计二年（前376—前375）。●《韩世家》韩哀侯在位六年，多四年（与韩昭侯少四年抵消）。

韩懿侯韩若山：韩哀侯太子。继位当年改元，在位十二年（前374—前363）。

韩昭侯韩武：韩懿侯太子。复谥昭厘，《韩世家》作韩昭侯,《纪年》作郑厘侯。在位三十年（前362—前333）。重用申不害，实行韩国变法。●《韩世家》韩昭侯在位二十六年，少四年（与韩哀侯多四年抵消）。

韩宣王韩某：韩昭侯太子，失名。在位二十一年（前332—前312）。第八年（前325）称王，第十年（前323）参加五国相王。前八年为韩威侯，后十三年为韩宣王。称王前是"韩威侯"（《纪年》），称王后是"韩宣惠王"，简称"韩宣王"。

韩襄王韩仓：韩宣王太子。在位十六年（前311—前296）。

韩襄王前太子韩婴：韩襄王十二年（前300），太子婴死。韩咎（韩釐王）立为新太子。

韩釐王韩咎：韩襄王新太子。在位二十三年（前295—前273）。

韩桓惠王韩某：韩釐王太子，失名。在位三十四年（前272—前239）。

韩王安：韩安，韩桓惠王太子。在位九年（前238—前230），秦始皇灭韩。

韩傀：韩文侯之弟，韩哀侯之叔。相韩哀侯，严遂政敌。韩哀侯三年（前374）被严遂所雇聂政刺杀。

韩姬：韩懿侯之女，晋悼公夫人。韩昭侯十四年（前349）弑杀晋悼公。

韩晁：韩昭侯时韩臣。与申不害同时。

韩举：赵肃侯、赵武灵王时赵将。赵武灵王元年（前325）齐将田朌伐赵，擒获赵将韩举。

韩辰：韩宣王之弟，亲秦的韩国公子。韩襄王十三年（前299）封成阳君。多次担任韩相。

韩珉：韩国公室，韩相公仲朋死党。先仕韩襄王，后仕齐湣王，终生亲秦。韩襄王十二年（前300）韩太子婴死后，韩珉欲立在楚为质的几瑟为新太子失败，惧祸奔齐，仕齐湣王。齐湣王七年（前294）孟尝君罢相后，相齐。齐湣王十三年（前288）反对齐湣王称东帝，罢相逃楚。齐湣王十五年（前286）从楚返齐复相，但无实权，实权仍在苏秦。齐湣王十六年（前285）再次罢免齐相，苏秦复相。

韩徐为：赵人，赵惠文王时赵将，与奉阳君李兑同时。赵惠文王十二年（前287）李兑软禁苏秦期间，韩徐为命赵梁伐齐。赵惠文王十六年（前283）被诛。

韩凭：宋康王时宋国封丘人，其妻为宋康王所夺。事见《搜神记》卷十一。

韩凭妻：事见《搜神记》卷十一。

韩春：韩珉门客。魏昭王三年（前293）孟尝君离齐相魏，魏昭王应孟尝君要求废黜王后田氏，驱逐归齐。齐相韩珉命韩春秘密使秦，献策秦昭王迎娶田氏。

韩庆：西周武公臣。西周武公十四年（前298）出使孟尝君，又为孟尝君出使秦昭王。事见《西周策》一。

韩山：苏秦门客。齐湣王十四年（前287）齐相苏秦使赵，被赵相李兑软禁，苏秦命其返燕向燕昭王求救。事见《战国纵横家书》。

韩非：韩国公室。战国法家代表人物，法家集大成者，其书《韩非子》，兼重老子之道、商鞅之法、申不害之术、慎到之势，合为法家四大要素：道—法—术—势。

胡衍：韩相公仲朋门客。韩襄王十二年（前300）公仲朋命胡衍使楚，劝楚怀王立在楚为质的韩襄王幼子几瑟为韩襄王新太子。事见《韩策二》十六。

惠盎：宋人，惠施之兄。墨家第三代巨子田襄子的弟子。

惠施（前380—前300）：宋人，墨子之徒，名家始祖，仕魏惠王、魏襄王。不仕宋康王。三十八岁（前343）离宋仕魏，四十二岁（前340）相魏。相魏十九年（前340—前322），罢相逃楚。六十岁（前321）由楚返宋，与庄子为友三年（前321—前319）。六十二岁（前319）返魏谋复魏相失败，留任客卿五年（前318—前314）。六十七岁（前313）告老居魏，研究墨家名学九年（前313—前305），公布"历物十事"，在大梁与天下辩者辩论（前305）。七十七岁（前304）离魏归宋，与庄子为邻五年（前304—前300）。死于宋，葬于宋，终年八十一岁（前380—前300）。其书《惠子》，汉后亡佚。

惠施门客：事见《庄子·秋水》。谓惠子曰："庄子来，欲代子相。"

环渊：楚人，齐威王、齐宣王时稷下学士。又名环蜎，范蜎。其书《蜎子》，汉后亡佚。

桓团：韩人，又称韩檀（《列子·仲尼》）。魏襄王十四年（前305）大梁名辩，与赵人公孙龙一起击败惠施。

黄缭：楚人。曾与惠施辩论。事见《庄子复原本·惠施》（郭象拼接于《天下》）。

黄歇：楚国宗室，战国四公子之一，继信陵君之后的第五位合纵伐秦策动者。相楚考烈王，封春申君。楚考烈王二十二年（前241）发动公孙衍、孟尝君、奉阳君、信陵君之后的第五次合纵伐秦，大败。

侯催：齐湣王臣。齐湣王十四年（前287）齐相苏秦使魏，齐湣王派宋窍、侯催至魏，向苏秦问策。

狐援：齐湣王时齐民。齐湣王十七年（前284）燕将乐毅伐齐，向齐湣王进谏苏秦为燕国间谍，齐湣王不信，诛杀狐援。事见《吕览·贵直》。《齐策六》一作"狐咺"。

画师：宋康王时画师。事见《庄子复原本·百里奚》(郭象拼接于《田子方》)。

J

晋文公姬重耳：春秋五霸之二。继位前出亡十九年（前655—前637），其中十二年（前655—前644）居其生母狐季姬之母邦白狄中山，狐季姬之兄弟狐偃、狐毛随其出亡。在位九年（前636—前628）。

晋襄公姬欢：晋文公之子，生母齐女。在位七年（前627—前621）。

晋灵公姬夷皋：晋襄公太子。在位十四年（前620—前607），被赵盾堂弟赵穿弑杀。赵盾另立晋文公少子黑臀。

晋成公姬黑臀：晋文公少子，生母周女。在位七年（前606—前600）。

晋景公姬据：晋成公太子。在位十九年（前599—前581）。

晋厉公姬寿曼：晋景公太子。在位八年（前580—前573）。

晋悼公姬周：晋厉公太子，此为前悼公。在位十五年（前572—前558）。

晋平公姬彪：晋悼公太子。在位二十六年（前557—前532）。

晋昭公姬夷：晋平公太子。在位六年（前531—前526）。

晋顷公姬去疾〔2〕：晋昭公太子，与周贞定王长子姬去疾〔1〕同名。在位十四年（前525—前512）。

晋定公（简公）姬午：晋顷公太子。复谥简定，《晋世家》作定公，《纪年》作简公。在位三十七年（前511—前475）。

晋出公姬凿：晋定公太子。在位二十三年（前474—前452）。出公二十二年（前353）知伯与三晋共灭范、中行式，分其地，出公怒，欲伐四卿，四卿反攻出公，出公二十三年（前352）出奔而死。●《晋世家》晋出公在位十八年，少五年。

晋敬公（哀公）姬骄：晋昭公曾孙，知伯立之。复谥敬哀，《纪年》作敬公，《晋世家》作哀公。在位二十三年（前451—前429）。●《晋世家》

晋哀公在位十八年，少五年。

晋幽公姬柳：晋敬公太子。在位十八年（前428—前411）。幽公夜窃出邑，淫妇人，被夫人秦嬴弑于高寝之上。魏文侯诛晋乱，立幽公之弟烈公止而当年改元，实计十七年（前428—前412）。

晋烈公姬止：晋幽公弟，魏文侯立之。在位二十三年（前411—前389）。●《晋世家》晋烈公在位二十七年，多四年。

晋桓公（孝公）姬颀：晋烈公太子。复谥孝桓，《纪年》作桓公，《晋世家》作孝公。在位二十年（前388—前369）。被赵成侯、韩懿侯从晋都曲沃（今山西闻喜），迁至屯留（今山西长治），病死于屯留。

晋悼公姬某：晋桓公太子，失名，此为后悼公。在位二十年（前368—前349）。赵成侯立晋悼公于屯留（今山西长治）。第十年韩昭侯攻取屯留，迁晋悼公至端氏（今山西沁水）。第二十年，夫人韩姬（韩懿侯之女）弑晋悼公于端氏。●《晋世家》漏晋悼公。《六国表》秦孝公十三年（前349）："韩姬弑其君悼公。"《赵世家》"封晋君以端氏"之晋君，即悼公。

晋静公姬俱酒：末代晋君。在位两年（前348—前347），死后绝祀。事在魏、韩、赵三家分晋（前453）之后一百零六年（前347）。

晋公声氏：晋出公后裔。晋静公死后（前347），赵肃侯立之于端氏（今山西沁水），魏惠王废之而拘于铜鞮（今山西沁县），未能再延晋祀。●《吕览·审应》：出公之后声氏为晋公，拘于铜鞮。

姜齐桓公姜小白：春秋五霸之一，其相管仲。在位四十三年（前685—前643）。

姜齐简公姜壬：姜齐悼公太子。在位四年（前484—前481），被田成子田恒弑杀，另立齐平公姜骜。

姜齐平公姜骜：姜齐简公太子。在位二十五年（前480—前456）。

姜齐宣公姜积：姜齐平公太子。在位五十五年（前455—前401）。●《齐世家》齐宣公在位五十一年，少四年。

姜齐康公姜贷：姜齐宣公太子。在位二十六年（前400—前375）。第十四年（前387）被田齐太公田和徙至海上。

姜齐幽公：姜齐末君，失名。在位十八年（前374—前357），被齐威王弑杀，姜齐绝祀。●《齐世家》漏姜齐幽公。

季梁（前410—前340）：魏武侯、魏惠王时人，杨朱之友。魏惠王十六年（前354），魏惠王欲伐邯郸，季梁谏之，事见《魏策四》十八。季梁死，杨朱哭之，事见《列子·仲尼》。

季真（前395—前315）：魏武侯、魏惠王时人，季梁之侄。魏武侯二十年（前376）季真为魏使宋，季梁告诫之。事见《韩非子·说林下》。

九方皋：伯乐向秦穆公推荐的相马师。

九方歅：九方皋后人，相士。曾为南郭子綦相其八子。事见《庄子复原本·管仲》（郭象版拼接于《徐无鬼》）。

匠石：宋国木匠。与庄子同时。事见《庄子·人间世》。

监止：宋国商人。事见《韩非子·说林下》。

监河侯：庄子曾向之借粮。事见《庄子·外物》。

景监：秦孝公时秦臣。秦孝公三年（前359）商鞅入秦，景监引见。

景舍：楚宣王时楚将。

景翠：楚怀王时楚将，又名景缺、景快。随张仪返秦受地。

景鲤：楚怀王臣。

景敾：宋康王时宋将。宋桓侯二十九年（前352）助齐伐魏襄陵。事见《竹书纪年》。

靳尚：楚怀王臣，任上官大夫。

金受：又作金投（《东周策》十三、十四）。赵武灵王臣。

江乙：楚宣王臣。事见《楚策一》三：狐假虎威。

接予（前350—前275）：齐宣王时稷下学士。其书《接子》，汉后亡佚。

剧辛：赵武灵王时与乐毅交好。赵武灵王死后不受李兑重用，乐毅离魏仕燕（前294）之后，剧辛离赵往燕，协助乐毅治军。

君王后：齐国莒邑人，太史敫之女。齐襄王王后，生齐王建。

纪渻子：周宣王时驯鸡师。事见《庄子·达生》。

K

孔子（前551—前479）：儒家祖师孔子，名丘，字仲尼。

孔穿：孔子六世孙。反对公孙龙名学。

孔夜：韩昭侯时韩将。韩昭侯二十一年（前342）与魏将穰疵交战。

匡章（前360—前280）：齐国名将，历仕齐威王、齐宣王、齐湣王。齐威王三十九年（前319）秦魏伐齐，担任齐国主将，大败秦魏联军。齐宣王五年（前314）担任伐燕主将，吞并燕国全境，齐宣王八年（前311）兵败退出燕境。齐宣王十九年（前301）担任孟尝君合纵伐楚之联军主帅，杀楚将唐眜。齐湣王五年（前296）担任孟尝君合纵伐秦之联军主帅，攻破函谷关，深入秦境。齐湣王十五年（前286）带领公子顺往质赵国。

客卿通：秦昭王将。秦昭王四年（前303）孟尝君合纵伐楚，客卿通救楚。

L

栗陆氏：上古十二氏之五。

骊畜氏：上古十二氏之六。

老子（前570—前470）：道家祖师。陈国相邑人，东周史官。

鲁哀公姬将：鲁定公太子。在位二十八年（前494—前467），鲁穆公继位当年改元，实计二十七年（前494—前468）。

鲁悼公姬宁：鲁哀公太子。继位当年改元，在位三十一年（前467—前437）。《鲁世家》多六年。

鲁元公姬嘉：鲁悼公太子。在位二十一年（前436—前416）。

鲁穆公姬显：鲁元公太子。在位三十三年（前415—前383）。

鲁恭公姬奋：鲁穆公太子。《鲁世家》作鲁共公。在位二十八年（前382—前355）。《鲁世家》少六年。

鲁康公姬屯：鲁恭公太子。在位九年（前354—前346）。

鲁景公姬偃：鲁康公太子。在位二十三年（前345—前323）。《鲁世家》多六年。

鲁平公姬叔：鲁景公太子。在位二十年（前322—前303）。《鲁世家》多二年。

鲁滑公姬贾：鲁平公太子。《鲁世家》作鲁文公（文通闵，闵通滑）。在位二十三年（前302—前280）。

鲁顷公姬雠：鲁滑公太子。在位二十三年（前279—前256），楚考烈王灭鲁。

鲁国大匠：鲁平公时人，遗宋连环求解。事见《吕览·君守》。

鲁遽：宋康王时宋国乐师，庄子师之习乐。事见《庄子·徐无鬼》。

轮扁：与田桓公午同时。事见《庄子·天道》。

李悝（前455—前395）：子夏弟子，魏文侯相，著《法经》，先相魏十年（前412—前403），后相魏属中山八年（前402—前395）。

李太史：宋桓侯臣，与宋相戴驩同时。事见《韩非子·内储说上》。

李兑：赵人，赵惠文王早期赵国权相，继孟尝君之后的第三位合纵伐秦策动者。赵惠文王三年（前296）平定前太子赵章叛乱，饿杀赵武灵王，拜相，封奉阳君，专擅赵政十一年（前295—前285）。赵惠文王十二年（前287）发动公孙衍、孟尝君之后的第三次合纵伐秦，无功而返。赵惠文王十四年（前285）罢相，赵惠文王十六年（前283）被诛。

李终：齐滑王臣。齐滑王十四年（前287）使赵，营救被赵相李兑软禁的齐相苏秦。

樛斿：秦惠王时秦相。秦国第一任相邦（此前为大良造）。相秦五年（前337—前333）。

冷向：韩人，韩襄王太子婴之太师。又称"向子"（《齐策六》一），《吕览·权勋》"触子"为"向子"之讹。尊称"向公"（《东周策》六）。韩襄王十二年（前300）韩襄王太子婴死后，冷向欲立在楚为质的韩襄王子几瑟为新太子失败，惧祸奔齐，投入苏秦门下，为苏秦门客中唯一武将。齐灭宋（前288—前286）时苏秦命其担任齐军主将。燕将乐毅伐齐（前284）时苏秦又命其担任齐军主将，按照苏秦预谋临阵一乘先逃，导致齐军主力覆灭。

龙贾：魏惠王时河西守将。秦惠王八年（前330）秦相公孙衍伐魏，败魏于雕阴，虏魏将龙贾，斩首八万。

闾须：魏惠王宠姬。

吕礼：秦昭王时仕秦的齐人。孟尝君合纵破秦（前298—前296）之后，秦相魏冉假装要杀吕礼，吕礼奔齐反间（前294）。齐湣王十三年（前288）支持齐湣王称东帝，短暂相齐，旋即罢相，驱逐归秦。

蔺陶匠：蔺且之父。

蔺且：庄子弟子。事见《庄子·山木》。

蔺相如：赵惠文王臣。赵惠文王十七年（前282）奉和氏璧使秦，完璧归赵。不辱使命，位列上卿。

缪贤：赵惠文王宦官。赵惠文王十七年（前282）举荐门客蔺相如。

廉颇：赵惠文王十四年（前285），罢免赵相李兑、赵将韩徐为；改为乐毅为相、廉颇为将。

林胡王：赵武灵王征服林胡王。

楼烦王：赵武灵王征服楼烦王，楼烦王命楼缓帮助赵武灵王训练骑兵。

楼缓：楼烦人，仕赵武灵王。赵武灵王结秦连宋（前299）时相秦，秦昭王十二年（前295）罢相。

刘邦：汉高祖。生于楚考烈王七年、秦昭王五十一年（前256）。秦二世三年（前207）刘邦攻破咸阳，秦帝国十四年（前220—前207）而亡。次年（前206）为汉高祖刘邦元年。在位十二年（前206—前195），终年六十二岁（前256—前195）。

刘彻：汉武帝。在位五十四年（前140—前87）。采纳董仲舒之策，"罢黜百家，独尊儒术"。

刘安（前179—前122）：刘邦幼子淮南王刘长之长子，袭封淮南王。编纂《庄子》大全本（五十二篇十余万言）、《淮南子》内外篇。

M

墨翟（前480—前390）：墨家祖师墨子，名翟，尊称子墨子。

孟胜（前420—前381）：墨家第二代巨子。楚悼王二十一年（前381）为阳城君守阳城，楚肃王伐阳城，与属下一百八十位墨者一起战死。死前传位墨家第三代巨子田襄子。

孟母：孟轲之母。事见《列女传》。

孟轲（前372—前289）：齐威王二十九年（前329）自邹游齐。齐威王三十年（前328）离齐往宋，宋康王十一年（前327）归邹葬母，离邹仕滕；魏惠王后元十五年（前320）离滕至魏，魏惠王后元十六年（前319）离魏至齐，齐宣王八年（前312）离齐归邹，鲁滃公十四年（前289）死于邹。

孟兰皋：商鞅门客。秦孝公二十四年（前338）向商鞅引见赵良。

孟说：齐国大力士，受到秦武王重用。秦武王四年（前307）随秦武王入周举鼎。

麛皮：赵成侯臣。魏将庞涓首围邯郸，赵成侯二十二年（前354）赵使麛皮使楚求救。事见《战国纵横家书》第二十七章。

蒙邑县令：宋康王臣。庄子为漆园吏时上司。

墨者师：魏属中山之墨者领袖。反对司马熹助齐伐燕。事见《吕览·应言》。

芈戎：芈八子（宣太后）同母幼弟。初封华阳，号华阳君。增封新城，号新城君。

芒卯：魏昭王臣，孟尝君相魏时死党。魏昭王六年（前290）入秦献地。魏安釐王四年（前273）芒卯伐韩华阳，秦将白起救韩败魏，斩首十五万。

N

南威：晋文公宠姬。

南郭子綦：齐人，曾隐居泰山，田和封侯后移居宋国，为庄子师。卒于宋，终年八十岁（前420—前340）。事见《庄子·齐物论》。

南郭梱：南郭子綦八子之一，幼子。在燕为盗所执，刖其一足而鬻之于齐。姜齐康公阉之，命其执掌后宫。事见《庄子复原本·管仲》(郭象版拼接于《徐无鬼》)。

南荣趎：庚桑楚弟子，老聃再传弟子。事见《庄子·庚桑楚》。

南门小吏：宋桓侯时宋都商丘南门小吏，其时宋相戴驩。事见《韩非子·内储说上》。

南后：楚怀王王后，楚顷襄王生母。

南郭先生：齐宣王、齐湣王乐师，吹竽乐手。事见《韩非子·内储说上》。

女商：魏武侯臣，引见徐无鬼。事见《庄子·徐无鬼》。

兒说（前350—前286）：宋康王时宋人，与庄子同时。齐国稷下学士。曾为靖郭君田婴、孟尝君田文门客。

兒说弟子：奉兒说之命自齐返宋，解鲁国大匠遗宋连环。事见《吕览·君守》。

聂政：齐人，隐居魏国轵邑深井里。被韩大夫严遂雇佣，韩哀侯三年（前374）刺杀韩相韩傀。

聂政姐：聂政行刺韩傀（兼及韩哀侯）之后自杀，韩懿侯悬其尸于市，聂政姐抚尸痛哭，自刭。

牛翦：赵武灵王臣。赵武灵王二十一年（前305）第三次亲征中山，牛翦为原阳骑兵将领。

淖齿：又作昭齿，楚顷襄王臣。楚顷襄王十五年（前284）乐毅破齐，淖齿救齐，护送齐湣王至莒邑，任齐相，旋杀齐湣王，又被莒邑少年王孙贾诛杀。

O

讴癸：宋康王时宋民，射稽弟子，为宋康王筑武宫。事见《韩非子·外储说左上》。

P

彭蒙（前370—前310）：齐宣王时稷下学士。

庖丁：宋桓侯臣，庄子之友。事见《庄子·养生主》。

漂絮者：庄子之友。事见《庄子·逍遥游》。

Q

秦穆公嬴任好：春秋五霸之三。在位三十九年（前659—前621）。

秦献公嬴师隰：秦灵公太子，在位二十四年（前384—前361），秦孝公继位当年改元，实计二十三年（前384—前362）。

秦孝公嬴渠梁：秦献公太子，秦献公四年（前381）生。二十一岁（前361）继位当年改元，在位二十四年（前361—前338）。终年四十四岁（前381—前338）。

秦惠王嬴驷：秦孝公太子，秦孝公六年（前356）生。十九岁（前338）继位，在位二十七年（前337—前311）。第十三年（前325）称王更元，前元十三年（前337—前325）为君，更元十四年（前324—前311）为王。终年四十六岁（前356—前311）。

秦惠王王后魏夫人：魏惠王之女，秦惠王四年（前334）入秦。秦惠王九年（前329）生长子秦武王嬴荡，后又生次子秦季君嬴壮、幼子嬴雍。秦昭王二年（前305）被弑。

秦惠王王妃芈八子：楚国宗室女。秦惠王十一年（前327）入秦，秦惠王十二年（前326）生长女嬴氏（燕昭王王后），秦惠王十三年（前325）生长子嬴稷（秦昭王），后生次子嬴悝（高陵君），幼子嬴市（泾阳君）。秦惠王生前，称芈八子。秦惠王死后、秦武王死前，称芈太妃。秦武王死后，助长子嬴稷（秦昭王）弑兄篡位成功，称宣太后。

秦武王嬴荡：秦惠王太子，秦惠王王后魏夫人（魏惠王女）长子，生于秦惠王九年（前329）。二十岁继位，在位四年（前310—前307），至东周首都洛邑举鼎猝死，终年二十三岁（前329—前307），无子。

秦武王王后魏氏：魏襄王之女，无子。秦昭王二年（前305）被逐归魏。

秦季君嬴壮：秦武王同母长弟，秦惠王王后魏夫人次子。秦昭王二年（前305）被弑。●《秦本纪》漏秦季君。

秦公子嬴雍：秦武王同母幼弟，秦惠王王后魏夫人幼子。秦昭王二年（前305）被诛。

秦昭王嬴稷：秦惠王庶子，秦惠王王妃芈八子长子，生于秦惠王十三年（前325）。秦季君二年（前305）弑兄篡位，改秦季君元年（前306）为秦昭王元年（前306），在位五十六年（前305—前251）。秦昭王十九年（前288）僭称"西帝"，月余取消。秦昭王五十一年（前256）伐灭东周朝、西周国。

秦昭王同母长弟嬴悝：秦惠王庶子，宣太后次子，封高陵君。

秦昭王同母幼弟嬴市：秦惠王庶子，宣太后幼子，封泾阳君。

秦昭王宠姬：秦昭王九年（前298）劝说秦昭王释放孟尝君归齐。

秦孝文王嬴柱：秦昭王次子。秦昭王四年（前303）生，秦昭王五十六年（前251）五十三岁继位，翌年春（前250）即位三日卒，计为一年（前250）。

秦庄襄王嬴子楚：秦孝文王中子。初名异人，生母夏姬，入继秦孝文王后楚人华阳夫人改名子楚。秦昭王二十五年（前282）生，三十三岁（前250）继位，在位四年（前250—前247），首年让于其父秦孝文王，实计三年（前249—前247）。

秦始皇嬴政：秦庄襄王太子。秦昭王四十八年（前259）生于邯郸，生母赵姬。十三岁（前247）继位，在位三十七年（前246—前210）。

秦始皇太子嬴扶苏：秦始皇死后（前210）被其弟胡亥矫诏赐死。

秦二世嬴胡亥：秦始皇幼子。秦始皇死后（前210）弑兄篡位，在位三年（前209—前207）被赵高弑杀。

秦王嬴子婴：秦始皇庶弟。赵高弑秦二世后立（前207），贬号为王，立三月降汉，秦灭。

屈宜臼（？—前333）：楚国息县人，怼吴起，吴起之乱后移居韩国，韩昭侯末年（前333）死于韩都新郑。

屈原：芈姓，屈氏，名原，字平。

屈匄：楚怀王时楚将。楚怀王十七年（前312）楚伐秦时，率领楚军主力进攻商於，在丹阳大战被击败战死。

仇赫：赵武灵王臣。赵武灵王结秦连宋（前299）时相宋，赵武灵王死（前295）后罢相归赵。

起贾：秦昭王臣。魏昭王时，长驻魏都大梁。

齐太史敫：齐国莒邑人。齐襄王王后之父。

骑劫：燕惠王臣。燕昭王三十三年（前279）燕昭王死，燕惠王立，以骑劫替换仍在伐齐的乐毅，乐毅惧诛奔赵。田单杀死骑劫，齐襄王复国。

裘氏：郑人缓之师。事见《庄子·列御寇》。

R

容成氏：上古十二氏之一。

穰疵：魏惠王时魏将，魏惠王二十八年（前342）与韩将孔夜交战。魏惠王二十九年（前341）为庞涓副将，参与马陵之战，败后贬为秦魏边关。魏惠王三十二年（前338）秦孝公死后商鞅逃魏，穰疵拒其入魏。

然友：滕文公臣。滕定公（？—前324）卒年，滕文公命然友至邹，礼聘孟轲仕滕。事见《孟子·滕文公上》。

任鄙：秦国大力士，受到秦武王重用。秦武王四年（前307）随秦武王入周举鼎。

任公子：事见《庄子·外物》。

S

倏：南海之帝。

神农氏：上古十二氏之十一。

宋景公头曼：宋元公太子。在位四十八年（前516—前469）。●《宋世家》宋景公在位六十四年，多十六年。

宋昭公特：宋景公太子。在位四十四年（前468—前425）。●《宋世家》宋昭公在位四十七年，多三年。

宋悼公购由：宋昭公太子。在位十八年（前424—前407）。●《宋世家》宋悼公在位八年，少十年。《纪年》：宋悼公十八年卒。清华简《系年》：楚声王元年（前407）宋悼公卒。

宋休公田：宋悼公太子。在位二十六年（前406—前381）。●《宋世家》宋休公在位二十三年，少三年。

宋桓侯辟兵：宋休公太子。十二岁即位，在位四十一年（前380—前340），戴剔成弑君篡位当年改元，实计四十年（前380—前341）。第十五年（前366）亲政。第二十五年（前356）朝魏贬号。第三十八年（前343）被戴剔成囚禁。囚禁四年（前343—前340）被弑，终年五十二岁（前391—前340）。●《宋世家》宋桓侯在位三年，当为宋剔成君在位三年。

宋剔成君戴剔成：宋戴公后裔，字子罕，又称司城子罕、皇喜。宋桓侯四十一年（前340）弑君篡位当年改元，在位三年（前340—前338），被弟戴偃驱逐，奔齐而死，无谥。《宋世家索隐》引《纪年》：宋剔成子罕废其君璧兵而自立。《李斯列传》：司城子罕相宋，身行刑罚，以威行之，期年遂劫其君。《韩非子·内储说下》：戴驩为宋太宰，皇喜重于君，二人争事而相害也。皇喜遂杀宋君而夺其政。●《宋世家》宋剔成君在位四十一年，当为宋桓侯在位四十一年。

宋康王戴偃：宋戴公后裔，戴剔成之弟。三十二岁逐兄篡位，在位五十二年（前337—前286）。第十年称王，前十年（前337—前328）为君，后四十二年（前327—前286）为王，被齐伐灭，逃魏死于温邑。终年八十四岁（前369—前286），谥康，又谥元、献等。●《宋世家》宋康王在位四十七年，少五年。

宋太后：宋休公夫人，宋桓侯母。

宋人为棘刺母猴者：事见《韩非子·外储说左上》。

宋人为楮叶者：事见《韩非子·喻老》。

宋人有嫁子者：事见《淮南子·泛论训》。

宋人有耕田者：事见《韩非子·五蠹》。

宋人有酤酒者：事见《韩非子·外储说右上》。

宋人有兰子者：宋康王时宋人。事见《列子·说符》。

宋人有负暄田夫：事见《列子·杨朱》。

宋人丁氏：事见《吕览·察传》。

宋突：宋康王臣。宋康王四十二年（前296）质问相宋之赵臣仇赫。事见《赵策四》八。

宋钘（前360—前290）：宋康王时宋人，齐威王、齐宣王时稷下学士。其书《宋荣子》，汉后亡佚。

宋窍：齐湣王臣。齐湣王十四年（前287）使赵，营救被赵相李兑软禁的齐相苏秦。事见《战国纵横家书》。

宋郭：苏秦门客。齐湣王十五年（前286），齐相苏秦命宋郭使秦，以宋国陶邑预封秦相魏冉，使秦允许齐国伐宋。事见《魏策二》七、《战国纵横家书》。

蜀王通：秦惠王更元九年（前316）司马错灭蜀，秦惠王把蜀王通降为蜀侯通。

蜀侯辉：蜀侯通之子。秦昭王六年（前301）蜀侯辉诛杀蜀郡太守，叛秦自立，被司马错入蜀平叛伐灭。

司马熹：卫人。戴剔成、宋康王早期宋相，后被宋康王刖足，往仕中山，三相中山。

司马错：司马迁八世祖。先为魏边邑少梁人，秦惠王十年（前328）魏献少梁（秦改名夏阳），此后司马错仕秦。秦惠王更元九年（前316）灭蜀。秦武王、秦昭王时仍为秦将。

司马悍：齐宣王臣。事见《西周策》十五。

司马浅：赵武灵王臣。事见《赵策三》五。

司马穰苴：齐湣王六年（前295）齐相孟尝君命其伐燕，取十城。齐湣王十七年（前284）燕将乐毅伐齐，向齐湣王进谏苏秦为燕国间谍，齐湣王不信，诛杀司马穰苴（事见《齐策六》一）。

司寇布：西周武公臣。事见《西周策》九。

庶长国：秦献公时秦将。秦献公二十三年（前362）胜魏，俘魏相公叔痤。

庶长操：秦惠王时秦将。秦惠王七年（前331）伐义渠胜，义渠称臣。

庶长奂：秦昭王时秦将。秦昭王六年（前301）重丘之战大败楚军。

庶章：楚怀王时楚将。事见《竹书纪年》。

商鞅（前390—前338）：原名公孙鞅，卫人，又称卫鞅，卫慎公三十一年（前390）生。早年离卫仕魏，为魏惠王相公叔痤门客，公叔痤死后（前362）被魏惠王弃用。秦孝公三年（前359）三十二岁离魏入秦，主持秦国变法。秦孝公二十二年（前340）伐魏胜，封商君，史称商鞅。相秦二十二年（前359—前338），车裂灭族，终年五十三岁（前390—前338）。战国法家代表人物，其书《商君书》，重法。

寿烛：秦昭王相。秦昭王十五年（前292）魏冉因病辞相，寿烛相秦。次年（前291）魏冉病愈复相，寿烛罢相。

申不害：郑国京邑人，郑君乙十一年（前385）生。郑君乙二十一年（前375）十一岁时韩灭郑。三十五岁相韩昭侯十五年（前351—前337），主持韩国变法，终年四十九岁（前385—前337）。战国法家代表人物，其书《申子》，重术，汉后亡佚。

慎到（前350—前275）：赵惠文王时赵人，齐国稷下学士。楚怀王二十九年（前300）太子熊横质于齐，聘其为太傅，次年（前299）随熊横归楚继位。战国法家代表人物，其书《慎子》，重势，汉后亡佚。

泗子阳：郑繻公相，与列子同时。郑繻公二十五年（前398）被诛。

孙膑（前380—前320）：齐人，孙武后裔。仕齐威王，齐将田忌门客，齐威王五年（前353）桂陵之战、齐威王十七年（前341）马陵之战两败魏将庞涓。

孙去疾：燕昭王臣，与田代共同反对苏秦。燕昭王二十五年（前286）齐相苏秦使赵，被赵相李兑软禁，苏秦命其门客公孙弘返燕报信，燕昭王即派孙去疾随公孙弘返赵营救。

苏贺：宋康王臣，为宋康王建造青陵台。

苏代：东周国洛阳乘轩里人，苏氏三兄弟之长兄，毕生反秦。战国著名策士，与张仪齐名。仕齐威王、齐宣王。齐宣王三年（前317）为齐使燕，说燕王哙禅位其相子之，引发燕国内乱。其后多次为齐出使列国。

苏代妻：苏秦兄嫂。

苏秦（前350—前284）：东周国洛阳乘轩里人，苏氏三兄弟之二哥，毕生反秦，赵相李兑策动合纵伐秦的幕后推手。战国第一策士。约生于周显王十九年（前350）。仕齐宣王十年（前311—前302），然后离齐仕燕，为燕反间于齐十八年（前301—前284），任燕相，封武安君（前295）。齐湣王十三年（前288）说服齐湣王取消称帝，兼任齐相。齐湣王十四年（前287），赵相李兑也授其相印。苏秦共佩燕、齐、赵三国相印，俗传苏秦佩六国相印非史实。三十九岁（前312）游楚，四十岁（前311）仕齐，四十五岁（前306）为齐使秦，四十九岁（前302）离齐仕燕。五十岁（前301）为燕使齐反间，助齐灭宋（前286），助燕破齐（前284），反间十八年（前301—前284）被刺身亡，死前自请车裂，诱引刺客现身，成功复仇，终年六十七岁（前350—前284）。"苏秦既死，其事大泄"（《苏秦列传》），1973年《战国纵横家书》出土于长沙马王堆汉墓。

苏厉：东周国洛阳乘轩里人，苏氏三兄弟之三弟，毕生反秦。战国著名策士。先追随大哥苏代仕齐，后追随二哥苏秦助燕破齐。

苏厉妻：苏秦弟媳。

苏修：楚人，楚顷襄王臣。楚顷襄王十二年（前287）使齐，阻止五国合纵伐秦。

盛庆：苏秦门客。齐湣王十四年（前287）齐相苏秦使赵，被赵相李兑软禁，苏秦命其返燕向燕昭王求救。事见《战国纵横家书》。

尸佼（前390—前330）：鲁人，商鞅门客，遗著《尸子》。

邵蘩：秦人，秦惠王臣，雍都大宗祝。秦惠王更元十二年（前313）在雍都五畤主持五帝祀典。事见《秦诅楚文》刻石。

射稽：宋康王时宋民，讴癸之师，为宋康王筑武宫。事见《韩非子·外储说左上》。

市被：燕王哙时燕将。燕王哙四年（前317）禅位子之，燕王子之二年（前315）与燕王哙太子姬平攻子之而死。

术视：秦昭王将。秦昭王六年（前301）伐韩、伐楚。

尚靳：韩襄王臣。韩襄王十二年（前300），楚围雍氏，尚靳使秦求救。

少庶子：宋桓侯时人，宋相戴驩家臣。事见《韩非子·内储说上》。

T

田成子田恒：田齐第一世。原名田恒，后避汉文帝刘恒讳，改为田常。齐简公四年（前481）弑齐简公，立齐平公，自任齐相，在位二十八年（前481—前454）。●《田世家》有田成子，无在位年。《庄子·胠箧》："田成子有乎盗贼之名，而身处尧舜之安；小国不敢非，大国不敢诛，十二世有齐国。"

田襄子田盘：田齐第二世。田成子太子。元年为齐宣公三年（前453），卒年不详。●《田世家》有田襄子，有元年，无卒年。《田世家》：田常卒，子襄子盘代立，相齐（前453）。田襄子既相齐宣公，三晋杀知伯（前453），分其地。

田庄子田白：田齐第三世。田襄子太子。元年不详，卒年为齐宣公四十五年（前411）。●《田世家》有田庄子，无在位年。《纪年》：齐宣公四十五年（前411）田庄子卒。

田悼子田某：田齐第四世。失名，田庄子太子。元年为齐宣公四十六年（前410），卒年为晋烈公十一年（前401），在位十年（前410—前401）。●《田世家》漏田悼子。《辞海》田悼子在位六年，少四年。《纪年》：晋烈公十一年（前401），田悼子卒。

田齐太公田和：田齐第五世。田悼子太子。元年为晋烈公十二年（前400），卒年为周安王二十三年（前379），在位二十二年（前400—前379）。周安王二十二年（前380）封其为侯。●《田世家》有田齐太公，无在位年。《辞海》田和子（田齐太公田和）在位二十年，少二年。

田侯剡：田齐第六世。在位四年（前378—前375），庶弟田午弑兄篡位当年改元，实计三年（前378—前376）。●《田世家》漏田侯剡。《辞海》田侯剡在位十年，多六年。

田侯剡太子田喜：田侯剡四年（前375）田侯剡庶弟田午弑其兄田侯剡及其太子田喜。

田齐桓公田午：田齐第七世。田齐太公田和庶子，生于姜齐康公五年、田齐太公田和五年（前396）。田侯剡四年（前375）二十二岁弑兄田侯剡及其太子田喜，篡位当年改元，在位十八年（前375—前358），终年三十九岁（前396—前358）。●《田世家》田齐桓公在位六年（六为十八之讹），少十二年。《纪年》：齐康公五年（前396），田侯午生。梁惠王十二年（前358）当齐桓公十八年（前358），后威王始见（前357）。

田齐威王田因齐：田齐第八世。田齐桓公田午太子。在位三十九年（前357—前319），齐宣王继位当年改元，实计三十八年。第五年（前353）桂陵胜魏之后称王。第七年（前351）娶赵姬，生田辟疆。第十一年（前347）杀第一任王后牟辛，改立赵姬为王后，立赵姬所生田辟疆为太子。●《田世家》齐威王在位三十六年，少三年。《辞海》齐威王在位三十七年，少二年。

田齐宣王田辟疆：田齐第九世。齐威王太子，生母赵姬，生于齐威王七年（前351）。第一任王后嬴氏（秦惠王之女），齐宣王八年（前312）杀嬴氏及子，立第二任王后钟离春，立太子田地。齐威王死后短丧，当年改元（前319）。三十三岁继位，在位十九年（前319—前301），终年五十一岁（前351—前301）。

田齐湣王田地：田齐第十世。齐宣王太子，生母不详（既非齐宣王第一任王后嬴氏，亦非齐宣王第二任王后钟离春），生年不详。在位十七年（前300—前284），灭宋（前286）二年后乐毅伐齐（前284），国破身死。●《田世家》齐湣王在位四十年，多二十三年。

田齐襄王田法章：田齐第十一世。齐湣王太子。在位十九年（前283—前265）。

田齐王建：田建，田齐第十二世。在位四十四年（前264—前221），秦始皇灭齐。

田会：又作公孙会。田悼子六年（前405）叛乱，与田悼子争夺田氏宗长。魏文侯、韩景侯、赵烈侯联合出兵，帮助田悼子平定叛乱，诛杀田会。次年（前404）田悼子报答三晋，胁迫齐宣公请求周威烈王册封三晋为诸侯，又次年（前403）周威烈王册封三晋为诸侯。

田忌（前385—前315）：齐人，齐威王时齐将，与孙膑同时。齐威王五年（前353）桂陵之战、齐威王十七年（前341）马陵之战两败魏将庞涓。

田婴：齐威王庶子，齐宣王庶兄或庶弟。齐威王十七年至齐宣王五年，相齐二十七年（前341—前315）。封地薛邑，故称薛公，封号靖郭君。

田文：田婴太子，袭封薛邑，亦称薛公，封号孟尝君。战国四公子之一，继公孙衍之后的第二位合纵伐秦策动者。魏襄王三年至五年，相魏三年（前316—前314）。齐宣王八年至齐湣王七年，相齐十九年（前312—前294），兼任秦相一年（前299）。魏昭王三年至十三年，相魏十一年（前293—前283）。合纵伐楚五年（前303—前299），合纵伐秦三年（前298—前296），伐燕一年（前295），伐齐十年（前293—前284），无不大胜。然而伐破母邦，自毁长城。身死薛灭，子孙绝祀。

田朌：齐威王时齐将。马陵之战时为田忌副将。赵武灵王元年（前325）齐将田朌伐赵，擒获赵将韩举。

田甲：田齐宗室。齐湣王七年（前294）吕礼奔齐反间，献策齐湣王，唆使田甲假装叛乱，唆使成驩陷告孟尝君，导致孟尝君罢相归薛。齐湣王过河拆桥，诛杀了田甲、成驩。

田子方：姓田，名无择，字子方，以字行。战国早期魏文侯时人。

田襄子：宋人，墨家第三代巨子。在位二十七年（前381—前355），终年五十六岁（前410—前355）。

田鸠（前360—前300）：齐国墨者。事见《吕览·首时》、《韩非子·外储说左上》。

田骈（前350—前275）：齐威王、齐宣王时稷下学士。其书《田子》，汉后亡佚。

田不礼：齐人，宋康王之相。宋康王三十年（前308）继唐鞅为相，宋康王四十年（前298）赵臣仇赫相宋，田不礼罢相。宋康王四十一年（前297）率宋军助赵伐中山。宋康王四十二年（前296）率宋军助赵灭中山，又率宋军助赵伐秦。赵惠文王四年（前295）助赵武灵王前太子赵章叛乱，死于沙丘。

田需：齐人，魏襄王时两度相魏。魏襄王二年（前317）魏相公孙衍发动首次五国合纵伐秦大败，田需代之为相两年（前317—前316），随后田文相魏。魏襄王八年（前311）复相，魏襄王九年（前310）田需死，随后太子魏政自相。

田代：燕昭王臣，与孙去疾共同反对苏秦。

滕定公姬某：战国中期滕国国君，失名。即位年不详，卒于周显王四十五年（前324）。

滕文公姬弘：滕定公太子。父死继位，听孟轲之言而行三年之丧。在位八年（前323—前316），滕成公继位当年改元，实计七年（前323—前317）。采纳孟轲建言恢复井田制，五年（前324—前320）失败。

滕成公姬某：滕文公太子，失名。继位当年改元，在位二十一年（前316—前296），宋康王四十二年（前296）被宋伐灭。

屠黍：晋幽公时晋国太史。晋幽公十五年（前414）离晋奔周，仕西周威公。

唐鞅：卫人，仕宋康王，继司马熹为相。宋康王十年（前328）助宋君偃称王，宋康王三十年（前308）被诛。

唐姑果：墨家第五代巨子。居秦，事秦惠王。秦惠王更元九年（前

316）司马错伐蜀时任副将。此后墨离为三，秦国墨者、南方墨者、北方墨者各奉巨子。

唐眜：又作唐昧、唐蔑，楚怀王时楚将。楚怀王二十八年（前301）死于孟尝君合纵伐楚的泚水之战。

W

吴王阖闾：吴王诸樊之子，吴王夫差之父。在位二十年（前515—前496）。

吴起（前440—前381）：卫人，先师从曾参之孙曾西，为鲁元公将；后师从子夏，为魏文侯将；魏文侯死后被魏武侯弃用，转仕楚悼王，主持楚国变法。楚悼王二十一年（前381）王卒，被车裂。

魏献子魏荼：魏襄子之父，与韩贞子、赵简子同时。在位年不详。

魏襄子魏侈：魏献子太子，与韩庄子、赵襄子同时。元年不详，卒于周贞定王十年（前459）。

魏简子魏取：魏襄子太子。在位三年（前458—前456）。晋出公十七年、魏简子元年（前458）与赵襄子、韩庄子共灭范、中行氏。

魏桓子魏驹：魏简子太子。在位十年（前455—前446）。晋出公二十二年、魏桓子三年（前453）与赵襄子、魏桓子共灭知伯，分其地，史称"三家分晋"。

魏文侯魏斯：魏桓子之孙。在位五十年（前445—前396），称侯之前二十二年（前445—424），称侯之后新元二十八年（前423—前396）。新元第二十一年（前403）天子封侯。师子夏，友田子方，礼段干木，以李悝为相变法，以吴起为将强兵，以白狄中山乐羊为将，三年（前408—前406）伐灭白狄中山。因其谥文，魏属中山尊为魏属中山文公，即"皇祖文"。●《魏世家》魏文侯在位三十八年，少十二年。

魏武侯魏击：魏文侯太子，在位二十六年（前395—前370）。曾守魏属中山三年（前405—前403），因其谥武，魏属中山尊为魏属中山武公，即"皇祖武"。《世本》：中山武公居顾，桓公徙灵寿。●《魏世家》魏武侯在位十六年，少十年。

魏惠王魏罃（莹）：魏武侯太子，复谥惠成（《竹书纪年》），简称魏惠王、梁惠王。魏文侯新元二十四年（前400）生。三十一岁（前370）继位，在位五十一年（前369—前319）。第三十六年称王改元，前元三十五年（前369—前335）为侯，后元十六年（前334—前319）为王。终年八十二岁（前400—前319）。●《魏世家》误以魏惠王后元为魏襄王，再妄增魏哀王。

魏惠王前太子魏申：死于魏惠王二十九年（前341）马陵之战。

魏襄王魏嗣：魏惠王新太子。在位二十三年（前318—前296）。葬于汲郡（今河南卫辉），墓中葬入《归藏》、《竹书纪年》、《穆天子传》等书，西晋咸宁五年（279年）出土。●《魏世家》魏襄王在位十六年，少七年。

魏昭王魏政：魏襄王太子，魏襄王六年（前313）秦立之。在位十九年（前295—前277）。王后是齐宣王之女、齐湣王之妹田氏。

魏昭王王后田氏：齐宣王之女，齐湣王之妹。齐宣王八年（前312），孟尝君献策齐宣王，把太子田地之妹嫁给魏太子政（后为魏昭王）。田氏长子魏佐（前311），次子魏负刍（前310）。魏昭王三年（前293）孟尝君离齐相魏，应孟尝君要求废黜王后田氏，驱逐归齐。

魏安釐王魏圉：魏昭王太子。在位三十四年（前276—前243）。

魏景湣王魏增：魏安釐王太子。在位十五年（前242—前228）。

魏王假：魏假，魏景湣王太子。在位三年（前227—前225），秦始皇灭魏。

魏属中山桓公魏挚：魏文侯少子，魏武侯少弟，魏惠王叔父。在位五十三年（前402—前350）。●《世本》：中山武公居顾，桓公徙灵寿。《史记·乐毅列传索隐》：《地理志》常山有灵寿县，中山桓公所都也。

魏属中山成公魏某：魏属中山桓公魏挚之子，失名。在位二十二年（前349—前328）。第七年（前343）相魏，第九年（前341）罢相。

魏属中山先王魏罊：魏属中山成公魏某之子。在位十八年（前327—前310）。第五年（前323）称王。

魏属中山先王之王后：阴姬，魏属中山嗣王之母。其父阴太公，结交司马熹，司马熹助阴姬立为王后，阴姬使司马熹得相中山。

魏属中山先王之王妃：江姬，庄子再传弟子魏牟之母。

魏属中山先王公子魏牟：生母魏属中山先王王妃江姬。蔺且弟子，庄子再传弟子。

魏属中山嗣王魏妤盗：魏属中山先王魏譻之子。在位九年（前309—前301）。被赵武灵王五伐，奔齐死。

魏属中山后王魏尚：魏属中山嗣王魏妤盗之子。在位五年（前300—前296）。被赵武灵王三伐（第六伐至第八伐），国灭身死。

魏义：中山后王魏尚的宠臣。事见《墨子·所染》。

魏错：魏惠王时魏国岸门守将，秦孝公二十四年（前338）岸门之战被秦生擒。

魏劲：亲秦的魏国公子。魏襄王五年（前314）田文罢魏相，魏劲继相。魏襄王八年（前311）魏劲罢相，田需复相。魏襄王九年（前310）田需死，太子魏政为相。魏襄王十二年（前307），太子魏政质秦，翟强相魏。魏襄王十四年（前305）翟强死，魏劲复相。魏襄王二十年（前299），魏劲受封为成陵君。魏昭王元年（前295）魏劲罢相，乐毅相魏。

魏章：魏人，张仪死党。秦惠王更元十三年（前312）楚伐秦时任秦军主将，丹阳大战击败楚军主力，杀死楚军主将屈匄、偏将逢侯丑等七十余名楚将，斩首八万。秦武王元年（前310），张仪、魏章皆东出之魏，同年死于魏。

魏冉：楚人，宣太后异父长弟。助秦昭王篡位成功，樗里疾死后相秦九年（前300—前292），秦昭王十五年（前292）因病辞相，次年（前291）病愈复相。

魏处：孟尝君门客。齐湣王六年（前295）孟尝君命其使赵。事见《齐策二》六。

魏无忌：魏昭王庶子，战国四公子之一，继赵相李兑之后的第四位合纵伐秦策动者。魏昭王十三年（前283）罢免孟尝君后相魏，封信陵君。魏安釐王三十年（前247）发动公孙衍、孟尝君、李兑之后的第四次合纵伐秦，小胜。

魏负刍：生母魏昭王王后田氏（齐宣王女，齐湣王妹），田氏齐宣王八年（前312）入魏，长子魏佐（前311），次子魏负刍（前310）。高诱注："负刍即魏公子，其母即魏所出之齐女也。……佐，负刍兄也，故欲定其弟。"

卫出公姬辄：卫庄公之子，卫灵公之孙。卫灵公逐子立孙。前元十二年（前492—前481）。被父逐奔齐，三年后赵简子逐庄公，复位。后元九年（前477—前469），被季父卫悼公姬黔逐奔宋。合计在位二十一年，中隔三年。

卫庄公姬蒯聩：卫灵公太子，先被父逐，后逐子篡位。在位三年（前480—前478），被赵简子逐，其子出公复位。

卫悼公姬黔：卫灵公之子，卫庄公之弟，卫庄公季父。在位四年（前468—前465），《卫世家》多一年。

卫敬公姬弗：卫悼公太子。在位十九年（前464—前446）。

卫昭公姬纠：卫敬公太子。在位六年（前445—前440），被卫怀公弑杀。

卫怀公姬亹：卫国宗室。弑卫昭公篡位，在位十五年（前439—前425）被弑。《卫世家》少四年。

卫慎公姬颓：卫敬公之孙。弑卫怀公篡位，在位四十二年（前424—前383）。

卫声公姬训：卫慎公太子。在位十一年（前382—前372）。

卫成侯姬不逝：卫声公太子。在位二十九年（前371—前343），朝魏惠王被杀。

卫平侯子南劲：卫国宗室。魏惠王杀卫成侯，立子南劲。在位八年（前342—前335）。

卫孝襄侯：卫平侯太子，失名。在位二十年（前334—前315）。●《卫世家》漏卫孝襄侯。《纪年》：卫平侯卒，子孝襄侯立。

卫嗣君：卫孝襄侯太子，失名。在位四十二年（前314—前273）。

卫怀君：卫嗣君太子，失名。在位十八年（前272—前255），朝魏被杀，魏安釐王更立卫元君。

卫元君：卫国宗室，失名。在位二十五年（前254—前230）。《卫世家》

少二年。

卫君角：卫元君太子，失名。在位二十一年（前229—前209），秦二世灭之。

王错：魏武侯臣，谗吴起，导致吴起离魏仕楚。

王贲：赵武灵王臣，非秦将王翦之子王贲。赵武灵王二十年（前306）使楚。

王骧：齐宣王臣。孟轲奉齐宣王命出使滕国吊滕文公丧之副使。事见《孟子·公孙丑下》。

王孙贾：齐国莒邑少年。齐湣王十七年（前284）楚将淖齿杀齐湣王，王孙贾杀淖齿。

吴广〔1〕：赵武灵王臣，赵武灵王第二任王后之父。

吴娃：吴广〔1〕之女。为应赵武灵王之梦，吴广把吴娃改名娃嬴献给赵武灵王。赵武灵王十六年（前310）又改名为孟姚，废黜第一任王后韩氏（韩惠王女），立孟姚为新后。生三子赵何（前309）、赵胜（前307）、赵豹（前306），一女（前308），赵武灵王二十五年（前301）死。

吴广〔2〕：秦二世元年（前209）陈胜、吴广在大泽乡斩木为兵，揭竿而起。

乌获：秦国大力士，受到秦武王重用。秦武王四年（前307）随秦武王入周举鼎。

韦非：魏昭王臣。魏昭王九年（前287）使齐，要求齐湣王把宋国平陵（今地不详）预封给孟尝君，使之支持合纵伐秦。

万章：孟轲弟子。

文挚：宋康王时宋国名医，庄子师之习医。

X

轩辕氏：上古十二氏之十二。

夏后启：大禹之子。驱逐伯益，篡位自立，开启夏代。其兄有扈氏反对其篡位，杀之。

西周威公姬竈：在位四十八年（前414—前367）。西周国第一任国君。尊晋国太史屠黍，师赵国中牟人宁越。拜义莳、田邑为卿相，命史骈、赵骈为谏臣。

西周惠公姬朝：西周威公长子，西周国第二任国君。其弟东周惠公姬根（又名班）与之争位，成为东周国第一任国君。

西周武公：西周惠公之子，在位五十六年（前311—前256），国灭身死。

西周武公之共太子：周赧王八年（前307）西周伐东周，共太子战死。

西周武公五庶子之一：姬咎，西周武公之新太子。

西周武公五庶子之二：姬佼，亲秦的西周公子。秦昭王十九年（前288）奉西周武公之命，参加了秦昭王在宜阳帝宫的称帝大典。

西周武公五庶子之三：周足，西周武公之相。伊阙之战（前294）后，西周武公命周足入秦朝拜秦昭王，自称"东藩之臣"。

西周武公五庶子之四：周最，西周武公之相。以天下辱秦者（《赵策三》六）。西周武公之共太子伐东周国战死之后，楚怀王欲立五庶子之一姬咎，齐宣王欲立五庶子之一周最，西周武公听楚而立姬咎，又命周最为相以应齐。魏昭王六年（前290）离周仕魏，魏昭王七年（前289）离魏仕齐。魏昭王八年（前288）反对齐湣王称东帝，被齐湣王驱逐。周最是影响最大的西周国公子，影响远远大于高祖西周桓公、曾祖西周威公、祖父西周惠公、其父西周武公。《战国策》之周最史料多达二十余条，多于大部分战国策士。周最亦姓姬，因其常仕齐、魏，天下皆称"西周公子最"，简称"周最"。

许异：韩懿侯、韩昭侯相。相韩二十三年（前374—前352），其后申不害为相。

许息：许异之弟，韩懿侯、韩昭侯臣。

许行（前390—前315）：楚人，尊崇神农氏，农家创始人。因滕文公重用孟轲恢复井田制（前324—前320），滕文公三年（前322）带领弟子数十人离楚往滕，滕文公五年（前320）井田制失败，带领弟子数十人离滕往齐（前320），成为齐国稷下学士。其书《神农》，汉后亡佚。

许钧：赵武灵王臣。赵武灵王二十一年（前305）第三次亲征中山，许钧任左军将领。

徐尚：战国著名策士。魏惠王二十九年（前341）马陵之战前，魏太子申向其问策。贾谊《过秦论》："六国之士，有宁越、徐尚、苏秦、杜赫之属为之谋。"

徐无鬼：老聃之徒，曾说魏武侯。事见《庄子·徐无鬼》。

谢子：东方墨者。事见《吕览·去宥》。

向寿：楚人，宣太后外甥，仕秦。秦武王三年（前308）甘茂伐韩宜阳，任副将。

信期：赵惠文王时赵人。赵相肥义亲信。

襄安君：燕昭王弟。燕昭王十七年（前295）为质于齐。

辛谒：苏秦门客。齐湣王十四年（前287）齐相苏秦使赵，被赵相李兑软禁，苏秦命其返燕向燕昭王求救。事见《战国纵横家书》。

荀况（前313—前238）：赵人，儒家集大成者。与平原君赵胜、公孙龙同国同时。游齐成为稷下学士，游秦见秦相范雎，游楚仕春申君黄歇，任兰陵令。授徒韩非、李斯。

豨韦氏：庄子之母。撰者拟姓。

驯虎师：宋康王豢养的驯虎师。事见《庄子·人间世》。

Y

仪狄：大禹时人。仪狄作酒。

有扈氏：夏后启庶兄，反对夏后启驱逐伯益篡位，被夏后启伐灭。事见《尚书·甘誓》、《淮南子》。

易牙：齐桓公臣，杀子饲君。

越王勾践：越国国君，春秋五霸之五。在位三十三年（前496—前464），其子鹿郢继位当年改元，实计三十二年（前496—前465）。死称莸执。

越王鹿郢：越王勾践太子。在位六年（前464—前459）。

越王不寿：越王鹿郢太子。在位十年（前458—前449），死称盲姑。

越王朱句：越王不寿太子。在位三十七年（前448—前412）。

越王翳：越王朱句太子。在位三十六年（前411—前376）。

越王诸咎：越王翳太子。越王翳三十六年（前376）弑父篡位，三个月后越国贵族弑诸咎，立其弟孚错枝。不计入越君纪年。

越王孚错枝：越王翳次子。在位三年（前375—前373）被越国贵族弑杀，立其弟初无余之。

越王初无余之：越王翳第三子，又名王子搜。在位十二年（前372—前361），死称莽安。《庄子·让王》：越人三世杀其君。王子搜患之，逃乎丹穴。

越王无颛：初无余之第四子。在位十八年（前360—前343），死称菼蠋卯。越王初无余之听信其弟王子豫谗言，疑心三子欲弑父篡位，连杀三子。无颛见三兄被杀，恐及于己，遂弑父初无余之，又诛王子豫，篡位。越王翳、越王诸咎、越王孚错枝、越王初无余之四世均被弑，无颛始得善终。

越王无疆：无颛太子，末代越君。在位三十七年（前342—前306），身死国灭。

燕献公姬某：燕简公太子，失名。在位二十二年（前492—前471）。●《燕世家》燕献公在位二十八年，多六年。

燕孝公姬某：燕献公太子，失名。在位十五年（前470—前456）。《竹书纪年》：晋出公十九年（前456）燕孝公卒，次成侯载立。

燕成公姬载：燕孝公太子。在位十六年（前455—前440）。

燕湣公：燕成公太子。在位二十四年（前439—前416）。●《燕世家》燕湣公在位三十一年，多七年。

燕釐（简）公姬庄：燕湣公太子。复谥简釐，《燕世家》作厘公，《纪年》作简公。在位四十三年（前415—前373）。●《燕世家》燕厘公在位三十年，少十三年。《纪年》燕简公在位四十五年，多二年。

燕桓公姬某：燕釐公太子，失名。在位十一年（前372—前362）。

燕文公姬某：燕桓公太子，失名。在位二十九年（前361—前333）。

燕易王姬某：燕文公太子，失名。在位十二年（前332—前321）。第十年（前323）称王。

燕王哙：姬哙，燕易王太子。在位四年（前320—前317），禅位燕相子之。禅位三年（前314）被齐宣王之将匡章诛杀。

燕王哙太子姬平：燕王哙四年（前317）禅位子之，燕王子之二年（前315）与将军市被攻子之，兵败而死。

燕王子之：燕王哙相，燕王哙四年（前317）受禅为王。在位三年（前316—前314），被齐宣王之将匡章诛杀。

燕昭王姬职：燕王哙次子，为质于韩。赵武灵王十二年（前314）命乐池立之于韩，赵武灵王十四年（前312）送归燕国。在位三十三年（前311—前279）。第八年（前304）筑黄金台招贤。第十年（前302）苏秦离齐仕燕，第十一年（前301）命苏秦为燕使齐反间，吊齐宣王丧。第二十八年（前284）燕相苏秦在齐反间弱齐（命门客冷向担任齐军主将临阵脱逃），副相乐毅率五国兵破齐。

燕昭王王后嬴氏：芈八子（宣太后）长女。秦惠王十二年（前326）生，秦惠王更元十三年（前312）十五岁入燕为燕昭王王后。●《燕世家》："秦惠王以其女为燕太子妇。"同母弟嬴稷（秦昭王）十四岁随姐入燕为质（前312）。五年后（前307）秦武王死，嬴稷十九岁返秦争位。

燕惠王姬某：燕昭王太子，失名。在位八年（前278—前271），被弑身亡，燕武成王篡位当年改元，实计七年（前278—前272）。

燕武成王姬某：燕国公室，失名。篡位当年改元，在位十四年（前271—前258）。

燕孝王姬某：燕武成王太子，失名。在位三年（前257—前255）。

燕王喜：姬喜，燕孝王太子。在位三十三年（前254—前222），秦始皇灭燕。

乐羊：白狄中山人，晋文公居白狄中山十二年（前655—前644）期间所生公子乐后裔，以名为姓。魏文侯用三年时间（前408—前406）伐灭白狄中山之主将，死后葬于魏属中山国都灵寿，后裔乐池、乐毅。乐池曾任魏属中山成公之相，乐毅曾任魏属中山成公之将。乐池被司马熹取代相位，乐池、乐毅转仕赵武灵王，献策胡服骑射，助赵武灵王伐灭魏属中山。《史记·乐毅列传》：乐毅者，其先祖曰乐羊。乐羊为魏文侯将，伐取中山，魏文侯封乐羊以灵寿。乐羊死，葬于灵寿，其后子孙因家焉。

乐池：乐羊后裔，魏属中山人。魏属中山成公时任中山相，被司马熹夺相后仕赵武灵王。赵武灵王十二年（前314）齐宣王灭燕之后，赵武灵王采纳乐毅伐齐存燕之策，命乐池立为质于韩的燕王哙之子姬职为燕王。

乐毅：乐羊后裔，魏属中山人。魏属中山成公时任中山将。司马熹相中山后，其兄乐池罢相，与兄转仕赵国，献策赵武灵王伐齐存燕（前314）、胡服骑射（前307），助其伐灭中山（前296）。赵武灵王死后离赵相魏（前295），孟尝君相魏后离魏仕燕（前294）。齐宣王破燕之后，乐毅献策赵武灵王伐齐存燕，乐池至韩护送燕之质子公子职归燕即位为燕昭王，乐氏兄弟前为燕昭王复国所建大功，是燕昭王后来重用乐毅之前因。但是乐毅在燕仅为副相（亚卿），破齐前亦未封君；正相（正卿）为苏秦，破齐前已封武安君。乐毅破齐之后，燕昭王始封其为昌国君。苏秦死后，乐毅始为上卿，始任燕相。

乐祚：赵成侯时赵将。赵成侯十三年（前362）魏军在浍邑（山西侯马）大败赵、韩联军，俘获赵将乐祚。

乐正子舆：魏襄王时魏人。魏襄王十四年（前305）与魏牟辩论公孙龙名学。事见《列子·仲尼》。

阳城君：楚国封君，楚悼王二十一年（前381）死后率领七十家贵族叛乱，杀吴起，被楚肃王伐灭。

严遂：韩大夫，韩相韩傀政敌。韩哀侯三年（前374）雇佣聂政刺杀韩傀，兼及韩哀侯。

颜率：周显王臣。周显王三十三年（前336）阻止秦索九鼎。事见《东周策》一。

颜阖：战国中期道家。齐宣王时游稷下学宫。事见《齐策四》五。

颜成子游：南郭子綦弟子。事见《庄子·齐物论》。

偃长：中山后王魏尚宠臣。事见《墨子·所染》。

义渠獂王：秦孝公时义渠君。秦孝公二年（前360）被秦所杀。

杨朱（前395—前335）：老子再传弟子。杨朱是庚桑楚弟子，庚桑楚是老聃弟子。

尹文（前360—前285）：齐威王、齐宣王时稷下学士。其书《尹文子》。

尹士：齐宣王臣。事见《孟子·公孙丑下》。

渔父：与屈原对话者。事见《楚辞·渔父》。

郢人：楚国粉刷匠，匠石之友。事见《庄子·徐无鬼》匠石运斤成风。

Z

中央氏：上古十二氏之四。

尊卢氏：上古十二氏之八。

祝融氏：上古十二氏之九。

祝弗：齐湣王臣。齐湣王十三年（前288）支持齐湣王称东帝，旋被诛杀。

周宣王姬静：周厉王太子，在位四十六年（前827—前782）。好斗鸡，事见《庄子·达生》。

周幽王姬宫涅：周宣王太子。在位十一年（前781—前771）。

周平王姬宜臼：周幽王太子。在位五十一年（前770—前720）。

周景王姬贵：周灵王太子。在位二十五年（前544—前520）。

周贞定王姬介：周元王太子。在位二十八年（前468—前441）。

周哀王姬去疾〔1〕：周贞定王长子，与晋顷公姬去疾〔2〕同名。继位三个月后，周贞定王次子姬叔弑兄篡位，即周思王。不入周室纪年。

周思王姬叔：周贞定王次子。篡位五个月后，周贞定王第三子姬嵬弑兄篡位，即周考王。不入周室纪年。

周考王姬嵬：周贞定王第三子。在位十五年（前440—前426）。即位后担心其弟姬揭（周贞定王第四子）也有篡弑之心，遂封姬揭于河南，西周国从此开国。姬奭即西周国开国之君西周威公。

周威烈王姬午：周考王太子。在位二十四年（前425—前402）。

周安王姬骄：周威烈王太子。在位二十六年（前401—前376）。

周烈王姬喜：周安王太子。在位七年（前375—前369），无子。

周显王姬扁：周烈王庶弟。在位四十八年（前368—前321）。第二年（前367）东周朝分裂为二，此后寄居东周国。在位期间八大诸侯（齐、魏、宋、秦、韩、赵、燕、中山）叛周称王，加上春秋时代叛周称王的楚、越，天下除了周天子，另有十王。东周王朝名存实亡。

周慎靓王姬定：周显王太子。在位六年（前320—前315）。

周赧王姬延：周慎靓王太子。在位五十九年（前314—前256），东周朝末代天子，国灭身死。

周太史儋：周烈王二年、秦献公十一年（前374），至秦献谶。

周袑：赵国番吾人。赵武灵王二十五年（前301）任太子赵何之太傅。

周纳：赵惠文王臣。赵惠文王十二年（前287）向赵相李兑进谗，导致李兑软禁齐相苏秦。

赵简子赵鞅：晋卿，赵氏宗长。在位四十三年（前517—前475）。董安于相。

赵襄子赵毋恤：赵简子庶子。赵简子前太子伯鲁早死，继立为太子。在位五十年（前474—前425）。晋出公二十二年、赵襄子二十二年（前453）与韩康子、魏桓子共灭知伯，分其地，史称“三家分晋”。封伯鲁之子为代成君，立伯鲁之孙赵浣为储。

赵桓子赵嘉〔1〕：赵襄子弟，与代王赵嘉〔2〕同名。赵襄子卒后（前425），其弟赵嘉逐伯鲁之孙赵浣篡位。在位一年（前424）被杀，伯鲁之孙赵浣复立。

赵献侯赵浣：赵简子前太子伯鲁之孙，伯鲁之子代成君之子。在位十五年（前423—前409）。

赵烈侯赵籍：赵献侯太子。在位二十二年（前408—前387）。第六年（前403）天子封侯。

赵敬侯赵章〔1〕：赵烈侯太子，与赵武灵王前太子赵章〔2〕同名。在位十三年（前386—前374），赵成侯继位当年改元，实计十二年（前386—前375）。

赵成侯赵种：赵敬侯太子。在位二十五年（前374—前350）。

赵肃侯赵语：赵成侯太子。在位二十四年（前349—前326）。

赵武灵王赵雍：赵肃侯太子。在位二十七年（前325—前299）。第三年参加五国相王，称王。第八年加入魏相公孙衍策动的第一次合纵伐秦，失败以后取消王号，自贬为君，韬光养晦。第十二年发起伐齐存燕，立燕昭王，牵制中山。第十四年助燕复国，谋伐中山。第十九年首次亲征中山，立秦昭王乱秦，胡服骑射。第二十七年禅位新太子赵何，冒名使秦，谋破暴秦。禅位当年，结秦连宋，阻止孟尝君与秦议和。禅位三年，第八次亲征中山灭之，背叛与秦十年之盟，加入齐相孟尝君策动的第二次合纵伐秦，击破暴秦。禅位四年，因宋国叛臣田不礼唆使前太子赵章叛乱，饿死。

赵惠文王赵何：赵武灵王新太子，赵武灵王新王后吴娃（又名娃嬴、孟姚）长子，生于赵武灵王十六年（前309）。赵武灵王二十七年（前299）十一岁受禅继位，在位三十三年（前298—前266），终年四十四岁（前309—前266）。

赵孝成王赵丹：赵惠文王太子。在位二十一年（前265—前245）。

赵悼襄王赵偃：赵孝成王太子。在位九年（前244—前236）。

赵王迁：赵迁，赵悼襄王庶子。在位八年（前235—前228），秦始皇灭赵。

赵代王嘉：赵嘉〔2〕，赵悼襄王嫡子，与赵桓子赵嘉〔1〕同名。赵悼襄王废嫡立庶，秦灭赵后赵大夫立赵嘉于代。在位六年（前227—前222），秦将王贲虏代王嘉。

赵姬：赵成侯之女，齐威王第二任王后，生子齐宣王田辟疆。

赵孟：赵成侯之臣。事见《六国表》赵成侯十八年（前357）。赵史此前亦有赵孟。赵国公室不避重名，此俗异于别国。

赵疵：赵肃侯将。《赵世家》：赵肃侯二十二年（前328），赵疵与秦战，败。秦杀疵河西，取我蔺、离石。

赵良：赵肃侯时赵人。秦孝公二十四年（前338）至秦，经孟兰皋引荐，进谏商鞅。

赵豹〔1〕：赵武灵王早期之赵相，封阳文君。

赵护：赵武灵王将。赵武灵王元年（前325）魏将公孙衍伐赵，杀死赵将赵护。

赵泥：赵武灵王将。赵武灵王十一年（前315）秦相张仪伐韩，赵武灵王命赵泥救韩，在浊泽与秦军相持，次年战死（前314）。

赵庄：赵武灵王臣。赵武灵王十二年（前314）使齐换地失败，贬为蔺邑守将。赵武灵王十三年（前313），樗里疾攻破蔺邑，赵庄战败被俘。

赵固：赵武灵王臣。秦武王死后，奉赵武灵王之命，把在燕为质的宣太后长子嬴稷送归秦国，诱发秦国争位之乱。赵因拥立嬴稷为秦昭王，长期与秦结盟（前307—前296），赢得了八伐中山而灭之的宝贵时间。

赵袑：赵武灵王臣。赵武灵王二十一年（前305）第三次亲征中山，赵袑为右军将领。

赵希：赵武灵王臣。赵武灵王二十一年（前305）第三次亲征中山，赵希为代郡骑兵将领。

赵章〔2〕：赵武灵王前太子，与赵敬侯赵章〔1〕同名，生母赵武灵王前王后韩氏（韩惠王女）。赵武灵王五年（前321）生。赵惠文王三年（前296）封安阳君，封地代郡。赵惠文王四年（前295）叛乱被诛。

赵胜〔2〕：赵武灵王之子，赵武灵王新王后吴娃次子，封平原君。与赵成侯元年与赵成侯争位的公子赵胜〔1〕同名。生于赵武灵王十九年（前307），终年五十六岁（前307—前252）。

赵豹〔2〕：赵武灵王之子，赵武灵王新王后吴娃幼子，封平阳君。与赵武灵王早期之赵相、阳文君赵豹〔1〕同名。生于赵武灵王二十年（前306），卒年不详。

赵卓：韩昭侯臣。与申不害同时。

赵足：赵相李兑门客。赵惠文王十二年（前287）李兑软禁苏秦期间，李兑命赵足问苏秦。

赵爵：赵武灵王臣。赵武灵王二十年（前306）使齐。

赵梁：赵惠文王臣。李兑专权时赵将。

赵奢：赵惠文王臣。赵惠文王三十年（前269）赵奢败秦阏与，封马服君。

赵括：赵惠文王臣。赵孝成王七年（前259）赵括长平大败，白起坑赵降卒四十余万。

昭奚恤：楚宣王时楚国令尹。

昭阳：楚威王、楚怀王时楚国令尹，上柱国。

昭鱼：楚怀王时楚国令尹。

昭滑：又作淖滑。楚怀王十八年（前311）仕越反间，相越五年（前310—前306），发动章义之乱灭越。

昭蒉：楚怀王臣。事见《东周策》二四、二七。

昭雎：楚怀王臣。

昭献：楚怀王臣。韩襄王十二年（前300）楚将景翠围雍氏，楚将昭献把楚国欲立的韩襄王质子几瑟送至阳翟。

昭应：楚怀王臣。

章蟜：秦献公臣。秦献公二十一年（前364）伐魏石门（山西运城），击败魏军，斩首六万。

曾参（前505—前435）：鲁人，字子舆，曾皙之子。小孔子四十六岁（《仲尼弟子列传》）。《阙里文献考》："曾子年七十而卒。"

郑声公姬胜：郑献公太子。在位三十七年（前500—前464）。

郑哀公姬易：郑声公太子。在位八年（前463—前456）被弑。

郑共公姬丑：郑声公之弟。在位三十一年（前455—前425）。

郑幽公姬已：郑共公太子。在位二年（前424—前423），韩武子伐郑杀郑幽公。●《郑世家》郑幽公在位一年，少一年。

郑繻公姬骀：郑幽公之弟。在位二十七年（前422—前396）被弑，立其弟乙。

郑君乙：郑繻公之弟，郑国末君。在位二十一年（前395—前375），韩哀侯灭郑。

郑袖：楚怀王宠妃，子兰之母。

郑强：楚怀王臣。韩襄王十二年（前300）楚怀王命郑强使韩，要求韩襄王立在楚为质的韩襄王幼子几瑟为新太子。

郑缓：裘氏弟子，学儒。

郑翟：郑缓之弟，学墨。

邹穆公：战国中期邹国国君。与孟轲同时。

邹忌（前385—前319）：齐威王时稷下学士。齐威王三年（前355）相齐，因功封为成侯，封邑下邳（江苏邳州）。齐威王十八年（前340）诬陷田忌，罢相夺封。

邹衍（前305—前240）：齐宣王时稷下学士。其书《五德终始》，汉后亡佚。

邹奭（前295—前230）：齐宣王时稷下学士。其书《邹奭子》，汉后亡佚。

翟翦：魏文侯所灭白狄中山后裔，以狄（翟）为姓。魏惠王臣。反对惠施新修魏法。

翟章：魏文侯所灭白狄中山后裔，以狄（翟）为姓。魏襄王臣。魏襄王八年（前311）伐卫。

翟强：魏文侯所灭白狄中山后裔，以狄（翟）为姓。魏襄王臣。魏襄王十二年（前307）至十四年（前305）相魏。

钟离春：齐宣王时齐国无盐人，四十未嫁。齐宣王八年（前312）齐败于秦，失去吞并两年的燕国，齐宣王怒杀王后嬴氏，钟离春进谏后被齐宣王立为新王后。

钟离氏：庄子之妻。撰者拟姓。

张仪（前380—前310）：魏惠王、魏襄王时魏人，仕秦惠王，连横创始人。五十一岁（前330）入秦，五十三岁（前328）相秦，相秦十九年（前328—前310），兼任魏相四年（前322—前319）。秦惠王更元十三年（前312）丹阳、蓝田大败楚军，助秦跃居天下最强，封武信君。秦武王元年（前310）被逐归魏，求复相魏未遂，死于魏，终年七十一岁（前380—前310）。

张丑：齐相田婴谋士。

张开地：韩人，张良祖父。继申不害之后，为韩昭侯相。

张登：魏属中山先王之臣。五国相王（前323）时使齐。

张翠：韩襄王臣。韩襄王十二年（前300），楚围雍氏，张翠使秦求救。

张魁：燕昭王臣。燕昭王二十四年（前288）燕将张魁率两万燕兵助齐伐宋，燕昭王二十五年（前287）在齐配合赵将赵梁伐齐，被齐湣王诛杀。

朱谨：赵相李兑门客。事见《战国纵横家书》。

臧孙子：宋康王臣。齐湣王伐宋（前288）时，使楚求救。

赘子：齐宣王时齐将。齐宣王八年、秦惠王更元十三年（前312）九国大战，在濮上之战中，被秦将樗里疾杀死。事见《齐策六》七。

詹何（前350—前270）：楚国道家。魏牟曾向其问道。事见《庄子·让王》。

子贡（前520—前450）：卫人。姓端木，名赐，字子贡，以字行。孔子早年弟子，小孔子三十一岁（《仲尼弟子列传》）。

子夏（前507—前420）：卫人。姓卜，名商，字子夏，以字行。孔子晚年弟子，小孔子四十四岁（《仲尼弟子列传》）。孔子死后居西河，魏文侯师之。

子华子（前380—前320）：子华子是杨朱弟子，杨朱是庚桑楚弟子，庚桑楚是老聃弟子。其书《子华子》汉后亡佚，《吕氏春秋》引六条。

子兰：楚怀王宠妃郑袖之子。

子桑：又名子桑户。事见《庄子·大宗师》。

庄生：楚庄王后裔，庄子曾祖父，范蠡之友。事见《史记·越世家》。

庄全：庄生之孙，庄子之父。撰者拟名。

庄周：庄生曾孙。祖籍楚国，生于宋，长于宋，死于宋。道家集大成者，终年八十四岁（前369—前286），遗著《庄子》内七篇。

庄遍：庄子长子。撰者拟名。

庄咸：庄子次子。撰者拟名。

庄辛：楚顷襄王臣。

支离疏：庄子之友。事见《庄子·人间世》。

正获：宋康王时市场小吏。事见《庄子·知北游》。

参考文献

一　基本史籍

司马迁：史记（裴骃集解，司马贞索隐，张守节正义），中华书局1982

刘向：战国策，上海古籍出版社1985

苏秦等：战国纵横家书，文物出版社1976

雷学淇：竹书纪年义证，艺文印书馆1977

朱右曾、王国维：古本竹书纪年辑校，辽宁教育出版社1997

范祥雍：古本竹书纪年辑校订补，上海人民出版社1962

方诗铭、王修龄：古本竹书纪年辑证，上海古籍出版社1981

秦简：编年纪（睡虎地秦墓竹简），文物出版社1978

清华简：系年（清华大学藏战国竹简贰），中西书局2011

袁康：越绝书，贵州人民出版社1996

赵晔：吴越春秋（周生春辑校汇考），上海古籍出版社1997

常璩：华阳国志，齐鲁书社2010

刘向：说苑（向宗鲁校证），中华书局1987

刘向：新序（石光瑛注解），中华书局2001

刘向：列女传，中华书局1985

韩婴：韩诗外传（许维遹集释），中华书局1980

皇甫谧等：帝王世纪，齐鲁书社2010

干宝：搜神记，中华书局1979

左丘明：春秋左传（杨伯峻注），中华书局1981

左丘明：国语（徐元诰集解），中华书局2019

班固：汉书，中华书局1962

司马光：资治通鉴，中华书局2011

郦道元：水经注（陈桥驿校正），中华书局2007

李昉等：太平御览，上海古籍出版社2008

欧阳询：艺文类聚，中华书局1965

李泰：括地志，中华书局1980

罗泌：路史，北京图书馆出版社2003

顾栋高：春秋大事表，中华书局1993

安居香山、中村璋八：纬书集成，上海古籍出版社1994

二　学术著作

张远山：庄子传，江苏文艺出版社2013，天地出版社2020

张远山：隐秘的战国真史，北岳文艺出版社2023，台湾崧烨文化公司2024

张远山：战国纪年厘正表（未刊稿）

张远山：史记本纪世家列传纪年厘正（未刊稿）

张远山：战国策系年（未刊稿）

张远山：战国纵横家书系年（未刊稿）

钱穆：先秦诸子系年，商务印书馆1935

陈梦家：六国纪年，上海人民出版社1956

杨宽：战国史，上海人民出版社1988

杨宽：战国史料编年辑证，上海人民出版社2001

林春溥：战国纪年（续修四库全书），上海古籍出版社2002

黄式三：周季编略，凤凰出版社2008

梁玉绳：史记志疑，中华书局1981

董说：七国考，中华书局1998

顾观光：国策编年考，七国地理考，金山高煌出版民国四年（1915）刻本

程恩泽：国策地名考，中华书局1991

缪文远：战国策考辨，中华书局1984

缪文远：战国策新校注，巴蜀书社1987

郭人民：战国策校注系年，中州古籍出版社1988

诸祖耿：战国策集注汇考（增补本），凤凰出版社2008

马端临：文献通考，中华书局2006

崔述：崔东壁遗书，上海古籍出版社1983

袁珂：山海经校译，上海古籍出版社1985

荆门市博物馆：老子·太一生水（郭店楚墓竹简），文物出版社1998

裘锡圭主编：长沙马王堆汉墓简帛集成，中华书局2014

高明：帛书老子校注，中华书局1996

徐志钧：老子帛书校注，学林出版社2002

韩巍：老子（北京大学藏西汉竹书贰），上海古籍出版社2012

吴文文：北大汉简老子译注，中华书局2021

王利器：文子疏义，中华书局1998

杨伯峻：列子集释，中华书局2016

黄怀信：鹖冠子汇校集注，中华书局2004

钱穆：论语新解，三联书店2012

杨伯峻：孟子译注，中华书局2018

高亨：商君书注译，清华大学出版社2011

王先谦：荀子集解，中华书局1988

陈奇猷：韩非子新校注，上海古籍出版社2000

孙诒让：墨子间诂，中华书局2017

苏时学：墨子刊误，中华书局1928

栾星：公孙龙子长笺，中州书画社1982

王泗原：楚辞校释，中华书局2014

郭沫若、闻一多、许维遹：管子集校，科学出版社1956

陈奇猷：吕氏春秋新校释，上海古籍出版社2002

何宁：淮南子集释，中华书局1998

朱文鑫：天文考古录，商务印书馆1933

沈长云等：赵国史稿，中华书局2000

张远山：老庄之道，岳麓书社2015

张远山：庄子奥义，江苏文艺出版社2008，天地出版社2020

张远山：庄子复原本，江苏文艺出版社2010，天地出版社2021

张远山：庄子传（第1版），江苏文艺出版社2013

张远山：庄子与战国时代（庄子传第2版），天地出版社2020

张远山：庄子精义，北京出版社2022

张远山：老子奥义，天地出版社2024

张远山：伏羲之道，岳麓书社2015

张远山：玉器之道，中华书局2018

张远山：青铜之道，天地出版社2022

相关附录

庄子与我的虚拟对话（三）

——关于《庄子传》

庄子：我正做蝴蝶梦，你为何又搅我好梦？

远山：因为我终于写完了平生最为难写之书，《庄子传》。

庄子：《庄子传》主要是讲故事，为什么比《庄子奥义》、《庄子复原本》更加难写？

远山：因为先生的生平史料太少，除了《庄子外杂篇》的二十多条，另外只有《淮南子》和《庄子》佚文的几条。只够写一篇文章，不够写一本书。

庄子：那你是否瞎编？如果把我编成"高大全"，还不如不写。

远山：我哪敢瞎编？史料不足的部分，就用同时代的战国史事和诸子之事侧写。类似画月亮，月亮本身不必着墨，仅须画出月亮周围的夜空。先生正是照亮两千年江湖夜行者的月亮。

庄子：这是中国画的烘云托月，计白当黑。确是有生于无的偷懒妙招。

远山：虽是偷懒，却比不偷懒的瞎编，难得太多。因为先是秦始皇烧光六国史书，后是汉武帝罢黜殆尽诸子百家之书。所以战国史事、诸子之事，要写得准确也极其困难。

庄子：那你怎么办？

远山：只好一一考证、梳理、厘清各国编年史，每个与先生同时代的诸子生平史，纠正了《史记》、《战国策》等书的无数讹误。结果《庄子传》中的先生生平不够丰满，战国画卷倒是比较丰满。

庄子：那还是《庄子传》吗？

远山：当然是啊！首先，我声明这是《庄子传》暨《战国纪》。其次，我又说先生一生自觉边缘化，不肯臣服于同时代的否王，也不与之合作，所以不宜移至舞台中心，不能打上聚光灯，否则反而失真。如果读者只喜欢《战国纪》，不满意《庄子传》，也不算买椟还珠，只要能够明白先生所处时代是怎样的时代，先生的生平和思想有着怎样的背景，此书就已达到目的。

庄子：写了哪些我的同时代人？

远山：那就多了。各国君主和主要将相，都写到了。与先生相关的宋国人，有惠施、庖丁、戴盈、曹商、蔺且、东郭子等等。与先生相关的异国人，道家有魏国的杨朱、子华子，楚国的詹何、黄缭，卫国的颜阖；儒家有邹国的孟轲，赵国的荀况；名家有宋国的惠施，赵国的公孙龙；法家有子夏、李悝、吴起、商鞅、申不害、慎到；墨家有墨翟、禽滑釐、田襄子；纵横家有张仪、陈轸，公孙衍、公孙喜、公孙弘三兄弟，苏代、苏秦、苏厉三兄弟。还有战国四公子孟尝君、平原君、信陵君、春申君。与先生有关的道家前辈，则有楚国的范蠡，齐国的南郭子綦，老聃和老聃之师常枞。我还发掘了先生的先祖庄生与范蠡的一段往事。

庄子：看来是一幅完整的战国画卷。那么你的战国画卷，与《史记》、《战国策》的战国画卷，有何不同？

远山：与《史记》的不同，是君主纪年的准确，《史记》缺漏的君主，都补上了。《史记》错讹的君主在位年数，都厘正了。与《战国策》的不同，是所有《战国策》的史事片断，都放在了正确的年代，有了丰富的外延和背景。其他后人写的战国画卷，大多沿袭《史记》、《战国策》的错讹。

庄子：厘正史实的目的是什么？

远山：厘正史实，就能揭示真相，不仅有助于理解先生的思想，也有助于理解儒、墨和其他诸子百家的思想，从而"然于然，不然于不然"。所以《庄子传》用道家价值观评判了这些战国史事和战国人物，类似于《左传》、《榖梁传》、《公羊传》用儒家价值观评判春秋史事和春秋人物。不过《春秋》三传用儒家价值观扭曲、遮蔽史实，《庄子传》不用道家价值观扭曲、遮蔽史实。史实真相是皮，价值评判是毛。皮之不存，毛将焉附？

庄子：完成《庄子传》，"庄子工程"是否完成了？

远山：《庄子奥义》的核心是哲学，兼含文、史。《庄子复原本》的核心是史学，原文是文、哲合璧。《庄子传》的核心是文学，兼含史、哲。大体而言，庄学三书涵盖文、史、哲，兼含寓言、重言、卮言。不过庄学三书仅是完成了"庄子工程"的基础部分，延伸部分尚未完成。

庄子：延伸部分是什么？

远山：延伸部分就是"由庄溯老，由老溯易"。所以接下去要写《老子奥义》，探明先生之道与老子之道的关系，以及老子之道与华夏古道的关系。

庄子：为什么不是"由易至老，由老至庄"？

远山：是为了找到正确的起点，以便减少错误。由后溯前，如同以江河的入海口为起点，逆流而上地寻找其源。江河的入海口是唯一的，溯源起点不可能出错。但是江河的源头却不是唯一的，常有争议，长江、黄河的真正源头就长期争论不休。比如某甲从泾水入黄河，某乙从渭水入黄河，最终都能到达黄河入海口。甲乙二人均以自己到达黄河入海口为实证，坚信自己的出发点是黄河源头，观点截然相反，泾渭分明。他们的各自支持者，前者仍从泾水入黄河，后者仍从渭水入黄河，仍然不能改变其成心。旁观者看到两拨人各执一词，各有证据，很难判明谁是谁非。

庄子：这就是我在《齐物论》中所言"辩无胜"。

远山：先生的"辩无胜"，我不完全赞成。先生所处战国时代，乃是前科学时代，思维方式未密，逻辑利器未备，先生主张"辩无胜"可以理解。但是如今已是科学时代，思维方式渐密，逻辑利器渐备，再主张"辩无胜"很难服人，正如先生对公孙龙的批评也很难服人，必须予以超越。超越先哲，是后人对先哲的最大尊敬，也是后人对道术的最大推进。所以我对道家思想，包括老子之道和先生之道，也秉承先生教导，既有"然于然"，也有"不然于不然"。因为先生主张"用心若镜"，鉴照天地万物。如果"用心如手电筒"，就会只照百家之短，不见道家之短。

庄子：我早已发现你的思维方式与我不近，倒是更近于公孙龙。

远山：先生巨眼！我与公孙龙一样，是知性头脑，逻辑头脑。先生则是悟性头脑，直觉头脑。尽管先生的超前悟性和大年直觉，后人难以超越。

但是个性化的悟性和直觉，很难帮助众人领悟天道，同时很难真正推进人类理性逐步逼近道极。非个性化的知性和逻辑，却能帮助众人理解天道，同时可以有效推进人类理性逐步逼近道极。辩论双方如果都用悟性和直觉，或是像先生与惠施那样，一用悟性直觉，一用知性逻辑，确实会形成"辩无胜"的僵局。但是如果辩论双方都用知性和逻辑，就不会"辩无胜"，必有一是一非。这是墨家和名家在逻辑萌芽时期已经达到的认知。

庄子：如何打破"辩无胜"的僵局？

远山：老子之道与华夏古道的关系，即《老子》与《连山》、《归藏》、《周易》的关系，类似于黄河与其上游多条支流的关系。大多数人都用《周易》解释《老子》，说得像模像样，旁观者也多坚信不疑。我是用《归藏》解释《老子》，而方法与他们不同，是从入海口上溯其源。从上游下行至入海口，徒有实证表象，实为基于主观成心的悟性演绎。只有从入海口上溯其源，才可以避免主观成心，具有真正的科学知性实证，才能真正探明"易老庄"的关系，最终探明老庄之道远承的中华道术之源，也就是华夏古道。所以我又把"由庄溯老，由老溯易"的庄子工程延伸部分，称为"道术工程"。

庄子：你为什么要探明中华道术之源？

远山：因为从伏羲的华夏古道，到春秋的老聃之道，再到战国的庄子之道，中华道术达到了顶峰。此后秦始皇、汉武帝灭裂道术，强化庙堂伪道，打压江湖真道，使中华文明长期停滞不前，从领先于世界其他地区的高度文明，变成落后于世界其他地区的半文明、半野蛮，遭遇了近代西学东来的百年重创。只有重新认知和恢复被秦始皇、汉武帝压制、剿灭的中华真道、华夏古道，中华民族才能重新崛起，重新引领中华民族恢复先秦的辉煌，并对世界文明重新做出独特贡献。我愿以微薄之力，毕生从事于此。

庄子：人难尽知天道，求道永无止境。

远山：闻悟行成，不死不休！

2012年11月20日

（本文收入张远山文集《老庄之道》。）

说明：《庄子传》共有相关四文，本文是四文之一。另外三文结集为《战国秘史：解密战国史三大公案》，见第十五卷。

《深圳商报》记者谢晨星专访

——庄子是中国第一个现代人

2008年，一本号称"打两千年中国学术最大的假"的《庄子奥义》犹如一颗炸弹震撼了学术界，引起诸多争议。作者张远山在书中指出，现如今《庄子》33篇，均被郭象以儒学成心故意篡改，蒙骗愚弄世人长达1700年。这让"庄学"重新进入人们的视野，也让人认识了独立作家张远山。

在文学界，张远山有点与众不同。从1980年考入华东师范大学中文系到1994年，15年时间里张远山日读不辍，不看电视、不读报纸、不闻文坛聒噪，只以桥牌围棋略作调剂，几乎完全不写作。直到1995年，张远山毅然离职潜心写作，十年里撰著近千万字，为研究庄子做准备。2005年，张远山启动了"庄子工程"，以自由作家之身相继出版了《庄子奥义》和《庄子复原本注译》，还原被误读千年的《庄子》。今年，"庄子工程"的新成果《庄子传》由江苏文艺出版社出版。该书以编年史体和章回体来写历史和人物，详细还原了战国史事和庄子生平。

如何凭借一己之力来完成如此浩大的"庄子工程"？是什么促使他数十年如一日致力于解读《庄子》？近日，本报记者专访了张远山，让人意外的是，已然"五十知天命"的他正在海南参加帆船赛，当记者表示他与想象中的学者不同时，他很豪爽地回答："我是道家，崇尚自然自由。"随后，他详述了自己的经历、研究庄子的心得以及所遇到的困难。

"我与庄子，莫逆于心"

《文化广场》：你和庄子是如何结缘的？

张远山：二十世纪八十年代，中国文化开始复苏，译介西书，重印古籍。1982年，我二十岁。在华东师大丽娃河畔，我用一部今人柳鸣九的《萨特研究》，换来一部明儒王船山的《庄子解》。初读《庄子》，竟然不懂。从此以后，我读一切书，都是为了读懂《庄子》。《庄子》是我重读最多之书，无法计算读过多少遍，而且过目的版本不下百部，对于引用出错到眼即辨。倘若标点出错，还能推知引用版本。

《文化广场》：你为什么选取庄子作为主要研究对象呢？

张远山：首先，最初我研究的是中国文化、历史，集中研究的是先秦诸子百家。我认为，道家集大成者庄子和名家集大成者公孙龙是解开中国之谜的两把钥匙。其次，我的研究，不是以庄子为终点，而是以庄子为起点。

庄子是迄今为止的中华精神制高点，其起点意义分为两方面。一是"由庄溯老，由老溯易"的逆溯起点。我将进一步从庄子追溯到道家始祖老子，再从老子追溯到中华文化始祖伏羲，完成从华夏古道到老庄之道的全程全景研究。二是"由秦至汉，由汉至今"的下行起点，因为秦火汉黜之后，庄子集其大成的中华道术持续下降下行了两千年。明白了庄子达到的至高境界，既能明白伟大祖先为何能够创造古典中国的辉煌文明，又能提供子孙后代创造未来中国新文明的精神要素和文明路标。

写庄子如绘中国画

《文化广场》：庄子的生平史料极少，你是如何进行庄子研究的？

张远山：我对庄子的研究，主要是庄子思想。先研究庄子本人的思想，完成《庄子奥义》。再研究庄子的弟子后学如何阐释、发展、引申庄子的思想，完成《庄子复原本注译》，恢复被秦火汉黜篡改得面目全非的庄学真面目。最后的《庄子传》，由于庄子生平史料极少，我就以中国画的"计白当黑"法、"烘云托月"法，画出月亮周围的月晕，不画月亮而月亮自显。具体来说，一是用庄子的父邦楚国和母邦宋国，挖掘庄子思想的楚国背景，庄子生存的宋国现状；二是用庄子同时代的诸侯、诸子的思想言行，与庄子进行比较，显示庄子思想的独特内涵、超前预见。所以庄子的生平史料虽少，《庄子传》仍然比较圆满地抵达了写作目标。

《文化广场》：你在《庄子传》里写到的是否都有史可依？如何保证所采用史料的准确性？

张远山：《庄子传》无一事无来历，都有史料依据。主要来源是所有先秦著作，以及后世整理的与庄子时代相关的各种著作，比如刘向编纂的《说苑》、《新序》、《战国策》，大概上百本。

梳理的方法是先厘正《史记》的错讹战国纪年，不限于战国七雄，而是旁及庄子母邦宋国、《庄子》初始本的编纂者魏牟的母邦魏属中山，以及战国时代仍存而《史记》、《辞海》均不列入的鲁、卫、郑、越等所有重要诸侯国。纪年既正，所有原先不能到位的零散史料都能精确到位。每件重要史事既明，相关重要人物的生平也能精确到位。于是秦火汉黜以后无限淆乱的战国史，也就有了清晰立体的因果逻辑。当然这事说来容易做来难，所以我花费了半生精力。

庄子被误读千年

《文化广场》：你在书中指出，现在的《庄子》33篇，没有一篇是全真原文，均被郭象以儒学成心故意篡改。郭象以注庄来反庄，蒙骗愚弄世人长达1700年。如何得出这一结论？

张远山：这一结论，由详细的考证得出，并且加以严密论证。首先是因为热爱《庄子》，所以阅读了古今无数《庄子》注本。经典著作的各种注本，常态应该是原文相同，注释不同。然而只要读过两个《庄子》注本，就会发现除了注释不同，竟然原文也不同。有多少种注本，就有多少种不同"原文"。这已完全超出常态，成了不可思议的变态。所以我就开始探究原因，花费半生心血，终于发现了真相，恢复了《庄子》真貌，侦破了一千七百年前郭象篡改反注《庄子》的历史大案。

经我校勘的"内七篇"，总计补脱文一百零四字，删衍文八十二字，订讹文六十七字，移正错简一百一十四字，更正文字误倒十四处。厘正通假字、异体字一百九十八字，篇内重复不计。纠正重大错误标点十处，小误不计其数。复原近真的"内七篇"，总计一万三千七百二十九字。

《文化广场》：除此之外，还有哪些比较重要的误读？

张远山：比如说庄子反对不"逍遥"的"适人之适"，主张"逍遥"的"自适其适"，同时主张"逍遥"的"自适其适"者应该"不自得"。但是郭象正是一个不"逍遥"的"适人之适"者，所以他就把"逍遥"反注为"自得"，并且认为有些人"适人之适"是其"性分"，即命中注定。再如庄子主张"齐物"，认为"天子之与己，皆天之所子"、"天子不得臣，诸侯不得友"，主张"不祈畜乎樊中"，主张"吹万不同"，也就是任何人都不能奴役任何人。但是郭象正是一个既被地位高于己者奴役、又奴役地位低于己者的"畜乎樊中"者，巴不得天子臣之、诸侯友之，所以他把《齐物（之）论》（万物齐一、平等之论）反注为《齐（一）物论》（用官学统一舆论、统一思想）。他把所有的庄学真义，全部改造成郭象伪义。改造必然不通，必与原文牴牾，郭象就篡改原文，使之合于全反庄义的郭义。所以古人早已说过："不是郭象注《庄子》，而是《庄子》注郭象。"只不过这件事一直没人证明，一直没人复原《庄子》原貌，而我做了这件事。

庄学像一个迷宫

《文化广场》：你在书中讲，你现在的研究是将"庄学拼版"拼合成"庄学全图"，为什么庄学是一个拼版或迷宫？

张远山：庄子同时代的诸侯，大都"代大匠斫"（老子语）。而滥刑嗜杀，在位长达五十二年、与庄子一生相始终的宋康王，更是中国历史上屈指可数的暴君。所以庄子认为"方今之时，仅免刑焉"。庄子思想如此超前，不仅拒绝楚威王聘其为相，断然拒绝与统治者合作，而且严厉批判当时所有的"昏上乱相"，主张"天子之与己，皆天之所子"、"天子不得臣，诸侯不得友"，严重挑衅"君尊臣卑"的庙堂伪道，因此庄子著述之时，为了"免刑"而故意支离其言、晦藏其旨，把他的超前思想包装在扑朔迷离的寓言外衣之内。

所以未经郭象篡改、反注的庄子原文，已经极难理解，只有合乎逻辑的全息解读，才能把其思想真意抉发、论证出来。而庄子思想对庙堂伪道的巨大威胁，正是郭象及其徒子徒孙持续千年篡改、反注的根本原因。庄子的支离其言、晦藏其旨，加上郭象的篡改其言、反注其旨，就把抉发、论证庄学真义的困难程度，提高到了足以花费我的半生精力。我的工作就是既要破解庄子所设的正拼版、正迷宫，又要破解郭象所设的反拼版、反迷宫。读者阅读我的庄学三书，就能走通庄学迷宫，进而走通古典中国、现代中国的文化迷宫，最终走通真道、伪道永恒博弈的人生迷宫，成为自适其适、抵达至境的逍遥真人。古今中外的所有真人，我都称为"庄学之友"。

《文化广场》：你觉得挖掘和还原庄子在现代社会有着怎样的意义？

张远山：庄子是超越时代的伟大先知，不仅超越古代，甚至超越现代，不仅超越古今中外很多普通人，而且超越古今中外许多大哲。以现在的标准来看，庄子可以说是中国第一个现代人。比如庄子主张"齐物"，不仅抛弃了个体的自我中心主义，也抛弃了民族的、国家的、人类全体的自我中心主义。再如庄子主张"逍遥"、"自适其适"，也就是现代意义的自由。又如庄子主张"然于然，不然于不然"，对任何事物，都肯定其相对之是，而非全盘抹杀，更非"爱之欲其生，恶之欲其死"。无论"逍遥"、"齐物"、"自适其适"，还是"然于然，不然于不然"，古代很少有人能够做到，现代也并非人人都能做到。

独立研究本是常态

《文化广场》：作为一个体制外的学者，在研究中是否会碰到困难？

张远山：主要困难是我缺乏一个资料齐全、使用方便的图书馆，好在可以借助互联网的便利。互联网不能提供的相关资料，散处全国高校的很多朋友乐意充当"志愿者"帮我查找。由于喜欢拙著的读者无不熟知我的后续写作计划，所以他们提供资料常常具有提前量。我想借此机会再次感谢他们的无私帮助。

另外有些困难是难以克服的，比如说我不在体制内，很难得到第一手研究资料，尤其是仅为少量专家占有的最新出土文献。比如说1993年出土的王家台《归藏》，至今没有正式出版，我又无缘亲见竹简，只能用网络版王家台《归藏》进行研究。《人大复印资料》转载过我一些论文，后有朋友提及，惊讶于我居然不知，并说转载都有稿费。我去电问，他们说，学术刊物的论文，规定必须署明所在高校，我的论文没有署明所在高校，所以无法寄交稿费。我是学术界的"盲流"、"三无人员"。

《文化广场》：现在很多学术研究不再只是高校老师在做，像你这样的独立学者越来越多，如何看这个现象？你觉得独立学者会给国内的学术研究带来怎样的改变和影响？

张远山：不受任何外力干扰的独立研究，原本是学术常态。看权力眼色、被权力左右的官学，自古以来没有多少学术含金量，而有或多或少的伪学术杂质。所以即使在庙堂主宰一切的古代，官学也仅在当代略有影响，后一朝代总结前一时代的学术，不会取其庙堂官学，而是取其民间真学。如今官学主宰一切，不愿遵守官学樊篱的学者，也不得不因为体制外难以生存而寄身体制，民间学术因此稀有，常态变成了非常态，常道变成了非常道。但是中国文化复兴，中华文明崛起，希望在于恢复学术常态，恢复中华思想的原创活力。我愿再次引用庄子之言："有真人，而后有真知。"

庄子之后研究老子

《文化广场》："庄子工程"现在有了《庄子奥义》、《庄子复原本注译》和《庄子传》，你接下来打算做什么？

张远山：下一步，首先是"由庄溯老，由老溯易"的后两部分，先写《老子奥义》，阐明庄子的先驱老子如何开创了道家；再写《归藏奥义》，阐明老子的先驱《归藏》和伏羲如何滋养了老子，如何开创了迥异于全球其他文明民族的文明形态。从而探明，从伏羲到《归藏》到《老子》，有些什么思想内涵滋养了庄子，又有什么必须克服的内在不足需要庄子补充、发展。

更进一步，是跳出道家之局限，研究被秦火汉黜剿灭的墨家及其名学，完成《公孙龙子奥义》，探明伏羲之道、《归藏》之道、老庄之道有什么必须克服的内在不足，需要以公孙龙为代表的名家予以补充、发展。总的来说，我的毕生研究之宗旨，是希望未来中国能够"以古为鉴"，复兴古典中国的固有长处，克服古典中国的内在不足，创造超越古典文明的崭新文明。

（记者谢晨星，本文刊于《深圳商报·文化广场》2013年4月1日。）

《海南日报》记者杨道专访
——《庄子》：文哲合璧，宏阔视野

在文学界，张远山有点与众不同。据了解，从1980年进入大学到1994年，14年时间里张远山日读不辍，不看电视、不读报纸、不闻文坛聒噪，也不写作，偶以桥牌围棋作调剂。1995年，张远山毅然离职，开始动笔，为研究庄子做准备，十年里撰著近千万字。2005年，张远山启动"庄子工程"，相继出版数本关于庄子的著作。今年2月，被称为张远山"新庄学"三大奠基作中的两本《相忘于江湖：庄子与战国时代》与《独与天地精神往来：庄子奥义》付梓出版，还原庄子的一生及其大时代背景，并对《庄子》内七篇作了深度解读。3月12日，海南日报记者就此对作家张远山进行了专访。

"庄学三书"是一生最佳作品

海南日报：《相忘于江湖：庄子与战国时代》、《独与天地精神往来：庄子奥义》是您研究庄子40年的作品，您今年57岁，是人生接近甚或处于巅峰的状态，您选择这个时候出这套书，有何特别的寓意？

张远山：1980年，我十七岁进入大学，开始研究诸子百家，至今已经无间断地延续了四十年。四十二岁到五十岁，是我写作的巅峰期八年，写出了一生的最佳作品"庄学三书"。这套书绝版以后，声誉越来越高，二手书越来越贵。天喜文化推出了品质精良的升级修订版，让更多的读者了解庄子，了解中国历史上的战国时代。

海南日报：据称这套书是您"新庄学"三大奠基作中的两本，另一本是什么？您出版的著作不少，为何这三本书得到如此高的礼遇？具体都写了什么？它们与您之前的作品有何不同？

张远山：另一本是《庄子复原本》。这套书的待遇如此之高，是因为《庄子》其书、庄子其人、战国时代的特殊性。《庄子奥义》掘发了《庄子》的真义，《庄子与战国时代》还原了浩瀚中国历史中的战国真史，"复活"了庄子其人。《庄子复原本》复原了《庄子》三大版本的历史真貌。我之前的其他作品，是全局性地研习和泛论中国的文化、历史、哲学。比如《寓言的密码》，副书名是：轴心时代的中国思想探源。《文化的迷宫》，副书名是：后轴心时代的中国历史探秘。《告别五千年》，是对中国文化的总体研究。长篇小说《通天塔》，描写了一个乌托邦王国的狂欢、覆灭、新生。还有一些泛寓言作品，比如《人文动物园》、《人类素描》。庄学三书之前的作品，是我对《庄子》的广义模仿，或从文学角度模仿，或从历史角度模仿，或从哲学角度模仿。长期的模仿，有助于我全方位地理解庄子、理解中国，写出庄学三书。

读懂庄子，是为了读懂中国

海南日报：您是如何与庄子结缘的？

张远山：最早是二十世纪七十年代读中小学时，无书可读，只好反复阅读《成语词典》，发现大量成语出自《庄子》，但是当时读不到《庄子》。进了大学以后，才有机会读到《庄子》，但是故事能懂，意思不懂。于是广读各家注本，这才发现没有两家的《庄子》原文完全相同，感觉也没有一家真懂《庄子》。于是两个问题绕在一起：《庄子》原文互相打架，各家各注也互相打架。于是从想要弄懂《庄子》究竟在讲什么，变成了解密《庄子》原文究竟是什么，变成了梳理《庄子》版本史，道家思想变迁史，中国思想变迁史。

海南日报：1980年代，国内刚刚改革开放，西方现代主义文学对中国文学产生很大的影响，20世纪以来重要的现代派现象逐一在文坛亮相，文学上，波德莱尔、卡夫卡、加缪、萨特等外国现代派作家为文艺界所熟悉。新潮电影、新潮音乐、新潮美术等思潮也同时涌动。在这样的背景下，您却开始对庄子的研究，有点反其道而行之的感觉，说说您研究庄子的初衷？

张远山：自己真正感兴趣的领域，才谈得上有所建树，被时代潮流裹挟，就无法保持"独立之精神，自由之思想"。我研究中国的文化、历史、哲学，核心是研究先秦诸子百家，倾全力于研究道家集大成者庄子和名家集大成者公孙龙。我的研究，不是以庄子为终点，而是以庄子为起点。因为庄子是迄今为止的中华精神制高点，明白了庄子达到的至高境界，既能明白伟大祖先为何能够创造古典中国的辉煌文明，又能提供子孙后代创造未来中国新文明的精神要素和文明路标。读懂庄子，是为了读懂中国。

宏观视野以细微环节为基石

海南日报：看了一些您的著作，感觉题目的切口很大，包括书名，也使用了特别宏大的修辞。而在我的记忆里，很多大学者终其一生都在研究某个很细微的问题，您如何看待自己著作中的这种"大"？

张远山：这种"大"，其实是一种大局观。我喜欢下围棋，大局观是决定棋手成就的初始设定。没有大局观，棋下不好，书也写不好。《庄子·秋水》有言："自细视大者不尽，自大视细者不明。"研究再细微的问题，也需要宏大的视野。书中的宏观视野，以一个一个细微环节为基石。例如《庄子与战国时代》的宏观视野，只有厘正战国纪年才能成立。纪年既正，所有原先不能到位的零散史料都能精确到位。每件重要史事既明，相关重要人物的生平也能精确到位。于是秦火汉黜以后无限淆乱的战国史，也就有了清晰立体的因果逻辑。

海南日报：您说过，王尔德的毒舌是对庄子毒舌的模仿，能否具体解读一下？

张远山：王尔德读完《庄子》英译本后大为感叹："这部中国书尽管完成于两千年前，但对欧洲人来说依然是个早产儿。"《庄子》既是哲学经典，又是文学经典，是文哲合璧的汉语极品，所以它能超越时间、空间，被两千年后的英国作家王尔德、奥地利作家卡夫卡、阿根廷作家博尔赫斯等无数顶级作家喜爱。如果《庄子》翻译为顶级英语、法语、德语，就是文哲合璧的英语极品、法语极品、德语极品。文哲合璧的顶级著作，在全世界也不多见，所以无数中外文豪热爱庄子，模仿庄子。

海南日报：您的"新庄学"三大奠基作完成之后，接下来您要写什么？有什么新的研究方向？

张远山：目前正在撰写的，是伏羲学三书的收官之书。第一书《伏羲之道》，系统解密了上古华夏陶器纹样的天文历法内涵，亦即伏羲六十四卦、伏羲太极图以及夏《连山》、商《归藏》、周《周易》的天文历法起源。第二书《玉器之道》，系统解密了上古至中古华夏玉器纹样的天文历法对位和宗教神话内涵。第三书《青铜之道》已经基本成稿，系统解密了中古夏商周青铜器纹样的天文历法对位和宗教神话内涵。

老子之前的伏羲学研究和老子之后的庄学研究，将会有助于完成《老子奥义》，从而系统阐明道家思想是华夏八千年的主体思想。但是道家思想固然有其优长，也有某些不足，所以我又打算跳出道家之范围，研究被秦火汉黜剿灭的墨家及其名学，完成《公孙龙子奥义》，探明伏羲之道、老庄之道必须超越的内在不足，以公孙龙为代表的名家予以补充、发展。

如果余生还有精力，健康状况允许，各方面条件有利，我还打算撰写《中华道术总论》和《华夏上古四千年史》，建构华夏八千年史的总框架。

（记者杨道，本文刊于《海南日报》2020年3月23日。）

中国国际广播电台主持人周微专访

——庄子三书，走进庄子的精神世界

上海学者张远山，二十世纪六十年代生人，1980年入华东师范大学中文系，从此开始阅读研究《庄子》，庄学三书是他四十年的庄学研究成果，新庄学开山之作。今日轻阅读周微电话连线作家张远山：走进庄子的精神世界，照见当下，照见自我。

周微：以阅读的名义，释放思想的力量。

这里是轻阅读，我是周微，欢迎各位！

"如何在躁动的时代大潮中，保持精神的高洁，如何与时代保持距离，自在独行，实现自我。"

上海学者张远山的庄学三书的封面推荐语，深深地吸引了我。

厚厚的书，放在我的书架上，天蓝色和月白色的封皮，让它们显得安静而又不失厚重。因为特殊时期，轻阅读的访谈方式，都改为电话连线专访了。终于和作者约好，在三月的最后一个星期一，进行电话连线采访。无独有偶，刚打通上海学者张远山先生的电话，他在上海，电话的那一端，脱口而出说："周微，今天真的很巧！"到底巧在哪里呢？

张远山：周微，您好！没想到今天您采访我的日子，居然如此巧合，是一个如此特殊的日子。我和我的一个朋友，作家蔡葩老师，主编、策划的一本书《配音之王邱岳峰》，本来要在今天开首发式。

邱岳峰先生在1980年3月30日，第三次自杀后，结束了他的痛苦生命。那一天，就是四十年前的今天。

今天，我在公众号上，推出了纪念邱岳峰先生逝世四十周年的推文。也同样是在今天，中国配音网上的邱岳峰纪念馆，也推出了纪念邱岳峰逝世四十周年的纪念推文，介绍了邱岳峰的十部著名的配音电影，其中有《简·爱》《追捕》《佐罗》《红菱艳》《巴黎圣母院》《悲惨世界》《大独裁者》等等。

很多人没有想到，邱岳峰为中国几乎所有著名的动画片，都配了音。其中最著名的，当然是《大闹天宫》里的孙悟空。孙悟空那句"俺老孙"，那是无数人都知道的。但是很多人只把这个声音，当作是孙悟空的声音，而不知道这个声音其实是邱岳峰的声音。其他还有很多中国著名的动画片，像《哪吒闹海》《三毛流浪记》《没头脑和不高兴》《阿凡提》，等等，都是由邱岳峰配音的。

现在年轻的朋友可能不知道，我在六十年代、七十年代的时候，看过一个著名的动画片《半夜鸡叫》，里面那个周扒皮，也是邱岳峰先生配音的。

所以邱岳峰先生，不仅是著名的外国电影的配音，也是很多著名的中国动画片的配音，所以我说邱岳峰是无所不在的一个配音界的莫扎特。

那个美好的观影时代，无论老少，老年人、中年人、青年人可能看得更多的是译制片，而儿童、小朋友看的主要是动画片，邱岳峰渗透入我们整个中国几代人的生活中。所以无数的人，当他们了解到这些他们最热爱的电影、动画片的那个主角的配音，那个无法忘怀的迷人的声音，就是邱岳峰的声音，立马就成了邱岳峰迷。

我们就是在邱岳峰先生逝世四十周年的时刻，出了这样一本书，来唤起大家的共同的感情。我们这本书还有一个献词：

谨以此书献给我们共同追忆的1980年代！

周微：原本打算，就在3月30日配音界的莫扎特——邱岳峰逝世四十周年那一天，要做一场特别的读友粉丝见面会，但是受到疫情的影响，这样的活动只能在线上完成。

言归正传，今天要介绍的是张远山的庄学三书，这是他毕生阅读思考，研究先秦、研究中国、研究世界的结晶。他之所以最爱庄子，投入毕生精力研究庄子，也是因为，他认为庄子是最有洞察力的哲学家。那么这次面对全球的公共卫生危机，哲学在这次严重的疫情中，又可以给人们提供怎样的启示？

我们来听研究庄子的张远山先生怎么说。

张远山：这次疫情，不是人与人的战争，不是国与国的战争，不是人类的内战，而是人类与自然的冲突。

国与国的战争，我们很容易区分正义一方和非正义一方。

而人类与自然的冲突，很难认定人类是正义的一方。

在人和自然的冲突中，道家经常并不是站在人类的立场上。如果持有人类中心主义，我们就会觉得道家的思想好像有点反人类，有点反文明，反社会，其实不是这样。

道家是以更高维度，超越性地思考，它也没有贬低人类，它认为人类是自然之子。人类在自然界，有它固有的位置，但是不能无视自然本身的规律。比如说我们不能无视海啸、地震、火山、病毒这样一些自然生态自然地存在。你无视它，你定义它为邪恶的，它还是存在。而实际上它不存在邪恶与正义的问题，它就是自然生态中的一环。所以我们只有采用道家式的立场，才能正确地思考人类与自然的冲突，我们如何跟它和谐，如何消除冲突。我们如何在地球生物圈中，找到人类正确的位置。

站在天道立场上，我们就很难说人类全体是正义的。我们也很难说人类全体是非正义的。我们跟自然是一个如何相处的关系。但是人类经常会站在人类中心主义的立场上，坚持人类与自然的冲突，我们是正义，然后把自然界定义为非正义。如果这样思考，我们就很难真正找到一个与自然和谐相处的方案，一个正确的角度。

大自然的力量是我们人类无法驾驭的，在古人的心目中，它像神一样，我们要膜拜它，我们不可能把它定义为邪恶的。这些大于人的力量，我们不仅驾驭不了，而且是永远消灭不了它的，你今年消灭了这个新冠病毒，明天会出现别的病毒。可能也是我们人类无法驾驭的，就像我们在国内，目前第一次疫情我们虽然管控住了，但是并不能表示我们能终结它。将来除了新冠病毒，可能还会有其他的病毒，大自然会有各种各样的力量，来惩罚我们和自然的一种不恰当的关系。

道家认为：天地不仁，以万物为刍狗。道家认为，在人与自然的冲突中，人类不是正义的一方，而经常可能是非正义的一方。因为人类破坏了地球生物圈的平衡，所以天道经常会搞一次重新的筛选。

比如说病毒就超越了国界，这说明国界是天道不认可的人为设定。所以在某个历史阶段，国界是存在的，但是在天道的眼里，国界、种族的界线等等，都不是自然界的自然限定，在更漫长的时间中，更大的历史视野上，它是要淘汰的错误观念。如果我们能够反思这样一些观点，也许就真的能够超越目前人与人、国与国、族与族之间一些错误的观念，走向更高级的文明。我就是从这个角度，来研究道家，研究庄子。我认为道家的思想，在人类早期文明阶段，已经有非常超越的、高明的一些自我批判、自我反思的超前的观念。

从自然的角度来说，人类可能是威胁地球生物圈原有平衡的一种病毒，因为人类的无限扩张，破坏了地球生物圈的平衡，新冠病毒是地球生物圈的一次反平衡。

我们现在的这个文明进步观，也许是陈旧的，落后的。道家智慧就是要反思这些文明中的不足部分，因此道家智慧经常是在人类遇到大自然的惩罚的时候，不断地反思人类每一个历史阶段的文明观、进步观，是否过于自大，过于傲慢，破坏了自然法则。所以道家经常是站在自然立场上，站在超越人类中心主义的立场上，反对文明中的某些不足的部分。全球疫情对整个人类，敲响了一次警钟，这个临界点到来了，不是仅仅解决这次疫情。全球的停摆，有的人认为，这是一件不好的事情，我却认为它可以警醒我们：与自然不要始终是用征服的态度、改造的态度，我们要跟它和谐相处。

天道的力量，自然的力量，是永远不可能解除的终极的达摩克利斯之剑，它永远悬在人类的头顶！

周微：我们先翻开张远山的庄学三书之《相忘于江湖：庄子与战国时代》。这是一部以史实为依据的庄子传记，也是一部描述战国百年沧桑巨变的历史小说。

张远山说，新书名包含三大关键词：战国是时代，庄子是传主，江湖是立场。

其他人的《庄子传》只写庄子，而张远山的《庄子传》写了整个战国时代。全书呈现的是战国七雄和庄子母邦宋国等十五个诸侯国的百年兴衰，以及彼此之间合纵连横的复杂过程，还有七十二位王侯、九十四位将相的纵横捭阖、生死荣辱，众多士人、刺客、隐士的非凡行迹。

除了在战国大背景中演绎庄子的一生传奇和超凡成就，又以庄子为中心，详细描述了道家、儒家、墨家、法家、兵家、纵横家等上百位先秦诸子的生平思想。呈现了一部全息互动的战国百年史，展现了思想与历史的微妙互动、历史对人性的深刻影响。

张远山的《相忘于江湖：庄子与战国时代》，是逐年叙述战国史实和庄子生平，而《战国纪》的篇幅也远远超过《庄子传》，为什么呢？

张远山：庄子是他那个时代的冷眼旁观者，是一个思想者。我写这部《庄子传》，如果庄子的篇幅超过他的时代背景，那么就是突出他个人，这是通常传记的写法，但是那样写的话，作为一个思想者，一个冷眼旁观者，他的日常生活其实是很琐碎的，很平庸的，古今（差不多的），类似于《圣经·传道书》所说的"日光之下并无新事"，他的吃喝拉撒，日常生活，大概跟你我普通人都差不多，他的独特在于他的思想。但是他的思想，你单纯去描述它，解读它，就是评论，而不是传记。所以，我要把他的传记放到他的历史背景中。

打个比方，比如说康德，他一生没有结婚，也没有离开过他所生活的哥尼斯堡，如果写康德的传记，写他的日常生活，跟普通人其实差不多。康德的日常生活，日常传记，起居注，很难让读者有阅读兴趣。庄子的生活，尽管比康德的生活更精彩，但是只写庄子一个人，我们无法充分理解庄子的思想。他的精彩在他的脑海里，而他脑海里的思想是由他的时代背景所提供出来的，所以我们理解庄子的思想，必须放在战国的大背景中。这就是我笔下《战国纪》的篇幅超过《庄子传》的理由之一。

此外，庄子他不是一个孤立的人，他是战国时代的巅峰人物，是诸子百家时代的巅峰人物，所以他不仅跟时代背景有关，还跟他同时代的无数大思想家有关。这些大思想家，正是生活在《庄子传》背景中的这个大时代，他们属于《战国纪》的一部分。

所以我写《战国纪》的部分，呈现了跟庄子同时代的无数诸侯、诸子百家，儒家、墨家、兵家、纵横家，还有庄子的道家同辈、道家先辈、道家同仁，整个战国诸子百家，全是属于《战国纪》的部分。这些《战国纪》的部分，呈现的不是庄子一个人的传记，而是诸子百家、百家争鸣的这样一个历史全景，一个思想家的群像。

由于战国时代在全球范围内，平行来说都是很重要的时代。庄子所生活的公元前四百年、三百年左右，被称为"轴心时代"。就是说，西方也好，印度也好，全球范围内一些主要的大文明，都是在差不多这个时间前后，出现了许多大思想家，各门各派。西方是这样，中国也是这样。西方有苏格拉底、柏拉图、亚里士多德，中国除了庄子，还有孟子，庄子的先辈老子，孟子的先辈孔子，同时代还有好多的人。因此只写庄子一个人，这本书的价值就很小，只有把庄子放在时代背景中，和那些诸子、诸侯相互碰撞，我们才能理解，第一，庄子为什么如此伟大，他的伟大是跟他同时代的巨人碰撞，成就了他的伟大。其次，庄子对中国两千多年来的文化产生了巨大的影响，但庄子同时代的其他人，比如孟子，以及他的先辈孔子，老子，都对两千多年来的中国文化产生了巨大的影响，所以我通过写庄子，想把中国整个轴心时代诸子百家、百家争鸣的盛况全部展现出来。一方面可以帮助我们更充分地理解两千多年来的中国历史、中国文化为什么是这样的，同时我们用中国的这样一个完整的思想背景，又可以去理解同时代的其他民族、其他文化，甚至我们当代世界，能不能从中取得一些启示，希望大家不仅仅是理解庄子一个人，而是理解一个时代，理解一个文化，理解庄子以及道家对文明的批判的价值。

（插播：张远山寄语轻阅读听友）

轻阅读的听友，大家好！

我是上海作家、学者张远山。我的人生美好，离不开阅读，也离不开阅读之后的理解，理解之后的表达，表达之后的传播。

我尽可能地阅读古今中外一切伟大心灵的不朽创造，也观赏一切伟大美术、伟大音乐、伟大舞蹈、伟大建筑，当然更热爱大自然的伟大造化。庄子说：天地有大美而不言。人生的美好，应该在天地大美之中，追求一切真善美，与大自然一起自由舞蹈。

我们的人生经历，时间、空间都很有限，无法穿越到这些伟大人物的同时代，但是这些伟大心灵是人类历史上数一数二的，可遇不可求的，阅读这些伟人一生心血凝聚的伟大作品，与这些伟大心灵交流，可以丰富我们的阅历，拓宽我们的视野。如果还有机会传播这些伟大心灵的不朽创造，那么人生就是近乎圆满。

希望轻阅读的听友，都能够加入到阅读这件美好的事情之中。

周微：这里是轻阅读，今天我们电话连线在上海的学者张远山。刚才我们谈到的是他的庄学三书之《庄子与战国时代》，我们现在翻开《独与天地精神往来：庄子奥义》。

张远山说，他的《庄子奥义》，系统阐释了《庄子》抵达的至高文学成就和至高哲学成就。他用八个字形容这种双重的至高成就，那就是：文哲合璧，汉语极品。

《逍遥游》是《庄子》内七篇之首，却已将庄学义理阐述清晰，其余六篇只是展开和应用，所以一般读者和听友更愿意将"独与天地精神往来"的《逍遥游》理解、吃透。世人皆知"孔孟入世，老庄出世"，庄子之于战国时代，那就是"自适其适，与天地万物共舞"。

张远山：庄子对"逍遥"的标准解释是四个字：自适其适。

自适其适，这个意思跟自由的意思很相似。就是说，你要去做自己愿意做的快乐的事情，这个叫逍遥。

庄子对"不逍遥"的标准解释也是四个字：适人之适。就是你做的事情是人家开心，人家快乐，你自己不一定快乐。当然你可以以别人的快乐为快乐，你有同情心、同理心，那也可以。但是首先，你要逍遥，就要做自适其适的事情。你去做适人之适的事情，就是不逍遥。

这是庄子对逍遥和不逍遥最简单的初步解释，我们还可以进一步展开。"自适其适"的目的是什么呢？庄子说，是：尽其所受乎天。

这个"天"字，大家都可以理解，就是所谓的天赋。

什么叫"尽其所受乎天"？就是要穷尽上天赋予你的天赋，你有什么才能，你要去发挥它，就是自适其适。你自适其适是为了发挥天赋给你的那些东西。你爱好什么，就擅长什么。你喜欢什么，钻研什么，都是跟你自己的天赋（有关）。比如说有些人偏好理科，他的天赋就在理科方面。有些人偏好文科，他的天赋就在文科方面。所以一个文科生很可能数学不行，一个理科生数学题目解得好，但是对文学艺术却缺乏感受。所以每个人的天赋会有一些偏向。那么你自适其适，就是要去做你愿意做的，开心做的，也是擅长的事情，因为你的天赋所在你就会擅长。你感兴趣，就是你的天赋所在。你有乐趣，也证明你能够做下去。

一件你自己不喜欢的事情，你做两分钟勉强可以，做两小时就做不了，更不要说做两天，两个月，两年，一辈子做下去，你肯定不愿意，因为这不是你喜欢的事情。你喜欢的事情，你就永不厌倦。

所以"自适其适"的目的，是"尽其所受乎天"。"尽其所受乎天"这句话，翻译成现代话，就是"自我实现"。你"自我实现"的一定是你愿意做的。无论是父母，长辈，或者是社会，对你要求，希望你成为啥啥啥，你不愿意，不喜欢，你勉强去做，也达不到（很高的成就）。一方面你不快乐，其次你肯定也是不擅长，所以也做不好。

所以"自适其适"就是现代人所说的"自由"。"自由"的目的，就是为了"自我实现"，就是"尽其所受乎天"。

关于"自适其适"和"适人之适"，庄子还补充了两个词。他说"自适其适"就是"无待","适人之适"就是"有待"。

你"自适其适"就不用去等待、倚待、依靠外在的条件，因为你自己就喜欢，自带动力，自带发动机。你不愿意做的事情，你想往左去，但是人家要你适人之适往右去，那就要拉着你，需要反向的动力，另外加一个发动机，而且要超过你自身所带的发动机，更强劲的发动机，把你扭转过来，这样就是"强扭的瓜不甜"。你自己也做不好，也没乐趣，成就也肯定不会特别大。

所以"无待"的意思就是：无待于外物。你完全听从于内心的真德，内在的天赋，就是天道赋予你的东西。你往那个方向去，就是"无待"。你唯一要等待的，依靠的，就是天道。

"有待"，就会有待于外物，无论父母，长辈，外在条件，都是倚待于外物，倚待于外境，这个就是"有待"。

所以"逍遥游"、"自适其适"的一个前提是"无待"。与不"逍遥"、"适人之适"相伴的东西，就是"有待"。

所以庄子所主张的"逍遥游"，就是"无待"的、"自适其适"的"逍遥游"。

这并不是说无待的逍遥游是与外物无关。人在世界中生活，要跟人打交道，跟物打交道，跟外境打交道，总是要处于社会中，人与人的关系中，人与自然的关系中，所以外物始终是存在的。这个"无"，并不是说外物没有了，只是你不是绝对地依靠它。所以庄子提出了一个非常高明的见解，叫做：乘物游心。

乘物，就是乘着外物。打一个比方，乘车。乘车，你心里要有一个自适其适、尽其所受乎天的自我实现的目标。你要往那个目标方向去，但是可能没有现成的车。你可能要先搭乘A路公共车，这部A路车，不一定是去你那个方向，但它有一段是共同的，你往那个大方向可以搭乘它。但是到了半路，它可能往另一个方向拐弯了，拐弯的方向不是你要去的，你要的方向没有直达车，这个时候，你就要换乘，在中途就要下车。

你乘的物，乘的车，可能没有现成的。你可以搭乘外物，在中途哪里下车，你心里一定要有目标。你心里没有目标，就不知道要在哪里下车，在哪里换车，也不知道要换乘哪一部车。庄子所说的"乘物游心"，就是你要借用外部的某些条件，发挥自己的天赋，然后把外境和内在自我实现的、自适其适的那个目标，做一个综合。

当然世界不是为你一个人创造的，总有一些不理想。一方面你要通过对你有利的部分，实现你的目标。另一方面有一些不理想，不是对你一个人不理想，对整个人类都不理想，那你就要去改变，去创造，使这个世界更理想。所以你的自我实现不是完全自私的自我实现，它是跟人类共同目标、文明共同目标合一的。

这就是庄子所主张的，无待的、自适其适的逍遥游。

每个人都希望能够自我实现，自适其适，能够逍遥游，所以庄子所提倡的这样一些非常深刻的见解，对我们每个人的自我逍遥游，自我实现，自我幸福，都会有很大的帮助，所以我觉得《庄子》这本书，值得每一个追求幸福、追求快乐、追求逍遥的人，读一读。

周微：的确就像张远山所说，古今中外有很多庄子的超级粉丝。

中国呢，有秦相吕不韦，汉代的淮南王刘安、司马迁，魏晋的竹林七贤，东晋第一人陶渊明，唐代第一人李太白，宋代第一人苏东坡，明代第一人刘伯温，清代的金圣叹、曹雪芹等等。

淮南王刘安第一个提出"老庄"，认为老子庄子是一家，老子是道家祖师，庄子是道家集大成者。

司马迁说：庄子于学无所不窥。是诸子百家中的第一博学者。

嵇康第一个提出"庄老"，认为庄子比老子伟大。

苏东坡说：吾昔有见于中，口未能言，今见《庄子》，得吾心矣。

金圣叹说：庄子是天下第一才子。

曹雪芹说：文章还是庄子的好。

鲁迅说：晚周诸子莫能先。

外国呢，也有很多庄子的超级粉丝。

卡夫卡说：我无法读懂《老子》，但我至少读懂了《庄子》。

博尔赫斯说：老子是庄子创造的先驱。

王尔德说：《庄子》尽管完成于两千多年前，但对欧洲人来说，依然是个早产儿。

很多人津津乐道王尔德的毒舌无敌，却不知道王尔德的毒舌，是对庄子毒舌的模仿。

学者张远山说：他最爱庄子。他说：只有《庄子》，是越读越精神，因为庄子只讲超级好玩的寓言。庄子的每个寓言，都有美妙深刻的道理，但是道理藏得太深。

那么轻阅读的读友，该如何来读张远山先生的庄学三书呢？

张远山：庄学三书的目标读者，总体而言是与庄子同类的人，我称为庄学之友。庄学之友的基本特点是，有超越功利的求真意志，有强烈的好奇心，有强烈的求知欲，对远离自己的一切事物、一切世界、一切宇宙，都很好奇，尤其是热爱大自然，热爱宇宙，热爱仰望星空。所以我这套书的新版前记，标题就叫做《庄子引领我们仰望星空》。

一个对宇宙，对这些没有好奇心的人，他不会去仰望星空。他就是低着头，看着脚下，最好能够捡到一个钱包，在相对层次而言，比较功利，相对不是特别有超越性。庄学之友，道家，因为热爱自然，热爱真善美，所以他有时不以追求功利为第一目标。当然，每个人一开始追求温饱、物质利益，这也是合理的，每个人要追求幸福，也离不开物质。但我们希望在一个人满足了温饱以后，满足了物质上的基本需求以后，能够有一些更超越的东西，不要仅仅、永远成为一个功利动物。

所以庄学三书，总体而言是面对一些有超越性、有审美需求、有好奇心的读者。这三本书，每一本书都是一个与庄子有关的广大的世界。具体到三本书的阅读顺序，我觉得是这样。

第一本，我推荐《庄子传》，它的新书名叫做：《相忘于江湖：庄子与战国时代》。

这本书讲了中国历史上最精彩的一百年。这一百年，是诸子百家兴起、百家争鸣的一百年。这一百年，是中国的轴心时代。这本书涉及了诸子百家中的几乎所有重要人物。人物之众多，可能超过了绝大多数长篇小说。甚至其中跑龙套的人，也是中国文化史上赫赫有名的重量级人物。比如说张仪、苏秦，是纵横家的两个重量级人物，在这本书里也有他们非常完整的传记。所以这本书不仅是庄子的传记，包含了苏秦传、张仪传、孟轲传……很多人的传记，都在这里面。

所以阅读这本书，能够了解中国历史上这一大批重量级的伟大人物，他们的喜怒哀乐，他们的成败得失，他们的思想成就，他们的人生境遇。这些伟大人物，他们如何面对生活中的困境，如何解决困境，都会给我们每个人带来巨大的启发。所以它不是一个伟人的传记，而是一群伟人的传记，它的营养是极其丰富的。

我推荐的第二本，是《庄子奥义》。这本书的新书名，叫《独与天地精神往来：庄子奥义》。这是从庄子这个人，进入庄子的思想。是由外及里，了解站在中国轴心时代顶峰的庄子，这个道家集大成者，不仅是站在中国轴心时代的顶峰，我认为他是站在全球轴心时代的顶峰。他对人类文化的一切，有怎样的思考，怎样的发现，怎样的批判，他创造的美妙世界，究竟是什么，他为什么引起中国自古以来无数文人的热爱，所有的诗人、画家都热爱他。还有全球无数的作家，也都热爱他，像博尔赫斯、王尔德，卡夫卡，都对庄子迷得不得了。作为中国人，我们更应该了解，为什么无数中国人，无数中国文豪，无数全球文豪，特别着迷这个人？看《庄子奥义》，就可以找到谜底。

我推荐读的第三本，就是《庄子复原本》。这本书复原了目前通行的《庄子》之前的两个版本。目前通行的这个版本是郭象版，只有三十三篇，是晋代才形成的版本。它距离庄子的时代，要差六七百年。那这六七百年，《庄子》有没有呢？庄子死后，晋代这个版本之前，有两个非常重要的版本。这两个重要的版本，在历史上已经消失了，所以我复原了这两个版本。第一个版本，是战国晚期最早的《庄子》版本，我称为《庄子》初始本。第二个版本，是西汉早期的版本，我称为《庄子》大全本。这个《庄子》大全本，比现在流行的三十三篇的这个版本多十九篇，多四万多字。我们目前所看到的只是孙子辈的《庄子》，通过前面两个版本，我们可以看到父亲辈的和祖父辈的《庄子》，那更加原汁原味。这两个版本，可以更有效地帮助我们理解庄子本人的思想，理解庄子弟子后学组成的庄子学派的思想。读了这本书就可以理解，庄子和庄子学派对中国文化的重要意义，庄子和庄子学派对人类文化的批判性见解。其中不乏庄子对人类如何对待自然，如何对待天灾人祸，甚至如何对待疫情这样一些问题很有启发意义的见解。

我推荐的阅读顺序，基本上是由浅入深，从有趣的故事，到讲道理，到更进一步的学术性、思想性，让大家由容易，到稍微难一点，一点点从下往上走，有一个顺序，我建议这样来阅读我的三本书。

周微：翻看《庄子与战国时代》的封底，我看到了毕飞宇对这本书的推荐。推荐语是这样说的：

我对一本书的最好评价就是这本书像作者。书中纵横的气质，自以为是的气质，偏执的气质，楞头青的气质，三秒或四秒钟的绅士气质，都在张远山的身上清晰可见。

余世存先生说：

远山先生的态度是严肃的，他是"准备半生，写作八年"。厚积薄发，因此，他的写作每一个字都经过心思长久的注视，都是心血之作。

韩少功老师说：

一个作家可以不懂庄子，但如果没有庄子的那种心态和文化精神，恐怕就有基因缺陷。我对远山的文字也特别喜欢：干净，明快，内敛，非常有力量。

和上海学者张远山先生的对话，我最喜欢他的这一句：

自己真正感兴趣的领域，才谈得上有所建树。被时代潮流裹挟，就无法保持"独立之精神，自由之思想"。读懂庄子，是为了读懂中国！

好，在今天轻阅读节目的最后，要感谢天地出版社，感谢蔡葩老师，感谢张远山先生，感谢我们所有的听友，期待下一期节目再见！

（中国国际广播电台2020年4月8日
20：00—20：40轻阅读第635期播出）

《晶报》记者段凤英专访
——张远山：反思疫情，要从庄子说起

　　"准备半生，写作八年"，在文学界，这是作家张远山独特的"标签"之一。1980年到1994年，张远山"只读不写"，用大量阅读为研究庄子做准备。1995年，他离职开笔，至今已出版包括庄子研究在内的著作18部31个版本，撰著近千万字。因为早期著作已绝版的缘故，张远山的一些原价为十几元到几十元不等的著作，在二手书市场上被叫出五六百元甚至上千元的高价，其中就包括张远山在2008年出版的《庄子奥义》及2013年出版的《庄子传：战国纵横百年纪》。

　　今年2月，为了弥补书迷的缺憾，也为了修订升级原版，使自己的"新庄学"三大奠基作中的两本更加尽善尽美，张远山在初版《庄子奥义》与《庄子传：战国纵横百年纪》的基础上，重新修订出版了新书——《独与天地精神往来：庄子奥义》及《相忘于江湖：庄子与战国时代》。前者在精校全译的基础上，对《庄子》内七篇逐字逐句解读，破解庄子奥义；后者通过呈现全息互动的百年战国史，还原庄子的思想、形象与一生轨迹。

　　近日，《晶报·深港书评》记者对张远山进行了专访，谈起从这套书的初版到如今新版时隔的12年中，文学界关于他研究提出的"新庄学"的认知与评价有何变化，他坦言，当时引起巨大争议的地方在于他彻底动摇了"旧庄学"的基础，批判来自那些根本没有看书就涌过来围攻他的人，这是一种盲目的"围剿"，而文化界和学界则给了他充分肯定，"除了一部分盲目争议，我的书出版以来评价始终是正面的，吴励生与余世存的评价都

很高"。

文学名家的确盛赞张远山的庄学研究。比如，吴励生称："张远山的'庄学三书'一开始就抓住了中国哲学的制高点，这个制高点就是'天道绝对'。"余世存说张远山的《相忘于江湖：庄子与战国时代》，"既是文学，也是历史，更是哲学"，更称它"恢复了汉语的尊严"，《独与天地精神往来：庄子奥义》则是"支离破碎的文字被理顺了，晦涩难懂的文字被明确了，意象丰富的角色被格式化了。这是一般读者的幸事，是大众的幸事，也未必不是文人或自由精神个体们的幸事，就是说，人们生存的归宿和认同将有更为明确的参照"。

谈到最近全球共同应对的新冠疫情，张远山表示，道家思想主张"顺应天道"，这是自然对人类狂妄自大的惩罚。他也毫不讳言，称畅销书《人类简史》的作者尤瓦尔·赫拉利是当代"伪先知"，竟宣布人类已经战胜了饥荒、瘟疫、战争。"天天在家写作"的张远山还透露，最近在写"伏羲学"的第三本书《青铜之道》（前两本为《伏羲之道》、《玉器之道》），这本书完成之后，他会续写读者期待已久的《老子奥义》。未来还打算撰写《中华道术总论》和《华夏上古四千年史》，建构华夏八千年史的总框架。而早年两项在研究写作之余的娱乐项目，现在只剩下围棋了，"在休息时，会在网上与陌生棋友下着玩"，当时在单位时玩的桥牌从离职后就没玩过了。

数年前张远山也表达过，因为是独立作家，不在体制内，导致很多一手学术历史研究资料无缘亲眼见到，也因为没有高校归属，学术刊物无法寄付稿费等诸多窘境，再提起这些问题，他无奈表示："这些问题不仅没有改善，而且进一步恶化。"

道家思想是华夏八千年历史的主体思想

段凤英：今年重新修订《相忘于江湖：庄子与战国时代》与《独与天地精神往来：庄子奥义》这套书，有何特别意义？此次修订的最重要的部分是哪些？

张远山：这套书绝版以后，声誉越来越高，二手书价从几倍涨到几十倍、近百倍，出现了大量劣质盗版，高仿的盗版也卖出了高价。所以天喜文化推出了升级修订版，让更多读者了解作为中国文化第一圣经的《庄子》，作为"天下第一才子"的庄子以及作为中国轴心时代的战国时代。

其中，《相忘于江湖：庄子与战国时代》是历史传记小说，逐年叙述战国史事和庄子生平。由于采用编年体，总体结构无法改变，主要是修订个别字词，订正了一些初版的不完善表达。

《独与天地精神往来：庄子奥义》是庄学义理阐释，逐段阐释庄文奥义和晦藏之旨。有些读者反映，初版的庄文和阐释之间，缺乏桥梁，不易读懂。所以修订版在庄文和阐释之间，增加了庄文直译，架起了桥梁，更加便于读者理解。

段凤英：这套书尤其是《庄子奥义》在2008年初版时，以"打两千年中国学术最大的假"的姿态在学界掀起巨大争议，12年过去了，学界对这套书的认知与评论有何变化？

张远山："学术打假"只是出版社的一种宣传角度。单纯的打假，只指控"假货"，不提供"真货"。我不仅指控"假货"——论证了西晋郭象删残篡改、通行至今的33篇本《庄子》是伪《庄子》，而且提供"真货"——复原了战国魏牟的29篇本《庄子》，西汉刘安的52篇本《庄子》。西晋郭象之前的《庄子》两大版本，彻底动摇了"旧庄学"的基础，所以引起了非议。但是所有的非议，都是在书出版之前的盲目攻击，没有一个非议者看完书再举证批评。那些"围剿式"的盲目攻击，在书出版以后就彻底消失了。

2008年初版以后，出版社举办的《庄子奥义》研讨会，所有与会的作家学者都给出了正面评价和充分肯定。随后很多媒体和学术刊物刊登了关于《庄子奥义》的评论报道，比如《社会科学论坛》2008年第2期推出《庄子奥义》评论专辑，发表了余世存、韩少功、单正平、徐晋如、黄孝阳、叶兆言、周实、陈村、毕飞宇等学者作家的九篇评论。《社会科学论坛》2009年第7期发表丁国强的评论。《中国图书评论》2010年第1期推出《庄子奥义》评论专辑，发表程巍、吴励生、叶勤、林骁等学者的三篇评论。还有大量的硕士论文、博士论文、学者专著引用我的庄学三书，比如王充闾著《逍遥游：庄子传》（作家出版社2014年1月版），也吸收了我的研究成果……

段凤英：这套书初版到再版期间，您在庄学研究上的新成果与新发现有哪些？

张远山：我的庄学研究，是"易老庄三玄"研究的起点。我的研究进路是"由庄溯老，由老溯易"。2013年"庄学三书"完成以后，我开始撰写《老子奥义》，先写绪论《华夏古道溯源》，打算简单梳理一下《周易》与《老子》的关系，同时追溯一下《周易》的源头，结果绪论越写越长，最终挖掘出了中古华夏文字系统之前的上古华夏图像系统，于是创立了"伏羲学"。2013年8月18日，我在深圳市政府举办的国学公益讲座"幸福人生大讲堂"举行了第一次"伏羲学"讲座。2015年8月，岳麓书社出版了"伏羲学"第一书《伏羲之道》，系统解密了上古华夏陶器纹样的天文历法内涵，亦即伏羲六十四卦、伏羲太极图以及夏《连山》、商《归藏》、周《周易》的天文历法起源。2018年8月，中华书局出版了"伏羲学"第二书《玉器之道》，系统解密了上古至中古华夏玉器纹样的天文历法对位和宗教神话内涵。目前正在撰写"伏羲学"第三书《青铜之道》，系统解密了中古夏商周青铜器纹样的天文历法对位和宗教神话内涵。老子之前的"伏羲学"研究和老子之后的庄学研究，为我完成《老子奥义》打下了坚实基础。我的"伏老庄"研究，系统阐明了道家思想是华夏八千年历史的主体思想。

段凤英：《相忘于江湖：庄子与战国时代》、《独与天地精神往来：庄子奥义》以及《庄子复原本》为何被您认为是自己"新庄学"研究的三大奠基作？

张远山："庄学三书"的每一书重点都不同。《相忘于江湖：庄子与战国时代》是还原战国真史，因为秦始皇"焚书坑儒"和汉武帝"罢黜百家"导致了战国史失真和百家书亡佚，《史记》已有大量脱漏和大量讹误。《独与天地精神往来：庄子奥义》是抉发庄学真义，因为郭象及其追随者的旧庄学是反庄学的伪庄学，比如荒谬宣布道家集大成者庄子否认"道"之存在。《庄子复原本》是复原庄书真貌，因为西晋郭象删去了西汉《庄子》大全本的19篇、4万多字，又把删存的33篇篡改得面目全非，成了难以卒读、无法理解的伪《庄子》。从战国真史、庄学真义、庄书真貌出发，就能进一步厘清《老子》的真史、真义、真貌，周代《周易》的前身商代《归藏》、夏代《连山》的真史、真义、真貌，以及儒家、墨家、法家等等诸子百家、百家争鸣的真史、真义、真貌，从而系统解密秦汉以前六千年的华夏文化诸多千古之谜。所以"庄学三书"是我的"华夏道术研究"即"伏老庄研究"的奠基之作。

段凤英：研究解读、学习庄子以及道家的哲学思想，对当下这个信息冗余、乱象丛生的人类社会，尤其是当前全球正在应对新冠疫情的现状，有何启示？

张远山：新冠疫情，是人类与自然的冲突，也是自然对人类狂妄自大的惩罚。"自然"是道家词汇，发明者是道家始祖老子。道家认为，人类是自然之子，必须遵循自然规律，亦即"顺应天道"。在农业文明以前的渔猎文化、采集文化、游牧文化时，人类都是自然之子。进入农业文明以后，人类从自然之子变成了自然之友：农业文明的生产方式遵循春耕、夏种、秋收、冬藏的自然规律；但是农业文明的管理方式和分配方式遵循君君、臣臣、父父、子子的人文制度，已经隐含自然之敌的因素。进入工业文明以后，人类又从自然之友变成了自然之敌：工业文明的生产方式，遵循开发自然、改造自然、破坏自然、榨取自然的人类中心主义；工业文明的管理方式和分配方式，遵循"顺我者昌，逆我者亡"、"落后就要挨打"、"赢家通吃"的丛林原则，自然之敌的因素不断增强。

自然已对人类提出过不止一次警告，比如全球变暖、环境污染、臭氧层破坏、动植物灭绝、各种新型病毒和新型瘟疫出现。科学界的有识之士，好莱坞的科幻片、灾难片，也在不断警告人类正在破坏地球家园的自然生态，必须做好逃离地球、流亡太空的准备。但是一切警告全都无效，人类在与自然为敌的错误方向上越走越远。尽管全球各国也曾形成一些共识，签署过一些国际公约，但很多国家没有签约，或者签约而不守约，缺乏有效的行动和切实的改变。人类并未改变征服自然的错误态度，仍在无限度地开发自然、改造自然、破坏自然、榨取自然。尼采宣布"上帝死了"以后的一百多年，人类开始扮演上帝，妄想从自然之敌升级为自然之主。

庄子作为道家集大成者，提出了比老子更为严厉的警告，反复重申"不以人助天"、"不以人灭天"、"夫物不胜天久矣"，告诫人类抛弃狂妄自大的"人类中心主义"，放弃成为自然之敌、僭居自然之主的旧文明方向，回到自然之友、自然之子的正确位置。因为道家坚信，人类极其渺小，自然不可征服，天道不可战胜，天道是万物的"真宰"，自然是万物的"真君"。人类挑战自然，灭亡的不可能是自然，只可能是人类。人类不可能成为自然之主，不能扮演上帝。扮演自然之主或上帝的，只能是魔鬼。新冠病毒作为高于人类的天道力量之一，强行要求朝着错误方向狂奔的人类旧文明必须刹车，必须全球停摆，必须倒车掉头，必须调整文明方向，否则前方就是人类灭亡的深渊，人类很快会把自己彻底"作死"。

人类的狂妄自大，可举两个冒充先知的畅销书作家为例。一是弗朗西斯·福山，他在1992年出版了《历史的终结与最后的人》一书，宣布天国已经降临，人类历史已经终结。但是只要人类没有灭亡，历史就不可能终结，至善天国永远不可能降临。二是尤瓦尔·赫拉利，他最近几年连续推出《人类简史》、《未来简史》，宣布人类已经战胜了威胁人类生存的"三大挑战"，或"三位死神"，即饥荒、瘟疫、战争，人类即将成"神"，已经成"神"！但是话音未落，新冠病毒席卷全球，瘟疫重新降临。饥荒、战争也可能重新降临。人类的每一次狂妄自大，都会迅速遭到打脸，都会迅速遭到惩罚。

爬行动物时代的强大恐龙，在生存了两亿年之后，已被自然彻底抹去。随后地球生物圈进入了哺乳动物时代，人类从哺乳动物的食物链低端，逐渐升高位置，最终高居地球生物圈的食物链顶端，成为智人。远比恐龙弱小的智人，在生存了二三十万年之后，也随时可能像恐龙那样被自然彻底抹去。所以人类永远需要站在天道立场上、站在自然立场上思考问题的道家智慧。

段凤英：出世的庄子主张"逍遥"于世俗外，他以冷眼旁观周围环境与世界，提出"自适其适"，是一种远离世俗的"反叛精神"，如今这个躁动的时代，如何做到"自适其适"？

张远山：庄子是真正的先知，早在两千三百年前已经意识到农业文明的管理方式和分配方式的严重错误，人类已从顺应自然天道走向违背自然天道，走向服从社会强权，走向服从君主强权。他主张的"逍遥"于世俗之外，就是批判人文制度违背了自然天道。"自适其适"是个体顺应自然天道的自救之道。人类全体顺应自然天道，才是人类全体的自救之道。

老子提出"以无有入无间"，庄子在《人间世》中，将其发展成"以无厚入有间"，主张既不"入世"也不"出世"的"间世"。庄子主张"自适其适"，就是做自己。庄子批判"适人之适"，就是反对盲从世俗、盲从权威。而在西方，两千年后的尼采才提出了与庄子相近的主张："不要跟随我，跟随你自己。"

段凤英：您在《独与天地精神往来：庄子奥义》一书中说宋代以后的中国文明之所以落后于同时期的欧洲文明，是因为我们遗忘了先秦哲学，尤其是忘了仰望星空，才陷入了后来元明清的千年黑暗。通过复活先秦哲学，重新仰望星空，中国文明将再次占领知识王国的首都。如何得出这一结论？

张远山："仰望星空"，就是仰望、顺从自然天道。人类通过仰望、顺从自然天道，从地球生物圈的中下端，跃至地球生物圈的中高端。所以人类不能在跃至地球生物圈的中高端以后，不再仰望、顺从自然天道，变成俯视、违背自然天道。希腊自然哲学和先秦道家哲学，全都摆正了自然高于人类的正确位置，于是人类文明得到发展。一旦摆错位置，错误认为人类高于自然，那么个体、民族、国家、人类全体都将遭到严厉惩罚。

段凤英：《独与天地精神往来：庄子奥义》初版时您就写道，"大众传媒和大众偶像，正在把人类精神推向没落。在大众的凯歌声中，蒙昧主义正在收复失地，悖道文化正在卷土重来"，现在这种情况有改善吗？

张远山：蒙昧主义的重要内核，就是越来越多的个体乃至人类中的大多数都放弃"仰望星空"，放弃"自适其适"，仅仅仰望强权，盲从世俗，庄子称为"适人之适"、"役人之役"。如果个别领袖、个别民族、个别国家的强权意志、世俗意志绑架了人类全体，人类全体就处于悖道文化之中，就处于与自然为敌的自我毁灭之中。

这种情况，短期内并未改善，反而更加恶化。但是长远来看也不用悲观，退步不可能是永远的趋势。凡事物极必反，迟早会有扭转。

研究宗旨是希望未来中国能"以古为鉴"

段凤英：您认为《庄子》是专制时代渴望自由的士子唯一的灵魂圣地和精神氧吧，而中国文化自古以来崇尚的儒家思想则在于被体制驯服与收编，这是否意味着儒家思想应该被现代人全盘摒弃？"江湖"与"庙堂"是不可调和的吗？

张远山：儒家分为先秦原儒和汉后新儒。先秦原儒主张"从道不从君"（荀子），是百家争鸣的自由思想之一。汉后新儒主张"三纲六纪"（《白虎通义》），是"独尊儒术"的官方意识形态。后者是前者的变质。所谓"中国文化自古以来崇尚的儒家思想则在于被体制驯服与收编"，仅指汉后新儒，汉后新儒是"王霸杂用"、"外儒内法"的伪儒。汉承秦制的法家专制主义，必须被现代人全盘摒弃，但是先秦原儒的合理内核应该作为百家思想之一得到继承。如果不进行现代转型，"江湖"自由主义与"庙堂"专制主义就是不可调和的。由于"庙堂"绑架了群体，对于个体是强大的不可抗力，因此追求个体自由的道家者流不得不成为"江湖"隐士。中国的现代转型，就是"庙堂"专制主义转型为服务型的现代国家管理制度，同时"江湖"自由主义转型为自发型的现代社会自由竞争。

段凤英：余世存说您的"庄子工程"在当下被边缘化了，吴励生认为您的庄学理论本来就是"以边缘解构中心"，不能"回归中心"，他们在关于您是否"被边缘化"上有分歧，您本人怎样看待这个问题？

张远山：余世存的意思是：我在二十世纪九十年代中期开始写作，每年发表上百篇文章，每年出版多部书，著作不断得到重版，媒体影响力和大众关注度近于体制内的"主流作家"。比如2002年，我出版新书4部，重版旧书2部，台版5部，合计11部书。但是此后十多年，我的发表量、出版量、重版量越来越少，媒体影响力和大众关注度越来越低，所以说我"被边缘化"了。吴励生的意思是：我选择的就是体制外的独立写作，所以我应该坚持体制外的独立写作，不应该像十多年来的很多体制外的独立写作者那样进入体制，所以我不是"被边缘化"，而是主动"边缘化"。

有一种说法是：体制外的独立写作者，二十世纪九十年代以千位计，新世纪第一个十年以百位计，第二个十年以十位计。接下来的第三个十年，可能是以个位计。余世存强调了言论环境变化之下"我的处境"，吴励生强调了言论环境变化之下"我的坚守"，他们说的不是同一件事。

段凤英：您在2013年提到因为是独立作家，在体制外，很多一手资料无缘见到，也因为没有高校归属，学术刊物无法寄付稿费等问题，之后这些问题有无得到解决？

张远山：这些问题不仅没有改善，而且进一步恶化。当时的报刊给我邮寄稿费，汇款单上写我的笔名"张远山"，尽管不符合身份证名，邮局仍然让我领取。现在邮寄稿费，汇款单上依然是"张远山"，邮局却不让我领取了。这种变化大概可以概括为"饿死体制外的独立作家"。我曾经长达一年半零发表，零出版，零稿费，零版税。庄子曾经穷到借粮，饿到半死。但是读者朋友的支持资助，比如为我的公众号推文打赏，使我比庄子幸运，至今还没饿死。

段凤英：关于庄子的研究，后续还有哪些著作会与读者见面？除了庄学方面的著作，还有什么新的研究方向与写作计划？

张远山：我曾经计划为庄子写十部书，除了"庄学三书"，还有几部已经完成，比如《庄子外杂篇精义》、《战国秘史》等，但一直没有机会出版。

写完"伏羲学"三书后，我会尽快完成《老子奥义》、《公孙龙子奥义》。我还打算撰写《中华道术总论》和《华夏上古四千年史》，建构华夏八千年史的总框架。我毕生研究华夏道术的宗旨，是希望未来中国能够"以古为鉴"，复兴古典中国的固有长处，克服古典中国的内在不足，创造超越古典文明的崭新文明。

（记者段凤英，本文刊于《晶报》2020年4月28日。）

庄学四书备忘录

一　庄学四书写作时间

一、《庄子奥义》写作时间

《庄子奥义》初版正文——

2005年4月6日—10月31日：余论三：哲学先知与时代精神（三稿）

2005年6月28日—2007年1月29日：《逍遥游》奥义（八稿）

2005年6月28日—2007年2月25日：《齐物论》奥义（九稿）

2005年7月7日—2006年10月13日：绪论一：战国大势与庄子生平（三稿）

2005年7月29日—2006年4月2日：绪论二：庄学四境与郭象篡改（七稿）

2005年12月18日—2006年10月20日：余论二：文化与造化（三稿）

2007年2月25日：四十四岁自题四言四首：《齐物论》奥义定稿志喜

2007年2月27日—3月25日：《养生主》奥义（五稿）

2007年3月13日—4月25日：《人间世》奥义（四稿）

2007年4月25日—5月27日：《德充符》奥义（四稿）

2007年5月28日—6月30日：《大宗师》奥义（五稿）

2007年7月1日—24日：《应帝王》奥义（三稿）

2007年7月20日—9月4日：余论一：庄学奥义的全息结构（四稿）

2007年9月5日—22日：序言：莫逆于心，相视而笑

2007年9月6日—23日：跋语：超越老孔，空前绝后

《庄子奥义》相关四文——

2007年2月25日：四十四岁自题四言四首：《齐物论》奥义定稿志喜

2007年9月29日—10月9日：庄子与我的虚拟对话（一）：关于《庄子奥义》

2008年1月17日—24日：《庄子奥义》简介：《奥义》既成，余书可废

2008年2月24日—3月7日：被庙堂遮蔽的江湖中国：为毕来德中国观作证

《庄子奥义》新版修订——

2019年11月10日：新版前记：庄子引领我们仰望星空

二、《庄子精义》写作时间

《庄子精义》主体部分（两篇绪论，七篇精义）——

2007年10月20日—2008年8月24日：《寓言》精义

2007年11月4日—2008年2月15日：《知北游》精义

2007年12月3日—2008年4月28日：《秋水》精义

2008年2月18日—5月25日：《达生》精义

2008年3月29日—6月25日：《山木》精义

2008年6月1日—7月25日：《外物》精义

2008年8月26日—9月26日：《天下》精义

2008年10月8日—27日：绪论一：《庄子》外杂篇无一庄撰论

2008年10月9日：序言：道者万物之奥，德者宇宙之精

2009年5月11日—7月24日：绪论二：《庄子》三大版本及其异同

《庄子精义》增补部分（三篇余论）——

2011年10月7日—2012年11月9日：余论一：《老子》：君人南面之术

2011年10月16日—2012年11月14日：余论二：《庄子》：内圣外王之道

2022年1月26日—2月1日：修改主体部分（两篇绪论，七篇精义）

2022年2月2日—25日：余论三：庄子学派与反庄派两千年博弈史

2022年2月26日：跋语：天地有大美而不言

三、《庄子复原本》写作时间

《庄子复原本》正文——

2009年5月11日—9月7日：绪论一：魏牟版《庄子》初始本篇目考（四稿）

2009年7月24日—8月24日：绪论二：《庄子》初始本编纂者魏牟论（二稿）

2009年8月28日—9月15日：余论：郭象所删《庄子》佚文概览（二稿）

2009年9月8日：绪论三：刘安版《庄子》大全本篇目考（一稿）

2009年9月11日：《庄子复原本》白文注译（三稿）

2009年9月14日：序言：复原《庄子》，正本清源

2010年1月31日：跋语：突破遮蔽，直面《庄子》

《庄子复原本》相关三文——

2010年7月2日—31日：庄子与我的虚拟对话（二）：关于《庄子复原本》

2010年7月9日：《庄子复原本》简介

2010年7月19日—23日：《庄子复原本》与中国之谜

《庄子复原本》再版修订——

2021年2月7日：修订版《凡例》

2021年2月7日—24日：修订《庄子复原本》初版

2021年2月25日：修订版《序言》：《庄子》1.0版、2.0版失而复得记

四、《庄子传》写作时间

《庄子传》正文——

2010年3月6日—2011年2月：初稿，确定编年体例。研究战国史、宋国史、中山史、庄子生平、诸子生平、诸侯生平，厘正《史记》战国纪年。

2011年3月17日—4月8日：二稿，宋国史布局初定，庄子史布局待定。

2011年4月9日—5月24日：三稿，宋国史基本理顺，庄子史缺环尚多。

2011年5月25日—8月3日：四稿，战国史基本理顺。

2011年8月4日—28日：《战国策》系年，《战国纵横家书》系年，理顺

苏秦反间史。

2011年9月21日—10月23日：五稿，客居深圳月余，准备老庄讲座。

2011年10月24日—12月12日：六稿，战国史理顺，全书初成。

2011年12月13日—2012年3月19日：《庄子传》七稿，增补宋国史、庄子史。

2012年3月20日—5月31日：八稿，修改润色。

2012年6月6日—7月8日：九稿，移出笺注，全书定稿。

2012年7月9日—9月3日：后记：知人论世，鉴往知来。

《庄子传》相关四文——

2010年11月24日—2011年2月22日：以"王"僭"帝"的秦汉秘史（九稿）

2012年9月9日—2013年2月21日：白狄中山、魏属中山秘史（七稿）

2012年11月20日：庄子与我的虚拟对话（三）：关于《庄子传》

2012年11月30日—2013年3月2日：西周国、东周国秘史（四稿）

《庄子传》笺注修改——

2010年3月6日—2012年7月8日：原稿均有笺注，前两版删笺注

2023年2月21日—4月16日：恢复笺注，修改定稿

二 庄学四书发表时间

一、《庄子奥义》发表时间

《庄子奥义》正文——

2006年第1期《书屋》：余论三：哲学先知与时代精神

2006年第4期《书屋》：余论二：文化与造化

2006年7月—8月香港《文汇报》：张远山专栏《庄学卮言》(7篇)

●小大之辨，庄学四境

●专制天敌，不可说也

●至言不出，俗言胜也

●完美伪装，流传后世

●江湖庙堂，不共戴天

●删改曲注，层累造伪

●君子小人，标准颠倒

2006年第8期《书屋》：绪论二：澄清小大之辨，彰显庄学四境（被删改）

2006年第10期《书屋》：绪论一：战国大势与庄子生平

2007年第1期《书屋》：《逍遥游》奥义（被删改）

2007年第3期《社会科学论坛》：《逍遥游》奥义（完整版）

2007年第4期《社会科学论坛》：《齐物论》奥义

2007年第5期《社会科学论坛》：《养生主》奥义

2007年第6期《社会科学论坛》：《人间世》奥义

2007年第7期《社会科学论坛》：《德充符》奥义

2007年第8期《社会科学论坛》：《大宗师》奥义

2007年第9期《社会科学论坛》：《应帝王》奥义

2007年第11期《书屋》：《庄子奥义》序跋

2008年第1期《社会科学论坛》：余论一：庄学奥义的全息结构

《庄子奥义》相关四文——

2007年10月27日张远山新浪博客：四十四岁自题四言四首：《齐物论》奥义定稿志喜

2008年第2期《社会科学论坛》：庄子与我的虚拟对话（一）：关于《庄子奥义》

2008年第5期《书屋》：《庄子奥义》简介：《奥义》既成，余书可废（改题《关于〈庄子奥义〉引起的巨大争议》）

2008年第5期《中国图书评论》：被庙堂遮蔽的江湖中国：为毕来德中国观作证

二、《庄子精义》发表时间

《庄子精义》主体部分（两篇绪论，七篇精义）——

2008年第5期《社会科学论坛》:《知北游》精义

2008年第6期《社会科学论坛》:《秋水》精义

2008年第7期《社会科学论坛》:《达生》精义

2008年第8期《社会科学论坛》:《山木》精义

2008年第9期《社会科学论坛》:《外物》精义

2008年第10期《社会科学论坛》:《寓言》精义

2008年第11期《社会科学论坛》:《天下》精义

2008年第12期《社会科学论坛》: 绪论一:《庄子》外杂篇无一庄撰论

2010年第1期《社会科学论坛》: 绪论二:《庄子》三大版本及其异同

2010年第10期《新华文摘》转载:《庄子》三大版本及其异同

《庄子精义》增补部分（三篇余论）——

2013年第1期《社会科学论坛》: 余论一:《老子》，君人南面之术

2013年第2期《社会科学论坛》: 余论二:《庄子》，内圣外王之道

2022年第5期《社会科学论坛》: 余论三：庄子学派与反庄派两千年博弈史

三、《庄子复原本》发表时间

《庄子复原本》正文——

2010年第2期《社会科学论坛》: 绪论一:《庄子》初始本编纂者魏牟论

2010年第3期《社会科学论坛》: 绪论二:刘安版《庄子》大全本篇目考

2010年第4期《社会科学论坛》: 余论: 郭象所删《庄子》佚文概览

2010年第13期《社会科学论坛》: 庄撰内七篇题解及辨析

2010年第14期《社会科学论坛》: 蔺撰外篇五题解及辨析

2010年第17期《社会科学论坛》: 庄门弟子所撰外篇四题解及辨析

2010年第19期《社会科学论坛》: 刘安所增新外篇六题解及辨析

2010年第20期《社会科学论坛》：刘安所增杂篇十四题解及辨析

2010年8月15日《珠海特区报》：序言：直面《庄子》，突破遮蔽

2011年第1期《名作欣赏》：《庄子复原本》之庄学四境

2011年第2期《名作欣赏》：《庄子复原本》之庄学三义

2011年第3期《名作欣赏》：《庄子》内七篇之"息黥补劓"宗旨

《庄子复原本》相关三文——

2010年第9期《书屋》：《庄子复原本注译》简介

2010年第10期《博览群书》：《庄子复原本》与中国之谜。

2012年第7期《书屋》：庄子与我的虚拟对话（二）：关于《庄子复原本》

四、《庄子传》发表时间

《庄子传》正文——

2012年第11期《书屋》：《庄子传》后记：知人论世，鉴往知来

2013年第1期《观典》：《庄子传》书摘01：战国风云纪之五国相王

2013年第2期《观典》：《庄子传》书摘02：战国风云纪之五国伐秦

2013年第3期《观典》：《庄子传》书摘03：战国风云纪之九国混战（上）

2013年第4期《观典》：《庄子传》书摘04：战国风云纪之九国混战（下）

2015年—2017年《今晚报》：张远山专栏"道可道"100篇，选载《庄子传》部分内容

2020年第3期《文学自由谈》：《庄子传》修订版后记

《庄子传》相关三文——

2011年第7期、第9期《书屋》：以"王"僭"帝"的秦汉秘史

2013年第4期《社会科学论坛》：白狄中山、魏属中山秘史

2013年第11期、第12期《社会科学论坛》：西周国、东周国秘史

三　庄学四书出版时间

2008年1月，江苏文艺出版社：《庄子奥义》第1版

2010年8月，江苏文艺出版社：《庄子复原本注译》第1版

2013年1月，江苏文艺出版社：《庄子传：战国纵横百年纪》第1版

2020年2月，天地出版社：《独与天地精神往来：庄子奥义》修订典藏版

2020年2月，天地出版社：《相忘于江湖：庄子与战国时代》（即《庄子传》）修订典藏版

2021年7月，天地出版社：《庄子复原本》修订典藏版

2022年10月，北京出版社：《天地有大美而不言：庄子精义》第1版

四　庄学三书评论报道

说明：第二个写作十年（2005夏—2015夏）之庄子工程，撰写了四部庄学专著。由于《庄子精义》2009年完成、发表之后，至2022年才出版，所以《庄子奥义》、《庄子复原本》、《庄子传》合称"庄学三书"。

一、《庄子奥义》评论报道

2007年10月—2008年1月新语丝网站：评论《庄子奥义》数十篇（篇名略）

2007年11月16日《珠海特区报》：记者李更专访张远山：抉发《庄子》奥义，探究中国之谜

2007年12月《新华书摘》第40期第8版：整版选摘《庄子奥义》

2007年12月26日天涯网站：张远山应邀回答天涯网友提问《庄子奥义》

2007年12月27日：江苏文艺出版社在海南三亚游牧虎度假公寓举行《庄子奥义》首发式暨研讨会，韩少功、叶兆言、毕飞宇、陈村、周实、余

世存、单正平、徐晋如、伍立杨、朴素、李更、黄小初、黄孝阳等作家学者与会，吴思、李劼、张桂华等作家学者书面致辞，《新京报》、《中国青年报》、《中华读书报》、《珠海特区报》、《南方日报》、天涯网站等特派记者到场采访。

2008年1月1日《新京报》记者张弘报道：《庄子奥义》争议不小

2008年1月8日《中国青年报》记者张彦武报道：《庄子奥义》致力于"和庄子直接相遇"

2008年1月9日《中华读书报》记者丁杨报道：读"庄"20年，张远山《庄子奥义》显示独到见解

2008年1月9日《济南时报》：叶兆言评《庄子奥义》：如果刘文典遇到了张远山

2008年1月13日《海南日报》：周实评《庄子奥义》：张远山的"逍遥游"

2008年1月14日《辽沈晚报》：郝洪军推荐《庄子奥义》：不要蹲在坛子里误读国学

2008年1月14日《深圳晚报》：余世存评《庄子奥义》：庄子奥义，读者的幸事

2008年1月19日《珠海特区报》：韩少功评《庄子奥义》：穷溯其远，仰止其山

2008年1月20日《燕赵都市报》：余世存评《庄子奥义》：千年间被遮蔽的庄子

2008年1月21日《新商报》记者关军专访：张远山：没有庄子，就不会有中国唐宋时期的灿烂文化

2008年1月25日《珠海特区报》：余世存评《庄子奥义》：审美叙事和科学叙事的完美结合

2008年1月26日《珠海特区报》：徐晋如评《庄子奥义》：不奈卮言夜涌泉

2008年1月26日《广州日报》记者赵琳琳专访：张远山：《庄子》被误读千余年？

2008年1月26日《广州日报》：一泓秋水评《庄子奥义》：庄子身上的

颜料还有多少？

2008年1月30日《中华读书报》：韩少功评《庄子奥义》：穷溯其远，仰止其山

2008年1月30日《新民周刊》：余世存评《庄子奥义》：两千年的误读

2008年2月4日《法制日报》：邓菲评《庄子奥义》：还原神秘的英雄

2008年2月16日《珠海特区报》：叶兆言评《庄子奥义》：如果刘文典遇到了张远山

2008年第2期《社会科学论坛》：《庄子奥义》研讨会专辑（10篇）：

●余世存：审美叙事和科学叙事的完美结合

●韩少功：穷溯其远，仰止其山

●单正平：《庄子奥义》贡献之大，非我所能衡估

●徐晋如：不奈卮言夜涌泉

●黄孝阳：打两千年中国学术最大的假

●叶兆言：如果刘文典遇到了张远山

●周实：张远山的"逍遥游"

●陈村：做成有逻辑的《庄子》

●毕飞宇：我对一本书的最好评价就是这本书像作者

●张远山：超越时空的蝴蝶梦

2008年2月23日《佛山日报》：朱富贵评《庄子奥义》：或曰乌托邦

2008年3月11日《新闻晚报》：推荐《庄子奥义》：庄子与我相视而笑

2008年3月第5期《出版人》记者燕舞报道：张远山：弘扬庄学

2008年4月4日《厦门晚报》："推荐书榜"头条推荐《庄子奥义》

2008年4月4日《厦门晚报》：夏敏评《庄子奥义》：哲学的温暖面孔

2008年4月8日《中国文化报》：余世存评《庄子奥义》：被遮蔽的"庄子奥义"

2008年5月《书屋》：张远山：关于《庄子奥义》引起的巨大争议

2008年5月《中国图书评论》：张远山：被庙堂伪道遮蔽两千年的江湖真道

2009年3月华夏出版社：冉云飞编《伟大传统：庄子二十讲》，收入张

远山《超越时空的蝴蝶梦——庄子与我的虚拟对话》

2009年7月《社会科学论坛》：丁国强评《庄子奥义》：精神氧吧里的自由呼吸

2010年第1期《中国图书评论》：《庄子奥义》评论专辑（3篇）：

● 程巍：张远山的解庄令人想到福科对于秩序的解构

● 吴励生："去蔽存真"的天道观——张远山《庄子奥义》解读

● 叶勤、林骁："新庄学"的结构性理解与超越——评张远山《庄子奥义》

2020年第2期《全国新书目》：《庄子奥义》序言：莫逆于心，相视而笑

2020年4月13日《青岛日报》：薛原评《庄子奥义》新版：大时代的精神探寻者

二、《庄子复原本》评论报道

2010年7月28日香港《文汇报》记者许嘉俊报道：《庄子》被称伪作，学者复活原版

2010年10月《投资有道》记者鲁刚专访：复原《庄子》与中华道术的正本清源

2015年7月21日庄子江湖：张桂华评《庄子复原本》：庄子研究的新进展

2021年7月16日—17日：天喜文化、南山书院在海南三亚游牧虎帆船酒店举行"鹏飞南溟：张远山《庄子复原本》首发式暨庄学三书研讨会"，叶兆言、余世存、严锋、李更、孔见、蔡葩等作家，单正平、徐晋如、高小康、吴炫、闻中、资卫民、沈永鹏、夏双刃、郭丹曦、邹经等学者，董曦阳、黄小初、余玲、赵虹、吴剑文、王业云等出版界人士与会，李劼、吴励生、周实、刘齐、张平等作家学者书面致辞，新海南客户端、《海南特区报》、《南国都市报》、《三亚日报》等特派记者到场采访。

2021年7月17日中新网海南记者王晓斌报道：张远山新书《庄子复原本》三亚首发

2021年7月17日新海南、南海网、南国都市报记者刘子榕报道：知名

作家张远山《庄子复原本》首发式暨庄学三书研讨会在三亚举行

2021年7月26日《三亚日报》记者黄珍报道：作家张远山《庄子复原本》首发

2021年7月27日新海南客户端：《庄子复原本》首发式暨庄学三书研讨会专辑（12篇）：

- ●《庄子复原本》首发式暨庄学三书研讨会
- ●单正平：《庄子复原本》首发式致辞
- ●叶兆言：为什么张远山坐得住冷板凳，假如刘文典遇到张远山
- ●闻中：张远山《庄子复原本》研讨会讲话
- ●夏双刃：随远山与天地精神往来
- ●吴剑文：远山的思想与庄子的深度
- ●郭丹曦：庄学：《红楼梦》的心灵家园
- ●邹经："优秀传统的有情部分"与庄子思想
- ●张平：从民间学术看张远山新庄学
- ●刘齐：庄子等来张远山
- ●周实：张远山二题
- ●吴励生：《庄子复原本》与中国当代新道学的创建

2021年7月《文学自由谈》第4期：刘齐评《庄子复原本》：庄子等来张远山

2021年7月27日天喜文化：张远山《庄子复原本》首发式

2021年7月28日汉尊：单正平：《庄子复原本》首发式致辞

2021年8月1日汉尊：吴剑文：远山的思想与庄子的深度

2021年8月3日天喜文化："二手书最贵的在世作家"张远山

2021年8月3日《海南特区报》记者廖自如报道：群贤毕至聚天涯｜张远山《庄子复原本》首发式暨庄学三书研讨会在三亚举行

2021年8月13日学习强国：张远山《庄子复原本》修订典藏版新出，考证复原《庄子》两大历史版本概貌

2021年8月15日《新民晚报》：吴剑文：庄子的深度——评张远山《庄子复原本》

2021年8月17日天喜文化：张远山庄学三书研讨会

2021年8月23日《深圳晚报》记者刘莉报道：学者张远山《庄子复原本》修订典藏版新出，考证复原《庄子》两大历史版本概貌

2021年8月24日《晶报》：刘齐：庄子等来张远山

2021年9月《文学自由谈》第5期：李更：我看张远山

2021年9月6日《文艺报》：闻中：浑沌之死：理性解庄的现代意义——读张远山《庄子复原本》

2021年9月22日《新民晚报》：张远山：庄子其书，文哲合璧，汉语极品

2021年10月2日《青岛日报》：薛原评《庄子复原本》：被遮蔽的真相和当代英雄

2021年10月25日香港《文汇报》记者望文报道：张远山《庄子复原本》为《庄子》注入理性和逻辑力量

2021年11月20日庄子江湖：钟涓评《庄子复原本》：至知何以如蒲草

2022年第1期《社会科学论坛》：庄学三书研讨会专辑（9篇）：

●叶兆言：为什么张远山坐得住冷板凳

●余世存：张远山的历史定位

●吴励生：当代新道家的经典奉献

●高小康：让我们看到往昔——远山的慧眼

●赵虹：神交二十年

●徐晋如：庄子、李白与张远山

●闻中：浑沌之死：理性解庄的现代意义

●吴剑文：远山的思想与庄子的深度

●吴炫：生命力·变化力·创造力——否定主义哲学问题下的庄子

三、《庄子传》评论报道

2013年4月1日《深圳商报》记者谢晨星专访：庄子是中国第一个现代人

2013年第5期《书屋》：余世存评《庄子传》：大年生存史观中的个人

2014年第2期《社会科学论坛》：吴励生评庄学三书：正本清源，天道

绝对

2020年3月9日学习强国：推荐张远山庄子二书

2020年3月9日凤凰网：一套书，读懂庄子的"潮"

2020年3月10日中新网：学者张远山新书出版，让你读懂庄子的"潮"

2020年3月10日《晶报》：你读过《庄子》，但你未必明白庄子隐藏的奥义

2020年3月11日《光明日报》：张远山新书出版，一套书读懂庄子的"潮"

2020年3月15日人民网：学者张远山，读庄子就像玩通关游戏

2020年3月17日《中国出版传媒商报》：推荐《独与天地精神往来：庄子奥义》

2020年3月23日《海南日报》记者杨道专访：《庄子》：文哲合璧，宏阔视野

2020年3月24日中央人民广播电台：推荐《独与天地精神往来：庄子奥义》

2020年3月31日《银川日报》：推荐《独与天地精神往来：庄子奥义》

2020年4月8日中国国际广播电台周微专访：庄子三书，走进庄子的精神世界

2020年4月10日《文艺报》：余世存《相忘于江湖：庄子与战国时代》推荐序

2020年4月17日《深圳晚报》：跟着张远山读庄子

2020年4月17日《乌鲁木齐晚报》：推荐《独与天地精神往来：庄子奥义》

2020年4月23日《曲靖日报》世界读书日荐书：《独与天地精神往来：庄子奥义》

2020年4月28日《晶报》记者段凤英专访：张远山：反思疫情，要从庄子说起

2020年5月《文学自由谈》第3期：张远山《相忘于江湖：庄子与战国时代》后记

2020年5月6日《广州日报》推荐张远山庄子二书：一套书，读懂庄子

的"潮"

2020年5月9日深圳书城5月选书：庞贝推荐《相忘于江湖：庄子与战国时代》

2020年5月10日《郑州日报》：林秋兰推荐《独与天地精神往来：庄子奥义》

2020年8月14日《文汇读书周报》：吴剑文评《相忘于江湖：庄子与战国时代》：月晕的用笔中显现出那轮月亮

2024年4月20日庄子江湖：王业云评《相忘于江湖：庄子与战国时代》：庄子的时与运——他命中的七个至暗年份